南开大学历史学院教育基金资助（范曾先生捐赠）

南开大学中外文明交叉科学中心资助

南开史学家论丛

第四辑

明清政争与人物探实

郑克晟 著

中华书局

图书在版编目(CIP)数据

明清政争与人物探实/郑克晟著. —北京:中华书局,2021.5
(南开史学家论丛. 第四辑)
ISBN 978-7-101-15148-0

Ⅰ.明… Ⅱ.郑… Ⅲ.政治斗争-中国-明清时代-文集
Ⅳ.D691-53

中国版本图书馆 CIP 数据核字(2021)第 060922 号

书　　名	明清政争与人物探实
著　　者	郑克晟
丛 书 名	《南开史学家论丛》第四辑
责任编辑	杜艳茹
出版发行	中华书局 (北京市丰台区太平桥西里 38 号 100073) http://www.zhbc.com.cn E-mail:zhbc@zhbc.com.cn
印　　刷	北京瑞古冠中印刷厂
版　　次	2021 年 5 月北京第 1 版 2021 年 5 月北京第 1 次印刷
规　　格	开本/920×1250 毫米 1/32 印张 16¼ 插页 2 字数 490 千字
印　　数	1-1500 册
国际书号	ISBN 978-7-101-15148-0
定　　价	78.00 元

出版说明

新世纪伊始，南开大学历史学科魏宏运、刘泽华、张国刚等先生与著名国画大师范曾先生商定，设立“范伯子史学基金”，资助出版《南开史学家论丛》第一辑，一为纪念南开史学的奠基一代，二为总结南开史学文脉一系，三为传承郑天挺、雷海宗等先生的教泽。第一辑收录了郑天挺、雷海宗、杨志玖、王玉哲、杨生茂、杨翼骧、来新夏、魏宏运等先生的文集（中国日本史、亚洲史研究的开拓者吴廷璆先生，因文集另外出版故暂未收入），九位先生可谓南开史学在 20 世纪 50 年代崛起的奠基一代，令人高山仰止。第一辑于 2002 年由中华书局出版后，产生了良好的学术和社会反响，形成了南开史学的品牌效应。

2003 年，《南开史学家论丛》第二辑出版，收录刘泽华、冯尔康、俞辛焞、张友伦、王敦书、陈振江、范曾先生的文集。七位先生是 20 世纪 80—90 年代南开史学持续提升的学术带头人，可谓一时风流。

2007 年，《南开史学家论丛》第三辑出版，收录南炳文、李治安、李喜所、陈志强、杨栋梁、王晓德六位先生的文集。确定入选者朱凤瀚、张国刚、李剑鸣先生此时调离南开，王永祥先生英年早逝，四位先生的文集未及编辑。诸位先生皆是南开史学崛起的股肱帅才。

《南开史学家论丛》第一至三辑，共收录了自郑天挺、雷海宗先生以下二十一位南开历史学科著名学者的文集，大致可分为三代学人，他们或治中古史、或修中近史、或览欧美文化、或观东洋史实。三代衣钵相继，奠基、传承、发扬，对相关学术方向皆有重要贡献，享誉史林，才有了南开史学近百年的无上荣光。这是一份能激动人心的史学积淀，一份能催人奋进的学脉遗产。

有鉴于此，南开大学历史学科学术委员会决定继续出版此套丛书的第四辑，委托江沛教授主持编务，以持续梳理南开史学的学术史，总结学科名家的高水平成果，向2023年南开史学的百年华诞献礼。

《南开史学家论丛》第四辑入选学者是：中国史学科的郑克晟、白新良、赵伯雄、张分田、杜家骥、乔治忠、许檀、王先明、常建华，世界史学科的杨巨平、李卓教授。十一位学者在各自领域皆有公认的学术成就，其学术活跃期多在20—21世纪之交前后三十年间，同样是南开史学第四代的代表性学者。

从四辑的入选学者名单可以看出，南开史学历经百年发展，先有梁启超、蒋廷黻、刘崇鋐、蔡维藩等先生筚路蓝缕，继有郑天挺、雷海宗先生代表的第二代深耕根基，再经刘泽华、冯尔康先生领衔的第三代发扬光大，继有多为20世纪50年代出生学者扛鼎的第四代学人守正创新，终于成就蔚然之史学重镇。

如今，南开史学百余名教师，秉承"惟真惟新、求通致用"的院训，以高水准的人才培养、求真创新的学术成果，打造出一支公认的实力雄厚、享誉全球的史学群体，努力为探寻中华传统文化、构建人类命运共同体而全力拼搏。

2019年，南开大学提出"4211"发展战略，其中一个"1"，即是建立十个交叉科学中心，努力实现跨学科融汇，强调人文与自然科学两大学科间贯通、协同发展，以服务于国家战略及社会发展需求，这是中外文明交叉科学中心的宗旨所在。在文科率先成立的中外文明交叉科学中心，依托历史学科建设。《南开史学家论丛》第四辑，是一个学术品牌的延续，也是中国史、世界史两大学科成果的总结，凝结了对中外历史与文明的比较及思考。故而第四辑的出版，得到了南开大学中外文明交叉科学中心的资助，在此衷心致谢。

在《南开史学家论丛》第四辑出版之际，衷心感谢著名国画大师范曾先生对本丛书连续四辑的慷慨捐赠和大力支持，他致力弘扬中华优秀传统文化、尊师重道的精神令人敬仰。希望早日迎来第五、六辑的持续出版，让南开史学始终站在历史学的潮头，共同迎接中华民族的伟大复兴。

南开大学历史学科学术委员会
2020年12月12日

目　录

第一章　元明江南士人与明代重赋

试论元末明初江南士人之境遇

一　元代士人的地位

在谈到元末江南士人之前，首先应把元代士人所处的地位略加回顾。而元代士人所处的境况，又必然使我们想起“九儒十丐”。究竟元代士人的地位如何呢？

自成吉思汗建立蒙古政权后，到处东征西讨，武功虽胜，但缺乏长治久安的策略，“所获城邑，即委而去之”，“安业力农，蒙古人未之知也”。[①] 因此谈不上利用士人，发挥他们的某些作用。甚而出现了将儒士作为俘虏，没为奴隶，并对士人加征徭役、横加虐待的现象。据《元史·高智耀传》载：

> 皇子阔端镇西凉，儒者皆隶役。智耀谒藩邸，言儒者给复已久，一旦与厮养同役，非便，请除之。皇子从其言。欲奏官之，不就。宪宗（1251—1259 年在位）即位，智耀入见，言：“儒者所学尧、舜、禹、汤、文、武之道，自古有国家者，用之则治，不用则否，养成其材，将以资其用也。宜蠲免徭役以教育之。”帝问：“儒家何如巫医？”对曰：“儒以纲常治天下，岂方技所得比。”帝曰：“善。

① （明）宋濂等撰：《元史》卷八《世祖本纪五》，北京：中华书局，1976 年版，第 166 页。

前此未有以是告朕者。”诏复海内儒士徭役，无有所与。[①]

可见当时儒士在蒙古统治者的心目中尚不如巫医，也没有人向他们建议应利用士人。该传中又说，当1259—1260年蒙古兵攻占淮蜀时，“士遭俘虏者，皆没为奴”。高智耀奏言：“以儒为驱，古无有也……宜除之”，得到忽必烈的同意。他又“力言儒术有补治道”，经过“反复辩论，辞累千百”，忽必烈才同意“凡免役儒户，皆从之给公文为左验”。[②]

由此可见，尽管《元史·选举志》记载，元太宗窝阔台时期中书令耶律楚材请用“儒术选士”，所得“皆一时名士”，[③]但事实上元朝统治者对士人仍“不务存恤，往往混为编氓”，[④]而“当世或以为非便”，重用士人之主张亦“事复中止”。[⑤]

自忽必烈统一中原后，元朝统治者对士人的态度起了阶段性的变化。“世祖益重儒士，任之以政”，[⑥]“凡有军国大事，必问曰，曾与蛮子（指江南人）秀才商量否”。[⑦] 尤其是在仁宗延祐二年（1315），恢复了开科取士，尽管在科举考试上，对蒙古人及色目人尚有所偏袒，但当时元朝士人的地位总比元初时是有所提高的。

但这一时期，元朝统治者对士人的政策也是有反复的。忽必烈晚期即有所表现，而元顺帝初年秦王伯颜当政时期尤为明显。

据《元史·顺帝纪》载，元统二年（1334）秋七月壬寅，诏：“蒙古、色目人犯盗者免刺”；后至元元年（1335）十一月庚辰，“诏罢科举”，[⑧]三年四月又下诏令“省、院、台、部、宣慰司、廉访司及郡府幕官之长，并用蒙古、色目人。禁汉人、南人不得习学蒙古、色目文字”。[⑨] 叶子奇《草木子》指出：

---

① 《元史》卷一二五《高智耀传》，第3072—3073页。
② 《元史》卷一二五《高智耀传》，第3073页。
③ 《元史》卷八一《选举志一》，第2017页。
④ （元）陶宗仪：《南村辍耕录》卷二《高学士》，北京：中华书局，1959年版，第24页。
⑤ 《元史》卷八一《选举志一》，第2017页。
⑥ 《元史》卷一五七《张文谦传》，第3695页。
⑦ 《南村辍耕录》卷二六《五龙车》，第324页。
⑧ 《元史》卷三八《顺帝本纪一》，第823、829页。
⑨ 《元史》卷三九《顺帝本纪二》，第839页。

> 后至元间(1335—1340),太师秦王伯颜专权变法,谋为不轨……盖其在生,出令北人殴打南人,不许还报。刷马欲又刷子女,天下骚动。[①]

《元史·伯颜传》亦谓,后至元元年,"伯颜赞帝(顺帝)率遵旧章",[②]而其中"罢科举",当然是针对儒士的。

但这种逆流,到了顺帝至正元年(1341)脱脱就任中书右丞相后,即得到更正。《元史·脱脱传》谈到脱脱上台后,"乃悉更伯颜旧政,复科举取士法……中外翕然称为贤相"。[③] 这种局面,一直维持到元末。

可见,元代士人的地位,是与元朝科举取士的兴废及元代的等级制有关联的。正如元代著名学者揭傒斯所言:

> 自(元代)科举废而天下学士大夫之子弟不为农则为工为商,自科举复而天下武臣氓隶之子弟皆为士为儒……仁宗皇帝赫然奋起,宾兴天下贤能而用之,虽刀笔筐箧之末,并欲傅之于士,天下孰不释耒耜而谈诗书,投干戈而从笔砚![④]

因此,元朝对士人的态度,既有笼络及重用的一面,亦有歧视、打击的一面。正如20世纪40年代邵循正教授所指出的:"蒙古人对待文人,虽不算好,但也不像一般人所想象的那么坏,至少比金(朝)还要好。"[⑤]

至于元代的"九儒十丐"之说,清人阮元已根据至元二十五年(1288)在绍兴府学所立的碑文加以反驳,认为"九儒十丐"之目,"知其为不然"。[⑥] 陈垣先生曾指出"十儒九丐"说出于南宋人之诋词,不

---

① (明)叶子奇:《草木子》卷四上《谈薮篇》,北京:中华书局,1959年版,第73页。

② 《元史》卷一三八《伯颜传》,第3338页。

③ 《元史》卷一三八《脱脱传》,第3343页。

④ (元)揭傒斯:《揭傒斯全集·文集》卷四《送也速答儿赤序》,李梦生标校,上海:上海古籍出版社,2012年版,第336—337页。

⑤ 邵循正:《元代的文学与社会》,收入元史研究会编:《元史论丛》(第一辑),北京:中华书局,1982年版,第221页。

⑥ (清)阮元主编:《两浙金石志》卷一四《元世祖免秀才杂泛差役谕旨碑》,杭州:浙江古籍出版社,2012年版,第330页。

足为据。[①] 近人姚从吾教授也在其所著《铁函心史中的南人与北人问题》一文中，特立一目，专述“九儒十丐说的不可信”。[②] 其说甚是。前引邵师文中，也对元朝的“九儒十丐”发表过精辟的见解。他说：“所谓‘九儒十丐’并非当时规定出来的阶级，不过是文人自伤自怜之语，文人一面（对元）愤慨，一面却都热衷。”[③]事实上，“九儒十丐”之词，正是一些失意未降元之文人，见江南士人与元朝勾结，心怀不满，乃以此讽刺之。

元代士人所处的地位，大致如此。

二　元朝对江南士人的优惠政策

1275 年后，忽必烈率兵南征，开始重视士人，提倡汉化。早在 1259 年忽必烈进军彰德时，即召见儒士杜瑛问计。杜瑛说：

> 汉、唐以还，人君所恃以为国者，法与兵、食三事而已。国无法不立，人无食不生，乱无兵不守。今宋皆蔑之，殆将亡矣。[④]

忽必烈听后极高兴，谓：“儒者中乃有此人乎！”[⑤]后来兵下江南后，又“尽求宋之遗士而用之，尤重进士”，凡“朝廷名公卿，皆以宾礼延见”，[⑥]因之在政策上逐步笼络江南士人。例如，到了至元二十九年（1292）六月，湖广潭州（长沙）一官员会同一些“耆老、儒人”集议，认为“江南归附已后一十八年，人心宁一”，因而原来江南的“灯火之禁，似宜宽弛”。这个建议，忽必烈也应允了。[⑦]

元代统治者对江南地主及士人的笼络，具体表现在下面三个

---

① 陈垣：《元西域人华化考》，陈智超导读，北京：中华书局，2016 年版，第 141 页。

② 姚从吾：《铁函心史中的南人与北人的问题》，《食货月刊》1974 年第 4 期，第 123—124 页。后收入姚从吾：《姚从吾先生全集（七）：辽金元史论文（下）》，台北：正中书局，1982 年版，第 193—195 页。

③ 邵循正：《元代的文学与社会》，收入元史研究会编：《元史论丛》（第一辑），第 223 页。

④ 《元史》卷一九九《杜瑛传》，第 4474 页。

⑤ 《元史》卷一九九《杜瑛传》，第 4474 页。

⑥ 《元史》卷一九〇《熊朋来传》，第 4334—4335 页。

⑦ 《元典章》卷五七，刑部卷一九《禁夜·讲究开禁灯火》，陈高华等点校，天津：天津古籍出版社；北京：中华书局，2011 年版，第 1903—1904 页。

方面：

(一)对江南地主征收赋税较轻

据明于慎行《谷山笔麈》卷一二《赋币》条：

> 元平江南，政令疏阔，赋税宽简，其民止输地税，他无征发，以故(江南)富家大族役使小民，动至千百，至今佃户、苍头有至千百者，其来非一朝夕也。①

谈迁《北游录·纪文·上大司农陈素庵书》谈得更为具体：

> 宋时赋征八分，版曹住催其赋。平江(苏州)粟二□万，元人减之仅百万。凡开国刑赋恒轻，衰末刑赋恒重。历代肇兴，并从简约。当元之初，闽、广稍警，旋即安枕，吴、浙宴然。以苦宋(贾似道)公田之累，如释重负，有祝而无诅，则轻徭薄赋，实有以招徕而深结之也。②

文中明确提到了元代江南的赋税较之南宋减轻一半，因而“轻徭薄赋”，“如释重负”，这种政策当然会得到江南地主及士人的拥护。关于元代江南地区赋轻的记载尚多，现在摘录数条，以为说明。据清潘耒《送汤公潜庵巡抚江南序》中所述：

> 自唐以来，(江南)号为殷富，宋时亩税一斗。元有天下，令田税无过亩三升，民大乐业，元统、至元之间(1333—1340)，吴中富盛闻天下……盖吴中之民，莫乐于元。③

明代《万历野获编》的作者沈德符，也曾指出过：“前元取民最轻”，④明末史家朱国桢亦认为，元朝“赋税甚轻，徭役极省”。⑤ 正如

---

① (明)于慎行：《谷山笔麈》卷一二《赋币》，吕景琳点校，北京：中华书局，1984 年版，第 139 页。

② (清)谈迁：《北游录·纪文·上大司农陈素庵书》，汪北平点校，北京：中华书局，1960 年版，第 265—266 页。

③ (清)潘耒：《遂初堂诗集 遂初堂文集 遂初堂别集》之《遂初堂文集》卷九《送汤公潜庵巡抚江南序》，收入《清代诗文集汇编》编纂委员会编：《清代诗文集汇编》第 170 册，上海：上海古籍出版社，2010 年版，第 371 页。

④ (明)沈德符：《万历野获编·补遗》卷二，北京：中华书局，1959 年版，第 849 页。

⑤ (明)谈迁：《国榷》卷一，至正二十三年二月癸酉，张宗祥校点，北京：中华书局，1958 年版，第 300 页。

至元二十八年(1291)十二月,中书省臣所言:"江南在宋时,差徭为名七十有余,归附(元)后一切未征。"[①]看来这些记载虽时间不尽相同,但事实比较吻合,且说的都是江南地区。而"吴中之民",当然既包括地主,也包括士人。

(二)对江南地主兼并土地大加纵容

元朝统治者曾多次下诏蠲免赋税。至元二十年(1283)五月,一次即免江南税粮三分之二。[②] 这种政策当然对江南地主有利。同时,还对江南地主大量隐匿腴田不加干涉,反而包庇。《元史·吴元珪传》谓:

> 江淮漕臣言:"江南殷富,盖由多匿腴田,若再行检覆之法,当益田亩累万计。"元珪曰:"江南之平,几四十年,户有定籍,田有定亩,一有动摇,其害不细。"[③]

至元三十一年(1294),江浙省臣说得更明确:

> 陛下(按:指成宗)即位之初,诏蠲今岁田租十分之三。然江南与江北异,贫者佃富人之田,岁输其租。今所蠲特及田主,其佃民输租如故,则是恩及富室而不被于贫民也。[④]

因此,元朝平定江南后,多次颁布减免赋税,实际都是笼络江南地主的政策,江南地主由隐匿田土及减免赋役,得到了发展。甚至有人提出应认真检核他们隐匿的土地,结果也未实行,唯恐不利于元政府在江南"长治久安"的安定局面。

(三)利用江南士人参政,以示拉拢

元朝统治者笼络江南地主的政策,必然使江南士人对之产生好感,使当时许多士人都参加了元政权,形成了士与吏的结合。由于元代科举取士的制度并不经常,因此江南士人除大部分人迷恋于江南豪族的田野生活外,其中一部分士人即参加了元政权,进入仕途。明初方孝孺谓:

---

① 《元史》卷一六《世祖本纪十三》,第 353 页。

② 《元史》卷一二《世祖本纪九》,第 254 页。

③ 《元史》卷一七七《吴元珪传》,第 4125 页。

④ 《元史》卷一八《成宗本纪一》,第 387 页。

> 元之有天下，尚吏治而右文法。凡以吏仕者，捷出取大官，过儒生远甚，故儒多屈为吏。[①]

然而这种由士人而为吏之人，均属“忠厚洁廉，宽于用法”者，他们虽贵为公卿，但在“郡邑之间者，亦谨言笃行，与其时称”，这样的“士而为吏，宜其可称者众也”。[②] 这些人，是与江南一部分富家豪族为了保持自己固有的权势，与官府勾结，因而“援结大官贵人如平交，气势出守令上远甚”之辈，[③]完全不同的。他们“问民疾苦”，“政迹昭著”，“且及国家利害，斧钺在前，有所不避”，诚“古之所谓豪杰之士”，他们虽在江南官吏中所占不过十之二三，且与权豪有矛盾，但深得当地士人之尊敬。[④] 后来为方孝孺所称道的，正是这类人。

元朝科举制度既不按期举行，又由于江南地主及士人的优渥生活，事实上江南士人登进士的人并不多。据明末吴履震《五茸志逸随笔》卷七载，当时“名士逸民，都无心于仕进”，以至“终元之世，江南登进士者，止十九人而已”。[⑤]

元代在江南笼络士人的策略，同样成效甚大。无科举时，儒为吏者不在少数；恢复科举后，“忘昼夜，废寝食”，终日“搜猎经史，旁入捷出”以求功名者亦有之。[⑥] 甚至一些贪墨鄙吝的庸吏，亦多交接名流，以沽美誉，而对一般的士夫君子则异常歧视。

三　元末士人的生活

元朝政府对江南地主及士人采取了如此优厚的政策，使“天下治平者六七十年”，“诚所谓盛也矣”。[⑦] 因而江南乡绅的生活是安定和奢华的，苏杭地区更是如此。

---

① （明）方孝孺：《逊志斋集》卷二二《林君墓表》，上海：商务印书馆，1935 年版，第 663 页。

② 《逊志斋集》卷二二《林君墓表》，第 663 页。

③ （元）虞集：《道园学古录》卷一五《户部尚书马公墓碑》，上海：商务印书馆，1937 年版，第 265 页。

④ 《南村辍耕录》卷一九《阑驾上书》，第 229 页。

⑤ （清）吴履震：《五茸志逸随笔》卷七，收入四库未收书辑刊编纂委员会编：《四库未收书辑刊》第 10 辑第 12 册，北京：北京出版社，2000 年版，第 202 页。

⑥ 《揭傒斯全集》卷八《刘福墓志铭》，第 458 页。

⑦ 《草木子》卷三上《克谨篇》，第 47 页。

(一)江南地主之奢侈生活

据王应奎《柳南随笔》卷三记载，元末常熟地区富民有曹善诚、徐洪、虞宗蛮三家。而虞氏拥有该县东南之贺舍、花桥、鹿皮弄三大片土地及住宅。到清初时，仍保存“虞氏故迹”。而贺舍即是为了虞家办喜事，“特筑舍以居贺者”。花桥系虞氏之花园原址。而鹿皮弄之由来，系虞家宴庆“杀鹿以食，积皮于其地，弄以此得名”。“弄旁又有勒血沟，每日杀牲以充馔，血从沟出流，涓涓不止。其侈奢如此。”①

又据前引之《五茸志逸随笔》卷七记载，由于元朝“法网疏阔，征税极微”，因而当时僻处海上的松江地区“颇称乐土”，“富民以豪奢相尚，云肩通裹之衣，足穿嵌金皂靴”，江南富室“一家雄踞一乡，小民慑服”，当时都称他们是“野皇帝”，死后建坟，也都俗称“某王坟茔”。②其豪富及宫室逾制的状况，简直不是明清时人所敢想象的。

陶宗仪《南村辍耕录》曾谈到元朝江南地区的园苑盛况。当时惟松江下砂瞿氏所拥有之花园最古，宋人诗句“留题壁间”仍保存可见，“所写诗佳字亦佳”；此外，苏州、嘉兴一带顾姓、陈姓的花园，也颇著名，每年“春二三月间，游人如织”；嘉兴吴氏花园名竹庄，“有池陂数十亩，天然若湖”，园中有水有亭，“构亭水心，潇洒莫比”。这些园苑经过多次战乱，到明初时已“无一存者”。③

(二)元末士人风俗之蒙古化

经过元朝统治者不数十年的笼络政策，元代的江南地区，出现了一种“以豪侈粗戾变礼文之俗”的现象，即江南士人在风俗习惯上趋向蒙古化，而江南士人身上的“宋之遗习，消灭尽矣”。当时为士者已辫发短衣，而且多学习、效仿蒙古人的语言、服饰，为的是能“速获仕进”，④尽快参加元朝政府做官。明人何孟春也谈到过这种情况：

> (元代)悉以胡俗变易中国之制。士庶咸辫发椎髻，深襜胡帽；衣服则为袴褶窄袖及辫线腰褶，妇女衣窄袖短衣，下服裙裳，

---

① (清)王应奎：《柳南随笔 续笔》卷三，北京：中华书局，1983年版，第52页。

② 《五茸志逸随笔》卷七，收入《四库未收书辑刊》第10辑第12册，第202页。

③ 《南村辍耕录》卷二六《浙西园苑》，第329页。

④ 《逊志斋集》卷二二《俞先生墓表》，第662页。

无复中国衣冠之旧。甚者易其姓氏、为胡语,俗化既久,恬不知怪。

因此江南地区之胡俗,已不全限于士人,也包括妇女。从服饰、语言、发型、姓氏、饮食,都有着不小的变化。据何孟春说,在明朝尚延续了"百有余年,胡俗悉复中国之旧矣",可见影响之深。[①]

江南的这种胡俗,在明初宋濂的文字中也有反映。他在《芝园续集》卷四《汪先生墓铭》中谓:"先生壮时,元有天下已久,宋之遗俗,变且尽矣。"[②]既然说是"变且尽矣",当然不是个别现象,而是说蒙古人的风俗在江南地区烙印极深。

方孝孺在其《后正统论》中还说道:

在宋之时,见胡服、闻胡语者犹以为怪……至于元,百年之间,四海之内,起居、饮食、声音、器用,皆化而同之。[③]

当然,这种情况亦有例外,像方孝孺所说的金华俞先生,就是"独率其家以礼,深衣危冠,坐谈古道"。[④] 宋濂所说的汪先生也是"衣冠动作,语言礼度,犹宋人也"。[⑤]

(三)江南士人的文化生活

元代江南的士人,虽一部分人希望做官,但大多数人亦"不必仕宦"而过着优逸的生活。王世贞曾谈过元代浙中士人的生活:

浙中每岁有诗社,聘一二名宿如杨廉夫辈主之,宴赏最厚。饶介之分守吴中,自号醉樵,延诸文士作歌。仲简(张简)诗擅场,居首坐,赠黄金一饼。高季迪白金三斤,杨孟载一镒。后承平久,张洪修撰为人作一文,得五百钱。[⑥]

---

① (明)何孟春:《余冬序录摘抄一》,收入(明)沈节甫辑:《纪录汇编》卷一四八,北京:全国图书馆文献缩微复制中心,1994 年版,第 1582 页。

② (明)宋濂:《宋学士文集》卷六四《芝园续集·汪先生墓铭》,上海:商务印书馆,1937 年版,第 1031 页。

③ 《逊志斋集》卷二《后正统论》,第 54 页。

④ 《逊志斋集》卷二二《俞先生墓表》,第 662 页。

⑤ 《宋学士文集》卷六四《汪先生墓铭》,第 1031 页。

⑥ (清)钱谦益:《列朝诗集小传》甲前集《白羊山樵张简》,上海:上海古籍出版社,2008 年版,第 30 页。

元末著名学者贝琼谈到他客居钱唐时的悠闲生活：

> 至正初，客钱唐，属国家承平无事，而池台苑囿甲于三吴。时与一二宾客往来湖山之间，此一方壶也。[①]

甚至兵乱后，他避居华亭，仍然过着“安居暇食以谈礼乐于干戈之表，亦一方壶也，是非神仙之所得专矣”[②]的隐士生活。当时的江南士人自视颇清高，对当地官吏亦常加讥讽。嘉兴林镛时在江浙行省做官，对一些达官显宦肆意拉拢，每逢宴席，杀鸡宰猪，“品馔甚盛”，而对一般“士夫君子”，招待“不过素汤饼而已”。于是众人乃请黄大痴作画以讽刺之，“讥谑交作”。[③] 当时，江南地方由于海内无事，“士大夫安富贵而养功名”，甚或“上下相蒙，政以贿成”，[④]极尽侈靡享乐之能事。而一些文人雅士亦受此渲染，一片歌舞升平，而不顾其他。元末时，刘基在《牡丹会诗序》中，着重描述了这种景况：

> 甲午(1354)之春，予避地会稽……予尝见世俗之为宴集，大率以声色为盛礼，故女乐不具，则主客莫不黯然而无欢。及夫觞酌既繁，性情交荡，男女混杂，谑浪亵侮，百不一顾。有向隅而不获与群，则愤愤然见于色，形于辞。故始之以笑傲，而终之以斗争。以为有人之心者，无不知恶而绝之也。[⑤]

元末士人的奢华场面及其颓废心境，亦多类此。当然，这种状况的出现，与元末经济繁荣、民生安定有直接关系。

《南村辍耕录》中尚有许多记载江南民俗的史料，其中也与江南士人有关。如卷二七《庄蓼塘藏书》条，谈到松江府上海县藏书数万卷，且多手抄本。至正六年(1346)元朝修宋、辽、金史时，庄尚献于朝。他是当时江南三大藏书家之一。同卷《妓妾守志》条，谈到嘉兴

---

① (明)贝琼:《清江贝先生文集》卷五《云间集・方壶记》，收入《四部丛刊初编》第250册，上海:上海书店，1989年版，第3b面。

② 《清江贝先生文集》卷五《云间集・方壶记》，第3b面。

③ 《南村辍耕录》卷二四《待士鄙吝》，第290页。

④ (明)苏伯衡:《苏平仲文集》卷五《送欧阳公辅序》，收入《四部丛刊初编》第251册，第15a面。

⑤ (明)刘基:《刘基集》卷二《牡丹会诗序》，林家骊点校，杭州:浙江古籍出版社，1999年版，第77页。

富户濮姓以中统钞一千锭娶歌女汪佛奴为妾。卷二八《白县尹诗》条，谈到嘉兴一带妇女，皆“浓妆艳饰”，乃当地“风俗使然”。卷二七《胡仲彬聚众》条，谈到胡仲彬乃杭州城“勾阑中演说野史者，其妹亦能之”，说明当时杭州城内尚有女说书者。卷二八《丘机山》条，谈到松江丘机山其人，宋季元初即说相声，“以滑稽闻于时，商谜无出其右”。[①] 看来元末江南的繁华市镇，即有着众多的民众生活，且江南士人的生活同样是丰富多彩的。

四 元末江南士人之动向及在明初之境遇

元末群雄起兵后，江南地区动乱迭起，原来江南士人的安逸生活受到了冲击，一时的太平盛世，已是一去不复返了。正如钱穆先生所云：

> 元明之际，江浙社会经济丰盈，诗文鼎盛。元廷虽不用士，而士生活之宽裕优游，从容风雅，上不在天，下不在地，而自有山林江湖可安，歌咏宴觞可逃，彼辈心理上之不愿骤见有动乱，亦宜然矣。[②]

但是，面临的动乱当是事实，江南士人究竟何去何从？其动向大致言之，有三种不同的情况。而其元末之动向虽不尽一致，但在明初均相当程度上与朱明政权格格不入，因而遭到朱元璋的打击迫害。

（一）支持张士诚政权，希望“保境安民”

这些人中，可以戴良、王逢作为代表。戴良是浙江浦江人，与宋濂同乡，是元末浙东的著名学者。他有多篇送宋濂的诗文，宋濂也两次为戴良画像作赞，均载戴良所著《九灵山房集》中，说明戴良和宋濂的关系极密切。宋濂著有《浦阳人物志》，戴良曾为之写序，其中认为浦江百里之地，数万人口，“顾独于人物之生，不一而足”。[③] 浦江确

---

① 《南村辍耕录》，第340—341、348、343、347页。

② 钱穆：《读明初开国诸臣诗文集》，《新亚学报》1964年第6卷第2期。后收入钱穆：《中国学术思想史论丛6》，北京：生活·读书·新知三联书店，2019年版，第86页。

③ （明）戴良：《浦江人物记序》，《九灵山房集》卷三，《丛书集成初编》第2092册，北京：中华书局，1985年版，第34页。

实是元末士人荟萃之地，人才辈出。

戴良出身贫寒，他在给自己女儿所写墓志铭中谓：“浦江张氏（按：女儿夫家）居县南，戴氏（自称）居县北……张氏富室，戴氏乃寒门。”[①]他的祖辈及他未在元朝做过官。1358年，朱元璋攻下金华，他与当地士人胡翰等十二人参加过朱的政权，并为朱元璋讲解过经史及治政之道，次年还被朱任命为学正以辅佐之，与宋濂、叶仪等人一起备顾问。朱元璋撤出浙东后，戴良忽自朱军中逸去，并投靠了张士诚。[②] 他的弃朱投张，并非与张有什么特殊关系，不过因为张士诚、张士德兄弟基本继承了元朝对江南地区的宽大政策，也对江南士人比较开通而已。

王逢，字原吉，江苏江阴人，元末著名学者，自称席帽山人，著有《梧溪集》七卷。他在元末曾作《河清颂》，有人向元政府推荐他，他称病辞。他与老友戴良一样，都对元朝有着某些怀念，因此两人一起投奔于张吴政权。戴、王参加张之政权后，除了劝说张士诚避免战祸，维持较安定的局面外，也希望张能反正降元。后来张的降元，正是王逢通过张士诚之弟张士德影响张的结果。《国初群雄事略》卷六载：“士诚之归元，其谋皆出于士德，逢（即王逢）以元之遗老与有谋焉。”[③]

张士诚虽系贩盐出身，但基本继承了元代在江南地区笼络江南士人的政策，对江南士人尽力拉拢，《国初群雄事略》中多有记载，不赘。当时江南士人所以支持张吴政权，并寄希望于张的共有四点：一是“兵不嗜杀”；二是“闻善言则拜”；三是“俭于自奉”；四是“厚给吏禄而奸贪必诛”。这正是“东南豪杰望阁下之可与有为者也”。[④] 因此，元末所以相当多的士人拥护或参加张吴政权，其道理即在于此。反之，张吴的政策不可能满足江南士人的全部要求，所以亦有不少士人

---

① （明）戴良：《亡女张孺人戴氏墓碣铭》，《九灵山房集》卷一五，《丛书集成初编》第2095册，第225页。

② （明）赵友同：《故九灵先生戴公墓志铭》，载《九灵山房集》卷三〇，《丛书集成初编》第2097册，第428—430页；（清）张廷玉等撰：《明史》卷二八五《戴良传》，北京：中华书局，1976年版，第7312页。

③ （清）钱谦益：《国初群雄事略》卷六《周张士诚》，北京：中华书局，1982年版，第160页。

④ 《国初群雄事略》卷七《周张士诚》，第173页。

仅在观望，而并未真正投靠他。即使如此，这些人的思想仍倾向张士诚，希望他“保境安民”。

至正辛丑(1361)，有人向元顺帝推荐，授戴良为中顺大夫，淮南、江北等处行中书省儒学提举。戴良见元朝已无可为，且无法实行其抱负，又见张吴政权亦无希望，于是决心离去。不久即携其侄戴温，泛海至登、莱，在青州居住数年，仍然企图与元朝官吏联系，以对恢复元室有所策划。洪武六年(1373)，因见恢复元朝之事业无何希望，乃隐姓埋名潜回四明山，过着隐居的士人生活。

四明山山清水秀，濒临大海。当时一些儒士故老往往流寓于此，抒发着对朱明政权不满的共同语言。戴良经常与他们“宴集为乐”，“酒酣赋诗，击节歌咏，闻者以为有《黍离》《麦秀》之遗音焉”。[①] 四明山事实上也已成为江南士人及元之遗老遗少怀念故国的据点，当然也引起了朱元璋的注意。戴良在四明山隐居期间写了不少诗词，内中除了留恋元朝外，也缅怀友人，其中即包括回族诗人丁鹤年，载《九灵山房集》中。

洪武十五年，朱元璋表面上仍礼聘戴良至南京，“试文辞若干篇，命大官给膳留会同馆”，一时明廷内之“名公巨卿，见无虚日，甚或以师礼事之”。[②] 戴良均以老病固辞。第二年，戴良终于被迫自杀，年六十七。至于王逢，当张士诚失败后，朱元璋屡欲招之，他则“坚卧不起，隐上海之乌泾，歌咏自适”。[③] 他和戴良一样，过隐居生活凡二十年，死于洪武二十一年。钱谦益在评论王逢时谓：

> (王逢)有《梧溪诗集》七卷，记载元、宋之际人才国事，多史家所未备。余尝跋其后云：“原吉为张氏画策，使降元以拒台，故其游昆山怀旧(指元)伤今(指明)之诗，于张楚公(士诚)之亡，有余恫焉。”[④]

---

① 《故九灵先生戴公墓志铭》，载《九灵山房集》卷三〇，第 429 页；《列朝诗集小传》甲前集《九灵山人戴良》，第 15 页。

② 《故九灵先生戴公墓志铭》，《九灵山房集》卷三〇，第 429 页。

③ 《明史》卷二八五《王逢传》，第 7313 页。

④ 《列朝诗集小传》甲前集《席帽山人王逢》，第 14 页。

《新元史》卷二三八《王逢传》曰："逢与戴良，皆眷眷有故国之思云。"[①]说明两人很有相似之处，最后又以殉元的结局而告终。

除了王逢，元末陈基的情况亦颇类似。

陈基字敬初，浙江临海人，与其兄同受业于义乌黄溍。后随黄至京师，被元政府授为经筵检讨。曾代人写奏章，力陈元顺帝及后之失，元顺帝拟罪之，乃避居家乡。张士诚起事后，又投靠张，参预军事，张士诚称王，陈基大加反对，几为张所杀。张士诚与朱元璋争战时，陈基曾代张书写檄文，指斥朱军。明统一后，张之部下多被杀，独陈基得免。明初他曾参加修《元史》，卒于洪武三年。关于陈基指斥朱元璋之文，李慈铭《越缦堂读书记》中曾有评述：

> 至于龙凤丙申(1356)七月记张士德之擒，载临海陈敬初(基)诗云："一望虞山一怅然，楚公曾此将楼船；间关百战捐躯地，慷慨孤忠骂寇年。"楚公即士德元所赠者，寇指明太祖也。[②]

(二)不参加张吴政权，对朱明政权亦无好感

其中以杨维桢为代表。杨维桢字廉夫，浙江诸暨人，元末署天台尹。由于秉性耿直，得罪了上司，十年不调任。后来才升江西儒学提举，而江南已兵乱，乃避居富春山。当元朝修辽、金、宋史时，杨维桢曾作《正统辨》千言，得到修史总裁称赞。杨是元末著名文人。当他避居钱塘时，张士诚累以厚币招之，杨均拒绝。后来张又派其弟士信亲自登门造访。杨乃撰"五论"具书复张士诚，反复告以顺逆成败之说，张亦未采纳。后被张强邀至姑苏，适逢元朝使者以御酒送张处。杨遂赋诗曰："江南岁岁烽烟起，海上年年御酒来；如此烽烟如此酒，老夫怀抱几时开。"张士诚强留不住，乃放其归家。[③] 但他又得罪了元朝官吏，于是由苏州徙居松江。由于他在元末江南地区的固有威望，故"海内荐绅大夫与东南才俊之士，造门纳履无虚日。酒酣以往，笔墨横飞。或戴华阳巾，披羽衣坐船屋上，吹铁笛，作《梅花弄》。或

---

① 柯劭忞撰：《新元史》卷二三八《王逢传》，收入《元史二种》，上海：上海古籍出版社，2012年版，第920页。

② (清)李慈铭：《越缦堂读书记》(重编本)，由云龙辑，上海：上海书店出版社，2000年版，第985页。

③ 《国初群雄事略》卷七《周张士诚》，第174页。

呼侍儿歌《白雪》之辞，自倚凤琶和之”，宾客皆“蹁跹起舞”，以为“神仙中人”。

杨维桢对朱明政权亦无好感。洪武二年，朱元璋“以维桢前朝老文学”，特派翰林詹同“奉币诣门”，请杨编纂礼乐书籍。杨维桢说：“岂有老妇将就木，而再理嫁者邪?”加以拒绝。第二年朱又派人敦促成行，杨乃作赋一首，名《老客妇谣》以答之。其中道：“皇帝竭吾之能，不强吾所不能则可，否则有蹈海死耳。”朱元璋知他不能勉强，乃同意。后来杨维桢被请到南京居留一百一十天，将所纂之叙例编排完毕，“即乞骸骨”，以求保住老命。宋濂曾为之赠诗云：“不受君王五色诏，白衣宣至白衣还。”杨归家不久即卒，年七十五。①

陶宗仪也属于这类的江南士人。字九成，浙江黄岩人。曾参加元末科举，一试不中即弃去，“务古学，无所不窥”。随后即出游浙东、西，师事诸名师。至正时，浙帅泰不华等推荐他任官，“皆不就”；张士诚请他任官，“亦不赴”。洪武四年，朱元璋“诏征天下儒才”，别人都推荐他，他亦“引疾不赴”。② 不愿做官，是江南士人孤傲的表现，当时类似这样的江南士人，亦为数不少。

（三）参加了朱明政权，且为明朝建立著有功勋者

这中间可以宋濂、刘基为代表。宋濂和刘基“皆起东南，负重名”，朱元璋且将宋濂列为开国文臣之首，功勋卓著。洪武初，又主持修《元史》，充总裁官。宋于洪武十年致仕，始终未获封爵。洪武十三年，他的孙子宋慎坐胡惟庸党，他也几乎被杀，幸赖马皇后力救，方才保住老命，远徙茂州。后年还是自杀而死，年七十三。《国榷》引朱国桢的话称：

> （宋）先生既不自名，世亦无有名之者，汶汶至今，良可叹息。太祖劳其身以忧天下，切齿于人之不仕者，御制班班可考。先生二十余年鱼水之交，鞠躬尽瘁，死而后已，自其职分。末年引疾，实拂圣心，若有意避远，并子孙亦杜仕籍，恐天威一振，全族皆沉，欲徙死于夔，其可得哉！俗儒之哀。吾不欲之闻之矣！

---

① 《明史》卷二八五《杨维桢传》，第7308—7309页。

② 《明史》卷二八五《陶宗仪传》，第7325页。

谈迁则深为感叹:“悲哉！仕宦真畏途也。”[①]

宋濂致仕后,不满情绪溢于言表,多次反映在他的著述中。元朝原来的著名文臣危素参加明政府后,始终遭到朱元璋之揶揄,最后被迫害致死。宋濂在为危素所写的墓碑铭中,叙述危素之生平事迹,其中悉用至正纪年,不用干支。特别应提到的是,其中有“二十八年闰七月,元顺帝北奔”之语。[②] 至正二十八年(1368)即洪武元年,而宋濂不奉正朔,这同样是江南士人不满朱明政权、怀念元朝的一种反映,不过较隐晦而已。另外,宋濂还在《揭君墓志铭》中,有至正“二十八年,逾太行至燕都……七月十八日顺帝宵遁”之语,[③]同样表达了这种情绪。前引钱穆先生文章,亦谈到此问题。他对明初陈旅、欧阳元、刘基等人在为《宋学士集》所作序中称元为“本朝”,感到不解,并认为“明初诸臣不忘胡元,真属不可思议之尤矣”。这些“诸臣”主要是指江南人士。

刘基的情况与宋濂虽小有不同,但其爵位不过被封为诚意伯,禄仅二百四十石,较之明初开国武臣,不可同日而语。他对元朝江南文化之兴盛亦推崇备至,这可从他的文集中得到说明。他在《诸暨州重修州学记》中写道:“国家(指元朝)自混一以来,以仁泽施于民,涵濡养育,蕃衍滋息,可谓庶且富矣。”此文作于至正十五年(1355),时江南已趋动乱。因此,刘基又说:“今(江南)乃至相率而为盗,庸非典教者失其职耶?”[④]刘基对元末统治者对江南士人之“仁泽”始终难以忘怀,事实上当时元在江南的统治已趋崩溃。又如他在《苏平仲(伯衡)文集序》中写道:

> 元承宋统,子孙相传,仅逾百载,而有刘、许、姚、吴、虞、黄、范、揭之俦,有诗有文,皆可垂后者,由其土宇之最广也。[⑤]

类似的议论尚多,不赘。

---

① 《国榷》卷七,洪武十四年五月甲辰,第 602、603 页。

② 《宋学士文集》卷五九《故翰林侍讲学士中顺大夫知制诰同修国史危公新墓碑铭》,第 975 页。

③ 《宋学士文集》卷六三《元故秘书少监揭君墓碑》,第 1022 页。

④ 《刘基集》卷三《诸暨州重修州学记》,第 121 页。

⑤ 《刘基集》卷二《苏平仲文集序》,第 89 页。

朱元璋下集庆后，曾邀请刘基参加明朝政权，他未同意，后来朱元璋通过句容人孙炎，贻书于刘基数千言，方始依归于朱元璋。[①] 明初建国不久，刘即告老还乡。

五　丁鹤年与元代回回之汉化及在明初之境遇

（一）丁鹤年与元代回回人之汉化

丁鹤年系回回，他的曾祖父阿老丁及其弟乌马儿，都是元初的巨商。由于阿老丁、乌马儿对忽必烈进军西北支援过大批军饷，功勋卓著，元朝统一中国后，以功授官，阿老丁年老不愿仕，特赐田宅，留京奉朝请，乌马儿授宣慰使，后升甘肃行省中书左丞。丁鹤年的祖父苫思丁曾任临江路达鲁花赤，父职马禄丁则任武昌县达鲁花赤。

丁鹤年父亲死时，他才 12 岁。本来回回的风俗不重厚葬，对丧事远不如汉人之繁琐，仅是服丧期间禁止用酒而已。但丁鹤年因受汉化较深，主张应依汉人葬礼，"乃服斩衰三年"，并且做到"仍八年不饮酒"。他一心发奋读书，"厉志为学"，精通《诗》、《书》、《礼》三经。早在武昌时，他即已蒙得楚地大儒豫章周怀孝的青睐与器重，"且欲同归豫章，而妻以爱女"。丁鹤年则以母老辞，表示要成为清苦儒士，对仕途不感兴趣。有人劝他身为"贵家子"，为何"不效祖父为官人"？他回答说："吾宗固贵显，然以文学知名于世者恒少。吾欲奋身为儒生，岂碌碌袭先荫，苟取禄位而已耶！"[②]丁鹤年的诗颇负重名，编为《丁鹤年集》。陈垣先生《元西域人华化考》曾从由儒入佛、文学、礼俗等方面详细考证丁鹤年的汉化，可参考。丁鹤年之兄弟辈均受儒家文化影响很深，"俱业儒，伯氏之登进士者三人"，[③]其兄吉雅谟丁、爱

---

① （清）黄之隽等纂：乾隆《江南通志》卷一五三《人物志·忠节一》，台北：华文书局，1967 年版，第 2571 页。

② （明）戴良：《高士传》，《九灵山房集》卷一一，收入《四部丛刊初编》第 243 册，第 151—152 页。

③ （明）戴良：《鹤年先生诗集序》，载（元）丁鹤年撰，（明）戴稷编次：《丁鹤年集》，上海：商务印书馆，1937 年版。该序署为至正甲午（十四年，1354）作，按陈垣先生考证，当系至正丙午（二十六年，1366）。该序又见《九灵山房集》卷一三，题《鹤年吟稿序》，与此稍有异同。陈垣先生认为《诗集序》为初稿，《吟稿序》为定稿。（参见陈垣：《元西域人华化考》卷四《文学篇》，第 74—76、143 页）

理沙均能诗，在《丁鹤年集》后附有两人诗若干首；即如其姊月娥亦通经史，娴礼法，丁鹤年幼时读书，且出于月娥口授。[①] 可见，丁鹤年一家充满着儒家的色彩。

丁鹤年是回回，但元代西域人的汉化相当普遍。戴良在《鹤年先生诗集序》中曾指出，元代西域人汉化的过程，是各族人民长期融合、“文轨日同”的结果，他说：

> 我元受命，亦由西北而兴。西北诸国若回回、吐蕃、康里、畏吾儿、也里可温、唐兀之属，往往率先臣顺，奉职称藩。其沐浴休光，沾被宠泽，与京国内臣无少异。积之既久，文轨日同，而子若孙，遂皆舍弓马而事诗书。至其以诗名世，则贯公云石、马公伯庸、萨公天锡、余公廷心其人也……此数公者，皆居西北之远国，其去豳秦，盖不知其几千万里，而其为诗，乃有中国古作者之遗风，亦足以见我朝王化之大行，民俗之丕变，虽成周之盛莫及也。[②]

陈垣先生指出：“元人主中国不及百年，色目人醉心华化，日与汉字相接触，耳濡目染，以书名当世者大不乏人”，[③]也是说的这种情况。因此在元代出现的西域人汉化的这个重大转变，是具有普遍意义的，不仅如丁鹤年之回回然。

对造成这一状况的原因，陈垣先生认为：“由此可见色目人(按：当然包括回回)之读书，大抵在入中国一二世以后。其初皆军人，宇内既平，武力无所用，而炫于中国之文物，视为乐土，不肯思归，则惟有读书入仕之一途而已。”[④]但“武力无所用”，未必一定会出现“惟有读书入仕之一途”。如果没有元朝对江南士人的“宽疏”政策，没有造成这种“读书入仕”的客观环境，那么西域人的汉化速度，是不会这样快的。

(二)丁鹤年在元末明初之境遇

1352年，徐寿辉起义军下武昌，年仅十八的丁鹤年携其母来到江南，避居镇江。不久母病死，鹤年“盐酪不入口者五年”，以孝闻，故有“丁孝子”之美号。后又避居四明，“或旅食海乡，为童子师；或寄食

---

① 《元西域人华化考》卷七《女学篇》，第136—137页。

② (明)戴良：《鹤年先生诗集序》，载《丁鹤年集》，序第1页。

③ 《元西域人华化考》卷五《美术篇》，第87页。

④ 《元西域人华化考》卷二《儒学篇》，第18—19页。

僧舍，卖药以自给"，生活甚为艰难。这时的浙东也不平静，兵戈四起，方国珍起义军在这里盘踞，对色目人大加排挤、打击。丁鹤年在无可奈何下，过着"逃匿海岛""转徙无常"的流徙生活。①

戴良在至正末年写的《鹤年先生诗集序》中说：

> （丁鹤年）遭时兵乱，逃隐海上，邈不与世接，凡幽忧愤闷、悲哀痛苦之情，一于诗焉发之……但一篇之作，一语之出，皆所以寓夫忧国爱君之心，愍乱思治之意，读之使人感愤激烈，不知涕泗之横流也……第以祖宗涵煦百年之久，致使遐方绝域之诗，俱得系之天子之国。而鹤年之所以著明王化民俗之盛……将遂泯无闻矣，不亦重可悲乎。②

可见，丁鹤年在元末兵乱之时，所作诗歌不但"皆所以寓夫忧国爱君之心，愍乱思治之意"，以抒发"幽忧愤闷、悲哀痛苦之情"，而且还"著明王化民俗之盛"。戴良在这里为元代"涵煦百年"之久的文化将"泯无闻矣"而感到悲哀，这自然也是丁鹤年的悲哀。

及至元亡，丁鹤年"饮泣赋诗，情词凄恻"，③"兴亡之感，一托于诗，悱恻缠绵，眷眷然不忘故国，瞿宗吉《归田诗话》所称：'行踪不异枭东徙，心事惟随雁北飞'"，其诗集中《逃禅室与苏生话旧》等诗都反映了他的故国之思。④ 他与好友戴良诗歌唱还，缅怀老友，留恋元朝，共同抒发对故国的哀思。如戴良在《寄鹤年》中写道：

> 衡门之下可栖迟，且抱遗经住海涯。
> 东汉已编高士传，西方仍诵美人诗。
> 衰年避地方蓬转，故国伤心忽黍离。
> 天末秋风正萧瑟，一鸿声彻暮云悲。⑤

虽然这种情调不尽可取，但从当时的社会背景视之，仍然占有一定的地位，有一定的合理性。

---

① （明）戴良：《高士传》，《九灵山房集》卷一一，第 152—153 页。

② 《鹤年先生诗集序》，《丁鹤年集》，序第 1—2 页。

③ 《明史》卷二八五《丁鹤年传》，第 7313 页。

④ （清）永瑢等撰：《四库全书总目》卷一六八《集部 · 别集类二一》，北京：中华书局，1987 年版，第 1456 页。

⑤ 《九灵山房集》卷二九，第 411 页。

清人全祖望说："鹤年以朝不坐燕不与之身，岂有故国故君之托寄！况又出自西域，非有中原华伐之系望，乃欲以藜床皂帽支持一代之星火，其亦间世之豪杰也已！"[①]他对丁鹤年的故国之思感到不理解。实际上，丁鹤年之"不忘故国"，不仅是由于他"家世仕元"，[②]还由于他对元代"王化民俗之盛"的留恋。《丁鹤年集》中有《送月侍郎定江浙赋税还大都》一诗，作于元时，系"代杭城父老作"，开篇就称颂元朝"戈甲三边静，车书四海同；时平尚文治，策士明光宫"，并称颂月侍郎的风采，接着说："力役均平赋敛轻，去者讴歌来鼓舞"，"目击盛事，岂容缄默"而为之讴歌，"生逢舜日当尧天"，八十老翁"茅檐击壤歌丰年"，[③]可见丁鹤年不但对元代的文治称颂不已，对元代江南的轻赋政策也视为"盛事"，反映了江南地主和士人的利益诉求。这正是丁鹤年与戴良这样的江南士人结为好友并共同缅怀元朝的思想基础，[④]在某些方面，丁鹤年的思想和情感已与江南士人一脉相通。

丁鹤年及其他西域人之崇尚儒学，是元朝之一代潮流，原不足怪。但《明史·丁鹤年传》说他"晚学浮屠法"。[⑤] 按丁鹤年卒于明永乐年间，元亡时才33岁，尚为中青年，不得谓为晚年。而戴良《高士传》《鹤年先生诗集序》及乌斯道《丁孝子传》对学佛一事均无明文，因此丁鹤年之由儒入佛当在入明以后。原来"回回与浮屠绝不相入"，丁鹤年在入明后由儒学佛，颇值得注意，陈垣先生指出，这一现象"与环境极有关系"，并对此详加考证，认为"鹤年之依佛，殆一种避祸不得已之苦衷，暂行遁迹空门而已"，并以丁的许多诗为例，说明"一种恐怖忧患之情，溢于言表，何与于禅！无怪乎曰'寄黄昏'、'暂逃禅'耳……皆足证明其始非有真知灼见必须学佛，不过借此苟全性命耳"。[⑥]

---

① (清)全祖望:《海巢记》，收入丁生俊编注:《丁鹤年诗辑注》，天津:天津古籍出版社，1987年版，第308页。

② 《明史》卷二八五《丁鹤年传》，第7313页。

③ 《送月侍郎定江浙赋税还大都》，载《丁鹤年集》卷一，第3页。

④ 除戴良外，丁鹤年与江南士人过往甚密，唱和颇多，《丁鹤年集》中可知为江南士人的尚有鄞县倪仲权，余姚叶敬，定海章处士，西湖林一贞，天台潘允章，天台吴处士，余姚滑伯仁、宋无逸，鄞江张孟善，四明陆秀才、蔡士廉、胡处士，鄞县鲍秀才、乐仲本、盛子旸，慈溪孙原，四明董氏等。

⑤ 《明史》卷二八五《丁鹤年传》，第7313页。

⑥ 《元西域人华化考》卷三《佛老篇》，第49—51页。

陈老见解非常精辟，可谓不移之论。但丁之学佛谈禅从另一角度看，恐怕也与当时朱元璋崇尚佛教有关。朱元璋即位后，“颇好释氏教，诏征东南戒德僧，数建法会于蒋山，应对称旨者辄赐金襴袈裟衣，召入禁中，赐坐与讲论”，如吴印、华克勤等人“皆拔擢至大官，时时寄以耳目”，“由是其徒横甚”，“谗毁大臣，举朝莫敢言”。当时李仕鲁以辟佛自任，触怒朱元璋，“命武士捽搏之，立死阶下”。[①]《万历野获编》卷二七《释教盛衰》条亦称：“我太祖崇奉释教，观宋文宪（濂）《蒋山佛会记》以及诸跋，可称至隆极重。”[②]

尽管丁鹤年从未在元朝做过官，在元末也未依附任何政权，但他身为回回，又时时对元朝怀故国之思，与江南士人过从甚密，在朱元璋不但对江南士人大肆打击，还对“回回人禁例甚严，行止皆不得自由”的情况下，[③]丁鹤年“暂行遁迹空门”，乃是借朱元璋崇佛的社会环境，“殆一种避祸不得已之苦衷”，这不仅是必要的，而且是必须的，因为这样确实可以逃避官府一些人的耳目，借以“苟全性命”。

总之，元末的江南士人，不论伊始依附张吴政权的，还是参加朱明政权的，乃至超脱于元末群雄之间的，他们都在相当程度上怀念元朝，而与朱明政权格格不入。这与元朝对江南地主及江南士人的“宽疏”政策有关。[④] 张士诚重视江南士人的作用，重用文人；他的割据自保的保守战略，正符合江南士人“保境安民”的需要，因而得到他们的支持。因此，江南士人在元末时期的影响，不容低估。朱元璋建立明王朝后，采取种种措施，打击江南士人，不论江南士人在元末政治态度如何，他们在明初之境遇，“或死或徙，无一存者”，[⑤]或被迫害致死，不得善终；或隐居田野，不谈国事以自保；或遁入佛门以避祸，借以苟全性命。戴良在隐居四明山时，曾作《岁暮感怀》四首，其一曰：

---

① 《明史》卷一三九《李仕鲁传》，第 3988—3989 页。

② 《万历野获编》卷二七《释道・释教盛衰》，第 679 页。

③ （清）纳兰性德：《渌水亭杂识》卷四，载《笔记小说大观》第 16 册，扬州：江苏广陵古籍刻印社，1983 年版，第 386 页。按该书引丁鹤年诗作“行踪不定枭东徙，心事惟随燕北飞”。

④ 参见拙著《明代政争探源》第一章《江南地主在元朝的地位》，北京：故宫出版社，2014 年版，第 7—25 页。

⑤ 《清江贝先生文集》卷一九《横塘农诗序》，第 3b 面。

移家东海上，汩没度危时。
草市腥红鲍，民居杂岛夷。
衣冠随俗变，姓字畏人知。
保己无深计，翻言命可疑。

言明戴良之隐居乃是“汩没度危时”。诗中有“民居杂岛夷”之句，“岛夷”通常指外国，说明四明山集居着各族人民，甚至包括原来从事海外贸易的外国人，如阿拉伯人及日本人等。他们在明初同样遭到朱元璋的禁锢，也和丁鹤年一样避居海岛，同时也恢复了汉人的衣冠。前引何孟春《余冬序录》云，元代江南地区人民“胡俗变易中国之制……我太祖心久厌之，洪武改元，乃诏悉复(汉人)衣冠”。戴良在诗中还说“衣冠随俗变，姓字畏人知”，不但道出了他们当时之处境，也说明了恢复汉人衣冠是戴、丁所非常不满意的。这种情绪和处境在戴良的《自述》中流露得非常明显。其中道：

事业此生休，遑遑今白头。
一年看又尽，数口转多忧。
醉忆山公骑，寒悲季子裘。
妻儿重相见，说著也堪羞。①

戴良写出“保己无深计，翻言命可疑”，“事业此生休，遑遑今白头”这样的诗句，可以想见他心情之沉痛而无可奈何。他对恢复元朝的事业及遥想江南士人的欢乐安定局面，已丧失信心，并知是完全不可能了。这里说的不仅是戴良本人，恐怕处于当时的一些江南士人及丁鹤年等人的情况，也是如此吧！这正是元末的江南士人在明初之境遇。

在这种情况下，一些尚获生机的江南儒生，怀念元朝的江南太平景象，不是很自然的吗？

(本文系《元末的江南士人与社会》《论戴良与丁鹤年》两文合并而成，前文原载《南京大学学报》1989年社会史专辑；后文原载《庆祝王钟翰教授八十五暨韦庆远教授七十华诞学术论文合集》，黄山书社，1999年版)

---

① (明)戴良：《九灵山房集》卷二七《岁暮感怀》《自述》，第388页。

论高启与魏观：再论元末明初江南士人之境遇

洪武七年(1374)高启与魏观被杀，明清以来多归诸高启写诗讥讽，魏观在张士诚宫殿旧址兴建府治，触怒太祖，因而兴大狱。先父郑天挺教授在日记中提到，他曾看高启《大全集》，发现诗文中有许多空白，他疑刊印者为了避祸，故意将高启集中有反讽意味的诗文隐去。此事一直存留于笔者脑海中，想追寻其究竟，但郑先生所看之版本，已模糊不清，而现在所整理之高启诗文集，也无人提及此事。适逢郑先生诞辰110周年，就此追寻相关史料，并结合本人以前对此问题的一些思考，草此小文，一则以纪念郑先生，二则也是解答笔者的一个疑问。

一 《明太祖实录》所载魏观之事

魏观(1305—1374)，字杞山，元末隐居读书，有才学。洪武初，侍太子读书，后为太常卿、礼部主事。《明太祖实录》对于魏观之事，记载甚多，几乎他的每次升迁或者贬官，实录上都有记载。《明太祖实录》中有关魏观的史料，具体有如下七条：

洪武三年(1370)七月丙申，以太常卿魏观为翰林侍读学士，唐肃为翰林应奉。①

---

① 《明太祖实录》卷五四，洪武三年七月丙申，台北："中研院"历史语言研究所，1962年校勘本，第1061页。

洪武三年九月丙申，“诏翰林侍读学士魏观：自今太庙祝文止称孝子皇帝，不称臣。凡遣太子行礼，止称命长子某，勿称皇太子，著为令”。①

洪武三年十二月甲子，“以翰林侍读学士魏观为国子祭酒，编修宋濂为国子司业”。②

洪武四年(1371)八月己亥，“降国子祭酒魏观为江西龙南县知县，司业宋濂为安远县知县。坐考祭孔子礼稽缓故也”。③

洪武四年十一月己未，“召龙南知县魏观、安远知县宋濂还京师，以为礼部主事”。④

洪武五年(1372)三月庚申，以礼部主事魏观为苏州府知府。⑤

洪武六年(1373)三月乙卯，“升苏州府知府魏观为四川行省参政，未行，命仍知苏州。观，字起山，武昌蒲圻人，初以文学荐为国子助教，历浙东提刑按察司佥事，吴元年迁两淮都转运使，入为起居注。三年正月升太常卿，七月转翰林侍读学士，十二月拜国子祭酒。四年八月以考祭孔子礼不以时，奏贬为龙南知县。甫至官，召还为礼部主事。五年三月出知苏州府，深惩陈宁苛酷之弊，一以宽厚为政，明教化、正风俗，郡中翕然。至是，升四川参政未行，上以苏州大郡，政务繁剧，非其人不可使理，于是复命观还郡”。⑥

魏观并非跟随朱元璋出生入死、建功立业的开国功臣，乃是元末的一位文人，吴元年方入为起居注，此后才在朱元璋身边任职，后来，官阶最高时，也只任翰林侍读学士，最终为苏州知府。可见，他并非最重要的大臣，最多也只能说是个中级官吏，但是《明太祖实录》对其官职的变化，在洪武三年(1370)到六年(1373)四年时间里，皆一一评述，竟有七条史料，实是特例。最后一条，洪武六年三月乙卯，“升苏州知府魏观为四川行省参政，未行，仍命知苏州”。此处竟然加入一段魏观生平事迹的史料，乃是魏观的小传。此处并非记载魏观之死，

---

① 《明太祖实录》卷五六，洪武三年九月丙申，第1094页。

② 《明太祖实录》卷五九，洪武三年十二月甲子，第1151页。

③ 《明太祖实录》卷六九，洪武四年八月己亥，第1265页。

④ 《明太祖实录》卷六九，洪武四年十一月己未，第1288页。

⑤ 《明太祖实录》卷七三，洪武五年三月庚申，第1338页。

⑥ 《明太祖实录》卷八〇，洪武六年三月庚申，第1452—1453页。

却加上魏观的小传，非常令人奇怪。要说《明太祖实录》加小传之例，应是官员卒时，盖棺论定之际，才会有的。而魏观却在将其重新任命为苏州知府时，加上小传，而此后则再无魏观史事，最为重要的被杀一案，竟然一字未提，实在是反常之极。撰修实录者，在此加上小传，是否暗示魏观不久即被杀？可是，却无一言，其反差之大，不能不说出人意料。其原因何在？是撰修实录者同情魏观与高启？还是修史者为太祖隐讳？可见在撰修或者改修《明太祖实录》之际，对于魏观与高启被杀一案，至少是心存疑虑的，故而略去不提。但是也正因此，更激起了我们探讨此案的好奇心，也就是说此案发生原因为何，还是颇值得探究的。明末清初，谈迁编《国榷》时，也与《明太祖实录》同例，想必是也无法找到其他史料，所以也沿袭《明太祖实录》之例，对于魏观与高启之被杀，也就略而不谈了。《明太祖实录》曾经几次修改，初修情况如何，现难以获知，不过不载魏观与高启被杀一案，其中必有蹊跷。想必实录的撰修者与修改者对于魏观与高启被杀，亦有同情，抑或是有难言之隐。

二　高启的个性及明初士人心态

高启（1336—1374），字季迪，号青丘子，长洲（今江苏苏州）人。魏观尽管也是文人出身，在明初官场上则是位兢兢业业的官员。高启与他颇不一样。洪武二年（1369）高启被征入朝，参修《元史》。修史完毕，命教授诸王，又被授予户部右侍郎，但是高启终不愿为官，次年，即坚辞归里。《明史·高启传》曰：

> 高启，字季迪，长洲人。博学工诗。张士诚据吴，启依外家，居吴淞江之青丘。洪武初，被荐，偕同县谢徽召修《元史》，授翰林院国史编修官，复命教授诸王。三年秋，帝御阙楼，启、徽俱入对，擢启户部右侍郎，徽吏部郎中。启自陈年少不敢当重任，徽亦固辞，乃见许。已，并赐白金放还。①

高启在朝中任职不足两年，即辞官归里，原因固然是多方面的，但与高启个性则不无关系。史籍中，并无多少史料谈及高启个性，不

---

① 《明史》卷二八五《高启传》，第 7328 页。

过，在高启诗文中，能够清楚地感受到他那种向往无拘无束、自由洒脱的个性。他曾在一首咏雁的词中这样写道：

> 木落时来，花发时归，一年又年。记南楼望信，夕阳帘外；西窗惊梦，夜雨灯前。写月书斜，战霜阵整，横波潇湘万里天。风吹断，见两三低去，似落筝弦。
>
> 相呼共宿寒烟，想只在、芦花浅水边。恨呜呜戍角、忽催飞起；悠悠渔火，长照愁眠。陇塞间关，江湖冷落，莫恋遗粮犹在田。须高举、教弋人空慕，云海茫然。①

此词立意高远，表达着一种不受拘束，羡慕"芦花浅水边"的生活。但其实高启并非一个没有志向的人，诗文中也有表现他很高志向的诗句，他在《念奴娇·自述》词里说："壮志平生还自负，羞比纷纷儿女。酒发雄谈，剑增奇气，诗吐惊人语。"②可见他的志向不仅仅是"诗吐惊人语"，而且是颇有"壮志"的。尽管如此，却不愿为官府效力，他在《青丘子歌》中自称："有剑任锈涩，有书任纵横，不肯折腰为五斗米，不肯掉舌下七十城。"③可见，他身怀绝技，但并不愿为官府卖命，不肯为五斗米折腰，乃是志节极高的人，从中也能窥见高启辞官的一些原因。

而他辞官归里之际，写过两首《始归田园》的诗，诗曰：

> 辞秩还故里，永言遂遐心。岂欲事高骞，居崇自难任。清晨问田庐，荒蹊尚能寻。秋虫语左右，翳翳桑麻深。别来几何时，旧竹已成林。父老喜我归，携榼来共斟。闻知天子圣，欢然散颜襟。相期毕租税，岁暮同讴吟。
>
> 白露芜草木，荒园掩穷秋。归来一芟理，始觉吾庐幽。高柳荫巷疏，清川映门流。落日望禾黍，离离满西畴。乍归意自欣，策杖频览游。名宦诚足贵，猥承惧愆尤。早退非引年，皇恩未能酬！相逢勿称隐，不是东陵侯。④

---

① （明）高启：《高青丘集·高青丘扣舷集》之《沁园春·雁》，（清）金檀辑注，徐澄宇、沈北宗点校，上海：上海古籍出版社，2013年版，第970页。

② 《高青丘集·高青丘扣舷集》之《念奴娇·自述》，第963页。

③ 《高青丘集》卷一一《青丘子歌》，第433页。

④ 《高青丘集》卷七《五言古诗·始归田园》，第292页。

这两首诗乃是模仿陶渊明《归园田居》的诗，第一首写他归家时家乡的变化以及父老乡亲的欣喜之情，他告诉乡亲朝中的一些情况。所谓“闻知天子圣，欢然散颜襟。相期毕租税，岁暮同讴吟”，乃是写乡亲父老听了高启的描述，对朝中的一种态度。高启归家之际，自然不能说朝中的坏话，只能尽可能地说些漂亮话，使父老乡亲感觉皇上圣明、天下太平，故而要“相期毕租税”。第二首诗则着重描述他辞官归里的欣喜之情，所谓“乍归意自欣，策杖频览游”，归里之后，就迫不及待地在家乡附近随处逛逛，呼吸那自由清新的空气，表达一种摆脱羁绊、重回自由的心境。接看即言归里原因，乃是“名宦诚可贵，猥承惧愆尤。早退非引年，皇恩未能酬”，高官厚禄固然也是很吸引人的，但是若做不好，就可能获罪，早早地辞官归里，并非为了清静延年，实际上是为了避祸，也就无法顾及报答皇帝的天恩了。这里表达的既有一定意义上的真实原因，也有一点反话意味。

他之所以急急辞官归里，还是担心身在朝中不得安宁。在《酬谢翰林留别》诗中曰：“并命超列卿，宠极翻忧惊。”①明确地表示了他被破格提拔，心存恐惧。在《效乐天》中更明确地描述了他辞官归里的原因，其曰：“辞阙是引退，还乡岂迁逐……功名如美味，染指已云足。何待厌饱余，肠胃生疢毒。请看留侯退，远胜主父族。我师老子言，知足故不辱。”②所谓功名利禄，如同美味一般，尝尝即可，不可食不知足，以致肠胃生病。早早退归乡里，免得将来受辱。与其提心吊胆地为官，不如辞官自由自在地生活，非常生动地反映了高启的心境。尽管当时大明帝国刚刚建立，朱元璋还未曾对江南士人采取什么惩处的手段，但是身为江南士人的高启还是感受到了新朝的不一般。

焦竑在《玉堂丛语》中，有一段记载高启的史料，对于我们认识高启的个性可以提供一些借鉴。他说：

> 高启，字季迪，吴郡人。少孤力学，能诗文，好权略，每论事，辄倾其座人。元季张士诚开府平江，文士响臻。启独依外舅周仲达，居吴淞江之青丘，歌咏自适而已。时饶介之、丁仲容以词

① 《高青丘集》卷七《酬谢翰林留别》，第290页。

② 《高青丘集》卷七《效乐天》，第293—294页。

学自雄，旁睨若无，见启诗大惊，礼为上客，启恬然不以屑意也。洪武初，与修《元史》，授翰林编修。一日薄暮，上御阙楼，召见启，大悦，擢户部右侍郎。辞罢去，仍赐内帑金，给牒放还。启身长七尺，具文武才，于书无所不窥，为文喜辩博，驰骋上下，精采焕发，而于诗尤工，与按察使杨基、翰林待制张羽、布政使徐贲，号吴中四杰，皆有集行于世。①

其论高启不仅"能诗文"，而且善言谈，有见识，"好权略，每论事，辄倾其座人"，可见，高启是个潇洒豪放之士，诗文俱佳，好臧否人物，善议论时政。而对于他的诗文，评价甚高，"具文武才，于书无所不窥，为文喜辩博，驰骋上下，精采焕发"，正是这样的个性，在洪武初年，尽管于朝中为官，但备感局促，故而坚辞归里，以追求一种自得其乐的生活。

事实上，高启的这种心境，并非特例，而可以说是当时江南士人的一种普遍心态。钱穆先生在《读明初开国诸臣诗文集》中说："（明初）当时群士大夫之心情，乃及一时从龙佐命诸臣，其内心所蕴，乃有大不如后人读史者之所想象。""旧朝已覆，新朝已兴，在当时士大夫心中，亦似乎茫然不知，漠然无动。"②钱谦益在《列朝诗集小传》中评价明初诸人之诗，就大大地描绘了明初士人心态的问题。

刘基是朱元璋的左膀右臂、最为重要的开国功臣之一，明初以后，他的诗风大变，钱谦益说："乃其为诗，悲穷叹老，咨嗟幽忧，昔年飞扬硉矹之气，澌然无有存者，岂古之大人志士义心苦调，有非旂常竹帛可以测量其浅深者乎！呜呼，其可感也。"③刘基的诗风进入明朝以后，有了很大的改变，引得钱谦益也发感慨。开国功臣尚且如此，其他一般的士人就更是不同了。

王逢（1319—1388），字元吉，江阴人。元至正中作《河清颂》，称疾辞。洪武中，以文学征，坚卧不起，隐居上海之乌泾，歌咏自适，自

---

① （明）焦竑：《玉堂丛语》卷七《任达》，顾思点校，北京：中华书局，1981年版，第243页。

② 钱穆：《读明初开国诸臣诗文集》，《新亚学报》1964年第6卷第2期。

③ 《列朝诗集小传》甲前集《刘诚意基》，第13页。

称席帽山人。他的诗歌则完全是遗民的心态，钱谦益评之曰："前后《无题》十三首，伤庚申之北遁，哀皇孙之见俘，故国旧君之思，可谓至于此极矣……或言犁眉公（刘基）之在元，筹庆元，佐石抹，誓死驰驱，几用自杀。佐命之后，诗篇寂寥，彼其志之所存，与原吉（王逢）何以异乎？呜呼，皋羽之于宋也，原吉之于元也，其为遗民一也。然老于有明之世二十余年矣，不可谓非明世之逸民也。"①将刘基与王逢的心态看成一样，都是元朝移民的心态。

戴良，字叔能，浦江人。通经、史百家暨医、卜、释、老之说。学古文于黄溍、柳贯、吴莱。曾任职于朱元璋军中，后逸去，归张士诚。洪武间，变姓名隐居。他的诗歌每每神伤故国，"良自元亡后，不忍忘故国旧君，酒酣赋诗，击节歌咏，闻者壮而悲之"。② 后明朝征用戴良，"十五年召至京师，试以文，命居会同馆，日给大官膳，欲官之，以老疾固辞，忤旨。明年四月暴卒，盖自裁也"。③ 戴良宁可自杀，也不愿在洪武朝中为官。

可见，高启那种心态并非特例，而是具有一定的代表性的。但是为何会产生这种心态呢？尽管当时朱元璋还未兴大狱，但是对于江南士人的政策，从一开始就显示其暴戾严苛的一面。

元朝统一以后，国家安宁，经济发达。《草木子》载："元朝自世祖混一之后，天下治平者六七十年，轻刑薄赋，兵革罕用；生者有养，死者有葬；行旅万里，宿泊如家，诚所谓盛也矣。"④而作为经济中心的江南，"胜国时，法网疏阔，征税极微。吾松僻处海上，颇称乐土……一家雄踞一乡，小民慑服，称为野皇帝，其坟至今称为某王坟茔"。⑤ 可见，朝廷征税极低，老百姓生活安宁富足，江南地主势力得以发展壮大。

元末红巾起义开始后，盐商张士诚霸占苏松江南地区，对于江南士人采取笼络态度。钱谦益《国初群雄事略》称："士诚迟重寡言，欲以好士要誉，士有至者，不问贤不肖，辄重赠遗，舆马、居室，无不充

① 《列朝诗集小传》甲前集《席帽山人王逢》，第 14—15 页。

② 《列朝诗集小传》甲前集《九零山人戴良》，第 15 页。

③ 《明史》卷二八五《戴良传》，第 7312 页。

④ 《草木子》卷三上《克谨篇》，第 47 页。

⑤ 《五茸志逸随笔》卷七，收入《四库未收书辑刊》第 10 辑第 12 册，第 202 页。

足。”[①]笼络江南士人，“盖张（士诚）氏据有浙西富饶地，而好养士，凡不得志于前元者，争趋附之，美官丰禄，富贵赫然”。[②] 江南士人多得张士诚重用。“元之始乱，张士诚据苏州，恐众不附，大结人心，引士类为己用”。[③] 可见，张士诚很得江南士人之心。

张士诚据吴时，还在至正二十二年（1362）及二十六年（1366）两次于浙江行省举行乡试，网罗江南人才，因此博得避难江南的元官及江南地主的拥护。当时江南地主所以支持张士诚政权，并寄希望于他，计有四点：“兵不嗜杀，一也；闻善言则拜，二也；俭于自奉，三也；厚给吏禄，而奸贪必诛，四也。”[④]正因此，在朱元璋与张士诚抗衡之际，江南士人皆依附张士诚，为其出谋划策，致使朱元璋攻打苏州，久攻不下。有史料曰：张士诚“为政宽简，吴人爱之，有肖其象而祀之者。城困三载，民皆为王死守，无叛志。太祖使人徇于城下，父老荷戈答曰：‘吾糠秕犹足支数年，岂降汝乎？’”[⑤]朱元璋对此耿耿于怀，在大明帝国建立以后，他一反元末以来的轻徭薄赋政策，对苏、松、嘉、湖等江南地区，实行严苛的重赋政策。

洪武三年（1370）九月庚戌，“户部奏苏、松、嘉、湖四府官民田租不及六斗者，请输京仓；六斗以上者，输镇江瓜洲仓。上令租之重者于本处仓收贮，余皆令输入京”。[⑥] 负担之重，几无以复加。洪武七年（1374）之际，朱元璋自己亦觉得江南赋税太重，因而下令减免，“上以苏、松、嘉、湖四府近年所籍之田租税太重，特令户部计其数，如亩税七斗五升者，除其半，以苏民力”。[⑦] 这种重赋政策，造成了严重的后果，江南百姓生活清苦，而且原本繁华的江南经济变得十分萧条。陆容《菽园杂记》载：

---

① 《国初群雄事略》卷七《周张士诚》，第 184 页。

② 《国初群雄事略》卷八《周张士诚》，第 206 页；参见拙著《明代政争探源》，第 26—36 页。

③ （明）胡翰：《胡仲子集》卷九《韩复阳墓碣》，《丛书集成初编》第 2109 册，北京：中华书局，1985 年版，第 135—136 页。

④ 《国初群雄事略》卷七《周张士诚》，第 173 页。

⑤ 支伟成辑：《吴王张士诚载记》卷五《吴王张士诚传》，上海：泰东书局，1932 年版，第 3a 面。

⑥ 《明太祖实录》卷二六，洪武三年九月庚戌，第 1098 页。

⑦ 《明太祖实录》卷八九，洪武七年五月癸巳，第 1577—1578 页。

苏州自汉历唐，其赋皆轻，宋元丰间，为斛者止三十四万九千有奇。元虽互有增损，亦不相远。至我朝止增崇明一县耳，其赋加至二百六十二万五千九百三十五石。地非加辟于前，谷非倍收于昔，特以国初籍入伪吴张士诚义兵头目之田，及拨赐功臣，与夫豪强兼并没入者，悉依租科税，故官田每亩有九斗、八斗、七斗之额，吴民世受其患。洪武间，运粮不远，故耗轻易举。永乐中，建都北平，漕运转输，始倍其耗。由是民不堪命，逋负死亡者多矣。①

重赋之同时，对于江南富户又多迁居临濠等地，洪武三年六月辛巳，"上谕中书省臣曰：'苏、松、嘉、湖、杭五郡，地狭民众，细民无田以耕，往往逐末利而食不给。临濠，朕故乡也，田多未辟，土有遗利，宜令五郡民无田产者，往临濠开种，就以所种田为己业，官给牛种舟粮以资遣之，仍三年不征税。'于是徙者凡四千余户"。② 这对于江南是双重打击，致使江南经济受到重挫，一蹶不振。《寓圃杂记》载："吴中素号繁华，自张氏之据，天兵所临，虽不被屠戮，人民迁徙实三都、戍远方者相继，至营籍亦隶教坊。邑里潇然，生计鲜薄，过者增感。正统、天顺间，余尝入城，咸谓稍复其旧，然犹未盛也。"③一直到天顺年间，民力还是未能恢复。

作为江南精英阶层的江南士人，其所受到的打击，更是多重的。重赋与迁徙，他们都无法逃避，何况更有政治上的迫害。朱元璋，特别是他的儿子朱棣，有意培植北方地主势力，使得朝中官员南北分明，明人王世贞即慨叹"其南北人之异任，盖自古所无者"。④ 朱元璋还制定一些刻意歧视江南士人的法令，即如，"高皇帝制直隶苏、松二郡人不得官户部。永乐中，皇太子监国，请以江西人给事中王高为户部侍郎，不许。正统末，吉水周忱拜户部尚书，仅数日而改工部，以后

---

① (明)陆容：《菽园杂记》，北京：中华书局，1985年版，第59页。

② 《明太祖实录》卷五三，洪武三年六月辛巳，第1053页。

③ (明)王锜：《寓圃杂记》卷五《吴中近年之盛》，张德信点校，北京：中华书局，1984年版，第42页。

④ (明)王世贞：《弇山堂别集》卷一六《南北大臣之异》，魏连科点校，北京：中华书局，1995年版，第302页。

虽巡抚衔亦避之”。[①] 这是朱元璋制定的歧视苏松与江南士人的一条怪令，因为户部乃是掌管朝中钱财之地，不用苏松与江浙人，恰表现出其不被信任。

在这样一种政治氛围与经济迫害的状况之下，像高启等江南士人的心态就自然可以理解了，他们正是在政治上不得志，在经济上受到制约，故而心态上无法和新朝合作，进而怀念起元朝来了，从而使朱明新朝与江南士人的关系更趋紧张，魏观与高启之狱得以发生。

三　魏观与高启之狱

文章一开头就提到，对于魏观与高启之被杀，明清以来有很多人关注，由此也就衍生出来很多说法。[②] 尤其是涉及高启，他是明初诗坛“四杰”之首，在明代文学史上占有十分重要的地位，因而引起更多人的关注。

有关此狱，一种流行的说法乃是高启写诗惹祸。此惹祸之诗乃是高启的《宫女图》和《画犬》，诗曰：

> 女奴扶醉踏苍苔，明月西园侍宴回。小犬隔花空吠影，夜深宫禁有谁来？[③]

> 独儿初长尾茸茸，行响金铃细草中。莫向瑶阶吠人影，羊车半夜出深宫。[④]

此二诗到底讥刺何事？沈北宗作《高青丘集》前言时，引清人吴乔《答万季野诗问》言：“太祖破陈友谅，贮其姬妾于别室，李善长子弟有窥觇者，故诗云然。李、高之得祸，皆以此也。”[⑤]也就是说，朱元璋

---

① 《弇山堂别集》卷七《苏松江浙人户部带衔》，第126页。

② 今人关注此问题的文章亦不少，主要有房锐：《明初魏观之狱试探》（《社会科学家》2004年第2期，第152—154页）；吴士勇：《“魏观案”探析：兼论诗人高启》（《苏州大学学报》2005年第4期，第72—75页）；刘民红：《高启死因新探》（《盐城师范学院学报》2006年第2期，第56—61页）；刘民红：《明初“魏观案”新论》（《江南大学学报（人文社会科学版）》2006年第5期，第55—57、60页）等等。其他讨论高启，间接涉及此案的文章就更多，恕不一一列举。

③ 《高青丘集》卷一七《宫女图》，第725页。

④ 《高青丘集》卷一八《画犬》，第773页。

⑤ 《高青丘集》之沈北宗《前言》，第2页。

将陈友谅姬妾处于别室，而李善长子弟"窥觇"，高启写诗讥讽，使得高启与李善长皆因此得祸。清人金檀集注时，引钱谦益《列朝诗集》注曰："据《吴中野史》载：'季迪因此诗得祸，因引《昭示》诸录，及豫章罪状为证。'此皆在后之事，难以牵引，惟《诗综》所注，或有为而作，亦未可知。"[①]此处乃是引证钱谦益之怀疑，但后来，钱谦益对于自己的这个说法又有修正，他说："《吴中野史》载季迪（高启）因此诗得祸，余初以为无稽，及观国初《昭示》诸录所载李韩公（李善长）诸子侄小侯爰书，及高帝手诏豫章侯罪状，初无隐避之词，则知季迪此诗盖有为而作。讽谕之诗，虽妙绝古今，而因此触高帝之怒，假手于魏守之狱，亦事理之所有也。"[②]因此钱谦益最终认同此说法，因为高启写此诗触怒太祖，后假手魏观之狱，将其处死。这种说法流传甚广，看起来也似乎合乎情理。

清人赵翼《瓯北诗话》卷八也赞同此说法，认为高启《宫女图》讥刺太祖，"明祖闻而衔之，故及于祸"。又曰："（高启）谢事归里，适魏观守苏，甚礼遇启，启不得已，为其上客，遂连蹇以死，则青丘似专为魏观所累。"[③]

其实，这种说法有个致命的弱点，说李善长、高启之得祸皆因此事，即便有国初《昭示》诸录之史料，还是相当牵强，因为高启被腰斩于洪武七年，而李善长则是洪武二十三年（1390）以胡惟庸党获罪，谓其罪状乃是：以元勋国戚，知逆谋不举，狐疑观望，心怀两端，大逆不道，连其妻女弟侄家口七十余人一律处死。朱元璋手诏条列其罪，传著狱辞，为《昭示奸党三录》布告天下。即便提及此事，也只是一种附带的罪行，而不可能是归诸主要的罪状，因为实在是太过离奇。事实上，这种说法也起了朱彝尊的批评，其《静志居诗话》云："此则不类明初掖庭事，二诗或是刺庚申君而作，好事者因之傅会也。"[④]是否有事

---

① 《高青丘案》卷一七《宫女图》，第725页。

② （清）钱谦益辑：《列朝诗集》，上海：生活·读书·新知三联书店上海分店，1989年版，第112页。

③ （清）赵翼：《瓯北诗话校注》，江守义、李成玉校注，北京：人民文学出版社，2012年版，第358页。

④ （清）朱彝尊：《静志居诗话》卷三，姚祖恩编，黄君坦校点，北京：人民文学出版社，2006年版，第65页。

实根据，尚且值得怀疑，而所论之事，又颇离奇，因而不可将这种传闻看得过重。

清修《明史》高启本传，则兼采两种说法，曰："启尝赋诗，有所讽刺，帝嗛之未发也。及归，居青丘，授书自给。知府魏观为移其家郡中，旦夕延见，甚欢。观以改修府治，获谴。帝见启所作上梁文，因发怒，腰斩于市，年三十有九。"①

《明史》的说法较为客观。朱元璋原本很想重用高启，《元史》撰修完毕，就破格提拔，委以重用，但是高启不但不知感恩，还辞官归里。从情感上讲，会引起朱元璋的不快。而当时江南士人多有不愿在新朝为官的，加上江南士人与张士诚的亲密关系，故而朱元璋在内心肯定对高启不满，又风闻其有讥讽之诗，故而心生厌恶之感。但是如果没有魏观一案，也许高启不至于被腰斩。

前面提到魏观是个兢兢业业的官员，朱元璋把他派到苏州任职，乃是委以重任的，因为朱元璋对于苏州一直不很放心。魏观的前任陈宁，"征赋苛急，尝烧铁烙人肌肤，吏民苦之，号为'陈烙铁'"，②故而被罢。魏观抵任，惩苛政、正风俗，三年之间，地方大治。他原本是文人出身，身处文明渊薮的苏州，因而延揽地方名士，如王彝、高启、杨茂、张羽等皆一时之选，群集于衙，兴礼乐教化。高启与魏观原本有所往来，现在更是经常唱和。有关地方事务，魏观也会征求高启的意见。但是魏观的这种做法，并非朱元璋所愿看到的。高启不愿朝中为官，却愿意为魏观出谋划策，当然更令朱元璋不快。而真正引起朱元璋大开杀戒的则是魏观在张士诚旧址上兴建府治。《殿阁词林记》卷六载：

> (洪武)七年，(魏)观以旧治为士诚窃据，且郡多水患，乃修府浚河，以壮士观，以资民利。御史张度诬其兴既灭之基，遂与高启等俱获罪。上悔之，命所在致祭，皇太子、诸王哀赙有加，乃归瘗于蒲圻灯窝山。③

① 《明史》卷二八五《高启传》，第7328页。

② 《明史》卷三〇八《陈宁传》，第7909页。

③ (明)黄佐、廖道南编：《殿阁词林记》卷六《廱学·侍读学士拜祭酒魏观》，《丛书集成续编·史部·传记类·专录之属》第37册，上海：上海书店，1994年版，第105页。

《明史·魏观传》亦言："初，张士诚以苏州旧治为宫，迁府治于都水行司。观以其地湫隘，还治旧基。又浚锦帆泾，兴水利。或谮观兴既灭之基。帝使御史张度廉其事，遂被诛。帝亦寻悔，命归葬。"①其罪行乃是"兴既灭之基"，这是朱元璋最为敏感的。而高启所写的上梁文中，又有"龙盘虎踞"之言。与张士诚相关的一切事情，即便是在张士诚早已去世的明初，朱元璋都会极其敏感，而魏观与高启之所作所为，更令朱元璋怒不可遏，最终兴大狱。按照《殿阁词林记》与《明史》的说法，不久，朱元璋冷静下来后，"悔之"，反映了朱元璋性格上的捉摸不定，于是又想法弥补，不仅使魏观归葬老家蒲圻，而且令"皇太子、诸王哀赙有加"使魏观得以妥善安葬。或许《明太祖实录》不载魏观被杀一事，也正是为朱元璋隐讳的一种表现吧。

朱元璋性格上的反复无常，也为解读此案提供了一种新的视点。试想如果魏观不是在苏州，而是在别的地方，即便兴建了过度的建筑，可能也不会被处死。因为苏州是江南重镇，也是朱元璋一直提防的地方，经济上实行重赋政策，政治上以迁徙策略，尽可能地将敌对势力予以打击和分化，同时对于江南士人既施以笼络，又加以高压政策。就是在这样一个敏感地方，又发生了这样一件敏感的事情，故而最终就发生这样的惨案。所以此案是多重原因造成的，将其归结为高启诗歌之讥刺，或者只是修治府治这一具体事例，看不到背后深层的原因，都是无法令人信服的。而朱元璋的这种处罚，对于魏观本人是不公平的，因为他是位兢兢业业的官员，也是颇受民众拥戴的官员。当尘埃落定之后朱元璋清醒过来，终于感觉自己过于苛求，量刑过重，魏观不至于死，故而命官致祭，归葬本土，《实录》不书，恐怕正是我们理解本案一个新的视角。

（原载《南开学报（哲学社会科学版）》2009 年第 4 期）

---

① 《明史》卷一四〇《魏观传》，第 4002 页。

明代重赋出于政治原因说述论

早在1935年，梁方仲先生在《近代田赋史中的一种奇异制度及其原因》一文中，指出明代“东南田赋之重”系“一极不合理的事实”，并举苏松地区重赋为例加以研究。其重赋的原因，梁先生认为政治上是明太祖愤东吴人民为张士诚死守而重其赋，在历史上东南地区的官田从宋元时代就多，而在经济上该地区比较优越富庶等。[①]

除了极少数学者认为“苏松地区根本不存在重赋问题”外，对苏松重赋的原因，从明清至今学者之论述极多，不乏高论，撮其要者：有谓朱元璋怒吴民附张士诚以惩一时之顽者；有谓江南重赋是由于朱元璋打击豪强地主所造成者；另有谓江南重赋乃由于宋元时期该地区本已重者；又有谓该地区明代官田甚多，官田本身必然赋重者；亦有谓系出于明朝统治者财政之需要者；还有谓苏松重赋是由于当地经济繁荣，是经济发展的结果。众说纷纭，莫衷一是。然明代重赋现象不止出现于苏松地区，在江西、陕西等地区也产生了重赋问题。如果通盘考察这些地区的重赋现象，明代重赋的原因或许能够得到一个较为圆满合理的解释。笔者此文，即试就此略加申说。

---

① 梁方仲：《近代田赋史中的一种奇异制度及其原因》，《大公报》1935年2月22日，《史地周刊》第23期。后收入氏著《梁方仲经济史论文集》，北京：中华书局，1989年版，第10—16页。

一　明代苏松地区的重赋

(一)元朝在苏松地区赋税不重

明代苏松地区的重赋是否系沿袭元代而来？元代苏松地区的赋税是否已经很重？自明初以至清代的江南文人多有论说，他们的回答是否定的。明初叶子奇《草木子》称：

> 元朝自世祖混一之后，天下治平者六七十年，轻刑薄赋，兵革罕用；生者有养，死者有葬；行旅万里，宿泊如家，诚所谓盛也矣。①

叶子奇系元末明初的江南士人，在浙西与宋濂、刘基齐名。但他不为朱元璋所喜，仅做个巴陵县主簿这样的小官，也还入了狱，备受迫害。他在书中怀念元朝的情绪是显见的，但元代赋轻则是事实。万历初年华亭人范濂记述元、明两代松江田赋的情况，说："元入中国……赋虽轻，不足法也"，他站在明朝的立场上，认为元朝是"以貉道治天下"，然未否认元朝赋轻。② 万历后期秀水人沈德符虽然与范濂一样认为元朝的做法"固不可法"，也不得不承认："前元取民最轻。"③

元代江南不仅赋税较轻，农民所负徭役亦较宋代为少。《元史》卷一六《世祖本纪十三》至元二十八年(1291)十二月壬申，中书省臣言：

> 江南在宋时，差徭为名七十有余，归附(元朝)后一切未征。④

这不仅是元初的记述，即在元末的情况亦复如此。谈迁在《国榷》中引朱国桢话曰：

> 又其时赋税甚轻，徭役极省，侈汰狂惑，酿成臃肿之势，于是

① 《草木子》卷三上《克谨篇》，第47页。

② (明)范濂：《云间据目抄》卷四《记赋役》，奉贤褚氏重刊铅印本，1928年版，第1面。

③ 《万历野获编》卷二《岁入》，第849页。

④ 《元史》卷一六《世祖本纪十三》，第353页。

群盗叠起，几遍天下。[1]

清初史学家谈迁曾就宋、元二代在苏松地区的征赋数目加以比较，以说明此问题，并指出元代统治者实行这一政策的目的。他说：

> 宋时赋征八分，版曹住催其赋。平江(苏州)粟二□万，元人减之仅百万……当元之初，闽、广稍警，旋即安枕，吴、浙宴然。(苏松人)以苦宋公田之累，如释重负，有祝而无诅，则轻徭薄赋，实有以招徕而深结之也。[2]

(二)明朝在苏松地区确实重赋

明代苏松赋税之重，在全国首屈一指。谈迁曾引述正德、嘉靖时上海人陆深对明初全国和苏松税粮的计算：

> 国初总计天下税粮，共二千九百四十三万余石，浙江二百七十五万二千余石，苏州二百八十万九千余石，松江一百二十万九千余石。浙当天下九分之一，苏赢于浙，以一府视一省，天下之最重也。松半于苏，苏一州七县，松才两县，较苏之田四分处一，则天下之尤重者，惟吾松也。[3]

这种记载在明清时期甚多，毋庸一一引述。

明代苏松重赋当然也是与元代江南地区赋轻相比较而言。明中叶时叶盛在其《水东日记》曾引述景泰时长洲民杨芳之说，其言曰：

> 长洲民杨芳，景泰中尝以十事上巡抚邹都御史，其“均税额”以为：“……元耶律楚材定天下田税，上田亩三升，中田二升五合，下二升，水田五升。我朝天下田租亩三升、五升、三合、五合。苏、松后因籍没，依私租额起税，有四五斗、七八斗至一石者。苏在元，粮三十六万，张氏百万，今二百七十余万矣。”[4]

成化时太仓人陆容在其《菽园杂记》中则称：

---

① 《国榷》卷一，至正二十三年二月癸酉，第300页。

② 《北游录·纪文·上大司农陈素庵书》，第265—266页。

③ 《国榷》卷七，洪武十三年三月壬辰，第586页。

④ (明)叶盛：《水东日记》卷四《苏松依私租额起税》，魏中平点校，北京：中华书局，1980年版，第37—38页。

> 苏州自汉历唐，其赋皆轻，宋元丰间(1078—1085)，为斛者止三十四万九千有奇。元虽互有增损，亦不相远。至我朝止增崇明一县耳，其赋加至二百六十二万五千九百三十五石。[①]

(三)明清学者论江南重赋原因在于张士诚抵抗朱元璋

明代学者对苏、松、嘉、湖重赋系朱元璋“怒其为张士诚守”的原因是有所避讳的，大多闪烁其词。如范濂只说：

> 国初籍没土豪田租，有因张氏义兵而籍入者……有司概以租额起粮，每亩四五斗、七八斗至一石以上者……故洪武受命，天下咸称得所。而苏松独流移载道，良有以也。[②]

上引《菽园杂记》亦称苏松赋重，“特以国初籍入伪吴张士诚义兵头目之田，及拨赐功臣，与夫豪强兼并没入者，悉依租科税，故官田每亩有九斗、八斗、七斗之额，吴民世受其患”。[③]

万历时期的学人王士性，在其所著《广志绎》谈到苏松重赋的原因时这样说道：

> 苏、松赋重，其壤地不与嘉、湖殊也，而赋乃加其什之六。或谓沉没(沈)万三时，简得其庄佃起租之籍而用之起赋；或又谓张王(士诚)不降之故，(明太祖)欲屠其民，后因加赋而止，皆不可晓。[④]

他是明末之人，点出了由于吴民拥戴张士诚，朱元璋怒而加苏松民重赋，但还是不愿深说，只说“皆不可晓”。

明代也有史籍指明苏松重赋的原因是当地百姓归附张士诚抵抗朱元璋。如弘治、正德时长洲人祝允明《野记》说：

> 吴中……太祖愤其城久不下，恶民之附寇，且受困于富室，而更为死守，因令取诸豪族租佃簿历付有司，俾如其数为定税，

---

① 《菽园杂记》卷五，第59页。

② 《云间据目抄》卷四《记赋役》，第1b面。

③ 《菽园杂记》卷五，第59页。

④ (明)王士性：《广志绎》卷二，吕景琳点校，北京：中华书局，1981年版，第32页。

故苏赋特重，盖惩一时之弊。[①]

明末吕毖《明朝小史》则明确指出：

帝平吴后，愤其城久不下，恶民之附张氏，且受困于富室，而更为死守，令取豪族租田簿付有司，俾如其数为定税，故苏赋特重。[②]

到了清代，首先揭露明代苏松地区重赋原因的是清初史学家谈迁。他在《国榷》中说：

上（按：指朱元璋）恶吴民殉守张士诚，故重其科。时天下田租亩三升三合五勺，苏松等至七斗五升。苏额：元三十六万石，张氏百万石，明历减尚二百七十余万石。[③]

谈迁的话当然是有根据的。乾隆时苏州人顾公燮《丹午笔记》亦称：

明太祖恨苏松人为张士诚守城，抗拒二年有余。士诚国破，将户籍焚毁无稽。太祖即取沈万三家租簿定额，格外加赋。每亩完粮七斗五升，其重十倍……民困不堪。[④]

同时长洲人沈德潜（确士）《浮粮变通议》中亦说：

明祖怒吴民之附强寇（按：指张士诚）以守城而重其赋。[⑤]

清人潘耒（次耕），吴江人，曾对吴中地区的赋税做过一番总结。他指出：

自唐以来，江南号为殷富。宋时亩税一斗；元有天下，令田税无过亩三升，吴民大乐业，元统、至元之间（1333—1340），吴中

---

① （明）祝允明：《野记》，《丛书集成初编》第2801册，上海：商务印书馆，1936年版，第35页。

② （明）吕毖：《明朝小史》卷一《洪武纪·鱼鳞册》，载《玄览堂丛书初辑》第19册，台北：正中书局，1981年版，第92页。

③ 《国榷》卷七，洪武十三年三月壬辰，第585—586页。

④ （清）顾公燮：《苏松粮重之由》，收入苏州博物馆等编：《丹午笔记 吴城日记 五石脂》，南京：江苏古籍出版社，1985年版，第67页。

⑤ （清）陆燿辑：《切问斋文钞》卷一五，清道光四年甲申（1824）重镌本，第18a面。

富盛闻天下。自明初没入张氏故臣及土豪田，按其私租籍征之，亩至八斗，而民始困……盖吴中之民，莫乐于元，莫困于明，非治有升降，田赋轻重使然也。①

潘耒为顾炎武的学生，是清初著名学者，《明史·食货志》的最初撰稿人，掌握资料极为丰富。“莫乐于元，莫困于明”，正是他对宋、元、明几代在江南征赋情况的总结。《明史·食货志二》所述，“惟苏、松、嘉、湖，怒其为张士诚守……按私租簿为税额”云云，②亦与潘耒所言相符。

二　明代江西重赋

（一）元末江西属陈友谅管辖

元末江西一部分地区为陈友谅占据，属陈友谅势力范围。明初朱元璋统一后，陈友谅部下的残余势力在江西、湖广始终存在，对明政权多有威胁。顾炎武《天下郡国利病书》引《九江府志》曰：

陈氏之余，聚族而居洪上下者，阻而逋盗，悍而犯禁，轻而易动。③

所谓“洪上下者”，当指南昌周围，隋、唐、宋曾在此设置洪州，别称洪都，1362年朱元璋尝在此置洪都府，次年即改南昌府。同书又引嘉靖、万历间人郭造卿《处置柯陈议》一文，谈及陈友谅残余势力的情况：

湖广武昌之兴国与咸宁，及江西九江、瑞昌、宁州、武宁为

① （清）潘耒：《送汤公潜庵巡抚江南序》，《切问斋文钞》卷一五，第17a面。按：潘耒此序中尚有一段亦极重要。他说：“永乐中定都北京，民始有转输之烦，加耗自倍。其初止官田赋重耳，民田亩税不过五升，其轻自若也。至嘉靖中并官民田，一切以三斗起科，而民重困。”是嘉靖后苏松民田亦与官田一样赋重。难怪顺治二年，钱谦益等江南士大夫向清帅多铎迎降时，首先就提出减江南重赋。（清）叶绍袁：《启祯记闻录》卷五，甲申年闰六月初二日条载：江南“士民相订同具呈本府及总督军门，请减吴郡重赋”云云。（《启祯记闻录》卷五，上海：商务印书馆，1911年版，第4b面。）

② 《明史》卷七八《食货二》，第1896页。

③ （清）顾炎武：《天下郡国利病书》，黄坤等校点，上海：上海古籍出版社，2012年版，第2642页。

> 邻，而飞龙山最险，惟有一路可入。柯氏世据其巅，本伪汉酋长之裔也。柯凡三族，共数千人，而陈氏亦巨族，助虐聚党为逋逃，主分其群于长江、洞庭、鄱阳间行劫，名挂二藩，案牍如山，有司莫之谁何，因循互阁，恐激之而叛，第包荒以延岁月耳……然其酋不能擒者，四五十余年。[①]

这种情况在《明神宗实录》也有记载：

> 湖广兴国州与江西瑞昌县接界。先是，瑞昌民柯宗旦、宗礼等，寄居兴国，置买田产，历年梗化为害。[②]

明末朱国桢《涌幢小品》亦称：

> 湖广兴国州，南接江西瑞昌县，陈友谅袭其地，改为路，封子陈三将军守之。国初平汉，其遗孽改姓柯氏，与部曲谈、吴、王三家通，居兴（国）、瑞（昌）连界之所。子孙蕃衍，跋扈不执，劫略占夺，逋负钱粮，莫敢如何。[③]

陈友谅遗党在江西、湖广的势力，有明二百余年始终未衰。直至清初顺治四年（1647）方被平服，据当时湖广总兵官柯永盛奏：

> 兴国州等处寨寇悉平……初，陈友谅遗孽，分为柯、陈二姓，盘踞江西武宁、湖广兴国。而居兴国者，尤蕃衍黠悍，迄明之世，为患将三百年。[④]

显然，陈友谅的余孽在江西、湖广一带始终构成对明政权的一定威胁，不容忽视。

（二）明代的赣南重赋

上面所谈江南地区（即苏、松、常、嘉、湖）在元末为张士诚的势力范围，属于“张士诚区”，而江西大部在元末属于“陈友谅区”。两区都是朱元璋的敌对势力范围，尽管土地膏腴瘠卤不同，却同样遭受明朝统治者的“重赋”待遇。

---

① 《天下郡国利病书》，第2665页。

② 《明神宗实录》卷二八，万历二年八月癸亥条，第691页。

③ （明）朱国桢：《涌幢小品》卷三二《陈三将军》，北京：中华书局，1959年版，第756页。

④ 《清世祖实录》卷三〇，顺治四年正月壬子，北京：中华书局，1985年版，第246页。

朱元璋在洪武四年(1371)曾下诏“免江西秋粮”,其诏曰:

> 朕起布衣,深知民间疾苦。及亲率六师,南征北伐……朕以中国精锐驻守遐荒,岂但风俗之殊,亦有寒暑之异,艰难万状,朕不忍言。然欲镇安吾民,必资守边之力,其于科征转运,未免劳民,理势相须,盖不得已。念尔江西之民,未归附时豪强割据,狼驱蚕食,赀财空匮。及归附之后,供亿更繁,今已九年,其为困苦,朕甚愍焉。今年秋粮尽行蠲免,以济民艰……事有缓急,故恩有先后。咨尔人民,其体朕怀。①

江西所谓“豪强割据”即是指陈友谅,其于至正二十三年(1363)为朱元璋所灭,至洪武四年正是九年。这个诏书明确说江西“归附之后,供亿更繁”,正说明朱元璋在消灭陈友谅后,尽管江西“资财空匮”,还要加重江西的赋税负担,以至到洪武四年尚“其为困苦”。江西的这种情况,与江南一样,实际都是朱元璋对原先敌对势力占领区实行重赋政策的结果。

然朱元璋仅减免了一年秋粮,并未降低江西的赋税科则。洪武二十一年(1388),南昌府丰城县民反映赋税太重,朱元璋才降低江西的科则。《明太祖实录》记载:

> 南昌府丰城县民言:农民佃官田一亩岁输租五斗,诚为太重,愿减额以惠小民。户部定议一亩输四斗。上曰:“两浙及京畿土壤饶沃者,输四斗;江西群县地土颇硗瘠,止令输三斗,著为令。”②

但每亩三斗的赋税,对土地瘠薄的当地来说,仍然是属于重赋。事实也正是如此,南昌府在明代始终存在重赋问题。

万历新修《南昌府志》卷三《舆地类·风俗》曾引元代方志来说明当地元代的风俗:

---

① 《明太祖实录》卷六五,洪武四年五月乙卯,第1225页。台北:“中研院”历史语言研究所1962年。此诏又见:《国榷》卷四,洪武四年五月乙卯,第447页。除个别文字不同外,《国榷》尚记载:“两浙归附以来,贪官污吏,害民肥己,亦四载于兹。今虽扫除,尚未苏醒”,而且没有免除两浙的秋粮。

② 《明太祖实录》卷一九〇,洪武二十一年五月戊戌,第2875页。

赋役轻省,民庶而富,礼义之俗不因时变,学者留意经史,率以重吏轻儒为耻。

接着对明代的风俗这样说道:

赋重役繁,富者贫,贫者至无以为生。大家多忍饥寒以支持礼义,细民终岁不知盐肉之味。①

在方志作者的笔下,南昌府元、明两代由于赋役轻重的不同,造成生活水平的升降、礼义风俗的变迁,变化是很明显的。

在万历新修《南昌府志》卷七《典制类·田赋》中,作者又说:

《书》称杨州之域,厥田惟下下,厥赋下上,上错。乃南昌属杨裔,土尤称下下矣,而惟正之供,百倍畴昔,奈何民不穷且逃也。②

作者并对南昌及其毗邻府县的赋税加以比较:

按国朝量田制赋,即古则壤成赋意也,然各郡有不平之甚者。姑记南(昌)、新(建)二县之略而一郡可概睹也。二县附省科重,每民上田陆亩陆分,中田捌亩肆分,下田不及拾亩,各科粮壹石;官田贰亩,或叁亩,或伍亩,科官米壹石,载在赋书,可考也。计田中所出,上田壹亩收租谷壹石捌斗,中田壹石伍斗,下田壹石贰斗,或壹石,官田称是。即田中所入,尝岁输三分之一于官,而下田则岁恒不给,除水旱无论也。临川、高安与二县接壤耳,临川每亩科米陆升,计田壹拾陆亩捌分载粮壹石,视南、新倍矣。高安带官米玖升,视南、新过半倍矣。他如庐陵田科伍升,吉水、安福带官民米田科壹斗,赣州属邑大约科贰、叁升,又或以伍亩、叁亩折壹亩,饶州、南康、九江三府大略田科伍升、肆升,轻重何相悬若是哉!③

显然,明代南昌府的赋税较元代为重,也比同时代的毗邻府县重很多,尤其值得注意的是,南昌府不但官田的赋税比临近府县重,而

---

① (明)范涞修,章潢纂:万历新修《南昌府志》卷三《舆地类·风俗》,中国科学院图书馆选编《中国稀见地方志汇刊》第25册,北京:中国书店,1992年版,第70页。

② 万历新修《南昌府志》卷七《典制类·田赋》,第124页。

③ 万历新修《南昌府志》卷七《典制类·田赋》,第128页。

且民田赋税也比临近府县重。万历新修《南昌府志》既说当地明代的赋税比元代重，又说："国朝量田制赋……然各郡有不平之甚者"，这已经明确指出了南昌的重赋是在"国朝量田制赋"后即明代才形成的。但作者回避了造成重赋的原因，这正是因为如上文所说，江西的重赋是朱元璋造成的。如果是陈友谅加重了南昌的赋税，方志作者正好归咎于他，并可以大张挞伐。但他没有这样做，正说明当地的重赋并不是陈友谅造成的。显然，万历新修《南昌府志》的这种说法，并不仅仅是方志作者个人的意见，而是反映了地方官绅的看法。

赣西的袁州府和瑞州府在明代也存在重赋问题。袁州府的重赋，正德《袁州府志》卷二《田赋》有如下的记载：

> 按本府四县粮，欧祥占据时每田一亩要民纳米三乡斗，计九升。后内附，祥误以乡斗作官斗造报，高皇帝谓三斗大重，减半科纳，每民田一亩科粮一斗六升五勺，外夏税一升六合，共田六亩二分四厘科粮一石，外夏税一斗。比之邻壤临江、吉安、瑞州等府县每田一亩五升三合起科，该田一十八亩科粮一石，又无夏税，本府粮额实重二倍之上。[①]

后来的史籍对袁州府重赋起因的记载，均作如是说，这一记载当属可信。清代一些史籍和今天一些学者据此认为袁州府在陈友谅部下欧祥占领时赋额已高，明初定额时又误以乡斗作官斗造报，虽减半征收，定额还是太高，即重赋在朱元璋之前已经形成。但这条史料说得很明确，欧祥要民纳米三乡斗，仅计九升，何得谓高？以乡斗作官斗之误已是在欧祥归附朱元璋之后，虽经朱元璋减半征收，但袁州府较毗邻府县"实重二倍以上"的赋额确实是朱元璋决定的，这也是不可否认的。因此，袁州府在朱元璋之前并未形成重赋，造成重赋的原因并不能推过于陈友谅或其部下。同样值得注意的是，这条史料还明确记载，朱元璋定额袁州"每民田一亩科粮一斗六升五勺，外夏税一升六合"，即袁州的重赋是针对民田征收的。

据记载，瑞州府高安、上高、新昌三县元代至治二年(1322)田粮

---

① (明)严嵩纂修：正德《袁州府志》卷二《田赋》，《天一阁藏明代方志选刊》第37册，上海：上海古籍书店，1963年版，第8b—9a面。

共十二万五千七百四十三石零，洪武二十四年则为二十二万五千三百五十二石零，较之元代几乎增加一倍。其重赋的由来，正德《瑞州府志》卷三《财赋志·贡赋》称：

> 按三县粮额，国初凭宋、元旧籍，民生稍遂。继而高安县老人黎伯安希爵赏，以伪汉刘五所征正副米数献，太祖高皇帝受之，洪武十四年乃丈量田地，倍增正粮如今额。后悟其殃民，肆伯安于市，而粮额竟不及改。①

后来的说法与此大同小异。隆庆二年瑞州府知府邓之屏说是先杀黎伯安，"太祖高皇帝旋因奏发，肆伯安于市。洪武十四年差官丈量田地，误以倍数均摊"。② 邓之屏与康熙《高安县志》卷四《亩课》都没有说明初还有"凭宋、元旧籍"征粮之事。但他们都认为瑞州府在陈友谅部将刘五时赋额已高，朱元璋沿袭不改。有关的史料都只说瑞州府田粮若干，"丈量田地，倍征正粮"，没有区分官民田，其重赋应是包括民田。

江西南昌、袁州、瑞州三府的重赋，清代一些史籍和今天一些学者认为是陈友谅割据时加派所造成，明朝因循不改，如清初顺治四年五月，江西巡按吴赞元称：

> 窃照江西一省于天下为至贫，而南(昌)、瑞(州)、袁(州)三府，于江右为尤苦，何者？以土瘠而粮重也。盖他郡额课轻重，尚适其平，惟此三府，以元末陈友谅割据倍征，明朝因循未经厘正。如所称伪将欧祥以三升乡斗误作十升官斗造报，及瑞州府元志载粮拾贰万伍千余，明册则贰拾贰万肆千零矣。甚且水推沙塞，赔累虚粮，逋欠难完，敲朴取足，官民交困。③

康熙时南昌人熊一潇则称：

---

① (明)熊相撰修：正德《瑞州府志》卷三《财赋志·贡赋》，《天一阁藏明代方志选刊续编》第42册，上海：上海书店，1990年版，第726—727页。

② 《隆庆二年瑞州府知府邓之屏申详抚按文》，载(清)张文旦修，(清)陈九畴纂：康熙《高安县志》卷四《亩课》，中国科学院图书馆选编《稀见中国地方志汇刊》第27册，北京：中国书店，1992年版，第22b—23a面。

③ 顺治四年五月《江西巡按吴赞元揭贴》，《明清史料》己编第1本，台北："中研院"历史语言研究所，1957年版，第77页。

> 臣于江西南昌府属浮粮一事闻见最真，其疾苦最甚，谨一一备陈之。伏察臣乡南昌府与袁州、瑞州二府俱因陈友谅据地称兵，横行加派，较宋、元旧额每米一石浮至三倍。明太祖恶陈友谅抗拒，三府浮粮未经减除，以至故明数百年来相延拖欠，民苦滋甚。①

他虽然认为三府的重赋在陈友谅割据时已形成，但也认为朱元璋因为“恶陈友谅抗拒”，不予减除三府浮粮。实际上，三府重赋的起因并不一样，如上文所说，南昌、袁州两府重赋并非陈友谅或其部下造成，是明代才形成，是朱元璋决定的。瑞州府虽然在陈友谅时期就征收正副米数，但自称“朕起布衣，深知民间疾苦”的朱元璋，在战乱之后不但没有实行“轻徭薄赋”，与民休息，明知江西土地瘠薄，在江西“归附之后，供亿更繁”，还要“倍征正粮”，并在“悟其殃民”后仍不加改正，不能不认为熊一潇所说是有道理的，这是因为朱元璋“恶陈友谅抗拒”。

因此，明代江西南昌、瑞州、袁州三府重赋的形成，正是因为在元末明初属于陈友谅占领区，与江南属于张士诚占领区一样，同属朱元璋的敌对势力范围，而遭受朱元璋重赋政策的惩罚。也正因为如此，江西士大夫与江南地主有相同的经济处境和相似的政治主张，他们对朱明政权是不满以至对立的，因此与江南地主一样遭到朱元璋的打击。②

三　明代陕西宁州重赋

(一)明代的宁州

明代陕西的宁州属庆阳府，在今甘肃省东北部。庆阳府辖一州四县，即宁州及安化、真宁、合水、环县四县，是西北最贫瘠的地区之一。顺治年间宁州知州韩魏在其《议减偏重浮粮原详》中谈到宁州的情况：

---

① (清)熊一潇:《遵谕陈言疏》，载(清)魏元旷辑:《南昌文征》卷四，《中国方志丛书·华中地方》第105号，台北:成文出版社有限公司，1970年版，第149页。按:熊一潇系康熙三年进士，历任工、刑两部侍郎等官，以工部尚书致仕。

② 参见拙著《明代政争探源》第一编《明太祖、明成祖对江南地主之严酷打击》，第5—104页。

宁州山高地寒霜早，土之所宜，不过糜谷麦豆，丰年亩获不过三斗，歉年或止数升，斗粟易银，不过三分，是小民终岁勤动，一亩所获，丰年才不过八九分。今除本色之外，则每亩派折色银五分矣。宁民愚而且惰，别无经营，只知力田。况人不皆上农，岁不无饥馑，小民亦有八口南亩，岂能餐风！欲百姓枵腹裸体而好义急公，将一亩所入，尽输公家，势必不能。所以宁州钱粮自明朝以来，积逋如山，从无一岁报完，百姓苦于正供莫办，相率逃移，视邻封为乐郊，避乡里若陷阱，彼岂独非人情，亦万不得已耳。①

顺治十六年(1659)任宁州知州的吕士龙谈到他上任途中的见闻：

比渡渭而西，则负戴相将，鹄形相率，梭织于道上者，皆宁之民也。携升斗，易锱铢，于数百里之遥，不惜卒瘏……履其境则硗瘠之高下也，望其亩则荆蒿之纷错也。出郭相迓，强半鹑结，环揖于轼前者，则宁之士也，裕彼都之姿而乏楚楚之观。②

一直到康熙四年(1665)，庆阳府知府傅宏烈上《请免庆属钱粮第一疏》，还曾描述“宁州之惨苦大略”，较韩魏所说有过之而无不及。③

宁州之贫瘠困苦，当然不始于清代。明代庆阳府即是“郡民多穴处，不知桑麻”。④ 明代宁州知州周日强在《守宁有感》的诗中，对当时宁州的惨状伤感不止而又无可奈何，其诗曰：

瘠土山城地半荒，民逃庐废尽堪伤。
官同五日贤良少，赋重十邮供应忙。
书吏不知三尺法，闾阎拖欠几年粮。
凭谁唤起梁公问，教我当时救苦方。⑤

---

① (清)晋显卿、王星麟：《康熙宁州志》卷三《贡赋》，韩魏《议减偏重浮粮原详》，见《中国地方志集成·甘肃府县志辑》第24册，南京：凤凰出版社，2008年版，第220页。

② (清)吕士龙：《重修〈宁州志〉序》，见康熙《宁州志》卷五《志历》，第495页。

③ (清)傅宏烈：《请免庆属钱粮第一疏》，载(清)赵本植：乾隆新修《庆阳府志》卷三九《艺文》，见《中国地方志集成·甘肃府县志辑》第22册，第485页。

④ (清)许容修，(清)李迪纂：乾隆《甘肃通志》卷三二《名宦·(明)郝镒》，《景印文渊阁四库全书》第558册，台北：台湾商务印书馆，第211页。

⑤ 康熙《宁州志》卷二《建置·公署》，第149页。

为什么这么苦的地方还"赋重十郡","闾阎拖欠","民逃庐废"?一个重要原因就是明代以来此地即系重赋区。

(二)明代宁州之重赋

对宁州钱粮拖欠、百姓贫苦逃亡的原因,清初以来宁州、庆阳府以及甘肃的地方官都指出,一个很重要的原因是宁州从明代以来比附近各县"科赋独重",并多次上疏要求减轻宁州重赋。前引宁州知州韩魏在其《议减偏重浮粮原详》中又说:

> 夫以宁州之土地与安(化)、合(水)等邑较,非加沃饶也……宁州与合、安、真宁壤地交错,山坡沟险相等,兵寇蹂躏,灾祲疾疫相等……今四邑之粮,每亩派银不过二分五里,宁州之粮,则每亩派银五分。同为庆郡之属邑,同为朝廷之赤子,而赋之偏重如此,天下不平之事孰过于此?……惟是赋重而民不能支,势必逃亡;逃者愈众,则地日以荒,而正供逋欠逾多,欠多则催科逾严,而民生愈蹙,将有不可知者。①

清初宁州知州、庆阳知府以至甘肃巡抚、陕西总督多次疏请减轻宁州重赋。如康熙八年(1669)宁州知州丁棅称,宁州"赋视他州县独倍,每亩起科至五分六厘","力恳制军连疏入告",要求减赋。② 次年,甘肃巡抚华善下车伊始即上《题减浮粮疏》,其疏曰:

> 题为重赋,望减无路……臣看得宁州隶在边鄙,与真宁、安化、合水三县壤接,硗瘠相同,而科赋独重……宁土瘠薄,实实与邻封相等,额赋倍蓰他邑。③

清初宁州的重赋当然是从明代沿袭下来的。如上所说,明代宁州知州周日强的诗中已经说当地"赋重十郡"。康熙《宁州志》卷三

---

① 《议减偏重浮粮原详》,载康熙《宁州志》卷三《贡赋》,第220—221页。

② (清)怀荫布修,黄任、郭赓武纂:乾隆《泉州府志》卷五〇《国朝循绩一》,载《中国地方志集成·福建府县志辑》第23册,上海:上海书店出版社,2012年版,第670页;又见康熙《宁州志》卷四《职员》;(清)昇允、长庚修,安维峻纂:光绪《甘肃新通志》卷六一《职官·循卓下》。

③ 康熙《宁州志》卷三《贡赋》,第225—226页。《满汉名臣传·满洲名臣传》卷三〇《华善列传》对此也有记载。华善系满洲镶黄旗人,康熙九年五月任为甘肃巡抚。(参见《满汉名臣传·满洲名臣传》,哈尔滨:黑龙江人民出版社,1991年版,第1册,第865页)

《贡赋》记载，宁州在洪武四年已"加粮一倍"。前引韩魏亦说："宁州钱粮自明朝以来，积逋如山，从无一岁报完"，华善亦说："自昔言之，乃宁民因赋重而仳离载道，宁地因民逃而荒芜遍野"，并非清初才出现这种现象。户部在题复华善的奏疏时亦说："宁州钱粮，系明季以来赋役全书内，原比别县分别征粮。"

康熙《宁州志》卷三《贡赋·田赋》所记明代的田地没有说明是官田或民田，但清代的田地则说明"原额官民川坡地"共一万一千七百六十八顷二十六亩零，历年免过后实在并兴屯及续垦地五千四百五十九顷九十六亩零，康熙九年华善在"因赋重望减无路等事"内奏准宁州依真宁县起科，"每亩官学仓并折色均徭"该征银二分七厘五毫零，共减"重赋银"一万二千六百四十八两零。在乾隆《甘肃通志》卷一三《贡赋》中，庆阳府属田赋"内除宁州在于望减无路等事案内，奉旨豁减过重赋银"则列在民田项之下，①可见宁州的民田也是征收重赋的。

（三）宁州重赋原因在于李思齐抵抗明军

对于宁州重赋的原因，康熙《宁州志》卷一《地理·古迹》谓：

> 李思齐城：元将李思齐屯兵处，在州南山一里许，（明兵攻）三年未下，明太祖怒，遂增赋额一倍。②

同书卷三《田赋》条载：

> 庆壤之薄，五属攸同，而科银不一。如安化每亩科银一分四厘，合水每亩一分一厘，环县每亩九厘有零，真宁每亩二分四厘，独宁州每亩五分一厘。其偏重之源，盖因元末枢密李思齐卷兵西奔，筑城宁州南山以拒明兵，触怒明太祖，加增宁赋一倍，为害三百年。③

又如前引《丁棅传》中，亦谈到宁州赋重的原因，"因明初李思齐拒命，故以重赋示罚"。这种说法早在顺治初年就流传于当地士民之口，顺治十六年知州吕士龙重修《宁州志》时曾向当地士民查询重赋

---

① 乾隆《甘肃通志》卷一三《贡赋》，第442页。
② 康熙《宁州卷》卷一《地理·古迹》，第130页。
③ 康熙《宁州卷》卷三《田赋》，第218页。

的原因，他在《重修〈宁州志〉序》中说：

> 询厥赋重之原，士若民曰：元人李思齐盘据于州，致明祖怒，倍增赋节。[①]

这种说法并见之于明代的地方文献中。前引韩魏在顺治十一年任宁州知州，他曾“详查赋重之弊，亦有由来”，他说：

> 据《州志》所载，元臣李思齐负固，触怒明太祖，加宁粮一倍。[②]

根据韩魏的说法，这种说法在原先的《宁州志》中就有记载。但据吕士龙说，韩魏曾拟修州志，“而未竟其绪”，在他任上“乃取旧志万历三年(1575)以前之迹而袭之、订之，考万历三年至今八十七载之实而详之、厘之……夫宁昔无志，而创于内江马守，垂九十年。再观今日，诚旷举哉”。[③] 可见，《宁州志》初成于万历三年，由吕士龙重修成功。[④] 因此，韩魏所根据的《州志》，应该就是万历三年的《宁州志》。可惜我们无法看到这部早已失传的万历《宁州志》。宁州重赋是由于李思齐触怒明太祖的说法，在清顺治初年就广为流传，也说明这种说法是从明代流传下来的。

李思齐、张思道、张良臣均系元末扩廓帖木儿(即王保保)之大将。明初尚在陕甘一带与明兵相抗拒。庆阳一带接近蒙古，地势险要，庆阳府城“城高如山，池深如泉。地接羌胡，原隰险阻。二水合流，群峰环峙。龙蟠凤翥，金城汤池。襟带绥延，屏藩关辅。削阜为城，引河为池”；合水县“原阜盘旋，沟涧辐辏”；环县“倚冈为城，控制边境”；宁州“山川险固，关辅保障”；真宁“原阜环拥，涧沟萦绕”，[⑤]元

---

① (清)吕士龙:《重修〈宁州志〉序》，见康熙《宁州志》卷五《志历》，第 496 页。

② (清)韩魏:《议减偏重浮梁原详》，见康熙《宁州志》卷三《贡赋》，第 221 页。

③ (清)吕士龙:《重修〈宁州志〉序》，见康熙《宁州志》卷五《志历》，第 497 页。

④ 据新编《宁县志》考查，宁县地方编修志书共四次，第一次为明嘉靖二十年，万历三年刻印问世；第二次为清顺治十七年。此后，康熙二十六年、民国二十四年各修过一次。见《宁县志》编委会:《宁县志》，甘肃人民出版社 1988 年 12 月，第 835 页。宁州在民国年间改为宁县。

⑤ (明)梁明翰修，傅学礼纂:嘉靖《庆阳府志》卷二《形胜》，中国科学院图书馆选编《稀见中国地方志汇刊》第 9 册，第 354 页。

末明初李思齐及其部将据为抵抗明军的重要据点，其部将张添福、杨黑哥占据真宁、环县，并修筑城池，李思齐则在宁州南山筑城屯兵。洪武二年四月，徐达兵克临洮，李思齐降。时庆阳一带为张思道弟张良臣镇守。同年五月，张良臣在庆阳降而复叛，执明将指挥张焕、明统兵右丞薛显败走。明兵复围庆阳，六月遂克宁州。八月，元兵攻大同，明将李文忠方赴庆阳，又返马邑。后明兵再克庆阳，张良臣投井，明军仍加诛杀，并“诛余党二百余人”，[①]不顾朱元璋在明军北伐前对将士“克城勿妄杀人”的上谕，[②]可见当时庆阳战事异常激烈，亦可见明军战后之泄愤情绪。故前述之李思齐，即泛指此战事。

除了本文所说的江南、赣西、宁州三地外，明代怀庆府、湖广洞庭湖周边的一些州县也存在重赋现象。这几个地区中，只有江南地区经济较为发达，其余都是经济落后甚至非常贫瘠的地区。对这些自然条件迥异、经济发展程度不同的地区，用经济发展来解释明代重赋的原因显然是难以说通的。即使对江南地区而言，经济发展只能说是征收重赋的条件，而不能说是实行重赋政策的原因。经过元末明初改朝换代的战争，也很难说江南地区的经济突然有了发展。这种说法也难以解释这一事实，即在明中叶至清代江南经济确实比明初有了很大发展的时期，明清王朝多次对江南减免赋税。也有学者认为江南重赋是朱元璋通过打击豪强地主没田入官而造成的。朱元璋在江南地区确实对豪强地主给予残酷打击，但在其他几个经济落后地区，是否有如江南那样的豪强地主势力颇值得怀疑，更何况江西南昌、袁州、瑞州三府和陕西宁州的民田同样被征收重赋。因此，把明代重赋的原因归结为是由于经济发展，或由于各该地区元朝之赋税本重，或是因为打击豪强没田入官造成等，种种解释，都是不全面的。而江南地主遭到朱元璋的打击，正是因为他们在元末明初支持张士诚反对朱元璋。[③]

《明史·食货志二》认为：

---

① 《国榷》卷三，洪武二年四月丁丑，第389页；五月辛丑、戊申、甲寅，第390、391页，六月甲子，第392页，八月丙寅、癸未，第395、397页。

② 《国榷》卷二，元顺帝至正二十七年十月甲子，第345页。

③ 参见拙著《明代政争探源》第一编《明太祖、明成祖对江南地主之严酷打击》，第5—50页。

> 初，太祖定天下官、民田赋……惟苏、松、嘉、湖，怒其为张士诚守，乃籍诸豪族及富民田以为官田，按私租簿为税额。

同书又载建文二年诏曰：

> 江、浙赋独重，而苏、松准私租起科，特以惩一时顽民。①

如果考虑到其他几个重赋区的情况，这种说法更可以得到证明。本文所说的几个重赋区，江南属于张士诚占领区，赣西属于陈友谅占领区，宁州属于李思齐占领区，他们都是朱元璋的敌对势力，在元末明初顽固对抗朱元璋，这正是造成当地重赋的原因。明代另外两个重赋区河南怀庆府、湖广的情况也是如此，河南怀庆府重赋的原因之一即是元末扩廓帖木儿在此抗拒明师，朱元璋因而加赋；②明代湖广洞庭湖周边的一些州县在元末也属陈友谅占领区，并曾支持陈友谅抵抗朱元璋，激怒了朱元璋，遭受加重科征的惩罚。③ 这些重赋区自然、经济社会条件大相径庭，但具有相同的历史背景，在元末明初都为朱元璋的敌对势力占领以抵抗明军，这些地方的文献也同样异口同声地记载这是当地重赋的原因，恐怕不能说是偶然的巧合。因此，通盘考察明代的几个重赋区，可以看到，其重赋的根源都是出于朱元璋惩罚敌对势力的政治原因。就江南地区而言，对《明史·食货志》的说法也不宜轻率加以否定。

（原题《明代重赋出于政治原因说》，原载《南开学报》2001年第6期）

---

① 《明史》卷七八《食货志二》，第1896页。

② 王兴亚：《明代河南怀庆府粮重考实》，载《河南师范大学学报》1992年第4期。

③ 张建民：《明代湖广人口变迁论》，载《经济评论》1994年第2期。又据何龄修学长告：他的湖南家乡亦因政治原因重赋，事见《湘乡县志》。据《志》云，乡人易华运粮支援陈友谅之子陈理坚守武昌。朱元璋大怒，其后攻下武昌，统一中国后，即将易华所运粮数，加为该县岁赋。（参见[清]齐德五、黄楷盛等修纂：同治《湘乡县志》卷三下《赋役志一·田赋》，长沙：岳麓书社，2009年版，第121页）

明代赣西重赋与江西士大夫

一　江西地主阶级与朱明政权对立的经济因素

江西距离江南地区较远，地理环境也很不相同，而在元末明初，这里却系文人荟萃之地，人才辈出。像揭傒斯、虞集、吴澄、贝琼、危素诸名人，不仅在道德、学问上有较高的造诣，在一些政治主张上，亦有相当影响。他们与江南士大夫的一些见解，有很多类似之处。元代虞集主张应在北方大力提倡发展水田，这与明代诸文人的主张非常相似。危素是元末明初江南士人的精神支柱，没有他的参加甚或主持，官修《元史》不可能很快修完。[①] 由于他的地位和影响，当明初朱元璋打击江南地主政策旁及江西士人时，必然首当其冲。[②] 贝琼系江西崇德人，“笃志好学”，洪武初参加撰修《元史》，是危素的好帮手。他任国子助教，和国子监司业宋濂一起提出的“立四学，并祀舜、禹、汤、文为先圣”之建议，遭到朱元璋的反对。但他不以为然，仍然

① 《宋学士文集》卷五九《故翰林侍讲学士中顺大夫知制诰同修国史危公新墓碑铭》，第971—982页；卷一四《吕氏采史目录序》，第259—260页；《列朝诗集小传》甲集《危学士素》，第83页。

② 该说详见拙著《明代政争探源》第二章第三节《朱元璋对江南地主的打击》，北京：故宫出版社，2014年版，第40—50页。

写文字驳之，“识者多是琼议”，以后亦遭到皇帝之冷遇。[①] 江南文人怀念元朝，崇拜危素，归根结底是留恋元中期以后对江南地主之优厚待遇。江西士人亦有同感。如贝琼曾在《乾坤清气序》中写道：“有元混一天下，一时鸿生硕士，若刘、杨、虞、范，出而鸣国家之盛。”[②]

建文时期的江西士大夫也和江南地主一样，对明政权的政策有着很大的影响。像建文改革的主要内容，如重用文官，反对苏松地区重赋等，都是符合江南地主利益的。在建文重臣齐泰、黄子澄、方孝孺、练子宁四人中，齐、方系江浙人，而黄、练均江西人。他们的一些政治主张，不仅博得江南文人的共鸣，也深得建文帝的支持。

为什么在明初江西士大夫与江南文人有许多政治见解与朱元璋、朱棣父子的政策格格不入，甚而遭到反对，他们有哪些共同点？除了地域及文化之渊源外，一个重要的原因是江西的一部分地区，在元末属于“陈（友谅）区”，江南地区（即苏、松、常、杭、嘉、湖）则属于“张（士诚）区”。两区都是朱元璋的敌对势力范围，尽管土地膏腴瘠卤不同，却同样遭受明朝统治者的“重赋”待遇。

明代江西南昌、瑞州、袁州三府尽管土地贫瘠，却被征收重赋。据万历新修《南昌府志》所载，明代南昌府的赋税不但较元代为重，也比同时代的毗邻府县重很多。据正德《瑞州府志》记载，瑞州府高安、上高、新昌三县元代至治二年（1322）田粮共十二万五千七百四十三石零，洪武二十四年（1391）则为二十二万五千三百五十二石零，较之元代几乎增加一倍。正德《袁州府志》卷二《田赋》则记载，明代“本府粮额（比之邻壤）实重二倍之上”。明代重赋问题系由于政治原因而非经济之增长，从江西三府之情况视之，更可得以证明。把明代重赋的原因归结于系膏腴之田，或认为各该地区元朝之赋税本重等，种种解释，都是不全面的。[③] 加之朱元璋因一些江南文人支持过张士诚政权而予以打击，江西士大夫又与江南文人有着政治联系与相似的经济处境，江西士大夫对朱明政权不满而招致对立也就不足为怪了。

---

① 《明史》卷一三七《宋讷附贝琼传》，第 3954 页。

② （明）贝琼：《清江贝先生文集》卷一《乾坤清气序》，收入《四部丛刊初编》第 250 册，第 9b 面。

③ 关于明代赣西重赋问题及其原因，详见本书《明代重赋出于政治原因说述论》一文。

二 解缙、黄子澄与练子宁

正由于明代的江西与江南地区一样同属重赋区，所以在明代，特别在明初出现了不少代表江南地主利益的重要人物。他们的一些主张，颇具眼光，也甚值称道。其中以解缙、黄子澄等人，为其中之佼佼者。

解缙，字大绅，江西吉水人，属吉安府。揭傒斯说："江西号繁剧难治……江西难治莫甚吉安。"[①]解缙祖上在元朝系仕宦之家，叔祖解观及父解开均为陈友谅部下，关系极深。尽管他在洪武二十一年中进士后，在朱元璋手下极受重视，但他对明初的政策并不满意。

第一，解缙反对朱元璋的分封制度。朱元璋坚持分封制度，一直至晚年不变。一些官吏已看出其中弊病，但不敢明言，解缙则多次上万言书，指出其严重性。他在《寄具川董伦书》中称："缙率易狂愚，动遭谤毁，无所避忌。数上封事万言，有分封势重，辅导体轻，万一不幸，有厉长（按：周厉王时任用虢公长父实行专制政策）、吴濞之虞。"[②]

第二，他批评朱元璋喜怒无常，政令屡改。解缙在洪武二十一年四月，即初任庶吉士时，向朱元璋建议："惟愿陛下……喜怒哀乐，一听于理；上下四旁，均视同仁，令出惟行，不宜于数改。"又称："天下皆谓陛下任喜怒为生杀，而不知皆臣下之少忠良也。"[③]他甚至代工部郎中王国用上书朱元璋为李善长讼冤，认为李欲辅佐胡惟庸之说"大谬不然"，[④]不符合事实。

第三，他为重赋区鸣不平。他在洪武二十一年所上的万言书中谓："今日之土地，无前日之生植，而今日之征聚，有前日之税粮。或卖产以供税，产去而税存；或赔办以当役，役重而民困。土田之高下

---

① 《揭傒斯全集·文集》卷四《送张都事序》，第 334 页。

② 王崇武《明靖难史事考证稿》引解缙《文集》，上海：商务印书馆，1948 年版，第 101 页；又见《明史》卷一四七《解缙传》，第 4119—4120 页。

③ 《国榷》卷九，洪武二十一年四月乙卯，第 684、686 页；《明史》卷一四七《解缙传》，第 4117 页。

④ 《明史》卷一四七《解缙传》，第 4119 页；卷一二七《李善长传》，第 3773 页。

不均，起科之轻重无别，膏腴而税反轻，瘠卤而税反重。”[①]这里解缙所说的“瘠卤而税反重”，正是江西等地方的情况。

解缙在建文朝曾被礼部侍郎董伦推荐，被任为翰林待诏。永乐初期仍被朱棣重用。但因他参与皇太子朱高炽及汉王高煦的内部斗争，后被人陷害而死。[②]

黄子澄，江西分宜人。分宜地属袁州府，亦系重赋区。黄子澄是建文改革的设计人，在削藩问题上，比他的同僚更显激进。在提高文官地位、主张宽刑、减轻江南重赋等一系列的改革中，他都参与其事。这些改革实际也都是符合江南地主利益的，是对朱元璋政策的一次大清理。他的一些言论，许多都被湮没了。

练子宁又名练安，江西新淦人。新淦属临江府，近袁州重赋区。父亲练高，字伯上，善写诗，其诗“温厚而丰丽”，有元代揭傒斯等人之遗风。洪武初，官起居注，因向朱元璋直言，忤旨被谪。[③]

练子宁年轻时即“英迈不群”。洪武十八年(1385)以贡士廷试对策，即批评朱元璋杀人多。认为天下人才有限，“陛下忍以区区小故，纵无穷之诛，何以为治?”后来与方孝孺等并被建文帝信任，任吏部左侍郎及御史大夫，任人“以贤否进退为己任，多所建白”，后又极力主张杀掉败将李景隆，但未被建文帝采纳。朱棣即位后，被杀死，族其家。[④] 不难看出，练氏父子对朱元璋的政策是不满意的。

当建文政权军事上失利时，曾多次派人分别往苏、松、太湖及江西一带招募义兵勤王，其中尤以在江西募兵最多。而江西之义兵又以南昌、吉安为甚。关于这一问题，王崇武先生《明靖难史事考证稿》中已有论证，其中第四章谈到永乐初年，江西吉安“啸聚之众”甚多，且言“吉安坐根株瓜抄之祸者甚夥，岂非仅以为惠帝功臣亲故(原注：练子宁吉安人，钱习礼即其姻娅)，并与民兵之纠合有关欤?”[⑤]王先生注意到建文政权危亡之际，求助于江南及江西之义兵，且永乐初期

---

① 《明史》卷一四七《解缙传》，第 4118 页。

② 详见拙著《明代政争探源》第五章第四节《朱元璋对江南地主的打击》，第 91—94 页。

③ 《列朝诗集小传》甲集《练通判高》，第 116 页。

④ 《明史》卷一四一《练子宁传》，第 4022 页。

⑤ 《明靖难史事考证稿》，第 88、89 页。

江西吉安一带啸聚者甚众，是颇有见地的。这正说明建文政权对此二地方予以特别重视，江南地主与江西士大夫的利益，此时是紧密联在一起的。

三　熊概与周忱

明成祖朱棣即位以后，江南地主阶级内部开始分化，情况各不相同。一部分甘心为建文殉葬；或"称疾不仕"，宁肯在家乡教书，"以易师终身"。[①] 类似这样的江南士人，为数相当之多。但是，也有一部分抢先依附于永乐帝，并得到一时的宠信与利用。熊概属于后一类。熊概，原名胡概，字元节，江西丰城人。永乐九年(1411)进士，后任御史及广西按察使。洪熙元年(1425)明仁宗朱高炽任命他与周干、叶春等人巡抚南畿、浙江地区，处理苏松一带问题。[②]

苏、松、嘉、湖地区的江南地主，一直因明王朝对该地区的打击压制政策表示不满，这些地区问题很多。而苏、松等处人民的逃亡人数，较之永乐初期不但未见减少，反而日趋增加，"询之耆老，皆云由官府弊政困民及粮长、弓兵害民所致"，具体原因为赋税歧视。当时吴江、昆山地区农民，佃种富室田亩，私租为一石。这部分田地被明朝政府借故籍没入官后，则改为八斗。但该地区原"拨赐公侯驸马等顷田，每亩旧输租一石，后因事故还官，又如私租例尽取之"，即仍私租一石，"十分而取其八，民犹不堪，况尽取之乎?"于是，民"欲不逃亡，不可得矣"。杭州仁和、海宁及苏州昆山一带，自永乐十二年(1414)以来，海水沦陷的官民田一千九百三十余顷，"逮今十有余年，犹征其租"，"没于海，租从何出?"至于无锡等地洪武时没入的公侯田庄，其给耕佃人的农具、车牛，均责以纳税。但时间已久，牛皆死，农具及车已腐朽殆尽，"而有司犹责税如故，此民之所以逃也"。复是粮长之害：粮长之设，"专以催征税粮"，"近者常、镇、苏、松、湖、杭等府无藉〔籍〕之徒，营充粮长，专掊克小民以肥私"，征收之时，私造大斛，或巧立名目，"约收民五倍"，然后再以平常数目"付与小民运赴京仓

---

① (明)吴宽：《匏翁家藏集》卷七六《明故江西赣州府知府致仕进阶中宪大夫顾公墓碑铭》，收入《四部丛刊初编》第200册，上海：上海书店，1989年版，第6b面。

② 据《明宣宗实录》卷八，任命熊概为大理寺巡抚南直隶，系洪熙元年八月癸未事。见第206页。

输纳”,“及其不完,着令赔纳,至有(小民)亡身破产者”。至于由于“连年逋负,倘遇恩免”者,则“利归粮长,小民全不沾恩”。[①] 因此,当时江南地区的明朝统治阶层,实际上既受到来自江南地主的挑衅,也承受着这一地区农民逃亡的压力。正如仁宗对襄城伯李隆的敕令所述:“比闻苏、松等府顽民,以取鱼为名,用船往来江上行劫;又扬州各县无藉〔籍〕之徒,每二三十人共一舟,载私盐于镇、常等处发卖,就,杀人劫财。”[②]

熊概自任南畿、浙江巡抚后,对江南地主的打击不遗余力。据《匏翁家藏集》卷五八《徐南溪传》称:“时大理少卿熊公概巡察江南,一时豪民,翦除殆尽。”[③]《明朝小史·豪右被没》条亦谓:“(宣德)元年,以苏、松、嘉、湖诸郡,多豪右不法,命大理卿胡概……按治之,一时被没者凡数十家。”[④]未数月,即将当地不少土豪籍没后械送京师。“大理寺胡概执松江土豪及亡赖虐民者械送京师。其中有杀人取财、夺人妻女、侵盗税粮、因公科敛、以一取十、老吏猾胥、逞奸肆毒,皆府县不能制者。”[⑤]这些人中,除一些“因公科敛”的地方胥吏外,还包括不少当地的大地主。如“嘉兴县民张谨以私愤杀平民一家七人,侵盗官粮千二百余石,强夺民田千五百余亩,又以催纳盐钞为名,取民米六千石,律当斩”,虽然张谨“复诉冤”,宣宗仍命斩之,家属皆徙边。[⑥]又如“溧阳县民史英父子,恃富暴横,殴杀其乡人”,且又“贿有司,诬为劫盗,又执其家属禁锢之”,熊概乃将其父子并受贿者二十余人械至京,结果大部分人均被处死。[⑦]

嘉兴崇德县土豪平康聚党八百余人,在家乡作威作福,不可一世。宣德三年(1428)亦被熊概全部捕诛。平康原名史庆真,海盐人。曾犯罪充军遁去,改名平康。他平时“交结豪横,多畜僮奴,强夺民田,劫掠财货,以是家富”,所造“居室、器用僭拟王公,乡人忤其意者

① 《明宣宗实录》卷六,洪熙元年闰七月丁巳,第164—166页。

② 《明仁宗实录》卷八下,洪熙元年三月乙未,第266页。

③ 《匏翁家藏集》卷五八《徐南溪传》,第14b面。

④ 《明朝小史》卷六《宣德纪·豪右被没》,《玄览堂丛书初辑》第19册,第410—411页。

⑤ 《明宣宗实录》卷一三,宣德元年正月壬子,第353页。

⑥ 《明宣宗实录》卷一六,宣德元年四月乙酉,第440页。

⑦ 《明宣宗实录》卷一九,宣德元年七月乙巳,第504—505页。

辄杀之”。监察御史尹崇高“遣人捕之,康挈家逃”。后来又纠集流民并千户范信等凡八百余人,“夺民船五十余艘,备弓矢、铳炮、钲鼓,严号令,夜劫怨家”,将冤家之亲属、邻里全部执去,并尽掠其家财,烧其庐舍,驱逐其子女以去,致使“旁近民皆惊走,郡县莫能制”。①

在打击江南土豪的同时,熊概也冤枉了不少江南地主。他偏听偏信,动辄抄没人家,使得人人自危。虽也取得了一时的效果,但未解决江南的实际问题。长洲人顾蒙、张玉被人诬告,熊概“不能审,即往籍其家”,而其家仅“各有农具一屋,而冤号之声人不可闻”。最后顾、张二人“皆入极典,子孙尽戍远方”。② 江阴县新塘陆氏,“家甚富豪,物在三十里外不用守者。有识者见之,曰:‘陆氏祸将至矣。’”他的朋友赵济川赠他诗一首,讽他当心,他未理会。结果亦被熊概无故籍其家,“尽没入其财产,陆氏全家赴京,无一人免者。”③其实陆氏不过就是招摇而已,并无任何违法之事。可见熊概打击江南地主的范围之广。上举溧阳县民史英父子的案件,最后无罪被释者就有七人之多,其他案件亦可想见。宣德元年(1426)七月,熊概曾上奏皇帝:“臣巡抚浙江、苏州、海宁诸卫所,各言粮运不继,军饷不足。臣欲待奏报,则恐后时,已令嘉兴等府以近收犯人赃罚粮米,支给四万二千余石赡军。”④这正说明熊概打击江南地主的目的,是多方面的。

熊概在江南的独断专行,引起不少江南文人的不满。除前述《寓圃杂记》作者王锜外,《国榷》的作者谈迁亦对之有所评论:

> 永、宣之间,称承平矣!而吴民乃顽悖屡干刑书,何也?如胡概械大盗三百人入京,所遣护当不下千人,颇繁费……日者胡概、叶春并事,而又兼用此数人,其视此一方民(按:指江南人),不啻狐鬼焉。⑤

统治者内部对熊概在江南的专擅也有不同看法。明宣宗虽然对

---

① 《明宣宗实录》卷四九,宣德三年十二月丙申,第1188页。

② 《寓圃杂记》卷一〇《熊概滥冤》,第84页。

③ 《寓圃杂记》补遗《陆氏被祸》,第91页。

④ 《明宣宗实录》卷一九,宣德元年七月乙卯,第512页。

⑤ 《国榷》卷二〇,宣德三年十二月丁酉,第1362页。另按:王锜系长洲人,谈迁系海宁人,均未仕,为典型的江南士人。

他屡加鼓励，但也在不少诏谕中对他加以指责。宣德二年四月，行在都察院劾奏他和叶春"所至作威福"，"纵兵扰民"，宣宗"姑宥之"，[①]但亦对他逐渐不满，因为宣宗希望江南稳定。次年五月，熊概建议增布政司官一员，专办税粮，遭到宣宗拒绝。同年七月，又诏谕他："屡有小人诬构尔过，悉斥不听"，让他"廉勤明公，慎终如始，乃有以服人心而称委任"。[②] 宣德五年三月，由于朝廷内部攻击他的人太多，乃调升他为南京都察院右都御史，叶春为行在刑部右侍郎。[③]

继熊概为江南巡抚的是周忱。周系江西吉水人，字恂如，永乐二年(1404)进士。开始在朝廷中做了二十年小官。后为夏原吉赏识，又经大学士杨荣推荐，乃以工部右侍郎衔，于宣德五年(1430)九月巡抚江南诸府，总督税粮。周忱与熊概同为江西人，但对待江南地主的态度并不相同。熊概一味对江南地主打击，不得人心；而周忱则着重解决实际问题，措施异常缓和，深得当时人称道。其实，宣德初年苏松地区主要不过两个问题：一为税粮问题，另一为盗贼问题。熊概任职江南时期，表面上大刀阔斧，但解决问题不多。即以税粮而论，当时"天下财赋多不理，而江南为甚，苏州一郡，积逋至八百万石"。[④]再以盗贼而论。周忱就任不久，明宣宗即任命他兼督苏、松、常、镇并浙江嘉、湖各府军卫，巡捕"贼盗"，因为当时太湖周围八百余里，"其间多藏盗贼，劫掠军民"。[⑤] 说明当时这一带并不安宁。而这个问题又与江南赋重有关。明政府为了打击江南地主，曾借故将他们的土地没收为官田，而征收重税，"小民佃官田，亦与输豪家富人之租，不甚相远"。[⑥] 而江南地主中之豪户，又千方百计将重赋负担转嫁到农民身上，"贫民每岁输纳，粮长、里胥，率厚取之"，农民无奈，"不免贷于富家，又数倍取利而农益贫"，迫使农民逃亡。[⑦] 正如周忱所说：

---

① 《明宣宗实录》卷二七，宣德二年四月壬戌，第 702 页。

② 《明宣宗实录》卷四三，宣德三年五月丙辰，第 1045 页；卷四五，宣德三年七月己未，第 1101—1102 页。

③ 《明宣宗实录》卷六四，宣德五年三月戊辰，第 1522 页。

④ 《明史》卷一五三《周忱传》，第 4212 页。

⑤ 《明宣宗实录》卷七八，宣德六年四月戊申，第 1809 页。

⑥ (清)胡渭(朏明)：《书扬州田赋后》，载(清)陆燿辑：《切问斋文钞》卷一五，道光甲申重镌本，第 16a 面。

⑦ 《明宣宗实录》卷九四，宣德七年八月辛亥，第 2135 页。

> 苏松之农民比于天下,其贫又加甚焉……近年有司多不得人,教导无方,禁令废弛,遂使蚩蚩之民流移转徙。居东乡而藏于西乡者有焉;在彼县而匿于此县者有焉……倏往倏来,无有定志。①

周忱在江南处理赋税问题,采取"宽"和"稳"的办法。当时赋税的加耗问题非常严重,主要是豪户不肯加耗,全部负担都落在农民头上。周忱乃创立平米法,令加耗分担,不论官、民田或大小户,随同正米一律征收耗米,负担均平,使一般农民及被打击的个别江南地主的负担有所减轻。历来苏、松民纳税转输至南京,每石都要加耗六斗。周忱令此负担由各府分担,减轻了苏、松地区的压力。苏州知府为况锺,任职在周忱之前,两人"悉心计画","兴利除害,不遗余力"。② 当时朝廷虽屡次下诏减赋,但"户部皆不准,甚者文移戒约有司,有'勿以诏书为辞'之语"。③ 因此所谓减赋诏令,实系一纸空谈。而周忱与况锺则从实际出发,将每石加耗之六斗,除"与船价米一斗"外,"所余五斗,通计米四十万石有奇,并官钞所籴,共得米七十万余石",全部储于济农仓中,"振贷之外,岁有余羡"。当时苏松地方的粮长,尚有用铁斛"大入小出"的弊病,农民不堪其苦。粮长制始设于洪武四年,最早即出现在江南地区。粮长的主要任务就是征收和转运税粮。周忱为了对粮长的弊端进行整顿,采取了下面一些措施:一是让工部颁布标准铁斛,以使各县统一式样,防止粮长在税上之"大入小出",盘剥农民。二是减少粮长对农民的沉重科敛,过去从所在地将税粮赴南京户部领勘合,再北上赴运,"往反资费,皆科敛充之"。周忱则减少粮长数额及层次,使"民大便"。三是过去所收税粮,"粮长即家贮之",舞弊现象严重。周忱则改变办法,"令各县水次置囤,囤设粮头、囤户各一人","民持帖赴囤,官为监纳"。这样就限制了粮长的权限,使农民逃亡的现象有所缓和。

由于周忱在东南"一切治以简易",导致朝廷官吏的不满。特别

---

① 《与行在户部诸公书》,载(明)陈子龙等编:《明经世文编》卷二二,北京:中华书局,1962 年版,第 174—175 页。

② 《明史》卷一五三《周忱传》,第 4212 页;卷一六一《况锺传》,第 4380 页。

③ 《明宣宗实录》卷八八,宣德七月三月辛酉,第 2024 页。

是周忱“欲减松江官田额，依民田起科”的主张，遭到户部官员郭资及胡濙的反对，认为是“变乱成法”，应加以治罪。宣德九年，给事中李素又劾奏周忱“妄意变更，专擅科敛”，终因明宣宗对周忱比较信任才未得逞。事实上周忱之政策，不过是较明初对江南地主所持之打击政策，略加缓和而已。周忱曾一度被提名任户部尚书，以明朝规定江西人不得官户部，乃改工部。①

周忱为人正直，“久任江南，与吏民相习若家人父子”，每到一村庄，“屏去驺从，与农夫饷妇相对，从容问所疾苦，为之商略处置”。他对待下级官吏，“虽卑官冗吏，悉开心访纳，遇长吏有能”，如况锺等人，“则推心与咨画，务尽其长”。② 周忱与况锺都是明代著名的官吏，对后世亦有影响。

周忱对待江南士大夫也极为尊敬。吴讷，常熟人，任过监察御史，出按浙江，升为左副都御史。正统初年，因与巡视苏、松的右通政李畛不和，“俱逮下狱”，不久即致仕回家。周忱任江南巡抚时，曾几次要为他盖新居，以娱晚年。但吴讷未同意。③

四　夏言与严嵩

明中叶以后，江西士大夫仍活跃于政坛，其中最显赫一时的，应是嘉靖朝的夏言与严嵩。两人先后任大学士，且居首辅多年。但两人的表现却大相径庭。夏言字公谨，江西贵溪人，虽与严嵩同乡，同时且有过互相利用及相互提携的关系，但是两人所依靠的力量和一些主张不同，政治上的分野亦甚为明显。

正德十六年(1521)，明武宗病死，由被封于湖北安陆的兴献王之子朱厚熜继帝位，即明世宗。世宗出身于藩王，与武宗宠信的太监、勋贵、武将及官僚们均无关系。因此在即位后，有意要扶植一批年轻的官吏，对原来武宗周围的太监及权贵进行打击。夏言就是这个时候被世宗加以重用的。世宗即位时，夏言为兵科给事中，他的几项建议，得到了世宗的赏识，而且也符合江南地主的利益，不利于北方地

---

① 参见《明史》卷一五三《周忱传》，第4212—4216页。

② 《明史》卷一五三《周忱传》，第4216页。

③ 《明史》卷一五八《吴讷传》，第4317—4318页。

主集团。他的主张，第一是清理皇庄。嘉靖元年(1522)，夏言即与樊继祖等年轻官吏对皇庄进行清理。明代皇庄出现在宪宗初期，到武宗时已成为朝政中经常被议论的重大问题。因为管理皇庄的太监，利用皇庄名义，不断侵占民田，扩大庄田，引起许多官吏的不满。夏言是奉世宗命查勘庄田的，在很短时间即“查勘顺天等府地方各项庄出地土，共计二十万九百一十九顷二十八亩，退断过侵占民地共计二万二百二十九顷二十八亩”。这一措施，既清理了被太监等北方地主侵占的土地，也打击了他们在朝廷中的威风。第二是查勘当时勋戚的庄田。他在嘉靖二年二月向世宗报告称：“勋戚凭借宠昵，奏讨(庄田)无厌。如庆阳伯夏臣(按：即武宗夏皇后家)等得地至万三千八百余顷，多受奸民投献，侵夺民业。请查累朝皇亲侯伯赐田多寡，定为中制，量给养赡，过制者一切裁革。”①另外如勋戚沈傅、吴让，亦系受奸民马仲名等投献，奏讨沧州、静海县地达六千五百余顷。因此他主张：“今后再有奸民故违旧例，将民间田产投献王府及诸势要之家，占夺五百顷以上者，处以极刑。”②第三，夏言反对罢市舶司。嘉靖元年，东南沿海一带不断遭倭寇骚扰，于是礼部官员主张罢市舶司，断绝本已甚稀少的海上贸易。夏言提出异议：“倭祸起于市舶，礼部遂请罢市舶。而不知所当罢者市舶太监，非市舶也。夷中百货皆中国不可缺者，夷必欲售，中国必欲得之，以故祖宗虽绝日本而三市舶司(福建、浙江、广东)不废……通华夷之情，迁有无之货；收征税之利，减戍守之费。”③夏言把市舶之混乱归于太监，对于中外贸易，他是主张积极开展的。

不难看出，夏言在世宗初年的主张，是针对太监以及勋戚等北方地主的。他被嘉靖帝重用，与当时的大礼议论争并无关系。针对北方地主集团所采取的一些限制性措施，是嘉靖帝初期统治的需要，正

① (明)夏言：《夏桂洲先生文集》卷首，《年谱》嘉靖元年条，《四库全书存目丛书》集部第74册，济南：齐鲁书社，1997年版，第172页。又见卷一三，《奉敕勘报皇庄及功臣国戚田土疏》，清康熙十八年(1679)刊本，第594页；《明世宗实录》卷二三，嘉靖元年二月乙亥，第652页。

② (明)夏言：《夏桂洲先生文集》卷一三，《奉敕勘报皇庄及功臣国戚田土疏》，第599页。

③ (清)陈梦雷等：《古今图书集成·经济汇编·食货典》卷二二四，引(明)《昭代典则》，上海：中华书局，1934年影印本，第693册，第59b面。

如他利用大礼议启用张璁、桂萼、霍韬等人一样，都是为了利用一些少壮官员，打击原武宗时的另一部分人，以期加强其统治。这在客观上，也得到了一部分江南地主的支持。但明世宗是一个生性多疑和善变的人。当他初即位而皇位不稳固时，需要一批人帮助他巩固统治地位。一旦皇位稳固后，又逐渐抛弃了这些亲信谋臣，如张璁、桂萼等。在稍稍打击旧的贵族之后，又扶植像郭勋、邬景和等一些新贵，继续依靠北方地主，使他的政权和明代历朝统治无太多之不同。夏言的受重用和提拔乃至最后被杀，真正原因即在于此。夏言自得宠之后，攻击了太监，但却得罪了世宗从兴府带来的太监赵霦；他清理了勋贵庄田，把矛头指向张延龄等人，但把新贵武定侯郭勋、京山侯崔元以及锦衣卫首领陆炳等人也同样得罪了。

严嵩则不然。他当政时，首先密切与各地藩王关系，对一些新贵及太监亦大肆笼络。作风也与夏言绝然不同，不干事，一味奉承皇帝。这是当时会做官之人的诀窍，严嵩堪称得其真味。严嵩与北方地主之关系也相当密切。明代统治者一向依赖东厂及锦衣卫两大系统维护政权。世宗朝对太监集团打击不遗余力，因之这一时期的锦衣卫备受皇帝重视。世宗朝始终掌管锦衣卫的头领是左都督陆炳，死后赠忠诚伯。

陆炳祖辈是锦衣卫的官吏，其父陆松随同明世宗父兴献王之国安陆，世宗即帝位之后以"从龙"功，累官至后府都督佥事。陆松死后，陆炳袭职指挥佥事。由于他在嘉靖十八年随皇帝南巡时，以大火有救驾功，因之备受世宗赏识，掌管锦衣卫。本来掌管锦衣卫之人，"皆以兴邸旧人"任之，及至陆炳掌权后，"权势远出诸人上"。[①] 并将太监权力掌握在手。嘉靖三十六年二月，他因与司礼太监李彬有矛盾，竟向世宗劾奏李"盗币数十万计"，致使李彬下镇抚司狱论死，籍其"银四十万有奇，金宝亡算"。[②] 陆炳权势之大，从这一例即可知。

陆炳原与夏言及严嵩都有一定关系。后来陆、夏不合，夏言欲借机惩陆，陆遂与严嵩勾结，必欲杀夏言而后快。嘉靖二十七年三月，陆炳与严嵩合谋，以边将曾铣拟收复河套，而罗织"交结近侍官员"罪

---

① 《明史》卷三〇七《陆炳传》，第7892—7893页。

② 《国榷》卷六二，嘉靖三十六年二月戊子，第3889页。

名将他杀死,“天下闻而冤之”,“盖严嵩借铣陷夏言”,以使都督陆炳“构其狱”,从此朝廷中人多“以套事为讳”。[①] 是年十月,遂借口涉嫌曾铣事,而将夏言杀死。谈迁在评论陆炳时称:“好倜傥画策,缇校多长安大豪(按:即北方地主),一当意即得骤贵,故其下多效死力。以阱夏言、仇鸾,故善严氏。荐入西苑,供奉青词,与严氏颇揽文武选权。”[②]《万历野获编》也说:“严之杀夏,阴佑之者,陆炳、崔元也。”[③]

崔元是代州人,系宪宗女永康公主的丈夫,于弘治六年(1493)成婚,也以迎立功,被世宗提为京山侯。他与陆炳关系密切,成为世宗朝中的一股势力。早在夏言当政时,崔、陆即已狼狈为奸,构成对夏言的威胁。一次御史陈其学劾奏崔、陆二人垄断盐利,夏言拟旨令二人交代事实,应处死罪,赖陆炳对夏苦苦哀求,不了了之。后来陆、崔二人乃与严嵩合谋,必欲除夏而后快。《明史·公主传》曾评论崔元说:“宠幸优渥,勋臣戚畹莫敢望焉”,又称:“驸马封侯赠官不以军功,自元始。”[④]

当时成国公朱希忠系勋贵之首,为靖难功臣朱能的后代,一直深受皇帝的宠爱。世宗南巡时,朱与陆炳又救过皇帝,故更受重用,“历掌后、右两府,总神机营,提督十二团营及五军营,累加太师”。[⑤] 严嵩任大学士时,表示不愿单独受皇帝召见,而愿与朱希忠、崔元等一齐晋见。这一方面系对朱等示意拉拢,同时也是乘机讥讽夏言。因为夏言任大学士时,曾表示“恶与郭勋同列,以致生隙”。[⑥] 严嵩与外地藩王亦互有来往,“诸宗藩请恤乞封,挟取贿赂”。[⑦] 严嵩与北方边将的关系,亦非寻常,“嵩贵幸用事,边臣争致贿遗。及失事惧罪,益辇金贿嵩,贿日以重”。当时锦衣卫经历沈鍊曾劾奏严嵩谓:“今大学士嵩,贪婪之性疾入膏肓,愚鄙之心顽于铁石……纳将帅之贿,以启边陲之衅,一也。受诸王馈遗,每事阴为之地,二也。”[⑧]事实证明,严

① 《国榷》卷五〇,嘉靖二十七年三月癸巳,第 3715 页。

② 《国榷》卷六三,嘉靖三十九年十二月壬寅,第 3951 页。

③ 《万历野获编》卷八《内阁·计陷》,第 210 页。

④ 《明史》卷一二一《公主传》,第 3673 页。

⑤ 《明史》卷一四五《朱能附朱希忠传》,第 4087 页。

⑥ 《明世宗实录》卷二九五,嘉靖二十四年闰正月戊辰,第 5635 页。

⑦ 《明史》卷三〇八《严嵩传》,第 7915 页。

⑧ 《明史》卷二〇九《沈鍊传》,第 5533—5534 页。

嵩与当时代表北方地主利益的各个政治集团的关系密切，这就是他与夏言结局不同的主要原因。

从上面所述明代江西士人与官吏的政治表现及造成这一现象的经济因素可知，江西士大夫与江南诸文人辈颇多相似。他们的命运是紧紧联系在一起的。元末明初，江西名士辈出，人才济济，却与江南士人一样，同受朱元璋之迫害与打击。建文帝推行新政改革，得到江西士人的支持，并不奇怪。“靖难”以后，江西士人也与江南地区一样，出现了分化，一部分人对明朝政策仍然不满，而另外一部分则参加了明政权，并得到皇帝的宠信。一部分江西的士大夫，出于他们的利益所在，隶属于江南地主集团，不时与代表北方地主利益的明朝统治者发生冲突。因此，同一时期同一省份的不同人物，反映在朝廷内部政策上之分歧就并不奇怪了。熊概与周忱，夏言与严嵩，正是各自代表不同集团利益之最好说明。

明代朝廷内部政治斗争的形式虽多不同，但每每涉及江南地主与北方地主集团利益之冲突。这种冲突多包含经济因素。不了解这一点，就难以解释明代政争的实质所在。

（原载《第二届明清史国际学术讨论会论文集》，天津人民出版社，1993 年版）

第二章　明清南北地主与政争

明初江南地主的衰落与北方地主的兴起

一　元代对江南地主的笼络政策

元朝统一江南后，忽必烈为了巩固其政权，曾多方面推行汉化政策，以利于元政府在江南长治久安的统治。尤其是对居住在苏、松、杭、嘉、湖地区的江南大族，更采取了异乎寻常的宽疏政策，对他们充分利用、保护，即使是对田连阡陌的世家大姓的土地，也丝毫未加触动。当时有人控告松江大地主“包隐田土”，土地万顷，主张清查，但江浙行省检校官王艮反对清查，认为“万一民心动摇，患生不测，岂国家培养根本之策哉”。① 王艮系浙江诸暨人，属于江南地主出身的官吏。他忠实地执行了元朝政府对江南地主“培养根本”的政策，因此所谓“清查”云云，也就根本不提了。

元朝对江南地主的笼络政策，概括来说，就是轻刑、薄赋。《草木子》谓：

> 元朝自世祖混一之后，天下治平者六七十年，轻刑薄赋，兵革罕用；生者有养，死者有葬；行旅万里，宿泊如家，诚所谓盛也矣。②

---

① 《元史》卷一九二《王艮传》，第4371页。

② 《草木子》卷三上《克谨篇》，第47页。

这里所说的“轻刑”，是指对江南地主的特权不加干涉，相反还予以保护。后人所谓的“法网疏阔”，正是元朝这一政策的具体体现。至于“薄赋”，则是指元朝对江南地区所征收的赋税，较之宋朝尤轻。

《五茸志逸随笔》谓：“胜国时，法网疏阔，征税极微。吾松僻处海上，颇称乐土……一家雄踞一乡，小民慑服，称为野皇帝。”[①]明末史家朱国桢也说：“其时赋税甚轻，徭役极省。”[②]甚至《万历野获编》的作者沈德符也承认：“前元取民最轻。”[③]这些人都是江南文人，他们说的话当然有所根据。

正由于元朝对江南地主采取了上述的政策，因此出现了下面一些显著的变化：

一、江南望族得以保存：正由于元朝统治者对江南地主采取“一本于宽”的政策，对他们百般笼络，因此江南豪族的权势得以巩固。如顾瞻，“世居吴中，为著姓，自孙吴以来，代有显者”；[④]又如华氏大地主，“世家无锡，为江南望族，其先自宋、元而上”，“家故多田，富甲邑中”。[⑤] 这些千年上下的豪宗巨室之所以能维持和发展，与元朝在江南的政策是紧密相关的。

二、元统治者与豪家勾结：元朝统治者出于“长治久安”的需要，百般笼络江南地主，必然出现“豪家势族与此辈互交结，恣并吞，奸民附丽”的局面。[⑥] 这种政策仅是“恩及富室，而不被于贫民”，以至“其佃民输租如故”。[⑦] 因此，正如忽必烈时赵天麟所云：“江南豪家广占农地，驱役佃户，无爵邑而有封君之贵，无印节而有官府之权，纵恣妄为，靡所不至。”[⑧]江南地主在这一政策的纵容下，更加有恃无恐，肆

---

① (明)吴履震：《五茸志逸随笔》卷七，《四库未收书辑刊》第10辑第12册，第202页。

② 《国榷》卷一，至正二十三年二月癸酉，第300页。

③ 《万历野获编》卷二《岁入》，第849页。

④ (明)吴宽：《匏翁家藏集》卷七六《明故江西赣州府知府致仕进阶中宪大夫顾公墓碑铭并序》，第6b面。

⑤ (明)吴宽：《怡隐处士墓表》，载《国榷》卷七三，至正二十三年二月癸酉，第300页。

⑥ 《国榷》卷一，元顺帝至正二十三年二月癸酉，第300页。

⑦ 《元史》卷一八《成宗本纪一》，第387页。

⑧ (清)清高宗敕撰：《续文献通考》卷一《田赋考一》，上海：商务印书馆，1936年版，第2781页。

意妄为，江南镇戍军官与富民相勾结，“夺民田宅居室，蠹有司政事，为害滋甚。”①

三、宋朝遗俗变化极大：元朝对江南地主的笼络政策，得到了一定效果。不仅使江南地区得到稳定，同时也使这一地区的风俗习惯发生了巨大的变化。宋濂《芝园续集》：

> 初，元既灭宋，宋太学生孙公嵩悲哀不自胜，归隐海宁山中……（汪）先生受学于孙公……（汪）先生壮时，元有天下已久，宋之遗俗，变且尽矣。②

方孝孺《后正统论》：

> 在宋之时，见胡服，闻胡语者犹以为怪，主其帝而虏之，或羞称其事。至于元，百年之间，四海之内，起居、饮食、声音、器用，皆化而同之。③

江南地区经过元朝统治几十年后，其“宋之遗习，消灭尽矣”，江南的士人，不仅已“辫发短衣”，更效仿蒙古人的“语言容饰，以附于上”，“冀速获仕进”，④以投靠蒙古贵族。

事实说明，元朝对江南地区的政策相当成功。正如朱元璋所说：“元本胡人，起自沙漠，一旦据有中国，混一海内。（元）建国之初，辅弼之臣，率皆贤达，进用者又皆君子，是以政治翕然可观。”⑤

二 江南地主与朱元璋

江南地区是元末农民军及割据群雄的主要战场，百年来这一地区的“轻刑薄赋，兵革罕用”的安定局面已不复存在。江南地主对这一局面是不满意的，他们自然留恋元朝，希望恢复那时“法网疏阔”的太平景象。但这已成为不可能。是时苏松一带已为张士诚所占据。于是这中间的相当一部分人，则改为支持张士诚政权。

---

① 《元史》卷九九《兵志二》，第 2541 页。

② 《宋学士文集》卷六四《汪先生墓铭》，第 1031 页。

③ 《逊志斋集》卷二《后正统论》，第 54 页。

④ 《逊志斋集》卷二二《俞先生墓表》，第 662 页。

⑤ 《明太祖实录》卷一五，甲辰年十二月丁巳，第 211 页。

张士诚系泰州人,贩盐为业。他占据苏松地区后,对江南人士极尽拉拢。正如金华著名学者胡翰所言:“元之始乱,张士诚据苏州,恐众不附,大结人心,引士类为己用。”[①]景泰时陈敏政亦称:“后张氏开阃姑苏,招贤礼士。时士多为之用,先生(指王逢)独高蹈远引,不污一命。”[②]于是,不论参加他的政权与否,并不强制,更不治罪,因此博得避乱江南的元官及江南地主的拥护。张士诚也继续执行元朝对江南地主的宽疏政策,一方面尽量在江南地区避免战祸,维持安定的局面;一方面在本地区开发水利,便利吴民。1364 年,派军民十万人浚通常熟白茆港,即是一例。处于吴境的江南地主,一方面拥护张士诚保境安民、避免战祸的战略措施,另一方面希望有人能出面影响张士诚,促其降元反正。浦江人戴良,当 1358 年朱元璋攻克金华时,本已投奔朱的政权,并与宋濂、叶仪等人一起,成为他的幕府策士。但不久戴良却弃朱“避地吴中”,投靠了张士诚。戴的好友王逢,也在张的政权下任谋士,后来张士诚的弟弟张士德即接受王逢的建议,“北降于元以拒明”。[③] 戴、王二人在江南是有影响的人物,他们这时的所作所为,是有一定代表性的。

反之,江南地主对朱元璋的政权,反应却异常冷淡。朱元璋初下金华、建德时,虽然对许元、胡翰、戴良等十几人极尽拉拢,但他们或则公开表示不赞成朱的政策,或则消极怠事,无心仕途。朱元璋下金华后,原欲选宁越(金华)七县富人子弟宿卫,号称御中军。这本是表面上笼络江南地主,而暗中起牵制、削弱地主势力的一种措施。胡翰对此不以为然。他说:“金华人多业儒,鲜习兵,籍之,徒縻饷耳。”朱元璋只得将此命令撤销。[④] 邓愈随朱元璋在徽州及金华一带进军。一次,朱元璋问江南父老,邓愈修城,“百姓怨乎”? 儒士唐仲实、姚琏回答:“颇怨”,朱元璋只好命令停止[⑤]。苏伯衡系金华著名学者,朱

---

① (明)胡翰:《胡仲子集》卷九《韩复阳墓碣》,北京:中华书局,1985 年版,第 135—136 页。

② (明)陈敏政:《〈梧溪诗集〉后序》,见(元)王逢:《梧溪集》,《知不足斋丛书》本,上海:古书流通处,1921 年景印本。

③ 《明史》卷二八五《戴良附王逢传》,第 7312、7313 页。

④ 《明史》卷二八五《胡翰传》,第 7310 页。

⑤ 《国榷》卷一,元顺帝至正十八年十二月庚辰,第 282 页。

元璋在浙东时，李善长劝授苏以官，而苏伯衡却"力辞归"[①]。此外如范祖干、叶仪等人，虽已蒙朱元璋授为谘议，"深加礼貌"，但朱元璋得到的却是"以亲老辞归"及"以老病辞"的回答。[②] 因此，在朱、张对峙中，江南地主宁可拥张而不站在朱一边，激起了朱元璋的异常反感。洪武初年，朱元璋也不得不承认："张士诚小窃江东，吴民至今呼为张王。我为天子，此邦呼为老头儿。"[③]

由此可见，朱元璋在1358年进兵浙东期间，除了刘基、章溢、叶琛、宋濂等先后投靠朱元璋外，有相当一部分浙东及江南地主却抱着相反的态度，消极抵抗。这是朱元璋和江南地主斗争的第一阶段。

朱元璋建立明朝以后，尽管江南群雄次第被消灭，但江南地主对朱明政权的反应仍然冷漠不堪。朱元璋基于他们在前一阶段的种种表现——或怀念元朝，企图蒙古贵族卷土重来；或协助张士诚镇守吴中，与朱元璋顽抗到底——对他们进行打击不遗余力。朱元璋打击江南地主的出发点，是认为"胡元以宽而失，朕收平中国，非猛不可"。[④] 在"猛"的前提下，诸如迁徙江南富民，江南重赋，或利用清除"胡党""蓝党""空印案""郭桓案"之机，以"通党"为名，对江南地主（包括相当多的江南官吏）进行打击。甚至连起于东南、"负重名"的元老如刘基、宋濂等人也不放过，他们或则过早致仕，或是以"通党"被流放，郁郁而亡。谈迁《国榷》说，当时因被朱元璋镇压而"死徙遍天下，一空印，一盗粮（即郭桓案），祸至溢矣"。[⑤] 可以认为，洪武统治的三十一年，是江南地主与朱元璋斗争的第二阶段。他们对待朱明政权的冷漠、格格不入的态度，换来的是朱元璋的坚决镇压，横加打击。江南地主处于奄奄一息的境地，以至读书人不愿做官，不敢做

---

① 《明史》卷二八五《苏伯衡传》，第7310页。

② 《明史》卷二八二《范祖干附叶仪传》，第7223、7224页。

③ （明）吕毖：《明朝小史》卷一《洪武纪·老头儿》，《玄览堂丛书初辑》第19册，第52页。

④ 《皇帝手书》，载（明）刘基：《诚意伯刘文成公文集》卷一，《四部丛刊初编》第1516册，上海：商务印书馆，1929年版，第3b面。

⑤ 《国榷》卷八，洪武十八年三月戊子，第653页。

官，甚至家里有人喜爱念书，也怕州县官知道，只好让他们“反督耕于田亩”。[①]

江南地主在这种无可奈何的情况下，怀念元朝，或是希望能出现一个新君，以便能一旦改变对他们的政策，获得新的生机。这是江南地主在受压不获喘息的时刻，所日日盼望的。果然，朱元璋的死，给他们带来了新的希望。

三 “靖难之役”导致江南地主彻底失败

建文帝即位后，江南地主感到有了希望。他们希望建文帝的一些改革，能对他们有利。事实果真如此。

建文帝即位后，即改革文官制度，“升六部尚书为正一品，设左右侍中各一人，位侍郎上……罢左右都御史，设都御史一人，副佥都御史各一人。又改都察院为御史府，设御史大夫，正二品。革十二道，置察院一，定御史二十八人”。[②] 旋即重用出身于江南的文官，特别侧重于资历并非显赫的少壮派，让他们掌握实权。早在洪武十七年(1384)，朱元璋也曾主张“世乱则用武，世治宜用文”，以提高文官的地位。但遭到久历沙场的诸勋臣的反对，只好作罢。[③] 事实上朱元璋也是一贯轻视文臣，对江南的士人特别忌恨，除个别人外，一直在进行残酷镇压。

齐泰、黄子澄、方孝孺都出身于江南，年纪较轻，官职不高。建文首先让齐、黄二人主持朝政，赋予极大权力，这与洪武时期的重武轻文形成明显的对比。尤其是方孝孺，非常值得注意。他系浙江宁海人，宋濂的学生，其父方克勤因“空印案”被朱元璋诛杀。他怀恋元朝在江南的官吏“皆忠厚洁廉，宽于用法”，而对“元亡未久而遗风旧习与之俱变”的现象表示不安。尤其是朱元璋对当时的“浙东西巨室故家，多以罪倾其宗”，“蔓连大家多坐死”的局面，[④]更感到非变不行。因此建文帝当政的四年，确实是江南士人希图锐意改革的时期。永

---

① 《明朝小史》卷二《洪武纪·士不乐仕》，第 176 页。

② (明)郑晓：《今言》卷一，北京：中华书局，1984 年版，第 33 页。

③ 《闲中今古录摘抄》，载《纪录汇编》卷一二九，第 1306 页。

④ 《逊志斋集》卷二二《林君墓表·采苓子郑处士墓碣·贞义处士郑君墓表》，第 282、286 页。

乐初年，建文朝文官的各种建议凡一千多通，也说明当时以齐、黄、方为首的少壮文官，要求改革的气氛是多么强烈。改革，除削藩外，自然是尽量改变朱元璋对江南的高压政策。

洪武、建文这种明显的对比，连东邻朝鲜的君臣都看得非常清楚。建文元年(1399)，朝鲜国王定宗对他的臣下说："(朱元璋)疑忌英雄及功臣，指为蓝党、胡党，皆杀之，无乃不可乎！"朝鲜官员李舒、赵庸等也说："天下之事，不任以贤，身亲听断，君行臣职，甚非设官分职之义也。"[①]到了建文时期，文官居上，明朝至朝鲜所派使臣，大多为"温雅风流"的儒士，彬彬有礼，"清不近货，唯求诗卷"，博得朝鲜君臣的称赞。这与尔后永乐在位时，大多派中官出使东邻，"骚绎亦最甚"，[②]形成了明显的对比。

建文时重用文臣，为江南士人平反；又反对朱元璋时的"刑用重典"，主张"小大之狱，务从宽减"，[③]博得了江南地主的拥护、支持。

其次，建文政权一反洪武时的江南重赋政策，于建文二年二月颁发"均江浙赋"的诏书，认为"田赋不均，民不可得而治"，尤其是"江浙赋独重"的状况非常不合理，不让苏松人官任户部尤欠允当，所以诏令废除。[④] 这项改革，针对性非常明显，因建议出自苏松人，当然也得到江南地主的赞赏。

但是，建文政权得不到武将的支持，特别得不到原朱元璋代表的淮西地主集团的支持，是难以维持长久的。建文的文官政府的依靠力量毕竟脆弱，所用亲信又是一些限于空谈而对军事一无所长的儒士，因而改革亦随政权的很快垮台而失败。

江南地主的梦幻消失了。但维持四年的建文政权，却深深铭刻在江南士人的心中。他们虽然在永乐以后受到了较之洪武时期毫无逊色的疯狂镇压，但仍时刻怀念这一昙花一现的建文改革。在江南

---

① 《朝鲜定宗实录》卷一，建文元年正月庚辰，收入韩国国史编纂委员会编刊：《朝鲜王朝实录》第1册，1968年影印缩刷版，第143页。

② 《朝鲜定宗实录》卷三，建文四年三月丁亥，《朝鲜王朝实录》第1册，第227页；王崇武：《明靖难史事考证稿》，第134页。

③ 《明史》卷九三《刑法志一》，第2285—2286页；卷九四《刑法志二》，第2320页；《国榷》卷一一，洪武三十一年十二月庚辰，建文帝"诏"，第793页。

④ (明)朱鹭：《建文书法拟》正编下，《北京图书馆古籍珍本丛刊》第11册《史部·杂史类》，北京：书目文献出版社，1989年版，第478页。

文人的笔下,建文时期永远是他们难以忘怀的太平景象。顾起元《客座赘语》:

> (江南)父老尝言建文四年(1399—1402)之中,值太祖朝纪法修明之后,朝廷又一切以惇大行之,治化几等于三代。一时(江南)士大夫崇尚礼义,百姓乐利而重犯法。家给人足,外户不阖,有得遗钞于地,置屋檐而去者。①

长洲人祝允明《野记》:

> 闻之故老言,洪武纪年庚辰(按:指建文二年)前后,人间道不拾遗。有见遗钞于途,拾起一视,恐污践,更置阶圮高洁地,直不取也。②

类似的例子及野史逸闻非常之多。如果不是建文改革得到江南士人的拥护,这些记载是难以出现的。

四 永乐即位后的江南形势

江南地主经过"靖难"事件后,实力大大削弱了,但永乐称帝后的江南形势仍然异常复杂。

一方面,江南各处的义师纷纷起事,仍然与燕军顽抗,四处骚扰。这些义师不仅限于苏松地区,即使是安徽及江西地区,也都反应异常强烈。当时义师以江西庐陵县及常州武进县两地影响最大。据王崇武先生所引《姜氏秘史》中谈到,建文四年(1402)六月,建文帝曾派刑部侍郎金焦及常州人朱进前往江西等处征兵。旋因失败,被南昌左卫百户缚送至京。同年八月,"江西庐陵县民有啸聚劫掠"者,③这些人应当就是上面所谈的义师。尤其是黄子澄及练子宁都是江西人,同为建文帝的心腹,建文帝临危时到江西征召义师是很自然的。至于当时"武进等县强贼马阿保等"及武进"县民李德懋等作乱",当然也是属于这类义师的一部分,而且是重要的一部分。因为在燕师未至南京前,建文帝已令苏州知府姚善"密结镇、常、嘉、松四郡守,练民

---

① (明)顾起元:《客座赘语》卷一《革除》,北京:中华书局,1987 年版,第 29 页。

② (明)祝允明:《野记》,第 39 页。

③ 《明太宗实录》卷一一,洪武三十五年(建文四年)八月甲子,第 183 页。

兵为备”。[①]

另一方面，由于燕师渡江后进军迅速，江南地区一些民人揭竿而起，纷纷响应燕师。据吴宽《匏翁家藏集》所载，吴江人吴璠之父说：“壬午(建文四年)之岁，文皇帝旄钺渡江，天下同日响应。乡人争持锄犁，四出剽掠，以杀人为嬉，而吴江尤甚。然特乘之以报私怨而已。里有戚、吴二氏，既焚死盗手殆尽。时吾兄方壮，长田赋(为粮长)，恐不能自保。”[②]反映出当时江南地区的局势异常混乱。另据《明太宗实录》所载，永乐一即位，于是年七月，“擢上海县民周小二为巡检，赐彩币二表里，钞百锭，蠲其徭赋三年，旌其操舟从上渡江功也。”[③]这说明燕师南下渡江，曾得到一些江南民人的支持。尽管这些人的身份不太清楚，但与土著世袭的江南地主是绝对不同的。

此外，由于燕师进入江南，大肆搜捕建文党羽，造成“军士纵横郡邑中”，[④]使江南民人不堪其扰，纷纷远离家乡，出外潜逃。嘉兴人高逊志，元末即侨寓于此，“好学问，为文深纯典雅，成一家言”，“建文时，为太常少卿兼学士……为会试考官。靖难后遁去，不知所之”。[⑤]另外则有一部分人为免于迫害，“江西庐陵县民有不得已畏死逃聚山林者”；还有一部分军民流移到附近的海岛中躲避。当时有陈义甫、叶得义等军民，逃至浙江平湖一带海岛安身。明政府曾派百户李诚前往招谕。不久陈义甫等来归，永乐曾“嘉劳之”。但叶得义等人则仍迟疑不为所动。[⑥] 至于逃避海外及朝鲜的，亦不在少数。据《明太宗实录》记载，建文四年九月，“使臣有还自东南夷者，言诸番夷多遁居海岛，中国军民无赖者，潜与相结为寇”。[⑦] 又据朝鲜《太宗实录》载，永乐元年二月初八日，明政府曾通知朝鲜使臣黄俨：“建文手里多有逃散的人，也多有逃去别处的。有些走在你那里，你对他每说知

① 王崇武：《明靖难史事考证稿》，第87—89页；《明史》卷一四二《姚善传》，第4043页；(明)李翊：《戒庵老人漫笔》卷三《黄叔扬传》，北京：中华书局，1982年版，第108页。

② 《匏翁家藏集》卷七一《止庵吴府君墓表》，第4a面。

③ 《明太宗实录》卷一〇下，洪武三十五年(即建文四年)七月乙未，第162页。

④ 《戒庵老人漫笔》卷三《黄叔扬传》，第109页。

⑤ 《玉堂丛语》卷四《忠节》，第141页。

⑥ 《明太宗实录》卷一二上，洪武三十五年九月戊子，第209页；卷三二，永乐二年六月癸酉，第566页。

⑦ 《明太宗实录》卷一二上，洪武三十五年(建文四年)九月戊子，第209页。

道，回去对国王说，一介介都送将来。”[①]

以上事例说明，永乐称帝后的江南地区并不平静，各种矛盾仍然异常尖锐复杂。

五 永乐时期继续打击江南地主

面对江南不安宁的局面，永乐即位后除对建文“左班文臣”继续镇压外，仍然继续推行朱元璋时对江南地主的打击政策。

永乐一即位，即对建文的党羽无情镇压，残酷打击。像对谋刺他而未遂的景清的家族，“籍其乡，转相攀染，谓之瓜蔓抄，村里为墟”的情况，[②]绝非个别现象。即对各地义师，也不例外。

但在坚决镇压的同时，也采用了招抚的办法，以期缓和矛盾。如对江西庐陵的义师，就曾于建文四年八月派行人许子谟前去招抚，并谕令：“近建文信任匪人，改更成法，致兵祸连岁，军需百费皆出于民……致有潜避山林，保全性命，皆出于不得已也……宥尔之罪，其即各复原业，永为太平之民。”[③]

对于沿海民人与海外交通者，永乐则亦采取朱元璋“片板不许下海”的政策，严加禁止。他在即位诏中谈道：“沿海军民人等，近年以来，往往私自下番，交通外国。今后不许，所司一遵洪武事例禁治。”[④]这里所说的“近年以来”，很明显是指建文时期。这也从反面证明建文时期的海外贸易是较之洪武时期发达的。后来建文帝危亡之际，他的亲信黄子澄要到海上求援，自然也和当时形势有关，而并非一句空话。

永乐二年正月，朱棣继续颁布“禁民下海”的命令，当时福建濒海居民，经常“私载海船，交通外国，因而为寇”，明政府“逐下令禁民间海船”私出活动，并规定“原有海船者悉改为平头船”，俾“所在有司，防其出入”。[⑤] 下令禁造海船，以海船改为平头船，本身就是一种阻碍海外贸易正常发展的粗暴措施，是闭关自守的具体反映。朱棣“一

① 《朝鲜太宗实录》卷五，永乐元年二月甲寅，《朝鲜王朝实录》第 1 册，第 262 页。

② 《明史》卷一四一《景清传》，第 4027 页。

③ 《明太宗实录》卷一一，洪武三十五年（建文四年）八月甲子，第 183—184 页。

④ 《明朝小史》卷四《永乐纪・即位诏》，《玄览堂丛书初辑》第 19 册，第 347 页。

⑤ 《明太宗实录》卷二七，永乐二年正月辛酉，第 498 页。

遵洪武事例”的做法，系出于政治原因，以便继续对江南地主进行打击。

既然永乐对待海外贸易的政策采取封闭态度，那么应当如何看待“郑和下西洋”的问题？事实上，如果从政治原因来理解永乐时期郑和下西洋的目的，就不难看出：

一、永乐帝是以庞大的国家海上贸易舰队来代替元末东南沿海从事私人海上贸易的地主。这些地主历来即是朱明政权的反对派。因此“下西洋”本身，正是朱棣打击东南沿海地主从事海外贸易政策的体现。①

二、郑和下西洋还有着重要的政治目的，即朱棣除了对海外诸国备加笼络希望得到政治支持外，也想借机至海外诸国铲除因国内政治斗争而流窜到海外的地主豪强的残余力量。永乐初年被郑和胁迫归国的陈祖义、梁道明等人有一定代表性。

据马欢《瀛涯胜览》所载：“昔洪武年间，广东人陈祖善等全家逃于此处（指旧港），充为头目，甚是豪横。凡有经过客人船只，辄便劫夺财物。至永乐五年（1407），朝廷差太监郑和统领西洋大䑸宝船到此处，有施进卿者，亦广东人也，来报陈祖义凶横等情……被太监生擒，陈祖义回朝伏诛。”②又据《东西洋考》卷三所载：“永乐初年，三佛齐竟为爪哇所破，废为旧港。是时（广东）南海豪民梁道明窜泊兹土，众推为酋，闽广流移从者数千人。”③永乐先派指挥孙铉往其地，“遇其子及二奴，挟与俱来”。后来又派南海人行人谭胜受，“令偕其二奴赍敕往招道明，遂从入朝”。可见陈、梁等人都是明初逃亡海外的沿海豪民地主，只不过陈祖义更加顽固而已。

至于当时所传的建文帝逃窜海外之说，虽无多少根据，但亦绝非永乐的神经过敏。元末以来东南沿海地主的存在及部分流亡海外这

---

① 万历时人王士性撰《广志绎》（卷一）谓：“国初，府库充溢，三宝郑太监下西洋，赍银七百余万，费十载，尚剩百万余归。盖乘元人所藏。而元时不备边，故其充溢至此。”（北京：中华书局，1981 年版，第 5 页）按：（清）清高宗敕撰《续文献通考》卷三〇《国用一》（第 3085 页）引明人王圻言：“正统时天下岁征入数共二百四十三万两，出数共一百余万两，自正德后出多入少，国用尽不支矣。”是郑和下西洋所用，约占明初五六年之岁出。

② （明）马欢：《瀛涯胜览》，载《纪录汇编》卷六二，第 617 页。

③ （明）张燮：《东西洋考》卷三《旧港》，谢方点校，北京：中华书局，1981 年版，第 62 页。

一客观事实，使得他不惜付出巨大的代价。当然，郑和下西洋的伟大意义，应是不容置疑的，但其出使的目的、因素是多方面的。

与此同时，朱棣仍然继续推行“迁富民”的政策，以排除异己。如长洲人翁姓地主及其妻徐氏，原在太祖时已迁徙至南京，后在“永乐间从驾再徙，久而还乡，故今又为吴县人”。[①] 又据《匏翁家藏集》所载：“自国初……谪发天下之人，又用以填实京师。至永乐间，复多从驾北迁。当是时，苏人以富庶被谪发者，盖数倍于他郡。”[②]当时不仅迁者以“吴产为多”，甚至岭南一带的大地主也在迁徙之列。如明中叶海盐县丞邝观政，“其先为岭南高要著姓，永乐初以畿内兵荒多隙地，诏徙四方民实之，府君之父福亦在焉。故为河间任丘人”。[③] 当时“徙浙江、南直隶富民三千户实京师”的人，在朱棣看来，都是一些反对明王朝的基本力量，也是建文政权的有力支柱，因而打击起来不遗余力。后来由于“逃亡者众”，加之明政府以后政令的不断变化，于是一部分人又回到了家乡。[④]

苏松重赋也是朱棣继朱元璋之后打击江南地主的一项措施，[⑤]造成这一带民人非死即亡。所谓重赋是与元朝在江南地区的赋轻比较而言。明中叶时叶盛在其《水东日记》中引述景泰时长洲民杨芳之说，其言曰：

> 长洲民杨芳，景泰中尝以十事上巡抚邹都御史，其“均税额”以为：“……元耶律楚材定天下田税，上田亩三升，中田二升五合，下二升，水田五升。我朝天下田租亩三升、五升、三合、五合。苏、松后因籍没，依私租额起税，有四五斗、七八斗至一石者。苏在元，粮三十六万，张氏百万，今二百七十余万矣。”[⑥]

据《明史·周忱传》载：“初，太祖平吴，尽籍其功臣子弟庄田入官，后恶富民豪并，坐罪没入田产，皆谓之官田，按其家租籍征之，故

---

① 《匏翁家藏集》卷七二《耕隐翁墓表》，第 6b 面。

② 《匏翁家藏集》卷四二《伊氏重修族谱序》，第 3b 面。

③ 《匏翁家藏集》卷七四《明故迪功郎海盐县丞邝府君墓表》，第 16 面。

④ 《明世宗实录》卷三五八，嘉靖二十九年三月辛未，第 6416 页。

⑤ 关于明代苏松等地区的重赋问题及其原因，详见本书《明代重赋出于政治原因说述论》一文。

⑥ 《水东日记》卷四《苏松依私租额起税》，第 37—38 页。

苏赋比他府独重。官民田租共二百七十七万石，而官田之租乃至二百六十二万石，民不能堪。”[①]周忱于宣德时任江南巡抚，认为当时“惟独苏松之民尚有远年窜匿未尽复其原额，而田地至今尚有荒芜者”，为什么呢？“盖苏松之逃民，其始也，皆因艰窘不得已而逋逃。及其后也，见流寓者之胜于土著，故相扇成风，接踵而去，不复再怀乡土。”[②]苏松逃民实际上还是受歧视迫害及重赋造成的，因此逃亡久而不归。

此外，明政府还利用其他手法，打击江南地主。从永乐时直至宣德时期，一直持续不辍。永乐九年，黄岩县民尚有诉“豪民持建文时士人包彝古所进楚王书稿与众聚观，书中有干犯语，请赴法司治之”。[③] 宣德初年，南畿、浙江巡抚熊概、叶春等，打击苏、松、嘉、湖地主不遗余力，“一时被没者凡数十家”，[④]“一时豪民，翦除殆尽”。[⑤]海盐大地主平康，平日“暴横甚”，“御史捕之，遁去。会赦还，益聚党八百余人，概捕诛之”。常熟大地主有曹善诚、徐洪、虞宗蛮三家，是元末以来最负盛名的。其中虞家占地极广，“支塘之东南有地名贺舍、花桥、鹿皮弄者，皆虞氏故迹”。贺舍之名，是因为虞家有喜事，“特筑舍以居贺者”，故名；花桥是虞家的花园；鹿皮弄是因“杀鹿以食，积皮于其地，弄以此得名”。其弄旁还有勒血沟，因为“每日杀牲以充馔，血从沟出流，涓涓不止。其侈奢如此”。像虞家这样盛极一时的大地主，后来经过明初特别是熊概在吴时的多次打击，“一时富家略尽，宗蛮盖其一也”。[⑥]

永乐时还有一种情况值得一提：当永乐即位后，吏部曾追论“靖难”起兵时，凡“南人官北地不即归附者，当编戍”。此事虽因黄淮之

---

① 《明史》卷一五三《周忱传》，第 4212—4213 页。

② （明）周忱：《与行在户部诸公书》，载（明）程敏政编：《皇明文衡》卷二七，《四部丛刊初编》第 2044 册，上海：商务印书馆，1929 年版，第 6b—7a 面。

③ 《明太宗实录》卷一一九，永乐九年九月庚辰，第 1509—1510 页。

④ 《明朝小史》卷六《宣德纪・豪右被没》，《玄览堂丛书初辑》第 19 册，第 410—411 页。

⑤ 《匏翁家藏集》卷五八《徐南溪传》，第 14b 面。

⑥ 《明史》卷一五九《熊概传》，第 4330 页；（清）王应奎：《柳南随笔》卷三，王彬、严英俊点校，北京：中华书局，1983 年版，第 52 页。

谏而止，[①]但仍表明朱棣政权对南北之地域观念是异常敏感的，南人、北人的界限在明初仍然泾渭分明。[②]

六 江南地主之分化

燕兵入江南后，江南地主内部起了很大的变化，情况各有不同。

一部分出身江南士人的小吏，不满永乐对江南的政策，因而甘心为建文帝政权殉葬。如周是修，仅任过周府奉祠正及衡府纪善等八品小官，当燕师渡江后，即“留书其家，别其友江仲隆、解大绅、胡光大、萧用道、杨士奇，且付后事，暮入应天府自经”。[③] 还有常熟人黄钺，自幼喜读书，但在明初江南士人受排挤的情况下，多“士不乐仕”，“家破族散”但藏书多的元末隐士杨溁让他和其子杨福一起读书。后来黄钺与方孝孺成为朋友，在建文政权中任给事中。建文败后，投水自杀。杨福为他收殓，并作诗吊唁，其中最后两句写道：“谁谓百年臣子恨，独闻野老泪滂沱”，[④]表明了江南士人对建文的怀念。又如方孝孺的好友台州人林右，靖难师起时在家闲居，幸免于难。永乐六年(1408)，“岛夷讧海上，台被其毒”，当地官吏知林有才能，“请为闾里计”，协助民勇抵抗海寇。于是他“勉起视兵，督郡子弟剿平之”。后永乐要重用他，对他备加慰劳。林右却说：“罪人逃死已久，藉令可仕，当与方孝孺同朝矣。”永乐大怒，“命曳出劓之，竟死”。[⑤]

即使一般的江南士人，与建文政权并无关系，也多与新政权相抵制，不愿做官，前引江南大地主顾曜之父顾巽，出身千年以上的江南世家。他虽“登永乐甲辰(二十二年)进士第”，却“称疾不仕，教授乡里，以易师终身”。[⑥] 类似这样的江南士人，为数不少。

姚广孝本为长洲人，14 岁出家。永乐即位后，曾派他“出振

---

① 《明史》卷一四七《黄淮传》，第 4124 页。

② 靖难后期，山东民人对朱棣也有过支持，故他的孙子明宣宗说过“山东之民，祖宗之民也”的话。(见《明宣宗实录》卷一六，宣德元年四月辛巳，第 438 页)

③ (明)杨士奇：《周是修传》，载《皇明文衡》卷六〇，第 15b—16a 面。

④ 《戒庵老人漫笔》卷三《黄叔扬传》，第 106—109 页。

⑤ 《玉堂丛语》卷四《忠节》，第 141—142 页。

⑥ 《匏翁家藏集》卷七六《明故江西赣州府知府致仕进阶中宪大夫顾公墓碑铭并序》，第 6b 面。

苏、湖，至长洲，以所赐金帛散宗族乡人”，意在拉拢江南士人。他虽贵为朱棣第一功臣，但当他回家乡时，他的好友王宾根本拒绝见他，仅说：“和尚误矣！和尚误矣！”姚见其姐时，他的姐姐也骂他。[①] 姚的旧友周兴，亦吴人。永乐初年，姚曾向朱棣推荐。朱棣曾“召试梅花诗，称旨，拜官博士”。但周兴不为所动，“志不欲仕，自毁一足，以疾辞归”。像这样的江南名流，因“湮没而名不彰者”，是多得出奇的。[②]

然而，也有一部分江南地主出身的官吏，却抢先依附于朱棣，并得到了宠信，李至刚、解缙等人即是如此。

李至刚系松江华亭人，在建文政权中很不得意，“调湖广左参议，坐事系狱”。[③] 永乐元年正月，他首先倡言以北平为北京，为永乐迁都北京作舆论准备，很得信任，升为礼部尚书。解缙为江西吉水人，他的父亲及其叔祖曾于陈友谅的政权中任事。解于洪武二十一年(1388)中进士，授中书庶吉士，他曾向朱元璋上书，很得青睐；又因曾批评过“分封势重，万一不幸，必有厉长、吴濞之虞”，[④]蒙建文帝赏识，任建文政权翰林待诏。他原与李至刚为密友，两人一同迎归朱棣，又先后为东宫进讲。尽管如此，两人又以各自不同的表现而失宠甚至丧命。

李至刚为人卑鄙，“既得上心，务为佞谀”。他对解缙受宠极为嫉恨，两人遂不合。一次朱棣曾书大臣十人，“命缙疏其人品”，解缙“言至刚不端”，更使李怀恨在心。后解缙因罪谪广西，李至刚反“奏其怨望”，中伤之，又“改谪交址”致死。但李也因案情涉及自身，“亦坐系十余年”。后来出狱后入史馆供职，“自称修史人李至刚”。别人因他为人阴险不端，皆称他是“羞死人李至刚”，[⑤]目为江南士人的败类。

---

① 《明史》卷一四五《姚广孝传》，第 4081 页。

② （明）许元溥：《吴乘窃笔·周兴》，《丛书集成初编》第 3156 册，北京：中华书局，1985 年版，第 16—17 页。

③ 《明史》卷一五一《李至刚传》，第 4182 页。

④ 《明史》卷一四七《解缙传》，第 4120 页。

⑤ 《明史》卷一五一《李至刚传》，第 4182—4183 页；《明史》卷一四七《解缙传》，第 4121 页；《野记》，第 114 页。

解缙则为人正相反。他"少登朝，才高，任事直前，表里洞达。引拔士类，有一善称之不容口。然好臧否，无顾忌，廷臣多害其宠"。他非常佩服元末文臣危素，对洪武初危素被谪含山，忧郁而死，深表同情。[①] 当时永乐长子高炽(即后之仁宗)与汉王高煦兄弟间之夺权斗争异常激烈。永乐在靖难时因汉王战功赫赫，原许立高煦为太子。及即位后，因有廷臣反对，故"储位未定"。这时淇国公丘福等武将又力主封高煦为太子。解缙插手于此斗争中，力主封高炽为太子，且力言不可对汉王过分宠爱，以生异心。这触怒了朱高煦，于是谓其"离间骨肉"等罪行，置他于死地。[②]

解缙的好友汤宗，浙江平阳人，出任苏州知府，极得江南地主拥戴。当时苏州一带连岁大水，"逋租百余万石"，无法完纳。汤宗乃谕令当地"富民出米代输。富民知其爱民，不三月悉完纳"。后因解缙下狱，"词连宗，坐系十余年"。[③] 当时尚有吏部左侍郎许思温，吴县人，因靖难有功升官。他也是因汉、赵二王与皇太子朱高炽间的矛盾，被汉王所谗，下狱瘐死。当时许多江南出身的官吏，都因太子与二王间的斗争，陷入狱中被杀。当许死后，家人以有顾忌，墓志铭不敢述其死因。这在当并非个别现象。《吴乘窃笔》谓："国初网密……当时辄不敢直笔，况坐累尤难触实者乎，则固不得不讳也。"[④]可见当时江南出身之官吏被杀之多。郭则沄辑《知寒轩谈荟》谓："洪武初制，士人不为国家服官者族诛，惩元遗也。而遗民畏祸，强起赴其征招；既就官矣，往往借事诛之，善全者十不得一二，可谓酷矣！士大夫罹文字之狱，尤指不胜屈。"[⑤]事实上永乐时期的状况，更是如此。一部分江南士人虽得入仕，并一时备受宠信，但真正善全者，仅是少数人。

---

① 危素在明初备受侮辱。朱元璋令危素挂二木牌于左右肩，"一书危不如象，一书素不如象"，盖朱元璋曾令元顺帝象起舞，"象伏不起，杀之"。见《闲中今古录摘抄》，载《纪录汇编》卷一二九，第1305页。

② 《明史》卷一四七《解缙传》，第4121页

③ 《明史》卷一五〇《汤宗传》，第4170、7171页。

④ 《明史》卷一五〇《许思温传》，第4164页；《吴乘窃笔·许思温》，第8—9页。

⑤ 咏春：《朱元璋大兴文字狱与杀功臣》，载郭则沄辑：《知寒轩谈荟》甲集卷一，郭久祺点校，北京：北京出版社，2015年版，第45页。

七　永乐决心迁都北京

永乐初年，除因立太子产生的内部斗争外，在迁都的问题上，同样有着尖锐的矛盾。

朱棣即位之后，即采纳李至刚的意见，决心北迁北京，遭到许多大臣的反对。后来在永乐十四年及十八年又辩论过多次，才决定迁都。是时河南布政使周文褒与右布政使王文振，都因阻止北迁坐罪谪湖广为民。[①] 据《寓圃杂记》所载，朱元璋时“定鼎江南，以资兵食，而都北之志未尝一日忘也。且以燕城为元旧都，形势可以制虏，因以封我太宗焉。及上（朱棣）登极，即广旧邸为皇城，频年驻跸。当时群臣不知睿意所向，屡请南还，因出令曰：‘敢有复请者，论以妖言。’于是，河南布政使周文褒等皆遭重罚。自此基命始定，遂成万世之业”。[②] 后来夏国公顾成也因阻止北迁而获罪。永乐十九年，翰林侍读李时勉、侍讲邹辑都以营建北京为非，遭朱棣谴责获罪。主事萧仪的意见最为尖锐，被朱棣立即处死。[③] 江南出身的官吏，大多担心迁都北京后，会使江南地区负担过重。事实也正是如此。仅以漕运为例，据杨士奇统计：永乐初迁北京时，岁运北方的漕米仅二百万石，不几年已增至五百万石。[④] 谈迁也对朱棣北迁表示过自己的态度：

> 辛丑（永乐十九年）言事诸臣多矣，未有如李忠文（时勉）之剀切者也。营造北京，殚军民之力万万计……当其缔费，十有三年，涂膏衅血，竭髓焚脂……而官吏科扰犹如此。[⑤]

谈迁多少表示了江南士人对朱棣北迁的态度。事实上，明政府北迁后，江南每年负担的漕粮连同加耗，当在一千万石以上，导致重赋尤重。江南人既不满意永乐政权在江南的政策，更不愿意因迁都北京而增加自己的负担。李至刚为了迎合永乐，首倡迁都，

---

① 莼衷：《朱棣决迁都北京，谏者多斩谪》，载《知寒轩谈荟》甲集卷一，第 41 页。

② 《寓圃杂记》卷一，第 1 页。

③ 莼衷：《朱棣决迁都北京，谏者多斩谪》，载《知寒轩谈荟》甲集卷一，第 42 页。

④ （明）杨士奇：《平江侯陈恭襄公（瑄）神道碑》，载《皇明文衡》卷七七，第 3a 面。

⑤ 《国榷》卷一七，永乐十九年四月甲辰，第 1181 页。

所以遭到江南地主的反对和耻笑，其主要原因正在这里。嘉靖时唐顺之指出："盖米自江南而输于京师，率二三石而致一石，则是国有一石之入，而民有二三石之输。"[①]清人潘次耕曾说，明初的江南重赋"亩至八斗而民始困，然其初止输南京耳。永乐中定都北京，民始有转输之烦，加耗自倍"，也说明永乐定都北京后南方的负担加重。宣德时，江南巡抚周忱曾说："天下之农民固劳矣，而苏松之民比于天下，其劳又加倍焉；天下之农民固贫矣，而苏松之农民比于天下，其贫又加甚焉。"[②]这里的"苏松之民"，是包括纳重赋的江南地主的。

朱棣即位后备受重用的杨士奇，是"仁宣之治"的"三杨"之一。他也是江南士人出身，为人极其圆滑，"奉职甚谨"，"在帝前，举止恭慎，善应对，言事辄中"，[③]是典型的老官僚，始终受宠不衰。即使如此，他在《陈瑄神道碑》中也借陈瑄之口提出"南京国之根本，宜为久远巩固之计"这样的话。[④]

在江南地主及江南士人与永乐政权格格不入，以及明政权内部矛盾重重的情况下，一些事实确实或隐或现地威胁着朱棣的政权。他多少感到了这种胁迫力量，也为此而不安。北方是他多年生活的地方，又是他率领大军多次驰骋的沙场；"靖难之役"时，因为有了这可靠的后方，才得以在军力、物力上得到支持，从而使他决心把首都迁回北京。永乐二年，他下令"免北京顺天、永平、保定三府所属始终效顺民户税粮一十九万九千七百余石"。[⑤] 又据《明太宗实录》记载："初，上（指永乐）平定内难，北京之民始终报效者蠲刍粮、徭役，给牒为信。"[⑥]这里的"始终效顺民户"及"始终报效者"，是指他在燕王时特别是"靖难"战争中，始终支持他的北方地主。这正是朱棣得以依靠的力量，当然决心大力培养扶植之。从

① （明）唐顺之：《与李龙岗论改折书》，载《明经世文编》卷二六一，第 2759 页。

② 《送汤公潜庵巡抚江南序》，载《切问斋文钞》卷一五，第 17a 面；《与行在户部诸公书》，载《皇明文衡》卷二七，第 7a 面。

③ 《明史》卷一四八《杨士奇传》，第 4131 页。

④ 《平江侯陈恭襄公（瑄）神道碑》，载《皇明文衡》卷七七，第 3b 面。

⑤ 《明太宗实录》卷三〇，永乐二年四月乙酉，第 547 页。

⑥ 《明太宗实录》卷一二八，永乐十年五月辛亥，第 1595 页。

几个事件中可以看出他们的关系：永乐九年，顺天府香河等县民由于“官草因雨浥烂”，“责偿甚急，乞宽恤”，朱棣说：“北京近县之民，朕昔用兵始终供馈，虽劳不厌。今国家无事，纵有侵欺，犹当以前劳宥之，况无侵欺可枉之乎”，并对这些县民“赐钞五锭为道里费遣还”。① 当时这些县里的老人到南京为各种事奔走的，络绎不绝。朱棣大多好言安慰，酒肉相待，并致赠道里费，以示不忘本。与对江南地主之横加镇压，无情打击，决然不同。永乐四年，朱棣又谕户部臣曰：

> “朕念北京数郡之民，比年军旅困于供给，故特免租税以优之。其耆老近日多有来谢恩者。今春作方兴，老人正当劝督子弟勤力田亩，不宜妨其所务。况衰倦之人岂堪跋涉远道，即檄诸郡止之。”户部言：“下人受恩感戴，出乎忠诚，恐虽止不从。”上曰：“朕心在实惠及民，不务虚文劳民，其止之。”②

这里所说的耆老，也是指那些“始终效顺民户”及“始终报效者”，他们是永乐政权的支持力量。

然而，尽管朱棣对江南地主无情打击，但江南地主怀念元朝及建文帝潜移默化的势力，是很难凭靠武力压服的。明中叶官吏何孟春指出：

> （元代）悉以胡俗变易中国之制。士庶咸辫发椎髻、深襜胡帽，衣服则为袴褶窄袖及辫线腰褶，妇女衣窄袖短衣，下服裙裳，无复中国衣冠之旧。甚者易其姓氏、为胡语。俗化既久，恬不知怪，我太祖心久厌之。洪武改元，乃诏悉复衣冠……于是百有余年，胡俗悉复中国之旧矣。③

何孟春系弘治进士。从洪武至弘治正好百有余年。江南地主潜在势力之大如此，这一事实也是促成永乐不愿久驻江南，决心北迁的重要原因。

---

① 《明太宗实录》卷一一二，永乐九年正月辛巳，第 1433 页。

② 《明太宗实录》卷五三，永乐四年四月戊寅，第 792—793 页。

③ 《余冬序录摘抄一》，载《纪录汇编》卷一四八，第 1582 页。

八　永乐扶植北方地主

自永乐十九年正月迁都北京后，朱棣政权逐步培养北方地主，赐给一些皇室、功臣、勋贵、太监大量庄田，使北方地主集团日益壮大发展。他的统治集团成员，大致可分为三股势力：

第一类是原燕王时的文臣武将，特别是跟随他多年的燕山卫的军官。在这部分武将中，又可分为三类。一部分是原来元朝的将领，后来投降明朝，像他手下的大将张玉，即是其中的代表。张玉之子张辅后封英国公，死于“土木之变”。他的子孙一直“尊宠为勋臣冠”。[①] 另一部分是蒙古族的军官，如火真、吴成等人。火真初名火里火真，洪武时归附，隶燕山中护卫千户。“靖内难”时勇敢善战，屡立奇功。后又随朱棣出兵塞外，战死。清平侯吴成，初名买驴，辽阳人。洪武二十一年“挈家归附”，初为永平卫总旗，“靖内难”时“率众内附”，屡立功。[②] 还有安顺侯薛贵，旧名脱火赤，顺天昌平人，燕山右护卫指挥佥事脱欢之弟，“为人有胆气，太宗皇帝举义靖内难，贵以舍人从征战有功，累升都指挥使”。[③] 他们都属于这类人物代表。第三部分即原来跟随朱元璋起兵、后又随同他转战南北的武将。他们大多是安徽凤阳一带的人，如朱能（怀远人）、丘福（凤阳人）、谭渊（清流人）、陈亨（寿州人）等。这些人在洪武时期已久居北方，是燕山护卫的宿将，在“靖难”中又屡立奇功，是日后落籍北方之地主中的代表人物。其中如襄城伯李浚，安徽和州人，少即跟随朱棣，任职燕山左卫千户。“靖难”初期，李即“招募蓟州、永平勇壮数千人来附”，屡立大功。[④] 此外，就是北方籍出身的原燕王府中的人物，由于参加“靖难”而发迹，属于北方“始终效顺”朱棣的心腹，也是北方地主集团的一部分。现据《明实录》的记载，试举数例，列表如下：

① 《明史》卷一四五《张玉传》载：张玉“（为河南）祥符人，仕元为枢密知院。元亡，从走漠北，洪武十八年来归。”（见《明史》，第 4082 页）；卷一五四《张辅传》，第 4224 页。

② 《明宣宗实录》卷一〇七，宣德八年十一月甲寅，第 2394—2395 页。

③ 《明宣宗实录》卷六四，宣德五年三月庚戌，第 1504 页。

④ 《明太宗实录》卷四八，永乐三年十一月戊戌，第 731 页。

姓名	籍贯	官职与爵位	经历	出处
宋礼	河南永宁	工部尚书	洪武中任山西按察司佥事，坐事左迁户部主事，升刑部员外郎。永乐时营建北京有功。	《明太宗实录》卷二五〇，永乐二十年六月乙亥，第2336—2337页。
谭清	顺天大兴	后军都督府左都督	起卒伍，从朱棣"靖难"有功。	《明宣宗实录》卷一一二，宣德九年九月甲午，第2534—2535页。
郭资	河南武安	太子太师，掌户部事	洪武进士。"靖难"时侍仁宗守北京。	《明宣宗实录》卷一〇七，宣德八年十一月甲寅，第2395页。
朱浚		刑部尚书	其父朱复系燕府长史。"靖难"时署北平布政司事。	《明太宗实录》卷一五九，永乐十二年十二月辛卯，第1810页。
薛禄	山东胶州	太保、阳武侯	起卒伍。随朱棣"靖难"，屡立功。	《明宣宗实录》卷六八，宣德五年七月辛酉，第1604—1605页。
宋性	山东德州	刑部右侍郎	洪武时任刑部侍郎。建文中贬湖广按察副使。永乐三年升四川右参政。	《明仁宗实录》卷四下，永乐二十二年十一月壬辰，第152—153页。
马麟	河南巩县	通政司右通政	洪武时任给事中，建文时谪云南，永乐即位后复职。	《明太宗实录》卷一七六，永乐十四年五月庚戌，第1928—1929页。
卢祥	涿州房山	刑部左侍郎	洪武三十年任刑部郎中。建文时免官，朱棣初起时，卢入见，往保定募壮士万余人从征。	《明太宗实录》卷一三三，永乐十年十月壬申，第1632—1633页。

（续表）

姓名	籍贯	官职与爵位	经历	出处
奈亨	顺天香河	户部左侍郎	初为小吏。“靖难”时守北平，后升官。	《明英宗实录》卷一八九，景泰元年二月戊寅，第3865页。
杨善	顺天大兴	兴济伯、礼部尚书	“靖难”时守北平，永乐即位后屡擢升。后媚事王振。	《明英宗实录》卷二九一，天顺二年五月丁亥，第6207—6209页。

不难看出，这几部分人都不会与江南地主有任何关系，他们是新兴的北方地主集团的骨干。

这里还可以当时参与消灭“建文朝忠臣数十族”，对江南地主大肆屠杀的锦衣卫都指挥佥事纪纲为例。纪纲系山东临邑人。朱棣起兵“靖难”时，纪纲“叩马请自效”。建文失败后，他备受朱棣宠信，“亲之若肺腑”。[①] 他不仅是镇压建文朝臣的刽子手，也是霸占民田、大肆扩充自己庄田的代表人物。据记载，纪纲得势后不久，即“夺民人贵等第舍、庄田十七所，值金三十余万；匿县官予民地八所，二十余万”，[②]实开北方显贵夺民人田地之先声。

第二类是北方的勋贵。自永乐迁都后，不论是皇帝的后妃，还是新招的驸马，大都是北方人，尤以北直隶人为多。这些人获得勋位后，通过向皇帝乞请或是圣上的钦赐，大多毫不例外地获得了大量土地。然后依其特权，兼并或靠别人投献，攫取更多的土地。这些人原来都出身贫贱，土地不多。但一旦成为显贵，搜括土地财物则不遗余力。像仁宗张皇后，北直隶永城人，出身贫寒；万历慈圣太后之父武清侯李清，原来是泥瓦匠。英宗时，太皇太后张氏（即仁宗张皇后）在给他的长兄彭城伯张昶、三兄都督张昇信中说得好：“吾起于寒微，叨蒙国恩，荣及祖宗，显受褒宠。诸兄嗣膺重爵厚禄，合门贵富，与功臣等，此皆列圣天地之赐也。”[③]这是出身北方的勋贵，成为北方地主集

① 《明史》卷三〇七《纪纲传》，第7876页。

② （清）查继佐：《罪惟录》卷三〇《纪纲传》，杭州：浙江古籍出版社，1986年版，第2642页。

③ （明）杨士奇：《太皇太后谕二兄书》，载《明经世文编》卷一五，第107页。

团成员的很好说明。出身寒微的北方人，一旦跻身皇室，就会“合门贵福，与功臣等”，当然也会得到“列圣天地之赐”。

第三类则是皇帝宠信的太监。自朱棣即位后，除第一代太监郑和、侯显等外，迁都北京后的大太监，除刘瑾系陕西人外，大多是北直隶人，如王振、曹吉祥、张永、冯保、魏忠贤等，无一例外。他们或则利用皇庄的名义，霸占了北方大量土地；或是利用钦赐、乞请的办法，获得大量钦赐庄田。于是太监庄田也大量出现，使得北方地主集团的实力更加扩大。

谈迁说：“地有南北，人亦因之……此矛彼盾，大抵议论政事，俱视相臣为转移。”[①]谈迁道出了明代统治集团内部的南人、北人之争，这是有见地的。但谈迁却不敢明言指出，“此矛彼盾”的真正原因在于明朝皇帝信任太监，有意扶植北方地主，造成南人、北人的不和。吴晗先生曾指出：“从宋到明，东南地区的经济情况逐步改变……通过考试加入官僚集团的南人，不能不代表本地区新兴的地主阶级和以地主阶级为中心的对外贸易集团的利益，要求变革一些不符合他们利益的规章制度，建立保护他们利益的新制度、新办法。”又说：“明代虽然从南方起事，统一北方，但是朱元璋从政治上考虑，有意识地扶植北方出身的官僚，到明成祖迁北京，情况改变，北人在政治上就越发吃得开了。”[②]有明一代的史实，正清楚说明了这一点。《明史·王翱传》谓：“帝（指永乐）时欲定都北京，思得北士用之”。王翱在英宗时为吏部尚书，英宗尝言：“北人文雅不及南人，顾质直雄伟，缓急当得力”，王翱（盐山人）“由是益多引北人”。[③] 后来武宗时的阉党头目焦芳，河南泌阳人，他“深恶南人，每退一南人，辄喜。虽论古人，亦必诋南而誉北，尝作《南人不可为相图》进瑾”，[④]造成太监及其党羽专政一切的局面。

明代北方地主集团就是在永乐及以后的历代皇帝的扶植下扩大并发展的。他们凭借政治特权，获得了大量庄田，并操纵官店、官盐

---

① 《国榷》卷七九，第4913页。

② 吴晗：《宋明间统治阶级的内部斗争》，载氏著：《灯下集》，北京：生活·读书·新知三联书店，2006年版，第98—99页。

③ 《明史》卷一七七《王翱传》，第4701、4702页。

④ 《明史》卷三〇六《焦芳传》，第7836页。

等私利，拥有雄厚的经济实力，继续对江南地主实行镇压与打击。宣德时江南巡抚熊概就是其中的突出人物。明中叶以后，江南地主似乎销声匿迹，但他们与北方地主的矛盾，却始终反映在明廷内部的一些政策中，几与明王朝相始终。

（原载《国际明清史研讨会论文》，香港大学历史学系，1985 年版）

明代文官制度与明代政争

制度的好坏直接关系着一朝一代的政治得失。在中国封建社会延续了一千多年的丞相制度，在明初被朱元璋断然废除，从而形成了有明一代独特的政治制度，使得明代的政治亦颇具特色。科举制度造就了以文官为主体的明代官场，丞相制度的废除，又使得文官群龙无首，而以司礼监为首的宦官二十四衙门几乎凌驾于百官之上，从而使得宦祸与明代相始终。朱元璋最初的分封藩王，以藩王拱翼朝廷的意图，在“靖难之役”的炮声中化为乌有。之后，在明代政坛上，宦官与文官的角逐与争斗，就变成了明代政治斗争的主旋律。明代的科道官，虽然在反太监及阉党的斗争中起了很大作用，但随着明后期党争的日益激烈，又成为各自派别的急先锋，成为明代政治斗争中的特殊势力。而南北地主势力由于利益不同，亦加盟于宦官与文官的斗争中，在某种程度上宦官与文官的斗争又外化为北南地主之争。下面试就明代党争与文官制度的关系与渊源作一些探讨，以就教于同人。

一　明初政争与朱元璋废除丞相制

朱元璋最初承袭元制，还是戎马之时。元至正二十四年(1364)朱元璋为吴王时，即仿元中书省制，建立了百司官属，任命文臣李善长、武臣徐达分别为中书省左、右丞相。当时是以“致贤为急”。[①] 洪武元年，朱元璋即皇帝位后，八月，中书省奏定六部官制，依然沿袭元制，他告诫群臣道：“国家之事，总之者中书，分之者六部，凡诸政务，须竭心经理，或有乖谬，则遗患于天下，可不慎哉。”[②]言辞中充满了担忧。洪武三年（1370）十二月，他在谈元代之兴亡时说：“夫元氏之有天下，固由世祖之雄武。而其亡也，由委任权臣，上下蒙蔽故也。”认为“人君不能独揽庶政，故大臣得以专权自恣”。[③] 进一步表明他对宰相专权之担忧。当时一大批开国元勋占据要职，不能不令朱元璋担心。十六天以后他就免除了功勋卓著的开国元勋李善长的左相国之职，从而向丞相与功臣发出了一次警告。代之为相国的，却是一些原追随朱元璋多年的文职小吏。

朱元璋在对大臣专权发出警告的同时，提出“收天下之权以归一人”，以图巩固其政权，从而热衷于分封其子为藩王，以维系朱姓天下。即如清末学者李清在《书靖难之变》中谓：“高皇帝视诸功臣太贵，若人人将为李嗣源、郭威；又视诸皇子太贤，若人人能为季札、子臧。惟疑功臣太贵，故扫除鲜遗类；惟信诸子太贤，故封植多逾分。鲜遗类则根本弱，多逾分则枝叶强，此所以一传而有燕藩之祸也。”[④] 洪武三年四月开始分封，二十六个儿子，除太子朱标外，分封了二十四王，另一人未封死，分封诸子，朱元璋其意是“众建藩辅，所以广磐石之安；大封土疆，所以眷亲支之厚，古今通谊，朕何敢私”。[⑤] 翊卫王室，巩固朱姓王朝长治久安。同时，将王子分封于边疆，以加强防御力量。藩王亦有护卫和调兵之权，甚至可以节制文武大臣，这样他们就可以“外卫边陲，内资夹辅”。[⑥]

藩王遍布全国，国内统治亦趋稳定，遂于洪武十三年正月初六日，以谋逆、私通蒙古和日本的罪名，将丞相胡惟庸诛戮。从正月初

---

① 《国榷》卷二，元顺帝至正二十四年，第 315 页。

② 《国榷》卷三，明太祖洪武元年，第 371 页。

③ 《明太祖实录》卷五九，洪武三年十二月己巳，第 1158 页。

④ （清）李清：《书靖难之变》，《国粹学报》1910 年第 6 卷第 4 期，第 41 页。

⑤ （明）王祎：《王忠文公集 · 拟封诸子诏》，载《明经世文编》卷四，第 29 页。

⑥ （清）夏燮：《明通鉴》卷三，洪武三年夏四月乙丑，北京：中华书局，2014 年版，第 248 页。

二日首告至赐死才五天，说明朱元璋处理此事异常草率，亦显示其系预谋。随后，又“诛戮其僚党，凡万五千人”，[①]并告谕群臣，他设立“中书省以总天下之文治，都督府以总天下之兵政，御史台以振朝廷之纪纲”，却导致了“奸臣窃持国柄，枉法诬贤”，“蠹害政治，谋危社稷”，[②]于是就废除左右丞相及其一切官属，只留下职司抄写的中书舍人。并升六部、御史台等官员品秩，定为正二品官。这样，在制度上就废除了丞相制，为防止权臣专权提供保障。但使得没有丞相的明代文官制度，弊病丛生。其后果之一是党争日烈，后果之二是宦祸无穷。正如黄宗羲所说，“有明之无善治，自高皇帝罢丞相始”，“使宫奴有宰相之实者，则罢丞相之过也”。[③]

朱元璋废除丞相制，分散朝臣之权，却日益强化内侍机构，到洪武末年，建立了二十四衙门制度，并不断强化他们的权力。其中司礼监“九人，其掌印者一，如首揆……其八人则季轮二人管事，凡内之传宣，外之奏请属焉”。[④]“掌印掌理内外章奏及御前勘合，秉笔随堂掌章奏文书，照阁票批朱”，“掌印权如外庭元辅，秉笔随堂视众辅”。[⑤]宦官环侍皇帝左右，凌驾群臣之上，在某种程度上废除丞相留下的权力真空遂为宦侍所填补，形成明代制度的特点。

在处死胡惟庸以后，“群臣言胡惟庸任宁国知县，赂太师李善长黄金五百，得躐拜太常寺少卿”。[⑥]李善长遂于是年二月告老。三月，燕王朱棣之国。洪武十八年兴郭桓案，洪武二十三年处死李善长，二十六年，以蓝玉等谋反，将其勋旧几乎全都处死，并及一些文武官吏。朱元璋要掀起不停顿的种种案件，把异姓功臣统统杀掉，以保住朱姓江山。经过他十几年的清洗，“列侯以下坐党夷灭者不可胜数”，[⑦]武将更几乎被杀光了。

值得注意的是，朱元璋清除异姓元老的步骤是先杀文臣，次杀武

---

① 《国榷》卷七，明太祖洪武十三年，第 582 页。

② 《明太祖实录》卷一二九，洪武十三年正月，第 2049 页。

③ （清）黄宗羲：《明夷待访录 · 置相篇》，北京：中华书局，1981 年版，第 7、9 页。

④ （明）徐复祚：《花当阁丛谈》卷一，北京：中华书局，1991 年版，第 18 页。

⑤ 《明史》卷七四《职官三》，第 1819 页。

⑥ 《国榷》卷七，明太祖洪武十三年，第 583 页。

⑦ 《明史》卷一三二《蓝玉传》，第 3866 页。

将。及至他的几个儿子秦王、晋王、燕王均已长成,可以单独承担出征和守边的任务,几名与蒙古作战的大将才被一一处死。

洪武二十八年,朱元璋在订立《祖训条章》时说:"我朝罢相,设五府、六部、都察院、通政司、大理寺等衙门,分理天下庶务,彼此颉颃,不敢相压,事皆朝廷总之,所以稳当。以后嗣君,并不许立丞相,臣下敢有奏请设立者,文武群臣即时劾奏,处以重刑。"[①]列入祖训,世代皆须遵守,不得违逆。这样,就奠定了明代制度的特点,即使以后他的子孙们对其制度有所增损,但都超不出《祖训》的范围,而且也是沿着祖训所规定的方向发展。内阁制度的形成,即是如此,同时也为宦祸客观上创造了条件。虽然洪武年间,甚至于洪宣以前都没有宦祸,但是朱元璋已在制度上为其开了绿灯。而朱元璋人为的一些做法,例如由于他憎恨江南士民对张士诚的支持而一直压制打击江南地主,致使江南地主对其一直冷漠,不予合作,也影响着其后继者。江南地主与北方地主为了各自利益亦加入文官与宦官的斗争,构成明代党争独特的内涵。

二　建文朝改革文官制度之失败

朱元璋的皇太子朱标早在朱元璋逝世前六年就已去世。1398年,朱元璋死后,就由皇太孙朱允炆继位。朱允炆生性文弱,同刚愎自用、专横跋扈的太祖完全两样,他在做法上亦变太祖之专横为温和,并且对太祖制定的制度作出了一些变革,因为太祖制定制度留下的一些后遗症,在建文朝已经充分暴露,政权潜伏着危机。建文只得依靠文官进行变革。于是,建文帝重用较年轻的文官,让他们主持国政。

早在洪武十七年,朱元璋就主张"世乱则用武,世治宜用文"的用人方针,以提高文官地位。但遭到久历沙场的诸勋臣的反对,只好作罢。[②] 而事实上,朱元璋也是一贯轻视文臣,尤其对江南的士人特别嫉恨,除个别人外,一直在对他们进行残酷镇压。建文初年即提拔齐泰、黄子澄等人,让他们"同参国政",并将各部尚书由正二品提为正

① 《明太祖实录》卷二三九,洪武二十八年六月己丑,第3477页。

② (明)黄溥:《闲中今古录摘抄》,载《纪录汇编》卷一二九,第1306页。

一品，各省布政使提为正二品。齐泰为江苏溧水人，洪武十八年进士，后任兵部侍郎，他曾说过“皇明祖训不会说话，只是用（建文）新法便”[①]这样的话。黄子澄系江西分宜人，洪武十八年状元，建文即位时任太常寺卿。他一直主张削藩，很受建文信任。建文同时重用方孝孺、练子宁等人。方系浙江海宁人，其父方克勤因“空印案”被朱元璋处死，他协助建文“更定官制”。对于朱元璋待浙东西“臣室故家，多以罪倾其宗”，“蔓连大家多坐死”的局面，方孝孺更感到非变不行[②]，主张为江南官绅地主打碎洪武时期的枷锁。练子宁系江西新淦人，洪武十八年一甲第二，授翰林院修撰。此外，尚有江苏泰兴人茅大方，浙江瑞安人卓敬，安徽宣城人陈迪，均主张“更修制度，沿革损益”[③]，态度颇为坚决。

建文政权的核心成员，正是上述这些江南士人。他们锐意改革，虽缺乏实际经验，但有很大的决心。他们的改革自然想废除洪武时的严刑峻法，削除对中央威胁日益严重的藩王势力，同时，反对洪武时期的苏松重赋政策，因而获得了江南地主的普遍支持。建文帝还下令为被朱元璋流放、处死的人平反，甚至为他们的子孙封官。建文元年三月任命的山东商何知县傅以庄，原为监生，后因系被朱元璋处极刑者的家属，乃受株连除名，此时则平反作了知县。[④]

对建文帝来说，最大的变革，最艰巨的任务莫过于削藩。于是，建文帝依靠齐泰、黄子澄、方孝孺等一批江南文官开始了一场削藩运动。但最终导致了全面内战。

靖难之役中，建文帝的文官政权以其缺乏经验、脆弱又不掌握军队而最终导致了失败。朱棣以其老练、手握重兵、有蒙古人的支持获取了胜利。而在建文宫中一直遭到压制的宦官亦倾向于朱棣，致使军事泄密，亦不能不谓是其失败的原因之一。

建文帝依靠文官，打击限制宦官。虽然洪武时期建立了十二监二十四衙门制度，但宦官权势却未能得以充分扩张，建文帝“御内臣

---

① 王崇武：《奉天靖难记注》卷二，上海：商务印书馆，1948年版，第71—132页。

② 《逊志斋集》卷二二《林君墓表·采苓子郑处士墓碣·贞义处士郑君墓表》，第282、286页。

③ 《明史》卷一四〇《陈迪传》，第4026页。

④ 《国榷》卷一一，明惠帝建文元年，第796页。

益严,诏出外稍不法,许有司械闻”。[1] 受到压制的宦官纷纷倒向了朱棣麾下。随着建文帝的失败,不少内臣皆成了朱棣的功臣,他们皆得到应有的官职,其气焰遂非前朝时可比了。在建文朝的改革之中,以江南文官为主力的文官势力当然获取了空前的权力,可惜好景不长、昙花一现。

三 反映在内阁中的文官与太监之斗争

朱棣生长于北方,他的军事实力亦来自北方,在四年的“靖难”战争中,又多依靠北方地主的支持。因此,他的政权必然对支持建文帝的江南地主持打击态度。在打击江南地主的同时,亦有意扶植北方地主,以巩固其封建政权。而他在制度上,则打着“遵祖制”的旗号,将建文时制定的许多政策大都加以废除。

由于丞相制的废除,致使皇帝事务太繁,难以应付。朱元璋先后置四辅官、殿阁大学士以资协助。洪武十八年朱元璋又命吏部拟定翰林院官制,定翰林学士秩正五品,他说“官翰林者,虽以论思为职,然既列近侍,旦夕在朕左右。凡国家政治得失,生民利病,当知无不言”。[2] 建文发展了此制度,翰林学士不仅可备顾问,甚至还可以参预政事。《明史·方孝孺传》:“惠帝继位,召(孝孺)为翰林侍讲。明年迁侍讲学士,国家大政事辄咨之。帝好读书,每有疑,即召使讲解。临朝奏事,臣僚面议可否,或命孝孺就扆前批答。”[3]可见,建文时翰林学士可预机务,文官权势亦甚可观。

成祖一方面打击那些不依附自己的江南地主,一方面对那些阿附自己的江南地主许以官职,以为心腹近臣。以解缙为例。他是江南地主集团参加永乐政权的代表人物。燕王攻入南京时,翰林待诏(从九品)解缙、修撰(从六品)胡靖(即胡广)、编修(正七品)杨荣等出城迎降,他们与黄淮、金幼孜、杨士奇、胡俨等七人在朱棣登基不久,先后入翰林院,为学士,“并直文渊阁,预机务。内阁预机务自此

---

① 《明史》卷三〇四《宦官一》,第 7765 页。

② 《明太祖实录》卷二四九,洪武三十年正月己卯,第 3613 页。

③ 《明史》卷一四一《方孝孺传》,第 4018 页。

始”。[①] 由此，形成明代内阁之雏形。他们与洪武时殿阁大学士之制一脉相承，且皆是皇帝的代言人。自此内阁的权力日益扩大，是明代制度上一个较大的变化。

虽然一部分江南地主被笼络，但如洪武时期一样，广大的江南地主与士人皆受压制。朱棣对建文之重臣如齐泰、黄子澄、练子宁、方孝孺固然是大开杀戒，对整个江南地区则继续实行洪武时“迁富民”政策和苏松重赋政策，《明史・周忱传》谓：“初，太祖平吴，尽籍其功臣子弟庄田入官，后恶富民豪并，坐罪没入田产，皆谓之官田，按其家租籍征之，故苏赋比他府独重。官民田租共二百七十七万石，而官田之租乃至二百六十二万石，民不能堪。”[②]同时，朱棣还用其他办法对江南地主进行打击。永乐九年(1411)，黄岩县民尚有诉“豪民持建文时士人包彝古所进楚王书稿与众聚观，书中有干犯语，请赴法司治之”。[③] 在打击、压制江南地主的同时，朱棣极力扶植北方地主。永乐二年，他下令“免北京、顺天、永平、保定三府所属始终效顺民户税粮一十九万九千七百余石”。[④] 又据《明太宗实录》所载：“初上(指朱棣)平定内难，北京之民始终报效者蠲刍粮、徭役，给牒为信。”[⑤]这里的“始终效顺民户”及“始终报效者”，是指他在燕王时特别是“靖难”战争中，始终支持他的北方地主，这正是朱棣赖以依靠的阶级力量，当然决心大力培养扶植。靖难后期，山东民人对朱棣也有过支持。因此他的孙子明宣宗说过“山东之民，祖宗之民也”[⑥]的话。朱棣迁都北京以后更加扶植北方地主，赐给一些皇室、功臣、勋贵、太监大量庄田，使北方地主集团日益壮大。而宦官作为北方地主集团的代表，其权势更日渐膨胀。

谈迁说：“地有南北，人亦因之……此矛彼盾，大抵议论政事，俱视相臣为转移。”[⑦]谈迁道出了明代统治集团内部的南人、北人之争，

---

① 《明史》卷一四七《解缙传》，第 4120 页。

② 《明史》卷一五三《周忱传》，第 4212—4213 页。

③ 《明太宗实录》卷一一九，永乐九年九月庚辰，第 1509、1520 页。

④ 《明太宗实录》卷三〇，永乐二年四月乙酉，第 547 页。

⑤ 《明太宗实录》卷一二八，永乐十年五月辛亥，第 1595 页。

⑥ 《明宣宗实录》卷一六，宣德元年四月辛巳，第 437 页。

⑦ 《国榷》卷七九，明神宗万历三十一年，第 4913 页。

这是颇有见地的。《明史·王翱传》谓:"帝(指永乐)时欲定都北京,思得北士用之……翱(盐山人)由是益多引北人。"[①]而吏部尚书姚夔因为王专抑南人,"北人喜之",故他又"颇右南人",且"论荐率能称职"。[②] 后来武宗时的阉党头目焦芳,河南泌阳人,亦"深恶南人,每退一南人,辄喜。虽论古人,亦必诋南而誉北。尝作《南人不可为相图》进(刘)瑾"。[③] 造成太监及其党羽专政一切的局面。

永乐朝许多宦官皆为有功之臣,像郑和、孟骥、李谦、云祥、田嘉禾、王彦等,"皆以阉寺,从起兵有功,后皆赐姓名",[④]故多加委任。宦官四处出使,甚至作为监军。《明史·职官志》称:"初,领五都督府者,皆元勋宿将,军制肃然。永乐间,设内监监其事,犹不敢纵"。[⑤]在某种程度上,他们构成了北方地主的核心。而洪武时期为宦官建立的机构,规定的权力,渐渐得以发挥。愈到后来,其气焰愈加嚣张。迁都北京后,除第一代太监郑和、侯显外,其余几乎全是北直隶人,如王振、曹吉祥、张永、冯保、魏忠贤等。他们在朝中把握朝政,又利用皇庄的名义,霸占了北方大量土地,或是利用钦赐、乞请的方法,获得大量庄田。太监庄田的出现,使北方地主实力更加扩大。

内阁在英宗年间,始有票拟之权,《春明梦余录》载:"宣德以后,三杨眷重,渐柄朝政,英宗以九岁登极,凡事启太后,太后避专,令内阁议行,此内阁票旨之所由始也。"[⑥]内阁以票拟之权来处理政事,但却受内臣司礼监批朱之限制。《明通鉴》卷一九载:"司礼、掌印之下,则秉笔太监为重。凡每日奏文书,自御笔亲批数本外,皆秉笔内官遵照阁中票拟字样,用朱笔批行,遂与外廷交结往来矣。"[⑦]刘若愚《酌中志》卷一六《内府衙门职掌》亦称:"凡每日奏文书,自御笔亲批数本外,皆众太监分批,遵照阁中票来字样,用朱笔楷书批之,间有偏傍偶

① 《明史》卷一七七《王翱传》,第4699、4702页。

② 《明史》卷一七七《姚夔传》,第4712页。

③ 《明史》卷三〇七《阉党》,第7836页。

④ (清)查继佐:《罪惟录》卷二九《宦寺列传》,杭州:浙江古籍出版社,1986年版,第2604页。

⑤ 《明史》卷七二《职官志一》,第1730页。

⑥ (清)孙承泽:《春明梦余录》卷二三《内阁》,北京:北京古籍出版社,1992年版,第337页。

⑦ 《明通鉴》卷一九,宣德元年七月,第822页。

讹者，亦不妨略为改正。”[①]内官在批答奏书时于中取事，伺机窃弄权威。正德五年，刘瑾伏诛时，李东阳上疏自列说：“臣备员禁近，与瑾职掌相关。凡调旨撰敕，或被驳再三，或径自改窜，或持回私室，假手他人，或递出誊黄，逼令落稿，真假混淆，无从别白。”[②]宦寺不仅有“批朱”之权，而且传宣谕旨。往往有事，皇帝口头说说，司礼秉笔太监从旁记下，然后交付内阁缮拟，程序如次：“凡文书由御前发票，司礼监令小奄抱黄袱篋送阁门，典籍官奉而入。”[③]明中后期就更为普遍，天启年间大学士孙承宗上奏曰：“臣累日在阁办事，文书房时有口传，有讲学，如任将，如准臣入阁入部，皆关系重大……事久时移，不无可虑。且传天语者，一字抑扬，便关系轻重。臣愚不胜过计，望皇上慎重口传，酌为札记，容臣等计日具口传事目，并所处分，还报御前，详加参阅。更赐面对，一一仰质。”[④]

由于宦官环侍皇帝左右，在制度上又拥有批朱、传宣谕旨等权力，加上明中叶以后皇帝昏庸，不见朝臣，不理政事，宦官就伺机窃取权力，祸国殃民了。以后的文臣与宦侍或勾结或斗争，总体而言，宦官总是占据上风。明中叶以后，江南地主似乎在政治上销声匿迹，但他们与北方地主的矛盾，却始终反映在明廷内部的一些政策中，亦体现在朝臣与宦官的斗争之中。

四 嘉靖以后内阁权势之更迭与党争

宣德以后，内阁制度稳步发展。入阁者品位日益尊崇。但内阁地位提高，六部九卿之地位则相对降低。武宗死后，首辅杨廷和处理政治上大事，除依靠内阁一二阁员外，并不与其他僚臣商议，招致吏部尚书王琼之不满。[⑤] 嘉靖以后，朝位班次，俱列六部之上。《明史·宰辅年表》称：“至仁宗而后，诸大学士历晋尚书、保、傅，品位尊

---

① (明)刘若愚：《酌中志》，北京：北京古籍出版社，1994年版，第93页。

② 《明史》卷一八一《李东阳传》，第4823—4824页。

③ (清)钱谦益：《牧斋初学集》卷四七《特进光禄大夫左柱国少师兼太子太师兵部尚书中极殿大学士孙公行状》，(清)钱曾笺注，钱仲联校，上海：上海古籍出版社，1985年版，第1226页。

④ 《牧斋初学集》卷四七《大学士孙公行状》，第1226页。

⑤ 《国榷》卷五一，第3214页。

崇，地居禁密，而纶言批答，裁决机宜，悉由票拟，阁权之重偃然汉、唐宰辅，特不居丞相名耳。""诸辅之中，尤以首揆为重。夫治道得失，人才用舍，理乱兴衰，繋宰臣是系。"[①]但内阁大学士毕竟不同于丞相。丞相之权在于统领众职，而大学士人多，虽形成首辅制，仍不免互相牵制，互不负责。在对官吏的管理上，只有票拟权，而无对官吏之罢黜权。首辅欲巩固自己的地位，必然排除异己，引擢自己党徒，造成党争更加激烈。从明代的制度上看，大学士更像一个幕僚长，一位听命于皇权之下的大掌班。但世宗年间却也出现了一批名臣，且颇有些实权的内阁首辅。

从武宗驾崩到世宗即位的三十七天间，内阁首辅杨廷和及阁臣蒋冕等人掌政。杨廷和内获张太后支持，大刀阔斧地对武宗荒嬉之政进行了改革，确立世宗继统，拘捕武宗佞幸之臣，清除原有一些弊政。他的改革都是针对着武宗时期的太监专权、权贵当政而发的。武宗的突然病逝，使原来依靠皇帝信任的太监无所仗恃，只好由阁臣杨廷和等人来处理善后事宜。杨廷和在没人掣肘之际，得以充分展现自己的才干，宦官几乎无法与朝臣抗争。杨廷和的改革反映了阁臣、皇帝与宦寺之间的关系对明代政治的影响。

世宗较之明代中后期诸帝待宦官甚严，对英宗以来宦官势力恶性膨胀进行了抑制。但世宗对宦官也并未完全限制，有时也用宦侍，这也是明代制度使然。嘉靖六年(1527)三月，湖广右副都御使席书(议大礼过程中张璁、桂萼派之骨干)"疏荐镇守太监李景儒老成安静，一毫不取"，世宗乃"有旨奖勉"，并"令通行各镇守宦知之"。[②] 太监温祥一次往安陆州公干，回京后向世宗申诉济宁管闸主事陈嘉言欺侮他，世宗大怒，立即命锦衣卫官校将陈逮捕。[③] 嘉靖二年七月，户部尚书孙交奉命查核各宫庄田数目，其中涉及太监。世宗看后认为数字与"旧籍不同，且多讹字，令再查回话"。户部主事林应骢认为皇帝应"敬大臣则不眩"，这样做"似非尊贤优老之意"。世宗谓林"妄言奏扰，夺俸两月"。[④] 由此可知，当太监与朝廷官吏发生矛盾时，世

---

① 《明史》卷一〇九《宰辅年表一》，第 3305 页。

② 《明世宗实录》卷一二，嘉靖元年三月庚午，第 442 页。

③ 《明世宗实录》卷一八，嘉靖元年九月丁卯，第 553 页。

④ 《明世宗实录》卷二九，嘉靖二年七月己卯，第 784、785 页。

宗往往受太监怂恿而处罚朝官。

君臣否隔，是明代中后期政治生活中的一个严重问题，故阁臣权力的大小，极大地取决于皇帝对宦官的压制程度。嘉靖年间，由于世宗对宦官采取抑制政策，内阁首辅的权力猛增，出现了一批著名首辅。从初年的杨廷和、毛纪等人，到后来的夏言、严嵩、徐阶等，他们一方面小心侍奉皇帝，力求使皇帝眷顾不衰。同时，还得善待甚至勾结内侍，以图自固。虽然内臣不如前几朝威风，但同时亦可影响甚至左右皇帝决策。他们多是攀援宦官，以为内助的。何良俊在《四友斋丛说》中说："近代宰相，不由中人援引，则是营求而得。"①

世宗朝的阁臣翟銮和李时皆系北方人（翟系京师人，李是任丘人），和内廷宦官可谓有同乡之谊。彼此来往密切。宦官亦颇为他们帮忙。翟銮入阁，便完全得力于宦官的吹嘘。《明史·翟銮传》："（嘉靖）六年春，廷推阁臣。帝意在张孚敬，弗与。命再推，乃及銮。中贵人多誉銮者，帝遂逾次用之。"②他们与宦官同属北方地主集团势力，入阁后，亦帮助宦官。朱厚熜曾想没收太监谷大用的财产，征求他们两人的意见，他们就颇不赞成。《明史》记其事："帝数召时、銮入见。尝曰：'都察院拟籍谷大用资产，当乎？'时、銮皆北人，与中贵合。时曰：'所拟不中律。'銮曰：'按律籍没只三条，谋反、叛逆及奸党耳。不合三尺法，何以信天下。'帝曰：'大用乱政先朝，正奸党也。'銮曰：'陛下，即天也，春生秋杀，何所不可。'"③极力为谷大用说情。

严嵩之所以为宰相二十一年之久，实与宦官之勾结有关，徐复祚《花当阁丛谈》卷二云："嵩又专伺上意，巧为迎合。结诸奄人，微伺大内动舒，密白之，朝夕数十至。嵩随其巨细裹金钱劳之，诸奄人德嵩，由是上之寝溲食息，皆得预闻而为之地矣。"④

万历初年之权辅张居正，亦是勾结宦官冯保等人以图自助，《万历野获编》卷九有"江陵始终宦官"一条言："江陵之得国也，以大珰冯保力，海内能讼言之。至其前后异礼，皆假乎左貂。即就夺情一事而言，其始闻丧也，上遣司礼李佑慰问于邸第，两宫圣母则遣太监张仲

---

① （明）何良俊：《四友斋丛说》卷八，北京：中华书局，1959年版，第70页。

② 《明史》卷一九三《翟銮传》，第5111页。

③ 《明史》卷一九三《翟銮传》，第5111页。

④ 《花当阁丛谈》卷二《严阁老》，第38页。

举等赐赙，近侍孙良、尚铭、刘彦保、李忠等赐酒撰。其子代归治丧，则司礼魏朝偕入楚营赐域……至其殁也，又遣司礼陈政护丧归。盖一切殊典，皆出中贵人手，而最后被弹，以至籍没，亦以属司礼张诚，岂所谓君以此始必以此终乎！”明代首辅权威最盛莫过于张江陵，犹且如此离不开宦侍，首辅所谓“无宰相之名，有宰相之实也”，纯属空言。黄宗羲曰：

> 入阁办事者，职在批答，犹开府之书记也。其事既轻，而批答之意，又必自内授之，而后拟之，可谓有其实乎！吾以谓有宰相之实者，今之宫奴也。盖大权不能无所寄，彼宫奴者见宰相之政事坠地不收，从而设为科条，增其职掌，生杀予夺出自宰相者，次第而尽归焉。有明之阁臣，贤者贷其残膏剩馥，不贤者假其喜笑怒骂，道路传之，国史书之，则以为其人之相业矣。[①]

信哉斯言！

而明中后叶南北地主的斗争几乎隐没在宦官与朝臣的争斗中去了。在世宗议大礼的过程中，以张璁、桂萼、席书为首的一批中小官吏，脱颖而出。他们似乎是南方地主的代表，在某种程度上代表了江南地主的利益，因为他们对江南苏松重赋不满，且主张“通海”，这都符合江南地主的利益，但世宗只想利用他们打击以杨廷和为首的廷臣派，并没想到要扶植江南地主的势力。一旦皇权巩固，他之前所依靠和重用的人大多一一消失。

万历以后，江南地主与北方地主的斗争日趋表面化，且不断激烈。其中在京畿附近种植水田的问题，成为双方争论的焦点之一。京东水田问题虽然以北方勋贵及太监之反对失败而告终，但双方的争论仍在继续，其争论，实开万历党争之先声。以后东林党兴起，形成了极大势力，与代表北方地主利益的阉党展开了激烈的减斗争。万历以后的党争除了在“争国本”以及“梃击”“红丸”“移宫”三案外，在其他一系列问题上也都出现了激烈的争论与斗争。明朝皇帝一味信赖太监，打击正直官员，致使明朝政治日益腐败，财政日益亏损，军事日渐崩溃，以至于灭亡。崇祯虽然企图有所作为，但依然无法摆脱

① 《明夷待访录·置相篇》，第8—9页。

宦官,又不信任朝臣,只得变本加厉地依赖宦官,终于导致了自身覆亡。

综上所述,由于丞相制废除造成权力真空,给宦官提供了条件,加上朱元璋从偏狭性格出发,对江南地主的压制,故而自洪武初年就有南北地主斗争之趋势。建文倚重江南地主,组建以文官为核心的政权,锐意改革,削除藩王势力,最终却被成祖依恃武将而赶下了台。成祖鉴于江南地主之不合作,迁都北京,大力扶植北方地主,并放手使用宦官。宦官作为北方地主的代表,从此就逐步掌握了朝中大权。以后内阁虽得以发展,终究受司礼监"批红"制约,江南地主与北方地主的斗争隐入宦官与朝臣的斗争之中。但万历末年以后由于情况的变化,江南地主活跃于明代政治舞台,为反对阉党进行了不屈的斗争,直至明亡,终未间断。

(原载《商鸿逵教授逝世十周年纪念文集》,北京大学出版社,1995 年版)

明末清初的江南地主与南北党争

在明末清初的大动荡时期,国内各阶级的动向,很值得注意。明末统治阶级的腐朽乃至衰亡,与代表北方地主阶级利益的阉党和太监的专权有极大关系。明朝亡于党争,也是一个不能忽视的问题。清军入关攻占北京前后,率先降清的也正是这批人。在摄政王多尔衮主政期间,得到他重用的正是以冯铨等人为首的北方地主。

一　明末北方地主集团投降清朝

翻开《清史列传·贰臣传》,就会清楚地看到,有相当多的"贰臣",都是北方籍。这不是偶然的巧合,而是与当时明廷重用北方籍将领、太监、阉党以及与这批人接近的北方籍出身的官员有关。

吴三桂是明末辽东举足轻重的将领,在辽东拥有不少庄田。据他自己在顺治五年(1648)二月所上的揭帖说:

> 本藩生于辽,长于辽,有祖父坟园葬立中后……中后原有本藩安设庄田拾处,今留人丁百余,并本藩兄吴三凤、部札游击张羽高督率看守,以备祭扫。恳祈皇上、皇叔父摄政王洪慈,俯敕户部准给原设庄田,留人看守坟园。①

① 顺治五年二月十五日吴三桂《平西王揭帖》,《明清史料》丙编第7本,第658a面。

事实上这只是吴三桂庄田中的一部分。吴三桂降清时，多尔衮许以“列土封王”，即“封以故土，晋为藩王”。[①] 这对当时的平西伯吴三桂来说，是极有吸引力的。果然，吴降清后即被封为平西王，赏银万两。但赏赐土地的数字不清。据《清史列传·吴三桂传》载，吴在顺治二年曾被清政府“召还京，宴劳”，后来又去锦州，“三桂以所给田多硗薄，请益”。[②] 后来多尔衮又给了多少，亦失载。然据王先谦《东华录》所述，顺治四年兵部曾上奏：

> 山海关外地土原以一半给与平西王，一半仍留土著人民为业。[③]

说明清朝赐予吴三桂的关外庄田数量是极可观的。

明朝早已把军事重点放在东北，这在中叶后尤为突出。嘉靖二十八年(1549)四月，宣大总督翁万达即称：

> 盖天下形势重北方，以邻虏也。而我朝与汉、唐异，汉、唐重西北，我朝重东北，何者？都邑所在也。汉、唐都关中，偏西北……我朝都幽、蓟，偏东北。[④]

因此以辽人守辽土，并赐予优厚待遇，遂形成明末武将跋扈一方之局面。以吴三桂为首的辽东将领的降清，正是明末北方地主集团投降清朝的先声，而后乃引起一连串之反应。

至于明末太监，大多系北人。史惇《恸余杂记·用内臣》谓：

> 先帝(指崇祯)之用内臣也……司礼最重，而内外兼制独东厂。然而内臣皆北人，兄弟亲戚在近畿，门路至便，故终先帝之世，东人、北人最为得气，而门户线索，亦惟有东人、北人每每占

---

① 赵尔巽等撰：《清史稿》卷二一八《多尔衮传》，北京：中华书局，1976年版，第9024页。

② (清)国史馆：《清史列传》卷八〇《吴三桂传》，北京：中华书局，1987年版，第6633页。

③ (清)王先谦：《东华录·顺治八》，顺治四年四月庚子，载《续修四库全书》第369册，上海：上海古籍出版社，1996年版，第266页。

④ 《明世宗实录》卷三四七，嘉靖二十八年四月己未，第6293页。

胜局焉。[①]

当李自成农民军围攻北京时，他们即已内应投降；清军入京后，遂复降清。明末著名太监曹化淳，原为司礼监掌印太监。据云，他首启广宁门以降农民军。而他矢口否认，说自己在崇祯末年已“恳辞家居，卧病六载”。[②] 他几次表示想继续供职，未获成功。顺治初年时，还曾多次上疏多尔衮，言及明陵改建及明朝妃嫔居住诸事。[③] 一时太监势力仍相当猖獗。清朝政府迁京后，太监着朝服参加朝拜的惯例，并无改变，而且行礼时位在文武官员之前。直到顺治二年十二月礼部提出抗议后，这种现象才有所改善。[④]

多尔衮入京后筹组政府时，即着眼于北方地主的代表人物，希望他们中的一些人参加。

冯铨，字振鹭，顺天涿州人，为魏忠贤党人，天启时任文渊阁大学士兼户部尚书。多尔衮既定京师，即寄书冯铨，令其以大学士原衔入内院佐理机务。冯过去熟习内阁事务，又曾在涿州抗击农民军有功，故得多尔衮重用。后来冯与大学士洪承畴首先疏请恢复明内阁之票拟旧制，成为清政权的重要帮手。[⑤]

其次是王鳌永。王为山东临淄人，清兵一入关即降清。顺治元年六月，多尔衮令他以户部侍郎衔到山东、河南进行招抚。王鳌永乃收集方大猷等人与共前往。他们首先到了德州。当时正值原明末大学士谢陞在其家乡率一部分士绅降清，因之王又推荐谢陞入阁，参与机要。[⑥]

谢陞为山东德州人，万历三十五年（1607）进士。崇祯时任吏部尚书，十三年改任礼部尚书兼东阁大学士，后为建极殿大学士，位至

---

① （清）史惇：《恸余杂记·用内臣》，载（明）赵士锦：《甲申纪事》（外三种），北京：中华书局，1959 年版，第 75—76 页。

② 中国第一历史档案馆藏档案：《顺治启本》，顺治元年七月十二日。

③ 《明清史料》丙编第 3 本，第 222a、223a、248a、252a 面。

④ 《东华录·顺治五》，顺治二年十二月丙午，第 250 页。

⑤ 《清史列传》卷七九《冯铨传》，第 6554—6555 页；又顺天巡抚宗权（河南商丘人）于顺治元年七月十九日，曾上疏极力吹捧冯在涿州抗击农民军之“三难”。（见《明清史料》丙编第 5 本，第 406a—407a 面）

⑥ 《清史列传》卷七八《王鳌永传》，第 6419 页。

显赫。崇祯末年，谢罢职回家。“甲申之变”后，李自成农民军派州牧吴徵文、防御使阎杰进军德州。谢陞乃纠集当地土绅驱逐吴、阎等人，推举明宗室朱帅鈫为“济王”，以为过渡。清兵南下后降清，入参阁务。[①]

此外，还有李若琳，系山东新城人，原为魏忠贤党人，顺治元年五月降清后，因系冯铨党羽，五年即升为礼部尚书，与冯朋比为奸。[②]另有孙之獬，山东淄川人，同为魏忠贤党人，一度极受清廷重用，极力鼓吹汉族剃发易满服，在降官中亦备受揶揄。[③]

当时极力鼓吹冯铨入阁并与王鳌永关系密切的李鲁生，山东霑化人，原系魏忠贤十孩儿之一。当时在冯包庇下，亦在清廷内部活跃一时。[④]

由于率先降清的大多系上述诸人，因此降官再复推荐者亦大半为其同僚或部下，这样北方籍官员则充斥清廷各部门。据顺治元年七月廿九日吏部揭帖所述，当时被指名“荐贤”者，一次计山东张凤翔等十六人，北直孙昌龄等六人，山西张三谟等九人，河南练国事等五人；顺治二年正月，山西御史又一次荐举地方人才，推出原任总督五省兵部右侍郎陈奇瑜（保德州人）等十名。北方籍官员在清政府中之势力，于兹可知。[⑤] 因此，当江南督师史可法得知清政府大肆笼络北方籍官员后，大为惶恐，乃上书福王称：

> 适得北信，九陵仍设提督内臣，起罪辅冯铨，选用北人殆尽。或不忘本朝，意图南下，避匿无从，是河北土地、人才俱失矣。乞速诏求贤遍谕北畿、河北、山东在籍各官及科甲贡监，但怀忠报国，及早南来，破格重用。[⑥]

多尔衮重用北人，是利用明末之南北党争，以北人压南人，从而将北方牢固统治，以备进军江南。史可法则深怕这种策略，会使福王

---

① 《清史列传》卷七九《谢陞传》，第 6526—6528 页。

② 《清史列传》卷七九《李若琳传》，第 6559—6560 页。

③ 《清史列传》卷七九《孙之獬传》，第 6562—6563 页。

④ 《清史列传》卷七九《李鲁生传》，第 6564—6565 页。

⑤ 顺治元年七月《吏部揭帖》，顺治二年正月《山西巡按黄徽胤揭帖》，《明清史料》丙编第 3 本，页 213a—214a、258 面。

⑥ 《国榷》卷一〇三，崇祯十七年九月辛亥，第 6151 页。

政权失去这部分人的支持，造成北方“土地、人才俱失”，直接威胁南方，因此也希望北方籍官员“及早南来”，以便“破格重用”。但为时已晚。到了次年闰六月，清兵下江南后，都察院左副都御史刘汉儒上疏言：“顷者南差不用南人，乃一时权宜计。今天下一统，何分南北？”“得旨：各省巡按南北，一体差用。”[①]

清在统一江南后一个时期，事实上仍派北人任职南方，最明显之例子，即江宁巡抚土国宝。

土国宝系山西大同人，原为明之总兵。降清不久，即被任为江宁巡抚，统治江南富庶地区。土在江南极力镇压江南反抗力量，滥杀士人。顺治六年复疏请加派，对江南人民大肆搜括，不遗余力，“敛银数万两”。[②]

二　“甲申之变”后江南各阶层之动向

江南地区因历史原因及地理位置，一般人民对“甲申之变”的反应不尽相同。据《启祯记闻录》载：

> (甲申)四月初二日，吴江赛会，目睹者云富丽异常，为郡中从来所未有。是时北都不祥之说已竞传，民间犹为此举，可见人无忧国之心。[③]

早在甲申之前，江南一些地区即不断发生民变，波及地区甚广。祁彪佳《祁忠敏公日记》崇祯十六年(1643)三月十二日记载：

> 又闻吾乡暨阳有民变，惊骇之极。[④]

及至“甲申之变”后，江南地区民变更形激烈。《江阴城守纪》言该地区：

> (甲申)四月三十日夜，始得都城凶闻。市井不逞之徒，乘机

① 《清史列传》卷七九《刘汉儒传》，第 6537 页。按：刘汉儒为顺天大兴人。

② 《清史列传》卷七九《土国宝传》，第 6568、6569 页；参见本书《清初之苏松士绅与土国宝》一文。

③ 《启祯记闻录》卷三，第 8a 面。

④ (明)祁彪佳：《祁忠敏公日记》卷一三《癸未日历》，绍兴：张天杰点校，杭州：浙江古籍出版社，2015 年版，第 661 页。

生乱，三五成群，各镇抢掠焚劫，杀人如草。县主无如之何，乃恳诸生中老成硕望者同学师分往各乡，谕以理义，动以利害。[①]

于是派出不少乡邑绅士及生员等，至县各村进行劝戒。

这种民变的声势之大，还可以从祁彪佳当时所记之日记中得到反映。祁系浙江山阴人，天启二年进士，自崇祯初年即任御史，出按苏、松地区，颇有声威。甲申之后，他正在家乡。福王政权时，祁曾以右佥都御史名义巡抚江南。据《祁忠敏公日记》载：

(甲申五月)十五日，辰刻，抵丹阳……即于公所会乡绅，深以草泽聚众为大忧……草示：禁借名勤王者。午后至县署录囚，将倡乱者四人押送常镇道。舟行……乃知吴门被烧抢者，项水心、宋令申、钱大鹤、汤晴岭四家。[②]

这种民变除烧抢当地官绅外，有的地方甚而有殴死县令之事实。如武进县民，即因其县“张令复夹打总甲两邻，人情遂为不平”，因而“殴辱张令”，因致其死。[③]

五月十七日：即日斩丹阳县抢犯殷有恕等三名，一枭示于丹阳，一示于武进，一示于苏州……乃坐二门之侧，朴责钱梅谷、孙尚贞，以其乘变掠也。

五月十八日：闻宜兴茅圻乱民甚横，乃选捕快十名，给牌令侦之。

五月十九日：晚抵宜兴……有青衿为乱民抄抢来诉。

五月二十一日：少泊马头(按：在常州附近)，江阴诸生具呈恳留邑令李令哲时，江阴亦有民哗也。[④]

这种民变，并非一般之趁火打劫，而是多“焚抢从逆之家”，即指向江南籍的投降农民军或降清官吏。《祁忠敏公日记》有类似的记载：

---

① (清)韩菼：《江阴城守纪》上《江阴民乱》，载(清)邵廷采等：《东南纪事》(外十一种)，上海：上海书店，1982年版，第42页。

② 《祁忠敏公日记》卷一四《甲申日历》，第749面。

③ 《祁忠敏公日记》卷一四《甲申日历》，第749面。

④ 《祁忠敏公日记》卷一四《甲申日历》，第750、751页。

（甲申）五月二十八日：知常熟奸民又焚抢时给事敏家，亦以其从逆也。

六月初一日：时宦敏以被焚抢，泣诉于沿途……令连夜拘提。

六月初二日：先是，有诸生以时宦从逆，请籍其家以助饷者……捕官别拘三人，皆有时份家之真赃，乃立枭于门。而抢时宦妻于尼庵者，其犯亦杖毙之，即刻张告示，余者皆不究，人情大安。①

此外，当时如武进县及宜兴：

八月初四：先是，武进王下村乱民擒获之后，西白塊乱首陈相府又报猖獗。②

七月初四：先是宜兴乱民汹汹，予遣常二守闵自寅亲至其地，备得要领。因擒大潮山结聚乱民杨光玺及和桥结法琅党之奸徒，具详于予。③

奴变在江南地区亦时有发生，以上海、嘉定地区最为严重，祁氏日记中记述尤多：

六月十六日：时嘉定、上海奴变弑主，地方汹汹。

六月二十四日：粮道程九屏来，述上、嘉奴变情形。

六月二十六日：嘉定、上海以逆奴倡乱告者。予以事已定，止须密访，慰之而去。④

除了民变及奴变外，江南地区兵变亦甚猖獗。烧杀抢掠不断发生，对居民骚扰尤甚。《祁忠敏公日记》谓：

（甲申）七月初六日：武弁唐禾、张宿、鲁之屿等报，拒敌乱兵接踵而至。未刻抵京口，即戎服率诸将及诸参谋往玉山，观西关被焚掠民居，哀号载道。⑤

---

① 《祁忠敏公日记》卷一四《甲申日历》，第753—754页。

② 《祁忠敏公日记》卷一四《甲申日历》，第768页。

③ 《祁忠敏公日记》卷一四《甲申日历》，第761页。

④ 《祁忠敏公日记》卷一四《甲申日历》，第757、759页。

⑤ 《祁忠敏公日记》卷一四《甲申日历》，第762页。

> 十月初十日：洪日升所统闽兵，部已允予疏留防京口。是日已至，乃出往甘露寺、海岳庵一带相度安插，恐各兵骚扰居民也。[①]
>
> 十一月十三日：予前拜疏，请凡饷解部，听部总发……又致书史道邻（可法）请申此意，而究无如各镇之横何也。时事可慨，此其一矣！[②]

最引人瞩目的还是江南地主及士人的态度。

“甲申之变”后，江南地主大多持有保境安民，拥护南明政权，团结抗清之思想。据《祁忠敏公日记》记载：

> 五月初一日：（福王谒孝陵）行礼罢……沿途仍有摆列，所过民家俱供香花，纵市人瞻仰，都人以纱灯数百盏来迎。生员、孝廉时有伏谒于道旁，人情欢豫。
>
> 五月初二日：予奏“昨者殿下驾入南都，士民欢悦，夹道拥观，即此人情，可卜天意”。[③]

而南明官吏亦经常“会缙绅孝廉”等，“以人心、士气为言”，[④]加以鼓励。由于军队对地方之骚扰，迫使他们必须互助自保，共同御敌。《祁忠敏公日记》九月十八日谓：

> 先是，国变之后人情汹汹。沿海有船之家各相团结。常熟则缙绅严拭，崇明则缙绅黄泰来，各为领袖，而各镇将、内监托名募船，实则抢杀无所不至。数日前，江北立标海营，其大帅许姓者亦抢崇明之船，刘河游击鲁之玙过江，欲还，几于杀伤。[⑤]

至于一些“愿出舟以保福山一带”的缙绅，及为南明立功之“舟师统领”，他们自组“乡兵”，对江南局势的稳定，还能起到一定的作用。[⑥]

---

① 《祁忠敏公日记》卷一四《甲申日历》，第782页。

② 《祁忠敏公日记》卷一四《甲申日历》，第788页。

③ 《祁忠敏公日记》卷一四《甲申日历》，第742、743页。

④ 《祁忠敏公日记》卷一四《甲申日历》，第754页。

⑤ 《祁忠敏公日记》卷一四《甲申日历》，第776页。

⑥ 《祁忠敏公日记》卷一四《甲申日历》，第767页。

最后需要叙述的是江南地区的士人。

据《祁忠敏公日记》所述，甲申七月初十日：

> 先是京口因国变汹汹，诸生乃结为忠孝、干城、大正三社，各备弓矢器械，以为守御之计，及马兵之乱，诸生守城惟力。予入京口时，亦沿途列阵以候。[①]

当时江南诸生亦多以团结抗清为号召，对其他之缙绅“附逆”者，亦与江南民人一起，痛加鞭挞。《小腆纪年附考》顺治元年五月十八日条：

> 先是北京之变，诸生檄讨其搢绅授伪职者，奸人因之，焚劫以为利，项煜、钱位坤、宋学显、汤有庆四家荡洗无遗。又焚时敏家，三代四棺俱毁。[②]

福王政权深恐这种骚乱危及它的统治，乃派祁彪佳在苏、松一带进行弹压。祁之日记谓：

> 五月二十五日：时吴中当借名从逆、士民嚣变之后，予乃对诸生痛哭以告，必守礼恪法，嗣后条陈必投匣而进，公呈必佥押由学官转申……诸生咸踊跃听命。
>
> 五月二十八日：延吴门诸生章美、周茂兰、华渚等二十余人来晤。盖前此吴门焚抢从逆之家，多青衿为之倡。而此诸生者，皆表表才品。心甚非之。有《纠谬》一帖，甚得风俗纪纲之正。
>
> 五月二十九日：午后往吴县录囚。有诸生左袒罪囚者，喊于门。予以青衿嚣陵之端不可开，令县令究之。
>
> 六月初二日：于庙之二门见诸生。先是诸生以时宦从逆，请籍其家以助饷者，予面询之。一为王胤旦出认，一为王九岩，以为呈不出其手，乃伪为也。乃以两生名移会学院。
>
> 六月初四日：昆山士风甚嚣，予必令其以礼进退。[③]

从上述简略记述可知，当时的士人实际上已与江南民人一起参

---

① 《祁忠敏公日记》卷一四《甲申日历》，第763页。

② (清)徐鼒：《小腆纪年附考》卷六，王崇武点校，北京：中华书局，1957年版，第177页。

③ 《祁忠敏公日记》卷一四《甲申日历》，第752、753、754页。

加了民变。他们年轻，富于正义感，对明朝的腐朽及对江南地区的"加派"，深为不满；对北方大片土地沦于清朝，亦愤而不平。及至南明政权成立，马士英等专权，排挤史可法出京，"吴县诸生卢渭率太学诸生上书，言可法不可出，且曰：'秦桧在内，而李纲在外，宋终北辕。'一时朝野争相传诵，称为敢言。"[①]因此，他们不仅是江南民变的参加者，甚而可说是江南一些民变的倡导者及组织者。明末清初江南士人的活动，很值得重视。

三 南明政权在拥立福王问题上的内部斗争

在南明政权中，围绕拥立福王（朱由崧）和潞王（朱常淓）为帝的问题，存在着两派不同的争斗。这实际仍是明末党派之争的继续，且较前更为激烈。

《小腆纪年附考》，顺治元年五月甲午（初七）条谓：

> 京师陷，诸大臣议所立。（姜）曰广与吕大器主立潞王，而诸帅奉福王至江上，于是文武官并集守备太监韩赞周宅，令各署名。曰广曰："此大事，请告奉先殿而后行。"明日，至奉先殿，诸勋臣语侵史可法，曰广呵之，于是群小咸自摄焉。廷推阁臣，遂不与；及再推词臣，以王铎、陈子壮、黄道周名上，而首曰广，乃与铎并命。[②]

这段记载中，明确表明了诸武将、勋臣、太监系一方，而以当时南都最拥有实权的督理凤阳军务的马士英为首。另一方则以文官姜曰广、吕大器等为首，即原东林党人而当时所谓之清流派。他们代表江南地主中开明派的利益，反对阉党，主张积极抗清，在南明政权中并无实权。

马士英字瑶草，贵阳人，与阉党阮大铖关系密切。后得周延儒提拔，明末被任为兵部右侍郎，总督庐、凤等处军务，在江南地区拥有兵权，与当时大将黄得功、高杰、刘泽清、刘良佐等关系密切，因此在拥立福王问题上有相当的决定权。在这个问题上，《祁忠敏公日记》中

---

① （清）戴名世：《戴名世集》卷一三《弘光乙酉扬州城守纪略》，王树民编校，北京：中华书局，1986年版，第351页。

② 《小腆纪年附考》卷五，第160页。

有极为明确的描述：

> 甲申四月二十九日：早谒孝陵，即入朝阳门。先晤姜燕及（曰广），云定议（福王）之时，勋贵（按：指刘孔昭等人）詈及文臣，且有以不欲迎福藩疑姜者。盖云东林诸公曾因争并封、争梃击有宿憾也……晤吕东川（大器）于兵部火房。袖中出马瑶草（士英）书云，已传谕将士奉福藩为三军主，而诸大帅（按：指黄得功等）且勒兵江上，以备非常矣。
>
> 五月初五日：拜客晤郭六修、詹月如，乃见抚宁侯朱国弼同诸帅揭，盖疑南都别有所立，非福藩也。其词甚厉，有入朝讨贼之语。①

因此，福王之立，主要得力于马士英之"兵权在握"，又"与大将黄得功、高杰、刘泽清、刘良佐深相结"，故"诸将皆愿立福王，如士英旨"。②

又据史惇《恸余杂记·立君》谓：

> 后遇林尔亮云："（福王）亦不昏庸，自言'我本不肯作皇帝，他们（按：指马士英等）要我做，又一事不听我行，我为他们所误。'……又云：'潞王在吴门，钱谦益已朝见，必欲索银十五万撒派，然后立之。潞王不能，遂迁延时日，而福王立矣。'嗟乎，卖官鬻爵者有之，亦有卖皇帝鬻天子者乎！甚矣，谦益主张，东林之痴也。"③

可见，当时两派在拥立何人为帝的问题的背后，尚有一笔肮赃的交易，难怪这个政权仅维持一年即垮台。清初戴名世说：

> 呜呼！自古南渡灭亡之速，未有如明之弘光者也。地大于宋端，亲近于晋元，统正于李昪，而其亡也忽焉。其时奸人或自称太子，或自称元妃，妖孽之祸，史所载如此，类亦间有，而不遽亡者，无党祸以趣之亡也。④

---

① 《祁忠敏公日记》卷一四《甲申日历》，第741、746页。

② 《戴名世集》卷一三《弘光朝伪东宫伪后及党祸纪略》，第364页。

③ 《恸余杂记·立君》，载《甲申纪事》（外三种），第91页。

④ 《戴名世集》卷一三《弘光朝伪东宫伪后及党祸纪略》，第363页。

南明政权的党争是空前激烈的。这种情况注定了南明政权必然是短暂的。这个政权政策的出发点,仍然阉党的利益,因而得不到江南地主及士人的支持。

福王政权中的太监,仍如明朝一样,牢牢地掌握着政权。当时司礼太监韩赞周,原为南京守备,掌南司礼监事,福王时权势更大。据祁彪佳日记所载,当祁见福王时,曾有所建议:"王顾韩监(指韩赞周)问予何姓名,韩以姓名对,予乃起。"后来史可法推荐吴鹿友(甡),"史以询韩内监,不应,别议罢"。于是祁彪佳对韩说"今日之事,邦家多艰,在外固有文武效力,至于内之调护,全藉韩公。韩逊谢"。① 福王政权的司礼太监,仍能左右政事如此,这当然不是偶然的。

四 清军下江南后江南各阶层之反应

顺治二年(1645)五月,清军下江南,南京福王政权瓦解。当清兵甫下江南之际,清之刑科给事中孙襄曾对这次出兵,有所建议:

> 南人率多文弱,素不知兵。里巷小民偶见兜鍪,上如爰居之骇钟鼓,况睹此士马云屯,如貔如虎,有不胆落魂消者乎!即王师秋毫无犯,保无先声之震惊;以财赋所自出之地,而令之转徙流亡,嚣然丧乐生之心;恐劳来敉辑,将又费朝廷一番收拾矣。职愚以为金陵一定,暂宜驻师彼中,厉兵秣马以□进取,一面传檄诸方,速其归附,若负固不服,然后以兵临之。至如所属徽、宁、苏、松等八府,必皆望风响应,止须抚绥安定之足矣,似可无烦兵力者。②

果然,早在清军入南京前,城内南明官兵早已撤离一空,混乱一团。

福王逃芜湖之前,曾指令大学士王铎(河南孟津人)留守南京。当时南明政权中勋戚之代表人物为忻城伯赵之龙。于是王铎等文武官员数百人,以及赵之龙为首的包括魏国公徐允爵、保国公张国弼等

---

① 《祁忠敏公日记》卷一四《甲申日历》,第742—743页。

② 顺治二年五月《刑科给事中孙襄揭帖》,《明清史料》丙编第5本,第480a面。

勋贵数十人，均出城向清豫亲王多铎奉表投降。这些人大多为江南地主的清流派中之对立面，是原来率先扶立福王称帝而与阉党关系密切之人。他们热衷于党争，“内战内行”，但一旦战败，即首先俯首降清，向新主子摇尾乞怜。

南京福王政权中的武将，则在清军渡江之前即已哗变，混乱异常。按巡按应天御史贺登选言：

> 仪、扬城外，（明军）焚杀殆尽；句容兵民夜斗，乱兵破六合，掠江浦。抚事伤时，痛哭何极。①

他们原是福王政权的积极支持者，现在则是这一政权的掘墓人，各奔东西，乞求活路。

江南人民则是抗清力量的柱石，当福王及马、阮诸人逃离南京后，他们的住宅立即被“百姓焚掠一空，有玛瑙围屏，诸宝杂嵌，碎而分之”，次及阮大铖家，“歌姬甚盛，一时星散”。② 而丹阳、镇江一带，当清军迫近后，“人民迁徙几尽”，③以便聚集另处，共同进行抗清斗争。

据清之江宁巡按毛九华报告，当清兵入南京后，东、北二城居民“尽徙租他所”，“舍己田以牧马”，“环城六十里内稻田俱尽”；溧阳之“削鼻、珐琅等党，乘机与主人为难，而不逞之徒，附之横行杀掠，遂至十六区无一干净地”。④ 及至清军的大肆屠杀和剃发令下，江南人民更感失望，于是纷纷参加了以江南地主及士人为号召的抗清斗争。《小腆纪年附考》：

> 剃发令下，乡民骇愕，吏胥又鱼肉之，民汹汹思乱。十将官因邀（陆）世钥起兵杀吏胥，同郡沈自徵亦任侠士，造渔船千艘，匿于湖。自徵死，其弟自炳、自駉收其船以集兵，与世钥相应。⑤

与此同时，钱应魁盘踞泖湖，号平南将军，坚持抗清十几年，其抗

---

① 《国榷》卷一〇一，崇祯十七年五月丙辰，6109 页。

② 《小腆纪年附考》卷一〇，顺治二年五月十一日，第 364 页。

③ 《祁忠敏公日记》卷一五《乙酉日历》，第 830 页。

④ 顺治二年十一月《江宁巡按毛九华揭帖》，《明清史料》丙编第 6 本，第 518a 面。

⑤ 《小腆纪年附考》卷一〇，顺治二年六月初十，第 379—380 页。

清事迹尤为壮烈。

钱应魁即钱大，又名钱应喜，他于顺治三年投奔泖湖农民军吴日生及周天，被任为将官。后来则成为该地区之抗清首领。据后来江南江西总督郎廷佐揭帖说：

> 苏松贰郡，财赋甲于天下。其地方之安危系国计之盈诎。然而外滨海洋，内多湖荡，茫茫巨浸，夙称盗贼渊薮。有渠逆钱应魁揭竿啸聚，盘踞泖湖，掠财焚舍，纳叛招亡。

钱应魁还是“僭号伪平南将军，作祟拾有余载”的抗清领袖，“屡经官兵剿捕，未能大创”。他“甚而结连滇贼（指李定国），勾引海孽（郑成功）”，是清朝之“江南大患，未有剧于此逆者”。[①]

除了江南的人民纷纷转而抗清外，江南地主及士人的态度亦值得重视。

江南地主从东吴以来即居住江南，故极重世家。明代宜兴的江南地主首推徐、吴、曹、万四大姓，溧阳的地主则有彭、马、史、狄四姓，“皆数百年旧家也”。[②] 他们对清朝的态度也和明朝初年一样，意在慎重观察。及见清军在江南的屠杀及剃发令后，江南地主除一小部分人外，大多倾向抗清复明运动。其中以江南士人最为激烈。当时有太学生吴可箕，徽州歙县人，因见福王政权文武官员向清师乞降，乃愤而自缢于南京关帝庙。他死前曾题诗一首：

> 蹇遇逃君臣，临危犹保身。
> 操心死国难，耻服北夷人。[③]

又有吴兴巨族唐世桢，兄弟皆进士。江南为清军攻下后，与其他士人子弟一起，“走浙闽间，从唐藩起义，建牙两粤”，后失败，“不入吴兴，竟诣土御史（国宝），骂其背国”，后被清兵打死。[④] 江南名士吴梅村，在顺治时被召，三吴士大夫曾集虎丘会饯。忽有一少年投函写道：

---

① 顺治十五年四月《江南江西总督郎廷佐揭帖》，《明清史料》丁编第 2 本，第 185a 面。

② （清）刘献廷：《广阳杂记》卷一，汪北平、夏志和点校，北京：中华书局，1957 年版，第 43 页。

③ （明）钱肃润：《南忠纪・太学生吴公》，载《甲申纪事》（外三种），第 112 页。

④ （清）娄东无名氏：《研堂见闻杂记》，上海：商务印书馆，1911 年版，第 13b—14a 面。

千人石上坐千人，一半清朝一半明。
寄语娄东吴学士，两朝天子一朝臣。[①]

当然，也有一部分江南地主，对南明政权不满，却对清朝抱有幻想。清军南下，他们纷纷要求减免“吴郡重赋”。[②]但江南重赋问题由来已久，当然不是清朝一时能够解决的。这部分人的愿望，遂亦成为泡影。

《南忠记》曾记载南京百川桥一乞丐自杀的传闻，以讽刺当时弘光政权文武官吏之降清。其中道：

> 百川桥丐者，不知何许人。五月十一日弘光帝出奔，题诗桥上，自经死。诗曰：“三百年来养士朝，如何文武尽皆逃；纲常留在卑田院，乞丐羞存命一条。”[③]

江南地区的抗清斗争，是异常激烈的，当时各阶层中都有一些人员参加。

五　钱谦益与陈名夏

在江南地主抗清和降清问题上，钱谦益和陈名夏是两个值得注意的人物。

钱谦益系苏州府常熟人，万历三十八年探花，任翰林院编修，为东林党人中素负清望之人。崇祯初年曾任礼部侍郎，几乎入阁任大学士。后被人揭发，削籍归家，反而名气更大。清军下江南后，多尔衮问江南贤才，大学士等亦以“钱谦益是江南人望”对。[④]江南文人亦认为他“以文章道德为天下盟主三四十年”。[⑤]可见他是江南之著名人物，非同一般。

清军入关前，钱谦益曾有过激烈的抗清言论，博得了江南士人的赞扬。如崇祯十七年三月所写《莱阳姜氏一门忠孝记》中，对“壬午之

---

① 《广阳杂记》卷一，第 10 页。

② 《启祯见闻录》卷五，顺治二年闰六月初二日，第 4b 面。

③ (明)钱肃润：《南忠记·百川桥丐》，载《甲申纪事》(外三种)，第 111 页。

④ (清)佚名：《多尔衮摄政日记》，六月初三日，载(清)内阁大库旧藏：《多尔衮摄政日记 司道职名册 校释》，周莎校释，天津：天津古籍出版社，2018 年版，第 10 页。

⑤ 葫芦道人：《馘闯小史》卷三，《玄览堂丛书初辑》第 20 册，第 357—358 页。

役”清军在山东的屠杀以及人民的抗清英雄事迹，叙述具体，充满情感，脍炙人口。其中道：

> 崇祯十六年三月，行人司行人臣垓伏阙上书言：“去年闰十一月，奴酋兵掠莱阳，臣父敕封仪真县知县姜泻里山居闻警，率子弟僮奴入城死守。二月初六日，奴突至，城陷，巷战被执。奴就索金帛，臣父骂曰：吾二十年老书生，二子为清白吏，安得有金帛饱狗奴腹？以马捶捶之，嚼齿大骂，奴攒刃刺之乃死。”……呜呼，忠臣孝子，国家之元气也。忠义之气昌则存，叛逆之气昌则亡，有国家者之大坊也……今国家方全盛，奴杂种小丑，闯蚁贼游魂，中朝士大夫，回面屈膝，委质贼庭者，所在而有。夫岂国无刀锯以至是与！若姜公者……非偶然也。

又说：

> 比岁奴三入畿辅，一门殉难者，高阳孙氏，顺义成氏，与姜氏而为三……自今以往，忠义之气昌，国家之元气日固。叛臣贼子，当胥伏独树之诛，而奴、闯之悬首藁街也不远矣。余为书其事以俟之，且以念于国史之传忠义者。①

这里，钱谦益写得真是慷慨激昂，同仇敌忾，泾渭分明。同时，他在崇祯十六年五月十一日所作之《宋稽勋哀辞》中亦有类似的言论。其中道：

> (崇祯)十五年闰十一月，奴陷临清，君率士民城守莱阳……二月初五日，奴大众奄至，避北城不敢攻……君项中一刀，被执，奴知为宋稽勋也，逼降之，令以金钱赎死。君厉声大骂：“吾资产尽于城守，家无一钱，纵有之，天朝宋司勋肯以金银奉臊狗奴赎死乎？”……次日皆遇害。呜呼！戎狄之蹂躏中夏也，残害生民，掳掠子女玉帛，豕希突豕食，以此为常。未有攻城略邑，所至必斩艾其贤才如逆奴者也。②

钱谦益还批评过明末“甘以都邑拱手而奉贼(指农民军)”的士大

---

① 《牧斋初学集》卷四四，第1133—1135页。

② 《牧斋初学集》卷七八，第1692页。

夫,主张“激劝”这些人“为国家出死力”。他在《回金正希馆丈书》中谓:

> 比年流氛披猖,所至陷没,虽守土者之不职,亦由士大夫里居者,蝇营狗苟,彼此顾望,以致一败涂地,载胥及溺,而莫可如何也……不肖见吴中士大夫如处堂燕雀,每谈及捍御乡井,辄努目诅詈,以为妖言怪物。而楚之贺对扬(按:逢圣)以阁臣居会府,一筹莫展,投身江流,虽曰死忠,与鱼鳖何异?……每思新安土风高坚,士气猛犷,忠义感激,遗风尚在……吴中之鄙夫懦人,争摇首闭目,以新安为戒。天下有事,谁复敢奋臂为国家出死力者?此不惟新安之忧,实重为国家虑之也。①

他还以其父劝其重气节为言,激励自己:

> 先君志节激昂,好谈古忠节奇伟事,每称述杨忠愍、海忠介诸公,嚼齿奋臂,欲出其间……且遗之言曰:“必报国恩,以三不朽自励,无以三不幸自狃。”呜呼,谦益其敢忘诸。②

然而,像钱谦益这样的江南著名人物,当清兵南下后,却率先投降,其摇尾乞怜之丑态,较之其他诸人尤甚。根据《嘉定屠城纪略》记载:

> 钱谦益率先降附,欲树德东南,以自解于吴人士。郡人周荃,谦益客也,有口辩,密受谦益旨,谒清帅豫王曰:“吴下民风柔软,飞檄可定,无烦用兵。”王大悦,即日拜官。③

《小腆纪年附考》:

> 王师自丹阳趋句容,乙未夜,前队至郊坛门。(赵)之龙、谦益奉舆图册籍,冒雨淋漓,褰裳跪道旁。④

真是一副奴才相。再据《祁忠敏公日记》记载:

---

① 《牧斋初学集》卷八〇,第1715—1716页。

② 《牧斋初学集》卷七四,《请诰命事略》(崇祯元年九月),第1635页。

③ (明)朱子素:《嘉定屠城纪略》,载(清)留云居士辑:《明季稗史初编》卷一三,上海:上海书店,1988年版,第265页。

④ 《小腆纪年附考》卷一〇,顺治二年五月十四日,第365页。

六月初三日：南都官绅诸生，投职名于虏，不可胜数。

六月初五日：抄钱牧斋手书数通，称北兵为三代之师，谆谆劝邑中归顺。[①]

其实，钱谦益的降清，原不足怪。早在他于北京任官时，即与司礼太监曹化淳来往密切；当崇祯身死后，又出于私心，拥戴潞王监国，结果因交易不行而失败。他与马士英关系非同一般，对马一贯吹捧。他在《南京户部广东清吏司主事马士英授承德郎》中谓：

度支之官，南北并置。以陪京之重，举天下岁输有常额，而户曹诸子部分而理之，非公忠廉直深于国计者，不在兹选……南自京江，北至畿辅，岁辇输飞挽，以实旧都，而尔所司筦，雄郡四焉。[②]

后来马士英任凤阳总督，节制江南军务，他又给马士英写信，并称颂他“授钺以来，无向不摧，所至必克”，谓：

今日之计，当委秦、蜀之兵以掣闯，使不得南，而我专力于献。九江之师扼其前，蕲、黄之师捣其后，勿急近功，勿贪小胜，蹙之使自救，扰之使自溃。此万全之策，必胜之道也。[③]

及至福王称帝，他惟恐为立潞王事失意，于是又“上疏颂士英功，士英乃引谦益为礼部尚书”。后来钱“复力荐阉党，为阮大铖等论冤，大铖遂为兵部侍郎而憾东林……欲引谋立潞王事，尽诛东林诸人”。[④]由于马士英“与东林本无仇隙”，“而怨毒不深”，事遂中止。[⑤] 因此，无论从行动上还是实际表现上，钱谦益早已与江南之清流派分道扬镳，甘心投靠阉党，成为他们中的一员。但马、阮等人对钱并不重用，钱出于私心，希望在政治上另找出路。因此，钱的降清亦非偶然。

但是，钱降清后，由于以冯铨为首的北方地主集团把持朝政，

---

① 《祁忠敏公日记》卷一五《乙酉日历》，第 829 页。

② 《牧斋初学集》卷九七，第 2029—2030 页。

③ 《牧斋初学集》卷八〇《答凤督马瑶草书》，第 1712—1713 页。

④ 《清史列传》卷七九《钱谦益传》，第 6576 页。

⑤ （清）陆圻：《纤言》下《大悲和尚》，载中国历史研究社编《三湘从事录》，上海：上海书店，1982 年版，第 45 页。

因之对他并未重用，多尔衮亦对他不感兴趣。至京候用半年，仅于顺治三年正月，命以礼部侍郎管秘书院事，并充任《明史》副总裁。在候用期间，他曾建议冯铨招抚阮大铖，计划亦未实现。[①] 在个人野心难以实现的情况，他不得不在是年六月乞假回家。《启祯记闻录》曰：

> 虞海钱牧斋名谦益，中万历庚戌探花，官至少宗伯，历泰昌、天启、崇祯、弘光五朝矣。乙酉岁，北兵入南都，率先归附，代为招抚江南，自谓清朝大功臣也。然臣节有亏，人自心鄙之。虽召至燕京，任为内院，未几即令驰驿归，盖外之也。[②]

钱谦益在江南目睹了清军的屠杀及剃发政策，使得他和原已降清的江南地主非常失望。广大江南军民奋而反抗清军的暴行，掀起了大规模抗清斗争的事实，不仅促使持观望态度的江南地主积极参加斗争的行列，同时也使钱谦益等人受到教育，参加到抗清复明运动中来。

关于钱谦益参加“复明运动”的事实，陈寅恪先生在《柳如是别传》中早有阐述，不赘。瞿凤起先生在《旧钞本〈牧斋有为集文钞补遗〉记略》中又有所发挥，他认为，钱谦益在《朝议大夫广西布政司王君合葬墓志铭》中，“对流离播迁于西南之南明王朝，无论立意与遣辞用语，都倾向鲜明”，[③]表达了一名江南地主在异族统治下，怀念明朝并愿意参加“复明运动”的立场。

钱谦益早年著述中，对元末明初江南地主的代表人物陈基、王逢等人极为推崇。这些人正是元朝遗臣，元末支持张士诚反对朱元璋的。如他说：

> 伪周（案：指张士诚）之事，一时遗臣故老，如陈基、王逢所记载，皆凿凿可据，而考之《元史》、国史，无论事实抵牾，即岁月亦且互异。（陈）基与修《元史》，非见闻异辞者也，而又使谁正之？至于鄱阳代溺之事，青田牧竖之言，传讹增益，其诬较然，而至今

---

① 顺治二年八月《内院大学士冯铨揭帖》，《明清史料》丙编第3本，第273面。

② 《启祯记闻录》卷七，丁亥四月，第5a面。

③ 瞿凤起：《旧钞本〈牧斋有学集文钞补遗〉记略》，《中华文史论丛》1983年第3辑，第25页。

未有是正者也。[1]

他在《跋王原吉〈梧溪集〉》中又说：

> 江阴王逢原吉，元末不应辟召，我太祖征至京师，以老病辞归。有《梧溪诗集》七卷，载元、宋之际逸民旧事，多国史所不载。原吉为伪吴画策，使降元以拒淮。故其游昆山怀旧伤今之诗，于张楚公(案：指张士德)之亡，有余恫焉。[2]

钱谦益晚年之心境，实际也是在学王逢的与新政权不合作的精神，专心于秉直修史，留意于对江南逸民旧事之收集。这不仅是他个人之愿望，也是江南地主对清朝暴行的一种无形反抗。江南地主原对明朝的江南重赋及明末期的加派政策极端不满，因而对清朝寄以希望。及清朝统治者重用北方地主，对江南地区仍然采取民族压迫措施，从而使抗清复明运动的队伍日益壮大。钱谦益原是重视郑芝龙的，认为"方今奴、寇交讧，豫楚残破，齐鲁疮痍，独东南腹腴无恙"，他认为"拯溺救焚，权宜急切，惟有调用闽帅一着"，"闽海之所恃者，郑帅也"。[3] 及郑芝龙降清后反而被软禁直至被杀，郑成功在东南沿海之抗清斗争日益激烈，钱谦益不会不受影响，参加复明运动。

清初抗清志士归庄在《祭钱牧斋先生文》中，对钱晚年的表现有所肯定。他说：

> 呜呼！而今哲人萎矣，谁复为我指其迷而启其蒙。先生通籍五十余年，而立朝无几时，信蛾眉之见嫉，亦时会之不逢。抱济世之略，而纤毫不得展；怀无涯之志，而不能一日快其心胸。其性迂才拙，心壮头童。先生喜其同志，每商略慷慨，谈宴从容……窥先生之意，亦悔中道之委蛇，思欲以晚盖，何天之待先生之酷，竟使之赍志以终……呜呼！我独悲其遇之穷。[4]

---

① 《牧斋初学集》卷九〇《天启元年浙江乡试程录·第三问》，第1873页。

② 《牧斋初学集》卷八四《跋王原吉〈梧溪集〉》，第1764—1765页。

③ 《牧斋初学集》卷八七《请调用闽帅议》，第1833—1834页。

④ (清)归庄：《归庄集》卷八《祭钱牧斋先生文》，上海：上海古籍出版社，2010年版，第471页。

陈名夏系清初政府中另一江南地主之代表人物。他系应天府溧阳人，崇祯十六年进士。在家乡时即已参加复社活动，很有影响。明末任翰林院修撰兼户、兵二科都给事中。[①] 李自成攻下北京时，他躲入天主堂，[②]后来投降李自成。“甲申之变”后辗转南下，参加福王政权，处境尴尬，旋即降清。多尔衮以原官委用。他曾劝多尔衮“正大位”，多尔衮不同意，认为“本朝自有家法，非尔所知也”。[③] 后被提拔为吏部尚书。

顺治二年清军下江南后不久，陈名夏即自告奋勇去江南省份招抚，说：“臣于江南道里颇悉，愿承命往”，但遭礼部左侍郎孙之獬反对。[④] 顺治三年，当清朝讨论南京之地位与官员设置问题时，陈提出“国家定鼎神京，居北制南，不当如前朝称都会，宜去京之名，存设官之实”，得多尔衮之同意。陈的用意即在于团结江南地主，为江南人博得更多当官机会。由于清廷内部权归满人，而汉官又都是北方地主，因此他与冯铨等人亦“素相矛盾”。[⑤]《北游录·纪闻下》谓：

> （陈）在吏部时，权归满人，稍执论，亦不能展布。其力所得，曰我任之；其力所不能得，曰吾意无少私也，其事类如此……（陈）所推毂南人甚众，取忌于此。[⑥]

他经常受到北方籍汉官的攻击，并在满洲贵族面前诋毁之。江南地区之加派，虽在清初有过一个时期的减免，但在土国宝任江南巡抚时，又复提出此议。陈名夏则强调应在江南地区减赋、安民。因此在清初政权中的南北党争仍然异常尖锐。顺治八年五月，山西介休人张煊劾奏陈名夏十大罪状、两不法，认为他“结党行私，铨选不公”，结果由于所劾不实，张煊被杀，[⑦]陈名夏复受重任，被委为弘文院大学士等职。以后，大学士冯铨又被复职，不遗余力地继续攻击陈名

① 《清史列传》卷七九《陈名夏传》，第 6613 页。

② 《北游录·纪闻上·汤若望》，第 278 页。

③ 《清史稿》卷二四五《陈名夏传》，第 9634 页。

④ 《多尔衮摄政日记》，闰六月十二日，第 47 页。

⑤ 《清史列传》卷七九《陈名夏传》，第 6614 页；《清史列传》载，顺治十年四月上谕：“冯铨与陈名夏素相矛盾，朕所习知。”（见《冯铨传》，第 6558 页）

⑥ 《北游录·纪闻下·陈名夏》，第 390 页。

⑦ 《清史列传》卷七八《张煊传》，第 6500—6501 页；卷七九《陈名夏传》，第 6614 页。

夏。顺治十一年,大学士宁完我列款攻击陈名夏,并说陈曾对他说:“要天下太平,只依我两事……‘留发复衣冠,天下即太平。’”经过反复拷问,陈仅承认“‘留发复衣冠’所言属实”,被清廷处死。[①] “留发复衣冠”是江南人民抗清斗争中最具有号召力的口号。陈名夏敢于喊出这样的口号,说明江南人民抗清斗争之激烈。

顺治帝杀死陈名夏后,曾谈道:

> 当明末北人、南人各为党与,致倾国祚……是朕以一体相视,而尔等蓄有二心;以故旧相遇,而尔等猜如新识;朕以同德相期,而尔等多怀异念矣。[②]

江南地主抗清斗争的特点是不相统属,各自为战。这也是明末南北党争的恶果。顺治三年后,在抗清斗争的战火蔓延下,各地区的明朝宗室成为抗清队伍的拥戴对象。客观的现实,迫使多尔衮政权对明宗室的态度有一根本转变。初入关时,多尔衮对明朝宗室基本上尚持笼络态度。及见全国各地掀起抗清斗争后,遂改为对明宗室横加打击。[③]

明代党争的恶果,岂止于“甲申之变”!明代的南北党争不仅波及南明诸政权,即使在以满洲贵族为主的清朝政权中,也是影响极大而经常为满洲统治者所加以利用的。陈名夏不过是清初政权中南北党争的一个牺牲品。

(原载《明代政争探源》第十七章,天津古籍出版社,1988 年版;故宫出版社,2014 年版)

---

① 《清史列传》卷七九《陈名夏传》,第 6615、6616 页。

② 《东华录·顺治二十三》,顺治十一年九月己丑,第 384 页。

③ 参见本书《试论多尔衮对明皇室态度之演变》一文。

清初之苏松士绅与土国宝

一 《启祯记闻录》中反映的明末苏松状况

明末清初记载苏松事迹之《启祯记闻录》(《痛史》本)一书,共八卷,作者为清人叶绍袁。其叙事起自天启元年(1621),而终于清顺治十年(1653),共三十三年。观其内容,系吴郡人述当时事,兼记乡里见闻,内容详实可靠,颇有价值。[①]

该书所记明末江南苏松地区的境况,概括起来,有下列几个特点:

1. 灾荒严重

崇祯十年(1637)冬直至次年春夏,苏松一带即旱灾严重,"农夫不能插莳",十一年"八月中旬,蝗虫自江北来,飞蔽天日","乡民群聚告荒,抚院发价收蝗虫百斤,给钱二百文","目睹大江之上,蝗飞如雪"。[②]

崇祯十四年及十五年,"吴民之毙于饿者、疾疫者,难以数计矣","薪桂米珠,自目睹今岁之景,始信此语为不诬矣"。由于饥荒,"旧岁疫气甚行,乡城多死……今夏(按:指崇祯十五年)复多时疫,而乡村

① 谢国桢:《增订晚明史籍考》,上海:上海古籍出版社,1981 年版,第 124—126 页。

② 《启祯记闻录》卷二,第 3 面。

尤甚，村落中互相缠染，言有一家毙两三人者，有全家伏枕，或死亡俱尽者”。“（崇祯）十六、十七（年）冬春之交，疫疠又大行，且朝发夕毙，大抵城外尤甚……免者殆少，甚至一家有毙十余人者，人心惶惧”，且“物价倍增，鸭卵至十五文一枚，后加至二十三四文，真足骇人听者，吴民之困苦极矣”。崇祯十五年已出现人食人者。[①]

2. 赋税增加

崇祯十四年，灾情如此严重，抚按官多次上章请求减少赋税，而“不惟不蒙宽恤，征赋反有加焉……又急如星火，勒限残岁完粮”，又“连差督饷科臣至吴中者两三员，赐剑专敕行事……人皆惶骇不安”，结果造成“大户役重粮多，中人支吾不给，贫民困馁死亡……非复向时全盛矣”。[②]

3. 农民抗租

崇祯十一年以后，官府不顾吴中地区灾荒严重之事实，“谕旨征粮，反有加焉”，故每当“收租之际，乡民结党混赖；田主稍加诃斥，每至起衅生乱”。田主有乡居者，征租于佃户，各佃聚众焚其居，抢掠其资，故作者感叹说：“真乱民矣。”[③]

崇祯十三年，苏松地区由于“米值加增，市铺俱闭，无赖穷民，遂于城中倡乱，一呼千应”，“东城监生姚天倪善价售冬粟于徽商，邻人知之，聚众一抢而罄千石之储焉。西城乡科章维九，富名甚著，有储粟三廒，亦被众恣抢”，连同家中金银钱物数十万金，皆被抢光。吴江乡民在松陵地方“烧劫尤甚”，官府“发兵以往，民遂闭门以拒，几成大乱”。是年六月，青浦县金泽镇之乡民，聚众“迫胁富户之减价平粜，一如吴郡”。无锡翰林马世奇，“素与邑令通贿”，引起乡民不满，“群聚城隍庙，录其不法十七事”，并“纵火焚其居”，马世奇复“为众所执而殴击之”，“马宦恐致激变，竟无如之何”。[④]

至于家奴暴乱亦时有发生。崇祯六年，松江乡宦范文若，送官重治一家奴，“奴乘间归，手刃范宦，母子俱死”。[⑤]

---

① 《启祯记闻录》卷二，第 11 面；卷三，第 6a 面；卷二，第 9a 面；卷二，第 10b 面。

② 《启祯记闻录》卷二，第 9b、10a 面。

③ 《启祯记闻录》卷二，第 3b 面。

④ 《启祯记闻录》卷二，第 6b 面；卷二，第 7a 面；卷二，第 7 面。

⑤ 《启祯记闻录》卷二，第 1b 面。

4. 士绅与官府矛盾重重

由于官府黑暗，贪污日甚，赋税有增无减，因而造成这一地区乡绅与官府之矛盾日益突出。

常熟县令邹守常，“以腐儒登第，不善为政，乡绅士民俱致不满”，于是在崇祯十一年八月十五日拜谒文庙之际，“众欲俟其出而辱之”。邹令觉察到此事，乃不敢出。“诸青矜复以不谒庙为罪，群往诟厉之”，于是“士民数千，破门而入，呼名辱骂，(邹)令俯首无措。众至日晚方散”。崇祯十二年长洲县令唐九经因萧家巷郭友住房漏税，“格外罚银数百两”，“士林不平，群往诟厉之，遂有大哄”，县令不久遂去任。同年，昆山县令叶培恕，“以贪污不满于士民，亦于是冬去任”，他本人尚“身未离县门，众汲水担入，倾于公堂，谓之洗堂”。①

5. 兑军及寺院与当地乡民互殴

由于粮荒，江南地区漕运兑军气焰日益嚣张。崇祯九年，发生兑军殴伤昆山县令叶培恕之事件，抚院官亦无如之何，仅“薄惩而已”。崇祯十年三月，兑粮指挥泊舟枫桥，偶因被窃，乃“诬及附近饶裕之家，执其人，酷加吊拷，抄抢其家。群情愤然不平”。后几天，指挥因事入城，众民相约尾其后，至西城桥而群起殴之，结果“指挥轿伞、冠服俱毁，遍体受伤”，弄得“身无寸丝，裸形至府”，“其随从军丁，被捶死于途中者七人”。当时“兑粮各船军丁，在地方往往为盗，劫掠杀人，松郡尤甚。上官虑激变，每事姑息，无能大创之”。②

苏州承天寺多富僧，乡民对之垂涎已久。崇祯十四年正月十六日，有乡民数十人“往寺欲得一餐”，又明日，往者更多，“僧遂拒不纳”，且“有备以御之”，众因大哄。寺中酒工率先动武，擒获乡民三人，引起乡民愤怒。众人乃将为首作恶之酒工殴死。③

6. 苏松乡民打击当地缙绅之“附逆”者

崇祯十七年，“京城不守，变出非常”，消息传到江南，“乃闻之从逆者殊多”。如郡中翰林项煜、通政宋学显、部属钱位坤、汤有庆，“皆其人也”。士民对之痛恨至极，乃于五月初十日，“群往四家，毁其器

① 《启祯记闻录》卷二，第3b面；卷二，第5a面。

② 《启祯记闻录》卷二，第2b、3a、4a面。

③ 《启祯记闻录》卷二，第8a面。

物，散其资蓄，以泄众心之不平”。其中项煜之家，“园亭山石，名甲吴中”，是晚，乡民攻之不入，遂前后纵火，“烈炎炽燃，华居厚资，顿成灰烬……独项氏被祸尤甚”。①

总之，明末的苏松地区，社会已严重动荡不安，乡民贫困已极，人情汹汹，明政权在该地区之统治，已处于岌岌可危的地步。

二　清兵渡江后江南士绅之反抗

顺治二年(1645)，清兵南下，于是年五月攻克扬州，史可法殉国。当大军即将渡江南下之际，清兵统帅认为大局已定，江南统一指日可待，异常自满。这时刑科给事中孙襄曾上疏，婉劝清军注意策略，并劝注意军纪：

> 南国渐报底定，大兵宜驻金陵，请敕遣官分抚，以安郡邑惊魂事……近闻江北已定，江南渐平……然职有鳃鳃过虑者：南人率多文弱，素不知兵，里巷小民偶见兜鍪，尚如爰居之骇钟鼓；况睹此士马云屯，如貔如虎，有不胆落魂消者乎！即王师秋毫无犯，保无先声之震惊；以财赋所自出之地，而令之转徙流亡，嚣然丧乐生之心；恐劳来敉辑，将又费朝廷一番收拾矣。职愚以为金陵一定，暂宜驻师彼中……一面传檄诸方，速其归附，若负固不服，然后以兵临之。至如所属徽、宁、苏、松等八府，必皆望风响应，止须抚绥安定之足矣，似可无烦兵力者。②

事实确实如此，以钱谦益为代表的一部分江南士绅，确实“率先降附”，他“欲树德东南，以自解于吴人士”，还派郡人周荃拜谒清军统帅豫王多铎，强调“吴下民风柔软，飞檄可定，无烦用兵”。③ 然而，清兵渡江后对江南民人不仅大肆屠杀，还颁布了剃发令等一系列的强制措施，迫使江南民人及士绅掀起了大规模的反抗斗争。

在江宁地区，即发生了以瑞昌王朱谊漶为号召的英勇反清斗争。据顺治三年九月江南总督洪承畴的密报所称：

---

① 《启祯记闻录》卷二，第8b面。

② 顺治二年五月《刑科给事中孙襄揭帖》，《明清史料》丙编第5本，第480a面。

③ 《嘉定屠城纪略》，载《明季稗史初编》卷一三，第265页。

> 江南归附年余，人心尚属未定。有伪瑞昌王朱谊泐、伪总兵朱君召……到处号召同谋叛乱。今年正月十九日既密图江宁，里应外合。

又谓：

> 江南地方多废闲武弁，裁汰兵丁；亦有西北辽人无处归着；加以奸恶假造讹言，惑乱人心，但有召集，遂多蚁附……今八月初间有江宁省城四五十里花山、龙潭民人奔赴操江衙门密禀：本处群贼皆受伪瑞昌王号召，歃血同谋……且声言要暗渡江北，先图起事……村落团集，良民与真贼难辨。[①]

与此同时，周藩遂平王朱绍鲲，亦于清兵渡江后，“拥众万余，盘踞松江西仓城，与叛帅吴志葵同谋肆虐”，后因不幸失败，朱绍鲲又逃至佘山，“拥下太湖，与伪长兴伯吴日生(易)、伪总兵周瑞合营抗拒”。吴、周失败后，朱绍鲲又与史可法部下杨模(鼎式)在嘉兴继续抗清，“相依两载”。[②]

关于苏松地区的士绅反清斗争，事迹甚多，这里仅以吴易与田仰的事实为例。

吴易，字日生，吴江人，崇祯十年进士。南明福王政权时，在史可法部下任职方主事，留之监军。后奉令至外筹饷，未回而扬州已失。顺治二年六月，清兵入吴江，县丞朱国佐以城降，遭到当地士绅之反对。诸生吴鉴对朱恨之入骨，徒手至县衙痛骂，被朱执送苏州处斩。这件事引起吴易的愤慨，乃率乡民三十人将朱处死。不久队伍扩大至三百人，居长白荡，“出没五湖三泖间”，一直坚持与清军作战，力量日益强大。后来又与吴县生员陆世钥及沈氏兄弟起兵太湖，合攻苏州。顺治三年六月，吴易因误中奸计，在长白荡失败被执，至杭州不屈而死。吴易死前曾派人致信币于文震孟次子文乘，“欲聘之往”。吴死时此事被人告发，文乘以“通谋有据，且出语不逊”，亦被斩首，年

---

① 顺治三年八月三十日《江南总督内院大学士洪承畴密揭帖》,《明清史料》甲编第2本,第170a面。

② 《叛藩勾乱设计擒弭事揭帖》(顺治四年六月),载孔昭明编校:《洪承畴章奏文册汇辑》,《台湾文献史料丛刊》第261种,台北:台湾大通书局,1984年版,第10、12页。

仅29岁。[①]

田仰原为福王政权之漕抚,因置军务不问,队伍亦遂之瓦解。弘光元年(1644)四月被解除漕抚之职。八月,田仰从海道至浙东,被鲁王政权任为东阁大学士。顺治二年六月,田与监军道荆本彻、总兵张士仪、张鹏翼、太监李国辅奉义阳王,以舟师驻崇明,由海道窥三吴。七月,田仰曾陷通州、如皋、海门等处。九月,田仰复攻福山,为土国宝所败。[②] 次年五月,《苏松巡按赵弘文揭帖》中谓:

> 福山与江北狼山对峙,北连杨舍以迨京口,南达刘河以至金山,濒海三百余里,从来海寇出没,蹂躏沙洲之上,民甚苦之。去岁(指顺治二年)夏秋,适逢鼎革,若辈遂乘机附和田仰、李太监等,假名倡义,猖獗波涛,焚掠村镇,渐肆睥睨城邑……会诸贼连艅二百余号,正在焚劫。曹(大虎)将挥部下……飞船刃于奔腾澎湃之中……实获得沙船七只,小舡五只,活缚蒋德等三十二名,并获伪印、批牌、告示、枪弩、器械等件。[③]

日后,田仰的军队仍不时与清军作战,骚扰不已。其规模之大,声震江南。而当时负责镇压吴、田义军的清军主要将领,即是当时的江宁巡抚土国宝(? —1651)。

三 江宁巡抚土国宝与江南士绅

(一)土国宝其人

《清史列传》卷七九《土国宝传》中称:

> 土国宝,山西大同人,明总兵。

其中所记土在明朝时之情况甚为简略。根据《明清史料》中土国宝的上疏所载,大致可知他的经历。

据崇祯十三年(1640)十月《兵部题行"新推大名府参将土国宝

---

① (清)计六奇:《明季南略》卷四《吴江吴易》,北京:中华书局,1984年版,第261—262页;《启祯记闻录》卷七,第2—3面。

② 《明季南略》卷三《四月甲乙史》,第191页;《小腆纪年附考》卷一〇,第378页;卷一一,第419页;《清史稿》卷四《世祖本纪一》,第98页。

③ 顺治三年五月《苏松巡按赵弘文揭帖》,《明清史料》甲编第2本,第158a面。

呈"稿》表明,土原为明朝之指挥同知。到了这时,明朝因考虑到"大名开州乃豫东比邻漕河北界吃紧之地,时因盗寇结聚,为害地方",因而新添参将一员,"立营练兵,弹压兹土,以靖盗寇"。[①] 大名向为畿辅重地,南北要冲,在这里设立参将,显然是针对明末农民军的。

土国宝在崇祯十四年五月另一奏折中也谈道:

> 卑职一介幺麽边鄙下吏,叨蒙覆载洪恩,超拔兹职(指大名参将)……于客岁十二月初八日到任,迄今期近四月。

但他的日子很不好过,对明政权已丧失信心,这就决定了他一经风吹草动,必然投降。他在同一奏折这样说:

> (此地)虽有百名任丁,勉力支持;且日不再食则饥,而四月无饷;不第有事令其冲锋,抑且身尤风烛;似此无兵无马,令人若处针毡。旦夕有事,卑职一身粉骨以报国,而封土人民何?今日之情势万难支持,惟大声急呼,哀鸣于知遇之下。[②]

不久他又被提升为明朝的总兵,仍与农民军作战。顺治元年清军入关后,他即很快降清,并以原官录用。随后他即参加了清军的渡江,攻下江南苏松等地,被破格提升为江宁巡抚,参与镇压该地区的抗清斗争。

顺治二年九月,他在奏折中说道:

> 窃职随贝勒(按:初为豫王多铎,后为勒克德浑贝勒)南渡,克服苏松四郡。职与李侍郎(按:即李率泰)与本年六月初旬同驻姑苏招抚。先是贼臣杨文骢杀官盗库,吴下士民惶惧,逃徙者过半……闰陆月拾叁日,忽有湖寇(按:即吴易及太湖农、渔民领袖赤脚张三等)揭杆之变,贼众围城烧劫,势甚汹涌,而城外各栈所贮米石,尽为贼踞。[③]

土国宝之江宁巡抚的辖区包括江南及安徽一些地区。由于当时苏松地区士绅及民人的反抗异常激烈,而土又难于应付,他说:

---

① 《明清史料》乙编第9本,第893面。

② 崇祯十四年五月二十三日《兵部行"大名参将土国宝禀"稿》,《明清史料》辛编第7本,第606b面。

③ 顺治二年九月《江宁巡抚土国宝揭帖》,《明清史料》己编第1本,第2b面。

职恭拜敕印,任事虽新,在地方料理实久。除苏、松、常、镇肆府近在肘腋,呼吸俱灵。惟徽、宁、广德三处并徽宁道,符檄频行,未有以应。虽云道路稍遥,未有两月来并无报文者。岂职文移尚无到耶?抑道府犹未知职已莅任也。

于是吏部官员在顺治二年十二月建议:

臣等再四斟酌,常、镇、苏、松肆府与新改江宁府(按:原应天府)共伍府,自应归抚臣土国宝专辖。①

于是土国宝则专驻苏州,主要控制苏松局面,而徽、宁、广德等地划归安徽巡抚刘应宾专辖。

(二)土国宝对江南士民之镇压

土国宝一介武夫,又靠镇压农民军起家,在七年之江宁巡抚任内,自然残暴异常。顺治二年七月初,一徐姓乡民因未剃发被捉,土欲将他斩首,苦求得免,"犹断去右掌","其人负痛复回乡间……成废人矣"。顺治四年四月下旬,土国宝"发兵下乡,名为剿寇",其"将卒惟在地方杀人掠财,皆满载而归"。② 顺治三年六月,在镇压吴易党徒时,对苏州诸生王伯时及文震孟子文乘,均稍加审讯后即草草斩首籍没其家。文乘之头经翰林韩四维之托,用百金方从土处索得。为此,连清朝统治者都认为太过分,"切责国宝擅杀,下所司察议,坐降调"。③ 顺治二年七月中元节,清兵发舟围昆山县,县内士民顽强抵抗。于是清兵屠城,士民多被杀戮,其中妇女被掠者以千计,载至苏州发卖,"价不过二三两","路旁各处招贴,寻妻觅女者……乱离之惨乃尔"。④ 苏松提督吴胜兆原为明朝旧将,目不知书,但作战英勇,与土国宝不合,却深得洪承畴赏识。顺治四年四月,当时屯聚于舟山的反清志士黄斌卿部策划吴胜兆反正,密约合力取南京。南明其他将领如定西伯张名振及沈廷扬等亦至崇明策应。不料事泄失败,吴胜兆被斩。土国宝又乘机酷杀三吴名士,陈子龙、顾咸正、夏完淳等数

---

① 《吏部题本》,《明清史料》丙编第 2 本,第 104b 面。

② 《启祯记闻录》卷五,第 10a 面;卷七,第 6b 面。

③ 《启祯记闻录》卷七,第 3a 面;《清史列传》卷七九《土国宝传》,第 6568 页。

④ 《启祯记闻录》卷五,第 10a 面;卷六,第 4a 面。

十人先后被处斩，死时异常壮烈。[①] 苏松士民被牵连而死者甚多。这些罪行，当然与土国宝有直接关系。

土国宝对苏松地区乡民的盘剥亦极严厉。顺治二年六月，清兵下苏松不久，他发令向当地乡民纳征青草，各县均有具体数字，“路遥天暑，兵卒骄横，交纳草犹不胜苦也”。顺治五年，清廷在苏州设织造，分南北二局。过去明朝虽有织造，“然上供无几，机户皆隶籍于局者，未尝概及平民”。而此时“北局以满洲大人主之，南局以工部侍郎督之”，却“恣拿乡绅及富室充当机户，上户派机八只，以次而降……机户赔补其半……以供宫中诸族属服用”，“凡任机一只，每年约价百二十金，而进局诸费及节序供馈在外，真无穷之壑也”，“为吾苏富家之害甚大”。[②] 凡此均使江南士绅对清朝的残酷统治甚为反感，时而爆发反抗斗争。

(三)土国宝对江南士绅的笼络

但是，作为江宁巡抚的土国宝也有笼络江南士绅的另一面，因而蒙得他们的支持。顺治二年六月初七日，土国宝至苏州即召集当地士绅来见，昆山庠生朱应鲲因献本县图册，遂被任为长洲县令；吴县县丞薛某亦因归顺，被土国宝升为县令。[③] 同年闰六月剃发令下，苏州城内数万人大乱，“公廨府舍，无不举火”，当时侍郎李率泰“欲屠城民”，而“军门土国宝力争之，先期出示，使居民速移避祸”。[④] 当时李率泰对苏松士绅一向严厉，“不许乡绅士庶携其妻子资货出城，违者论斩”。[⑤] 李很快被调出江南，原因之一，当与江南士绅对其反感有关。

顺治三年正月十五日，吴江县民暴动，杀死县令孔某。当时苏松提督吴胜兆率兵前往镇压，斩首甚众，俘获亦多。于是负责招抚江南的大学士洪承畴乃参奏土国宝，而疏荐吴胜兆，土国宝“闭门乞休”。这时吴县、吴江县的士绅联合一起，至“江宁具呈内院，保留土公”，并

---

① 《启祯记闻录》卷七，第 5b—6a 面；《研堂见闻杂记》，第 15 面；顺治四年五月《江宁巡抚土国宝揭帖》，《明清史料》己编第 1 本，第 25 面。

② 《启祯记闻录》卷五，第 4a 面；卷七，第 11b 面。

③ 《启祯记闻录》卷五，第 3a 面。

④ 《研堂见闻杂记》，上海：商务印书馆，1911 年版，第 6a 面。

⑤ 《启祯记闻录》卷五，第 5b 面。

于三月初面见洪承畴。洪迫于压力，乃承认："土抚院原是好官"，因之土才得以保住官位。[①] 顺治四年夏，土国宝再一次丢官，新巡抚上任，苏州士绅不对新官有任何表示，反又乘机为土建造生祠，共费银千余两。当土公祠上梁之日，又"大具威仪，迎牌位入祠……有司缙绅俱往送"。[②] 土国宝被降为按察使，悻悻回到南京。但为时不过半年，土又复任江宁巡抚，再镇苏州。

顺治五年七月，土国宝回任不久，又秉承当地士绅之意愿，以贪污、败伦的罪名，撤掉长洲县令赵瑾，"一时大快人心"。其实土开始并不同意这样做，后得知赵令得罪了当地乡绅，慑于压力，乃"封闭县署，夺其印"。[③] 可见土国宝与江南士绅勾结之深。

土国宝与钱谦益的关系亦相当密切。陈寅恪先生《柳如是别传》第五章《复明运动》中已有论及。[④] 根据《清史列传・钱谦益传》所载，顺治三年六月，钱以疾乞假，"得旨驰驿回籍（按：常熟），令巡抚、巡按，视其疾痊具奏"。[⑤] 当时江宁巡抚正是土国宝，因此两人定有来往。《牧斋外集》中，载有《赠土开府诞日》三首，即是明证。现录于下：

（一）

休光籍籍著兰台，为靖全吴特简来。
千里行师如枕席，南方生聚出栽培。
擎天共仰霜中桧，爱日催开雪后梅。
闻道仙乔殊未散，相将一泛滋霞怀。

（二）

即看玉烛几回调，驺辐轻尘绛节遥。
舆诵新传晋开府，雄风旧数汉嫖姚。
乐效寒近时驱马，挟纩情深好赐貂。
为报悬弧春正永，湘衣释仗教吹萧。

---

① 《启祯记闻录》卷六，第 9b 面。

② 《启祯记闻录》卷七，第 8a 面。

③ 《启祯记闻录》卷七，第 12a 面。

④ 陈寅恪：《柳如是别传》第五章《复明运动》，上海：上海古籍出版社，1980 年版，第 873 页。

⑤ 《清史列传》卷七九《钱谦益传》，第 6576 页。

（三）

两年节钺惠吾吴，袍血初干待剖符。
南国竞专慈母颂，西京遥望庆云呼。
训功指水称如带，献寿增山拟佩壶。
会待黄金看铸像，谁容画入五湖图。[①]

陈先生由诗中断定土国宝的诞日是在春初，[②]甚是。钱系顺治三年夏回家，而诗中写“两年节钺惠吾吴”，则此诗估计写于四年初春。诗中对土极尽吹捧之能事，说明以钱为代表的三吴士绅对土极加拉拢并寄予厚望。

四　土国宝之死

土国宝自顺治五年复任江宁巡抚后，异常骄傲，生活亦日益腐化，“建坊凿沼，东西置更楼”，宅第及官署也“非昔故观”，[③]同时更“多方掊克”，“实鲜善政”，[④]引起了江南士绅的极端不满，当然更不可能得到他们的支持。

顺治六年，为了征讨舟山的抗清势力，清政府决定在吴淞造水船，“其船高大异常，须十数围大木”，凡木料、人夫均责令各县县令负责执行。于是“僧寺及民家之树，多被斩伐”，加之衙役之索诈，又“借口伐去坟树不少”，引起乡民之不满。同时又以造船为由，“每图拨夫三名，往吴淞做工，半月一交代”，“上官督促甚严”。乡民无奈，只好以每名四五两或六七两的价格雇夫前往，“人深苦之”。[⑤]

苏、松、常三府负责输运内府之白粮，明末时已改令民户输运，“民以为苦”。这时土国宝又拟恢复官运，他说：“民户一遇佥点，往往倾家。今改官运，一切皆给于官，而经费不敷”，主张“请计亩运费，民皆乐从”。但清朝统治者以“佥点固属累民，加派岂容轻议”而驳回。顺治六年，土国宝又以佐助军需为名，疏请加派民赋。给事中李化麟

① （清）钱谦益：《牧斋外集》卷一《赠土开府诞日》，载《清代诗文集汇编》第 4 册，第 20 页。

② 《柳如是别传》，第 872 页。

③ 《启祯记闻录》卷七，第 12b 面。

④ 《启祯记闻录》卷八，第 8a 面。

⑤ 《启祯记闻录》卷八，第 1b 面。

上疏言:"加派乃明季弊政,民穷盗起,大乱所由。我朝东征西讨,兴师百万,未尝累民间一丝一粟。今国宝遽议加派,开数年未有之例,滋异日无穷之累",此议又招致不满。[1]

土国宝在清廷及地方士绅"上下皆致不满"的情况下,仍然"贪恋名位","未能急流勇退",他"买宅扬州,积贮重资",借增造营房为名,"于苏州府城按廛纳税,敛银数万两","又逾额滥设胥役,婪取银数千两",嘉定知县随登云私掠富家之财,也要落在他的手中。他的外甥杨国海利用权势"市私盐及硝磺",每月亦馈三百金。他之贪酷钱财如此,越发不得人心。[2]

顺治七年十二月,摄政王多尔衮死。八年二月,顺治帝追论多尔衮的罪状。同年六月,清政府派巡按御史秦世桢至苏州,专查土国宝"贪酷病民"事。

秦世桢,汉军正蓝旗人,初籍广宁,顺治四年曾巡按浙江,对江南情况有所了解。他到苏州不久,首先将土国宝手下之贪官一一法办。一开始,"即拿常熟令瞿四达",将他"钉杻下狱";随后又将"苏州神棍沈子朗、常熟奴棍邹声施等重究,坐赃系狱";又将苏松兵备使胡某封闭在署中,令太仓州官员看管。秦世桢在清除了土国宝的党羽后,仍然不动声色,又去淮扬公干月余,于八月二十五日回苏。同年十月,秦世桢劾土以"纵蠹虐民,婪赃枉法,临阵不前"诸罪状,要求将其斩首。得旨,先行革职,"着督按从重议处"。土国宝闻讯后,知秦已将他的扬州住宅封闭,"所贮重资,并非己有,计无所出",又恐在地方"大伤体面",于是在是年十二月十四日"弓弦自尽","华膴尊荣,竟同一梦"。[3] 主宰清初苏松地区军政大权的一时显赫,就这样消失了。

《研堂见闻杂记》述土国宝之死甚详,现节录如下:

> 都御史土公(原注:缺五字),在先朝为总戎。大兵初下,土公即在行间(原注:缺四字),颇有德政。后改文阶,竟为都御史,巡按吴中……初至,谬示风采,即擒娄中猾吏数十,人皆额手望。

---

① 《清史列传》卷七九《土国宝传》,第 6568 页。

② 《清史列传》卷七九《土国宝传》,第 6569 页;《启祯记闻录》卷八,第 8a 面。

③ 《清史稿》卷二四〇《刘清泰附秦世桢传》,第 9544 页;《启祯记闻录》卷八,第 7a、8a 面。

> 而诸奸行金上下，作冰雾散；于是人情大哗，乃复贪婪，肆为鄙秽，人人饮恨。秦公至，土亦深备之，为食不下咽者数日，而秦公与之阳为好也。凡起居私处，土无不密遣人伺之……未几……忽行符至苏……曰：有旨收公……于是土窘甚，且传缇骑逮者即至。乃取署中金玉珍宝、明犀、象贝，丛积如山，一火焚之，火光竟夜烛天……爱一幼子，抱之竟夕环走，走一夜弯弓自缢死……土耳目络绎在京，无一人知。三吴之人，胸膈肠胃，无不豪爽痛快。[①]

土国宝在江宁巡抚近七年，任内正值多尔衮当政时期。当他随豫王多铎率清兵渡江后，正是多铎推荐他及侍郎李率泰招抚苏松等地，并得到多尔衮的同意，任为江宁巡抚。当时土国宝尚以“武夫不习文事，疏辞，得旨慰留”。[②] 这个“旨”当然也是多尔衮的意思。后来江南却调走与清关系极深的李永芳之子李率泰，而独任土国宝，自然也与多尔衮有关。顺治三年初，洪承畴推荐提督吴胜兆而奏劾土国宝，结果未能奏效，且承认土系“好官”。这一方面出于江南士绅对土的支持，另一方面也与清朝最高统治者的支持有关。老谋深算的洪承畴对此也不会不清楚。顺治三年六月，钱谦益回江南，清廷指令土国宝等负责“视其疾痊具奏”，也是多尔衮嘱令土多交接江南士大夫的具体体现。顺治六年，土疏请加派，遭到李化麟的反对。《清史列传·土国宝传》中称：“上复黜国宝奏不行。”[③]事实上，这时顺治帝尚未亲政。王先谦《东华录》顺治六年十二月辛丑条仅谓“奏下户部”，[④]然后即石沉大海。后来才有顺治七年七月，多尔衮为了建造夏宫，加派直隶、山西、浙江、山东、江南、河南、湖广、江西、陕西九省钱粮二百五十万两的谕旨。[⑤] 多尔衮并未忘记江南，也未忘记土国宝疏请加派的倡议。如再结合追论多尔衮的罪行以后，顺治帝突然再派苏松巡按秦世桢到任，而土国宝又如此恐惧而“深备之”，土的耳

---

① 《研堂见闻杂记》，第22b—23a面。

② 《清史列传》卷七九《土国宝传》，第6568页。

③ 《清史列传》卷七九《土国宝传》，第6568—6569页。

④ 《东华录·顺治十三》，第301页。

⑤ 《清史列传》卷七九《土国宝传》，第6568、6569页；《钱谦益传》，第6576页；《清世宗实录》卷四九，顺治七年七月乙卯，第393页。

目又络绎在京，刺探情报等等，凡此种种，说明土国宝之死，确实来得蹊跷，不能不让人从当时的党争角度考虑此一问题。土国宝的悲剧，大约也正在这里。

（原载《庆祝王钟翰先生八十寿辰学术论文集》，辽宁大学出版社，1993 年版）

第三章　明代中期的人物与明代政治

明代的“家人”

家人或称家僮、家奴、奴仆、管庄仆佃、看庄阁者、苍头、看庄小人、庄户、下人，等等。名目虽然不一，但实际身份是一致的。在明代的文献中，最经常见到的是勋戚的家人，所以我们以勋戚家人为例，对明代这一阶层略加探讨。

一　勋戚之家人

明初的家人地位低下，人数尚不太多。顾炎武《日知录》中称：“太祖数凉国公蓝玉之罪，亦曰家奴至于数百。”①随着中叶以后各类庄田的发展，家人亦随之增多。家人的大量出现，表明当时社会出现弃农而为不劳而食者的人数大大多于以前了。这也是社会动荡不安的具体表现。何良俊《四友斋丛说》谓：

> 余谓正德以前，百姓十一在官，十九在田。盖因四民各有定业，百姓安于农亩，无有他志；官府亦驱之就农，不加烦扰。故家家丰足，人乐于为农。自四五十年来，赋税日增，徭役日重，民命不堪，遂皆迁业。昔日乡官家人亦不甚多，今去农而为乡官家人者，已十倍于前矣。昔日官府之人有限，今去农而蚕食于官府

---

① （清）顾炎武著，（清）黄汝成集释：《日知录集释》（全校本）卷一三《奴仆》，栾保群、吕宗力校点，上海：上海古籍出版社，2006年版，第798页。

者,五倍于前矣。昔日逐末之人尚少,今去农而改业为工商者,三倍于前矣。昔日原无游手之人,今去农而游手趁食者,又十之二三矣。大抵以十分百姓言之,已六七分去农。[①]

可见,正德以后十之六七的农民皆弃农他往,其中相当部分成为家人。

家人大约来源于以下几个方面。

(一)钦赐之家人

家人和佃户一样,有随田而赐者。洪熙元年(1425)十一月,宣宗以“滕府黄顺店一区及民人九户,赐彭城伯张昶”。宣德元年(1426),在山东武定州(今山东惠民县),宣宗赐中官“刘宁家人六户:蒋理、薛充、魏全、吴友诚、刘干、石仑,永不收籍”。[②] 此外,宣德时尚赐给大学士杨溥家奴。到了景泰时,杨溥之孙尚宝司丞杨寿,“因责家奴不服,殴死之”。刑部尚书俞士悦谓:“奴由恩赐,又祖所遗爱者,今寿杀之……请勿以常律论。”大理寺卿肖维祯则驳此意见,认为仍应“一以律断”,得到皇帝的同意。[③]

钦赐家人与钦赐佃户一样,其地位最为低下。曲阜衍圣公府认为,属于这类的钦拨佃户,须“世世服役,不准出户”。[④] 这种情况与宣宗赐给中官刘宁的家人“永不收籍”是一样的,即必须世世代代为其主人服役,永远不能出籍。

钦赐的家人与投献(或投充)的家人身份亦不相同。这一点与佃户的身份很相似。

清雍正三年(1725)时,曲阜孔府处理过一案,充分表明钦赐佃户与投充佃户身份之不同。当时孔府庄田佃户庄朝宗自言:“原系青州府益都县民。后因圣府招募佃户,投入南五牌为佃是实,原非钦拨佃户。”但孔府的意见却不同。他们认为:

---

① 《四友斋丛说》,第111—112页。

② 《明宣宗实录》卷一一,宣德元年十一月戊申,第301页;(嘉靖)《武定州志·赋役志第七》,收入《天一阁藏明代方志选刊》第44册,上海:上海古籍书店,1981年版,第266面。

③ 《明英宗实录》卷二〇七,景泰二年八月丙戌,第4455页。

④ 骆承烈等编:《曲阜孔府档案史料选编 第3编 清代档案史料 第5册 庙户佃户及仆役》,济南:齐鲁书社,1980年版,第199页。

> 虽据庄朝宗供，伊高祖庄干实系投充，并非钦拨。但钦拨事在洪武年间（二年），今验庄氏茔碑……其为钦拨甚明。且碑内独将洪武二字划毁模糊，形迹宛然犹在，谓非有心掩饰，其谁信之……庄朝宗一户，似应仍听公府管辖。①

这桩公案的焦点，即庄朝宗是不是钦赐佃户，如果是，那就“世世服役，不准出户”，这是孔府的意见，并以庄朝宗将庄氏茔碑之“洪武”二字划毁为证。而庄朝宗则坚持自己是投充佃户，“逆谋出户”。这一例说明两种身份大不相同。

（二）投充之家人

投充之家人，大约分成两类：一类系失去土地的农民，在无可奈何的情况下，只有投托大户庄田，成为家人，以逃避繁重之差役；另一类则属于京中“奸诈之徒”，平时无所事事，希望投充大户成为家人，倚势欺人。从明代史籍看，后者或更多于前者。

景泰五年（1454）三月，六科给事中林聪在谈到当时势要之家大肆兼并民田的事实时，着重强调一些“在京奸诈之徒，投充家人名色，倚恃势要，威逼侵占（民田），害人肥己，所以怨则归于朝廷，利则归于奸诈”。他要求“仍行禁约，如有仍前恃势侵占于民者，治以重罪”。②

成化二年（1466），经皇帝批准，凡“公、侯、驸马、伯及勋戚大臣之家，将有官民地土妄称空闲，朦胧奏讨，及令家人、伴当用强侵占者，行移法司”。成化三年，户部又会同都察院转行巡视五城及巡按御史出榜晓谕，“禁约军民人等，敢有投托势要之家，充为家人”者，应“参送问罪”。③

随着明中叶勋戚庄田的发展，投充家人的事例更为增多。弘治十五年（1502），南京工科给事中徐沂又强调：

> 外戚顷年以来，投充家人假托名色，大肆恣横。乞敕法司严

---

① 《曲阜孔府档案史料选编 第3编 清代档案史料 第5册 庙户佃户及仆役》，第178—179页。

② （明）林聪：《敦孝劝忠疏》，载《明经世文编》卷四五《林庄敏奏疏》，第342页。

③ （明）申时行等修：《明会典 万历朝重修本》卷一七《田土》，北京：中华书局，1989年版，第115页。

加禁约,照例治罪。[①]

孝宗命“下其奏于所司”,当然不会有什么结果。

有投充就有主人召募,这是一个问题的两个方面。明代规定不允许投充,实际即是不许勋戚之家任意召募。但私自召募的仍然很多。正统十二年(1447),太监喜宁与英国公张辅发生矛盾,意欲侵占张之庄田。“辅不从”,喜宁弟喜胜“率自净身家奴,毁辅佃户居室,殴家人妻堕孕死”。事情发生后,喜胜得到宽宥,并未治罪。[②] 这里说的“自净身家奴”,即是自行召募的。

(三)并吞别家的家人

一些勋戚或因失势,或因犯罪,导致其他权贵可能侵吞他的家人。有时是随庄田一起并吞的,有时系几家勋贵私自并吞的。正统时,镇守辽东太监王彦死。英宗派太监喜宁查王之财产,结果喜宁借机会“私取其奴仆、驰马、金银器皿、田园、盐引等物”。王彦之妻吴氏告发其事,喜宁并未获罪。[③] 仁宗女嘉兴公主之夫井源,死于“土木之变”。井死后,其他附马都尉焦敬、石璟、薛桓等人,竟上章景帝,“乞分用故驸马井源家人”。景帝认为井源“没于王事,其家正当优恤,不允所请”。兵科给事中谷茂认为焦敬等人“略无忠厚,惟务贪饕”,要求对他们治罪,“诏姑宥之”。[④] 这一例子也说明家人可随时转换新的主人,但其身份仍无变化。

天顺时,还有太监犯罪其子被籍为家奴的事实。“土木之变”后,太监郭敬“为事下狱”,死后又被籍没其家。郭的儿子郭祥被“给与太监陈祥为奴”,他的哥哥郭忠被发配辽东充军。后来郭祥又得到英宗的叙用,郭忠也被赦免。[⑤] 这也说明一些勋戚的家人,是带有奴仆身份的。

二　家人之罪恶

家人之身份虽如此低下,但其依恃主人之权势,胡作非为之事实

① 《明孝宗实录》卷一八九,弘治十五年七月丁丑,第 3486 页。

② 《弇山堂别集》卷九一《中官考二》,第 1745 页。

③ 《弇山堂别集》卷九一《中官考二》,第 1744 页。

④ 《明英宗实录》卷二二四,景泰三年十二月辛卯,第 4854 页。

⑤ 《明英宗实录》卷二八〇,天顺元年七月辛未,第 5999 页。

却不少。

(一)通外族

正统十四年(1449)土木之变后,太监喜宁勾结蒙古贵族骚扰关内。当时喜宁曾派亲信家奴二人与蒙古将领安猛哥配合,“谋明年(指景泰元年)春夏复入寇”,结果喜宁家人被明政府抓获处斩。[①] 景泰三年(1452),岷府广通(朱徽煠)、阳宗(朱徽焟)二王,纵家人“私通苗寨为叛”,声势甚大。景泰六年(1455),朱徽煠家僮蒙能,“以从徽煠谋反,窜伏苗蛮。今伪称蒙王,诈为妖书,纠集生苗三万余,攻隆里等处城”。[②] 明政府异常惊慌,“兵部请移文湖广、贵州、广西总督兵等官,相机抚捕”。[③]

(二)置庄田

家人协助其主人掠夺民田、创置庄田的情况极多。宣德五年(1430),武定侯郭玹“令家人强夺沧州、南皮县民十七家田土,拆毁民居,置立庄屋”。天津右卫指挥吕昇亦“阿附玹势,夺官军屯田一千九十余亩与玹”,置立庄田。巡按直隶监察御史白圭劾奏郭玹之罪。明宣宗仍令宥郭玹之罪,而将吕昇及郭玹家人治罪。[④] 宣德时,会宁伯李英曾“招纳叛亡,侵夺官民田地,凡其家人,皆号总管名色,有不臣之心”。至于“逞凶作威,杀无罪人”的现象也很多。正统元年(1436)十月,南京权豪之人,“强夺田亩,占据市肆,隐匿军囚种田”,“看庄小人依附为非,良善被其扰害”。[⑤] 这里说的“看庄小人”,亦指家人。

天顺二年(1458)四月,明英宗敕谕文武百官:

> 近闻皇亲、公、侯、伯、文武大臣中间,多有不遵礼法,纵意妄为,有将犯罪逃躲并来历不明之人藏留使用者;有令家人于四外州县强占军民田地者;有起盖房屋把持行市,侵夺公私之利者;有诡名中盐,挟制官司,亏损国家之课者,其弊多端,难以枚举。

---

① 《明英宗实录》卷一八五,正统十四年十一月庚辰,第 3669 页。

② 《明英宗实录》卷二一三,景泰六年二月丙戌,第 4591 页

③ 《明英宗实录》卷二六〇,景泰六年十一月壬申,第 5565 页。

④ 《明宣宗实录》卷六三,宣德五年二月己卯,第 1479 页。

⑤ 《明宣宗实录》卷九〇,宣德七年五月壬午,第 2064 页;《明英宗实录》卷二三,正统元年十月戊寅,第 463 页。

> 且如会昌侯弟孙显宗、侄璘令家人私造房屋，以罔市利。[①]

景泰二年(1451)，彭城伯张瑾亦“纵家奴集无赖，于河南西平诸县旷地创庄田”。这是一起召募流民，扩大庄田，侵夺民田的事件，是家人恃主人权势而自行创置的，与钦赐及乞请之原庄田形式不同。[②]当时石亨从子定远侯石彪亦曾自创庄田。他“先令家人张政等于保定庆都县强占民田”置庄，并“越关四百余里，督种庄田，掠民土地，招纳流亡五十余户，匿住于庄”。[③] 成化二年(1466)四月十四日，太子少保户部尚书马昂等题：

> 近该顺天、河间、真定、保定等府，及河南、山东等布政司所属人民，往往赴京奏告征粮田土，多被本处无籍之徒怀挟私仇，担造空闲、抛荒、水洼、退滩地土，多者二三百顷，少者五七(百)〔十〕顷，到京投献。官豪势要之家，辄便信凭，差委显目家人，带领无籍之徒，骑坐马骡，身带弓箭腰刀军器等……插立封堆，占据为业，朦胧回报。家主不察是非可否，径具状本奏讨。及至行查回勘，多系民田。民受其害，赴京告诉。[④]

当时明政府对权贵自行置庄的办法最感恼火与不安。成化时大理寺少卿宋旻曾对都督钱雄之祖母陈氏在巨鹿县侵占民田一千三十余顷事提出异议。他认为陈氏派“其家人招集流民佃种，日益众多，俱无籍贯稽考，亦恐别生他患”。他的着眼点不在于钱雄之“家人管业耕种”，而在于“不许招集逃亡”，以免“别生他患”。[⑤]

(三)贩盐引

明代权贵贩卖盐引而获利者极多，往往利用家人前往中盐贩卖。正统九年(1444)四月，明英宗敕户部：

> 比闻……官豪势要，及该管内外官，贪图重利，令子侄、家

---

① 《明英宗实录》卷二九〇，天顺二年四月乙酉，第6203页。

② 《明英宗实录》卷二〇六，景泰二年七月丁酉，第4413页。

③ 《明英宗实录》卷二一五，景泰三年四月乙丑，第4619—4620页。

④ 《皇明条法事类纂》卷一三《户部类·盗卖田宅·禁约公侯等官奏讨及强占军民田土例》，载刘海年，杨一凡总主编：《中国珍稀法律典籍集成》乙编第4册，北京：科学出版社，1994年版，第540页。

⑤ 《明宪宗实录》卷八六，成化六年十二月壬戌，第1669页。

> 人、伴当，假托军民……乘隙侵欺。又各处所中盐粮，亦系官豪势要之家占中居多……及至支盐，又嘱管盐官搀越关支，倍取利息，致无势客商守支年久，不能得者有之，丧赀失业，嗟怨莫伸，其弊不可胜言。[①]

天顺二年(1458)，英宗曾敕谕文武百官，指出皇亲、公、侯、伯、文武大臣多纵容家人任意妄为，大致包括三个方面："有令家人于四外州县强占军民田地者；有起盖房屋把持行市，侵夺公私之利者；有诡名中盐，挟制官司，亏损国家之课者。"[②]可见，当时权贵以中盐为名，巧夺盐利的事是极普遍的。景泰时，南京锦衣卫官华敏上书"中官十害"，其中即谈到："家人中盐，虚占引数，转而售人，倍支巨万，坏国家法，豪夺商利，害六也。"[③]弘治时，庆云侯周寿利用家人洪某"奏买两淮残盐八十万引"；寿宁侯张鹤龄亦不甘落后，派家人成达"奏买长芦、两淮残盐九十六万余引"。他们以每引一钱之价格买进，而以一两之价格售出，获利十倍。[④] 正德时，内官监太监杨镇往南京贩运货物，又"以其银私自买盐，混同装载，凡用官民船六百余艘"，得利一万六千二百余两。其家人韦庆等"所得亦几千两"。[⑤] 成化十八年(1482)，明宪宗一次就赐给太监万通的家人锦衣卫千户徐达"淮盐三万引"。[⑥] 太监的家人贩盐牟利，既可以升官(如锦衣卫千户)，亦可以发财。这种情况与其原来的身份是不相吻合的。

(四)伤人害命

家人在侵吞民田、怙势害民的过程中，经常出现伤人害命的事件。嘉靖时泰和伯陈万言之家奴何玺殴死平民范通，不仅陈万言无罪，连何玺亦被释放。刑科给事中刘济认为系陈"纵奴殴人"致死，难

---

① 《明英宗实录》卷一一五，正统九年四月壬辰，第2322页。

② 《明英宗实录》卷二九〇，天顺二年四月乙酉，第6203页。

③ 《明史》卷一六四《聊让传》，第4450页。

④ (明)何乔远编：《名山藏·臣林记·韩文传》，北京：北京大学出版社，1993年版，第4141页。

⑤ 《明武宗实录》卷五一，正德四年六月丙子，第1171页。

⑥ 《明宪宗实录》卷二三四，成化十八年十一月戊午，第3985页。"太监梁方家僮梁顺亦升锦衣卫正千户管事"，见《明宪宗实录》卷二六九，成化二十一年八月庚辰，第4541页。

道“朝廷公法不行于戚畹之家奴”？结果陈之家奴仍未得到处置。寿宁侯张鹤龄家人打死人命，亦是弘治时一大公案，其家人亦未受到惩罚。[①]

但是，家奴尽管为其主人干尽坏事，但到受处分时亦往往为其主人背黑锅，充当替罪羊。景泰二年(1451)，中军都督府左都督汪泉，纵家奴杨俊占夺武清县官民田六千余顷，事后杨俊下锦衣卫狱。成化十六年(1480)，皇亲王源侵占民田事被告发，结果“家奴首恶者二人俱杖五十，械送原籍当差”。[②] 类似的例子极多，不一一再举。

明代权贵、太监之家人，其身份虽不高，但因依其主子势炽，为非作歹，无孔不入，因之一些勋戚反而愿意与之结为姻娅，以利于彼此狼狈为奸，互为提携。甚至世宗初期，一些勋戚之家尚愿与已不在位的“奸党内臣”之家人结为秦晋之好，以图厚利。嘉靖二年(1523)，户科给事中孟奇上书：

> 自皇上中兴以来，除旧布新。而先朝奸党内臣弟侄、家人，犹潜居都城，布列禁地，钻刺伺窥，无所不至。若其谋遂成，则其祸匪细。伏望将(太监)李宣(按：系刘瑾党)取回闲住，凡一切奸党弟侄、家人尽逐之，使肘腋之下豁然清谧。而勋戚之家敢有贪嗜权利，与厮养下辈结为婚姻者，即如法禁绝，以警将来。

于是世宗下令，凡勋戚有与这些人为婚者，“必罪不贷”。[③] 这些人在京城潜在势力之大，从这一例中即可想见。

三　其他类别之家人

(一)皇庄之家人

家人也属于皇庄内部管事的，正如嘉靖初年兵科给事中夏言在《勘报皇庄疏》中所说，在中官、旗校以外“跟随之名下”的那些人，是

① 《明世宗实录》卷四一，嘉靖三年七月甲戌，第1040页；《明孝宗实录》卷一五七，弘治十二年十二月戊戌，第2821—2822页。

② 《明英宗实录》卷二〇二，景泰二年三月丙午，第4322页；《明宪宗实录》卷二〇四，成化十六年六月癸丑，第3563页。

③ 《明世宗实录》卷三〇，嘉靖二年八月癸亥，第809页。

帮助管庄人员压迫佃户的。[①] 成化时，发生过“仁寿太后庄户与民争田”的事，[②]这些庄户大致指的就是庄头、家人一类的人。弘治时兵部主事何孟春曾说，“臣闻勋戚世族所得附京恩赐庄田，家人亦有挟之以蚕食于他”者。[③] 既然家人可以“挟之以蚕食”其他人，也说明了家人在皇庄中的地位。成化十五年(1479)，据户部左侍郎殷某奏：

> 近年以来，有等奸顽军民，不务生业，妄将军民成熟征粮地土，捏作荒闲，投献官豪势要，以图管庄利己。官豪势要贪利不察，广立利四至，或延袤四五十里，或跨越一二州县，朦胧奏讨。一得管业，其家人并管庄人等招纳流亡，凭凌官府，苦害军民往往互相争奏。[④]

正德中，“差管杨村皇庄”的“印缓监左少监谷山岫”就曾因侵占民田被官府告发。明世宗命“逮其家人谷经等，鞫之候问”。[⑤] 这更说明家人在皇庄等庄田中应属于“管庄中人”的身份。

明中叶后，皇庄及各类庄田日益增多，家人亦不断投充而来。正如《明史》中所云：

> 家人外亲，皆市井无籍之子，纵横豪悍，任意作奸，纳粟补官，贵贱淆杂。[⑥]

景泰三年(1452)，华敏即将家人之“任意作奸”，看成当时“虐军害民”之十事之一，说明当时投充家人之扰乱社会，已相当普遍。因此，成化三年(1467)，户部特别规定：

> 今后如有皇亲并权豪势要之家奏讨地土……仍要追究拨置

---

① (明)夏言:《勘报皇庄疏》,《明经世文编》卷二〇二《夏文愍公文集一》,第 2107 页。

② 《明史》卷一七六《商辂传》,第 4689 页。

③ (明)何孟春:《陈万言以俾修省疏》,载《明经世文编》卷一二七《何文简奏疏》,第 1225 页。

④ 《皇明条法事类纂》卷一三《户部类·盗卖田宅·禁革皇亲公侯文武大臣奏讨田土例》,载《中国珍稀法律典籍集成》乙编第 4 册,第 543 页。

⑤ 《明世宗实录》卷二一,嘉靖元年十二月丁酉,第 622 页。

⑥ 《明史》卷一六四《聊让附华敏传》,第 4450 页。

主谋之人，参送问罪。①

同时“禁约军民人等，敢有投托势要之家，充为家人”者罪之。弘治二年(1489)，户部尚书李敏在奏疏中，也谈到皇庄中“投充管庄家人”的事实。② 所以何孟春主张应“戒饬管业家人，毋致生事”。③

(二)太监之家人

明代的太监一向飞扬跋扈，操持朝政，故其家人亦仗恃其势，犯有广占土地，操纵官盐等罪行。

天顺时之司礼太监曹吉祥，不仅干预朝政，还总督京师三大营，掌管了兵权，集政权、军权于一身。他也唆使家人广占民田。据当时御史杨瑄揭露：

(北直隶)饶阳县田地堪种者仅千余顷，而太监吉祥家人抑逼有司，令拨与耕。若不严加禁革，恐效尤者众，激变小民。乞命巡抚御史核勘，但有侵占民田，悉令退还，庶几民获安生。④

另外，唆使家人贩卖官盐，转卖于人，也是当时太监之“十害”之一。景泰元年(1450)，太监金英之家人李庆等“多支官盐”，及“挟取淮安府民船六十余艘载盐，因而杖死船夫”。结果“坐庆绞，余俱杖”，而“不以劾英”。⑤ 后经查明，擅集民船六十余艘为李庆载货的地方官员，系淮安府知府程宗。程宗不仅为李庆等提供船只，“且事后受其纻丝等贿”。于是将程宗谪戍辽东。⑥ 事后才知，此案还涉及两浙盐运使吴方大。据都察院劾奏，“太监金英家奴郭廉、赵显多支浙盐，已谪戍边卫”外，“两浙运使吴方大畏势受贿”，“诏械方大至京。至是追赃毕，发原籍为民”。⑦

金英原系宣宗朝之司礼太监，宣德七年(1432)，赐金英免死诏，

---

① 《明会典 万历朝重修本》卷一七《田土》，第115页。

② 《明孝宗实录》卷二八，弘治二年七月己卯，第629页。

③ 《陈万言以俾修省疏》，载《明经世文编》卷一二七《何文简奏疏》，第1225页。

④ (明)徐学聚：《国朝典汇》卷九一《田制》，北京：书目文献出版社，1996年版，第1230页。

⑤ 《明英宗实录》卷一九三，景泰元年六月丁亥，第4048页。

⑥ 《明英宗实录》卷一九五，景泰元年八月己卯，第4119页。

⑦ 《明英宗实录》卷一九六，景泰元年九月丙午，第4150页。

"辞极褒美"。正统末年,英宗命金英理刑部,"英张黄盖中坐,尚书以下左右列坐",其权势之大,于此可见。后因失景帝宠,诸大案渐发,"终景帝世废不用"。[①]

太监之家人罪恶如此,但亦有家人做好事者。据《坚瓠续集》卷四《仆隶中义士》条曰:

> 王振之释薛瑄,振之老奴救之,此人所知也。刘瑾之释李梦阳,人知康海之数言得释,而不知瑾之家人老姜实救之。曰:昔年不得志时,李(梦阳)主事管昌平仓,曾容吾家纳米领价,得志乃忘之乎?瑾乃释梦阳,仍赠以物。孰谓仆隶中无义士哉![②]

(三)军官之家人

明代卫所之高级军官亦大多教唆家人犯罪。宣德九年(1434),隆庆卫致仕指挥周鉴,占耕民田七顷有奇,不纳子粒。民欲诉之官府,"始还十亩"。后来周鉴又率家人对原诉之民人"殴击之,残其肢体"。巡按监察御史邵宗请皇帝治其罪。明宣宗大怒,并言周"凶横如此",不治其罪,"无以惩众","并其家人悉治如法,鉴亦不得以老论赎"。[③]

景泰三年(1452),中军都督佥事石彪苍头占庆都民田。户科都给事中李侃劾奏之,景帝"命核还之,并通戒勋戚大臣"。

景泰五年(1454)三月,六科给事中林聪等奏:

> 百户唐兴奏求田地多至一千二百六十余项。其田地既多,一家岂能尽种?询访其实,多是在京奸诈之徒,投充家人名色,倚势占田,害人肥己,可不为之限乎。[④]

除了侵占民田之外,军官家人尚犯有"私充牙行,勒收商货"之罪行。如天顺二年(1458),都指挥孙显宗即指使家人如此。后事被发觉,"法司论当徒"。英宗"命枷示一月,发充贵州边卫军"。[⑤]

---

① 《明史》卷三〇四《宦官一・金英传》,第 7769—7770 页。

② (清)褚人获:《坚瓠集》卷四《仆隶中义士》,载《笔记小说大观》第 15 册,第 376 页。

③ 《明宣宗实录》卷一一五,宣德九年十二月己未,第 2586 页。

④ 《国榷》卷三〇,景泰三年四月乙丑,第 1923 页。

⑤ 《明英宗实录》卷二九一,天顺二年五月辛亥,第 6228 页。

此外，尚有军官纵使家人为强贼者。如景泰五年(1454)，南京监察御史刘敷劾奏左都督吴信、指挥使梅谦，“各纵家奴为强贼”，结果竟然被皇帝“特宥之”。[①]

我们在前面叙述家人来源之三“并吞别家的家人”一节中，曾谈到犯罪太监之子沦为其他太监家奴的事实。这正说明家人身份之微贱。事实上在军官当中，亦有“将自己家人作为人情，送与镇守等官，交通结好，以图利己”的事实。据《皇明条法事类纂》卷三记载，当时有各卫军余人等投托见在镇守等官，“作为家人、义男，容隐在家，使之管理庄田”。其中凉州右监承福保及副都指挥段升，亦召纳家人无数。后福保及段升回京，而原投托家人，因“顾恋风土，多不跟去”，共有男妇四十余口，“实要再投彼处镇守……等官，容隐安身，仍蹈前非”。于是兵部命令，如镇守总兵等官，再有“影占不明之人，作为义男家人假威害人者”，[②]俱加重罚。

(四)公主之家人

《明史·外戚传》:“有明一代，外戚最为孱弱。”事实上，公主家亦是如此。加之明代选驸马又有“俱选庶民子貌美者尚之，不许文武大臣子弟得预”[③]的规定，因此明代公主家之权势，是受到皇权的一定遏制的。但实际上亦看具体情况，不可一概视之。

正统五年(1440)，明成祖女永平大长公主，“令家人诣蔚州买松木千余，至卢沟桥，奏乞免抽分”，明英宗“以旧制不允”。[④] 事实上，永平公主长英宗两辈，下嫁之李让，又是“靖难”功臣。但因牵涉宫廷内部斗争，公主子李茂芳被废为庶人，公主亦受冷落，故所请未获允。[⑤]

景泰三年(1452)，附马都尉石璟，奉使湘广，“令家奴货私盐，载以官舟”。又“尝夺苏州民田”。于是“六科十三道交劾其罪”，景帝

---

① 《明英宗实录》卷二四二，景泰五年六月癸未，第5267页。

② 《皇明条法事类纂》卷三《名例类·军官有犯·禁约投托各边镇守守备等官为家人义男及所属官将家人义男送与各官交结等项例》，载《中国珍稀法律典籍集成》乙编第4册，第94—100页。

③ 《万历野获编》，第808页。

④ 《明英宗实录》卷六七，正统五年五月癸卯，第1282页。

⑤ 《明史》卷一二一《公主传》，第3670页。

“命都察院执鞫之，论璟赎徒还职”，结果下诏“免璟官为民，家奴二人俱杖戍边”。[①] 石璟为宣宗女顺德公主之夫，昌黎人。后来又被英宗、宪宗重用，此次被景帝免官，亦与宫廷斗争有关系。[②]

明仁宗女嘉兴公主，下嫁井源。公主于正统四年(1439)即死，而其坟地属宛平县，“旧免税粮”。后其地为太监王振侄锦衣卫指挥王林所占。“林既得罪，地没入官”，于是“公主府阍者崔童奏复之”。英宗鉴于井源亦死于“土木之变”，于是命“仍免其夏税七石六斗，秋粮一十七石七斗，马草二百一十四束”。[③]

但是，公主家人依其主人权势霸占田地、开张店铺、欺诈民人的事实，也是非常之多的。

成化十年(1474)，隆庆长公主奏求武清县草场三百余顷，得到宪宗允许。既又奏乞滦州及玉田、丰润二县闲地四千余顷，“事下顺天府勘报”。公主“家僮诬府官妄勘，民又群殴之”。户部言当别遣官复勘。“上乃命内官会同御史及户部官以往”。会勘结果，知前地方“多军民所耕种纳税者，唯芦苇一千八百七十顷六十三亩为闲地”。“府官勘有未明，民亦无殴主家僮状”。最后皇帝“命以闲地一千顷赐(公)主，余且留之”，“而宥府官及家僮罪”。[④]

嘉靖二年(1523)，孝宗女永福公主下嫁昆山人邬景和。“尝奉旨直西苑，撰玄文，以不谙玄理辞，帝不悦”。嘉靖四年，监察御史叶忠劾奏泰和伯陈万言及附马都尉邬景和，“多蓄尤赖，罔利剥民，乞严行禁治”。世宗乃列举“万言、景和纵下牟利之罪”。未几天，二人上疏引罪。皇帝复“切责万言、景和爵高禄厚，日给非不足”，“乃纵容家人开张店面，刻害商民，干犯国法”，“既认罪，姑宥之，仍令所司辑治其生事家人不贷”。[⑤] 最后，公主死，邬景和被“削职归原籍”。嘉靖三十五年(1556)复免其罪。隆庆二年(1568)复其官。[⑥]

---

① 《明英宗实录》卷二一二，景泰三年正月壬子，第 4564—4565 页。

② 《明史》卷一二一《公主传》，第 3671 页。

③ 《明英宗实录》卷二九一，天顺二年五月癸丑，第 6228 页；《明史》卷一二一《公主传》，第 3671 页。

④ 《明宪宗实录》卷一三一，成化十年七月癸亥，第 2476 页。

⑤ 《明世宗实录》卷五一，嘉靖二年五月庚申及甲子，第 1269—1271 页。

⑥ 《明史》卷一二一《公主传》，第 3674 页。

至于王府及王府庄田之家人，王毓铨师已在《明代的王府庄田》一文中多有论列，[1]这里就不再叙述了。

（原载《明史研究论丛》第六辑，黄山书社，2004年版）

① 王毓铨：《明代的王府庄田》，载氏著《莱芜集》，北京：中华书局，1983年版，第110—241页。

关于明武宗的几个问题

明武宗朱厚照(1506—1521 年在位)是明朝的第十个皇帝,也是明成祖迁都北京后的第八个皇帝。他生于弘治四年,是明孝宗的独生子。弘治十八年(1505),明孝宗病死,年仅 15 岁的武宗即位,年号正德。

明武宗自幼聪明,喜读书,是个多才多艺的人。他善于作诗,可“挥笔辄就,曾不构思”;还有音乐天才,“能自度曲,被歌声”。①他年幼时对老师很尊重,讲官讲课毕,他都拱手作别;而且读书用心,记忆力相当好,头一天学的课程,次日都可以背出。有时老师“偶不入直,必问其故”,“顾问左右曰:某先生今日安在”。孝宗常到他的住处了解学业情况,他都“迎送如礼”,②所以孝宗很宠爱他,凡外出游幸必带他同去。由于受宠太过,武宗不免喜逸乐。因而孝宗临死前曾对大学士刘健等人说:“东宫年幼,好逸乐,卿等当教之读书,辅导成德。”③

在武宗正德的十六年中,由于太监专权,干预朝政,政治相当腐败。在经济上,太监则不断怂恿皇室扩张皇庄及其他庄田,使农民备

---

① 《国榷》卷五一,正德十六年“张邦奇曰”,第 3214 页;“李惟桢曰”,第 3215 页。

② 《国榷》卷四五,弘治十八年“谈迁曰”,第 2833 页;《明武宗实录》卷一,第 2 页。

③ 《明通鉴》卷四〇,弘治十八年五月庚寅,第 1568 页。

受横征暴敛，生活极其痛苦，因而爆发了多次农民起义。这里仅就武宗在位时的某些活动，简略谈谈他的一生。

一　处决刘瑾

武宗即位之初，太监刘瑾等八人（时称“八虎”）操纵内外一切大权，武宗也对他们极为信任，任凭他们胡作非为。正德五年四月，宁夏安化王寘鐇以“诛刘瑾”为名反。这件事使武宗对刘瑾等人有所察觉，但未露声色。随后即命泾阳伯神英、游击将军仇钺充正副总兵官，会同都御史杨一清节制京营并陕西等各路军，往讨寘鐇；同时又命御用监太监张永为总督宁夏等处军务，选京营军精壮者三万人以行。可是实际上寘鐇的叛乱仅十九天即告失败，本人亦被仇钺所擒。

张永率兵离京之际，武宗曾着戎装亲送至东华门，以示优宠。张永到宁夏后，杨一清又与之结纳，关系极为密切。杨一清深知张永与刘瑾有隙，乃乘间对张永说：“公亦上信臣，今讨贼不付他人而付公，上意可知。曷以此时功成奏捷，请间论军事”；又说：“藩宗乱易除，国家内乱不可测，奈何！”随后凑到张永跟前，在自己手掌上写一“瑾”字。张永看到后，感到吃惊，认为刘瑾羽翼已成，耳目甚多，恐除之不易。杨一清又鼓动他说：“上英武，必听公诛瑾。”

是年八月张永自宁夏率兵回京师，武宗又亲迎之东华门。原来张永定于八月十五日举行献俘典礼，刘瑾则借故推迟。有人将此事密告张永，要他当心。张永乃迅速先期入宫，使刘瑾措手不及。武宗并在宫内大摆宴席，欢宴张永，让刘瑾等人作陪。宴至夜半，刘瑾先行退席。张永乃向武宗密告刘瑾种种不法之事，并从袖中拿出预拟的刘瑾十七大罪状，要求将他严加处置。于是武宗才下决心扣押刘瑾，当夜将他押解出宫，囚于菜厂。

一开始，武宗仅拟将刘瑾安置在凤阳闲住，尚无意处斩，还曾派人给他送衣物，颇有怜悯之情。及见抄出刘瑾家产金银数百万、珠宝无数，武宗极为生气，决心从重处置，于是才将刘瑾及其余党吏部尚书张綵、锦衣卫都指挥杨玉等人处死。

武宗处死刘瑾是正德初年政治上的一件大事，也是当时一件大快人心的事。[①]

二 北巡宣府

正德中期以后，明武宗又重用佞臣江彬。江彬，宣府人，原为大同游击，"魁硕有力，善骑射"。正德六年，刘六、刘七起义军在京畿附近活动，由于"京军不能制"，乃调边兵入卫，江彬亦随军而来。因他作战英勇，遂得武宗赏识，经常出入于豹房。武宗陞他为左都督，并收为养子，赐姓朱。

正德九年以后，武宗受江彬及近幸钱能等人诱导，时而游畋微行。江彬既为宣府人，又常在武宗面前夸耀宣府的地形和风光，怂恿前往。正德十二年七月，武宗决定到宣府"巡视"。当时驻守居庸关的御史张钦坚决反对皇帝此行，并上疏："比者人言纷纷，谓车驾欲度居庸，远游边塞。""宗庙安危，系于一身"，"万一有不虞，其如陛下何……臣窃为陛下危之。"武宗不听。

过了几天，张钦再上言："陛下欲往天寿山围猎，出居庸关……居庸关艰折万状，车马难行。以万乘之尊，远涉险恶，陛下固自爱，两宫（皇太后）独不挂虑乎……北虏习于弓矢，汉祖且有白登之围，我英宗且有土木之变，陛下轻身挺出，恐非万全，此于御虏之道有不可往也。"武宗仍不听。

八月初，武宗微服出德胜门，外廷官吏毫无所知。第二天，大学士梁储、蒋冕、毛纪等人追至沙河，"恭请圣驾即回，以安人心"，"上不纳乃还"。于是张钦第三次上疏："圣驾到昌平即欲过关。臣闻天子举动，所系非小，欲征虏必先廷议，明诏中外群臣扈行。今不闻朝旨……此必有人借陛下之名，过关勾虏，图危社稷，臣万死不敢奉命。"张钦几次奏折虽多"奏达于朝，上亦不闻也"。是月初六日，武宗已至居庸关。

张钦见武宗屡谏不听，乃命令分守指挥孙玺将居庸关关门立即上锁，并把钥匙藏匿，不让武宗出关。这时居庸关分守太监刘嵩要去昌平谒驾，张钦亦不让去。并说："车驾将出关，是我与君今日死生之

---

① 《明武宗实录》卷六六，正德五年八月丁酉，第 1440—1443 页；《明通鉴》卷四三，正德五年八月乙酉，第 1661—1669 页；（清）谷应泰撰：《明史纪事本末》卷四三《刘瑾用事》，第 652—653 页。

会也！关不开，车驾不得出，违天子命，当死；关开，车驾得出，天下事不可知，万一有如土木，我与君亦死！宁坐不开关死，死且不朽。”武宗随即派千户阎岳等人来传旨让迅速开关。张钦则手持利剑，坐于关门之下，说：“敢言开关者斩”，又说：“若陛下果欲出关，必两宫用宝，臣乃敢开，不然万死不奉诏”；还说“天子将有亲征之事，必先期下诏，廷臣集议其行也”，今忽“辄云车驾即日过关，此必有假陛下名出边勾贼者，臣请捕其人，明正典刑”。其“奏未达，使者复来”。张钦乃以剑叱之曰：“此诈也。”使者惧而退还，回去向武宗说：“张御史几杀臣。”武宗非常生气，向他的随从说，要把张御史拉来杀了，实际上仍毫无办法。于是“帝不得已而还京师”。这就是当年京师盛传的《张御史闭关三疏》之始末。

半个多月后，武宗再一次微行出德胜门至居庸关，在居庸关住了一夜，第二天特意问左右：“张御史安在？”当时张钦正值巡视白羊口，未在关上，武宗派太监谷大用守住关门，“毋纵出者”，自己则率部前往宣府。后来张钦知道后，追赶不及。“明年，帝从宣府还。至关，笑曰：‘前御史阻我，我今已归矣。’然亦不之罪也。”①

三　威武大将军朱寿

明武宗既为皇帝，但又希望别人称他作大将军。武宗在宣府时，已自称总督军务威武大将军总兵官。正德十三年正月，自宣府回京师，他让太监传令文武官员于德胜门迎驾时，“惟称威武大将军”而“不敢及尊号”，“众官列名其下，亦不敢称臣”。当时武宗着戎装，佩利剑，乘红色大马，“遥见火毬起戈矛间，烟直上”，由“边骑簇拥”而至。武宗下马见到迎接他的人，劈头即说：“朕在榆河亲斩虏首一级，亦知之乎？”

正德十三年七月，他竟然给自己下令：“今特命总督军务威武大将军朱寿往征”辽东、宣大、延宁、甘肃等处，“令内阁草敕”，并命兵部“议加威武大将军公爵”。内阁表示异议，认为武宗“当遵祖宗之法，以上顺天意，下慰人心”；又言：“所谓威武大将军者，果何时官制？所谓总兵官某者，果何人姓名……至欲加以公爵，公爵虽尊，亦人臣而已……陛下贵卑而贱尊，恶祥而喜异……岂可戏言，以干天怒。”武宗

① 《明史》卷一八八《张钦传》，第4998、4999页。

不听。九月间他在大同，仍然下令自封为镇国公，“岁支禄米五千石”。大学士梁储、毛纪等人仍然劝说：“陛下谬自贬损，既封国公，则将授以诰券，追封三代”，难道皇上“祖宗三代之灵，亦肯如陛下贬损否”？[①] 武宗仍是置之不理。

四 南下巡游

正德十四年二月，武宗自陕西榆林还京，又加封自己为“太师”，仍然终日饮酒，不时外出巡游。不久，他又谕令礼部：“威武大将军、太师、镇国公朱寿，今往两畿、山东祀神祈福”，实际要去南方游玩。他南游的路线，是先到泰山进香，然后“历徐、扬至南京，临苏浙，浮江汉，祠武当，遍观中原”。同时命令工部，要“急修黄马快船备用”。这个动议，一开始即遭到朝臣的不满，而武宗却一意孤行。大学士杨廷和要求武宗诏告天下“自今以后，不复巡游”；并说：“九州四海，但知陛下有皇帝之号而已，今曰总督军务威武大将军、太师、镇国公者，臣等莫知所指。”三月，其余群臣亦极力拦阻南游，其中兵部郎中黄巩、翰林院修撰舒芬（正德十二年状元）反对尤力。但也有个别官吏，如吏部尚书陆完则极力迎合武宗的意思，并威胁诸臣说：“主上闻直谏，辄引刀为刎状。”这时内阁诸臣，尤其是一些年轻的官吏，态度亦相当强硬，纷纷上奏，坚决不让武宗成行。武宗怒不可遏，将黄巩等六人下锦衣卫狱，又将舒芬等一百零七人罚跪于午门外五日，且廷杖各三十。金吾卫指挥张英“肉袒挟两囊土数升，当跸道哭谏。不允，即拔刀自刎，血流满地”，[②]幸而被卫士夺其刀，未死。后来被送至狱中，复遭廷杖八十而死。其他被廷杖死者达十一人。武宗及江彬等人的倒行逆施，不仅官员反对，甚至“道途观者，无不叹息泣下”，对一些袖手旁观“莫敢有言者”的官员，“士民争掷瓦砾诟詈之”。尽管江彬等人对上谏南下的官吏，靠廷杖及革职、降级等方式加以镇压，但上书者仍有增无减。是年四月，武宗看来南下无望，在无可奈何之下，只好收回成命。《明通鉴》中说：“上亦为之感动，竟罢南巡，盖诸臣力也。”[③]

---

① 《明武宗实录》卷一五八，正德十三年正月丙午，第 3029 页；《明通鉴》卷四七，正德十三年正月丙午，第 1804 页。

② 《明史纪事本末》卷四九《江彬奸佞》，第 728 页。

③ 《明通鉴》卷四八，正德十四年夏四月戊寅，第 1837 页。

但事情真巧：这一年六月，宁王宸濠在南昌反，并攻下九江，包围安庆。江彬等人又乘机劝武宗南下亲征，武宗也欣然愿往。其实这时提督南赣、汀、漳军务的副都御史王守仁已率师收复南昌，叛乱很快被平定，并生擒了宸濠。八月，武宗由京师出发，往征宸濠。这时王守仁的捷报已至，武宗匿而不发。九月，武宗至南京。从此，武宗即驻跸南京，并到扬州、淮安、宝应等处游玩。所过州县大多搜刮一空，妇女则更为遭殃，弄得民心不安，怨声载道。正德十五年闰八月，武宗由南京至镇江，九月至扬州，复至清江浦，幸太监张阳第。不三日，“上自泛小舟渔于积水池，舟覆，溺焉”，左右随从非常惊慌，急忙入水救他上岸，“自是遂不豫”。[①] 正德十五年十二月，武宗带病回到北京。

五 病死豹房

武宗即位之始，即不断派人四出采办珍鸟奇兽、山珍海味，并大兴土木，挥霍浪费，造成宫廷入不敷出，“财用匮乏”。他本人亦为左右近幸蛊惑，日夜嬉游，“或在西海擎鹰搏兔，或于南城蹑峻登高，禁内鼓钲震于远迩，宫中火炮声彻昼夜”。[②] 武宗还令小太监仿民间市廛互市贸易，“持簿握筹，喧诟不相下，更令作市正调和之”；或则“拥至廊下家，廊下家者，中官于永巷所张酒肆者也。坐当垆妇其中，上至，杂出，牵衣蜂簇而入，醉即宿其处一”。[③] 正德二年，武宗又在西华门内“别构院御，筑宫殿，而造密室于两厢”，[④]命名为“豹房”。[⑤] 以后武宗日夜处其中，称之曰“新宅”，日召教坊乐工前来表演。后来，“乐工

---

① 《弇山堂别集》卷六六《巡幸考》，第 1241 页；《明通鉴》卷四九，正德十五年九月己巳，第 1868 页。

② 《明史》卷一八六，《杨守随传》，第 4922 页。

③ 《明通鉴》卷四二，正德二年八月丙戌，第 1618 页。

④ 《明通鉴》卷四二，正德二年八月丙戌，第 1618 页。

⑤ 据《北京建置谈荟》(《北京历史风土丛书》本)载：“旧虎城在棂星门西北，睥睨其上而阱其下内有铁网如笼以获虎，据《日下旧闻考》，其遗地在今旃檀寺后，正德二年八月盖造豹房……武宗遂朝 夕处此，不复入大内，而豹房南复有腾禧殿，武宗西幸宣府，悦乐伎刘良女载归居此号曰夫人俗呼为黑老婆殿……此皆今旃檀寺后一带之历史事迹矣！”案：明刘若愚《明宫史》称：“由玉带河玉熙宫迤西，曰棂星门，迤北，曰羊房夹道 即养蜂夹道 牲口房虎城在焉。”又清高士奇《金鳌退食笔记》“腾禧殿”条，“在旃檀寺之西，覆以黑琉璃瓦……俗呼为黑老婆殿”；并有记《腾禧宫废址》诗一首，中有“豹房月冷怆寒露，断础似乎红颜悲”之句，即记刘姬与武宗事，因此豹房应在西安门内旃檀寺附近。

以承应不及,请檄取河南诸府乐户精技业者,遣送入京,教坊人至者,日以百计。群小见幸者,趋承自便,不复入大内矣”。[①] 正德七年十月,复增建豹房。当时,工部即表示不满,上疏言:“豹房之造,迄今五年,所费白金二十四万余两,今又增修房屋二百余间,国乏民贫,何以为继? 乞即停止或量减其半。”[②]武宗不听。豹房有虎,一日武宗观虎搏斗,虎忽扑迫武宗前,为江彬所救乃解。武宗尚自慰曰:“吾自足办,安用尔!”后来果为虎所伤,曾“逾月不视朝”。[③]

武宗自称威武大将军后,又以西安门外太平仓作为大将军府,亦经常出入其中。故大学士梁储等上言:“日者窃闻驾自西安门出外,经宿而回,不知临幸何所? ……道路相传,众口藉藉……今圣驾之出,不知环卫者何兵? 扈从者何人? 居守者何官? 文武群臣茫不与闻。”[④]实际上,武宗除不时外出巡游外,大多居住在豹房中,有时来宫中上朝,晚上还要回去。

武宗本来身体很好,又自幼喜武,经常着戎服出入。据《明实录》记载:“(正德十四年)正月壬子,车驾还至宣府。自宣府至西陲,往返数千里,上乘马,腰弓矢,冲风雪,备历险厄,有司具辇以随亦不御,阉寺从者多病惫弗支,而上不以为劳也。”然而由于他多年沉溺酒色,在南方又划船落水,故自正德十五年底回北京后,身体一直不爽。一次在南郊祭祀,当场呕血仆地,病势遂重。正德十六年三月,明武宗病死豹房,年 31 岁。

六 武宗小议

明武宗“耽乐嬉游,昵近群小”,[⑤]在位十几年,确实给人民带来了许多灾难。正德九年,乾清宫火,“延烧宫殿自二鼓至明”,“火势炽盛”时,武宗犹在豹房省视,“回顾光焰烛天,戏谓左右曰:是好一棚大烟火也。”[⑥]正德十二年腊月立春日,武宗在宣府“备诸戏剧”,又以大

① 《明通鉴》卷四二,正德二年八月丙戌,第 1619 页。
② 《明通鉴》卷四四,正德七年冬十月甲子,第 1714 页。
③ 《明通鉴》卷四五,正德九年九月庚午,第 1746 页。
④ 《明武宗实录》卷一二六,正德十六年六月辛未,第 2523—2524 页。
⑤ 《明史》卷一六《武宗本纪》,第 213 页。
⑥ 《明武宗实录》卷一〇八,正德九年正月庚辰,第 2204 页。

车数十辆，“令僧与妇女数百共载”，又令“妇女各执圆球，车既驰，交击僧头，或相触而堕，上视之大笑以为乐”。[①] 正德十四年，武宗在仪真，听信讹言，以朱猪同音，凡巡幸所至，皆“禁民间畜猪，远近屠杀殆尽”，使得这年“仪真丁祀，有司以羊代之”。他西到宣府，南至扬州、南京，所至骚扰更甚，“刷处女寡妇，民间汹汹”[②]。他精通佛经梵语，自称大庆法王，“常被服如番僧，演法内厂”，[③]使番僧出入豹房。这都是他生活腐化、任意妄为的一些缩影。

但是，武宗本人却绝少君权至上的思想。他时而自称威武大将军、总兵官，时而自加太师，称镇国公，并改名朱寿，多少表明了他对“君权高于一切”的思想的蔑视。所以《明史·武宗本纪》的赞语中也有批评：“至自署官号，冠履之分荡然矣。”

武宗初即位时，每当辍朝日，讲官学士偶尔忘记，仍“误束花带”入宫进讲。他常对左右说：“是在朝班中，必以失仪为御史所纠矣”[④]，表明他的思想尚开通。正德十三年，慈寿太皇太后死，他着戎装护送梓宫至山陵，在祭祀中，有“顾侍郎马逸，为逻卒所获，牵至上前”，武宗忽然不顾朝仪，“戎服驰马过”，“有不尽如仪者”，[⑤]他满不在乎。正德十四年九月，他到南京，原令“百官皆戎装迎”，各官不听，“竟朝服往，上不问”。[⑥] 一次武宗在临清进宴时，“宴具草略”，“上视之笑曰：‘慢我何甚！’竟不怒。”及宴会时，右佥都御史王珝“献觞步缓，上目之”，总兵神周惊恐地向王珝说：“上意不测”，以为要大祸临头。第二天，又逢宴会，都御史龚弘趋进，先“自言姓名”，生怕武宗以为他是昨天的王珝。江彬“从旁厉声叱之，冀并罪两人”，而“上不为动”。太监黎鉴因事与王珝冲突，黎鉴故意在武宗面前大吵大闹，“诉于上”，武宗则说：“一定是你有求于他，他不同意。”从以上诸例可知，有关明史的一些书籍，都对武宗有过某些肯定，这里仅以《明史》及《明实录》为例：

---

① 《明武宗实录》卷一五七，正德十二年闰十二月丁亥，第3012页。

② 《明武宗实录》卷一八一，正德十四年十二月乙卯、辛酉，第3515、3505页。

③ 《明武宗实录》卷一二一，正德十年二月戊戌，第2435页。

④ 《明武宗实录》卷一，第2页。

⑤ 《明武宗实录》卷一六三，正德十三年六月庚辰，第3145页。

⑥ 《明史纪事本末》卷四九，第726页。按：九月系十二月之误。

赞曰:"明自正统以来,国势浸弱。毅皇手除逆瑾,躬御边寇,奋然欲以武功自雄……犹幸用人之柄躬自操持,而秉钧诸臣补苴匡救,是以朝纲紊乱,而不底于危亡。假设承孝宗之遗泽,制节严度,有中主之操,则国泰而名完,岂至重后人之訾议哉!"①

先帝末年,轸念民穷,欲厘正宿弊十有六条。如辨冤狱,蠲积欠,休养疲卒,宥免逃匠,停罢贡献,裁革冗食,禁约内官;收受诸赋毋横索,以贻累重征;庄田输纳岁租毋过取,以逼民逃窜,盖政之大而急者……但左右近幸欲擅权乱政者,以游逸淫乐蛊上,觊遂己私,而刘瑾为甚……及张永自西征还,因人之怨,奏发瑾恶,上翻然悔悟,不旋踵剪除,并瑾所厚焦芳、张綵诸奸恶,一时皆诸无遗。钱宁,上嬖也,常侍左右,所言辄听;与太监张锐、伶官臧贤,表里应和,招权纳贿,其奸赃狼藉,视瑾盖倍蓰焉;而公卿无耻者,多与厚善。及逆贼宸濠谋为不轨,上知宁与濠通,亦即捕而系之,无少假贷。于是人知上于小人始虽暂为所误,既觉之后,裁以大义,不为柔道所牵,其天德之刚,非汉唐昏懦之主所可同日语也。②

(原题《明武宗》,原载《故宫博物院院刊》1981 年第 1 期)

① 《明史》卷一六《武宗本纪·赞》,第 213 页。

② 《明武宗实录》卷一九七,正德十六年四月癸卯,第 3690—3691 页。

《朝鲜王朝实录》中之明武宗

明武宗朱厚照(1491—1521)是明朝的第十位皇帝，也是明成祖迁都北京后的第八位皇帝。他生于弘治四年，是明孝宗的独生子。弘治十八年(1505)，明孝宗病死，年仅15岁的武宗即位，年号正德，庙号武宗。

明武宗自幼聪明，喜读书，多才多艺。他善于作诗，可“挥笔辄就，曾不构思”；还有音乐天才，“能自度曲，被歌声”。[①] 他幼年时对老师很尊重，讲官讲课毕，他都拱手作别；而且读书用心，记忆力相当好，头一天学的课程，次日都可背出。有时老师“偶不入直，必问其故”，“顾左右曰：‘某先生今日安在’”。孝宗常到他的住处了解学业情况，他都“迎送如礼”，所以孝宗很宠爱他，凡外出游幸必带他同去。[②] 由于受宠太过，武宗不免喜逸乐。因之，孝宗临死前曾对大学士刘键等人说：“东宫年幼，好逸乐，卿等当教之读书，辅导成德。”[③]

明武宗在位期间，做了不少的荒唐事，是个花花公子的形象，给人的印象欠佳。在这期间，由于太监专权，干预朝政，政治相当腐败。而武宗又崇尚奢华，任意妄为，驱使太监不断扩张皇庄，使农民备受

① 《国榷》卷五一，正德十六年“张邦奇曰”，第3214页；“李惟桢曰”，第3215页。

② 《国榷》卷四五，弘治十八年五月辛卯，第2833页；《明武宗实录》卷一，第1页。

③ 《明通鉴》卷四〇，弘治十八年五月庚寅，第1568页。

横征暴敛，生活极为痛苦，因而爆发了多次农民起义。

但武宗虽然重用太监，而大权并不旁落，杨一清在其《制府杂录》中，盛赞武宗杀刘瑾，认为“主上之刚断，又岂近代人主之可及哉”！[①]何乔远也说：

> 一时近幸蛊上冲年，冀幸窃政，然觉败之后，即裁绳之，可谓天德之刚矣。[②]

谈迁在比较明武宗与熹宗后说：“然武宗权或自出，刘瑾前磔，钱宁后囚，凡百诛赏，不尽指授。”[③]

明武宗本人，性格较随便，不拘小节，较之其他皇帝并不残暴，明清史家对此多有肯定。如正德十二年（1517），明武宗在边外活动，送行时巡抚郑阳被随从护卫挤下，筷子未及送上。武宗乃急呼“送箸来”，仓促无处寻。武宗大笑说，假如我是抚按官，“决不如此怠慢”。陈洪谟称：“虽是戏言，亦可以仰见其弘人之度矣。”[④]明人黄景昉对明武宗评论称：

> 武宗天性弘宽，即荒游默有操纵。如南巡日，布政姚镆误触龙舟，都御史王翊忿争黎珰，俱不怒，释之。山东镇巡官进宴草略，帝笑曰：“慢我何甚！”及驻扬州，太守蒋瑶力却中贵传宣需索，具揭帖进……卒全贤守之名……所记武宗大度不一端。[⑤]

关于明武宗的种种评论，前文《关于明武宗的几个问题》及一些学者多有陈述。《朝鲜王朝实录》中朝鲜太祖至仁祖十六朝（1392—1649）相当于我国的明朝时期，内中保存有大量的珍贵史料，所记明武宗的材料亦不少，甚至为中国史料所未有。因此翻检此书中之资

---

① （明）杨一清：《制府杂录》，载《纪录汇编》卷四二，第395页。

② 《名山藏·典谟记·武宗毅皇帝》，第1249页。

③ 《国榷》卷八八，天启七年七月乙卯，第8385页。

④ （明）陈洪谟：《继世纪闻》卷五，盛冬铃点校，北京：中华书局，1985年版，第99页。

⑤ （明）黄景昉：《国史唯疑》卷五，载《续修四库全书》第432册，第83页。山东布政使姚镆触龙舟事，见（明）朱国祯：《涌幢小品》卷一《武皇圣明》（北京：中华书局，1959年版，第12页）。太监黎鉴与右佥都御史王翊相争事，见《明武宗实录》卷一七八（正德十四年九月戊戌，第3473—3474页）。

料以研究明武宗，实有必要。本文即根据《朝鲜王朝实录》之资料，对明武宗的若干问题，略加叙述。

一　武宗注意北部边防

武宗是成祖以后相当注意边防的一个皇帝。何乔远说：

> 我明传序于帝九世……惟帝留意戎事，慨然有肃清海宇、鞭笞夷虏之志，郊畿之外复见旄头虎豹之清尘焉。[①]

武宗即位不久，户部即建议，由于宣府、大同“边储告乏”，而临清商税每年可折银三万两，建议将此地今明两年商税，折银解边，预买粮草，“俟边事稍宁，仍旧兼收钱钞解山东收贮支用”，此议即得到皇帝的同意。[②] 正德十年，提督三关都御史陈天祥上疏，各边关虽伐木治罪，但目前“奸豪往往垦田立庄，道路日辟，关险寝夷，较之伐木为患尤甚”；同时给事中黄锺亦言，自浑源以西至雁门、宁武、偏头等关三四百里，皆为禁山，“盖借林木，以资形势”，而近年来，“规利之徒，斩伐平旷”，致使“盗贼逃窜，奸细出没，边关失险，夷狄乘便俱下”。兵部亦指出“鞑虏深入，实由于此”，于是下令，让各提督御史及镇巡官严加禁止，“凡垦禁山、毁关隘者，悉以砍伐林木例治之，遇赦不宥”。此议也得到武宗同意。[③]

《朝鲜中宗实录》记载朝鲜官吏柳顺汀向国王报告说：

> 臣闻中国欲置婆娑府。府与义州黔同岛相近，土地沃饶。向者州民耕食，后为野人所掠，遂禁其耕。[④]

婆娑府元初时已建立，后改婆娑巡检司，位于今丹东附近。明时为九连城，即镇江堡。从柳之上疏看，明朝之所以要重新设府，当与女真人掠其地有关，说明武宗对东北边防异常重视。此外，柳报告后，另一朝鲜官吏洪景舟还提两点，亦值得注意：一是说该地与朝“境土相望”，而义州人“或有舍馆于辽东往来者”，担心在来往中“交构生

---

① 《名山藏·典谟记·武宗毅皇帝》，第1249、1250页。

② 《明武宗实录》卷六，弘治十八年十月乙卯，第190页。

③ 《明武宗实录》卷一二三，正德十年四月戊申，第2471—2472页。

④ 《朝鲜中宗实录》卷七，正德三年十月辛巳，《朝鲜王朝实录》第14册，第283页。

祸”;二是“中国役歇,十人同居,一人有役,则余皆免役”。由于中国役轻,“故我国人乐投其土,他日衅端,尤可虑也”。[①]

正德十二年夏至十四年春,武宗始终在宣府大同一带巡视,与朝臣关系并不密切,一时流言纷纷。十二年冬,朝鲜官员柳庸谨上报称:“近闻中原之事至为无统,朝廷不知皇帝之所在”,或说“陷没于贼(指蒙古)中”,或说“皇太后崩而不知天子之所在,秘不发丧云”。于是朝鲜国王又问另一出使中国的官员孙仲暾,他听中国官员说:“皇帝因鞑子犯境,去八月二十七日号称亲征,只率将卒,朝无一人扈从。”孙并说所住馆舍有流言,说“天子陷于贼中,见拘于鞑子,鞑子谓中国人曰,若许银两十万,则可以赎还云”。最后孙乃向朝鲜国王证实:“皇帝居外之事的实,而其余皆是讹言。”[②]这里,从朝鲜史料中,反映了明朝政权内部之不稳定性,以及武宗的一意孤行所带来的严重后果。

正德十三年冬,朝鲜使臣方有宁自中国回,向国王汇报:九月十二日到北京,闻皇帝七月初九日自宣府去大同,九月自大同去偏头关,因向陕西榆林卫,去京师一千五百余里。“皇帝或为田猎,或为微行,或投宿民家,行止与凡人不分云。”朝鲜国王问他:“皇帝还期其处之人知之乎?”方有宁回答:“亦不知。”[③]

正德十五年三月,明武帝正在南方游玩。朝鲜使臣金世弼从北京回后,反映明朝北边边备的情况称:

> 且边御失备,鞑子乘隙,恣行摽掳,毁长城一隅,出入无忌,殆无宁日,人人皆自疑朝夕敌必至,莫敢宁居也……上曰:“帝(武宗)之所好则何事?”世弼曰:“弓马之技也。若闻鞑子之变,则必欲自往征之,故虽有边报,多不闻于帝也。”[④]

明武宗确实热衷于“弓马之技”,《国榷》说他“自宣府至西陲,往

---

① 《朝鲜中宗实录》卷七,正德三年十月辛巳,《朝鲜王朝实录》第14册,第283页。

② 《朝鲜中宗实录》卷三一,正德十二年闰十二月丙子,《朝鲜王朝实录》第15册,第375页。

③ 《朝鲜中宗实录》卷三五,正德十三年十二月庚寅,《朝鲜王朝实录》第15册,第499页。

④ 《朝鲜中宗实录》卷三八,正德十五年三月戊申,《朝鲜王朝实录》第15册,第635页。

返数千里,上却辇乘马,佩弓矢,冲风雪,历险阻,寺人病惫,上不以为劳也”。[①] 而朝鲜使臣却说“虽有边报,多不闻于帝”,反映出明朝统治集团内部确实出现了某些问题。

二 明武宗与少数族

黄景昉《国史唯疑》称:

> 帝尝习鞑靼言,自名曰忽必烈;习回回食,自名曰沙吉敖烂;习西番喇嘛教,自名曰大宝法王。[②]

可见武宗与少数族关系较多。

在武宗的周围有不少西北人、回民,甚而有朝鲜人,其中有太监也有武将,武宗对他们极为信任。正德二年,朝鲜官员任由谦回国对国王说:“本朝宦者金义、卜亨、陈浩,今皆为(明朝)太监,着蟒龙玉带,昵侍皇帝,荣宠极矣。”[③]

正德三年,朝鲜官员成希颜等向国王报告说:“闻回回人不食他人所杀之肉,必手宰乃食。且有善心读经等事,迎入阙内师事之。”[④] 这些人的话,对武宗政策也有影响。正德十四年,武宗禁止百姓养猪,弄得祭祀时以牛羊代替,即是一例。

武宗与蒙古族人亲近,在《朝鲜王朝实录》中多有反映。正德四年,朝鲜官员李希雍回国向国王报告,说“鞑子通事王荣率太监刘瑾、谷大用家人来玉河馆(朝官在京住地),称圣旨,搜取白苎布三十匹,黑麻布三十匹,及鱼肉杂物而去”。又说,中国官员李钦对他说,王荣昵侍皇帝左右,日以杂戏为事,“帝取鞑子所着毛帽皮裘裙袜入内,令宫人依样制之”,“帝与王荣及侍御太监皆自着,相称为鞑子,游戏无度”,且“旦夕各乘马奔驰,终夜不返。王荣之得宠,盖以此也”。[⑤]

正德十一年,朝官尹熙平自中国回后报告称:武宗于宫中“常着

---

① 《国榷》卷五一,正德十四年正月壬子,第3165页。

② 《国史唯疑》卷五,载《续修四库全书》第432册,第83页。

③ 《朝鲜中宗实录》卷二,正德二年二月己丑,《朝鲜王朝实录》第14册,第126页。

④ 《朝鲜中宗实录》卷五,正德三年二月辛未,《朝鲜王朝实录》第14册,第227页。

⑤ 《朝鲜中宗实录》卷一〇,正德四年十一月丙子,《朝鲜王朝实录》第14册,第395页。

鞑子冠，为鞑子戏”，连中国官员都表现得无可奈何。[①]

正德十四年，朝鲜谢恩使金克福谈及武宗经常去会同馆，“与鞑子、回回等诸酋相戏，使回回具馔物，帝自尝之”；有时“或着夷服，以习其俗，出幸无常”，“太监小宦等轮次递宿于此，帝常以游戏为事，一不视朝，都察院交章谏止，不听，游戏自如”。[②]

明武宗不仅与蒙古、回回如此，即与哈密、西藏亦联系较多，如正德时，哈密头目写亦虎仙来京，正德十年十一月派太监刘允去西藏护送番供等物，途中带茶盐之利均是。

三　明武宗与外国之关系

武宗时期，中国的海外贸易比较活跃。其中一个表现，是宜兴瓷器大量输入欧洲。这种瓷器造型精美，可用以沏茶和保持腌肉的香味，其早期产品在西方许多国家的博物馆都有收藏。这些是通过马六甲的贸易船只，由葡人运往欧洲的。正德六年，葡萄牙已侵占马六甲，不久他们派使者及翻译火者亚三一齐前来中国，通过武宗亲信江彬在南京等候皇帝接见，并随同北上。火者亚三应是外国回回，是要求与明朝做生意的。武宗当时在南京游玩，见到外国人，有时还模仿翻译说葡语取笑。当时海上贸易政策灵活，往来也比以前频繁。后来武宗回京后很快即病死，葡国使团被禁闭遣还，海禁政策又严厉起来。

这些史实，中国史料记载语焉不详，倒是《朝鲜王朝实录》中可以有所补充。

正德十五年，朝鲜通事李硕回国报告说：“佛郎机国（按：即葡萄牙）为满剌国（马六甲）所遮拦。自大明开运以来，不通中国”，“今者灭满剌国来求封，（明）礼部议云：擅灭朝廷所封之国，不可许也，不许朝见”。但武宗对葡人的接待，“无异于他国”。他们的状况“有类倭人”，而“衣服之制，饮食之节，不似人道，中原人以为从古所未见者

① 《朝鲜中宗实录》卷二七，正德十一年十二月乙亥，《朝鲜王朝实录》第15册，第249页。

② 《朝鲜中宗实录》卷三六，正德十四年九月乙巳，《朝鲜王朝实录》第15册，第568页。

也”。然后又说：

> 皇帝凡出游时，如韃靼、回回、佛郎机、占城、剌麻等国之使，各择二三人，使之扈从。或习其言语，或观其技艺焉。[①]

可知当时武宗扈从是包罗万象的，各国均有。

正德十六年，朝鲜国王又向朝官申鏛问及葡萄牙之具体情况。问：“前所不通之国，今皆来朝，然耶？”答：“此所谓佛郎机国，考其地图，则在西域之界，西南之间。”问：“其在玉河馆乎，其数几许？”答曰：“使一人，其下二十余人也。臣等与之言语，其心甚为开明。见其书册，则体似真言谚文，而其精细无比。其衣服以鹅毛织造，而体似团领，下幅甚阔，自头以着，不为解结。饮食则只食鸡肉面食，盖其土产只此耳。”在谈到其国家风俗时，“则虽君长不过一妃，而妻死不为更娶也”。国王又问明朝对佛郎机之态度，申鏛回答：

> 其初入贡，以玉河馆为陋，多有不逊之语。礼部恶其无礼，至今三年不为接待矣。其人多赍金银以来，凡所贸用，皆以金银。臣等往见其馆，皆以色布为围帐，四面列置倚子，分东西而坐，中置倚子一坐，盖之红毡，曰：此则皇帝临幸所坐之处。盖以入贡之时，皇帝路逢，往见其馆故也。中原亦言，皇帝还京，必往见之。

朝鲜国王又问距京都路途多远，回答说：“以水路而来，至广东登陆，凡三千余里也。”[②]

可见，朝鲜使臣所云尽管有些不确切处，但对葡萄牙使用的成员、衣、食、风俗、礼仪以及明朝之态度等，描述得极为具体生动。

四　朝鲜官员对武宗政权危亡之估计

朝鲜与明朝的关系向极密切，使臣来往不断。明朝内部君臣的一言一行，一举一动，向为朝鲜官员所重视。尤其是武宗朝，皇帝的言行，经常引起朝野的震动，而明朝内部的人员更动，更是此起彼伏，

---

① 《朝鲜中宗实录》卷四一，正德十五年十二月戊戌，《朝鲜王朝实录》第 16 册，第 6 页。

② 《朝鲜中宗实录》卷四一，正德十六年正月丁丑，《朝鲜王朝实录》第 16 册，第 14 页。

令人难以预测。因此,武宗政权能否维持,政权是否安稳,已为朝鲜使臣所注目。

正德三年,朝鲜官员成希颜等回国报告曰:“臣三度赴京。向者见老成人满朝,今则皆辞职引去,只有三阁老李东阳耳”,主要即因幼君“不乐闻善言,故善类皆引去耳”。又说武宗视朝不早,“或至日昃,朝臣至有冻足蹴地者”,“六部公事,一从所奏,而无所可否”;皇帝在“宫中多作儿戏之事”,“臣等常时朝会,不得见皇帝之容,只于祀天祭省牲时仰视之,则皇帝尚有儿气”,“谏官多有被罪者……然百姓愁叹之声,未之闻也”。又说皇帝“崇宠宦官,宦官所言,朝臣莫不顺从”,“朝臣有论朝廷得失者,(太监)指以为奸臣而罪之”,“然时无暴虐之政矣”。①

正德十一年,朝官尹熙平自京师回,报告说:“小皇达子(按:即小王子)夜入作耗,被掳人畜甚多”,今差总官许泰、太监张忠领兵一万镇守。又言帝不视朝,“当圣节日……殿阖不开,暗中受贺。千官亦去,火在暗中,或拜或立,礼文淆乱,莫辨所为”。甚至有一明官来问:“你国亦有如此狂皇帝否?”又闻宫中宦官摆设万寿宴于后花园,“众戏俱入,泥醉忘朝,且怠于万机,长与宦官昵寝”。“道路相传曰:国势如此,岂能长久?”或有言“弘治皇帝亲弟九人,中一人温良恭俭,年可三十五,今封湖广滦王(按:即朱祐枢,宪宗十三子,正德三年封常德),人心思之”。但最后说:“观其势,祖宗经纪法度,深仁厚泽,浃民心目,又别无奸佞用事,杀戮忠良,荼毒万姓”,故虽“淫戏无节,失道已久,而大臣敬事于内,边帅捍贼于外,体统犹存,特循岁月耳”。②

正德十五年,朝官南衮称:

> 臣前日赴京时,皇帝出幸不返。然山海关、辽东等处晏然。而至于朝廷六部犹有贤能之臣,故持朝廷如常时。然皇帝不视国事,必不能保有焉!诸臣能维持国事,故朝廷之上虽无变乱之

① 《朝鲜中宗实录》卷五,正德三年二月辛未,《朝鲜王朝实录》第14册,第227页。

② 《朝鲜中宗实录》卷二七,正德十一年十二月乙亥,《朝鲜王朝实录》第15册,第249页。

事，然天下必有不靖之处。[①]

正德十六年正月，朝官申鏛、韩效元自京回国，朝鲜国王问及明朝之事。申鏛说，中国之事，不如前日。又说，皇帝所作之事，如小儿之戏，“常作河灯浮于水上，随水上下，见而为乐，非如陈后主、隋炀帝之事矣”，“独陕西倡儿姓刘者（按：即刘娘娘），皇帝甚宠，而其人甚贤，皇帝还京，皆其力也云”。又说“一日称内旨，夺掠外国人匹段而去”，后来听说“献于刘氏生辰”，“刘氏大怒，不受”。申又言：“初闻皇帝纳张指挥之妹，遂留其家，而军士乱掠人家。及其出来时见之，则皇帝留通州之馆，仪仗尚在，而又无乱掠之事矣！”

韩效元则说：“正德于今十六年，在此闻之，意必危亡，而及其赴京见之，则百姓不甚愁怨，朝廷百官执事，莫不谨事矣。”[②]

可见，尽管明武宗在朝廷中有种种妄为之举，但国家机器仍在正常运转，边境将官仍在严备，农民亦能如往日之劳动。何乔远评明武宗：

> 虽列圣功德之在天下，亦繇委托得人，纪纲不紊，无急酷之政，以伤民心者矣。是以能保祖宗基业以遗之后皇者欤。[③]

《明史·武宗本纪》赞曰：

> 明自正统以来，国势浸弱。毅皇手除逆瑾，躬御边寇，奋然欲以武功自雄……犹幸用人之柄躬自操持，而秉钧诸臣补苴匡救，是以朝纲紊乱，而不底于危亡。[④]

《朝鲜王朝实录》中对武宗政权危亡的估计，正与何乔远和《明史》赞中所述相同。

此外，《朝鲜王朝实录》中特别注意明朝边防官之调动情况、朝内太监之更迭等。其中谈及刘瑾摄行皇帝事，[⑤]称刘瑾为刘皇帝。[⑥] 尤

---

① 《朝鲜中宗实录》卷三八，正德十五年三月己亥，《朝鲜王朝实录》第 15 册，第 632 页。

② 《朝鲜中宗实录》卷四一，正德十六年正月丁丑，《朝鲜王朝实录》第 16 册，第 14 页。

③ 《名山藏·典谟记·武宗毅皇帝》，第 1250 页。

④ 《明史》卷一六《武宗本纪·赞》，第 213 页。

⑤ 《朝鲜中宗实录》卷一〇，正德四年十一月丙子，《朝鲜王朝实录》第 14 册，第 395 页。

⑥ 《朝鲜中宗实录》卷一〇，正德五年三月癸酉，《朝鲜王朝实录》第 14 册，第 417 页。

其在朝鲜知道正德十四年六月宁王宸濠反叛后，也非常紧张，很怕正德政权失败后会逃到辽东，对朝鲜形成威胁。[①] 其他事例亦多，这里就不一一列举了。

（原载韩国《东洋学研究》第四辑，韩国东洋史学会，1998 年版）

① 《朝鲜中宗实录》卷三六，正德十四年九月癸巳，《朝鲜王朝实录》第 15 册，第 566 页。

试论霍韬的几个问题

一　大礼议中之霍韬

正德十六年三月，明武宗朱厚照突然病逝，无子。内阁首辅杨廷和依祖训“兄终弟及”，且根据关系亲疏诸原因，以明宪宗之孙、兴献王朱祐杬之子朱厚熜即位，即明世宗，年号嘉靖。

世宗一做皇帝，即热衷于对其生父应如何称呼、如何礼仪等问题。他正要乘此机会，扶植一批自己的亲信，以年轻官吏打击元老，加强他的统治。大礼议之争，正是在这种背景下发生的。

经过嘉靖初年的多次论争，以杨廷和为首的廷臣派彻底失败，纷纷被免职，而以张熜、桂萼为首的议礼派得到胜利，被世宗委以重任，纷纷入阁成为权要，一时不可一世。

大礼议之争，实为这一时期最大的竞争。据《明史·何孟春传》所载，此次斗争涉及二百余人，传中一一开列，有详细名单。另据郑晓《吾学编余》记载，大礼议凡争者达七百八十三人，规模之大，是明朝历史中少见的。又据嘉靖六年三月，议礼派首领张璁在向世宗的乞休疏中所言：

> 臣昔议礼之时，与举朝相抗者四五年，而举世攻臣者百人疏。今又敕修《大礼全书》，元恶寒心，群奸侧目，故要略方进，而谗谤繁兴。使全书告成，而诬陷益肆。古云：“知我罪我，其惟

《春秋》。"又云:"去河北贼易,去朝中党难。"虽圣明刚决,臣无容忧,第以清明之朝,而有此攻击之风,亦臣不敢安也。①

可见张璁也并不否认当时朝中竞争之激烈,故《明史·林俊传》中称:"自去岁旧臣斥逐殆尽,朝署为空。"

大礼议之恶果,不仅党争日趋激烈,且开逢迎躁进之风。当然,这次争论也表明了学术思想的活跃,程朱理学受到了"异学"的冲击,从此,朱、王两家学说互为消长。

霍韬,字渭先,广东南海人,正德九年进士。嘉靖初以年轻进士受明世宗赏识,其后因议大礼官至礼部尚书,成为明世宗时期的一个显要人物。

霍韬是议礼派的头面人物。嘉靖六年,张璁向嘉靖帝上疏,提到"臣等本为书生,偶因一得之愚,误蒙圣眷,相继登进。臣约会桂萼、方献夫、霍韬、黄绾、熊浃五人"。② 可见,张璁也把霍韬列为议礼派中的领袖人物之一。

霍韬一开始即积极参与了大礼议之争。他援引古礼,揆之事体,主张世宗应尊其生父兴献王为皇考,不同意廷臣派原议为皇叔考,因而其主张在争论之初即被目为邪说。然而这一表现,恰中世宗之下怀,得到了赏识。

尽管如此,霍韬却为人正直,与桂萼辈不尽相同。

早在世宗初年他任职方主事时,在政治上即针对时弊,抒发政见,提出应提高内阁职权,反对厂卫干预朝政,私典刑狱和太监擅权。他说:

阁臣职参机务,今止票拟,而裁决归近习。辅臣失参赞之权,近习起干政之渐。自今章奏,请召大臣面决施行,讲官、台谏班列左右,众议而公驳之。宰相得取善之名,内臣免招权之谤。③

此奏正当杨廷和柄政时期,说明他就事论事,对杨廷和并无成

---

① 《明世宗实录》卷七四,嘉靖六年三月甲辰,第1673页。

② 《明世宗实录》卷八二,嘉靖六年十一月丙申,第1846页。

③ 《明史》卷一九七《霍韬传》,第5207页。

见,反替杨说话。

霍韬的另一正直之处,是不贪恋做官。

大礼议后,世宗要升他的官,他一再力辞。嘉靖七年六月,“大礼”成,任他为礼部尚书,掌詹事府事,他仍表示不就。《明史·霍韬传》引他的话称:

> 今异议者谓陛下特欲尊崇皇考,遂以官爵饵其臣,臣等二三臣苟图官爵,遂阿顺陛下之意。臣尝自慨,若得礼定,决不受官,俾天下万世知议礼者非利官也。苟疑议礼者为利官,则所议虽是,彼犹以为非,何以塞天下口。

后来经过几次反复,还是就任了。

从这一点来说,霍韬毕竟要比议礼派的其他人高明一些。例如桂萼,在他升官得志之后,“日以抱怨为事”,“廷臣莫不畏其凶威”。[①]桂原与王守仁关系极好,得势后并单独推荐过王。嘉靖六年六月,王守仁在广西提督军务,由于北方边事吃紧,桂曾建议皇帝“召用王琼、王守仁,以济时艰”,[②]但后来“衔其不附己,力齮龁”。时人田汝成也说:

> 予又闻员外吴鼎曰:新建之起用思田也,盖桂萼之力居多云。萼自以遭时际主,致位辅宰,非立奇功不足贾重后世。会安南有乱,冀可传檄取之,乃阴以意指授守仁,若专为思田出者,使密探安南要领,而守仁竟忤萼指,直于奏尾稍稍及之,萼遂恚憾。会守仁物故,而以他事发怒诎其名。[③]

《明史·桂萼传》说桂“性猜狠,好排异己,以故不为物论所容”。桂对待王如此,正是桂为人卑鄙之一例证,与霍韬自不相同。

二 霍韬之政治主张

《霍韬传》中说,霍为正德九年会试第一,但霍本人任官后却主张不能专看资格,而应视其才识,故主张在政府体制上进行整顿。

---

① 《明史》卷一九七《桂萼传》,第5184页。

② 《明世宗实录》卷七七,嘉靖六年六月壬戌,第1720页。

③ 《国榷》卷五四,嘉靖七年五月壬午,第3379页。

嘉靖四年，他任少詹事兼侍讲学士。他一方面固辞此位，一方面则主张：

> 且请令六部长贰、翰林、给事、御史俱调外任，练政体；监司、守令政绩卓异，即擢卿丞，有文学者擢翰林；举贡入仕皆得擢翰林，升部院，不宜困资格。

就是说，让位在中央的官吏，调至外任，体察一下民情，到地方接受实际工作的锻炼，而监司、守令政绩优异者应当优先提拔；由读书人入仕途者也可以擢升为部院官，不能仅看资格。这种主张颇有见地，但“下有奏于有司”却“悉格不用”。①

霍韬把明中叶后政治之腐败归咎于“三杨”对太监王振之姑息，及“三杨”时之“上下晏安，苟且度日”。他在《上杨邃斋书》中谈道：

> 世传三杨入阁，极一时勋名之盛，不知三杨坏我太祖之法已多矣。上下晏安，苟且度日，卒以正统之乱……今欲图治，非痛洗三杨以后之弊而上复祖宗之旧不可也。②

他又在《哈密疏》中对杨士奇等“陋儒当权”表示不满。其中道：

> 交趾自秦汉迄唐，入中国为衣冠文物之邦者千年矣。非土官州郡化外之夷之比也。杨士奇援汉弃珠崖例弃之，乃陋儒当权，上下安定，货格公行，纪纲不振，举版图十郡之地，弃置不守，盖若考作室，乃不肯堂者也。杨士奇者，太宗皇帝罪人也，又足法乎？③

他在《嘉靖改元建言第三札》中，也未点名地批评了“三杨”。其中道：

> 今曰士论，惟如归咎权奸乱政，冒滥军功，不知军功之滥不始于正德初年，而始于正统以后，皆抚巡失于纪验，兵部失于驳正之罪也。④

---

① 《明史》卷一九七《霍韬传》，第 5211 页。

② （明）霍韬：《霍文敏公文集》卷四，载《明经世文编》卷一八八，第 1945 页。

③ 《霍文敏公文集》卷二，载《明经世文编》卷一八六，第 1912 页。

④ 《霍文敏公文集》卷一，载《明经世文编》卷一八五，第 1887 页。

议礼派与廷臣派之争论，不仅在礼制上，且在思想学说上亦有不同。廷臣派持程朱理学为依据，而议礼派则持“异说”，在廷臣派眼中，此“异学”“伪学”都是影射王阳明之学说。①

霍韬也正是以“异学”身份批评宋儒的：

> 宋朝士夫浮议甚于战国之横议……今之士夫，动多掇拾其唾去之说，以噍嚼之，此士习所以益卑，政治所以益弛，祖宗之旧章所以日益废格，民日益困，财日益匮。

显然，霍韬这里所骂的正是持程朱学说之廷臣派。

霍韬与王阳明关系密切。早在嘉靖三年四月，他即与席书、黄绾、黄宗明等人向王询问对议大礼的态度，王不正面回答。但后来王阳明还是回了霍韬一封信，表明自己的态度。信中道：

> 往岁曾辱大礼议见示，心善其说，而不敢奉复。既而元山（席书）亦有示，使者必求复出，草草作答。意以所论良是，而典礼已成，当事者未必能改，言之徒益纷争……不敢公言于朝。然士夫之问及者，亦时时为之辨析。②

可见，王阳明还是在给霍韬信中第一次表明了态度，深以霍之议大礼“所论良是”，王又怕“言之徒益纷争”，因而“不敢公言于朝”。但别人问到他，他还是表态了。

正由于如此，霍韬在朝中还是极力维护王的威信。他在《为新建伯讼两广功实疏》中这样写道：

> 臣等广人也，目击八寨之贼为地方大患，百数十年，一旦仰赖圣明，任用守仁，以底平定，不胜庆忭。③

当然，奏折中还列举了王之平宸濠之功，极力洗刷王之冤屈。

在宗族问题上，霍韬则主张在一个家族中，也应该是推其贤能者为家长。《涵芬楼秘笈》二集《霍渭厓家训》中称：

---

① 详见本书《王阳明与嘉靖朝政治》一文（与傅同钦合撰），另见《明史研究专刊》（台湾）1994 年第 11 辑。

② （明）王守仁：《王文成公全书》卷二一《外集三·书·与霍兀厓宫端》，王晓昕，赵平略点校，北京：中华书局，2015 年版，第 989—990 页。

③ 《霍文敏公文集》卷二，载《明经世文编》卷一八六，第 1910 页。

凡居家，卑幼须统于尊，故立宗子一人，家长一人……凡立家长，惟视才贤，不拘年齿，若宗子贤，即立宗子为家长，宗子不肖，别立家长，宗子只主祭祀。凡宗子不为家长，只祭祀时宗子主之，余则听家长命。①

尽管《家训》中在其他方面尚有不少封建意识，但在明代广东地区宗族势力极为强大的情况下，霍韬却主张所立家长，“惟视才贤，不拘年齿”，说明他的思想还算是相当开通的。

霍韬试图改变旧的风俗习惯之思想是一贯的。《玉堂丛语》卷二谈到他在南京之情况：

霍公韬在南都，禁送丧之设宴饮，绝妇女之入庵院，罪乐户之买良人。毁淫祠，建社学，散僧尼，建祠表岳武穆、何尚宝之忠节，给田表蘖谷、王都宪之清贫，甄应天乡饮之宾介，援恤忠臣花云之弱孙，此皆关系风化之要者也。禁诸司之强买货物，除夫役之守宿私衔，查坊长之供办酒席，省地方之赁倩桌椅，革乐工之日办茶果，核开读之恤老实惠，此皆关系民隐之切者也。②

霍韬在主考会试中，也进行了一些改革，文风颇有变化。《玉堂丛语》卷五称：

霍韬己丑主考会试，帘内外弊革殆尽，文体为之一变。杨少师博、葛尚书守礼博程尚书文德、唐都宪顺之、罗修撰洪先、杨编修名、杨御史爵并表表，皆公所录士也。公谆谕诸士，不可以门生座主结私恩而忘大义。超俗之见，时所仅闻。③

看来霍韬是有一些改革秕政的做法，但昙花一现，颇为遗憾。

霍韬做官还算清廉，名声亦好。《明史·霍韬传》中说他“学博才高”，在南京做官时，做了上面举出的种种好事，所以当他离任时，“士民思之”。嘉靖十五年他任礼部尚书时，在其家信中写道：

---

① 《涵芬楼秘笈》第二集《霍渭厓家训》，北京：北京图书馆出版社，2000年版，第435页。

② （明）焦竑：《玉堂丛语》卷二，顾思点校，北京：中华书局，1981年版，第48页。

③ 《玉堂丛语》卷二，第173页。

赃官满天下，皆京官教之也，从之也，为之作窝主也。[①]

他把“赃官满天下”归咎于明朝的中央政权，认为皆“京官教之”，可以说是击中了要害，颇具胆识。

霍韬还非常注意边防。他在《自陈不职疏》中对永乐后东北弃边流露出不满之情。

臣谨案：我太宗皇帝之定鼎于兹也……边关重镇，因山为壁，万年磐石之固也。惟大宁都司徙于内地，朵颜三卫地弃外夷，此太宗神谋，假之虚名，作我何用？我不费粮，我不烦兵，坐羁夷虏，属我疆土，胜算之得者也。[②]

这里，他谈得极含蓄，而忧郁之情溢于言表。

嘉靖七年十一月辛酉，霍韬对西北哈密问题，也提出了自己的看法。他说：

保哈密所以保甘肃，保甘肃所以保陕西……昔我太宗皇帝之供边也，悉以盐利，盐一引输边粟二斗五升，是故富商大贾于三边自出财力，招游民，垦边地，蓺菽粟，岁时屡丰。至天顺、成化间……户部以为实利，遂变其法，凡商人引盐悉输于户部，由是商贾耕稼积粟无用，遂辍业而归。边芜，米粟一石直银五两，皆盐法更弊之故也。[③]

因此他主张“欲足边粮”，必须恢复太宗时之盐法。世宗对他的奏疏极满意，说：“览韬所言，知留心边务……户部看议以闻。”[④]

三　霍韬之经济思想

嘉靖八年，霍韬奉命修《大明会典》，故他对明代有关社会经济之问题尤为关心。他的经济思想和主张，也颇值得认真研究与重视。

明代江南重赋（或称苏松重赋）问题，一直引起江南士大夫的关

---

① （明）霍韬：《渭厓文集》卷七《家书》，《四库全书存目丛书》集部第69册，济南：齐鲁书社，1997年版，第171页。

② 《霍文敏公文集》卷三，载《明经世文编》卷一八七，第1932页。

③ 《明世宗实录》卷九五，嘉靖七年十一月辛酉，第2225、2226页。

④ 《明世宗实录》卷九五，嘉靖七年十一月辛酉，第2228页。

心与非议。近人梁方仲先生把"东南田赋之重"这种现象语之为"近代田赋史中的一种奇异制度"。[①] 江南重赋之原因,《明史·食货志》中归之于朱元璋,他因苏松地区"怒其为张士诚守",故以重赋以示惩罚,直至明末,重赋现象始终未改。

明代苏松重赋的问题,也引起了霍韬的注意。他在《嘉靖改元建言第三札》中谈道:

> 天下赋税,因及小民,臣不尽知。姑以苏州推之……苏州正粮一百九十九万有奇,耗粮一百万有奇,通正耗三百万有奇。苏州赋额之定于初也,因贼虏张士诚之旧,固已过重矣,后以漕运之费,正粮一石,复加耗五斗,是重中又加重也。乃于交纳细粮复需三石或二石八斗,乃纳一石,是加重之中又倍加重也。故凡粮长之私取夫民也,不知几倍!小人所以益困也……窃谓苏州赋税甲天下,苏州困弊亦倍于天下。[②]

他还在《自陈不职疏》中尖锐地提出此问题:

> 税粮之输纳,苏州重于淮安二十倍,民何以堪之哉!况徭役之繁,织造之费,邮驿之需,砖厂之价,岁派料物之征,皆视税粮而加取盈焉![③]

在谈到松江府时,他说:

> 松江府惟两县,岁输税粮一百二十万,北直隶八府一十八州一百一十七县,岁输税粮亦一百二十万,以松江两县税粮视一百一十七县税粮,重轻悬绝如此,松江农民何以堪之哉![④]

他强调这种现象必须改变,故而在《禅治疏》中指出:

> 六朝南宋偏安江南,岁用仰给江南,不得已也。今神京北巩,以控舆服,乃六军万姓,仰食江南,甚非策也。万一漕河路

---

① 见梁方仲:《近代田赋史中的一种奇异制度及其原因》,《大公报》1935年2月22日,《史地周刊》第23期。后收入氏著《梁方仲经济史论文集》,北京:中华书局,1989年版,第10—16页。

② 《霍文敏公文集》卷一,载《明经世文编》卷一八五,第1890页。

③ 《霍文敏公文集》卷三,载《明经世文编》卷一八七,第1929页。

④ 《霍文敏公文集》卷三,载《明经世文编》卷一八七,第1929页。

梗，南土饥灾，则将安仰给乎？[①]

怎么办呢？他主张“兴治北方水利，劝课北方农亩，栽种北方桑枣，固本足用，先防不虞”。而且特别强调，此“今日至急务也”。[②]

这中间，他的主要思想，即要在北方兴治水利，开水田，种水稻。本来，在北方兴治水田，虽然在元末及明中叶后都有一些贤明之士屡次倡导过，但都没有真正实行。弘治时大学士邱浚在《大学衍义补》中，对北方种植水稻有过很好的发挥。要求“委有心计大臣，循行沿海一带，专任其事”，并且提出具体办法，解决咸水问题。与此同时，都御史林俊也积极主张种植水田，他们都把目标集中在京东地区及直沽一带濒海之地。

霍韬也有同样主张，《西园闻见录》称：

> 詹事霍韬曰：臣尝询访边关地利，自真定至永平、滦州近边之地，皆有山涧之泉，惟北人不知水利，反以为害。若能慎选守令，劝民农亩，开导沟洫，旱以灌溉，潦以泄淫，沿沟之堤遍植果木，可以资用；戎马遇之，可以限隔，不敢长驱，此古昔明王设险保国之要道也。[③]

霍韬在北方种水田的主张，在当时尚起了作用。嘉靖九年四月，兵部尚书李承勋以《农桑实政》为题上疏，主张户部行文“顺天等府巡抚官，亲诣雄、霸等州县”，及“滨海以东地方，开通陂塘，筑堰引水，以种稻田”；“三年后视其成效，奏请起科”[④]。万历十四年，尚宝少卿徐贞明在京东永平地区招募许多南人种植水稻，一年之中，垦种三万九千余亩，获得了不少成绩。后来由于代表北方地主集团利益的太监们的反对，终于遭到了失败。谈迁《国榷》卷七三指出：“盖诸奄多北人，虑且仿江南起税，倡言挠之。”众所周知，万历时期统治阶级内部关于北方水田问题的争论，实质上是东林党人和以太监为后台的其他北方大地主集团的一次重要争论。东林党人代表了

---

① 《霍文敏公文集》卷二，载《明经世文编》卷一八六，第 1901 页。

② 《霍文敏公文集》卷二，载《明经世文编》卷一八六，第 1901 页。

③ (明)张萱辑：《西园闻见录》卷九一《屯田》，杭州：杭州古旧书店，1983 年版，第 8a 面。

④ 《明世宗实录》卷一一二，嘉靖九年四月癸亥，第 2647 页。

江南及沿海地区地主的利益，主张在北方兴治水利，开发水田。这是一种解放社会生产力，摆脱太监、勋贵到处设立庄田，破坏水利，束缚生产力的积极倡议，是一种进步的发展生产的经济思想。霍韬“兴治北方水利，劝课北方农亩”的思想，实开尔后东林党人倡议开发北方水田之先声。

霍韬家乡广东，商品经济发展，矿冶林立，这对他的思想当然是有影响的。《霍渭厓家训·货殖第三》称：

> 居家生理，食货为急……凡石湾窑冶，佛山炭铁，登州木植，可以便民同利者，司货者掌之。年一人司窑冶，一人司炭铁，一人司木植。岁入利市，报于司货者，司货者岁终咨禀家长，以知功最。司窑冶者，兼犹治田，非谓只司窑冶而已。盖本可以兼末，事末不可废本故也。司木司铁亦然。①

霍家家训也充分表明了明中叶后广东的社会经济状况及霍韬本人的经济意识。广东地处沿海，霍韬比较熟习海外情况，因而积极主张开展对外贸易。

嘉靖时期由于商品经济的发展，大大刺激了海外贸易的发展。但明政府却坚持一贯奉行的海禁政策，对正常的海外贸易活动，横加干涉。而霍韬则主张对外开放，开展海外贸易。《广东新语》卷一五说，霍韬主张“东南番皆由广入贡，因而贸易，互为利市焉。中国不可拒之以自困”，主张“互为利市”。“中国不可拒之以自困”，这是很有眼光的。他还把外来贸易的商人与葡萄牙殖民者严加区别，认为“惟佛朗机则贼人之桀也，不可不拒。因拒佛朗机并拒诸番，非策也。为今之计，在诸番之来则受之，在佛朗机则斥之，否则厉兵以防之，示之必诛”。即主张不能因噎废食，不能由于有佛朗机之骚扰就不在广东搞对外贸易、互通往来。霍韬的这种思想，在当时也是颇为难能可贵的。

为了挽救由土地兼并而引起的封建统治危机，霍韬把限制土地兼并的思想付诸行动。明清时期，广东珠江三角洲一带有一种叫作

---

① （明）霍韬：《渭厓家训》，楼含松主编：《中国历代家训集成》第3册，杭州：浙江古籍出版社，2017年版，第1988页。

沙田的土地。沙田是广东沿海濒江淤泥积成的田地，主要分布于珠江三角洲的新会、东莞、香山(今中山)、顺德等地区。沙田土质润泽，很适合种植稻、秫等农作物及桑麻等经济作物。这种土地经过几年辛勤耕种，即可成为熟田。沙田利厚，故这一地区的地主及官豪之家相互竞争兼并，成为广东严重的社会问题之一。霍韬在南海家乡的子侄辈亦曾仗势以“减价买田”的方式，强占该地区农民的沙田，被当地农民告发。他在与家人的信中说：“如何又与人做香山沙(指兼并沙田)？……尔兄弟在外干闲事，推罪名在我身上，我只身岂能为尔兄弟担受许多罪名！”①“今后尔兄弟如再作沙田及增别处田，我回日俱退了。”他又说：“我家买田，凡减价者……访实，召原主给还原价。”②尽管“减价买田”在当时是比较普遍的现象，他则一再告诫于侄，不让他们兼并土地，已经兼并了的，要退掉或照原价给还。从上述霍韬的一席话可以看出，在当时的官宦中，他也算得上是颇为少见的清官了。

霍韬是反佛的，嘉靖六年十二月戊申，他上疏要求废止寺田，但所废寺田，却被他兼并为庄田或宅第，引起别人的非议。《明史·姚镆传》中称：“初，广东提学道魏毁诸寺观田数千亩，尽入霍韬、方献夫诸家。镆至广，追还之官。韬、献夫大恨甚，与张璁、桂萼合排镆”。后来议礼诸臣“起王阳明督两广军”，“令镆与同事，镆引疾乞罢，许驰驿归”，都是因与议礼派积怨太深的结果。③

赵吉士《寄园寄所寄》卷一亦谈及霍之兼并庙宇事。其中称：

> 霍尚书尝欲营寺基为宅，浼县令逐僧。僧去，书于壁云：“学士家移和尚寺，会元妻卧老僧房。”霍愧而止。④

可见霍之兼并寺庙及寺田，最终还是退还了。

霍韬是嘉靖时期有影响的人物，但由于他“量褊隘，所至与人竞，帝颇心厌之，故不大用”。⑤ 他死时 54 岁，赠太子太保，谥文敏。

---

① 《渭厓文集》卷七《家书》，第 172 页。

② 《渭厓文集》卷七《家书》，第 173 页。

③ 《明史》卷二〇〇《姚镆传》，第 5287 页。

④ (清)赵吉士辑撰：《寄园寄所寄》卷一，合肥：黄山书社，2008 年版，第 48 页。

⑤ 《明史》卷一九七《霍韬传》，第 5214 页。

总之，他的一些政治主张及经济思想，仍然值得我们认真研究。

（原载《庆祝杨向奎先生教研六十年论文集》，河北教育出版社，1998年版）

王阳明与嘉靖朝政治

正德十六年(1521)三月,明武宗朱厚照(1491—1521)突然病逝,无子。内阁首辅杨廷和(1459—1529)依祖训“兄终弟及”,且根据关系亲疏等原因,以明宪宗之孙、兴献王朱祐杬之子朱厚熜(1507—1566)即位,即明世宗,年号嘉靖。

兴王系宪宗第四子,为孝宗之弟,母为邵贵妃。成化二十三年(1487)受封,弘治七年(1494)之藩安陆(今湖北钟祥),正德十四年死,谥献,朱厚熜乃以王世子理事。

世宗一做皇帝,先不考虑如何改革秕政,却热衷于对其先父如何称呼、如何礼议等问题。他认为这是最大的政治,正好乘此时机,扶植一批自己的亲信,打击元老,以加强他的统治。大礼议之争就是在这种背景下发生的。

一　大礼议系嘉靖朝最大的党争

朱厚熜由藩王入继大统,年仅 15 岁。他颇有权术,性格亦甚残暴,与明武宗大不相同。在内阁首辅杨廷和等人看来,他不过是个小孩子,根本不足与论。但几经交锋,方知此人实不简单。

明世宗即位仅六天,即命礼臣集议兴献王称号。于是大礼议之争开始。概括说来,其斗争可分为三个阶段:

第一,嗣不嗣之争。所谓嗣即承嗣,亦即继承谁的问题。这次斗争从正德十六年四月世宗即位开始，直至是年年底。以杨廷和为首的廷臣派，据汉（定陶王入继成帝）、宋（宋英宗以王子入继仁宗）例，并依照程颐之言，认为兴献王是孝宗之弟，皇帝之本生父，与宋英宗以濮安懿王之子相同，故应称孝宗为皇考，改称兴献王为皇叔父，兴献大王妃为皇叔母兴献王妃。世宗闻之极不快，命再议。

不久，大学士毛澄仍主前议，称兴献王为皇叔父兴献大王，自称侄皇帝名，也依程颐说为据。最后说，尊崇之典已至，臣等不敢复有所议。世宗不从。

是年七月，47岁甫成进士的张璁向世宗上疏，认为世宗情况与汉哀帝、宋英宗情况不同，疏陈：

> 《礼》："长子不得为人后"，圣考止生陛下一人……宜别立圣考庙于京师。①

主张以兴献王为皇考。世宗得疏后大喜。但张璁之论一出，朝野大哗。杨廷和恐张挠其议，当即把张调至南京。但世宗已入其议，遂召集杨廷和等议，欲尊父为兴献皇帝，母为兴献皇后，但遭到杨廷和等廷臣派的坚决反对，以杨廷和为首的廷臣派百余人力争不可，世宗不得已，乃以嘉靖元年（1522）诏称孝宗为皇考，兴献帝、后以本生父母不称皇。这是斗争的第一阶段。这时，杨廷和尚有权威，明世宗羽毛未丰，廷臣派暂时取胜。

第二，考不考之争，即以谁做皇考。廷议仍坚持以孝宗为皇考，而张璁、桂萼等人陆续入阁，掌握中枢大权，世宗政权日益巩固。

这时，张璁在南京任刑部主事，与同在南京的另一刑部主事桂萼日夜诋毁朝政。他们在嘉靖二年十一月又上疏，力劝世宗速发明诏，称孝宗曰皇伯考，兴献帝为皇考，别立庙大内，正兴国太后之礼，定称圣母。并将此前议礼派南京兵部侍郎席书、礼部员外郎方献夫之主考兴献王之二疏付礼官。世宗心为之喜。是时，杨廷和权势尚在，于是反对杨廷和之人必以去杨为快。杨本人亦看出形势对己不利，多次要求乞休，遂于三年正月落职。于是大礼议之斗争复起。这时世宗已召张、桂等人来京。嘉靖三年三月，张、桂等上疏谓，现在不在于

---

① 《明史》卷一九六《张璁传》，第5174页。

今日争一皇字，明天争一帝字，而在于考与不考。如不能考兴献帝，何益于孝？陛下仍是无父之人。于是在是年四月，改兴献帝为本生皇考，算是又进一步。六月，张、桂至京，复条上七事，极论应以伯考孝宗，而考兴献帝为正。双方争论日趋激烈。张璁斥廷臣为朋党，礼部侍郎何孟春反驳之，且主哭谏。杨廷和之子修撰杨慎更说，国家养士百五十年，仗节死义，正在今日。于是纠合尚书以下官员二百多人跪伏左顺门，高喊高皇帝及孝宗皇帝，一定要争不能以孝宗为皇伯考。世宗大怒，抓四品以下官马理等一百三十四人，并施以廷杖，先后死十六人。这时大学士毛纪亦被免职，何孟春出为南京工部左侍郎，廷臣派大受打击。三年九月，乃定称孝宗为皇伯考，兴献皇帝为皇考，礼议派完全取得胜利。

第三，宗不宗之争。所谓宗即庙号，即是否给兴献王以庙号的问题。时间已过了十几年，已是嘉靖十七年之事。这时张璁已谢政四年，桂萼已死七年，帝位久定，争的人亦少了。

嘉靖十七年五月，扬州府致仕同知丰坊主张，宜建明堂，尊皇考为宗，以配上帝。这时礼部尚书严嵩态度模棱，认为如以功配，当配太宗，如以父配，则配兴献帝，不敢妄议。大学士夏言亦不敢议。仅户部侍郎唐胄疏争之，认为兴献不应称宗议配太庙，又以朱熹的话为证，只能以有功之祖配太庙，故当奉太宗配。疏上后，世宗大怒，下唐胄锦衣卫，黜为民。于是严嵩态度又变，主张今皇考与孝宗当同配一庙，群臣也不敢异议。于是，是年九月，上献皇帝庙号曰睿宗，入太庙，跻武宗之上。同时，世宗认为太宗靖难功大，与太祖同创大业，应称祖，乃上太宗文皇帝庙号曰成祖。

综观世宗朝大礼议之争，实为这一时期最大之党争。据《明史·何孟春传》所载，此次斗争涉及二百余人，传中有详细名单。另据郑晓《吾学编余》记载，大礼议争者达七百八十三人，规模之大是明朝历史中少见的。嘉靖六年三月，议礼派首领张璁在向世宗的乞休疏中谈道：

> 臣昔议礼之时，与举朝相抗者四五年，而举世攻臣者百人疏。今又敕修《大礼全书》，元恶寒心，群奸侧目，故要略方进，而谗谤繁兴。使全书告成，而诬陷益肆。古云："知我罪我，其惟《春秋》。"又云："去河北贼易，去朝中党难。"虽圣明刚决，臣无容

忧，第以清明之朝，而有此攻击之风，亦臣不敢安也。[①]

可见张璁并不否认当时朝中党争之激烈。

大礼议之恶果，不仅是党争日趋激烈，且开逢迎躁进之风。议礼领袖张璁自议礼至拜相，为时仅六年。同时朋党日趋激烈，《明史·林俊传》谓："自去岁（指嘉靖三年）旧臣斥逐殆尽，朝署为空。"[②]当然，议礼之争却表明学术思想的活跃，程朱理学受到了"异学"的冲击，从此，朱、王两家学说互为消长。

二 大礼议与王阳明

武宗末年，王阳明（1472—1529）平定宸濠叛乱后，不但未受功勋，反而遭到武宗左右佞臣"竞为蜚语"，"谗毁百端"。世宗即位后，对王阳明非常了解，"趋召入朝受封"。但因杨廷和与兵部尚书王琼有矛盾，而王琼与王阳明又关系极好，因而亦不为杨所喜。其他大臣亦多忌其功，乃以"国哀未毕，不宜举宴行赏"为由，只任命王阳明为南京兵部尚书。王则并未赴任。随后，又论功封王为光禄大夫、柱国、新建伯，世袭，岁禄一千石，"然不予铁券，岁禄亦不给"。[③] 王乃极为愤恨，告病还家。后又丁父忧，在家闲住先后达六年之久，非常消极。有嘉靖元年他家中的壁帖为证：

> 守仁鄙劣，无所知识，且在忧病奄奄中，故凡四方同志之辱临者，皆不敢相见。或不得已而相见，亦不敢有所论说，各请归而求诸孔孟之训可矣。夫孔孟之训，昭如日月。凡支离决裂，似是而非者，皆异说也。有志于圣人之学者，外孔孟之训而他求，是舍日月之明而希光于萤爝之微也，不亦谬乎！有负远来之情，聊此以谢，荒迷不次。[④]

这里，王阳明几次提出"不敢"，又让人"求诸孔孟之训"，还说似是而非者为"异说"，显然是有所指而发的。当时大礼议的争论已开始，这里涉及不涉及这个问题？王阳明与议礼诸臣关系如何？对大

---

① 《明世宗实录》卷七四，嘉靖六年三月甲辰，第1673页。

② 《明史》卷一九四《林俊传》，第5140页。

③ 《明史》卷一九五《王守仁传》，第5164、5165、5166页。

④ 《王文成公全书》卷八《文录五·杂著·壁帖》，第334页。

礼议之态度又如何？

嘉靖三年六月，当两派争论大礼议问题激烈之时，廷臣派首领杨廷和已被斥去职，张璁、桂萼已被任命为翰林学士。杨廷和之子修撰杨慎等三十六人曾上言：

> 臣等与桂萼辈学术不同，议论亦异。臣等所执者程颐、朱熹之说也；萼辈所言者，冷褒、段犹之余也。今陛下既甄录萼等，以其言为是，而臣等所言皆圣明所不取，臣等不能与之同列，愿赐罢归。①

同月戊午，鸿胪寺右少卿胡侍疏辩张璁、桂萼所条大礼议七事称：

> （璁等）所宗者乃魏（存）〔孝〕庄夷狄之诡号，所据者乃冷褒、段犹委巷之谀谈。犹且扬扬引类，以攫美官，何其无忌惮也。②

同年七月，九卿大臣礼部左侍郎何孟春等言：

> 张璁等所上大礼议十三条……诚恐陛下惑其邪说……大儒朱熹谓，古礼之坏自定陶王（即后之汉哀帝）时，盖其听董宏（按：汉哀帝时东昌侯）、冷褒、段犹之言尔，非谓定陶不可嗣成帝也。③

冷、段二人系汉哀帝时之郎中令及黄门郎。据《汉书·师丹传》载，成帝末年，以无子乃立定陶王为皇太子，以师丹为太子太傅。

> 初，哀帝继位，成帝母称太皇太后，成帝赵皇后称皇太后，而上（按：指哀帝）祖母傅太后与母丁后皆在国邸，自以定陶共王为称。高昌侯董宏上书言："……宜立定陶共王后为皇太后。"事下有司，时丹以左将军与大司马王莽共劾奏宏"……大不道"。上新立，谦让，纳用莽、丹言，免宏为庶人。傅太后大怒，要上必欲称尊号，上于是追尊定陶共王为共皇，尊傅太后为共皇太后，丁后为共皇后。郎中令冷褒、黄门郎段犹等复奏言："定陶共皇太

① 《明世宗实录》卷四〇，嘉靖三年六月乙卯，第1022页。

② 《明世宗实录》卷四〇，嘉靖三年六月戊午，第1024页。

③ 《明世宗实录》卷四一，嘉靖三年七月己卯，第1052—1055页。

后、共皇后皆不宜复引定陶蕃国之名以冠大号，车马衣服宜皆称皇之意……又宜为共皇立庙京师。”上复下其议。有司皆以为宜如褒、犹言。丹议独曰：“……定陶共皇号谥已前定，义不得复改……”丹由是浸不合上意……丹既免数月，上用朱博意，尊傅太后为皇太太后，丁后为帝太后，与太皇太后及皇太后同尊，又为共皇立庙京师，仪如孝元皇帝。①

后汉平帝即位，复免高昌侯董宏为庶人，泠、段二人皆徙合浦，原议又全部翻回。因此，在杨慎等廷臣派视之，张、桂等人就是泠、段辈小人，他们不过为了“攫美官”而“无忌惮”。因而怕明世宗惑其邪说。可见，杨慎就是把张、桂辈视为与程朱学说唱反调的“异说”。

早在嘉靖元年十月，礼科给事中章侨即曾含沙射影地攻击“异学”：

三代以下，论正学莫如朱熹，近有聪明才智足以号召天下者，倡异学之说，而士之好高务名者，靡然宗之。大率取陆九渊之简便，惮朱熹为支离。及为文辞，务崇艰险。乞行天下，痛为禁革。时河南道御史梁世骠亦以为言。礼部议覆，以二臣之言深切时弊，有补风教。②

这里所说“聪明才智足以号召天下者”是谁？“好高务名”之士能“靡然宗之”者又是谁？取陆九渊简便学说的还会是谁？结合廷臣派所持程朱理学而与议礼派“学术不同”等议论，就不难理解了。

《王阳明全集》所载黄绾《阳明先生行状》在述及嘉靖初年王阳明的处境时称：

朝廷新政之初，特兹召用。敕至……公驰驿起程，为辅臣所忌……行至中途而返。道经钱塘，上疏恳乞便道归省，制曰：可。升南京兵部尚书，参赞机务，又具疏辞免……本年（元年）十二月内……封公新建伯……元年丁父海日翁忧，四方来游其门益众。科道官迎当路意，以伪学举劾。服阕，辅臣忌公

---

① （汉）班固撰：《汉书》卷八六《师丹传》，北京：中华书局，1962年版，第3505—3509页。

② 《明世宗实录》卷一九，嘉靖元年十月乙未，第569页。

才高德重，六载不召。[①]

这里，王之弟子黄绾说得再明白不过了，所谓"异学""伪学"，就是影射王阳明。而廷臣派所以如此对待王，自然也与王对礼议之态度有关。

《王阳明全集》卷三五《附录三·年谱三》中谓：

(嘉靖三年八月)是时大礼议起，先生夜坐碧霞池，有诗曰："一雨秋凉入夜新，池边孤月倍精神。潜鱼水底传心诀，栖鸟枝头说道真。莫谓天机非嗜欲，须知万物是吾身。无端礼乐纷纷议，谁与青天扫旧尘。"又曰："独坐秋庭月色新，乾坤何处更闲人。高歌度与清风去，幽意自随流水春。千圣本无心外诀，六经须拂镜中尘。却怜挠挠周公梦，未及惺惺陋巷贫。"[②]

《年谱》作者并说："盖有感时事，二诗已示其微矣。""示"了什么"微"呢？诗中反映了作者的喜悦精神，以及"扫旧尘"的心境。但作者基于他的地位与处境，表面上还是对政治问题不愿表明自己的态度。

欧阳琛先生《王守仁与大礼议》[③]及唐长孺先生《跋明张璁书扇》文中，[④]都引用了《明史》之《黄绾传附陆澄传》及《万历野获编》卷二〇《陆澄六辨》等文，认为王阳明对陆澄所述"父子天伦不可夺，礼臣之言未必是，张、桂之言未必非"，正是王阳明对大礼议的立场。《与霍兀厓宫端》书称：

往岁曾辱大礼议见示，心善其说，而不敢奉复，既而元山亦有示，使者必求复书，草草作答。意以所论良是，而典礼已成，当事者未必能改，言之徒益纷争，不若姑相与讲明于下，俟信从者众，然后图之。其后议论既兴，身居有言不信之地，不敢公言于

---

① (明)黄绾撰：《阳明先生行状》，载(明)王守仁：《王阳明全集》卷三八《世德纪》，吴光，钱明，董平等编校，上海：上海古籍出版社，2015年版，第1177页。

② 《王阳明全集》卷三五《年谱三》，第1062页。

③ 欧阳琛：《王守仁与大礼议》，《新中华》1949年第12卷第7期，第28—34页。

④ 唐长孺：《跋明张璁书扇》，收入中华书局编辑部编：《学林漫录》(第11集)，北京：中华书局，1985年版，第177—184页。

朝，然士夫之问及者，亦时时为之辨析。[①]

结合上述王阳明之言行，一方面他对大礼议之言论表示认同，“所论良是”；另一方面，也认为既然“当事者未必能改，言之徒益纷争”，因而“不敢公言于朝”。王阳明在大礼议争论中之表现，正是如此。

此外，从王阳明与议礼诸臣的关系，也可看出他的倾向性。

嘉靖六年，张璁向嘉靖帝上疏，提到“臣等本书生，偶因一得之愚，误蒙圣眷，相继登进。臣约会桂萼、方献夫、霍韬、黄绾、熊浃五人在于东阁……”[②]而张、桂等六人，不仅是议礼派的领袖人物，而且都与王阳明有着特殊的关系。

关于王阳明与张璁的关系，上引唐先生大文已然论及，其说甚是。黄绾之《阳明先生行状》，多次提到张璁推荐王阳明的事，但颇有矛盾。如在叙述嘉靖六年时：

> 田州土知府岑猛之乱，提督都御史姚镆不克成功，张公孚敬拉桂公萼同荐，桂公不得已，勉从荐公……予时为光禄寺少卿，具疏……荐公才德堪任辅弼。上喜，亲书御札并疏付内阁议。杨公一清忌公入阁与之同列，乃与张公孚敬具揭帖对曰：王守仁才固可用，但好古衣冠，喜欢新学，人颇以此异之，不宜入阁，但可用为兵部尚书。

《行状》继又说：

> 十二月，杨公一清与桂公萼谋，恐事完回京复命见上，予与张公又荐之，上必留用。

似是说张与杨一起具疏反对王入阁，是出于无奈，自己还是要推荐王。故《行状》又说：

> 先此张公孚敬见公所处岑猛诸子及卢苏、王受得宜，征剿有方，奏至甚喜，极口称叹，谓予知人之明。又述在南京时，与言惓惓欲公之意，曰：我今日方知王公之不可及，即荐于朝，取来作

---

① 《王文成公全书》卷二一《外集三·书·与霍兀厓宫端》，第989—990页。

② 《明世宗实录》卷八二，嘉靖六年十一月丙申，第1846页。

辅，共成天下之治。桂公、杨公闻之皆不乐……时予为詹事，桂公、杨公计欲害公，恐予在朝。适南礼侍缺，即推予补之。[①]

从《行状》看来，张璁还是对王阳明异常钦佩的，表明了对王的好感。

桂萼则不同，尽管《明史》之《王守仁传》中提到“守仁之起由璁、萼荐，萼故不善守仁，以璁强之”的话，[②]但当时人田汝成却说：

> 予又闻员外吴鼎曰：新建之起用思田也，盖桂萼之力居多云。萼自以遭时际主，致位宰辅，非立奇功不足贾重后世。会安南有乱，冀可传檄取之，乃阴以意指授守仁，若专为思田出者，使密探安南要领，而守仁竟忤萼指，直于奏尾稍稍及之，萼遂恚憾。会守仁物故，而以他事发怒诎其名。呜呼！使其然，谲秘又何如也。[③]

田汝成的话是对的，桂萼确也单独推荐过王阳明。嘉靖六年六月，王阳明在广西提督军务，由于北方边事吃紧，桂萼曾建议皇帝“召用王琼、王守仁，以济时艰”。[④]《明史·桂萼传》也认为，“王守仁之起也，萼实荐之。已，衔其不附己，力龉龁”。因此说，桂萼与王阳明不相合的事，还是有一定原因的。《明史·桂萼传》说桂“性猜狠，好排异己，以故不为物论所容”[⑤]。

王阳明与席书的关系也极为密切。《明史·席书传》称：“书以议礼受帝知，倚为亲臣”，[⑥]后加太子太保、武英殿大学士。嘉靖六年，王阳明在《祭元山席尚书文》中写道：

> 呜呼元山！真可谓豪杰之士，社稷之臣矣……某之不肖，屡屡辱公过情之荐，自度终不能有济于时，而徒以为公知人之累，每切私怀惭愧。又忆往年与公论学于贵州，受公之知实深。近年以来，觉稍有所进，思得与公一面，少叙其愚，以求质正，斯亦

① 《阳明先生行状》，载《王阳明全集》卷三八《世德纪》，第1177、1178、1181页。

② 《明史》卷一九五《王守仁传》，第5167页。

③ 《国榷》卷五四，嘉靖七年五月壬午，第3379页。

④ 《明世宗实录》卷七七，嘉靖六年六月壬戌，第1720页。

⑤ 《明史》卷一九六《桂萼传》，第5184、5185页。

⑥ 《明史》卷一九七《席书传》，第5205页。

千古之一快。而公今复已矣！呜呼痛哉！①

王阳明这里说的“屡屡辱公过情之荐”，就是说席书多次向皇帝推荐他。据《王阳明全集》之《年谱三》称：

> （嘉靖）四年六月，礼部尚书席书荐。先生服阕，例应起复，御史石金等交章论荐，皆不报。尚书席书特荐曰：“生在臣前者见一人，曰杨一清；生在臣后者见一人，曰王守仁。且使亲领诰券，趋阙谢恩。于是杨一清入阁办事。明年，有领券谢恩之诏，寻不果。②

《王阳明全集·年谱二》：

> 正德十六年正月，录陆象山子孙。先生以象山得孔孟正传，其学术久抑而未彰……按：象山与晦翁同时讲学，自天下崇朱说，而陆学遂泯。先生刻《象山文集》，为序以表彰之。席元山尝闻先生论学于龙场，深病陆学之不显，作《鸣冤录》以寄先生，称其身任斯道，庶几天下非之而不顾。③

席、王二人都是尊崇陆学的，学术上亦有其一致性，故而关系密切。

方献夫早在正德时，即与王阳明论学，谈得投机，遂为王的弟子。《年谱》称：

> 是年（正德六年）僚友方献夫受学。献夫时为吏部郎中，位在先生上。比闻论学，深自感悔，遂执贽事以师礼。是冬告病归西樵，先生为叙别之。④

正德十六年五月，与湛若水、霍韬、方献夫等人时时论学。嘉靖六年，思恩、田州称乱，方认为系由统御非人，要求罢免镇守太监郑润，请专任王守仁。后来王建议在思、田筑城建邑，桂萼极力反对，经

① （明）王守仁：《祭元山席尚书文》，载《王阳明全集》卷二五《外集七》，第 794 页。

② 《王阳明全集》卷三五《年谱三》，第 1063 页。

③ 《王阳明全集》卷三四《年谱二》，第 1051 页。

④ 《王阳明全集》卷三三《年谱一》，第 1011 页。

方献夫力保,“筑城得毋止”。[1]

王阳明与黄绾亦有师生之谊。在议大礼的过程中,黄跻入张、桂行列,关系亦好。后来张、桂失和,他与张又深相接纳,张曾欲任他为礼部侍郎,而为阁臣杨一清所阻。[2]《王阳明全集》中,有黄绾所撰之《阳明先生行状》,对王推崇备至。嘉靖六年八月,黄绾向嘉靖帝颂王阳明平宁王宸濠之功:“言守仁中途闻变,倡议统众,设奇运谋,遂擒宸濠于樵舍。虽获拜爵而铁券未给,禄米未颁”,“赏罚不当,何以劝忠臣?请召守仁与杨一清等共图至治,仍给以应得铁券禄米……以为宜忠效力之劝。”疏下兵部,议从其请。[3] 王阳明死后,由于“朝中有异议,爵荫、赠谥诸典不行,且下诏禁伪学”,黄绾乃与桂萼正面冲突。《王阳明全集》之《年谱三》论及黄与桂“相知二十余年,始终无间”,但当桂见黄推荐王阳明“堪以柄用”时,“小人乘间构隙”,桂与王又“旧不相合,因不谓然”,黄绾认为王系由于“功高而见忌,学古而人不识”,因而不能“容于世”。他强调王之学大要有三,即致良知、亲民、知行合一。这些“乃孔门之正传也,可以终废其学乎”?“然以萼之非守仁,遂致陛下失此良弼”。黄最后说:“臣昔与守仁为友,几二十年……昔萼为小人所谗,臣为之愤;既而得白,臣为之喜……今守仁之抱冤,亦犹萼之负屈。伏愿扩一视之仁,特敕所司,优王以恤典、赠谥,仍与世袭。”[4]结果仍无下文。黄与王的关系,由此可见一斑。

至于王阳明与霍韬、黄宗明等人的关系亦密,不赘。

因此,尽管王阳明在大礼议的论争中,欲极力避开政治的漩涡,但事实上是不可能的,上列各种事实及尔后的发展,也充分说明了这一点。

三 张、桂与杨一清

嘉靖三年,议礼派张璁、桂萼得到世宗支持后,杨廷和、蒋冕、毛纪等阁臣先后离任,由原大学士费宏任首辅。费宏在议大礼过程中,

① 《明世宗实录》卷八一,嘉靖六年九月癸卯,第1802页。

② 黄绾后来又弃张而投靠夏言。见《明史》卷一九七《黄绾传》,第5221页。

③ 《明世宗实录》卷七九,嘉靖六年八月甲子,第1757—1758页。

④ 《王阳明全集》卷三五《年谱三》,第1092—1093页。

属于中间派，但对议礼诸臣“每示裁抑”，因而引起张、桂等人的不满。张、桂等人知道自己资历尚浅，一时还不能夺得最高权位，需要一个过渡人物，因而议礼诸臣当时皆瞩目于正德时的重要阁臣杨一清。是年十一月，翰林学士张璁荐致仕大学士老臣谢迁入阁，而“实攻内阁诸臣”，并扬言“倘有以老为言者，皆忌嫉之徒也”。于是大学士石珤“引疾求去”，[①]世宗挽留。议礼诸臣当月荐杨一清入阁，引起一番争论。御史吉棠赞成，给事中章侨、郑一鹏及兵部郎中杨仪均反对。次年五月，杨一清乃入阁为大学士，列费宏之下。嘉靖六年二月费宏致仕，杨为首辅。

张、桂等人为什么这时推荐杨一清呢？主要原因有三个：一是杨一清在弘治、正德时，在三边督理马政，总制三镇军务，成绩斐然。后来又与太监张永等平定安化王寘鐇叛乱，并与张永合谋，除掉太监刘瑾，最后又因得罪武宗身边佞臣江彬、钱宁等人，而落职回家。他在当时文臣中威信很高。《明史·杨一清传》中称赞他“于时政最通练，而性阔大。爱乐贤士大夫，与共功名……门生遍天下。尝再帅关中，起偏裨至大将封侯者，累累然不绝”。像这样文武双全的大臣，在明中叶并不多见。二是杨在议大礼过程中，支持议礼诸人。《明史·杨一清传》称：“初，大礼议起，一清方家居，见张璁疏，寓书门人乔宇曰：‘张生此议，圣人复起，不能易也。’又劝席书早赴召，以定大议。”[②]这一点张璁并不否认，他后来曾向世宗说过：“初，一清家居，见臣《大礼或问》，极称为正论，以失群疑。及臣同席书等被召，一清又尝为书，劝席书宜速北上，以定国是。”[③]三是得皇帝信任。《杨一清传》曰：“世宗为世子时，献王尝言楚有三杰，刘大夏、李东阳及一清也，心识之。”后为阁臣，世宗“亦以一清老臣，恩礼加渥”。[④]

杨一清入阁不久，张、桂亦陆续入阁，他们的激烈斗争渐次展开。

杨、张虽然亦有互相利用的一面，但矛盾则很快公开化。嘉靖六年十二月，杨一清建议启用太监张永，并命张永提督团营，张璁极力

---

① 《明世宗实录》卷五七，嘉靖四年十一月戊辰，第 1381 页。

② 《明史》卷一九八《杨一清传》，第 5228、5230 页。

③ 《明世宗实录》卷一〇五，嘉靖八年九月辛未，第 2484 页。

④ 《明史》卷一九八《杨一清传》，第 5229、5230 页。

支持。八年四月，杨一清又推荐永嘉人叶幼学为翰林待诏，“盖张璁意也”。[①] 张璁于嘉靖六年十月入阁。嘉靖七年正月，世宗见兵部尚书李承勋排班在张、桂之前，“意颇不悦”，杨一清乃设法加张、桂为一品散官，地位与李相等。世宗对此非常满意。[②] 可见杨一清处处小心翼翼，委曲求全，但仍得不到张、桂的支持。谈迁曰：“一清虽首揆老成，而上方重张璁，璁气盛，下视六卿；桂萼同进，非故知也，萼所建白，往往得抑，用是俱憾璁。而一清又自与萼隙，三人鼎诋，而一清尤见龁矣。”[③]

嘉靖七年五月，杨与张、桂矛盾加深，他向世宗建议：“今日之务，在省事不在多事，在守法不在变法，在安静不在纷扰，在宽厚不在繁苛。”得到世宗同意。[④] 杨的这些说法，全是针对张、桂而来，认为两个人私心权欲太重，无风掀浪。张璁也不示弱，同年七月，他向皇帝建议：“请宜谕内阁，以绝谗邪，以清正本”，并说：

> 人君以论相为职，宰相以正君为功。任用非人，天下治乱兴亡所关也……故自来内阁有声者，称三言而已矣。尔后奸人鄙夫占据内阁，贪污无耻，习以为常……伏乞圣明严加宣谕，各令洗心涤虑，改行从善，毋怀奸以欺君，毋设险以害政，毋诡随以济恶，毋便己以纵谗。若有执私怀法，怙终不悛者，请即加诛斥，以熄谗邪之风。[⑤]

《国榷》也认为此“盖明斥杨一清也”，并称：“一清起家由璁等，虽敏练见知，颇不自安。请贺河清，献甘露，迎合上心，又超进璁等。而璁等轻一清，不复持后进礼，气凌之矣。”[⑥]《明实录》所记则比较含

---

① 《明世宗实录》卷一〇〇，嘉靖八年四月壬子，第 2371 页。

② 《明世宗实录》卷八四，嘉靖七年正月己卯，第 1893 页。《明史》卷一九九《李承勋传》载：“承勋沉毅有大略，帝所信任，自辅臣外，独承勋与胡世宁，大事辄咨访……其议大礼，亦与世宁相合”。（第 5266 页。）说明李还是议礼派。而世宗尚且如此视李，可见陈见之深。

③ 《国榷》卷五四，嘉靖七年八月甲子，第 3384 页。

④ 《国榷》卷五四，嘉靖七年五月乙未，第 3379 页。

⑤ 《明世宗实录》卷九十，嘉靖七年七月癸酉，第 2051—2052 页。

⑥ 《国榷》卷五四，嘉靖七年七月庚午，第 3381 页。

蓄，只是说皇帝让辅臣“勿得彼此相嫉，以负简托”。[①]

是年八月，杨一清忍无可忍，乃向世宗陈述与张璁冲突之由来，并表示要辞职。其中道：

> 臣与张璁同在内阁，原未有隙。比璁为聂能迁所忤，憾臣拟票太宽，奏请宣谕内阁，以绝谗邪，诸所指摘，意阴诋臣。

第二个原因是：

> 至于张浩一节，尤有可言。浩，璁亲也，欲用为浙江都司，难于自言，乃谓臣浩才可用，臣随告之尚书王时中而推之，今乃谓浩为臣所荐。非自欺乎。

第三个原因是张璁太傲：

> 自今春以来，臣见璁志骄气横，狎视公卿，虽桂萼亦不敢与抗，其余大臣……莫敢仰视。臣尝以恭逊劝之，璁口称善而心不平也。黄绾乃璁同乡故友……顷为少詹事补经筵，臣以其吴音，未令进讲。比璁欲用为吏部卿贰，又欲用为南京乡试考官，臣皆沮之，以是怨臣。

世宗一方面承认张“性虽资敏，奈强梗不受人言”，“入阁以来，专恣而自用，无复前之初也”，另外又安慰杨，不允所辞[②]。

桂萼在正德六年中进士后，“有文名，杨一清见喜甚，选丹徒令，后巡按论萼，改青田”，对桂有知遇之恩。但桂之品质甚劣。谈迁在评论桂萼时说：

> 当时张、桂之焰最炽，而萼加锐焉。荐杨一清则立相之，荐王琼则立将之。言脱于吻，人不得角其片语，虽天子无所挠也。犹以此令终，非其幸与。[③]

《明史·桂萼传》中亦称：“萼既得志，日以报怨为事……廷臣莫不畏其凶威。”[④]他虽然与张璁迫于形势，不能不暂时推荐杨一清，然

---

① 《明世宗实录》卷九十，嘉靖七年七月癸酉，第 2051 页。

② 《明世宗实录》卷九一，嘉靖七年八月甲子，第 2083 页。

③ 《国榷》卷五三，嘉靖三年正月丙戌，第 3293 页；嘉靖六年七月己丑，第 3357 页。

④ 《明史》卷一九六《桂萼传》，第 5184 页。

必以去杨而后快。此前有一老臣胡世宁,在议礼的观点上与张、桂相同,“璁、萼德之,欲援以自助”,任胡为兵部尚书,“世宁不肯附会,论事多抵牾”。[①] 结果胡任官不及三月,即被张、桂赶下台。张、桂对胡及对杨的伎俩,都是一贯的,但也不能否认世宗手腕之阴险。他在巩固了皇位之后,宠信张璁是事实,但当张、杨由合作而至反目,乃至由护张而至斥张,再由罢杨而重用张为首辅,则始终左右一切,与以后之复重用夏言及严嵩,手法如出一辙。

嘉靖八年七月,杨一清复上书辞职,并谓“自知甚明,岂待人言”,攻击张、桂“尚多纷更”,“欲生事……不如省事”。[②]双方争执激烈,表示都要辞职。八月,张、桂在与杨一清的激烈斗争中,被世宗责令“回家省改”,而实系保全之意。不久,霍韬复力攻杨一清,得到世宗的慰解。《国榷》称霍之上疏为“力攻一清,默救璁、萼”,并谓“上心颇动”。[③] 于是吏部尚书方献夫奉旨详核科道官所论劾党附张、桂诸臣之调查,亦成官样文章,“俱供职如故”。[④] 九月,张璁被召回。

张、桂等党人在杨一清处于劣势之下,立即将刑部尚书周伦调至南京,升任刑部侍郎许赞为本部尚书。不久,许赞随即劾奏杨一清晚节不忠,“大肆纳贿,不畏人言,殊失大臣之礼”,主张“宜将一清罢削管秩,放归田里,或令其休致,以示优容”。霍韬于此时亦连续劾杨,并以乞休为威胁。于是,世宗同意杨一清离任,并处罚科道官四十九人俸各三月。因为杨一清有罪,而“科道官曾无一人言之,非附则畏”,刑部员外郎邵经邦则认为世宗“私议礼诸臣”,结果被“发边卫充军”。十二月,桂萼党人钱潮疏请“遣使趣大学士桂萼还朝,与张璁共辅政”。虽然被世宗训斥,但未数月即成事实。九年四月,一方面革原任大学士杨一清闲住,另一方面则让桂萼至京,“照旧办事”。[⑤] 至此,张、桂二人完全操纵了内阁的大权。桂萼于嘉靖八年二月入阁,

---

① 《明史》卷一九九《胡世宁传》,第 5263 页。

② 《明世宗实录》卷一〇三,嘉靖八年七月己亥,第 2423—2424 页。

③ 《国榷》卷五四,嘉靖八年八月丙戌,第 3408 页。

④ 《明世宗实录》卷一〇五,嘉靖八年九月丙申,第 2475 页。

⑤ 参见《明世宗实录》卷一〇五,嘉靖八年九月癸卯、辛未、壬子、癸丑、乙卯;《明世宗实录》卷一〇六,嘉靖八年十月丁卯;《明世宗实录》卷一〇八,嘉靖八年十二月丁亥;《明世宗实录》卷 112,嘉靖九年四月丙寅、己卯等条目。

半年后致仕。九年四月复回，十年正月因病乞归，八月病逝。张璁自嘉靖八年九月召还，旋即任首辅，十四年四月致仕，十八年二月病逝。

四 “崇朱”诏令之颁行

我们在第一部分已经谈到，到嘉靖十七年，大礼议之争论已然结束。这场争论的结果，不仅廷臣派全部被罢官，张、桂等议礼派也不过表面上取得了胜利。而为时不长，这些人或老或死，先后离任。相反，嘉靖初年即活跃于政坛，但并未参加大礼议论争的兵科给事中夏言却异军突起，始终得到皇帝的宠信，最后又与张璁正面冲突，迫使张退位，而获任首辅。

明代自朱元璋以来，即尊崇程朱理学，世宗本人当亦不例外。但大礼议本身是与持正统观念的廷臣派的论点相悖的。迫于形势，他亦不得不对与程朱理学持不同观点的“异学”，表示某些不满。王阳明所以始终得不到皇帝信任，此亦主要之原因。桂萼之所以与其他议礼大臣对王阳明态度之不同，也是因为得势后的桂萼较之其他诸人，更为顽固坚持程朱理学之哲理。嘉靖八年二月吏部会廷臣议故新建伯王阳明功罪，说王守仁“事不师古，言不称师，欲立异以为名，则非朱熹格物致知之论；知众论之不与，则著朱熹晚年定论之书，号召门徒，互相唱和，才美者乐其任意或流于清谈，庸鄙者借其虚声遂敢于放肆。传习转讹，悖谬日甚”，又说：“其门人为之辩谤，至谓杖之不死，投之江不死，以上渎天听，几于无忌惮矣。”这里所说的吏部召集廷臣所议，在《国榷》中，谈迁认为即系吏部尚书桂萼等议。[①] 结合《王阳明全集·年谱三》中所述朝中对王的赠谥诸典有“异议”，以及黄绾向世宗所述“萼与守仁，旧不相合”等句看来，桂萼与王阳明不合，除了政见不同外，也有学术之不同。但更重要的是桂萼借机夸张“异说”，以引起世宗对王的不满。当第一次吏部议后，世宗开始仅说王阳明“擅离重任，甚非大臣事君之道。况其学术事功多有可议”。[②] 这次桂萼以朱学自居而表明态度后，世宗之态度则变得异常严厉。其中说：

---

① 《国榷》卷五四，嘉靖八年二月甲戌，第3395页。

② 《明世宗实录》卷九八，嘉靖八年二月戊辰，第2288页。

卿等议是。守仁放言自肆,诋毁先儒;号召门徒,虚声附和;用诈任情,坏人心术。近年士子传习邪说,皆其倡导……其殁后恤典俱不准给。都察院仍榜谕天下,敢有踵袭邪说,果于非圣者,重治不饶。①

《御批通鉴辑览》卷一〇八中,乾隆对桂萼之评语是“迎合希恩”,“实名教之罪人”。事实上,“迎合希恩”及“名教之罪人”者,何止桂萼一人?在廷臣派看来,议礼本身就是与朱学相乖。上述桂萼对王阳明之指控而激起世宗之愤怒,是他“迎合希恩”的具体表现。从另一角度说,议礼诸臣与王阳明的关系均非一般,这一点世宗也清楚。议礼派既然在世宗排除异己、巩固皇权的过程中起了作用,皇帝当然亦不宜立即撤换这些人。这里不过借机预先向他们警告一下而已。

嘉靖十七年初情况有了变化:

礼部言:迩来文体日坏,道术日微,宜敕会试取士,务求醇正典雅、合于程式者。钩棘苗干之文,悉宜黜落。其背戾经传,引用《庄》《列》不经之言者,参奏除名。诏可,令出榜晓谕。②

嘉靖十七年十一月,又“诏禁各处游民及罢黜生员潜居京师建言希用者,时定远县生员黄淮献《大明中兴颂》,误书献皇帝庙号及承天府名。章下礼部,以为宜加禁治”。③

上述事实乃至社会之动荡,不能不对朱学本身有所动摇。为了使朝廷统治日益增强,嘉靖帝不得不更加明确下诏尊崇朱学,反对“异说”。诏令称:

士大夫学术不正,邪伪乱真,以致人才卑下。文章政事,日趋诡异,而圣贤大学之道不明,关系治理,要非细故。朕历览近代诸儒,惟朱熹之学醇正可师。祖宗设科取士,经书义一以朱子传注为主,诚有见也。比年各处试录文字,往往诡诞支离,背戾经旨。此必有一等奸伪之徒,假道学之名,鼓其邪说,以惑士心,不可不禁。礼部便行与各该提学官及各学校师生,今后若有创

---

① 《明世宗实录》卷九八,嘉靖八年二月甲戌,第2299—2300页。

② 《明实宗实录》卷二〇八,嘉靖十七年正月壬寅,第4322—4323页。

③ 《明世宗实录》卷二一八,嘉靖十七年十一月丙子,第4466页。

为异说，诡道背理，非毁朱子者，许科道官指名劾奏。[1]

嘉靖十八年十二月，河南道御史闻人诠言："今时文体诡异已极，乞申饬天下，力崇古朴，其要在先责学校，使提督宪臣痛加黜罚；次责场屋，使考校等官公为品骘。""上是其言。命自后遇乡试，礼部必详阅试录与各生公据，有仍前离经叛道诡辞邪说者，则治监临考校官之罪，而黜其中试者为民。"[2]

看来，明世宗还不仅是为了整顿"异说"，而是在实行文化专制的统治。嘉靖初年，议大礼的本身即与学术论争有着极大的关系。而这种论争又与当时社会上讲学之活跃，乃至地方上之动荡不安，有着某些联系。研究王阳明学说在嘉靖初年政治斗争中的作用，以及与当时社会各种因素的关系，无疑是非常必要的。

（原载台湾《明史研究专刊》第 11 辑，明史研究小组，1994 年）

---

① 《明世宗实录》卷二一八，嘉靖十七年十一月辛卯，第 4485 页。

② 《明世宗实录》卷二三二，嘉靖十八年十二月丙戌，第 4771—4772 页。

翁万达与王阳明

一　王阳明与翁万达系师生关系

明中叶群臣中，能冠以文武双全者，唯王阳明（1472—1529）与翁万达（1498—1552）。他们二人皆以文臣而任边事，都曾为独镇一方的边臣。而翁万达系王阳明晚辈，两人且有师生之谊。这在当时许多著作中均有论及。《国榷》卷五四嘉靖七年（1528）五月壬午条引用田汝成的话称：

> 呜呼，予涉广西，闻父老言田州事，未尝不三叹驭夷之失策也……副使翁万达曰：新建之将薨也，予适侍侧，言田州事非我本心，后世谁谅我者。而参将俞恩亦言：田州乃阳明未竟之功。[①]

此话出自田汝成之《炎徼纪闻》卷一。[②] 可见，当王阳明病中，翁作为弟子，是守护在王身边的。这就说明两人的关系异常密切。清人毛奇龄《王文成传本》卷二称：

---

① 《国榷》卷五四，第3378—3379页。

② （明）田汝成：《炎徼纪闻》卷一，《丛书集成初编》本，上海：商务印书馆，1936年版，第7页。

若夫门人相继，总属善类，虽学问各出，或不足以导扬师说，而攻者如彼，归之者又如此，人心之良于斯可见。因记所知者曰：徐爱（余姚，正德进士）……

门人无成册，不能尽记。其可记者尚有……翁万达（揭阳，刑部尚书）……诸弟子甚众，不可考。[①]

可见，毛奇龄也肯定了翁万达系王之弟子。但上海古籍出版社所出版之《翁万达集》中，附录了邹守愚之《资善大夫兵部尚书东涯翁公万达行状》，王锡爵所撰之《翁襄敏公神道碑》，薛应旗代徐少湖所撰之《翁尚书墓志铭》，[②]都未说出翁与王阳明的关系，这确实有些奇怪。但翁万达是王阳明弟子应是不争的事实。

在《王阳明全集》中，收录了王死后薛侃、翁万达合撰的悼文，对王之学说备加颂扬。其中道：

吾夫子发明良知之说，真切简易，广大悉备……考之孔、孟，质诸周、程，盖无一字一意之弗合……是大有功于世教圣门之宗旨也。侃也不肖，久立门墙而无闻。顷年以来，知切淬励，夫子逝矣，慨依归之无从，虑身世之弗立，郁郁如痴，奄奄在告，盖一年于兹矣。[③]

观其文字当系薛侃所写，但翁亦合署。翁万达久立门墙显然是事实。而王阳明死后，举行安葬仪式时，翁万达亦以弟子身份哭奠：

奉夫子榇窆于越城南三十里之高村，会葬者数千人……门人大学士方献夫……主事潘颖、黄宗明、翁万达、石简……各就位哭奠。[④]

① （清）毛奇龄：《西河文集·王文成传本》卷二，上海：商务印书馆，1937年版，第1005—1006页。

② 皆收入（明）翁万达撰：《翁万达集》附录三，朱仲玉、吴奎信校点整理，上海：上海古籍出版社，1992年版。《翁万达集》分《翁万达诗集》和《翁万达文集》，下引《翁万达文集》皆出自此书。

③ （明）薛侃，（明）翁万达：《门人祭文》，载《王阳明全集》卷三八《世德纪》，第1190—1191页。

④ （明）钱德洪：《再谢储谷泉书》，载《王阳明全集》卷三八《世德纪》，第1205页。

也是把翁万达明确列入王阳明之弟子。

在《翁万达文集》中，翁本人称王阳明为师之处亦不少，举例如下：

> 臣本南人，徒读儒书，未间将略，昔曾分符视郡，副臬参藩，遯处粤西，聿监蛮长。惟时交州弗靖，师命有严。①
>
> 往年王师薄伐，集诸路兵八十万人，今用其半，亦当得四十万人。②
>
> 昔者，庄渠先生一以至诚遇士，然听言太狭，求成太速，聚讲太扰，防溃太疏，故林生纳贿于番禺，刘子鬻权于潮海，灵场反昼，伪乱相乘，有志生儒，捐弃不录，而庄渠不察也。今兹二生已作异物，余亦没没仍蒸土耳。乃先师阳明则异于是。③

上引数例，翁万达对王阳明言必称师。可见，在有关王阳明和翁万达的著作中，都有明确反映他们师生关系的证据。翁万达是王阳明的弟子，应无疑义。

但是在翁万达的行状与神道碑文中，却丝毫未提及他们的师生关系。其间原因何在？仔细分析，笔者以为有两方面的原因：

第一，王阳明在世宗时期一直处于逆境，颇为皇帝和当局者不满。当世宗初即位，即拟加封其平宸濠功，杨廷和“不喜，大臣亦多忌其功”，后来虽封新建伯，世袭，“然不予铁券，岁禄亦不给”。他在用兵广西之后，因疾致死，不仅未得到褒扬，反而遭到大学士桂萼奏其“擅离职守”的谴责。《明史·王守仁传》说：

> 守仁既卒，桂萼奏其擅离职守。帝大怒，下廷臣议。萼等言：“守仁事不师古，言不称师。欲立异以为高，则非朱熹格物致知之论；知众论之不予，则为朱熹晚年定论之书。号召门徒，互相倡和。才美者乐其任意，庸鄙者借其虚声。传习转讹，背谬弥甚。但讨捕畲贼，擒获叛藩，功有足录，宜免追夺伯爵以章大信，禁邪说以正人心。”④

---

① 《翁万达文集》卷五《谢恩疏》，第115页。

② 《翁万达文集》卷四《征南议》，第97页。

③ 《翁万达文集》卷一七《与程松磎提学书》，第657页。

④ 《明史》卷一九五《王守仁传》，第5165—5166、5168页。

桂萼以其功，建议保留其爵位，但严禁其学说。世宗则更甚，诏停其世袭，恤典不行，更明确称：

卿等议是。守仁放言自肆，诋毁先儒；号召门徒，虚声附和；用诈任情，坏人心术。近年士子传习邪说，皆其倡导。至于宸濠之变，与伍文定移檄，举兵仗义讨贼，元恶就擒，功固可录，但兵无节制，奏捷夸张，近日掩袭寨夷，恩威倒置，所封伯爵，本当追夺，但系先朝信令，姑与终身。其殁后恤典俱不准给。都察院仍榜谕天下，敢有踵袭邪说，果于非圣者，重治不饶。[①]

这种停世袭，恤典俱不行的处置，终世宗一朝皆无改变。这对于仕途宏达且皇帝亦"深倚之，所请无不从"的翁万达来说，[②]当然不能不有所顾忌，其他达官贵人自然亦不例外。

第二，翁万达戎马一生，比较讲求经世致用之学，对于原好谈之性命之学，因在实践中已有一些变化，显得与"良知之学"有些距离，在思想上似乎受王学影响不大。翁万达的这种思想在他给别人的一些信中都有所表露。如《与肖同野书》言：

鄙人好谈时事，亦有壮志，顷以防秋得历重关，眺远塞，访遗老，自谓御戎上策尚有可言，欲著《边论》，私质同志，然后试一为之。他务猥琐旁午，未遑。[③]

另在《与吴默泉提学书》中亦谓：

某乏善状，系官西陲，蓬徙尘逐，闻见就俗，志意结约……尚欲从事，勉强问学，洗涤旧闻，使他日倘有良缘，进或可教。近来潮中文学彬彬，异于往时，闻有悟良知之说，一意向往者，即不求以自见，固以渐尔有闻矣。斯大贤过化之力，甚幸！甚幸！不肖方拟抑情魏阙，结社宗山，与(薛)中离诸君相追琢，而时事相逼，行止靡从，私心大刺谬不堪也。[④]

---

① 《明世宗实录》卷九八，嘉靖八年二月甲戌，第2299—2300页。案：《国榷》卷五四，第3395页，认为"卿等"即指吏部桂萼等人。

② 《明史》卷一九八《翁万达传》，第5247页。

③ 《翁万达文集》卷一六《与萧同野书》，第639页。

④ 《翁万达文集》卷一七《与吴默泉提学书》，第658页。

从上面两信中可见，翁万达坐镇边疆，“眺远塞，访遗老”，为的是采纳防边的上策，讲求的自然也是与蒙古兵作战的实际，这和他过去“好谈性命之学”，已有了极大的不同。他热衷于撰写备边的书籍，也是为了国防的需要。只是因为杂事缠身，才未能实现。他虽然有心与薛侃等人议论他一心向往的“悟良知之说”，但也由于边务在身，“行止靡从”，其结果只能与他心中所想的完全相反。《翁万达集》之附录一中各篇文字，如《上安边书》等，最能表达他这一时期的思想。

二　翁万达与王阳明的比较

王、翁师徒二人尽管经历不尽相同，但命运却有极相似之处。王、翁均系文官出身，但几乎戎马一生，且表现出卓越的军事才能。不同的是，王阳明作战于南，翁万达防御于北。王阳明于正德末年出奇兵平定江西宁王宸濠叛乱，翁万达也在嘉靖二十三年发代府朱充灼勾结蒙古谋叛事，并将其械系京师。故《明史》称赞王阳明曰：

> 王守仁始以直节著。比任疆事，提弱卒，从诸书生扫积年逋寇，平定孽藩，终明之世，文臣用兵制胜，未有如守仁者也。[①]

同时，《明史》评价翁万达曰：

> 为人刚介坦直，勇于任事，履艰危，意气弥厉。临阵尝身先士卒，尤善御将士，得其死力……万达饬边备，整军实，其争复套，知彼知己，尤深识远虑云。[②]

可见，对二人评价都相当之高，尤其对他们的军事指挥才能大加肯定。

翁万达的军事才能还得到了张居正的肯定。王锡爵《翁襄敏公神道碑》中称：

> 至其当强御，蹈险艰，屣履一世，即贲育无以夺之。扬历中

---

① 《明史》卷一九五《王守仁传》，第 5170 页。

② 《明史》卷一九八《翁万达传》，第 5252 页。

外几三十年，所至用广武，决策临敌，叱咤一呼，而数万甲兵如取之掌握内。盖今相国张公(指张居正)尝称："世宗朝边臣行事适机宜，建言中窾，亹亹推公屈一指焉。"[①]

因之可以看出，张居正推崇翁万达为嘉靖朝首屈一指的边臣，对翁万达大加肯定。

两人既系文官出身，在治学方面亦很有造诣。王阳明是儒家心学上的大师，年十七即与人"论朱子格物大指"，还家则"日端坐，讲读《五经》，不苟言笑"。[②] 中年以后则创有"阳明学"，所从弟子甚多，成为儒家的重要思想家。翁万达尽管军务在身，无暇从事著述，但他"学无所不窥，一时所与同志讲德，皆海内知名儒者"。[③] 他不仅在与人书信中，多次表示"颇好书史"，"近好读书，亦有心于述作"，而且对当时的学术派别有所评论。如：

我粤人能谈圣人之学，缅缅然若倒囊出物，示人富矣。至稽其所就，则百一登堂，十九坠甑，此其可以易言哉！[④]

又如：

夫文章经世之大猷，而致身之上务也。近代惟大复、空同刻意为文，然或畔于道。阳明、甘泉立言明道，又不专于文，吾丈固将兼之。[⑤]

翁复批评当时的文风谓：

若不肖者，役役于薄书之丛，刀笔之末，疲神殚力，永谢雕龙，奏议序聊以塞命已尔。村落老妪，胼胝手足，不施脂粉旧矣，乃一旦学作婆娑于西施帘下，见者不掩鼻而走，已云多幸，况蒙延赏，其必有为之先容者好而不知其恶矣。[⑥]

---

① (明)王锡爵：《翁襄敏公神道碑》，载《翁万达集》附录三，第753页。
② 《明史》卷一九五《王守仁传》，第5168页。
③ 《翁襄敏公神道碑》，载《翁万达集》附录三，第753页。
④ 《翁万达文集》卷一七《与程松谿提学书》，第657页。
⑤ 《翁万达文集》卷一六《与唐养吾年兄书》，第628页。
⑥ 《翁万达文集》卷一六《与唐养吾年兄书》，第628页。

而《明史》则称赞他“通古今，操笔顷刻万言”。[①] 从中皆可见翁万达的学问功底。

翁万达与王阳明均任官于明代党争激烈之时，虽均尽力避开当时斗争的漩涡，但仍难于摆脱困扰，最终被人排挤，蒙受不白之冤。翁本人又性格孤僻，鲜少交游，与当时臣僚多不联系。在与其好友薛侃信中言：

> 不肖容易离群，孤征绝域，矫矫意气，幸未陆沉。今亦不敢多言，第为之而已。[②]

又言：

> 然时局难改，瓦全何为！韶光易流，孤注无益，仆之计决矣……都下士人，实鲜知己。[③]

又言：

> 万达年过五十，学道无成，独行孤踪，鲜交游之誉。[④]

如斯种种言辞，不一而足，可见翁万达在朝中并非得势之人，更非钻营之辈，而是特立独行之士。故而往往成为朝中党争的牺牲品。

明代南北党争本甚激烈，出身北方之士大夫对驻防于西北边疆的南人，一向猜忌，因而双方有很深的矛盾。翁万达在《与张静峰中丞书》中道及其苦衷：

> 论者谓南人不宜西北，嗟夫！某小子独不系南人邪？且孱然一书生，视武夫何如？独可使典西北边事邪！……此中诸务繁甚，独立支持，形神俱惫。[⑤]

当时，山西巡抚孙继鲁与他在守边策略上意见虽不同，但孙继鲁得罪夏言，被下狱以至含冤而死。翁万达对孙继鲁极表同情，曰：

> 悲哉！余与公皆南产，万里同官，萧条异域，倥偬戎马，艰险

---

① 《明史》卷一九八《翁万达传》，第 5252 页

② 《翁万达文集》卷一六《与薛中离书》其一，第 622 页。

③ 《翁万达文集》卷一六《与邹一山兄书》其十六，第 583 页。

④ 《翁万达文集》卷一六《与闻石塘书》，第 615 页。

⑤ 《翁万达文集》卷一六《与张静峰中丞书》其二，第 653 页。

怵神，瞬息死生。安知尔我一存一毁，命实为之，何能不悲！[①]

又谓：

人各有见，夫亦何病。然不意公竟被诏狱矣。[②]

翁万达同情孙继鲁与他皆南人而在北第做官之不易，却未想到两人竟以政见不合而使孙成为党争之牺牲品。他的这种情绪虽然幼稚，但发自内心，因他深深体味到为官之不易。

翁万达在主持北方边务中深知自己处境困难。他与其师王阳明一样，想尽力摆脱由于当时激烈党争所带来的恐惧与烦恼，甚至多次要求解甲归田。其有言曰：

迩者时事警人，委曲无术，揽衣中夜，震于其邻。四五年间，总督先我者三，同时者二，其得罢而去者幸也，谪戍次也，系狱且死哀也，乃达将来能得免邪！死鼠吓人，鹓落是惧，退有缧绁，计将奈何！[③]

又言：

不肖已扣辕门，得以安民之说相入矣。苟可遂志，即尚有奸臣旁午设陷，我犹得以明目张胆归傲林泉也……昔人有云："自古未有奸臣在内，而大将能立功于外者。"[④]

还言：

居官十八九年，无一日无谤。[⑤]

可见，翁万达时刻处于一种受人诽谤的境地，他深受其烦，以至于产生了放任山林的想法。

他对夏言与曾铣被杀，认为"中外股栗，而边臣尤寒，恐不能旦夕，谨之又谨，冀免堕甑"。其实，他与夏言关系相当好，当夏言第一次去职后，他即表示：

---

① 《翁万达文集》卷一八《与孙松山文》，第 688 页。

② 《翁万达文集》卷一八《与孙松山文》，第 687 页。

③ 《翁万达文集》卷一六《与王居屏书》，第 630 页。

④ 《翁万达文集》卷一六《与薛中离书》其一，第 622 页。

⑤ 《翁万达文集》卷一六《与邹一山兄书》其一，第 568 页。

即日闻解柄东归，窃以为喜，又以为叹……又某不肖者凿凶门，制阃外，匪翁曲成，早已颠懠。即三四年间，总制先我者二人，俱谪戍下狱，酸辛听闻，乃某能独免否也。翁去，某诚不知死所矣。[①]

因此，一向主张应“慷慨论事”且熟悉“中外利病得失”的翁万达，虽“毅然以澄清为己任”，但当他实际了解了官场的内情后，不免对因党争而受“奸臣旁午设陷”的受害者，产生了一种兔死狐悲的情绪。[②]临死前被免官，被黜为民，是早在他意料之中了。只不过由于边事日棘，出于需要，才复任为兵部尚书，但翁万达因病重，未及上任而去世。

三 从翁的挚友来看他与王阳明的关系

《明史·翁万达传》中，谈到翁“好谈性命之学，与欧阳德、罗洪先、唐顺之、王畿、魏良政善”。[③] 这些人无一不与王阳明有密切的关系，且翁之其余好友，亦多与王阳明学术往来频繁。嘉靖三十五年，曹忭在翁之《东涯文集叙》中称：

官保东涯翁公，崛起岭南，以豪杰自命。登第后，与同志辈讲谈理性之学，夜分不寐。以此学有本原，文匪剽窃。公又抱至性，负奇气，作为文章，能包括今古，自成机轴。至乃奏对边事，陈说虏情，料敌如神，立言指掌。昔人所谓虽隔千里，如对面谈。一山邹公与公为忘形之交，撰公墓志，谓公“崇论宏议，浩如江河之不可竭；嫉恶锄暴，迅如疾霆之不可抗；出谋宪虑，秘如鬼神之不可窥”。盖得其旨矣。[④]

欧阳德，字崇一，号南野，江西泰和人，系王阳明得意门生，《明史》列之入《儒林传》。他在赣州从学于王阳明，“不应会试者再”。嘉靖二年“策问阴诋守仁”，欧阳德与魏良弼等“直发师训无所阿，竟登第”。[⑤] 而据《王阳明年谱》记载，欧阳德初见王阳明于虔，最年少。

---

① 《翁万达文集》卷一六《与夏桂洲书》，第664—665页。

② 《翁万达文集》卷一六《与肖同野书》，第638页。

③ 《明史》卷一九八《翁万达传》，第5251—5252页。

④ 《翁万达集》附录二《东涯文集叙》，第714页。

⑤ 《明史》卷二八三《欧阳德传》，第7277页。

"时已领乡荐,先生恒以小秀才呼之。故遣服役,德欣欣恭命,虽劳不怠,先生深器之。"中进士后,出守六安州。"数月,奉书以为初政倥偬,后稍次等,始得与诸生讲学。先生曰:'吾所讲学,正在政务倥偬中,岂必聚徒而后为讲学耶!'"①嘉靖十二年,欧阳德又合同志会于南畿。据上引《年谱》称:

> 自师没,同门既襄事于越,三年之后归散四方,各以所入立教,合并无时。是年,欧阳德、季本、许相卿、何廷仁、刘旸、黄弘纲嗣讲东南,洪亦假事入金陵。远方志士四集,类萃群趋,或讲于城南诸刹,或讲于国子鸡鸣,倡和相稽,疑辩相绎,师学复有继兴之机矣。②

相反,此前由于桂萼当朝,学禁方严,翁万达之好友薛侃等均遭罪谴,"京师讳言学",王学弟子均遭打击。

欧阳德任官六安州时,即建龙津书院聚徒论学。在南京国子监任司业时,亦作讲亭,与诸生及四方学者论道其中。后官至吏部左侍郎兼翰林院学士、礼部尚书。《明史》称:

> 当是时,德与徐阶、聂豹、程文德并以宿学都显位。于是集四方名士于灵济宫,与论良知之学。赴者五千人。都城讲学之会,于斯为盛。③

《明儒学案·江右王门学案二·文庄欧阳南野先生德》中则称:"先生以讲学为事。当是时,士咸知诵'致良知'之说,而称南野门人者半天下。"④嘉靖三十三年卒于官,赠太子太保,谥文庄。《王阳明全集·阳明先生行状》中,他的事迹颇多,可以参考。

罗洪先,字达夫,别号念庵,江西吉水人。十一岁时即仰慕宪宗朝直臣罗伦敢于在策试中直斥朝政、刚正不阿的精神。年十五读王阳明《传习录》,深受其影响。《明史》和《明儒学案》有传。嘉靖八年中进士第一,遂任修撰、赞善等职。嘉靖十九年,与司谏唐顺之等上

---

① 《王阳明全集》卷三五《年谱三》,第1069页。

② 《王阳明全集》卷三六《年谱·附录一》,第1095页。

③ 《明史》卷二八三《欧阳德传》,第7277页。

④ (清)黄宗羲:《明儒学案》卷一七,北京:中华书局,1985年版,第360页。

疏，要求皇太子受群臣朝贺，时嘉靖帝正在病中，且十分敏感迷信，因之触怒世宗，遂被除名。归家后，“益寻求仁学”，“甘淡泊，炼寒暑，跃马挽强，考图观史，自天文、地志、礼乐、典章、河渠、边塞、战阵攻守，下逮阴阳、算数，靡不精究”。他不是不讲实际的人，这一点与翁万达亦颇相似。至于“人才、吏事、国计、民情”，亦悉“加意谘访”，并认为“苟当其任，皆吾事也”。他虽然“宗良知学，然未尝及守仁门”。[①] 在他写的《阳明先生年谱考订序》中，亦只称“后学罗洪先”。[②] 但他与王阳明的关系十分密切，则是不容置疑的。罗死于嘉靖四十三年，年六十一。隆庆改元，赠光禄少卿，谥文庄。《明儒学案》传中说他“始致力于践履，中归摄于寂静，晚彻悟于仁体”，[③]大约由于政治上失意，思想上亦趋于消沉。

唐顺之，字应德，号荆川，江苏武进人。嘉靖八年进士，座主系大学士张璁。任翰林院编修时，曾校历朝实录。事将完成，却告病回家。“有言顺之欲远璁者，璁发怒，拟旨以吏部主事罢归，永不复叙。”嘉靖十八年复职，并兼春坊右司谏。次年，因要求朝见皇太子而再度罢归，与罗洪先、赵时春同遭削籍，遂“卜筑阳羡山中，读书十余年”。后来他在东南沿海御倭战斗中，表现英勇，与胡宗宪一起协谋战斗，起到了很大作用。他并非王阳明的门生，但系“王学”的崇拜者。与翁万达、王畿、罗洪先等都是好友，“于学无所不窥”，“自天文、乐律、地理、兵法、弧矢、勾股、壬奇、禽乙，莫不究极原委”，又“尽取古今载籍，剖裂补缀，区分部居，为《左》《右》《文》《武》《儒》《稗》六编传于世，学者不能测其奥也”。他“又闻良知说于王畿，闭户兀坐，匝月忘寝，多所自得”。[④] 卒年五十四。

唐顺之后人、近人唐鼎元说：

> 揭阳翁公东厓，荆川公莫逆友也，非仅缟纻之雅而已。顾求其诗文集而不获……嘉靖中边臣行事适机宜，建言中肯窍，以公为首者也。而尤与荆川公及欧阳南野、罗念庵、王隆溪诸公研求

---

① 《明史》卷二八三《罗洪先传》，第 7297 页。

② 《王阳明全集》卷三七《年谱・附录二》，第 1126—1130 页。

③ 《明儒学案》卷一八《文恭罗念庵先生洪先》，第 388 页。

④ 《明史》卷二〇五《唐顺之传》，第 5422—5424 页。

性命之学,故秉谦德若此。[①]

其实,翁及唐二人在"南倭北虏"大敌当先的形势下,一北一南,都在前线奋勇杀敌。唐是在东南倭乱的特定条件下,"痛愤时艰,指画方略于当事,当事以知兵荐之",而参与御倭斗争。在战斗中,他"身泛大洋,以习海路,败贼于崇明沙"。后来淮扬发生了灾害,又曾"赈饥民数十万"。[②] 从这方面来说,他与翁万达又颇有相似之处,两人都在抗敌作战中做了不少好事。

翁万达在给唐顺之的信中,也是讲求实际的。他说:

> 仆来兹土(指陕西),注意良勤。昔人有言:用者未必贤,而贤者未必用;行者未必当,而当者未必行。仆以为贤且用矣,当且行矣,而未必其能专且久,此边事之所以日非,而达人之所以兴嗟也。陕西三边近地,多沙碛,乏水草,若宣、大、偏、保四镇,则水草可依,弥延千里,虏骑大举,可长驱而入者非止数路。近日摆边,乃自困之道,非长策也。

又称:

> 九边图颇多,俱不甚较一。宣、大,三关旧图,尤多舛乱不足据。别具一幅,乃仆近所更定者,仅能脱稿,欲旁为之说而劻勷未遑。[③]

王畿,字汝中,别号龙溪,浙江山阴人。他与钱德洪在嘉靖五年中会试,"时当国者不说学",[④]两人均未就廷试而归。王畿系王阳明得意弟子,同在广西,与钱德洪主书院事。王阳明死后,又为之"经纪丧事",守丧三年。后来又与钱同中进士,曾任兵部主事及郎中。后得罪内阁首辅夏言,被斥为"伪学"。王遭此打击后,乃谢病归,"益务讲学,足迹遍东南,吴、楚、闽、越皆有讲舍,年八十余不肯已"。他"善谈说,能动人,所至听者云集。每讲,杂以禅机,亦不自讳也。学者称龙溪先生"。[⑤] 万历十一年(1583)卒,年八十六。

---

① (明)唐鼎元:《重辑稽愆集序》,载《翁万达集》附录二,第724页。

② 《明儒学案》卷二六《襄文唐荆川先生顺之》,第598页。

③ 《翁万达文集》卷一六《与唐荆川书》其二,第618—619页。

④ 《明儒学案》卷一二《郎中龙溪先生畿》,上册,第238页。

⑤ 《明史》卷二八三《王畿传》,第24册,第7274页。

《明史·王畿传》中又称，王“其后士之浮诞不逞者，率自名龙溪弟子”。[①] 同卷《何廷仁传》中亦称：

> 守仁之门，从游者恒数百，浙东、江西尤众。善推演师说者称弘纲、廷仁及钱德洪、王畿。时人语曰：“江有何、黄，浙有钱、王。”[②]

可见他名气之大。但唐顺之说他“笃于自信，不为行迹之防，包荒为大，无净秽之择，故世之议先生者，不一而足”。但由于王畿“亲承阳明末命，其微言往往而在。象山之后，不能无慈湖（指杨简），文成之后，不能无龙溪”，《明儒学案》又言：“以为学术之盛衰因之，慈湖决象山之澜，而先生（指王畿）疏河道源，于文成之学，固多所发明也。”[③]从王畿所写的《刻阳明先生年谱序》中，[④]就可看出其对王阳明良知学说的发挥。

魏良弼，字师伊，江西新建人。王阳明在江西时，他们兄弟四人（兄良弼，弟良器、良贵）都从其学，“良政功尤专”，深得王之赞许。他头脑清楚，读书无倦容，尝说：“不尤人，何人不可处；不累事，何事不可为。”[⑤]曾举乡试第一，未做官，不久即死。在王门弟子中，魏良政兄弟亦甚著名。

可见，不论从翁万达与王阳明的关系，他们师徒的共同点，还是从翁之“好谈性命之学”的论学知己诸方面来看，对于研究翁万达的思想，对于研究这一时期“王学”发展的社会经济背景，无疑都是非常重要的。翁万达所处的时代，恰恰是中国社会发展动荡不安的时代。这一时期的政治、经济、军事、学术、中外关系等等，都是值得我们认真探讨的。

（原载《潮汕文化论丛二集》，海天出版社，1993 年版）

---

① 《明史》卷二八三《王畿传》，第 24 册，第 7274 页。

② 《明史》卷二八三《何廷仁传》，第 24 册，第 7282 页。

③ 《明儒学案》卷一二《郎中龙溪先生畿》，第 239、240 页。

④ 参见（明）王畿：《刻阳明先生年谱序》，载《王阳明全集》卷三七《年谱·附录二》，第 1122—1123 页。

⑤ 《明史》卷二八三《魏良政传》，第 7283 页。

丙辰京察与嘉靖后期党争

京察，即京官考察，是明代考核京官的一种重要制度。明代考核文官的制度有京察和外察，外察即考核地方官吏。“京官六年一察，察以巳、亥年。五品下考察其不职者，降罚有差；四品上自陈，去留取旨。外官三年一朝，朝以辰、戌、丑、未年”。[①] 其实，京察、外察并非一开始就如此规范。最初考察之时，并无一定之规，多是临时考察。洪武四年(1371)，朱元璋命工部尚书朱守仁廉察山东莱州诸郡官吏，六年，命御史台御史及各道按察司察举有司官有无过犯，奏报黜陟，此为考察之始。洪武十四年，定京察之法：五品以下听本衙门正官考察行能勤惰，四品以上及近侍、御史等则由皇帝自裁。但一直到天顺年间多是临时考察。天顺八年(1464)方定每十年举行一次，凡现任、带俸、丁忧、公差、养病、省察等官皆由本衙门堂上官考察。弘治十七年(1504)，南京吏部尚书林瀚以为“京官十年一察，法太阔略，始定六年一考察之例”。[②] 以后即成定制。而主持考察的官员先是由朝中派官，皇帝指定大臣担当此责，后则转变为各部堂上官主持。成化年间，方定为吏部会同都察院及各堂上官主持。弘治以后则变为吏部会同都察院主持，考功司郎中参与，吏科给事中、河南道御史咨访协

① 《明史》卷七二《职官志一》，第1737—1738页。

② 《国朝典汇》卷三八《吏部·京官考察》，第815页。

助，共同完成对五品以下官吏的考察，四品以上的官员依然是自陈，去留取自上裁。嘉靖年间，制度更为完善。嘉靖二十四年(1545)与三十年进一步规定：(1)各衙门所属官员，六年之内未经考察者，不拘升迁、见任，行各堂上官开注事迹、揭帖，亲携赴吏部，以凭参酌去留。如有遗漏，听科道连名纠劾；(2)京察在巳、亥年二月京举行，五品以下听吏部与都察院共同考察，四品以上自陈取旨。① 同时，考察理当是督促官吏清廉称职的一项重要措施，但主持考察之官员往往借机党同伐异，打击政敌。更有甚者，非考察之年行考察之事，以达到其清除异己的目的，嘉靖丙辰京察就是这一典型事件。

一

嘉靖丙辰，即嘉靖三十五年，是例行的外察之年，而非京察之年。二月，吏部尚书李默主持外察，三月，却由大学士李本主持一次非同寻常的京察。想要认真透彻地分析此次京察，还是让我们从京察背后的关键人物严嵩谈起吧。

严嵩自嘉靖二十一年以礼部尚书兼武英殿大学士入阁，一直深得世宗器重。但嘉靖二十四年夏言的再度入阁，曾使严嵩一度有被冷落之感。二十五年至二十七年的三年间，内阁只有夏言与严嵩两位大学士，夏言以其凌人的气势使严嵩惴惴不安，但严嵩以柔克刚，终以高人一筹的战略将夏言挤出内阁，夏言竟于嘉靖二十七年十月被弃市。在这次生死攸关的斗争中，严嵩取得了彻底的胜利。随后入阁的两位大臣南京吏部尚书兼文渊阁大学士张治与少詹事兼学士李本皆唯严嵩之命是从，严嵩以其善撰青词与善揣摩世宗心态而深得世宗宠幸，本应高枕无忧，但他对朝臣间斗争之激烈深有感触，因而仍一如既往地侍奉世宗，同时对政敌保持着高度警惕。二十九年十月，张治病逝，内阁只有严嵩与李本二人。三十一年三月，礼部尚书徐阶遂兼东阁大学士入阁。徐阶与夏言的关系不疏，夏言曾举荐过徐阶，因而严嵩对徐阶不免有所提防，但从威望与朝中势力对比来

① (明)申时行等修：《明会典 万历朝重修本》卷一三《京官考察》，第80页。另见(明)王圻：《续文献通考》卷五三《选举考》，北京：现代出版社，1986年版，第802页。但此处年份与《明会典》有异，为嘉靖三十四年(1555)。

看,徐阶远不是严嵩的对手,随后虽有过几次小小的试探,但徐阶终不敢与严嵩为敌,只得谨慎处事。内阁倒也相安无事。但嘉靖三十年二月京察,吏部尚书夏邦谟致仕,三月,李默接任吏部尚书,却在朝中引起了一些波澜。

李默,字时言,瓯宁人,正德十六年(1521)进士。为官较为刚直,任吏部验封郎中时,真人邵元节贵幸请封诰,他坚执不予。夏邦谟致仕时,李默以吏部侍郎升为尚书,"自正德初,焦芳、张綵后,吏部无侍郎拜尚书者,默出帝特简,盖异数也"。[①] 可见,他颇受世宗重用。但李默对严嵩多有不满,"严嵩柄政,擅黜陟权,默每持己意,嵩衔之"。[②] 他并不依附严嵩,遇事坚持己见,故而引起严嵩的不满。吏部为六部之首,官员升迁进退皆决之于吏部,这关系到各派在朝中之任职,因而是各派争夺的焦点。在地位如此重要的吏部,严嵩当然决不容许异己存在。嘉靖三十年十月,李默主持会推辽东巡抚,推选了布政使张臬、谢存儒以作候选人。世宗征求严嵩意见,严嵩表示异议,"言其不任"。于是李默夺职为民,以万镗继任。万镗既为严嵩故旧,又系其推荐,于是"每事委随,又颇通馈遗",[③]遂成严嵩死党。但好景不长,一年以后,万镗因事免职。世宗又特旨起用李默,"命入直西门,赐直庐,许苑中乘马。寻进太子少保。未几,复命兼翰林学士"。[④] 此乃嘉靖三十二年八月间事,李默的再起,对严嵩产生了威胁,一场激烈的斗争随之展开。

丙辰考察还未开始,就山雨欲来风满楼。嘉靖三十四年闰十一月,兵科给事中梁梦龙秉承严嵩意旨上疏弹劾吏部尚书李默"废法行私,负国失职,乞加戒饬,以清仕路"。李默亦上章自辩。世宗安慰李默"安心供职,以副简任",但对梁梦龙之"轻率进言"亦未加处置。[⑤] 李默虽有过得罪严嵩被免职的教训,但他并未屈从,此次再起,且得世宗如此恩典,李默很想借考察官员之机杀杀严党的威风。

嘉靖三十五年正月,由李默主持的吏部会同周延主持的都察院

---

① 《明史》卷二〇二《李默传》,第 5338 页。

② 《明史》卷二〇二《李默传》,第 5338 页。

③ 《明史》卷二〇二《万镗传》,第 5340 页。

④ 《明史》卷二〇二《李默传》,第 5338 页。

⑤ 《明世宗实录》卷四二九,嘉靖三十四年闰十一月丁亥,第 7422 页。

考察天下诸司官，是为例行的外察。考察结果，得年老，左布政使岑万等十人；有疾，副使牟朝宗等人；罢软，右布政使吴惺等三十人；贪酷，副使崔宦等四人并各司杂职共二千余人。得旨，致仕黜调如例。随后，六科给事中王鹤、十三道御史霍冀等以考察拾遗论劾布政使王桥、按察使佘勉学、参政陈光华、周大礼、刘汀等人不职状，吏部依情处理，或降职调用，或致仕闲住。李默主持外察时，秉公办事，“戒门下谢宾客，同直大臣亦不得燕见”，不为严党徇情。故此，严党许多人物受到处置，或调用，或闲住，矛头直指严嵩，“嵩甚恨”。[①] 外察使严嵩势力受到冲击和削弱。明年丁巳京察，如果依然是由李默主持，严党势力势必损失更大。严嵩对此当然不会善罢甘休。恰在此时，李默与严嵩的心腹赵文华的矛盾亦趋激化。

嘉靖三十四年十二月，督察浙江工部侍郎赵文华疏乞还京，次年正月抵京。赵文华曾在嘉靖三十三年请祷海神抵御倭寇。因为当时江浙一带倭患极为严重，在严嵩的举荐下，世宗遣赵文华赴浙江视师。但赵本无军事才能，至浙江只是一味欺凌官吏，大肆搜刮财物。总督张经对赵文华极为鄙视。时广西田州土兵刚至浙江，即锐意请战，赵文华不分敌情，竟听其言，且敦促张经进兵，张经不听，赵文华遂以不听军令，上疏弹劾张经。不久，张经在王江泾大败倭寇，但竟以赵文华谗言而被捕，不久即被杀。以后代行总督的周珫、杨宜皆庸驽无远略，由是各兵漫涣，贼势益炽，致使江浙一片溃败。不久，明兵在苏州击败倭寇，俞大猷又有海洋之捷，赵文华见机想抽身回京，“遽言水陆成功，江西清宴。臣违阙日久，请归供本职”。而事实上江浙倭寇更为猖獗，“是时海洋回倭，泊浦东川沙旧巢及嘉定、高桥皆有倭据，而新倭来者日众，浙东西破军杀将羽书沓至”。[②] 然赵文华竟以倭寇几灭上闻，欺骗朝廷。

赵文华的谎言虽一时蒙骗了世宗，但朝臣多不以为然。还在嘉靖三十四年十一月时，兵科给事中夏栻与吏科给事中孙濬就上疏弹劾赵文华枉法误国。孙濬在疏中对赵文华请罢应天巡抚曹邦辅，明白表示不妥。疏言：“今苏松民士谓邦辅实心任事，称不容口。其前

---

① 《明史》卷二〇二《李默传》，第 18 册，第 5338 页。

② 《明世宗实录》卷四三〇，嘉靖三十四年十二月乙巳，第 7431 页。

流劫留都之倭又为邦辅所灭，功能独然，遽请斥罢，文华之意殆不可晓。”[①]夏栻则言：“浙直官兵会剿陶宅逋寇，屡遭陷败，诸臣奏报不实，且文华欺诞，大负简命。”[②]但由于严嵩曲意回护，赵文华未受到处置，世宗也误听赵文华言，以为江浙仅留残寇而甚为高兴。但江浙一带的战报依然纷至沓来。嘉靖三十五年二月，巡按直隶御史周如斗以正月间明军败于四桥事闻，且参劾总督侍郎杨宜“轻率寡谋”，致使参将尚用绍、指挥李田、鲍东莱等阵亡，于是，杨宜被免职。世宗亦怀疑赵文华以前所谈“零寇将灭”为不实之词，屡以此询问严嵩。严嵩委婉庇护，终未使世宗释疑，赵文华大惧，遂企图通过告讦，将罪名栽到其他大臣身上。

当时，朝中大臣因赵文华的“恣睢暴戾”，多不敢与他公开对抗，唯独李默“以盛气折之”[③]。李默既不阿附严嵩，对严党亦很鄙视，更对赵文华在浙江的所作所为，嫉之如仇。李默对其同乡张经的屈死，亦深表同情。故而赵文华对李默颇有些忌惮。杨宜被罢职后，严嵩、赵文华想以胡宗宪代行总督职权，但李默主持会推，推选南京户部侍郎王诰而不推胡宗宪，再一次令严嵩与赵文华失望。严嵩与赵文华对此切齿痛恨。为了清除异己，亦为解救自身，赵文华遂上疏弹劾李默，罪名有二：

其一，谤讪世宗。李默曾主持部试人选，策目有“汉武、唐宪以英睿兴盛世，晚节乃为任用匪人所败”等语，[④]赵文华疏中摘录此语，指责李默有意讥讽世宗，罪莫大焉。

其二，干扰江浙督抚用人，致使所用非人，东南涂炭，倭寇猖獗。将倭寇未灭的罪责推到李默身上。他说：

> 臣受皇上重托，为人所嫉。近奉命还京，臣计零寇指日可灭，乃督抚非人，今复一败涂地，皆由默恨臣前岁劾逮其同乡张经，思为报复。迨臣继论曹邦辅，则嗾给事中夏栻、孙濬媒孽臣

① 《明世宗实录》卷四二八，嘉靖三十四年十二月甲寅，第 7404 页。

② 《明世宗实录》卷四二八，嘉靖三十四年十二月丙申，第 7396 页。

③ 《明世宗实录》卷四三二，嘉靖三十五年二月戊午，第 7457 页。

④ 《明世宗实录》卷四三二，嘉靖三十五年二月戊午，第 7458 页。（清）谈迁：《国榷》卷六一，对此亦有记载，不过言辞稍有不同，其为“汉武征伐四夷而海内虚耗，唐宪功成淮蔡而晚业不终”。（见第 3870 页）

及宗宪……而用王诰抵塞，然则东南涂炭，何时可解？陛下宵旰之忧何时可释也！默罪废之余，皇上洗瘢录用，不思奉公忧国，乃怀奸自恣，敢于非上如此，臣诚不胜愤愤，昧死以闻。[①]

这两条罪名已完全可致李默于死地。世宗一向刚愎自用，容不得大臣半点异议，讥谤之人又岂能放过。而东南倭患一向是世宗的心病，正想探询倭患久炽未灭的原因，恰在此时，赵文华以“督抚非人”上闻，主持会推的李默自然罪责难逃。世宗览疏大怒，当即下李默镇抚司拷讯，并被判处斩刑。未及行刑，李默已瘐死狱中。

李默两度主持吏部，依己见行事，不党附严嵩，然最后仍成为朝中党争的牺牲品。他能执掌吏部，一则赖世宗倚重；二则得陆炳为门生。陆炳当时为锦衣卫指挥，颇受世宗宠幸。虽然陆炳与严嵩关系甚洽，但李默并不因之而听命于严嵩。《明史》称其“博雅有才辨，以气自豪”，“然性褊浅，用爱憎为轩轾，颇私乡旧，以恩威自归，士论亦不甚附之”。[②] 谈迁则认为“默性卞急，不能容人过，接士大夫少愉色，援引才俊，不使人知之，得大臣体”。[③] 可见，李默在激烈的党争中，尚多能秉公行事，能做到此，已属不易。

赵文华经此一疏，既清除了李默，又为自己洗清了罪名，消除世宗的疑心，重新赢得了世宗的信赖，而且使严党在京察中争取了主动。

李默下狱为二月二十九日，当日即罢王诰，进胡宗宪兵部左侍郎兼左佥都御史，总督浙直福建军务。次日，又以大学士李本兼掌吏部事务。李本掌管吏部数日，即提出要对京官进行考察。在正月进行的外察中，由于李默坚持原则，不依从严嵩旨意，致使严党受到打击。而京察较之外察更为重要，由大学士严嵩党羽李本主持京察，从而在严嵩的旨意下，开始了一场清除异己、培植势力的大清算。

二

李本主持吏部事务只有十日，他二月三十日接管吏部事务，三月十一日，工部尚书吴鹏就改为吏部尚书，从而使李本离开吏部。虽只

① 《明世宗实录》卷四三二，嘉靖三十五年二月戊午，第 7458 页。

② 《明史》卷二〇二《李默传》，第 5339 页。

③ 《国榷》卷六一，嘉靖三十五年二月戊午，第 3870 页。

有短短的十日，然而李本却主持完成了当年的京察事宜。其实，丙辰并非法定的京察之年，按理应于丁巳（即次年）举行，但李本却迫不及待。李本不过是临时掌管吏部，且只有数日，对吏部事务不甚了解，却要主持临时京察，这本身就耐人寻味。

李本，本名吕本，字汝立，号南渠，冒姓李。余姚人，嘉靖十一年进士。嘉靖二十八年，李本于夏言弃市后入阁，对首辅严嵩俯首帖耳，丝毫不敢懈怠。

三月初四日，李本上疏，请求考察两京九卿、长贰、府寺等衙门堂官及总督巡抚，将"朴嫩不称者稍易之，尚堪驱策者留之"。他还有一套冠冕堂皇的大话，曰：

> 近者当事之臣，内外用人，不论贤否，动以爱憎为用舍，狥私纳贿，只取充位，是以庶绩日隳，南北多故，陛下焦思，屡更数易，即有龌龊自保之士，鲜能分主忧者。臣闻琴瑟不调，必解而更张之；狼莠不除，嘉谷不生。故用人在去不肖。夫大臣者，小臣之倡也，大臣不职则小臣靡然从之，故去不肖者先大臣矣。①

世宗览疏，以为李本忠诚报国，遂命李本全权办理。于是，李本将朝中大臣 113 人划分为三等。上等 28 人，吴鹏、赵文华、严世蕃等；中等 70 人，鄢懋卿、徐履祥等；下等 15 人，即理当斥罢者，他们是：南京吏部尚书杨行中，南京礼部尚书葛守礼，南京刑部尚书陶尚德，户部右侍郎艾希淳，刑部右侍郎郑大同，工部左侍郎郭鋆，南京通政使司何云雁，南京鸿胪寺卿王楠，太仆寺少卿陈邦修，光禄寺丞丘乘文，巡抚都察院右副都御史张烜、郝维岳、汪尚宁，右佥都御史张鹗翼，"得旨，行中、守礼、尚德、鋆致仕，希淳、云雁调外任，大同等闲住"。② 这些被斥罢的官员除个别人是疲软老疾外，多是不附严嵩，甚至与严嵩为敌者，但多可大用。

本来，借京察与外察而清除异己，乃统治者固有之伎俩，这一点，严嵩亦不例外，但如此大规模而公开地铲除异己，则实属少见。《明史》称严嵩对其所不悦者，"假迁除考察以斥者甚众，皆未尝有迹也"。③

---

① 《明世宗实录》卷四三二，嘉靖三十五年三月癸亥，第 7462 页。

② 《明世宗实录》卷四三三，嘉靖三十五年三月癸亥，第 7463 页。

③ 《明史》卷三〇八《奸臣传·严嵩传》，第 7916 页。

三天后，李本又主持对两京科道官进行考察，共罢免了两京科道官 38 人，分为不谨、浮躁、不及三类。其中，都给事中乌从善等 18 人为不谨，左给事中李幼滋、给事中孙濬、夏栻等 14 人为浮躁，都给事中王鸣臣等 6 人为不及。得到世宗首肯，于是皆降调。而其他“御史留用者仍各杖四十”。[①] 这样，便对两京科道官进行了一次大更动，并杀尽科道官的威风。

此次临时京察，大臣之中凡是严党骨干人物皆得推为上等和中等，如吴鹏、赵文华、严世蕃、鄢懋卿等。反之，异己则以各种罪名斥罢，科道官中反严人物大都被清除。严党势力在朝中更加膨胀，严嵩在朝中的地位也更加巩固，在政治斗争的漩涡中，严嵩牢牢地掌握着主动权。

随后，即以此京察结果选拔官吏。京察一等的工部尚书吴鹏于三月十一日改为吏部尚书，不久，赵文华亦由工部侍郎升为工部尚书。世宗对吏部推赵文华为尚书，大悦，且曰：“文华斋诚祭海，受命督察，宜有恩奖，此推甚为得人。”[②]其意在于“以赏其讦发不臣之功”，且加太子太保。吴鹏对严嵩言听计从，“凡内外要职，皆奉嵩指授”，“自是选人惟严氏指，政以贿成，益不可问”。[③] 朝中用人大权为严嵩所控制。至此，满朝文武皆听命于严嵩。

李本由于主持京察之“功”，不久，即晋升为少保兼武英殿大学士。事实上，此次京察不过是李本的一次瞒天过海的欺诈行为。

三

京察本应由吏部会同都察院共同主持，考察若有不公，允许科道官拾遗，拾遗不当，科道官理当互相纠举。都察院和科道官在其中担当了极为重要的角色。自成化年间以来即是如此。嘉靖初年，世宗出于对政权之巩固，对此亦极为重视。

嘉靖六年南京考察，六科无一人去职，礼部侍郎桂萼遂攻击吏部尚书朱希周“以为畏势盘据而不敢去之也”，并言京察有科道拾遗，

---

① 《明世宗实录》卷四三三，嘉靖三十五年三月丙寅，第 7465 页。
② 《明世宗实录》卷四三三，嘉靖三十五年三月癸未，第 7475 页。
③ 《国榷》卷六一，嘉靖三十五年三月辛未，第 3872 页。

“其在科道官宁独无遗漏乎?”[①]世宗当即下令科道拾遗并互纠。

嘉靖十二年京察后,世宗又谕吏部曰:

> 部、院考察京官及科道拾遗事既竣,独科、道互相纠劾,业有成命,今数日未见题请,显有畏附之私。宜遵例令两京十三道、六科从实互举,以听去留。[②]

科道拾遗之后,没有科道互纠之事,世宗特下诏督责,认为“显有畏附之私”,于是吏部尚书汪鋐上疏引罪,科道当即互相纠劾,科臣劾御史张相、郑洛书、汪似、李循义、苏信,道臣劾给事中张润身、饶秀、商大节、曹汴、戴儒等各不职,世宗再下谕:

> 科道官系朝廷耳目,顷大臣多畏避奸邪,以致考察宽纵不公,兹互相举劾,亦不过苟且塞责,为首者姑宥不治。[③]

其他被劾的科道官或闲住,或致仕,或降调外用。

嘉靖二十四年二月,吏科给事中卢勋等陈慎考察五事:集众见以昭大公;核众职以昭大法;体考察以清冒滥;除暧昧以全人才;禁奔竞以正士风。对考察的有关具体事项阐明了意见,得到世宗的批准。

嘉靖三十年京察后,科道拾遗,吏部尚书夏邦谟、南京刑部尚书傅炯等被免职,刑部尚书顾应祥、户部侍郎骆颙等改南京。

由此可见,京察后,科道拾遗乃维护考察公正的必要补充,科道互纠乃督责言官拾遗之正与尽职尽责,皆是科道官在考察中的职权。

但丙辰京察显然与以前之行事大不相同,其体现在以下几个方面:

首先,时间上未遵六年一考之例,考察亦未按程序办事。京察理应六年一次,察以巳、亥年,且吏部与都察院只掌管五品以下的官员考察,四品以上自陈取旨。丙辰年并非京察之年,例行的京察理应在次年即丁巳年,但李本接管吏部后就迫不及待地上疏世宗,请求考察,且无论是五品以下,还是四品以上,一概听李本决定去留。这种情况在明代实属少见。只是正德年间,刘瑾专权时,为了铲除异己,

---

① 《国朝典汇》卷三八《吏部·京官考察》,第2146—2147页。

② 《明通鉴》卷五六,嘉靖十二年四月己卯,第1508页。

③ 《国朝典汇》卷三八《吏部·京官考察》,第816页。

刘瑾遂“矫诏行吏部，不时考察两京及在外方面官”，[1]显然是打击报复。

其次，主持京察事务的仅是兼掌吏部事务的李本一人，而当时掌管都察院的左都御史周延并未参与，李本亦根本未同周延商量，升降进退，全凭李本一人定夺。他上疏世宗得到世宗的同意后，遂将大臣分为三等，末等15人与科臣38遭人罢斥了结。十五年后，大学士高拱掌管吏部，主持京察，他还指责李本之擅权。他论道：

> 京官六年考察，皆吏部、都察院同行，惟丙辰春，大学士李本掌院事，考察科道，奉旨专行，都察院不与焉。臣愚以为耳目贵广，宜与都察院同事。[2]

可见，此次京察不符合惯例。

再次，既无科道拾遗，也无科道互纠。京察拾遗是弥补京察不公的重要手段，而科道互纠也是维护言路公平的一项重要措施。李本既不与都察院商量，也不允许科道官插手，一概全免，而世宗亦随之照办。由于严嵩之异己皆被清除，虽然朝中评之不公，但终无人弹劾。

最后，清除科道中的异己成为此次考察的主要目标。大臣考察后三日，即对科道官进行考察，不容科道官提出异议，遂又罢黜38位言官。仔细分析一下嘉靖朝的言官，我们或许可以明白李本这样做的奥秘。

世宗一朝，科道官一直很活跃。“大礼议”中，科道官曾为弹劾杨廷和为首的元老派，为世宗争取“议礼”得以如愿，曾立下汗马功劳。而世宗亦希望科道官担当起“风宪耳目”之责，故而采取一些措施以使科道官尽为其用。京察拾遗与科道互纠就是其中的两项措施。而科道官对大臣的弹劾亦屡见不鲜。严嵩自嘉靖二十一年入阁以来，屡屡受到言官弹劾，先后被谢瑜、叶经、童汉臣、赵锦、王宗茂、何维柏、王晔、陈垲、厉汝进、沈鍊、徐学诗、杨继盛等人弹劾，是故严嵩对科道官颇有戒心。因之，他一方面设法笼络一批言官，一方面对敢于弹劾他的言官严惩不贷。嘉靖三十二年巡按御史赵锦以应天变，弹

---

① 《国朝典汇》卷三八《吏部·京官考察》，第815页。

② 《国朝典汇》卷三八《吏部·京官考察》，第819页。

劾严嵩，赵锦被削籍为民。不久，兵部员外郎杨继盛上疏论劾严嵩十大罪、五奸，三十四年十月，严嵩借机将杨杀害。虽然弹劾严嵩的朝臣屡屡受到打击，甚至被处死，但在朝中激烈的党争中，科道官总是无所畏惧，充当各派斗争的急先锋。而每次考察，科道官亦首当其冲。嘉靖二十一年吏部、都察院奉圣谕考察科道官，73 人被降职或调外任，居科道官半数。三十年京察，“严嵩父子恫愒吏部，中伤善类甚众”，[①]亦有一批科道官被免职。严嵩视不附己的科道官为眼中钉。而李默主持吏部事务时，曾支持一批言官弹劾严党赵文华等人，李默倒台后，严嵩势必要对科道官进行罢黜。现将 37 位被罢调的科道官列表说明，以使问题更加清楚。其中表 1 以《明清进士题名碑录》内的材料为主，表 2 以《兰台法鉴录》和《南垣论世考》内的材料为主。

表 1

姓名	籍贯	中进士时间	丙辰京察时任职	史料出处
马汝松	直隶东光	嘉靖二十三年	都给事中	《明清进士题名碑录》
乌从善	山东博平	嘉靖二十三年	都给事中	同上
黄元白	四川达州	嘉靖二十六年	左给事中	同上
黄谦	福建莆田	嘉靖二十六年	右给事中	同上
张万纪	陕西临洮卫	嘉靖二十六年	右给事中	同上
郭鈴	浙江兰溪	嘉靖二十六年	右给事中	同上
冯荐	四川南充	嘉靖二十六年	御史	同上
李幼滋	湖广应诚	嘉靖二十六年	左给事中	同上
孙濬	直隶宣城	嘉靖二十九年	给事中	同上
吴国伦	湖广兴国州	嘉靖二十九年	给事中	同上
夏栻	江西丰城	嘉靖二十九年	给事中	同上
高鹤	浙江山阴	嘉靖二十九年	南京给事中	同上
何廷钰	福建绍武	嘉靖二十九年	御史	同上

① 《国朝典汇》卷三八《吏部·京官考察》，第 818 页。

（续表）

姓名	籍贯	中进士时间	丙辰京察时任职	史料出处
曹光	浙江平湖	嘉靖二十九年	御史	同上
徐栻	直隶常州	嘉靖二十六年	南京御史	同上
边毅	江西峡江	嘉靖二十六年	南京御史	同上
王鸣臣	江西泰和	嘉靖二十三年	都给事中	同上
谢莆	山西代州	嘉靖二十九年	给事中	同上
林应箕	福建莆田	嘉靖十七年	御史	同上
朱木	直隶常州	嘉靖二十三年	御史	同上
张守蒙	山东滕县	嘉靖二十三年	御史	同上

表 2

姓名	籍贯	中进士时间	任言官前职务	其他情况	史料出处
朱文汉	福建莆田	嘉靖二十六年	不详	字章卿，号可山。三十三年选南京户科给事中，三十五年免。	《南垣论世考》卷九
蔡朴	直隶沧州	嘉靖二十三年	阳武知县	字子祁，二十六年选山东道御史，巡抚宣大、河南。	《兰台法鉴录》卷一六
刘应熊	陕西陇西	嘉靖二十年	嵩县知县	字体阳。二十六年选广东道御史，二十七年巡盐广东，二十九年巡按四川，三十二年巡按山西，三十四年以劾总兵李贤逮系，三十五京察闲住。隆庆元年诏准致仕。	同上
郑錀	福建闽县		国子监助教	字道启。嘉靖二十五年举人。选四川道御史，三十四年巡盐河东，旋丁忧，三十五年坐李默党，罢归。	《兰台法鉴录》卷一七

（续表）

姓名	籍贯	中进士时间	任言官前职务	其他情况	史料出处
黄正色	河南光山	嘉靖二十六年	福州推官	字子征。二十九年选山东道御史，降无为州判官，升河间府推官，累升山东副使。	同上
段锦	山东恩县	嘉靖二十六年	壶关知县	字奚中。三十年选陕西道御史，后巡仓巡按四川。丙辰京察降深州判官。三十六年升大名知县，累升陕西参政，疏请致仕。	同上
陈观衡	山东东平州	嘉靖二十六年	汉中府推官	字养静。三十一年选广东道御史，巡盐两浙，三十三年丁忧。丙辰京察降汝州判官。	同上
郭文周	福建福安	嘉靖二十三年	中书	字景复。二十七年选云南道御史，二十八年南畿屯马，后巡广东。丙辰京察，忤严嵩，勒令致仕。	同上
李正彝	湖广巴陵	嘉靖二十九年	抚顺知县	字葱懿。三十年选福建道御史。京察降州判官，后升赣州府同知、四川佥事。	同上
君庭	山东肥城	嘉靖二十九年	郏县知县	字子绍。三十年选湖广道御史，丁忧卒。	同上
詹理	浙江遂安	嘉靖二十九年	中书	字燮理。三十三年选陕西道御史，丙辰京察闲住。	同上
陈九成	广东高要		国子监助教	字子韶。嘉靖十九年举人。二十六年选山西道御史。巡按甘肃，丙辰京察罢归。	同上

（续表）

姓名	籍贯	中进士时间	任言官前职务	其他情况	史料出处
高镛	四川内江	嘉靖二十三年	平阳知县	字景甫。二十八年选陕西道御史，后巡盐两淮、巡抚江西，丙辰京察降布政司都事，后升南京兵部员外。	同上
阴秉旸	河南汲县	嘉靖二十六年	曲沃知县	字子寅。二十八年选广西道御史，管理屯马，丙辰京察降同州判官，升馆陶知县，累迁陕西参议。	同上
张云路	山西高平	嘉靖二十六年	行人	字伯登。二十八年选四川道御史，三十三年巡视两关，三十四年巡按陕西，京察致仕。	同上
庞俊	陕西泾阳	嘉靖二十六年	镇江推官	字时英。二十九年选广东道御史，三十三年巡视两关，三十四年巡按河南，京察致仕。	同上

由两表可知，被罢黜的科道官有以下几个特点：其一，除 2 位出身举人外，其余 35 位皆是进士出身。其中嘉靖十七年、二十年进士各 1 人，二十三年进士 8 人，二十六年进士 15 人，二十九年进士 10 人。嘉靖二十六年与二十九年的进士共 25 位，几乎占了 70%。他们大多年轻，入仕不久，尚保存着新科进士那种敢作敢言的精神。即如吏科给事中孙濬、兵科给事中夏栻、巡按直隶御史张云路、吏科左给事中马汝松、刑科右给事中王鸣臣、福建道御史曹光、南京御史徐栻、兵科左给事中黄元白、南京户科给事中朱文汉等，在当时都极为活跃，他们公开弹劾赵文华或其他严党人物，故而或被罢黜，或被贬斥。其二，他们多来自知县或推官等中小地方官任上。科道官“弘治间始及行人、博士，正德间及推官、知县，今旋行旋废，乞复旧制通选”。[①] 于是行人、知县、推官、博士等皆可补选。嘉靖年间，不少进

① 《国榷》卷五四，嘉靖九年六月乙亥，第 3423 页。

士授予知县或其他地方官，故而成为科道官的来源。从《兰台法鉴录》和《南垣论世考》所载的 16 人中可知，来自知县的有 7 人，来自推官的有 3 人，2 人拔自国子监助教，2 人拔自中书，1 人来自行人，1 人情况不明。由此可见，科道官来自知县和推官的占了多数。当时形成了进士为知县，知县升科道官的惯例。嘉靖三十四年十二月，吏科都给事中王鹤上疏：

> 今天下奔竞者，莫甚于方面，而骄横者莫甚于进士之有司……顷以地方多事，奏请多选进士充守令。初至率矫情饰欺诳监司，而监司辄荐扬之。既得荐扬，贪酷并作，无复顾忌。兹遇考察大典，乞敕该部痛惩前弊。[①]

所谓进士、知县矫诳，亦牵扯到由知县而拔擢的科道官。但反观此疏，却可见这批科道官在朝中之活跃程度。活跃，消极地讲，也可视为浮躁。因之而被罢黜的科道官占了大多数。

纵观此次京察，既非京察之年，考察又不合旧制，纯属李本个人操纵，严嵩暗中掌握，得到世宗首肯，从而达到李本与严嵩清除异己、钳制科道官的一次清洗行动。直接动因在于吏部尚书李默与严嵩为敌，以及李默主持外察削弱了严党势力。

四

嘉靖三十六年(1557)即丁巳年，方是例行的京察之年。正月末，南京吏科给事中张师载等疏陈考察事宜：

> 君子小人之辨，其几甚微，君子孤立寡合，未免取忤于俗，小人阿谀惯熟，足以弥缝于人。考察大典，要当辨心术之微，审是非之真，以为去留。毋分崇卑，毋间远迩，毋拘常数，毋追既往，及欲开陈事迹，昭示贤否。[②]

二月，京察时，四品以上的官员照例自陈，世宗或优昭褒答，或降调他用，个别的令致仕闲住。吏部尚书吴鹏会同都察院左都御史周延主持考察五品以下官吏，得老疾者 25 人，贪 2 人，罢软 2 人，不谨

---

① 《明世宗实录》卷四三〇，嘉靖三十四年十二月戊戌，第 7426—7427 页。

② 《明世宗实录》卷四四三，嘉靖三十六年正月壬午，第 7573 页。

102 人，浮躁浅露 19 人，才力不及 26 人。随后科道官拾遗又论罢十余人。但朝中对此次京察的反应似乎很平淡，远没有三十五年京察时那么多不平和义愤。比较而言，其原因主要有三点：

其一，丙辰京察与丁巳京察目的不同。丙辰京察主要是李本操纵，其意在于清除异己，党同伐异。丁巳京察虽亦不免有庇护同党之嫌，但总体而言，有条文可循，重在对官员称职与否的考察。

其二，丁巳京察一切按照制度办事，即便主持京察的官员依然是严党，但有科道拾遗和科道互纠，京察之时也就得维持大体。而丙辰京察则全凭李本一人操纵，官员升降进退全凭李本决断，故而不公正。

其三，丙辰京察范围较小，主要是"两京九卿、长贰、府寺等衙门堂官及各总督巡抚"与科道官，[①]全是身居要职之官员，并不涉及一般的中下级官员。而丁巳京察是针对在朝的所有官员。且其做法亦不同，丁巳京察四品以上官吏自陈，由世宗决定去留，但丙辰京察不论品位高低，一概听李本纠劾。由此可见，丙辰京察是何等的不公平。

《明世宗实录》对丙辰京察的评论甚为公允：

> 是时，严嵩子世蕃专恣贪婪，政以贿成。赵文华一出，江南之公私匮竭，刑赏倒植。由是士论恶此三人已甚。嵩虑有他故，欲锄排异己，以慑众志，本毅然承其指授，亦借以行其私。所黜多茸阘不称。然凡疏远不附严氏及文华所不悦者，一切屏斥无遗，故公论为之不平云。[②]

丙辰京察之所以如此，固然是党争的结果，但与明世宗也不无关系。是时，明世宗多年不朝，但对朝臣及朝中之事都很敏感，范守己对世宗有一段评论，曰：

> 臣于徐少师阶处，盖捧读世庙谕札及改定旨草，云人尝谓辅臣拟旨，几于擅国柄，乃大不然。见其所拟，帝一一省览窜定，有不留数字者。虽全当帝心，亦必更易数字示明断，有不符意，则

① 《明世宗实录》卷四四三，嘉靖三十五年三月癸亥，第 7475 页。

② 《明世宗实录》卷四四三，嘉靖三十五年三月丙寅，第 7485 页。

驳使再拟。再不符意，则谯让随之矣。故阁臣无不惴惴惧者。自古英明之主，亡不受成事，相臣衔上裁声名而已。揽乾纲如帝者，几何人哉！国朝中亦惟高、文及帝数君耳。以故大张弛，大封拜，大诛赏，皆出独断，至不可测度。辅臣欲有所与，亦从臾之，或揣摩拼阖之耳，而能代有天工哉！[①]

世宗既揽权纲如此，又常年不上朝，他所接触的只是身边的内阁大学士。严嵩作为内阁首辅大臣随侍世宗左右，颇为世宗倚重，他几乎从不逆世宗之意而行，极善揣摩世宗心思，《明史》论之曰：

欲有所救解，嵩必顺帝意痛诋之，而婉曲解释以中帝所不忍。即欲排陷者，必先称其孅而以微言中之，或触帝所耻与讳。以是移帝喜怒，往往不失。[②]

故而在历次党争中他总能巧妙地利用世宗的支持，从而赢得胜利。丙辰京察就是一典型事例。

丙辰京察严嵩清除了异己，丁巳京察不过是一次例行的考察，无损于严党的实力。当时，严党人物占据朝中各要害部门，朝中相对平静，而严嵩的地位也更加巩固。丙辰六月，即京察三个月后，严嵩一品九年再满，他疏陈：

国家考课旧典，群臣历俸九年者，例不引奏复职，况臣忝居廷臣之首，再历九载，无尺寸之功，以年以例俱当引避。

世宗优诏褒答，称赞他"忠诚勤慎，辅赞年久，勋绩茂著"，不允其辞，且赐宴于礼部，荫其一子为中书舍人。[③] 足见世宗对他的倚重。内阁中另外还有李本和徐阶。李本固然是严嵩的心腹，而徐阶虽有取严嵩之位而代之之心，但慑于严的权势，亦只得谨慎事之。六部尚书中，吏部尚书吴鹏、工部尚书赵文华乃严嵩心腹，而兵部尚书由老将许论接替丁忧离职的杨博，"论时已老，重自顾念，一切将帅黜陟，兵机进止，悉听世蕃指挥"。[④] 都察院左都御史周延虽"颜面寒峭，砥

① 《国榷》卷六四，嘉靖四十五年十二月辛丑，第 4037—4038 页。

② 《明史》三〇八《严嵩传》，第 7917 页。

③ 《明世宗实录》卷四三六，嘉靖三十五年六月丙辰，第 7509 页。

④ 《明史》卷一八六《许论传》，第 4929 页。

节奉公。权臣用事，政以贿成，延未尝有染，然居台端七年，无谏诤名”。[①] 都不过是雷同附和，明哲保身罢了。当时尚书吴山、欧阳必进、高燿、许论辈皆“惴惴事嵩”，一时“士大夫辐辏附嵩，时称文选郎中万寀、职方郎中方祥等为嵩文武管家”。[②] 由此可见，丙辰京察后，严嵩的势力达到最为显赫的时期。

（原载《明史论丛》，中国社会科学出版社，1997 年版）

---

① 《明史》卷二〇二《周延传》，第 5341 页。

② 《明史》卷三〇八《严嵩传》，第 7917—7918 页。

第四章　明末人物与事件

试论袁崇焕的几个问题
——读《明史·袁崇焕传》札记

一　袁崇焕与毛文龙

(一)袁、毛交恶之原因

《明史·袁崇焕传》中谈到了袁、毛交恶的几个原因：

一、毛以总兵身份驻兵皮岛，在明与后金的作战中虽起到一定的牵制作用，但因毛文龙其人“本无大略”，又经常打败仗，而每年花费的兵饷却不计其数，因而得不偿失。

二、毛文龙利用皮岛“广招商贾，贩易禁物”，以接济朝鲜为名，行垄断海上贸易之实，以买卖人参、布匹为业。真正用兵时，亦起不了作用。

三、兵部袒护毛文龙，当时工科给事中潘士闻、尚宝卿董茂忠都主张撤换毛文龙，但兵部不同意。

四、当时袁崇焕主张在毛军内设文官监制，遭到毛拒绝，并“抗疏驳之”。

这四点原因都是事实，但最令袁崇焕恼火的还是第四点。

袁崇焕曾对毛文龙说：“尔有十二斩罪，知之乎？祖制，大将在外，必命文臣监。尔专制一方，军马钱粮不受核，一当斩。”①

---

① 《明史》卷二五九《袁崇焕传》，第6715—6716页。

明末统治阶层的矛盾错综复杂，除了东林党与阉党的矛盾外，在辽东兵将中文官、武将之不合亦非常突出。袁是科举出身，中进士不久即在兵部任职，未几年即超擢辽东统帅。毛文龙则是行武出身，自万历二十年(1592)朝鲜壬辰之役后，一直驻兵辽东，后又以“岛帅”自居。平时目空一切，飞扬跋扈，不可一世。天启六年(1626)，因有人说他驻兵皮岛，离清军远达“二千余里”，他立即上疏反驳，疏曰：“部议又谓臣所住须弥岛去奴寨二千余里”，实际“是须弥距奴寨在五百里内”，“今谓去奴二千余里，不知何臣作此诳言？”[①]毛文龙敢在上皇帝的奏疏中如此狂妄，与阉人关系密切是一重要原因，同时也反映出当时武将的跋扈和对文官的不满。

毛文龙历来净打败仗，《明史·袁崇焕传》所记天启四年至天启七年三月中，毛文龙与清兵交战，几乎每战必败。而在天启元年却曾乘虚杀清兵镇江(今丹东)守将，打过一次胜仗。这次取胜，主要是利用辽东生员王一宁的突击策略取得的。由于这次袭击成功，毛文龙才在天启二年六月被封为平辽副总兵。王一宁也因这次胜利，被任为登莱通判，赞画军务。但毛文龙对文人一贯歧视，是不能容忍文官参与机务的，天启三年十二月，他即诬奏王一宁，将其“逮治论死”。[②]

袁崇焕对于毛文龙等武将的飞扬跋扈早已十分不满，他在天启六年三月《三辞隆荫疏》中向皇帝进言：

> 窃计东事从前之坏，半由于官爵滥而法纪荡……且武人奔竞，少竖立便欲厚迁，稍不合辙思扬去，要挟朝廷，开衅同类，令边疆始终不得一人之用，臣最疾之。[③]

现在，袁崇焕为了得“一人之用”，当然要对毛文龙的专断作风采取措施。于是袁主张在毛的军队中设文官监制，当然又得到“抗疏驳之”的结果，因此袁、毛的关系必然达到剑拔弩张的地步，遂至不可收拾。

袁崇焕杀毛文龙后，曾上书崇祯说：“茫茫海外，固易为乱之地。

---

① 《明熹宗实录》卷七五，天启六年八月甲子，第3651页。

② (清)九龙真逸：《东莞五忠传》卷上《袁崇焕》，载沈云龙选辑：《明清史料汇编》第8集第7册，台北：文海出版社有限公司，1973年版，第31—32页。

③ 《东莞五忠传》卷上《袁崇焕》，载《明清史料汇编》第8集第7册，第28页。

而以能为乱之人处之，安得不乱？尚更填一帅，因仍其局，文龙之后，宁无文龙？”[①]也说明当时袁斩毛为的是以文官统帅震慑独霸一方的武将。

(二)袁、毛与清之议和

明末史料中，“谋款”及“请款”的字样很多，实际系指明、清之间的议和。

《明史·袁崇焕传》称：“议战守，自崇焕始。”天启六年三月，以袁崇焕为辽东巡抚。当时太监魏忠贤掌权，故派他的党羽太监刘应坤、纪用等出镇为监军。袁崇焕当即上疏拒绝。魏忠贤不听，仍然简用，并命刘、纪二人在袁军中“便宜从事”，袁崇焕只好屈从。天启七年，“中外方颂忠贤，崇焕不得已，亦请(为魏忠贤)建祠”。尽管如此，袁崇焕仍不为太监所喜。宁、锦大捷，连魏忠贤的孙子都被封伯，而袁仅增一秩。[②]

天启六年八月，努尔哈赤死。袁崇焕“闻信即入告忠贤，欲因是招款，建不世之勋”，魏忠贤立即“令崇焕遣使吊”。[③] 因此袁之议和，并不是自己的主张，仅是奉命执行而已。而袁崇焕之所以如此做，其目的是“欲往觇虚实，且离间其种心”。正如当时兵部尚书霍维华说：“主款出自忠贤意，非崇焕所得专。”[④]天启七年十一月，崇祯即位后，朱国弼也上疏谓：“忠贤乃遣人吊孝。边臣不奉忠贤命，敢径为之乎？”[⑤]但袁崇焕议和还是坚持原则的。天启六年袁崇焕曾上奏言：“奴遣方金纳、温台什二夷奉书至臣，恭敬和顺，三步一叩，如辽东受赏时。书分称大人，而犹书‘大金’字面，一踵老酋故智，臣即封还之。”[⑥]这段记载与《清实录》所记是相同的。然而《明史·袁崇焕传》说“崇焕初议和，中朝不知”，[⑦]则是不可能的，结论似也不够妥当。

---

① 《崇祯长编》卷二三，崇祯二年六月甲戌，第 1416 页。

② 《明史》卷二五九《袁崇焕传》，第 6710、6711、6712 页。

③ 《东莞五忠传》卷上《袁崇焕》，载《明清史料汇编》第 8 集第 7 册，第 46 页。

④ (明)吴应箕：《两朝剥复录》卷四，夏燮校，载《明清史料汇编》第 2 集第 7 册，第 526 页。

⑤ 《东莞五忠传》卷上《袁崇焕》，载《明清史料汇编》第 8 集第 7 册，第 50 页。

⑥ 《明熹宗实录》卷七九，天启六年十二月庚申，第 3839 页。

⑦ 《明史》卷二五九《袁崇焕传》，第 6711 页。

试想想袁崇焕这样一个正直、有胆识、有才干而又“忠君爱国”的边将，他如何敢背着朝廷的旨意，私自与清朝议和呢？当崇祯即位后，袁与清朝继续了和议，崇祯没有新的旨意，等于默认现实。崇祯二年（1629）清兵大举入关，和议破裂。崇祯遂把战败责任全推在袁崇焕的身上，使他成了替罪羊。

袁崇焕对待议和的态度还是认真的。在天启初年，他在给皇太极信中谈道：“一念杀机，起世上无穷劫运；一念生机，保身后多少吉祥。不佞又愿汗图之也。若书中所开诸物，以中国之大，皇上之恩养四夷，宁少此物，亦宁靳此物。然往牒不载，多取违天，恐亦汗所当自裁也。”[①]意思就是说，东西一切都好说，但所要求的也应有所节制。

毛文龙则是另一种情况。

毛文龙既在辽东久，因而与朝鲜关系密切。而毛又与朝廷内太监勾结，备受阉人重用。天启三年三月，朝鲜宫廷发生政变，光海君李珲之侄李倧废光海君自称国王，即仁祖。次年，毛文龙上书明廷，要求承认李倧。于是，天启五年二月至六月，明朝派太监王敏政、胡良弼去朝鲜册封。六月初三日，明使诏书中特别提到：“总兵官毛文龙复为代请。兹特遣太监王敏政、胡良辅等赍诏示尔国人，封尔为朝鲜国王，并封尔妻韩氏为王妃。”[②]这次册封，朝鲜国王非常满意。李倧也在王、胡二太监面前极力吹嘘毛文龙，认为“号令严明，威风远及，奴贼不敢近塞”。[③] 当时正值魏忠贤当权，政治败坏，太监当道，因此这次王、胡太监来朝鲜，亦极尽敲诈勒索之能事。他们除获得大批金银、人参外，对朝“赠银一万二千两，犹有不满之意”，胡良辅还怒“礼单薄略，踏破宴膳”。[④] 毛文龙与胡良弼的关系尤为密切，后来毛文龙特向魏忠贤要求派太监前来监军。于是天启七年，魏忠贤又派太监胡良辅及苗成往镇皮岛，并携带许多“炮械与文龙”。[⑤]

毛文龙也与清朝有过议和的接触，但态度暧昧，缺乏光明正大的

---

① 《袁崇焕致金国汗书》，《明清史料》丙编第 1 本，第 1a 面。

② 《朝鲜仁祖实录》卷九，天启五年六月己卯，《朝鲜王朝实录》第 34 册，第 11 页。

③ 《朝鲜仁祖实录》卷九，天启五年六月庚辰，《朝鲜王朝实录》第 34 册，第 12 页。

④ 《朝鲜仁祖实录》卷九，天启五年六月丁丑、庚辰，《朝鲜王朝实录》第 34 册，第 11、12 页。

⑤ 《东莞五忠传》卷上《袁崇焕》，载《明清史料汇编》第 8 集第 7 册，第 49 页。

表示。皇太极即位之初，毛文龙在致函中写道：

> 我想要与汗王一路上做些大事，又被此一番所疑，莫非天数也。汗王东走西奔，南来北往，何曾做得一件真正大事！皆不知其法，不知其窍也。我与汗王共议国家大事，享□□□福，留名万古，不知汗王肯信我否？如若听信我说，可令人来暗暗商量，并无虚言。①

所谓"留名万古"，所谓"暗暗商量"皆表明，毛文龙是怀着不可告人的目的，暗中与清朝议和的。

(三)毛文龙在皮岛的实力与影响

《明史》对皮岛如此介绍：

> 皮岛亦谓之东江，在登、莱大海中，绵亘八十里，不生草木……岛上兵本河东民，自天启元年河东失，民多逃岛中。文龙笼络其民为兵，分布哨船，联接登州，以为掎角计。中朝是之，岛事由此起。②

一个不生草木的荒岛，一下集聚一二十万军民，生计供应当然是个问题。毛文龙除依靠明朝的海运外，更多还需依靠朝鲜的供应。天启四年三月，朝鲜国王接见毛文龙部下李见。李见说："一岛赖殿下之赐，生活者不知其几许……故毛爷使俺来谢。"③天启三年七月，朝鲜国王谓："今年又将失稔，粮饷何以为措！毛都督所请贸粮，前已转送数万石，而其求无已"；④三年十月，"毛都督发银求卖黄豆一万硕"。⑤

毛文龙军队的纪律亦不好。有时他们"托称乏粮……纵兵作暴，掠夺牛马，搜刮家藏，沿路一空，民皆号哭"。⑥ 这当然引起朝鲜的不满。他们认为毛文龙以"复辽为名"，将"天朝所赐银粮，占为私用，安

---

① 《都督毛文龙致金国汗书》，《明清史料》丙编第1本，第12a面。

② 《明史》卷二五九《袁崇焕传》，第6715页。

③ 《朝鲜仁祖实录》卷五，天启四年三月癸酉，《朝鲜王朝实录》第33册，第600页。

④ 《朝鲜仁祖实录》卷二，天启三年七月辛卯，《朝鲜王朝实录》第33册，第538页。

⑤ 《朝鲜仁祖实录》卷三，天启三年十月癸酉，《朝鲜王朝实录》第33册，第555页。

⑥ 《朝鲜仁祖实录》卷六，天启四年六月庚寅，《朝鲜王朝实录》第33册，第624页。

坐岛中，独享富贵，以此军兵咸怀怨愤"。① 但毛文龙军队仍不满足。他们认为"丽地边臣擅打天朝人，是不有天朝，不有老爷也。往在万历二十年征倭之日，天朝军马毙于朝鲜，帑金、刍粮耗费者，不知其几万"，②现在明朝有所求，也系理所当然之事。

毛文龙的战斗实力也不强。天启三年六月，朝鲜使臣柳公亮自毛营回。他向朝鲜国王说："臣留都督门下一日……以其兵力观之，似无剿胡之势……军皆疲劣，虽或见小利而动，恐难举大事耳。"国王问毛："军兵器械比我国如何?"公亮曰："兵器只于杖头插铁，不比我国之精利矣"，又说："盖都督为人只是一慷慨人，自知与彼贼不相敌，万无出战之理，不过挟我国之势，为山海关之殿后耳。"③可见表面上，毛文龙在皮岛对清军起到一定牵制作用，但一因离建州较远，二则粮饷糜多，三则军纪不佳，四无军事实力，综合观之，弊多利少，未起到真正在军事上的牵制作用。袁、毛死后，兵部尚书梁廷栋曾建议调皮岛兵于宁远、锦州，而将关外兵充实蓟门。当时大学士孙承宗颇不赞成。他认为，"东江原为牵制之用，但据非其地。若移于要害，足成牵掣，且可图大"，他认为皮岛在当时起的作用不大，而如移镇别处则可起作用。当然，他确实也对辽民不放心，"为边防计，在辽镇不宜全用辽兵，又安可用之蓟门也……事久变生"。④ 孙承宗对辽东的形势是了解的，他的话也有一定道理。

二　崇祯与太监

明末政治异常黑暗，朝臣相互倾轧，党争不已，在这种情况下，作为统治者的皇帝形成两种典型：一是如熹宗，完全听任太监摆布，甘作傀儡；一是如崇祯那样，企图有所作为。但混沌的政治已蒙蔽了皇帝的耳目，使他不敢相信任何人。在无可奈何的情况下，也只有利用太监一途。

天启末年，魏忠贤擅政已达登峰造极的地步，群阉为之建生祠，

① 《朝鲜仁祖实录》卷八，天启五年正月庚申，《朝鲜王朝实录》第 33 册，第 670 页。

② 《朝鲜仁祖实录》卷八，天启五年二月丙午，《朝鲜王朝实录》第 33 册，第 684 页。

③ 《朝鲜仁祖实录》卷二，天启三年六月辛未，《朝鲜王朝实录》第 33 册，第 536 页。

④ 《国榷》卷九一，崇祯三年三月戊子，第 5523 页。

天天顶礼膜拜,行“五拜三叩首礼”,或是对魏忠贤像祈祷祝福,感谢“九千岁扶持”,“蒙九千岁升拔”,丰诚侯李承祚“称颂逆党功德,请如中山王(徐达)例封两公,并列两都”,其厚颜无耻,使“旁观者为之汗下”。[①]

魏忠贤掌权后,开始仅是控制东厂,炼火器,掌内操,尚无心插手辽东兵事。天启六年在群阉怂恿下,乃下令由太监至各军任监军。司礼太监刘应坤镇守山海关,御马太监陶文、纪用协守;御马监太监孙茂林、武俊、王莅朝分守中军,并驻山海关。许多朝臣以“太祖禁内臣不得典兵”为由,极力反对。而大学士冯铨却说:“上意(实为魏忠贤)已决,即行何害?”[②]

崇祯即位后,对太监专权有所警惕,也处置了魏忠贤与客氏等人。但就在崇祯二年十二月清兵包围京师时,又任用司礼太监沈良佐、内宫太监吕直提督九门及皇城门,司礼太监李凤翔总督忠勇营,提督京营。他关键时刻不信任朝臣而专委宦竖,正说明当时朝政已无法收拾。《崇祯遗录》曰:“帝初悉夺宦官权。及京师戒严,命太监王用祚问方略于首辅韩爌,以迁都对。帝因是有轻士大夫意,乃命太监李凤翔提督京营军务。”[③]可见,崇祯重用太监,“轻士大夫”的立场是一贯的,几乎即位之后即已如此。

崇祯杀魏忠贤后不久,有一天固安知县秦士奇忽被抄家,搜出银七百两,“坐赃论戍”,后来知道是因为秦士奇得罪了“本县大珰,入毁言于上,故出其不意而为此”。[④] 正如崇祯初年南京礼部主事周镳所说:“内臣用易而去难,此从来之通患。然不能遽去,犹冀有以裁抑之”,但“今见因内臣而疑廷臣者多矣,用廷臣而疑内臣者无一焉”。周的直言得到的是“削籍为民”的处分,[⑤]但他却切中了崇祯的要害。秦士奇的结局,正说明这一点。

崇祯轻视朝臣、重用宦官的心思,经常溢于言表。一次清兵威胁

① 《两朝剥复录》卷三,载《明清史料汇编》第2集第7册,第466—467、478页。

② 《国榷》卷八七,天启六年三月戊申,第5322—5323页。

③ 《东莞五忠传》卷上《袁崇焕》,载《明清史料汇编》第8集第7册,第106页。

④ (清)杨士聪:《玉堂荟记》卷下,载《明清史料汇编》第1集第3册,第1587页。

⑤ (明)文秉:《烈皇小识》卷三,载(清)留云居士辑:《明季稗史初编》卷三,上海:上海书店,1988年版,第56页;《国榷》卷九二,崇祯五年十二月庚辰,第5600页。

京师，派兵部侍郎仇维祯出镇通州。仇一到任，立即疏称“通州内珰守御之能”，御史金光辰认为仇“不思自树，巧借内援”，对他“责备极当”。而崇祯却为之大怒，召金于平台，申斥他说：“仇维祯方至通州，亦须让他展布，便尔借题沽名。”[①]实在是恨金骂了内竖。崇祯九年，京师被围，崇祯派侍郎张元佐“抚治昌平”，“三日尚未行”，而所派太监庞天寿“即日北行”。于是，崇祯又骂阁臣说：“内臣即日已行，而朝臣三日尚未动身，何怪朕之用内臣耶！”[②]这都说明崇祯重用太监是一贯的。他在崇祯十四年甚至为中官制定品级，“自花金以至光银等带皆有之”，“此预政之渐，识者惧焉”。[③]

崇祯时太监有如下两个特点：

1. 家私万贯

当时司礼监王之心最富。一次皇帝要勋戚、太监助饷，周皇后父周奎仅助三千两，而王之心“献万金”，后来李自成起义军进京拷略，王之心交出十五万两。张怡《谀闻续笔》称：“有明之富不在官，不在民，而皆在诸宦寺及藩邸。”[④]这话颇有道理。明末“太监家私何止数百万”，[⑤]也并非一句空话。宫内的太监投机取巧、营私舞弊，甚至连皇帝及后妃也不放过。一次袁贵妃“作一紫檀纱厨，费七百金”。管事的太监对袁贵妃讨好说：“奴婢为娘娘节省三百金，如万岁临问，宜云千金，不可言少，恐照样再作便作不来。”后来崇祯见到果然来问，袁贵妃对以千金，崇祯看了半天，说：“果值千金，前中宫以千金作一厨，尚不及此。”此事引得杨士聪议论道：“盖宫中费用大略如此，只凭内珰口中或千或百，无处稽考。”[⑥]此遂成为太监致富的一大来源。

贿赂公行，也是明末的太监致富的途径之一。杨士聪曰：“近时严禁交际，其实何曾禁得？但禁其闲冷者耳。津要之地日益加多，诡秘万端乃所谓贿赂，非交际也。禁交际而变为贿赂，识者有世道之

---

① 《玉堂荟记》卷上，载《明清史料汇编》第1集第3册，第1470页。
② 《玉堂荟记》卷上，载《明清史料汇编》第1集第3册，第1397页。
③ 《玉堂荟记》卷上，载《明清史料汇编》第1集第3册，第1456页。
④ (清)张怡：《谀闻续笔》，载《笔记小说大观》第30册，第278页。
⑤ 《严鸣中奏本》，《明清史料》丙编第1本，第45a面。
⑥ 《玉堂荟记》卷上，载《明清史料汇编》第1集第3册，第1434页。

忧矣。”①

2. 太监监军

辽东地区的太监监军早在天启末年即已普遍。崇祯初年已废除此制。但辽东兵事日趋紧张，崇祯对边将多不放心，于是派人监军遂成为定制，而且监军多由太监担任。由于在辽东明军中“监视”者日渐增多，因此边臣反倒习以为常，甚至乐于找个替罪的人，互相掩饰败局。杨士聪指出：“监视之设，止多一扣饷之人。监视之欲满，则督、抚、镇、道皆有所恃矣。故边臣反乐于有监视，功易饰，败易掩也。上性多疑，有监视，又有视监视者。多一人有一人之费，穷边士卒何不幸以至于此。”②

崇祯八年，崇祯又下令撤回各镇监内臣，但对边臣仍不放心。他在谕令各部文中说：“朕御极之初，撤还内臣，一应事悉以委之诸臣。不意习尚久，非营私卸过，甚有从而剥削为升官肥家计者，此士大夫负国家也。”于是又在边臣部队中添设“总理”，现在又将“总理”“监视”酌量撤回，而事实上越到明末，各种“监视”“总理”就越多，太监监军已成惯例。《明史·魏忠贤传》谓：

> 崇祯二年命大学士韩爌等定逆案，始尽逐忠贤党，东林诸人复进用。诸丽逆案者日夜图报复。其后温体仁、薛国观辈相继柄政，潜倾正人，为翻逆案地。帝亦厌廷臣党比，复委用中珰。而逆案中阮大铖等卒肆毒江左，至于灭亡。③

可见，宦官专权、阉党乱政、太监监军是最终导致明朝灭亡的重要原因。

三　袁、毛的悲剧

尽管毛文龙在抵抗清兵战斗中态度消极，议和时立场暧昧，但我们仍然看不出他有明显的“通虏”罪状。至少当时一些朝野之士及崇祯并不清楚。我们不能以后世发现的资料，加之于当时的情况去理

---

① 《玉堂荟记》卷上，载《明清史料汇编》第1集第3册，第1440页。

② 《玉堂荟记》卷上，载《明清史料汇编》第1集第3册，第1589页。

③ 《明史》卷三〇五《魏忠贤传》，第7825页。

解此事。[1] 我们试看他给明廷最后的奏本,乃崇祯二年五月十四日发出的,离被杀仅半月有余。他在奏折中先解释当时皮岛的状况:

臣危处东江,与虏为邻,其归乡人民每岁不啻万计,各欲奋臂报泄父兄妻子之仇,图复土地田宅之思。臣亦忘形迹于将士之分,秉心勠力以答国恩,以副民望,故兵每称二十余万,岂臣以虚报多数而冒粮饷乎?以兵数定饷而贪金钱耶?不过图恢辽土而疾呼求应……今驻皮岛,屯兵安垒,与士同栖,冒饷何为?冒饷何用也?

然后他谈到因粮饷不发又断其海运通道后之困窘状况:

臣自去年十月守冻至今七越月矣。草根树皮淘洗净尽,荒山赤土尪羸流离,种种颠连,逼臆无诉,以致降夷生变,强卒喧哗,奴孽侵凌,各岛告变……臣处万分危急之日,不得不言也。[2]

毛文龙所言虽不无夸张之处,但其所言处境危机也是事实。

袁崇焕对毛文龙的处置办法本来是先礼后兵的。他曾授意尚宝卿董茂忠,建议让毛军撤出皮岛,移镇山海关、宁远一带。兵部不同意。于是袁又采取第二方案,劝毛放弃皮岛兵事,回家休养。毛文龙狂妄地说:"向有此意,但惟我知东事",意即非我留下不行,将来"东事毕,朝鲜衰弱,可袭而有也"。[3] 袁在这种忍无可忍的情况下,只好采取断然措施了。谈迁认为:

建虏以(毛)扼其背,甚忌之,阴通款崇焕,求杀文龙,而崇焕中其计,不觉也,惜哉。

这虽然是一面之词,缺乏根据,但对袁杀毛的行径,并不以为然。

---

① 近人多根据《满文老档》等资料,证明毛文龙确已"通虏"无疑。但即使有之,袁崇焕当时亦未必知之甚凿,否则十二罪状中所列毛文龙"有牧马登州,取南京如反掌"语,只能说明毛的跋扈;"擅开马市于皮岛,私通外番",系指毛私通马市。如真是"私通外番",又何不列成第一罪状?《明史·袁崇焕传》不突出此事,必有所本。又据李清《袁督师斩毛文龙始末》载:"乾隆年间,纪文达公阅历朝档子,始知文龙曾通款我朝",故而此前并不知。又据《蓟辽督师袁崇焕题本》(《明清史料》甲编第1本,第720b面)崇祯二年六月十八日奉圣旨中所言,崇祯言毛文龙"通夷有迹",亦与"通夷有据"含义不同,这是应当辨明清楚的。

② 《平辽总兵毛文龙奏本》,《明清史料》甲编第8本,第715a—716a面。

③ 《明史》卷二五九《袁崇焕传》,第6716页。

谈迁还对袁、毛事件表示自己的看法。他并不认为毛文龙镇守皮岛可以“足慑建虏之魄”,因为皮岛离建州尚远,毛文龙并未起那么大的作用。但将袁杀毛的事件加以夸大,“诧为奇举”,也不是事实。他认为袁杀毛仍是一个错误,造成了以后的败局,即谈迁所说“杀岛帅适所以自杀也”一语的由来。[①] 当时江南人对袁、毛事件也有同样看法:“都督同知毛文龙,浙人也。总兵镇守平岛,功罪未有定议。经略袁崇焕受阁臣钱龙锡之旨……执而斩之。闻钱公又受教于陈眉公,以为祛除海内一大蠹,为奇功秘计也。厥后部下之众投虏作祟,孔有德为祸尤烈,不能不归咎首事云。”[②]这也是对袁杀毛造成恶果的一种总结。

袁崇焕对抗清是坚决的,对皇帝是忠顺的,对议和也是坚持的。他在杀毛文龙后,曾向皇帝表示:“今日不斩文龙,何以惩后?皇上赐尚方正为此也……臣五年不能平奴,求皇上亦以诛文龙者诛臣。”[③]这是何等的胆识,何等的决心!《明史》说袁这样说只是由于“圣心焦劳,聊以是相慰耳”,[④]岂其然哉!

但是袁杀毛确实演出了一场“自杀”的悲剧。因为自魏忠贤被杀后,阉党的势力依然强大,“袁为人疏直,于大珰少所结好”,必然会引出“毁言日至,竟罹极刑”的后果。[⑤] 事实上,崇祯对袁崇焕是早就怀疑的,尽管袁是一片赤诚,但皇帝却为群小包围,不明是非。当袁崇焕刚刚取得尚方宝剑去锦州赴任后,由于他连疏请饷,崇祯即说,原来袁崇焕说锦州兵变可以解决,现在又说速发兵饷,否则辽兵又“欲鼓噪”,为何先后矛盾?[⑥] 后袁杀毛后,清兵立即入关包围北京,把北京城外勋贵园囿坟墓践踏毁拆,文秉《烈皇小识》载:

> 城外戚畹中贵园亭庄舍,为虏骑蹂躏殆尽,皆比而揭其罪状入告,民谣云:投了袁崇焕,东人跑一半。兼崇焕出言无状,对百官讼言:东人此来,要做皇帝,已卜某日登极矣。户部尚书毕自

---

① 《国榷》卷九〇,崇祯二年六月戊午,第 5488 页。

② 《启祯记闻录》卷一,第 10a 面。

③ 崇祯二年六月十八日《蓟辽督师袁崇焕题本》,《明清史料》甲编第 1 本,第 720 面。

④ 《明史》卷二五九《袁崇焕传》,第 6713 页。

⑤ 《玉堂荟记》卷上,载《明清史料汇编》第 1 集第 3 册,第 1408 页。

⑥ (明)李逊之:《三朝野纪》卷四,载《明清史料汇编》第 3 集第 1 册,第 560 页。

严至挢舌不能下，举朝皆疑之。[1]

既如此引起朝中恐慌，诸臣纷纷向皇帝上告，认为袁崇焕"督师卖奸，不肯力战"，于是崇祯又添一层疑心，[2]立即询问袁既然期以五年平辽，为何这一次一败至此，加以清朝又以杨太监施以反间计，于是"杀毛自杀"的悲剧终于发生了。

可见，袁崇焕被杀，正是明末辽东地区各种矛盾（明清的矛盾，明朝内部皇帝、太监、朝臣的相互矛盾）爆发的结果。这些矛盾，使明末辽东战事注定成为败局。

（原载《袁崇焕研究论文集》，广西民族出版社，1984 年版）

---

① 《烈皇小识》卷二，载《明季稗史初编》卷二，第 31 页。

② 明代京师附近土地，向为王府、勋戚所染指。乾隆《宝坻县志》卷一六，《集说》谓："考邑旧志，则境有仁寿宫（按：指皇庄），有汝王、景王、泾简王府（按：指庄田），有永淳公主驸马谢永福、长公主驸马邬诸所，以及定国公、建昌侯、锦衣卫指挥皆有庄，而牧厂、监地都为中官所盘踞。此地之困于庄田，遑待问哉。"（民国六年重刊本，第 26a 面）说明明后期宝坻县之各类庄田，几乎应有尽有。其他附近县境，亦相差无几。天启时，瑞王、惠王、桂王三王，"以庄田租课不完"，曾要求在宝坻县及武清县内打主意，亦是一例。（见《明熹宗实录》卷三五，天启三年六月丙戌，第 1831 页；卷八一，天启七年二月乙巳，第 3930 页）

试论“壬午之役”与袁时中

在皇太极时期，满洲已统一了东北及蒙古大部，从而为统一全中国奠定了基础。但是，由于当时满族刚刚进入封建社会不久，统治者一些野蛮残暴的习性尚表现得异常突出，八旗各自为政的局面还相当严重，因此皇太极也确实推行了一些不利于社会发展的消极政策。

皇太极在辽沈地区一方面坚持“本国衣冠言语不可轻变”的方针，要部下“时时不忘骑射”，“使后世子孙遵守，毋变祖宗之制”；[①]一方面又不断派兵进关，对明朝进行袭击、骚扰，每次屠杀劫夺都满载东归。这种不间断地入关大肆劫掠，正是上述政策的具体体现。这不仅使关内人民蒙受极大的损失，同时也加深了满汉民族之间的矛盾。

1642 年(清崇德七年，明崇祯十五年)十一月到次年六月，是明崇祯年间清兵进军关内五次中的最后一次，一般称为“壬午之役”。这次清军由墙子岭窜入关内，在蓟州败明兵之后，又转掠北直隶、山东、苏北、河南诸处。清军骚扰所过，造成关内村镇一片荒凉。而这次清军的入关掠夺，受到了袁时中农民军的英勇抗击。

---

① 《清太宗实录》卷三四，崇德二年四月丁酉，第 446 页。

一

“壬午之役”是清军在崇德六、七年的松山、锦州战役中大获全胜，明朝援军十三万全部覆灭，督臣洪承畴、守将祖大寿被迫投降之后发动的。清朝统治者利用这一有利时机，命多罗饶余贝勒阿巴泰率领清军，窜入关内进行骚扰。

当阿巴泰出师之前，皇太极曾谕令他：“尔等一入明境，遇老弱闲散之人，毋任意妄杀；不应作俘之人，毋夺其衣服，毋离人妻子，毋焚毁财物，毋暴殄粮谷。曩者，兵临山东时，有因索取财物而严刑拷逼者，非仁义之师也，此朕所深恶，尔等当切以为戒。”由于这次清军尚包括一部分汉军八旗及蒙古八旗、新满洲等部队，因而皇太极又说：“至于锦州、新附蒙古、索伦等令其从军役使。伊等如有所俘获，勿得搜取，令其携归，其力不能携归者，仍助之。倘尔等令之空返，或以贫苦来诉，朕必将尔等所有以与之。”①次日，皇太极又谕令：“凡新归蒙古、汉人，必一体相待，有所俘获，务使均沾。倘或歧视，致有困乏，亦非为国效忠之臣也。”②

皇太极的这两个谕令，似乎有些矛盾：它一方面强调毋任意妄杀、焚毁，另一方面却说“有所俘获，务使均沾”，而“令其携归”。其实和前几次入关情况相同，目的仍在骚扰与抢掠。

事实上，自皇太极执政以来，清兵入关抢掠已习以为常。天聪六年(1632)，王文奎在上奏中曾说，自皇太极“临驭以来”，每当“出兵之际，人皆习惯，俱欣然相语曰：‘去抢西边。’汉人闻我动兵，亦曰：‘来抢我矣。’夫‘抢’之一字，岂可以为名哉。”③而同年胡贡明亦说：“我国(清)地窄人稀，贡赋极少，全赖兵马出去，抢些财物。”④这种情况，连皇太极本人也供认不讳。他在天聪七年九月致朝鲜国王书中，承

---

① 《清太宗实录》卷六三，崇德七年十月辛亥，第864页。

② 《清太宗实录》卷六三，崇德七年十月壬子，第865页。

③ (清)王文奎：《条陈时事奏》(天聪六年八月)，载《天聪朝臣工奏议》卷上，收入罗振玉辑：《史料丛刊初编》，民国甲子(1924)刊，第18b面。

④ (清)胡贡明：《陈言图报奏》(天聪六年正月二十九日)，载《天聪朝臣工奏议》卷上，收入《史料丛刊初编》，第11a面。

认“满洲、蒙古，固以抢掠为生”。[①] 所以这次清军入关，明朝官员早已有所估计。正如当年闰十一月河南道御史吴履中所奏：“虏兹入犯……得志则图，不得志将饱掠而去。”[②]同时，清兵所以选择是年隆冬时日出兵，其目的亦在能便中劫夺漕运粮米，以补其军粮之不足。当时明朝兵科给事中方某曾明确指出：“奴之所为，不以秋举而以穷冬入者，岂不草枯马饥。切以为其谋甚狡，正欲乘我漕运囤积而安食积粟，以坐困我耳”，因此他主张：“天津、河务诸米，宜尽敛之入城；通州诸米，一面严督剥运，一面令军士各支数月月粮，尽其力所能胜者运之入城”，这样可使“城米日多，虏无所掠”。[③] 可见，明朝官吏对这次清兵南下骚扰的目的和时间，事先都有所警觉，并非完全无知。只是明朝政权当时已岌岌可危，军事力量已相当脆弱，毫无招架的能力罢了。

二

1642 年十一月，清军由阿巴泰率领，由墙子岭青山口窜入，向关内大举进犯，随即攻陷三河县及明朝京师的东边门户蓟州。是年闰十一月初，清军分道直趋山东，陷漕运重镇临清及北直隶阜城、景州、河间等处，又自临清分五路骚扰山东、苏北。十二月，清兵陷临淄、阳信、滨州、兖州、泰安、青州、鱼台、武城、金乡、单县、沭阳、沂州、丰县，包围海州（今江苏连云港）。复陷滕县、赣榆、峄县、郯城。另部则趋河南，自长垣至曹、濮。崇德八年正月，清军攻开州（今河南濮阳）及滑县，又趋东昌（今山东聊城）。二月，清军陷武定、莱阳，山东总兵刘泽清败清兵于安丘。三月，清兵取道彰德（今河南安阳）陷顺德府（今河北邢台），北上掠诸县，另部又自山东德州、乐陵直掠庆云、南宫，最后经宝坻县出关。

清兵入关之后，一路骚扰相当严重。尤其是临清，地处漕运咽

---

① 《天聪实录稿本》，转引自李光涛：《论金国汗之迫而求款》，载氏著：《明清史论集》上册，台北：台湾商务印书馆，1971 年版，第 4 页。

② 崇祯十五年闰十一月初四日《兵部行“兵科抄出河南道御史吴履中题”稿》，《明清史料》乙编第 5 本，第 449a 面。

③ 崇祯十五年十一月十七日《兵部行“兵科抄出兵科给事中方题”稿》，《明清史料》乙编第 5 本，第 435a 面。

喉，为山东水陆交通枢纽。据当时人称：“总计临清周匝逾三十里……而一城之中，无论南北货财，即绅士商民近百万口。”[①]每逢冬季，运河漕运船只川流不息，漕粮亦不可计数。因此，这次清兵“自蓟兼程疾驰，必欲得之为快”，八旗兵于闰十一月在临清“盘踞十六日，杀掳百姓几尽”，“推塌城垛一空……截留在仓漕米万余”。[②] 又据天津总兵曹友义奏称：“大约临民十分推之，存者未足一分，其官衙民舍，尽皆焚毁，至今余烬未灭，两河并街路，死骸如山若岭，岂能穷数，城垛尽皆折毁。”[③]

1643年三月，在“东昌府东边一带联络下营”的蒙古八旗兵，“日夜做造云梯，预备攻城”，还“脱剥被掳男妇衣裤，包土填壕”。[④] 寿光县“城中为虏贼焚掠一空，数年生聚之余，一炬尽为焦土”。[⑤] 清兵的这种残暴行为，使关内人民蒙受极大的痛苦。四川道御史朱国昌曾揭露当时“最惨最急者，无如不死不活掳去脱回之难民，或为奔走疲顿之委弃，或为饥绥疾厉之稽留，或为官兵邀截之夺回，或为宵夜潜行之逸出。苦楚颠连，尽彷徨于逆旅；萍梗飘泊，总踯躅于穷途；枵腹粒米无充，赤身寸丝不挂”。[⑥] 凄惨景象，目不忍睹。

如前所述，清兵得以长驱直入，是和明朝政权的极端腐败有关。当清兵攻进蓟州城时，明朝将领早已逃跑一空，“无一堵截”，故“未有一日攻围，而随到随破”。[⑦] 有的明军将领则昏庸无能，畏战怕死。如清军攻入山东时，范志完被任命为明军督师。朝廷屡次催他出战，

---

① 崇祯十二年正月初三日《总监各路太监高起潜题本》，《明清史料》甲编第10本，第923a面。

② 崇祯十六年三月《山东东昌府推官刘有澜塘报》，《明清史料》乙编第6本，第524a面。

③ 崇祯十六年正月《兵部行“兵科抄出察办剿虏事务吴履中题”稿》，《明清史料》乙编第5本，第479a面。

④ 崇祯十六年四月初一日《兵部题行“兵科抄出蓟关总督赵光抃题”稿》，《明清史料》乙编第6本，第533a面。

⑤ 崇祯十六年十二月《兵科抄出山东巡按余日新残题本》，《明清史料》辛编第10本，第967a面。

⑥ 崇祯十六年四月十五日《兵部行“兵科抄出南京四川道御史朱国昌题”稿》，《明清史料》乙编第6本，第543a面。

⑦ 崇祯十五年十一月二十八日《兵部行“兵科抄出户科给事中熊如霖题”稿》，《明清史料》乙编第5本，第448a面。

他“恇怯畏避”，“惟杀掠避难男妇为功”，“又多杀被掳剪发者为首功，民间尤怨之”。当时另一守将雷演祚备兵德州，“城守颇固，士民亦用命”，形势本来很好。但自范志完到后，仍“杀掠如故”，失掉了人心，致使部队“所至闭城，无所得食”。雷演祚愤慨地弹劾他说：“区区危城，臣百计守之，志完至而驿骚之；梵梵士女，臣百计安辑之，志完至而杀掠之”，最后崇祯帝将范志完处斩。①

兖州鲁王朱以派，生活极为奢侈。宫中所筑假山，“有洞穴，地为窟室，极其深邃，以翁贮油，昼夜燃灯，凡诸用物靡不悉具”。兖州被围前夕，他“犹令历城令追债”。当时“有何太太者，鲁先王之妾也，闻事急，自捐五千金”，朱以派尚自“留其四千五百金，而以五百金付外”。兖州城破时他躲入地穴，由于平时苛吝过甚，被“宫奴引兵至穴中得之”。②

至于各州县的大家巨室，他们一闻清军将至，大多“争先逃避，或先将妇女资财，暗送城外，而以只身伴官于城头”，一旦“甫闻贼逼，则堕城而走，莫可控执”，以致“胡骑一到，如摧枯拉朽，立见土崩”。所以，当时据守南宫县的兵科给事中周而淳认为，明军失败虽由于“临时仓皇，乏御侮之略，然非尽有司之罪也”。③

三

但是，以军民为主的抗清斗争，则是异常英勇而悲壮的。正如当时辽东巡抚黎玉田所述：“逆奴阑入□□□抢掳，恶焰贯盈，凡为臣

---

① （清）管葛山人：《山中闻见录》卷六《建州》，收入罗振玉辑：《史料丛刊初编》，民国甲子（1924）刊；《谀闻续笔》卷四，载《笔记小说大观》第 30 册，第 291—292 页。事实上，当时明兵滥杀无辜百姓以请赏的事实极多。清兵包围北京时，德胜门内卖酒小贩陈四夜出解手，为明军所获，多次认定他是奸细，他都“瞠目不答”，最后解至兵部。逻军自谓得奇功，当邀上赏。及至审问，陈四忽大呼：“我城北居民陈四也，有家室，有妻子，有铺面，奈何以我奸细。”众始愕然曰：“即如是，何以不早自白？”陈四回答：“幸不言，乃得留姓名至此耳，使一开口，已斩首充级矣。”（见《谀闻续笔》卷四，第 292 页）

② 《玉堂荟记》卷上，载《明清史料汇编》第 1 集第 3 册，第 1517—1518 页。按《明清史料》甲编记载，鲁“国主有东宫何妃”，当清军克兖州后，“达伪王子每日与鲁王饮酒唱戏”，“一切妃嫔照旧侍候”，“虏有四家伪王子俱住正宫，鲁国主住东宫”云云。（见《虏破山东等处残件》，《明清史料》甲编第 9 本，第 954 面）

③ 崇祯十五年十一月二十八日《兵部行“兵科抄出兵科给事中周而淳题”稿》，《明清史料》乙编第 5 本，第 447a 面。

子，共愤同仇，狠不拼命，□□膻以雪国耻。”[①]

当时定州土城，周围二十六里，“城内居民不及万家，烟火不相接，鸡犬不相闻”，由于该县守将张经守土有责，“传示大小将吏，一起奋起，各捐火药、神器(大炮)无算。有捐大炮至三十尊、火药至二千斤者”。此外，张经捐助二百金，州臣唐铉捐助三百金，“积贮米豆、草束，以为士民倡，士民捐助亦复累至数千”。[②] 由于该地军民积极设防，城池得以安然无恙。

河间也是如此。因为它地处“神京咽喉”，又是“南来数省饷银”的唯一孔道，因此早在清兵到来之前，即将“广、浙解到银两四十八万有奇”，护送至京；该处“绅衿巨室亦各愿输助”守城，“四乡百姓亦渐次入城”，以加强防守。[③]

山东一些州县军民的抗清斗争尤为可歌可泣。崇祯十五年(清崇德七年)十二月，青州府安丘县报称：“虏贼薄城，我兵全捷”，“虏贼被炮石伤死甚多，又伤头目三名……达贼纷纷落马，坠标枪一杆，旋即抬回入营，复摇鞭率众，立刻拔营，往东北去讫”。[④] 第二年初，潍县军民反抗亦相当壮烈。正月初九日夜，“奴众万余，直抵县西北，列七营”围攻，城内军民奋勇抗击，血战七昼夜，将清兵击退。当围困最严重的一天，“至五鼓时，城东北角忽陷数十仗，贼喊声如雷，飞矢如蝗，竖云梯从坏城直上”。当时城内守将山东巡按陈昌言“同典史王汝济及阖邑绅士，鼓励兵民衙役，从容应敌，枪棍矢石，火礶杠炮，一时俱发，贼遂披靡，杀伤无算。一时军民贾其余勇，沿坏城而下，戒无贪级，殊死砍杀。奴曳兵弃甲，踉跄东奔”。“是役也，以弹丸之邑，被围数日，竟得瓦全，异矣；穴城已坏，众心愈固，异矣；一处城坏，四处云梯齐上，声言已破，而众不为之动，异矣；且鼓勇争先，既退贼于城上，又沿坏城而下，败贼于城下，又异矣。更可异者，在城老幼男妇，

---

① 崇祯十五年闰十一月十五日《兵部行“兵科抄出辽东巡抚黎玉田题”稿》，《明清史料》辛编第9本，第826b面。

② 《兵部行“兵科抄出察理真定府属城守时敏题”稿》，《明清史料》乙编第5本，第454a面。

③ 崇祯十五年闰十一月初九日《兵部题“兵科抄出察理河间府属城守周而淳题”稿》，《明清史料》乙编第5本，第451面。

④ 崇祯十六年正月《山东巡抚王永吉塘报残件》，《明清史料》辛编第9本，第851b面。

竭力一心，未字闺秀，青衿内室及瞽夫幼小，悉运砖石柴束。又如方欲举火，而闻城上欲以铁作炮子，即各碎食锅以酬急。人心至此，似千古未有。”[①]山东昌乐县，于崇祯十六年（清崇德八年）正月，“虏警告急”，“奴贼万余，三路齐来”，“城夫人人争奋，火器齐发。贼不敢攻，四面发火而去”。[②]

人民的这种激烈反抗，可以说到处皆然。崇德七年底，清军“哨骑四出，一至肥乡，为村民所杀；一至广平，为乡兵夺其驴马；一至成安，以野无可掠，踉跄去”。[③]

此外，还有群众联合一起捉拿清军奸细的事实。

崇祯十五年十一月，在沧州附近，由于河西居民许可禄发现“面生可疑一人，即时捉拿到官，严加拷讯”，经审讯，得知“奸细一名张守印，番名麻喇赤，口称他是武清人，于崇祯十一年顺鞑子。他有老婆三四个，于本年十一月进口，要取天津、沧州、临清等处，如今见在开平扎营。孔有德贪图运司钱粮，又因沧州打死他头目，大怀仇恨，在腊月十五前后，准来沧州，从北暗行地洞攻城，里应外合，又要抢河西务白粮”等情况。[④]

正因为明朝军民的坚决抵抗，致使清军到处流窜，“前者南下时不抢河东，即留为归路也。虏在通炤以上不敢分开，过通始分两股，虏尚是怕兵”。[⑤] 清军左右翼两股兵力，只得各自行进，一时难以合拢。为此，皇太极也十分着急，摸不清确切消息，只好派人四处打听，准备接应。事后，清都察院参政多尔济达尔汉等参奏其事：“两翼班师之际，右翼固山额真等因欲移营，曾遣人往多罗饶余贝勒阿巴泰及内大臣图尔格处，约分汛地。阿巴泰、图尔格云：‘两白旗及正蓝旗往略未还，岂可不待彼而行？尔等暂移营近我，俟至明青州府，会众约定。’不意右翼竟先期而行，直至出边方合……万

---

① 崇祯十六年正月《兵部题行“山东巡按陈昌言塘报”稿》，《明清史料》乙编第 5 本，第 485b—486a 面。

② 崇祯十六年二月《山东巡抚王塘报》，《明清史料》辛编第 9 本，第 865a 面。

③ 崇祯十五年正月初三日《兵部行“兵科抄出察理广平城守龚鼎孳题”稿》，《明清史料》乙编第 5 本，第 478a 面。

④ 崇祯十五年闰十一月十一日《兵部题行“沧州知州罗爌塘报”稿》，《明清史料》乙编第 5 本，第 452a 面。

⑤ 《虏破山东等处残件》，《明清史料》甲编第 10 本，第 954b 面。

一有失，悔之何及？似此违令妄行，应请察议示警。"[①]这种情况，在明朝当时官吏的奏报中，也得到反映。崇祯十六年二月，山东巡按陈昌言报称："本月初四日，自（山东）安丘地方逃出难民王养吾，任丘县人，在虏营已经两月，口称达贼现住安丘地方，扎营不动。有难民因跟随许久，彼此惯熟，问奴虏云：'我们几时出口？'虏云：'我已着人买口报信亡（王）子，俟我家亡（王）子领兵接应，官兵撤去，我们便好取空回去。'难民又问：'今如何不冲出去'？酋云：'得你中朝金帛子女无数。今官兵非一家人马，难以打话，姑且待接应'等情。"[②]又据同年三月，两关御史卫周胤奏："属夷说称：'系四酋（按：指皇太极）令达子二名前来打听口里（指关内）达子如今在那里犯抢？或是被里边兵马围困？或是吃了亏？或远或近，打听的实，速去回话。后边即差达子于中协边外，等候接济。'"[③]同月，又据辽东巡抚黎玉田称："及询虏情，供称：'锦州有马达子约有五六百骑，步夷高丽不知的数'"，又曰："据称：闻得达子俱收拾炒面，要犯辽东攻山海，接应西犯达贼等情……据此看得剿奴谋犯关宁，接应内虏。"[④]可知清军入关，也遭到了明朝军民的激烈反抗，并非如清朝官书所吹嘘的"敌人惊怖，我军所向，彼莫能支，纵横冲突，如入无人之境"。[⑤] 又据《沈馆录》记载，清军这次用兵损失不小。癸未(1643)六月二十二日，朝鲜世子说："大概今番之役，得不补失。其所抢掠只是人口、驴、骡，而金帛所得之数，则比之济南攻掠之时大半不及云。而参以道路所见亦如是……城门内外，哭声连屋。以此推之，则死亡甚多之说，似非虚语。回还将领等失律，是如其中头头人方为囚禁云云……（清）军兵等久在饥困之时，或得食物水饮，则食必生疾，饮或即死，以此殒命甚多。所持战马亦如回还之时，到关门被遮

① 《清太宗实录》卷六五，崇德八年六月丙子，第 892—893 页。

② 崇祯十六年二月二十二日《兵部行"御前发下本部题山东巡按陈昌言塘报"稿》，《明清史料》乙编第 6 本，第 502b 面。

③ 崇祯十六年三月十三日《兵部行"兵科抄出两关御史卫周胤题"稿》，《明清史料》乙编第 6 本，第 513a 面。

④ 崇祯十六年四月十七日《兵部行"本部题准辽东巡抚黎玉田塘报"稿》，《明清史料》乙编第 6 本，第 544a 面。

⑤ 《清太宗实录》卷六五，崇德八年六月丙子，第 892 页。

五日，仅得脱出。”①

但是，清军“壬午之役”对所过之处的骚扰，亦不容忽视。当清兵回沈阳后，皇太极曾敕谕朝鲜国王李倧：“朕于去冬……将畿内八高山（八旗）、汉人八高山、蒙古八高山之兵，分为两路往征南朝”，“毁边入关，所向无敌。师过燕京，连败明各路兵三十九次，生擒白姓、汪姓、张姓、王姓、刘姓总兵五员，兵道五员、郎中一员、科臣一员、副将五员、参将八员、游击四员，皆诛之”，生擒兖州府鲁王朱以派等六王及管理府事宗司约千人，“皆诛之，共俘人畜九十二万三百”，又谕诸王等人曰：“此番出征，各旗王、贝勒、贝子、公等家人，获财物甚多。”②这中间虽不免因炫耀武力而张大其词，但清军所过之破坏、掠夺之程度，尚远不止此。事实证明，入关前皇太极所执行的骚扰政策，使一些地区民族矛盾激化，产生了消极因素，对于清朝统一全国是不利的。1644年清兵入关后，山东“乡勇团结”，“以扶明为帜，所在皆然。至济南，回兵数千自相纠合，队伍整肃……防守颇严，引领南师，如望时雨。既知弘光登极，史公督师，无不踊跃思效。每遇南来客旅，辄讯督师（史）阁部所至”。其所以形成这种“数十万义师因粮于众，人自为战”的局面，③应当与“壬午之役”清军骚扰山东，造成民族矛盾激化所带来的恶果有一定的关系。

四

当阿巴泰率兵进关时，皇太极曾特别嘱咐他：“如遇流贼，宜云：尔等见明政紊乱，激而成变，我国来征，亦正为此。以善言抚谕之。

---

① （朝鲜王朝）李涍：《沈馆录》卷六，收入金毓黻主编《辽海丛书》第4册，沈阳：辽沈书社，1985年版，第2832页。

② 《朝鲜仁祖实录》卷四四，崇祯十六年八月丁丑，《朝鲜王朝实录》第35册，第161页；《清太宗实录》卷六五，崇德八年七月丁巳，第902—903页；崇德八年六月己卯，第893页。据是年五月癸卯，阿巴泰班师时所奏，清军这次骚扰，“所获黄金万有二千二百五十两，白金二百二十万五千二百七十两有奇，珍珠四千四百四十两，各色缎攻五万二千二百三十匹，缎衣、裘衣万有三千八百四十领，貂、狐、豹、虎等皮五百有奇。整角及角面千有一百六十副，俘获人民三十六万九千名口，驼、马、骡、牛、驴、羊共三十二万一千有奇，外发窖所得银两剖为三分，以一分给赏将士。其众兵私获财物，莫可算数”。（见《清太宗实录》卷六四，第889页）

③ 《谀闻续笔》卷一，载《笔记小说大观》第30册，第256页。

申戒士卒,勿误杀彼一二人,致与交恶。”[①]这说明了皇太极当时对农民军所持的笼络态度。

但是,明末农民军对清军的态度又如何呢?河南农民军著名领袖袁时中是一个很好的例子。

袁时中,河南滑县人,侨于开州。崇祯十三年,“两京、山东、河南、山西、陕西、浙江大旱蝗,至冬大饥,人相食,草木俱尽”,于是“河南土寇并起,自真定至河上,道路梗塞”。[②] 这时,袁时中也聚饥民数万,攻陷开州。他的部下“健壮标悍”,作战时英勇非常,而且军纪尤佳。[③] 当时在安徽寿州有农民军首领叫袁老山,袁时中为了和他相区别,乃自号“小袁营”。当时河南农民军诸部,“各有众数万,惟时中最桀黠”。[④] 不久“群贼相继败灭”,时中独以“四千人过河南”,攻兰阳(今河南兰考),但相继为明将陈永福及杞县知县苏京击败。[⑤] 崇祯十四年,袁时中的力量日益壮大,拥众至二十万,[⑥]于是年五月率军至安徽北部,“扰凤、泗,自宿、亳入蒙城”,得到当地土矿矿徒的响应,遂于蒙城附近之义门扎营。当时明军总督朱大典及太监卢九德,以徐州、淮安诸将及禁军击之,袁时中大败。明“总兵刘良佐将淮兵,宋玘将禁兵,追击五十里”。袁时中部大多“窜逸深林”,扼险拒守。后来刘良佐又“分轻兵追捕”,“官军以火炮奋击之”,农民军伤亡甚大,“自义门至界沟,或缢林间,或自刎死,横尸二百里”,而袁时中“仅从数百骑宵遁,北渡河,入河南”。[⑦]

1642年,农民军首领老回回、革里眼、左金王、治世王等军,“合步骑数万趋寿州”,随后又与张献忠等农民军于安徽六安会合。这时

---

① 《清太宗实录》卷六三,崇德七年十月壬子,第865页。

② (清)彭孙贻:《平寇志》卷三,崇祯十三年十二月丙寅,陈协琹、刘益安点校,上海:上海古籍出版社,1984年版,第80页。

③ 《豫变纪略》卷四谓袁时中“不杀人,不掠妇女,亦群盗中之以奇也”。有关记载颇多。见(清)郑廉:《豫变纪略》卷四,王兴亚点校,杭州:浙江古籍出版社,1984年版,第72页。

④ 《明史纪事本末》卷七五《中原群盗》,第1301页。

⑤ (明)戴笠撰,(清)吴殳删定:《怀陵流寇始终录》卷一六,崇祯十六年五月丙辰条,载《玄览堂丛书续辑》第2册,第8b面。

⑥ 《怀陵流寇始终录》卷一四,崇祯十四年五月乙亥条作“十余万”,第11b面。

⑦ 《平寇志》卷四,第96—97页。

袁时中的部队也前来相会，并与五营兵联合，攻下安徽霍丘县。后来，“小袁营”又合并于李自成的队伍，并跟随李自成连下河南太康、睢州、宁陵、考城、商丘等地。但由于互有猜疑，“实不相得”，不久袁时中就又脱离李自成军而独自行动了。[①]

当袁时中的队伍与李自成分开而独自驰骋于豫东、淮北战场时，[②]清朝八旗兵已南下山东劫掠。1642 年闰十一月以后，清兵已连下临清、兖州、滕县、峄县、费县，于次年正月初二攻入海州。[③] 当此大敌当先，民族矛盾相当尖锐的情况下，袁时中队伍毅然北上抗清，将海州城内的清兵包围。据当时被清兵俘虏逃回的难民刘海说：“随有（袁的）兵马来，与达子打仗”，袁军“带半青半红帽口”，与清兵作战时，“先用炮打，后用箭射，又用刀砍；一番退了，一番又上，杀得达子避进城内”。并且还将清兵“帐房烧了，骆驼伤了，掘坑围困”。又将被清兵俘虏的难民招来“俱来壕里”，“说：你们百姓被掳来，家里父母想望，各赏钱五十文快回去。（刘）海问赏钱之兵是那里的，俱说是小袁银”的。天津兵备佥事李化熙说：“被小袁银所困者，乃西股达贼（指蒙古八旗）也……至于小袁银系去冬郭游击差兵丁哨至济、兖等处，有小袁银救兖府，沿途秋毫不犯，乡民称为佛兵。”同时又据是年正月二十日报告：“临清州又探得，河南降寇小袁银领兵四十万，分十营去救鲁王，且与百姓秋毫无犯，乡民称为佛兵。”[④]

袁时中军至兖州救鲁王，未经材料证实，看来系属误传。但袁时中抗清的记载，并不限于《明清史料》。《山中闻见录》也说：“河南土寇小袁营数万屯河上，掳获山积。清人游骑近贼垒，贼夜入清兵营，连緪贯马羁，纵火焚其炮，人马惊起，相牵绊奔踶，相杀伤，乃移营他

---

① 《豫变纪略》卷五记一事：“袁时中既为二贼劫制不能堪，即破归德，自成卒皆入老营，拥妇人辎重。时中之党王姓，耄而嗜酒，方大醉。袒臂入告时中曰：‘闯贼日图我，我不杀贼，贼必杀我，今其徒皆入老营，贼方孤立，宜急率锐卒捽贼而斩之，其军可并也。’时中大惧不能答。既而语泄，自成执王姓而剐之。”袁、李关系由此可知。（见第 122 页）

② 《平寇志》卷五，崇祯十五年十二月丁酉载：“大兵（明军）下畿南，至淮北，袁时中夜扰其营，至河而返”，说明袁时中部队当时就在淮北。（见第 119 页）

③ 根据《国榷》卷九八记载，崇祯十五年十二月癸未，“建虏围海州”，第 5956 页。

④ 崇祯十六年二月初八日《兵部行“御前发下察办御史吴履中题”稿》，崇祯十六年正月《兵部行“兵科抄出察办剿虏事务吴履中题”稿》，《明清史料》乙编第 5 本，第 495a、479b 面。另参见孔宪易：《关于小袁营》，《光明日报》1956 年 11 月 6 日。

徙。河南将吏招诸盗击敌，使上功。”①

上述袁时中抗清事实的记载，尽管内容尚不够丰富，但值得我们重视。它说明在清军骚扰所过地区，当民族矛盾尖锐的时刻，袁时中农民军是站在抵抗清兵侵扰这一边的，他们是爱国者。袁时中农民军这种对南扰清兵的英勇抗击，是明末农民军抗清斗争的先声。它不仅证明了当时清朝统治者那种想“以善言抚谕之”去笼络明末农民军，从而避免与农民军“交恶”的企图只是一种妄想；而且也预示着，随着清军入关所进行的一系列战争的扩大，必将出现一个更大规模的明末农民军的抗清斗争高潮。

（原载《史学月刊》1981 年第 1 期）

① （清）彭孙贻：《山中闻见录》卷六《建州》，崇祯十六年正月壬午（初八），收入李澍田编：《先清史料四集》，长春：吉林文史出版社，1990 年版，第 79 页。

“甲申之变”前后之山东及德州事件

“甲申之变”前后三十年的山东，是当时国内各种矛盾最集中的省份之一。天灾、人祸，加之清兵的不断骚扰，使得这一地区的广大民众痛苦不堪，被迫进行接二连三之反抗，斗争极其尖锐。加以山东地区又是全国南北交通的重要通道，漕运的咽喉，其重要性更非其他地方所能比拟。明末清初的三方面政治力量复杂交错，在这里也表现得非常明显。可以认为，这里发生的一切，无疑都是全国各类矛盾中的一个缩影。研究明末清初这一地区的历史，对我们深入探讨明末农民战争史，是会有所帮助的。

一 “甲申之变”前的山东形势

“甲申之变”前的山东形势，各种矛盾交织在一起，异常严峻和复杂。

(一)连绵不断的农民暴动

天启初年徐鸿儒、于弘志所领导的白莲教暴动之后，山东地区的农民暴动此起彼伏，一直坚持不断。据崇祯六年(1633)四月山东巡抚朱大典的报告称：

> (山东)金乡县城南五十里大孟集居民王瞎子，名王伦益，□□混元祖师，其小妻绰号十指母者，□□□□□□□□□□□其

挟法术以欺世，门徒至七八千……本年二月初十，同贼首孔华宇到王伦益家商量抢集、抢城未遂。

事实上王伦益即徐鸿儒之余党。当徐、于失败后，仍坚持与明朝作斗争，前引朱大典的奏文又称：

据伦益供称：“前从鸿儒作乱，幸逃至今”，怙恶不悛，种种左道，蛊惑愚蒙，句集奸宄如窝主庞慎吾、贼头孔华宇等，屈指不下千余人，皆窥伺地方之隙，以图窃发。

朱大典的奏文中，还谈到了当时山东的严峻事实：

东省从来多盗，昨年（崇祯五年）淫雨为灾，稽天大浸，民为鱼鳖，田卒污莱，春饥乏食，东（平）、兖（州）一带树无皮而草无根矣。况自辽逆（指崇祯四年冬孔有德之乱）倡乱，征调一空，观望生心，蠢蠢思动，近荷皇上天威，东牟底定，而晋、豫、畿南流寇又屡见告。省直地界犄接山左，飘忽之贼广布句连，伏莽之戎□□□附。数月以来，如曹、濮大盗，区画方殷，而泰安、□□、□武、巨野各州县，或百十成群，公行抢劫；或数十为耦，布散为奸；种种申报，骇人听闻。①

崇祯十三年秋冬，畿南、河南、山东三省交界处，遭到了“三百年未有之奇荒，父子相食，盗贼蜂起”，据是年十二月山东总兵杨御蕃报告：

（十二月十五日）畿南、威、滑、东明、开州一带流寇突犯山东，逼近城池，焚掠庄村。内有大炮、三眼枪、弓箭甚多，共有万余，极其精锐……今报有一万余众，势甚猖獗，急应剿捕……臣督挥各兵飞马追杀，直砍至濮州西南柳家屯止。贼遂净尽，日已沉西，约七十余里，砍死八千有奇，尸横遍野，络绎不绝。②

又据十一月十九日朝城县难民李三明等报称：

---

① 崇祯六年五月《兵部行“兵科抄出山东巡抚朱大典题”》，《明清史料》乙编第9本，第803a—804a面。

② 崇祯十三年十一月廿九日《兵科抄出山东总兵杨御蕃题本》，《明清史料》乙编第9本，第903a—904a面。

> 贼首辛小齐等在朝城县地方王凤集等处，连营一十二处，各竖帜招众，有“杀富救贫”之号，饥民相从者将及数万余，恣肆猖獗，焚劫日甚。[①]

次年春天，山东省连续大饥，“民间父子相食，徐、德数千里，白骨蔽野，行人断绝，饥民相聚为寇”。[②] 山东高唐州的农民军李廷实、李鼎铉，泰安州、莱芜一带的农民军史东明，直鲁边界东昌一带的农民军朱青云、程咬金，兖州及其以西一带的李青山、吴翰华等，都是“动称数十万，抚之不能，剿之不尽”的农民头领。[③] 其中史东明“僭称伪号”，控制“青、齐、沂蒙、新(城)、莱、莒、沂、郯、费以及南直海、徐各州县”，势力亦最强。其中一次“以二十万众穷力围攻”泰安州，以后“复聚十万于莱芜兔子口”，使“莱芜垂危，县令告急”。[④]

李青山、吴翰华系兖西一带势力强大的农民军首领。李原为屠夫，与吴初活跃于东平、梁山一带。崇祯十四年十一月，李青山率众袭破东平，杀死镇守安山及都司智亮。“州中无主，土人乘乱各裹红巾为号，蜂起抢劫二十余日，城中鼎沸”。十二月，李部啸聚饥民数万人，经常威胁兖州。但李青山是个叛伏无常的人，遂为明朝官员所利用。李青山降明后，向明朝表示：“情愿立功自赎，即应先剿翰华”，[⑤] 于是李、吴于崇祯十四年互相火并，造成两败俱伤。由于农民军各股势力互不统属，缺少配合，因而陆续被明军消灭。崇祯十五年初，李青山等数十名农民首领，仍然被明朝以“谋反律”处死，山东农民军的势力，受到了极大的挫折。[⑥]

---

① 崇祯十三年十二月十七日《兵科抄出保定山东等处总督杨文岳题本》，《明清史料》辛编第6本，第565b面。

② 《烈皇小识》卷七，载《明季稗史初编》卷七，第148页。

③ 崇祯十四年五月初八《兵部题行“兵科抄出山东巡抚王公弼题”稿》，《明清史料》乙编第10本，第911b面。

④ 《剿办土寇史东明已竣残稿》(时间缺)，《明清史料》乙编第10本，第916b面。

⑤ (清)沈维基修，(清)胡彦升纂：乾隆《东平州志》卷二〇《纪事》，乾隆三十五年(1770)刻本，第47ab面；《兵部题“御前发下本部题山东巡抚王公弼揭”残稿》，《明清史料》乙编第10本，第926b面。

⑥ 崇祯十五年二月二十六日《兵部行“处决山东俘犯李青山等情”稿》，《明清史料》乙编第10本，第938面。

(二)“壬午之役”清军对山东之洗劫

崇祯十五年十一月至次年六月,清兵由皇太极弟阿巴泰率领,自墙子岭窜入山海关内,在蓟州败明兵之后,又转掠北直隶、山东、河南诸处。骚扰所过,造成关内村镇一片荒芜。尤其是山东,所遭劫掠最为严重。清军这次出兵,是崇祯年间进关五次中的最后一次,一般称为“壬午之役”。①

关于“壬午之役”清军的骚扰情况以及山东军民的英勇抵抗事迹,《明清史料》中记载极多。从这些档案中可以看出,山东军民在反抗清军骚扰的斗争是可歌可泣的,而且不少乡绅生员参加其中。而山东境内民众所遭受的灾难和损失,则尤为巨大。这里以临清为例。临清于弘治二年(1489)由县升为州,是明代南北间的重要水道码头,商业非常发达。明代嘉靖时当地人张希尹称:

> 盖临清地方舟车络绎,商贾辐集,天下之行旅出乎其途。齿牙北畿,襟喉南服,而肘腋河南,山东之境,实惟中原重地。②

嘉靖时临清知州马麟亦将临清视为“水陆交通,泉货聚集”之“京师要会之地”。③ 明末时人口已达百万。因此,临清的城墙异常高大,周围共三十里。据崇祯十二年正月,太监高起潜题本所述:

> 总计临城周匝逾三十里……而一城之中,无论南北货财,即绅士商贾,近百万口。④

谈迁《北游录·纪程》中亦述:

> 癸巳(顺治十年,1653)九月乙未:直临清,同汶水北达天津入海。临清夹河而城,如张秋。嘉靖壬寅(1542)巡抚曾铣筑,万历□□又新筑城,共周四十里,而旧城为繁。⑤

---

① 参见本书《试论“壬午之役”与袁时中》一文。

② (明)张希尹:《修教场记》,载张自清修,张树梅、王贵笙纂:民国《临清县志》卷一六《艺文志·传记》,《中国地方志集成·山东府县志辑》第95册,南京:凤凰出版社,2008年版,第377页。

③ (明)马麟:《临清州题名记》,载民国《临清县志》卷一六《艺文志·传记》,第369页。

④ 崇祯十二年正月初三日《总监各路太监高起潜题本》,《明清史料》甲编第10本,第923a面。

⑤ 《北游录·纪程》,第36页。

(顺治十三年)三月丁酉,出南门。临清南北水门,相距十五里,各筑角楼,沿海士女,多溱洧之游。①

又同书《纪闻上·洪孝廉》:

新安洪孝廉某计偕,道临清。值雨后,蹑油靴游于平康见薄。妓摄衣而寝,问之,曰:"我寝衣也。"洪因纳靴衾中。妓作色曰:"何污我锦衾芳裀乎"? 洪曰:"此吾寝靴也。"遂哄。始知为孝廉也,乃引谢。②

《金瓶梅》第九十二回写道,陈经济与杨大郎带着五百两银子到临清贩布,所见这个城镇的面貌:

这临清闸上,是个热闹繁华大马头去处,商贾往来,船只聚会之所,车辆辐辏之地,有三十二条花柳巷,七十二座管弦楼。

第九十三回也写道:

原来这座酒楼乃是临清第一座酒楼,名唤谢家酒楼,里面有百十座阁儿,周围都是绿栏杆,就紧靠着山冈,前临官河,极是人烟热闹去处,舟船往来之所。③

钱谦益曾对明代临清的繁华,多次作诗回忆。《牧斋初学集》卷八有《过临清追昔游有作》二首:

丁字帘帏不下钩,疏疏微霰点红楼。
明妆促坐生春色,昼烛娇歌荡旅愁。
油壁小车争自至,红笺名纸妒他收。
而今只有垂杨在,秃尽枝条撩白头。

倦游还忆壮游人,席帽毡车二十春。
醉卷白波轻酒敌,笑拈红袖比花神。
芳颜老去为商妇,旅鬓穷归有角巾。
为问《长干》新乐府,壁间谁与拂埃尘。

---

① 《北游录·后纪程》,第 138 页。
② 《北游录·纪闻上·洪孝廉》,第 334 页。
③ (明)兰陵笑笑生:《金瓶梅》,北京:人民文学出版社 1992 年版,第 1368、1393 页。

此外本卷中还有《长干行》诗一首，专述明代临清之繁华，其小序云：

万历己酉(1609)十月，偕计吏过临清，新安何周无党邀谷、范两名姬置酒，胜流歙集，燕赏淋漓。乐美人之目成，惜云英之未嫁。醉后作《长干行》题于北里谷氏之壁间，凡二百八十三字。

诗中有谓：

江南是处矜花草，渡江但说临清好。
燕赵佳人真擅场，摧残苦向风尘老。[①]

但是，这样繁华的城市，经过“壬午之役”之后，被清军彻底劫掠一空。据崇祯十六年(1643)三月东昌府推官刘有澜所述：

临清原系漕运咽喉，逆虏自蓟兼程疾驰，必欲得之为快。盘踞十六日，杀掳百姓几尽，使我无人可守；推塌城垛一空，使我无险可恃。[②]

当崇祯十五年闰十一月十二日临清被清兵攻破后，天津等处总兵曹友义曾对该地所遭的破坏，有过具体叙述：

奴酋自闰十一月十一日酉时到临清州，四面安营，次日寅时从旧城北面攻至辰时城破……大约临民十分推之，存者未足一分。其官衙民舍尽皆焚毁，至今余烬未灭。两河并街路，尸骸如山若岭，岂能穷数，城垛近皆折毁。[③]

再据明末著名御史祁彪佳之日记所载，当崇祯十六年九月初二日“壬午之役”后，祁曾路过临清关，“所见皆败壁颓垣耳”。[④]

除了临清之外，山东青州府十州县的损失亦甚严重。据崇祯十六年山东巡按余日新所奏：

---

① 《牧斋初学集》卷八《过临清追昔游有作》，第 243—245 页。

② 崇祯十六年三月《山东东昌府推官刘有澜塘报》，《明清史料》乙编第 6 本，第 524a 面。

③ 崇祯十六年正月《兵部行“兵科抄出察办剿虏事务吴履中题”稿》，《明清史料》乙编第 5 本，第 479a 面。

④ 《祁忠敏公日记》卷一三《癸未日历》，第 692 页。

莱郡僻处海滨，自崇祯五年叛贼孔有德屠劫以来，兼灾旱频仍，元气未复，忽于十五年十二月奴酋入犯，流毒惨不可言。[①]

(寿光县)城中为虏贼焚掠一空，数年生聚之余，一炬尽为焦土……室庐人民，焚掳一尽。[②]

这种情况，确如崇祯十六年五月保定巡抚徐标所称：

臣自江淮来数千里，见城陷处荡然一空，即有完城，仅余四壁，蓬蒿满路，鸡犬无声，曾不见一耕者。土地、人民如今有几？皇上亦何以致治乎？[③]

“壬午之役”对山东造成的损失是巨大的，人民处于水深火热之中。

与山东军民抵抗清兵的同时，当地农民反抗明朝的斗争并未停止。梁山首领吴汉华等“贼心不改，乘兹虏变，复起不轨之谋。勾连大盗，自范县大猪潭至濮州二百余里，蜂屯蚁聚，公行劫掠，为数近万”。[④]

户部员外郎王弘祚亦上疏强调：

逆奴虽经駾遁，土寇渐复鸱张。盖东土自戊寅(崇祯十一年，1638)兵燹蹂躏之后，频罹灾祲，百姓死于虏、死于灾十之七八矣……虏虽北折，土寇堪虞。[⑤]

加之明朝官员在平定山东农民军过程中的大肆淫掠，更使这一地区境况百般荒凉。崇祯十七年三月，山东巡抚王永吉曾就山东状况，作一系统说明：

---

① 崇祯十六年十二月初四日到《兵科抄出山东巡按余日新题本》，《明清史料》辛编第10本，第964a面。

② 崇祯十六年十二月初六日到《兵科抄出山东巡按余日新残题本》，《明清史料》辛编第10本，第967a面。

③ (清)计六奇：《明季北略》卷一九《徐标入对》，北京：中华书局，1984年版，第357页。

④ 崇祯十六年正月十八日《兵部题行“山东巡抚王永吉塘报”稿》，《明清史料》辛编第9本，第850b面。

⑤ 崇祯十六年五月十四日《兵科抄出户部督催解饷湖广司员外郎王弘祚奏本》，《明清史料》辛编第10本，第919b面。

> 臣奉有星速回省、迅扫土寇之旨。即于途次大书通俗告示，晓谕山谷愚民改邪归正，向化务农……一面密檄青州、济宁、东昌、兖东、东兖等道，令其相机剿抚……盖虏寇、灾荒层见叠出之后，户口凋残，十少六七，村墟寥落，生聚为难。况土寇半是穷民，半是良民，但势孤力弱，不能抗拒，贼头放火杀人，畏其凶锋，不得不勉强从顺，实未尝不望官长之救之也（下述费县、邹县、滕县、蒙阴、冠县农民军均平定）……然臣匆匆北上，已面订镇臣刘泽清、东昌府知府宋炳奎相机剿抚，旦夕当有定局也……伏莽尚多，根株未尽。①

王永吉奏疏中概括的山东的情况，正是“甲申之变”前夕对该地区的最好说明。

二　李自成出兵山东及“德州事件”

（一）大顺军出兵山东

崇祯十七年三月十九日，李自成军攻占北京，崇祯帝自缢身亡。大顺军由于进军迅速，虽然各处招降明军，仍显得兵力过于分散，兵源亦不足。同时，由于农民军进入北京后，被胜利冲昏头脑，过多地致力于“追赃助饷”，因而对于北抗清军，南下招降明兵，均缺少统筹计划。据李天根《爝火录》所载：

> 贼虽破京师，而兵力渐分，食亦不足，既要守城，又要防边，又要留镇，支吾不来。不得已，只以四五百人随一伪果毅将军白姓者（按：指白邦政），虚号数千，往沿河一带，诡称催粮；以七八十人随一伪将，虚号千人，往德州等处；以一二百人随一伪将，往济南等处，诡称安抚；又以七八百人随一伪制将军董姓者（按：指董学礼），虚号二万，遣牌至宿迁，诡云镇守淮扬。②

派往南下招降山东等地的农民军决策竟如此轻率，而所派军队又如此脆弱，正说明大顺军政权决策人的注意力，根本不在这里。

李自成攻占北京前，山东并无大顺军，故明末史籍记载的山东农

---

① 《兵部题“兵科抄出山东巡抚王永吉题”稿》，《明清史料》乙编第6本，第599a面。

② （清）李天根：《爝火录》卷二，杭州：浙江古籍出版社，1986年版，第76—77页。

民军，均谓之为土贼、土寇，以示区别。李自成派大顺军南下山东，其主要将领为权将军郭陞及以后之制将军董学礼。郭陞虽身居大顺军要职，但名不显赫。据明末清初德州人程先贞撰《何振先传》载，郭陞原系明军柳沟参将，李自成攻下柳沟时，投降大顺军。因为与"闯寇皆秦人，故得用"。[①] 因此，郭陞仅是崇祯后期的一名降将，由于与李自成等人为同乡，因而得以委任。董学礼亦系明朝降将，参加大顺军亦甚晚。因此，从李自成所派南下山东的主要将领看，也说明大顺政权对进军山东并不重视。

根据《怀陵流寇始终录》卷一八所载：

> （崇祯十七年）三月辛亥（二十三日）：闯贼别将权将军郭升率三千人犯济南等府，赵旗鼓率五百人犯青州。

《甲申传信录》则把郭陞下山东的时间系于崇祯十七年四月十四日。[②] 而乾隆《德州志》卷二《纪事》则明确记载郭陞系"四月初八日陷德州"。[③] 至于董学礼所率大顺军南下，则已是四月初七的事了。《平寇志》卷一〇：

> （四月甲子）贼命伪制将军董学礼将步骑一千五百人南下，镇守淮安。[④]

因此，就大顺军南下时间之推迟，以及所携部将之微弱而言，同样说明大顺政权对南下进军是仓促而草率的。

（二）"德州事件"的经过

大顺政权在攻占北京后不久，随即任命了大批官员到北方省份接管地方政权。在较短时间内，山东一些主要地区也大多建立了府、州、县各级政权机构。因为德州处于南北水陆交通枢纽，又离京城最近，于是很快即派阎杰为防御使、吴征文为德州牧（知州）。阎杰系大

---

① （清）王亨通修：乾隆《德州志》卷一二《艺文》，乾隆五十三年（1788）刻本，第 92b 面。

② （明）钱𫓶：《甲申传信录》卷六，上海：上海书店，1982 年据神州国光社 1951 年版复印，第 120 页。

③ 乾隆《德州志》卷二《纪事》，第 24b 面。

④ 《平寇志》卷一〇，第 237 页。

顺军一武将,事迹不多。吴"乃不识一字,言系红旗手,押解山西生员赴州牧任,生员赠以百金,使代任者"。[1]

阎、吴到任不久,即出现了原明朝官吏纠合当地乡绅生员一起发动的反叛事件。"德州事件"正是山东这一系列叛乱中影响最大的,而且出现于李自成尚未撤出北京之前。

据《国榷》崇祯十七年四月乙酉(二十八日)所载:

> 德州杀伪防御使阎杰、德州牧吴征文。初香河知县朱帅钦,庆府之宗室也,弃官走吴桥,杰囚于德州。杰、征文俱严酷。贡宦马元騄、诸生谢陛倡义,乘是日瘟司降辰,城外演剧,倾城出观,因闭城杀之。郡县响应,凡四十余城,俱杀逐伪官,出帅钦,推为济王,传檄远近。[2]

《爝火录》卷三所记时间不同:

> (崇祯十七年五月二十四日)德州贡生谢陛等杀逐伪官,奉宗室朱帅钦为济王。帅钦者,宁夏庆藩宗室,为香河知县,弃官南走,为伪防御阎杰囚于德州。杰与伪知州吴征文比饷酷甚,贡生谢陛、马元騄等暗结义旅,执杰、征文等十八人杀之,出帅钦于狱。原任辽抚黎玉田、御史卢世漼等奉之为主,尊称济王,檄告远近,于是杀逐伪官,来附者四十余州县。[3]

乾隆《德州志》卷二《纪事》在记述此事时,也明确表明参与这次事件的是"州人御史卢世漼、赵继鼎,主事程先贞,推官李谠明,生员谢陛等"。[4] 因为这次事件发生最早,随后又在山东各地引起了连锁反应,终于导致了大顺军在山东的失败。该《纪事》亦仅说,这次事件的倡导者即上述在乡的原明朝官吏诸人,最后又推出明宗室朱帅欽出来收拾局面。

但是,上述事实记得过于简单,确切的时间及真正的领导人,几乎都被湮没了,有进一步阐述之必要。

---

① 《小腆纪年附考》卷五,第152页。

② 《国榷》卷一〇一,第6079页。

③ 《爝火录》卷三,第181页。

④ 乾隆《德州志》卷二《纪事》,《中国地方志集成·山东府县志辑》第10册,第67页。

乾隆《德州志》卷一二《艺文》中，收录了与“德州事件”有关的程先贞之两篇文字，一为《何振先传》，一为《李韫玉传》。从这两篇文字中，可以对“德州事件”的详细经过及真正的领导人，有更深入的了解。现将这两篇文字摘录如下。

《何振先传》中首先说明何振先为“德州事件”的策划者：

> 何振先名兑吉，振先其字也，德州卫诸生……崇祯十七年闯寇李自成既陷京师，宫车晏驾，乃遣其巨帅郭将军者以精贼数万，略行齐鲁。张官置吏，肆出赴任，旬日间遍于海岱……追掠缙绅，桁杨接折，相望于道。振先乃夜见卢御史与予曰：“公等知闯寇之意乎？……此盖欲先明故吏无遗种也。为公等谋，莫如起义复仇……不佞请为公等游说郭将军，令叛自立，公等乃可徐为之计，举事万全矣。”

其次，传中指出何振先往兖州游说郭陞之情况。何向郭陞指出三点。一是挑拨郭与李自成的关系：

> 时郭将军在兖州……乃进说曰：“将军所凭以树功名者，非李王耶？然李王与将军非有葭莩之亲也，迫于一旦之命，不得不从耳。”

二是认为李自成无帝王之业：

> 今李王新破燕京，当大赦天下，与天下更始。顾乃乱先朝之宫闱，残先朝之陵墓，诛先朝之吏民，此终为群盗已耳。又以其敕追掠荐绅先生。夫荐绅谁无故主之思……而乃以死道逼之耶。此属既不可胜杀，突有智者起而收之。李王沦败，则将军一旦功名尽矣。

三是向郭陞分析形势，劝郭举事反李自成：

> 今诚能俯察愚计，急下所属州县□□复暴虐，则是将军得美名，□□□其父兄子弟必将延颈欲为将军死者。李王新破燕京，北有大清压其前，南有逆献坠其后，其势必不能东向与他人争利，则将军高枕而据千里之国矣。于是，郭将军大悦。

但由于德州的卢世漼等人已先一日举行起事，“于是郭将军以何生为给己,追及半道高唐杀之,时四月二十九日,盖德人无不痛惜也"。何被杀后,德州暂以济王名义维持局面,"郭将军随亦遁去",[①]并未向山东明朝义军投降。

与何振先一齐参与"德州事件"的另一头目是李辒玉。据乾隆《德州志·李辒玉传》载:

> 李辒玉名嗣宬,德州卫人……辒玉弱冠即有声庠序,涉猎书传,好议论天下大事,无所回护……崇祯十七年……时德州诸荐绅卢世漼等,于四月二十七日部署宾客诛伪官,发兵城守。辒玉乃要遮抗言曰:"公能幸能起义报仇,顾欲以区区乌合之众,当数十万精贼,此为必不可支。即志在必死,然徒死无益。今不如有所统属,用其(明宗室)名义以号召当时,庶几从民之望。"于是诸荐绅然其计行,求得王孙朱帅欽奉为盟主,而辒玉入其幕总持之。为大行皇帝发丧,作讨逆檄文,布告天下,旬日间附近郡邑皆翕然响应,贼闻之敛兵远去。乃辒玉遂有骄色,日置酒高会,自以为王业且成;其徒数十人又皆怙势恣睢,修睚眦之怨,不为州众所服。于五月十三日,仇者伏兵劫之,并辒玉揕杀……辒玉虽死,其讨逆檄文具在。[②]

由《李传》可知,李辒玉在"德州事件"中起着关键作用,自四月二十七日至五月十三日的十七天中,是德州济王短暂政权的领袖人物。由于他目空一切,骄傲自满,遂为仇人所杀。

(三)"德州事件"的性质

根据上述事实,我们可以看出,"德州事件"也是当地原明朝义军所发动的一次复明运动,其发动者是德州的原明朝官员及残存士绅,而与清朝无任何关系。

第一,从事件发动者李嗣宬所撰的"讨逆檄文"看,可知这次事件是在对大顺政权极端仇视的情况下发生的,目的是为了明朝中兴。其中称:

> 君父大仇,理无不报,臣民共愤,义在必伸……大盗李自成

---

① (明)程先贞:《何振先传》,载乾隆《德州志》卷一二《艺文》,第92a—94b面。

② (明)程先贞:《李辒玉传》,载乾隆《德州志》卷一二《艺文》,第95a—96a面。

> 蠢尔凶顽，肆兹暴逆，称戈犯阙，乘国步之多艰，挟诈欺人……一夫奋臂，万戟卷喉，于四月二十七日诛此两恶，悬首藁街……闻吾君犹存六尺之孤，况寰宇不止一成之藉。史司马整旅江南，旌旆夹舳舻并进；吴总戎扬旝塞北，清兵偕汉将齐驱。屡有捷音，多方响应，知匡复之不远，识中兴之有期。[①]

第二，从事件过程中看，当时事出仓皇，临时举出被大顺政权关在德州的明宗室朱帅欽，以为号召。根据《小腆纪年附考》记载，吴三桂勾结清兵败李自成的时间为四月二十二日，[②]而“德州事件”发生于四月二十七日。是时李自成尚未撤出北京，当时的德州不可能知道消息如此之快。何况朱帅欽是年降清后，也承认他被推举为济王时，“彼时贼势炎炎，未闻败信，群以济王之号加欽”。[③]

第三，苏瀜《惕斋见闻录》记明臣王孙蕙投降大顺军后，被农民军委派至山东做官。当时德州已起事，而王茫然不知。该书谈道：

> （王）一路乘传至山东界，入德州，见城上有大明中兴旗，甚骇。前此喧传辽帅吴西平大败李闯，卷甲西奔，而蕙犹茫茫前进不及觉。至是问之，始知御史卢世漼与诸生谢陛集义师截杀伪官，莫得过者。[④]

既然当时德州树的是大明中兴旗，而德州又不知清兵战胜大顺军事，因而“德州事件”属于单纯的复明运动，当无疑问。

第四，当是年六月清兵攻下德州后，朱帅欽、卢世漼等降清，马元騄南逃，清派德州知州张有芳前来接收。当卢等衣着吉服迎接新官到任时，原参加“德州事件”的头目如原明朝御史赵继鼎等人，“无不

---

① （明）李嗣宬：《讨逆檄文》，载乾隆《德州志》卷一二《艺文》，第 96a—97b 面。按：其中所谈吴三桂及清兵事，颇疑为后人所加。

② 《小腆纪年附考》卷五，第 149 页。

③ 顺治元年七月二十二日《庆藩奉国中尉朱帅䪵揭帖》，《明清史料》丙编第 5 本，第 412a 面。

④ （清）苏瀜：《惕斋见闻录》，载郑振铎辑：《明季史料丛编》，民国二十三年（1934）圣泽园景印本，第 30 页。另《怀陵流寇始终录》载，原明居庸关巡抚何谦逃至德州，朱帅欽曾“留与共事”，何未允而南下。见《怀陵流寇始终录》卷一八，崇祯十七年五月癸巳，第 13a 面。

怆然出涕"。[①] 赵原是此次复明运动的中坚人物,及见德州轻易落入清人之手,当然感到痛惜。

此外,如卢世漼、程先贞等人,即使投降了清朝,也始终未被重用,程还始终拒绝就职,也表明这次事件原与清朝无关。

(四)"德州事件"发生的原因

引起德州发生地主阶级的复明运动,原因虽然是多方面的,但大顺政权在山东政策实施之失误,是极为重要的原因。

从某种意义上说,大顺军开赴山东是非常被动的,实力也是很虚弱的。前面谈到,大顺军去山东的兵力极其不足,经常虚张声势,甚至所委一些地区的官员有"单身赴任"者。谈迁指出:

> 时畿内、山东、河南诸伪令,皆秦晋无赖,单身赴任,恣意威虐。[②]

《爝火录》卷二谈到了被大顺政权临时委任的青州防御使王道成。他原是山西平阳人,崇祯十六年进士,投降李自成后即赶赴任所,"单骑而来"。[③] 而且到后根本未安排妥当,即发号施令。据朱帅鋑所述,德州"伪官赴任多者经旬,少则数日"。[④] 这种情况,在山东其他地方亦是如此。

由于大顺军兵力不足,因此只得尽量利用明朝降兵降将。如去山东的权将军郭陞以及制将军董学礼、白邦政等人,几乎无一例外都是明将。大顺军不派主力南下,也不派亲信将领前去督战,必然造成军纪不良,到处劫掠,例如:

> 贼将郭陞所留兵淫掠,民怨怒。[⑤]
>
> 伪左制将军董学礼以贼骑三千兵过德州,恣行杀掳,伪州牧供应妇女稍迟,贼兵殴之几毙。[⑥]

---

① (明)杨士聪:《甲申核真略》,杭州:浙江古籍出版社,1985 年版,第 44 页。

② 《国榷》卷一〇一,甲申崇祯十七年四月戊午,第 6067 页。

③ 《爝火录》卷二,第 91 页。

④ 顺治元年十一月初十日《直隶保定府知府朱帅鋑启本》,《明清史料》丙编第 5 本,第 460b 面。

⑤ 《怀陵流寇始终录》卷一八,崇祯十七年五月己亥,第 13b 面。

⑥ 《平寇志》卷一一,甲申四月丁丑,第 244 页。

济南既陷，临清、盐城、武定、滨州贼骑充斥，杀人如麻，乞丐不免。[①]

贼将郭之纬尽收济宁州库进贡龙衣及客商货物。[②]

与军纪不良相关的问题，是大顺官员在山东把过多的精力放在追赃助饷的问题上，而忽略了其他方面。这当然与大顺政权在北京的行径相一致。赵士锦《甲申纪事》中，曾直言不讳地认为，“德州及济宁城中，(大顺官员)烤炙士大夫如京师”。[③]《怀陵流寇始终录》卷一八则称：

贼将吴征文烤掠德州人，索银严酷。[④]

《明季南略》卷三记原明兵部主事凌駉谓：

开门揖寇。及至关城一启，即便毒楚交加。一宦而征数万金，一商而派数千两，非刑拷比，罔念尊贤。纵卒奸淫，不遗寡幼；将军出令，先问女人；州县升堂，但求富户。于是山东、河北各土寨来归者甚众。[⑤]

至于泰安州的大顺官员，牌示“军至军妻，军去民妻”八字，亦使得当地“州人大惧”。[⑥]

(五)“德州事件”的影响

从崇祯十七年四月二十七日“德州事件”发生，至是年六月初九日清兵入德州，朱帅欽、卢世㴶等投降，马元騄南奔，此次复明运动一共维持了约一个半月。这次事件在山东的影响是不小的，导致了大顺政权的统治接二连三的失败。德州的地主武装起事不久，临清的凌駉及济宁的潘士良都先后响应，擒杀大顺官员。随后影响遍及全省四十多州县，造成大顺军在山东的全线溃退。

---

① 《怀陵流寇始终录》卷一八，甲申崇祯十七年四月丙寅，第8b面。

② 《平寇志》卷一一，甲申四月丁亥，第249页。

③ (清)赵士锦：《甲申纪事・北归记》，收入中华书局上海编辑部编：《甲申纪事》(外三种)，北京：中华书局，1959年版，第23页。

④ 《怀陵流寇始终录》卷一八，崇祯十四年四月丙午，第10b面。

⑤ 《明季南略》卷三《凌駉自缢于济馆》，第193页。

⑥ 《小腆纪年附考》卷五，顺治元年四月丙戌，第151页。

山东的义兵是地主的武装，它的领导人是原明朝的官吏、生员及当地乡绅。当大顺军在山东失败后，在一段时期内，这些地方的领导权仍掌握在义军手中。他们拥兵自保。而这些义军的首领是倾向于南明政权的。他们一方面仇视大顺军，必欲斩尽杀绝而后快；一方面对清兵入关后虎视眈眈的行径，也时刻保持着警惕。因此从这一角度上说，它们又具有拥明抗清的一面。这里可以临清的凌駉为例。凌駉系歙县人，崇祯十六年进士，被任为明朝兵部主事随李建泰出师，后逃至临清。“德州事件”后，他亦在临清募兵斩杀大顺防御使王皇极等人，拥护南明政权。福王称帝后，他曾上疏谓：

方今贼势犹张，东师渐进。臣已上书彼国大臣……名为西伐，实作东防。俟逆贼既平，国势已立，然后徐图处置之方。

他对清兵也有警惕：

但恐臣一移足而南，大河之北，便非我有，故忍苦支撑于此，以为他日收拾河北、畿南之本。夫有山东然后有畿南，有畿南然后有河北。临清者，畿南、河北之枢纽，与其以天下之饷守淮，不若以两河之饷守东。①

可见，当时如凌駉等人，尽管把主要精力用于对付农民军，但也对清朝保持了一定的警惕性，因而使当时的山东成为遏制清兵南下的前哨。凌駉的“名为西伐，实作东防”的积极意义，也在于此。因此，山东义师抗清的意义，也应值得思考。

《谀闻续笔》的作者张怡，对“义军”控制下的山东，曾有过一段细致的描述：

过德州界，一路乡勇团结以灭贼扶明为帜，所在皆然。至济南，回兵数千，自相纠合，队伍整肃，器械精好，浚河置榷，凡舟必盘诘乃得过。即以所浚之土，堆集两岸，仅容步，不可骑。而沿河民家，塞向墐户，留一窦以通出入，防守颇严，引领南师，如望时雨。既知弘光登极，史公督师，无不踊跃思郊。每遇南来客

---

① 《明季南略》卷三《凌駉自缢于济馆》，第193—194页；《小腆纪传》卷四六《凌駉传》，第460页。

旅，辄讯督师阁部所至。[①]

但是这种良好的抗清形势，没有得到南明政权很好地利用与发挥，加之义军内部又矛盾重重，因此清兵一旦南下，一部分人马上投降，而另部分人则迅速南逃，使山东很快落入清军手中。因此，《谀闻续笔》又不无感叹地说：

> 使斯时乘其锐而用之，数十万义士因粮于众，人自为战，大功可立也。日复一日，坐失事机，灰忠义之心，隳朝食之气，谋之不臧，土崩瓦解，伊谁咎哉！[②]

史可法也认为，当时"各镇兵久驻江北，皆待饷不进"，"虚延日月，贻误封疆"，[③]使南明坐失良机。李天根更不无惋惜地说："设南都有千人之旅，渡河先至，呼吸可通，山东岂遂归清也！"[④]山东抗清的大好形势，断送在南明小朝廷内部的党争上，当是没有疑问的。

三　清初山东人民的抗清斗争

1644 年六月，清兵出师山东，鲁省义师随即溃散，真正掀起抗清斗争的是该地区的农民军余部。[⑤]

山东农民军首领马应试，自崇祯十三年即与官府作战，"聚众万余，迄今五载"。大顺军到山东后，复为"逆闯掌旗"，一直在"郓（城）、巨（野）、范（县）、观（城）、开（州）、清（丰）、曹（州）、定（陶）一带地方"坚持斗争，使官府"为害甚惨"。顺治元年（1644）八月，马应试部攻打濮州，城虽未下，而"愚民无知，尽行投顺"，[⑥]使农民军得到壮大。当

---

① 《谀闻续笔》卷一，载《笔记小说大观》第 30 册，第 256 页。

② 《谀闻续笔》卷一，载《笔记小说大观》第 30 册，第 256 页。当时济王政权中尚有原明朝礼部主事罗国士，罗野心极大，欲总揽兵权，自称总督。初与郭陞等大顺军结合，清兵下山东后，又率先降清。与朱帅鏉矛盾极大。（见顺治元年十一月初十日《直隶保定府知府朱帅鏉启本》，《明清史料》丙编第 5 本，第 460 面）

③ 《国榷》卷一〇三，崇祯十七年九月辛亥，第 6151 页。

④ 《爝火录》卷四，崇祯十七年六月十三日，第 234 页。

⑤ 当时亦有一些士人参加抗清行列。如堂邑县举人路伸，27 岁，曾"作为内应"，配合行动。见顺治四年十一月《山东巡抚张儒秀揭帖》，《明清史料》丙编第 7 本，第 645b 面。

⑥ 顺治元年八月《山东巡抚方大猷揭为塘报"曹濮巨寇马应试屡抚屡叛等"事》，郑天挺、孙钺等编：《明末农民起义史料》，上海：中华书局，1959 年版，第 475 页。

时兖州附近满家洞农民军宫文彩，自号擎天大王，“拥贼二万有奇”。另有许家楼之冲天大王李文盛，韩家营之扫地大王宋二烟，杨家楼之混世大王杨鸿升、杨之华等，“皆积年巨寇，不比寻常土贼也”。他们不仅建营立寨，而且“俨然王号”，“攻城掠地”，“五兵火器，件件俱全”，“城郭被焚，村舍尽毁”。最令清朝统治者不安的是，这些人“安心附逆，旗帜之上大书闯贼年号，胸中目中已无三尺久矣”。他们严重威胁着清朝在鲁西的统治，“屡抚屡叛，视若儿戏”，“必非一抚所能收拾者也”。①

是年六月十一日，清朝派明降官王鳌永招抚山东，八月二十八日到达青州。据当时临清总兵王国栋报告：

> 青州府迤东昌乐、寿光等县，土寇猖獗，结聚数万，延蔓东海，僭称重兴元年，有称威振山东提调总镇者，有称协镇等营者，贼首秦尚行、葛东方、步国光、赵慎宽、陈九畴、张嘉儒等贼，焚劫百姓，杀戮人民，团聚窠穴。②

反清的力量极为可观。大顺军攻下北京后，驻守青州的衡王朱由椈“欲行南遁”，当时“阖城士民恐其窜也，无以应闯贼之求，故遮留不放”，以响应农民军。③ 是年十月，“土贼张舆伪称总镇大元帅，据高密作乱”，清朝派武将柯永盛率青州兵前往镇压。这时原大顺军裨将赵应元，遂乘虚攻破青州城，处死了王鳌永。④ 王系山东临清人，“甲申之变”时被大顺军拷掠，后又释放。清兵甫入北京即率先降清，先后推荐原明朝大学士谢陞等人在清朝中枢任职。又与山东巡抚方大猷等人“绥辑山东郡县，剿余贼”，⑤深得清朝青睐。但是终仍被农民军处死。

---

① 顺治元年九月《河道总督杨方兴猷揭为备陈“兖属”土寇情形并剿抚机宜事》，《明末农民起义史料》，第 478 页。

② 顺治元年九月《山东临清总兵王国栋揭帖》，《明清史料》丙编第 5 本，第 447a 面。

③ 《登莱巡抚陈锦残题本》，《明清史料》丙编第 5 本，第 496a 面。

④ 据中国第一历史档案馆所藏《顺治朝·叛逆类》档案，《巡抚山东佥都御史方大猷奏书》称：顺治元年九月二十九日赵应元部入邹平县，并声言：“我也不愿做皇帝，只是扶立明朝一人”。

⑤ 《清史列传》卷七八《王鳌永传》，第 6419—6420 页；顺治二年正月《原任山东河南招抚已故王鳌永男王樛残揭帖》，《明清史料》丙编第 5 本，第 468a 面。

胶州的农民军势力亦异常壮大。是年八月中旬，据南明佥都御史左懋第言：

> 山东虽杀伪官，遍地皆土贼。臣家人来云："胶州被围，贼至十余万"，则不皆向化可知也。①

此外，莒州的农民军首领庄鼐，于顺治元年二月曾招兵二十余万，在执沟、青口等处"焚劫杀掠"，先后处死生员庄亮彩一家六口。当年十一月，又与农民军赵慎宽、李大烈等"合兵在九仙山竖旗"，"杀伤官兵（指清兵）许多"，到了顺治二年八月，仍在莒州马蹄山一带潜藏。②

顺治三年，山东的农民军仍然异常活跃。据是年十二月兖州府的报告称：

> 土贼（在滋阳）分三路头劫掠，约各有步贼千余，马贼百余骑，在兖府城西北蔡庄、大小蒙村等处，扎营放火，杀掳抢掠百姓，火炮攻楼，大肆猖獗。③

难怪清朝山东官员连连呼吁：

> 东省为畿辅咽喉，而四方人心观望在此一举。登、莱两郡今已有蠢蠢思动者矣，况非特一方也……贼之奸细处处密布，宁止一曹化彪哉！化彪一人，其领袖耳。④

顺治四年，山东的农民军在青州西南暗青山一带，以及昌乐、临朐、沂水、高苑等县境，仍"出没不常，劫掠时闻"，⑤"巨寇丁维岳，见在梁山扎营，马步约有千余"。⑥ 活跃于长山、章丘、淄川一带的农民军领袖谢迁，其声势更加壮大。这年六月十三日，谢迁集中五百余人，围攻淄川城，在城内同党丁可泽的配合下，攻入城中，杀死向清朝

---

① 《明季南略》卷二《北事》，第 136 页。

② 顺治二年八月二十四日《登莱巡抚陈锦启本》，《明清史料》丙编第 5 本，第 498a 面。

③ 顺治四年正月《山东巡按吴达揭帖》，《明清史料》丙编第 6 本，第 577a 面。

④ 顺治四年正月《山东巡按吴达揭帖》，《明清史料》丙编第 6 本，第 579a 面。

⑤ 顺治四年六月二十二日（到）《登莱巡抚朱国柱残揭帖》，《明清史料》丙编第 7 本，第 603a 面。

⑥ 顺治四年十二月《山东巡抚张儒秀揭帖》，《明清史料》丙编第 7 本，第 649a 面。

摇尾乞怜的降官孙之獬一家十口，壮大了抗清斗争的声威。[①]

孙之獬原为明末阉党，魏忠贤之走卒。清兵入关后，率先降清，并剃发易满服，向多尔衮倡议颁发“剃发令”，颇为时人所耻。后因办事不力，亦为多尔衮所不满，被革职为民回乡。谢迁等对孙之獬之处决，对明朝的降官、降将，也是一次重大的打击。

此后，山东人民的抗清斗争仍然坚持不断。但由于大多独自作战，互不通息，因此势力日渐微弱，大规模的抗清局面已不复存在了。

（原载《山根幸夫教授退休纪念明代史论丛》，日本汲古书院，1990年版）

① 顺治四年九月《山东巡抚张儒秀揭帖》，《明清史料》丙编第7本，第622a面；《清史列传》卷七九《孙之獬传》，第6564页。

论董谷、刘仕义之明朝超越前代说

明中叶以后，一些史家对当代政治进行总结，亦为修国史进行准备，嘉靖至万历时期，形成一股史学发展高潮。陈建、王世贞、焦竑、何乔远等人都有著述。在撰修国史的同时，对当代的褒扬亦达一时之盛。王世贞就有《国朝胜事》等篇。而其中明确提出明代“超越前代”诸事者，则有董谷及刘仕义等人。“超越”说虽系中国史家之通病，但却也反映了当时政治的一些重要问题。

一　董谷论明代“超越前代”七事

海盐董谷在其所著《碧里杂存》中，《本朝超越前代》条谓：

> 程伊川谓宋家超越前代者五事。余谓我朝超越前代者略言七事，而一统之盛，尤自古之所无也。是故汉吕临朝，唐武易姓，赵宋虽多贤后，犹有垂帘之失；国家历九朝椒房不预政事，内廷甚正，一也。夷狄之患，自汉以来和亲致弊不知纪极；国家廓清驱逐之后，遂绝其源，大限甚明，二也。人君即位谓之元年，无再元之理，其弊自汉文帝始，后代多因之，至一君有十数元者，无谓之甚；我朝列圣相承，只以一元纪世，老成正大，无夸侈变更之心，三也。党锢之祸，汉以之亡，牛李、洛蜀，何代无之？国朝百八十年，多士一心，无复朋党，四也。古者名不偏讳，临文不讳，惟致谨于君上之前耳，后世忌避太甚，极为可恶，名晋肃而不举

进士，姓石昂而改呼右昂，片言只字，无心获罪者，不可胜举；我朝惟进御合避外，一切皆略之，士风稍古，五也。前代杀人无忌，虽平居杯酒之间，动以人命为戏，如王恺饮客日杀美人，徐知诰鸩弟贻祸伶者，其他快己欲复私仇，虽当盛世，漫无法度；我圣祖在御，先出五刑酷法，后申《大诰》三编，明著律令，使人趋避，故虽位极人臣，无敢专擅杀戮，太平全盛，人有所恃而无恐，六也。前代皆有官妓，虽张禹大儒，后堂女乐，而谢安之风流、杜牧之狂狎，缙绅以美谈。至于有宋士习稍还，而此风不变，我朝一革遂尽，始无寄猳之丑，七也。[①]

案此条先言“历九朝”，又言“百八十年”，则洪武建元以后，至嘉靖中叶约百八十年，而非“九朝”。作者显然摒弃建文、景泰二朝未列。又该书卷上之第一条即为“甲辰”条，述嘉靖二十三年（1544）为甲辰云云，而自洪武元年（1368）戊申至该年“三历甲辰一百七十七年”，[②]则证明该文应作于嘉靖二十三年之后不久。

董谷父董沄，见《明史》卷二八三《儒林二・钱德洪附董沄传》：

董沄，字子寿，海宁人。年六十八矣，游会稽，肩瓢笠诗卷谒守仁，卒请为弟子。子谷，官知县，亦受业守仁。[③]

可见父子二人均系王阳明之弟子，而董沄名气更大。《明儒学案》卷一四《布衣董萝石先生沄》称：

董沄，字复宗，号萝石，晚号从吾道人，海盐人。以能诗闻江、湖间。嘉靖甲申（三年，1524），年六十八，游会稽，闻阳明讲学山中，往听之。阳明与之话，连日夜。先生喟然叹曰：“吾见世之儒者，支离琐屑，修饰边幅，为偶人之状。其下者，贪饕争夺于富贵利欲之场，以为此岂真有所谓圣贤之学乎？今闻夫子良知之说，若大梦之得醒，吾非至于夫子之门，则虚此生也。”因何秦以求北面，阳明不可，谓：“岂有弟子之年过于师者乎？”先生再三而委贽焉。

传中又曰：

---

① （明）董谷：《碧里杂存》，上海：商务印书馆，1937 年影印版，第 26—28 面。

② 《碧里杂存》，第 2 页。

③ 《明史》卷二八三《钱德洪附董沄传》，第 7273 页。

> (董沄)其平日诗社之友,招之曰:"翁老矣,何自苦。"先生笑曰:"吾今而后,始得离于苦海耳! 吾从吾之好。"自号从吾。丙戌(嘉靖五年,1526)岁尽雨雪,先生襆被而出,家人止之不可,与阳明守岁于书舍。至七十七而卒。①

《王阳明全集》卷三五《年谱三》亦道及此事。嘉靖三年,王阳明53岁,在越,这年正月:

> 海宁董沄号萝石……来游会稽。闻先生讲学……入门,长揖上坐。先生异其气貌,礼敬之。与之语连日夜,沄有悟,因何秦强纳拜。先生与之徜徉山水间,沄日有闻,忻然乐而忘归也。其乡子弟社友皆招之反……沄曰,吾方幸逃于苦海,悯若之自苦也,顾以吾为苦邪! 吾方扬鬐于渤澥,而振羽于云霄之上,安能复投网罟而入樊笼乎? 去矣,吾将从吾之所好。遂自号曰从吾道人。先生为之记。②

《全集》中所载王阳明与董沄的诗约数首。其中一首是记王阳明嘉靖三年冬二十一日,再登秦望山所作,并自谓:"自弘治戊午(十一年,1498)登后二十七年矣。将下,适董萝石与二三子来,复坐久之,暮归,同宿云门僧舍。"其诗曰:

初冬风日佳,杖策登崔嵬。
自予羁宦迹,久与山谷违。
屈指廿七载,今兹复一来。
沿溪寻往路,历历皆所怀。
跻远还屡息,兴在知吾衰。
薄午际峰顶,旷望未能回。
良朋亦偶至,归路相徘徊。
夕阳飞鸟静,群壑风泉哀。
悠悠观化意,点也可与偕。③

---

① 《明儒学案》卷一四《布衣董萝石先生沄附子谷》,第290页。

② 《王阳明全集》卷三五《年谱三》,第1060页。

③ 《王阳明全集》卷二〇《外集二·嘉靖甲申冬二十一日再登秦望自弘治戊午登后二十七年矣将下适董萝石与二三子来复坐久之暮归同宿云门僧舍》,第651—652页。

诗作于两人相识之冬日，王阳明已把董沄视为“良朋”，说明交往相当密切。又同卷中尚有《书扇赠从吾》一首：

君家只在海西隈，日日寒潮去复回。
莫遣扁舟成久别，炉峰秋月望君来。[①]

表明王阳明对董沄之思念，希望两人秋日再登香炉峰。

董谷在《明儒学案》卷一四亦有传。他与王阳明的关系则一般。传曰：

> 董谷，字石甫，嘉靖辛丑（二十年，1541）进士。历知安义、汉阳二县，与大吏不合而归。少游阳明之门。阳明谓之曰：“汝习于旧说，故于吾言不无抵牾，不妨多问，为汝解惑。”先生因笔其所闻者，为《碧里疑存》，然而多失阳明之意。

最后说：

> 学者读先生之书，以为尽出于阳明，亦何怪疑阳明之为禅学乎！[②]

董谷在《碧里杂存》中多次称王阳明为“先师阳明”（《投江》条）、“阳明先生”（《铁柱老僧》及《铜柱梦》条）等。[③] 但两人在“性”“心”的解释上，见解不同，“不无抵牾”，故不为阳明所喜。前述《本朝超越前代》条，开始即谓程伊川如何如何，亦是证明。

二　刘仕义论明代“超越前古”五事

继董说之后不久，刘仕义在其所著《新知录摘抄》中《国朝超越五事》条亦谓：

> 国朝超越前古五事：尊孔子以先师，而祀以天子之礼乐，一也；优外戚以厚禄，而处以安闲之职衔，二也；政本有归，无母后专制之失，三也；兵柄有统，鲜悍将拒命之患，四也；金鱼悬挂于歌楼，象简遗忘于妓寝，岂非前代之弊乎？禁官妓而严官箴，敦

① 《王阳明全集》卷二〇《外集二·书扇赠从吾》，第651页。
② 《明儒学案》卷一四《布衣董萝石先生沄附子谷》，第290、291页。
③ 《碧里杂存》，第116、118、121页。

尚风化，五也。此国朝超越前古之五事也。[①]

刘仕义系何许人呢？案该书首之《贤智之过》条中，提到“嘉靖末，郭希颜……上疏请建储贰事，朝廷恶其希功干进，处以极刑”事；[②]癸丑（嘉靖三十二年，1553）杨继盛劾严嵩事；《唐荆川》条述当时“倭寇猖獗，应命总戎”事；[③]以及《星变》条直言“嘉靖四十五年岁次丙寅”云云，均说明该书成于嘉靖末年之后。又该书之《有感诗》条云：

> 予家素贫贱，自幼笃学……时嘉靖壬子岁也。

壬子指嘉靖三十一年，即1552年。继又言：

> 是秋学院赵方泉公镗试高等，得沾廪禄，迨今又二十霜矣。[④]

“二十霜”之谓，则时已应至1572年，即隆庆五年，亦即同书《有感诗》条中所言“时隆庆辛未也”。

又该书之《王阳明》条称：

> 刘仕义曰：予不及见阳明先生，其高足弟子犹及见之。[⑤]

说明作者确晚于董谷若干年。

该书最后一条《登科录》中，还道及了他的身世。其中称：

> 予先君淳懿公冕，吉安庐陵人，以公务至京，悦其山水之佳丽，因家焉。而予母郭氏归之，而以生予，故予金陵产也。而称庐陵者，不忘本耳。若世代既远而犹云云，岂不甚无谓哉。[⑥]

据余之祯等纂万历《吉安府志》卷九《选举表六》，庐陵县贡士永乐朝之最后一人即刘冕。李兴元修顺治十七年《吉安府志》卷九所载贡士表亦称：“永乐：刘冕。”光绪《吉安府志》卷二四《选举志·贡生》

---

① （明）刘仕义：《新知录摘抄》，载《纪录汇编》卷二一六，第2392页。

② 《新知录摘抄》，载《纪录汇编》卷二一六，第2377页。

③ 《新知录摘抄》，载《纪录汇编》卷二一六，第2386页。

④ 《新知录摘抄》，载《纪录汇编》卷二一六，第2394页。

⑤ 《新知录摘抄》，载《纪录汇编》卷二一六，第2392页。

⑥ 《新知录摘抄》，载《纪录汇编》卷二一六，第2395页。

庐陵县下亦载录刘冕名字。[①] 因此，他是刘仕义之先辈淳懿公当无问题。但刘仕义之事迹仍无线索。

清中叶武念祖修道光《上元县志》卷一〇《选举志》中，万历八年(1580)贡生条记载了有关刘仕义之生平：

> 刘仕义，字时卿，桐城县训导，温州府教授。有《新知录》二十四卷。[②]

再据乾隆《温州府志》卷一七下《职官·教职》在府学教授中载录了刘仕义的名字。[③]则刘曾任职温州，当无疑义。

《纪录汇编》本《新知录摘抄》凡四十二目，其中《国朝超越五事》条列在第三十六目中，而《说郛续》卷一六中，仅摘八目，将“超越”条列在第七目，说明两部丛书的编者对刘仕义所撰该条均极重视。但我们至今并未见到过《新知录》之全书。据道光四年《上元县志》卷末《摭佚》条所载：

> 前辈著述多湮灭，不恒遘见，谨识其名，以待搜访……刘学博仕义：《新知录》。[④]

可见，至少道光初年，《新知录》已佚失，搜访未得。至于万历时编辑《纪录汇编》仅录该书“摘抄”未及全文的原因，有待再考。

《新知录》系作者早年之作，摘抄内容虽不多，但亦足以表明作者之“吉安庐陵人”及“金陵产”之身份。《新知录摘抄》之《吉安文物之盛》条称：

> 江西一省可谓冠裳衣文物之盛，而吉安一府为尤最。自洪武辛亥(四年，1371)至嘉靖己未(三十八年，1559)凡六十科，吉安进士七百八十八人，状元十一人，榜眼十一人，探花十人，会元

---

① (清)定祥等修，刘绎等纂：光绪《吉安府志》卷二四《选举志》，《中国方志丛书》第251号，台北：成文出版社有限公司，1975年版，第775页。

② (清)武念祖修，陈栻纂：道光《上元县志》卷一〇《选举志》，《中国方志丛书》第447号，台北：成文出版社有限公司，1983年版，第806页。

③ (清)李琬修，齐召南等纂：《温州府志》卷一七下《职官·教职》，《中国方志丛书》第480号，台北：成文出版社有限公司，1983年版，第1043页。

④ 道光《上元县志》卷末《摭佚》，第551页。

八人……而罗念庵洪先复与进士第一，盛哉。[①]

而书中之《金陵风景》条，则盛赞“金陵风景最称佳丽”。《幸不幸》条，则论述南京聚宝门外雨花台侧之僧寺事。说明作者对其吉安籍及南京生地均有感情。

此外，据所掌握的资料，提出明朝超越前代说的尚可举出谢铎(1435—1510)、陆容(1436—1497)和陈继儒(1558—1639)三人。谢铎[②]以为太祖朱元璋有五事胜过宋朝：

> 我太祖皇帝远过于宋者有五事：一，攘克夷狄以收复诸夏；二，肇基南服而统一天下；三，威加胜国而锋刃不交；四，躬自创业而临御最久；五，申明祖训而家法最严。[③]

陆容[④]则认为：

> 本朝政体，度越前代者甚多。其大者数事，如：前代公主寡，再为择婿，今无之；前代中官被宠，与朝臣并任，有以功封公者，今中官有宠者赐袍带，有军功者增其禄食而已；前代京尹刺史皆有生杀之权，今虽王公不敢擅杀人；前代重臣得自辟任下僚，今大臣有专擅选官之律；前代文庙圣贤皆用塑像，本朝初建国学，革去塑像，皆用木主；前代岳镇海渎皆有崇名美号，今止以山水本名称其神，郡县城隍及历代忠臣烈士，后世溢美之称，俱令革去；前代文武官皆得用官妓，今挟妓宿娼有禁，甚至罢职不叙。[⑤]

陈继儒[⑥]则以为有十事胜过前代：

> 前朝太学生皆上书，我朝独生员不许陈民间利弊，一也；九镇以制府文臣为将，天子自为居守，二也；阁臣部寺之长与边腹

---

① 《新知录摘抄·吉安文物之盛》，载《纪录汇编》卷二一六，第2394—2395页。

② 谢铎，字鸣治，号方石，浙江太平人。天顺八年进士，授编修，进侍讲，直经筵，遭丧除服，遂不起。弘治初擢南京国子祭酒，正德五年卒。

③ (明)张燧：《千百年眼》卷一二《我朝胜前代二十二事》，石家庄：河北人民出版社，1987年版，第220页。

④ 陆容，字文量，号式斋，昆山人。成化二年进士，累官浙江右参政。

⑤ 《菽园杂记》卷二，第13—14页。

⑥ 陈继儒，字仲醇，号眉公，松江华亭人，诸生，隐居昆山，杜门著述。有《眉公全集》传世。

大帅，外廷会推，内廷不得专擅，三也；母后不称制，四也；勋戚不干政，五也；皇子讲官即宫坊寮采，不立博望苑，不开天策府，六也；无殉葬，七也；不用黥刺劓阉割之刑，臣下敢有奏用此刑者，文武群臣即时劾奏，将犯人凌迟，全家处死，八也；京师有热审，省直有减刑，非大吉典不轻赦，九也；宋制台省六品，诸司五品，一郊而任一人，两制以上，一岁而任一人，子又任其孙，孙又任其子，任侄、任甥亦有之，今三品以上才得荫子入监，纨绔子弟不滥朝籍，十也。①

可见，为明朝人所津津乐道的超越前代数事，综括而言，不外乎以下几点：无内宫、外戚干政之事，无勋贵扰政之忧；天子节制外将，朝廷掌管铨选；减刑罚；无朋党；无官妓；荫子不滥；文庙用木牌等等数事。其实，若逐条分析，会发现其所言的超越条目本身就有许多不合乎实际的，下面试择数条论之。

三　董、刘述明代无官妓之不可信

董谷“超越”说七条，系仿自宋代哲学家程颐之说法。据《二程遗书》卷一五《入关语录》二十七，程颐云：

尝观自三代而后，本朝有超越古今者五事：如百年无内乱；四圣（指宋太祖、太宗、真宗、仁宗）百年；受命之日，市不易肆；百年未尝诛杀大臣；至诚以待夷狄。此皆大抵以忠厚廉耻为之纲纪，故能如此。盖睿主开基规模自别。②

程颐虽系宋代大儒，但官运屡挫。《宋史纪事本末》卷四五《洛蜀党议》称：

哲宗元祐元年（1086）三月辛巳，以程颐为崇政殿说书。在治平、元丰间（1064—1085），大臣屡荐，皆不起。至是，司马光、吕公著共疏其行义曰：“伏见河南处士程颐，力学好古，安贫守节，言必忠信，动遵礼度，年逾五十，不求仕进，真儒者之高蹈，圣

① 《千百年眼》卷一二《我朝胜前代二十二事》，第221页。

② （宋）程颢、程颐：《二程遗书》卷一五《入关语录》，收入《四库全书》第698册《儒家类 子部4》，上海：上海古籍出版社，第126页。

世之逸民。”[①]

程颐于元祐二年(1087)八月被罢免。绍圣(1094—1097)中,被“削籍窜涪州”。徽宗即位(1101)又“徙峡州,俄复其官,又夺于崇宁(1102—1106)。卒年七十五”。[②] 崇政殿说书职位不高。据《宋史》卷一六二《职官二》“崇政殿说书”条曰:

> 掌进读书史,讲释经义,备顾问应对。学士侍从有学术者为侍讲、侍读,其秩卑资浅而可备讲说者则为说书……元祐间,程颐以布衣为之。[③]

同样,明代董谷及刘仕义的地位更低,但他们关于当代政治的议论与总结,却有一定影响。

“董说”七条与“刘说”五条相距凡27年,内容亦不尽相同。相同者仅两条,一为“董说”之第一条“椒房不预政事”及“刘说”之第三条“无母后专制之失”。二为“董说”之第七条及“刘说”之第五条,即“禁官妓”以敦尚风化。

关于“无母后专制之失”问题,朱元璋确实对后妃立下了严厉的规矩。《明史·后妃传》多有记载:

> 明太祖鉴于前代女祸,立纲陈纪,首严内教。[④]

洪武元年,又命儒臣朱升修《女诫》,目的即要后妃不得参政。其中道:

> 后妃虽母仪天下,然不可俾预政事。又命工部制红牌,镌戒谕后妃之词,悬于宫中。

说明控制极严。像太祖之马皇后及成祖之徐皇后,稍涉政事,是极例外的。故《明史·后妃传》称:

> 是以终明之代,宫壸肃清,论者谓其家法之善,超轶汉、唐。[⑤]

---

① (明)冯琦、(明)陈邦瞻:《宋史纪事本末》卷四五《洛蜀党议》,北京:中华书局,1977年版,第437页。

② (元)脱脱等撰:《宋史》卷四二七《程颐传》,北京:中华书局,1977年版,第12720页。

③ 《宋史》卷一六二《职官志二·崇政殿说书》,第3815页。

④ 《明史》卷一一三《后妃传》,第3503页。

⑤ 《明史》卷一一三《后妃传》,第3504页。

明徐学聚《国朝典汇》卷一〇《朝端大政·宫闱》亦谓：

洪武三年五月，上以元末之君不能严宫闱之政……礼法荡然，以至于亡。遂深戒前代之失，著为令典，俾世守之。皇后之尊，止得治宫中嫔妇之事，即宫门之外毫发事不与焉……天子及亲王后妃宫嫔等，必慎选良家子而聘焉，戒勿受大臣所进，恐其夤缘为奸，不利于国也。①

此规定且列入《祖训录》及《皇明祖训》中，确系明初政治中之大事。至于董、刘二人把明禁官妓列为"超越前代"大事之一，最不可解。明王锜《寓圃杂记》卷一《官妓之革》曰：

唐宋间，皆有官妓祗候，仕宦者被其牵制，往往害政，虽正人君子亦多惑焉。至胜国(指元朝)时，愈无耻矣。我太祖尽革去之。官吏宿娼，罪恶杀人一等；虽遇赦，终身弗叙。其风遂绝。②

其立论亦与董、刘二说相同。但明初确本有官妓，亦非无教坊，革除官妓乃宣德中之事。

侯甸《西樵野记·本朝宫妓》：

国初京师尝建妓馆六楼于聚宝门外，以宿商贾。时虽法度严密，然有官妓。诸司每朝退相率饮于妓楼，咏歌侑酒以谋斯须之欢，以朝无禁令故也。③

刘玉《已疟编》亦有此类记载：

江东门外，洪武间建轻烟、澹粉、梅妍、翠柳四楼，令官妓居其上，以接四方宾客，大贾及士夫休沐时往游焉。后士夫多以耽酒悦色废事，渐加限制。

又曰：

常开平(按：即常遇春)家豪富无比，每燕饮童妓满堂，预饮

① 《国朝典汇》卷一〇《朝端大政·宫闱》，第210页。

② 《寓圃杂记》卷一《官妓之革》，第7页。

③ (明)侯甸：《西樵野记·本朝宫妓》，载《说郛续》卷一六，见《说郛三种》，上海：上海古籍出版社，1988年版，第747页。

者多赍赏物方往，人皆苦之，谓之欢喜钱。[①]

到了宣德时，臣僚宴乐情况更为严重，于是通政使顾佐乃禁绝之。据李贤《古穰杂录》载：

宣德初许臣僚宴乐，以奢相尚，歌妓满前，纪纲为之不振。朝廷以通政使顾佐为都御史，罢刘观，遂黜贪淫御史，弹劾不廉者；禁用歌妓，纠正百僚，朝纲大振。[②]

其后，《万历野获编补遗》卷三《禁歌妓》条亦称：

太祖所建十楼……此史所未载者，皆歌妓之薮也……至宣德中，以百僚日醉狭邪，不修职业，为左都御史顾佐奏禁……则顾佐一疏，保全士人实多。[③]

关于顾佐奏禁官妓事，《明史》卷一五八《顾佐传》中未载。其事见于卷一五一《刘观传》：

时未有官妓之禁。宣德初，臣僚宴乐，以奢相尚，歌妓满前。观私纳贿赂，而诸御史亦贪纵无忌。(宣德)三年六月朝罢，帝召大学士杨士奇、杨荣至文华门，谕曰："祖宗时，朝臣谨饬。年来贪浊成风，何也？"士奇对曰："永乐末已有之，今为甚耳。"……帝问："今日谁最甚者？"荣对曰："刘观。"又问："谁可代者？"士奇、荣荐通政使顾佐。帝乃出观视河道，以佐为右都御史。[④]

此后，凡"挟妓宿娼者有律耳"。[⑤] 正统时，"广东海南卫指挥使，以进表至京宿娼。事觉，谪戍威远卫"。[⑥] 景泰元年(1450)，倪谦出使朝鲜，据其所作《朝鲜纪事》记载：

未宴前，王先遣礼曹参判李边来达意曰："天使远来，小邦无可为奉，止有女乐数辈奉欢。闻一路来俱不用，今望天使容其奉

① (明)刘玉：《已疟编》，载《说郛续》卷一七，第831页。
② (明)李贤：《古穰杂录》，载《纪录汇编》卷二三，第220页。
③ 《万历野获编》，第900页。
④ 《明史》卷一五一《刘观传》，第4185页。
⑤ 《西樵野记·本朝宫妓》，载《说郛续》卷一六，第747页。
⑥ (明)余继登：《典故纪闻》卷一一，北京：中华书局，1981年版，第192页。

> 侍，少尽微意。”……谦峻辞却之。又曰：“小邦差人进贡赴京，朝廷俱作乐宴待，况天使辱临，敢不用乐？”谦曰：“朝廷所用是男乐，今是女乐，如何可用。”又曰：“朝廷用男乐，是朝廷礼，小邦用女乐，是小邦风俗。况小邦止有女乐，无男乐，不敢复命。”①

可见，自顾佐奏革官妓后，确如《万历野获编补遗·禁歌妓》条所云：“廷臣有犯者至褫职，迄今不改。”②又《万历野获编》卷二四《小唱》条还称，严禁官妓后，“缙绅无以为娱，于是小唱盛行”。③

至于教坊，明初亦有之。王鏊《震泽纪闻》述建文时山东布政使铁铉被永乐帝擒后，“其家属发教坊为娼……二女皆誓不受辱”，仁宗即位后“赦出之，皆嫁朝士”。④

清人顾公燮亦云：

> 明太祖念濠州为发祥之地……徙江南富民十四万以实其中，私归者有重罪……又立蛋户、乐户、渔户、教坊等名色，禁锢敌国（按：指张士诚、陈友谅集团）大臣之子孙妻女，不与齐民齿。后永乐将建文殉难诸臣之妻女，尽发教坊司，入平康院为妓。皆非仁者之用心也。⑤

可见，董、刘、陆容所述明代无官妓说，是不确切的。宣德以前，更是如此。

四　董、刘“超越”说小议

（一）歌颂当代之“超越”说始于宋濂

在古代封建社会，总结当代政治，总是把歌颂帝王之一统天下及太平盛世列为首位。宋之程颐如此，明代之董谷、刘仕义与谢铎、陈继儒、陆容亦然。

早在明太祖时期，文臣宋濂等人即已对朱元璋百般称颂。宋濂

---

① （明）倪谦：《朝鲜纪事》，《丛书集成初编》本，上海：商务印书馆，1937年版，第12页。

② 《万历野获编》，第900页。

③ 《万历野获编》，第621页。

④ （明）王鏊：《震泽纪闻》卷上《铁布政女诗》，《丛书集成初编》本，北京：中华书局，1991年版，第5页。

⑤ （清）顾公燮：《凤阳人乞食之由》，收入《丹午笔记 吴城日记 五石脂》，第135页。

《宋学士文集·翰苑续集》卷五《大明日历序》中即称：

鸣呼……然挺生于南服，而致一统华夷之盛，自天开地辟以来，惟皇上为然，其功高万古，一也……其得国之正，二也……其独秉全智，三也……其敬天勤民，四也。

继又称：

后妃居中，不预一发之政；外戚亦循理畏法，无敢恃宠以病民；寺人之徒，惟给事扫除之役：此皆古所深患，今绝无之，其家法之严，五也。兵戎，国之大权，悉归之于朝廷，有事征伐，则诏大帅佩将印领之，暨旋，则上章绶，归士卒，单身还第，其兵政有统，六也。呜呼，帝力难名，度越前王，不可以一二识也。①

这样，宋濂歌颂的四、五两条，即已囊括了后妃不专政、外戚无敢病民、寺人不专政及中央掌握兵权等诸多方面。其“超越”之说，自明初始已形成。

(二)“董说”强调无党争而失真

明初朱元璋始，即喜与汉代制度相比，故“董说”中之第二条“自汉以来和亲致币不知纪极……遂绝其源”，以及第三条“人君即位谓之元年，无再元之理；其弊自汉文帝始，后代多因之……我朝……只以一元纪世”云云即是。至于第五条“临文不讳”，又似系与唐代相比，《菽园杂记》卷四：

唐人避讳甚者，父名“岳”，子终身不听乐；父名“高”，子终身不食糕；父名“晋肃”，子不举进士。最为无谓。今士大夫以禁网疏阔，全不避忌。如文皇御讳，诗文中多犯之。杨东里作“棠杖”，似为得体。②

明末杨士聪《玉堂荟记》卷上亦称：

我朝讳字原甚疏阔。英宗讳镇，而边镇之镇，三百年未尝改也。即武庙之照字，本从火，未尝讳四点者，故自世庙至熹庙百

① 《宋学士文集》卷二五《大明日历序》，第474页。

② 《菽园杂记》卷四，第49页。

余年，照字如故。而今乃追讳为炤，甚无谓也。[①]

这应当是董谷时期的文人与明初文网严酷状况之比较而言，读书人到了此时，已觉得松了一口气，因而大书之。

"董说"与"刘说"比较，"刘说"的影响似更大些，且较前者尚有分寸。董所言"国朝百八十年……无复朋党"之说，言多过分，实非事实。即以其所处之嘉靖朝大礼议而言，实乃这一时期最大之党争。而董谷却视而不见，反加歌颂。据《明史·何孟春传》所记，参与大礼议的争论双方涉及二百余人。而据郑晓《吾学编余》所记，大礼议凡争者达783人，规模之大，在明史上也极少见。而董生于当时，亲身经历，却说"无复朋党"，岂非失真？故此点至刘仕义时则不便再提。

"刘说"采纳了"董说"之两点，前已述之。又采纳了宋濂所述的"无后妃专政"及"无外戚病民"两说，而却把尊孔子以先师放在首位。这是因为嘉靖九年(1530)时，朝廷已令两京国子监及天下学校，"于孔子神位宜称至圣先师"之故。[②] 尊孔子是该时代之大事。朱元璋即尊孔，洪武元年(1368)，他赐给孔子后代祭田两千大顷，即是一例。读书人把尊孔子列为首位，当然可以理解。

(三)《罪惟录》对"刘说"之批评

刘仕义之超越说，不仅被收入《纪录汇编》中，且为明末清初查继佐所著《罪惟录》卷一《帝纪总论》所采纳。其中道：

> 论者谓超越前代五事：一、崇学；一、优外戚，不事事；一、母后无垂帘之听；一、挂印权归枢部；一、禁官妓。

此中所指"论者"，显然系指"刘说"。但查继佐却又表示了不同的看法：

> 然外戚优逸，坐致困穷，兵权过操，专阃不力，则开国时计所以善后，而积之为贫与弱，不及料也。若乃宦官无制，黜陟不关铨部，始固轻之，后反至于极重，摈之曰天子私人。夫天子私之，彼安得不自私？于是习为私，公为私，制私而究溺于私，群借之用庇

---

① 《玉堂荟记》卷上，载《明清史料汇编》第1集第3册，第1383—1384页。

② 《明世宗实录》卷一一九，嘉靖九年十一月辛丑，第2838页。

其私，激为朋党，国脉大伤，则奉祖训者所不能神明其意矣。①

在这里，查继佐特别提到了太监专政系出于“天子私人”。而“群借之用庇其私”，则“激为朋党”，以至“国脉大伤”。他指出，太监、朋党之害，才是明代政治之弊端及衰亡之症结所在。这一结论当然击中要害。不过，查著成书于清初，与董、刘时期国人论国事之处境自然有所不同。

(四)《谀闻续笔》对刘仕义、陈继儒之批评

《谀闻续笔》中在先引述了刘仕义和陈继儒的所谓超越诸事后，有如下一段话加以批评：

> 本朝善政，不可殚述。但天子自为居守，终是险着。重臣不辟下僚，反失器使。悍将不敢拒命，贤将亦无由建功，生杀不敢自擅，豪强亦无所畏忌。此数端俱有可商。至若内官不逮于冢宰，遂桀骜而难制。帑藏专司以宦竖，或冒破而莫稽，君臣之分太隔，故在廷无腹心之推，亲疏之杀不讲，故小民受宗禄之累，科甲之气焰太高，贪吏之处分太轻，官俸太薄，难以责廉。士进以文，莫与核实。一旦土崩，未必不由此数者也。②

这段话，实际上否定了所谓明朝超越前代的几条说法，在作者看来，大权天子独揽，不但不是什么高明之招，反而因为其凡事制挈下臣，使得下臣无法果敢断事，“终是险着”了！又历数宦竖之祸、科甲之气焰、官俸之薄等等皆非好事，甚至明朝之土崩瓦解，亦无不与这些有关。《谀闻续笔》的作者张怡为明末遗民，或许经过了明朝覆亡的苦痛，才开始真正冷静地考察所谓的超越诸事，所以才能提出如此深刻的反省来。

(五)董、刘对明代要害问题力加回护

已故明史专家吴晗教授说过：明史有两大问题，一为太监，一为党争。且后者亦多与前者有关，故此问题至关重要。明代史学家何乔远《名山藏·宦者记》和王世贞《弇山堂别集·中官考》以及稍晚的

---

① 《罪惟录》卷一《帝纪总论》，第 1 页。

② 《谀闻续笔》卷三，载《笔记小说大观》第 30 册，第 276 页。

《罪惟录·宦寺列传总论》,都对明代太监问题予以高度的重视与揭露。如与董、刘同时代的王世贞称:

文皇之始,不能不有所私寄,是故(黄)俨、(江)保之谮几得行,而抚监岌岌矣。监军之势张,而马骐以交趾予敌矣。天子幼冲,母后不中制,权必有所归,而竖(王)振遂滔天矣……然一(刘)瑾死,百瑾生,参伍狡弁,表里作奸……

但王毕竟系当代人述当代事,不能不稍有顾忌,于是又说:

然而不为汉、唐之季者,高皇帝收天下之权,以归一人……是以(太监)能为乱而不能为变也。[①]

略晚于董、刘的《名山藏》作者何乔远称:

高皇帝惩自古宦官专政之弊,阉寺令守门阏、给洒扫而已,不得预朝政。成祖既取大位,恐中外人心不尽附己,遣使镇守,遂为故事。然不敢有所扞触,至于仁宣之世。英宗冲幼,王振窃权……群臣有过,动以上旨论之死刑……百官缄结不敢出一辞……缙绅罹祸,至于此极。

然后亦称:

然阿丑为戏,孝陵出守,张永一言,付狱法市,若嚼虮虱然,可以见祖宗之法行,而列圣之断武也。

及论至当代时,作者则愈加不敢触及太监之害。其论曰:

世宗即位,廓然一新,尽罢镇守。初年张孚敬用事,宦者见而畏之,不敢阑出一言,而中官之势大诎。其后虽久居西内,顾阅章奏无虚日,异日书旨奏牍,中官窃跂而睇,世宗立手御砚,掷中其头,赐死于外。此时麦福、黄锦最称上意,皆以恭谨不懈得终。

而谈及隆庆朝则曰:

---

① 《弇山堂别集》卷九〇《中官考一》,第1720页。

而穆宗之朝,(太监)滕祥亦称焉。①

事实上,明代太监专权自英宗初期已达极点,而党争问题自嘉靖朝已日益突出,而董、刘二人之“超越”说,却或歌颂(如“无复朋党”论),或回避(如太监专权),而以其他问题漫言称颂,正说明当代文人总结当世政治乃至国人修国史之局限性。但董、刘二说也提出了明代史中的若干问题,让人思索与总结。因此“超越”说仍然对我们研究明朝历史,有许多借鉴之处,不过鲜为人所重视罢了。

(原载《中国历史与史学——祝贺杨翼骧先生八十寿辰学术论文集》,北京图书馆出版社,1997 年版)

① 《名山藏·宦者纪》,第 5372—5373 页。

天津的海光寺与“蓝田”

在明清两代历史上，有不少著名人物为天津种植水稻而操劳。清朝康熙年间天津镇总兵蓝理（1649—1720），就是其中的一个。蓝理于康熙四十三年（1704）利用他的军队，在天津城南附近地区试种水田，取得了一些成绩。康熙四十五年，他又请建海光寺，不久即离任南去。蓝理走后，他所种植水田的大部分，都移归庙中管理，之后又试种水稻达七十余年。清代的天津人民，把这部分土地称为蓝田。下面，我们试就蓝田与海光寺的几个问题，简单加以叙述。

一　清代天津水田的尝试——蓝田

早在元、明时，天津附近地区即已试种水田。明神宗万历初年，尚宝司少卿徐贞明曾在京东一带开垦水田，还指出：“北起辽海，南滨青、齐，皆良田也”，都可开垦水田。[①] 后来万历中叶驻守天津的佥都御史汪应蛟以及天启年间的太仆寺卿董应举、天津巡抚毕自严、御史张慎言、左光斗等人，都在天津试种过水田，取得了一些成绩。但因

① 《明史》卷二二三《徐贞明传》，第 5882、5884—5885 页。

北方经常亢旱缺水，难以持久。①

明末徐光启积极主张在天津发展水田。他在天津附近购置“荒田无数，至贵者不过六七分一亩，贱者不过二三厘”，其中有一半土地“可作水田”。② 他主张亲自进行科学实验，取得成绩后，再招集农民推广。可惜由于当时政治腐败，科学实验一向受到阻挠，加上兵荒马乱，他的愿望未能实现。

清代在天津地区推行水田的第一个人是康熙年间的天津总兵蓝理。

蓝理，字义山，福建漳浦人。“少桀骜，膂力绝人”。康熙十三年耿精忠叛乱时，蓝理于浙江降为向导，参加平叛，授建宁游击。康熙二十一年特旨准许他从提督施琅征台湾，充当前锋。蓝理英勇善战，为飞炮所伤，“裹创力战”，终将郑军击退。统一台湾后，蓝理因功授参将，加左都督。他在台湾海战中的英勇表现曾几次为康熙帝赞赏，并赐御书“所向无敌”“勇壮简易”额。此后蓝理在陕西、宣化、浙江任职，康熙四十二年调任天津总兵，四十五年六月任福建陆路提督。蓝理因隐瞒盗情，遭康熙帝申饬，又先后被总督梁鼐、巡抚满保等弹劾贪婪酷虐、流毒士民，应予处斩，康熙念其平台功绩，免死调入京旗。康熙五十四年清军征策妄阿喇布坦，蓝理请赴军前效力，五十七年因病回京，次年卒。③

蓝理任天津镇总兵后，见“畿辅产米无多，而天津一望皆平原”，认为“可开河引水灌稻田”，④因而在康熙四十三年十一月上书，奏请于天津等处开垦水田。他说：“直隶沿海旷地，丰润、宝坻、天津等处洼地，可仿南方开为水田”，“栽稻一二年后”，即可“渐成肥沃”。他表示“愿召募闽中农民二百余人，开垦一万余亩”，作为实验。倘若实

---

① 《国榷》卷七九，万历二十九年十月壬午、十一月丁酉，第 4885、4886 页；《明神宗实录》卷三六五，万历二十九年十一月丁酉，第 6819—6821 页；《明熹宗实录》卷二一，天启四年四月戊辰、戊寅、甲申、己丑条，第 1042—1043、1056—1057、1071、1076—1078 页；(清)沈家本等修，徐宗亮等纂：光绪重修《天津府志》卷二八《屯田》，光绪戊戌(1898)刊本。

② (明)徐光启：《徐光启集・家书》，王重民辑校，上海：上海古籍出版社，1984 年版，第 487 页。

③ 《清史稿》卷二六一《蓝理传》，第 9877 页；《清史列传》卷一一《蓝理传》，第 817—819 页。

④ 光绪重修《天津府志》卷四〇《宦绩二・蓝理传》，第 71b 面。

行，还可以“召募江南等处无业之民，安插天津，给与牛种，将沿海弃地尽行开垦，限年起科”。这个建议仅隔了一个月，即得到康熙的批准。①

此后，蓝理就在天津城南一带“河渠圩岸周数十里”处，“垦田二百余顷”（一作一百五十顷）。他“招浙闽农人数十家，分课耕种；每田一顷，用水车四部，秋收亩三四石不等”。② 天津城南地处海河上游，当时为一片沼泽斥卤之地，又因战乱，长期无人经管。早在明朝时，此城南大片荒田即属于官田，而为当时太监及勋戚贵族所霸占。蓝理利用这部分荒田，亲自带领士兵垦凿疏渠，不遗余力，终于开垦出水田二百顷，获得了初步的成绩。康熙听到这个情况也非常高兴，遂把这部分土地赐给蓝理，并“锡名蓝田为世业”。③ 从此，天津城外这一大片地就叫作蓝田，一直沿袭到清末未改。④

蓝理经营的“蓝田”与明代天津水田不同。

第一，明代经营的水田主要是军屯，是为了解决部分军粮及节省兵饷而利用驻军垦种的。蓝田则不然。正如蓝理自己说的，他的部下士兵除“皆依前朝屯卫之制，入籍力田”，以“节省兵饷”外，还要招募南方有种稻经验的闽中等地无业农民，前来传授技艺，以利于水田的开发。因此，蓝田的经营已超出了军屯的范围，而着眼于“江南等处无业之民”，或“不分旗民南北之人，有情愿开垦者，亦令照丁给与”，以便将天津“沿海弃地尽行开垦”。⑤

第二，明代试行开垦水田，多在沿海地区，而蓝田则尽量利用城南咫尺之地，就近招募附近农民参加。当时蓝田分为东西两圈垦辟，像地名华家圈、徐家圈的，就是当年蓝田的垦种之所；“地名东棚、西棚者，为推水车畜马所也”。因为蓝理是福建人，因之蓝田的经营就

---

① 《清圣祖实录》卷二一八，康熙四十三年十二月乙酉，第207页；光绪重修《天津府志》卷二八《屯田》，第18b面。

② 光绪重修《天津府志》卷二八《屯田》引《县志》，第20b面。

③ 光绪重修《天津府志》卷四〇《宦绩二·蓝理传》，第71b面。

④ 光绪重修《天津府志》卷二八《屯田》引《县志》，第21a面。

⑤ 《清圣祖实录》卷二一八，康熙四十三年十二月乙酉，第207页；卷二二四，康熙四十五年三月壬戌，第254页。

以“闽法行之”。据康熙四十九年十月直隶巡抚赵宏燮所奏，当时蓝田共一百五十顷，“内有洼地五十顷，时被水浸，不便耕种；又有高地五十顷，不宜种稻，止种杂粮”；“其可作水田种稻者五十顷”，在康熙四十八年这一年中（时蓝理已离任），五十顷共计收获二千五百余石。[①]

蓝理在经营蓝田的过程中，遇到不少困难。开辟水田，就要大力疏通渠道。当时在蓝田的区域内，尚有不少坟墓。蓝理的母亲深“恐沟渠为冢墓患”，心情不畅。蓝理遂“亲阅郊原，而冢墓无患”。[②] 当时记载，由于该地方水田的推行，天津城南一带“雨后新凉，水田漠漠，时有小江南之号”。[③] 乾隆三十五年（1770），乾隆皇帝为海光寺作诗，称赞蓝田：

大士坐堂堂，莲宫向海光。
可知效清晏，总为利耕桑。[④]

可见当时水田尚还留存不少。可惜蓝理试种水田的时间太短了。康熙四十五年，蓝理升任福建陆路提督。[⑤] 他在匆忙地离开天津后，把蓝田“奏归之官”。于是，蓝田的经营，一时由其弟天津参将蓝珠掌管。以后虽然继续经管多年，但因管理不善，水源经常发生问题。虽经雍正时怡亲王允祥及浙江人徐某在津南、葛沽一带疏浚水道，推广水田，而至在乾隆四十年前后，天津地区除葛沽一带“民习其利”，而“水田如故”外，天津城南的蓝田终因“闸水蓄泄不得其时，水田尽废”。[⑥]

二　蓝田与海光寺

海光寺在天津城南三里，原名普陀寺，为康熙四十五年天津总兵蓝理所建。他延请名僧成衡为方丈，主持寺务。成衡，字湘南，

---

① 光绪重修《天津府志》卷二八《屯田》，第 21b、19a 面。
② 光绪重修《天津府志》卷二八《屯田》引《县志》，第 21a 面。
③ 《津门保甲图说·南门外图说第四》，道光二十六年（1846）刊本。
④ 光绪重修《天津府志》卷四《圣制》，第 11a 面。
⑤ 《清圣祖实录》卷二二五，康熙四十五年六月壬寅，第 264—265 页。
⑥ 光绪重修《天津府志》卷二八《屯田》引《县志》，第 21a 面。

为嘉兴钱氏后，幼即出家为僧。他精通书画，所作均为上品。他也很能作诗，所作“不下数千首，绝类大苏”。[①] 当成衡初任方丈时，普陀寺大殿尚未盖完，“阁甫立，柱席未暖”，后来因为蓝理调任福建，寺庙工程停止。康熙五十五年，宋师曾“悯其日颓月废，始为之建山门，完大阁”；康熙五十七年，又为寺中“筑墙垣，谋廊庑”；康熙五十八年，又“为之开河取土，以崇寺基”。这时正值康熙巡视西淀，成衡前往迎接，被康熙召见，“恩赉甚渥”，“并书海光寺额给之”，这样普陀寺乃改名为海光寺。海光寺经过皇帝亲自书题庙匾，名声大著，地方官纷纷捐资，于是“鸠工卜日，不终岁而凡丛林所应建者无不备”，从此庙宇“金碧辉煌，规模巨丽，天下皆知有海光寺焉”。[②]

成衡对于开垦水田也很有兴趣，当时海光寺外“多湘南垦土”。成衡还著有《海光寺志》，对天津城南开垦水田的事迹，记载极为详尽。[③] 实际上，蓝理走后，蓝田的土地除一部分被附近农民认垦、认领或用低价购买外，大多属于海光寺所有。据《海光寺庙产册》[④]所载，当时农民陈桢“于康熙五十一年奉旨领认畸零地五顷。东到河沟，南至陈地，北至普陀寺河沟……遂例征纳钱粮”。这大约就是因为蓝田经管不善，由国家出面，允许农民认垦而每年按例交租。雍正五年(1727)，海光寺附近农民王信，也曾“具呈认垦蓝官荒地四十亩”。至于属于自买的例子，下面还要谈到。

海光寺田土的来源，除直接承继一部分蓝田外，还利用不断兼并土地的办法扩充庙产。兼并的方法有如下几种：

一、贱价置买。上引雍正五年农民王信在当时“具呈认垦蓝官荒地四十亩”，其地“座落海光寺前河南”。后王信弟王弘道于乾隆六年五月二十五日，“因无力耕种”，只得转给海光寺住持墨田处“管理输赋”。结果，王弘道仅得银子四两整，等于海光寺用一两银子买蓝田十亩。此等例子甚多。

---

① 光绪重修《天津府志》卷三七《艺文一·著述》，第 19a 面。

② 光绪重修《天津府志》卷二五《寺观》，引前志宋师曾《海光寺赋序》，第 1 面；卷三七《艺文一》，第 19a 面。

③ 光绪重修《天津府志》卷二八，《屯田》引《县志》，第 20b—21a 面。

④ 《照录县卷海光寺庙产册》抄本，全两卷，藏南开大学图书馆。文中有“中华民国十三年三月卅一日照录天津县县署卷”，可见当抄于民国十三年(1924)。抄者不详。

二、低价收进。即利用互换蓝田的办法，以低价购进。乾隆四十九年闰三月初二日，农民董叙五曾“与海光寺互换地亩”。到了嘉庆十六年(1811)正月二十八日，“海光寺乃欲各守本业”，而“将原业换回”。经过这近三十年的一换一回，董叙五等叔侄的田地无法维持，最后在嘉庆十七年十二月，只得将“海光寺迤东蓝田地三段，共计小地二顷三十五亩”，“情愿卖与海光寺，永远作香火耕种为业”，而仅“卖价大制钱一百四十二吊五百文”。

三、布施。即利用一些富人布施而扩充香火地。乾隆二十年十一月二十七日，农民“张九如因欠王宝绸缎银三十七两一钱，无力偿还，惟有自置班家楼地五十亩……情愿立契卖与王宝名下，顶补欠项”，以后“移令王宝耕种为业”。后来王宝不愿收地，因而发交海光寺作为香火地。

当然，这几种情况仅是海光寺兼并土地的几个侧面，实际上海光寺的土地，远远超出了蓝田的范围。

根据《海光寺庙产册》记载，庚子(1900)以后，海光寺尚有土地二百余顷。除天津城南以及八里台、吴家窑、佟家楼等处蓝田外，海光寺尚在贾家沽道、大孙庄、赵家庄、万辛庄、芦北口等处拥有不少土地，甚至远至通州，亦拥有“土地九顷余”，清末时每年尚“收租数千元”。

海光寺的大部分佃户在当年承租时，佃种的实际上“尽是荒地”，通过多年的辛勤劳动，几经努力，方将荒地垦为良田。这些佃户大半“均是永远久佃”，即死佃，祖祖辈辈受寺内的剥削。

海光寺在各处的田地，均由庄头掌管，负责“经营收租”。清末时，寺内多由庄头庞祝三“令各村庄头催租”。当时八里台、吴家窑的庄头吴永庆，佟楼的庄头王成祥，万辛庄的庄头张士彬、倪茂，大孙庄的庄头孟同珍、万泉，芦北口的庄头于华龙等，为虎作伥，“弊窦多端”，“庄头隐匿捏报，莫可究诘”，往往“每年租项，多被庄头人等侵蚀分肥”。当时地租一般为每亩一吊五百文，庚子后又加一吊。此外庙中尚拥有不少房产，清末时房租也相应增加，平均每间计增“一千或八百(文)不等”。

三 海光寺的没落

康熙以后，海光寺盛极一时。清高宗几次巡幸海光寺并赐诗、联。乾隆五十三年，“高宗巡幸天津”，曾在海光寺拈香，并以该寺为行宫，赐有玉钵，亲自“御阅武楼阅兵”。[①] 嘉庆帝也赐有匾额、联、诗。当时寺内“诗章宸翰，灿若球琳”，“时有高僧驻锡其间”。咸丰十年(1860)，第二次鸦片战争时，大沽失守，英法侵略军进占天津，“尝树帜东门上”，“并拘知府于海光寺营中，挟怨恣睢，视昔加甚”，[②]从此海光寺日益衰落。同治五年(1866)，总理各国事务衙门奏准在天津仿造外洋机器，遂“以寺外隙地拓为机器分局”，乃“变清旷为尘嚣”。[③] 六年，通商大臣崇厚派人来津办理洋务。当时李鸿章在江南首开机器局于上海，崇厚亦创之于天津，一南一北，中国“之有机器局自此始”。当时崇厚在天津共设立“机器厂者一，火药厂者八，铜帽厂者二”；以城南海光寺畔为北洋机器分局，设铁厂一。九年以后，又撤“海光寺分局，而别为铸铁厂一，锤铁厂一，锯木厂一”。当时的北洋机器局俗称东局，地点“在东郊贾家沽道旁”。在南郭海光寺旁设行营制造局，俗称南局。[④]

光绪十二年(1886)，德宗生父醇亲王奕譞偕同总管太监李莲英来天津查阅海军，曾至海光寺巡视。当时已见海光寺“环寺皆水”，附近蓝田“积水碍耕，粮赋无着”，一片败落景象。[⑤]

1900年义和团起，海光寺与八里台一线成为清朝军民反抗八国联军的主要战场，加之海光寺又系“军火重地”，自然要首当其冲，据马士《中华帝国对外关系史》所载：“在七月九日，一千名日本军队在一千名混合部队的支持下，扫清了战地的南部而攻占了在海光寺(即一八五八年的条约签字处)的西局子(兵工厂)。”[⑥]这次战争后，海光

---

① 高陵雯纂修：民国《天津县新志》卷首，民国二十年(1931)刻本，第4a面。

② 民国《天津县新志》卷二一，第5b面。

③ 民国《天津县新志》卷二五，第7a面。

④ 光绪重修《天津府志》卷二四《公廨》，第8面。

⑤ 《照录县卷海光寺庙产册》卷一。

⑥ [美]马士(H. B. Morse)：《中华帝国对外关系史》第三卷《1894—1911年被制服时期》，张汇文等译，北京：生活·读书·新知三联书店，1957年版，第260页。

寺已经“庙宇尽毁”。事后该寺由日本军队占据，损失尤多。

正当此时，海光寺住持悟明也生邪念，想饱掠而去，大量出卖庙产，将偿还债务后的剩银侵吞，蓄发还俗，并回原籍买田娶妻，企图隐匿销迹。随后，海光寺雇工刘玉文亦趁火打劫，“起意盗卖地亩”。事情发生后，寺内又因争夺住持产生矛盾，于是津中舆论大哗。1904年，政府将悟明及刘玉文分别自家乡拿回，依法判处徒刑。经过勘查，当时“该寺尚有地二百余顷”。于是官府绅商共同商定，将庙产“拟一半提充学堂经费，其余一半仍归该寺”经理，“以备修复庙宇之用”。于是八里台、吴家窑、佟楼、贾家沽道“四村租款”归为学堂经费；将八里台庙产房屋十二间“改设小学堂之用，以广学界”。由于海光寺地界当时已划归日本租界，须另择地重建庙宇，因此该寺曾在“西沽划得空地一段”，并“向各佃户收得租银二千一百元”，以备重建之资，然而款项仍然“不敷建造”。于是又将该寺“香火地一顷，永租与日本商人鸿宾公司魏鸿宾为业，得价银一千八百元，购买灰料，预备兴工”。以后由于政局混乱及帝国主义租界的不断扩张，加上庄头收租舞弊成性，“每年租项多被庄头人等侵蚀分肥”，“租册毁失，庄头隐匿捏报”，致使海光寺庙产日减。民国期间，海光寺庙基已由日本陆军起盖占用。从此，昔日号称“小江南”的蓝田以及驰名海内的海光寺，就在帝国主义的不断侵剥下而一蹶不振了。①

（原载《天津师范学院学报》1980年第3期）

---

① 《照录县卷海光寺庙产册》卷一。

第五章　明代海防与海外贸易

明朝初年的福建沿海及海防

一　洪武初年的福建

1368年(洪武元年)朱元璋建立明朝后,由于统一南北的事业尚未完成,对内对外政策亦须相应制定,因而对远处东南沿海的福建,未及给予应有的重视。

洪武初期的福建,明军纪律涣散,官吏贪污腐化,人民流离失所并时而反抗,呈现出一片战后的混乱景象。其具体表现如下:

(一)军队纪律松弛,军官侈靡

明初福建的军官大肆营造,私役军士,不遗余力。洪武十五年十一月,朱元璋谕五军都督府臣谓:

> 近福建行都司及建宁左卫守御官,不奉朝命,辄役军士伐木修建城楼,因而私营屋室,极其侈靡。军士富者责其纳钱免役,贫者重役不休,今军士愤抑来诉,已令法司逮问。五军都督府宜榜谕天下都司,自今非奉命不得擅兴营造,私役军士,违者或事觉、或廉得其状必罪之,削其职。①

洪武初,漳州"南靖县民为乱,诖误者数千人",且"诸将多掠其妇

① 《明太祖实录》卷一五〇,洪武十五年十一月丁巳,第2358页。

女”，纪律甚差。当时福建布政司参议郑湜，由于出身江南地主，不便多言，乃上报朱元璋，方将所掠之人“悉纵遣之”。[①] 当时由于军务纷纭，只好多利用当地沿海土军。但“土人为军，反为乡里之患”。在无可奈何的情况下，有人建议使浙江、福建两省的沿海土军互徙，以杜绝乡民之灾难。但当地土军久得恩惠，遂以“道远劳苦”为由，强调互调之困难，最后政府只得令各都司沿海卫所相近者，“令互居之”。[②]此外，当地的新军，也因军官各层之克扣而“月粮不给”。于是朱元璋将福建新军依广东之例整顿，即沿海军士屯种者十之三，守城者十之七，以逋前之亏额。[③]

(二)官吏虚报田亩，户绝税存

明初福建赋税混乱，农民负担过重，经理田粮的官员由于累年逋欠，于是虚报田亩数字，妄图再次增加赋役额数。明代府、县均有上下之分，专以税粮多寡而定，这就为地方官员弄虚作假开了方便之门。据洪武七年四月福建按察司佥事卢公茂所述：

> 漳、泉二府经理田粮，累年逋欠，其中水陷田亩一概输赋，实为民病，请重加清理。崩陷溪海者除其数。[④]

洪武十三年八月，福建布政使司亦谓：

> 泉州府惠安、德化二县归附之初，因降臣主簿张子安以旧征秋粮，妄增田亩，凡民户有粮一石者，虚作田四十亩；驿夫户有粮一石者，虚作田八十四亩，其间虚报之数五百三顷三十亩，为粮三千余石，久为民病，愿核实除去虚数。[⑤]

很明显，虚报田亩赋役，其负担必然加在农民身上，造成人民生活困苦不堪，只好各处流亡。有的户甚而逃光了，但所遗之赋税，仍转嫁到他户身上，造成恶性循环。洪武时，古田县主簿姚孟屿即因该

---

① (清)郝玉麟等修，谢道承等纂：《福建通志》卷二九《名宦一·郑湜》，《文渊阁四库全书》第528册，第448页。

② 《明太祖实录》卷二三三，洪武二十七年六月甲午，第3405页。

③ 《明太祖实录》卷二三八，洪武二十八年四月丁丑，第3469—3470页。

④ 《明太祖实录》卷八八，洪武七年四月癸丑，第1569页。

⑤ 《明太祖实录》卷一三三，洪武十三年八月丁亥，第2109页。

县“邑多流亡，户绝税存”，而重新核计田亩，一次计出“荒田千余顷，请蠲其额”。这件事认真落实了，“邑人始安堵复业”。[①]

造成这种局面的原因固然是多方面的，但与朱元璋对东南沿海地区的政策亦有极大关系。洪武二十五年四月十日，吏科给事中陈汶辉曾明确指出：

> 臣伏睹沿海士民荒饥之后困苦之状，皆由课征所致。盖由田庐没于流沙，而租课逼其输纳。陛下虽广求民瘼，参酌其便宜者以定其制，而所厚者洽于京畿平野之间，而弗均于岭海遐边之地。愚臣以为，当体《周官》保息之政，以宽沿海沙壤之征，田没水者蠲其征，园多沙者汰其米……臣恐开国之初已不堪命，民不宁居矣。[②]

朱元璋当时无暇顾及福建及其他沿海地区，致使沿海之民饱受荒饥之苦，当是事实。

（三）法令严酷，弊端累累

洪武十五年十二月，朱元璋即命户部榜谕两浙、江西之民，警告他们：“为吾民者，当知其分，田赋力役出以供上者，乃其分也。”如果“有田而不输租，有丁而不应役”，则不能“保父母妻子，家昌身裕”。他还说：“苟改过从善，为吾良民；苟或不悛，则不但国法不容，天道亦不容矣。”[③]他的这些话，实际也是针对福建士民而言。

朱元璋攻克福建之后，尽管“法令严核”，对原元朝及陈友定、方国珍的部下，“绳吏之法尤峻”，[④]但实际上政治仍然极为败坏，赃官甚夥。当时福建按察使陶垕仲，见福建政务呆滞不前，“狱吏夤缘为奸”，乃“治赃吏数十，尽革其宿弊”。同时还“兴学劝士，抚恤军民”，是“自奉俭薄”的好官。但由于陶的父亲“昔在方（国珍）氏部曲，洪武

---

① 《福建通志》卷二九《名宦一・刘子敏传》，第449页。

② 《福建通志》卷六九《艺文二・陈汶辉奏薄征下壤疏》，《文渊阁四库全书》第528册，第458页。

③ 《明太祖实录》卷一五〇，洪武十五年十一月丁卯，第2362—2363页。

④ 乾隆《泉州府志》卷五二《明仕绩一・张祖传》，《中国地方志集成・福建府县志辑》第23册，第7页。洪武十三年福建盐运副使周时中，原为彭莹玉及徐寿辉部下，此时以“埋没钱粮”罪，被“除名为民”。（《明太祖实录》卷一三四，洪武十三年十月乙酉，第2126—2127页）

初以故官徙凤阳”,故仍受一些明官的歧视。当时福建布政使薛大方,本人“贪暴自肆”,为陶厚仲所劾,但薛大方反诬陶,结果逮陶至京。后来薛大方得罪,诏陶垕仲还官。“闽人迎拜,为之语曰:‘陶使再来,天有眼;薛公不去,地无皮。’”①

(四)物价昂贵,钞法益坏

洪武七年,朱元璋置宝钞提举司,八年三月又诏中书省印造大明宝钞。在发行宝钞的同时,即诏禁民间不得以金银及货物进行交易,违者治罪。但这项法令实际是行不通的。因为元朝末年滥发纸钞的事实,在东南沿海地区人民的心目中印象既坏且深,他们对纸钞并不信任。于是东南沿海地区实际仍是钱钞通用或钱重于钞。洪武二十三年,朱元璋曾同意钱钞并用,并规定凡钞一贯准钱一千文,而事隔几年,钞法已大大贬值,使得这些地区物价上涨,宝钞益坏不行。据《明太祖实录》洪武二十七年八月丙戌条所载:

> 诏禁用铜钱,时两浙之民重钱轻钞,多行折使,至有以钱百六十文折钞一贯者,福建、两广、江西诸处大率皆然。由是物价涌贵而钞法益坏不行。上乃谕户部尚书郁新曰:“国家造钞,令与铜钱兼行,本以便民。比年以来,民心刁诈,乃以钱钞任意亏折行使,致令钞法不行,甚失立法便民之意。宜令有司悉收其钱归官,依数换钞,不许更用铜钱行使,限半月内凡军民商贾所有铜钱,悉送赴官,敢有私自行使及埋藏弃毁者罪之。”②

福建原是产铜的省份。朱元璋为了推行钞法,甚而不许更用铜钱,这种倒行逆施的政策,无疑只会使福建经济日行凋敝,商业日益枯萎。

二　连绵不断的各种反抗

洪武初年,福建沿海地区的各类反抗层出不穷。这种反抗可分为两种类型:一种是陈友定的余部,出于对朱明政权在福建统治之不满,发兵起事;另一种则是当时农民起义,反抗明朝的残酷统治。

---

① 《明太祖实录》卷一七〇,洪武十八年正月丙戌,第2588页。

② 《明太祖实录》卷二三四,洪武二十七年八月丙戌,第3416页。

早在洪武元年六月，陈友定故将陈总管即收集余众攻陷同安县城，势力不小。泉州卫指挥佥事周渊率兵出击，“驰马直入其阵”，遂将陈总管军击溃，斩陈并收复了同安城。[①]

洪武二年十二月，朱元璋大赏平定中原及征南将士时，多次提到福建陈友定余部降而复叛、八闽震动等事实。[②]

洪武三年六月，泉州府惠安县民陈同作乱，寇永春、德化、安溪三县。泉州卫千户姚得、龚胜等率兵四千讨之。陈同等势力强大，姚得兵颇失利。而后指挥周渊复督兵进击，仍失败。明朝军队复在驸马都尉王恭亲自带领下，率精兵讨之。“比至，贼悉众迎战。官军奋击，贼众大败，获同斩之，众遂降。”[③]

关于陈同的身份，其亦属陈友定部属无疑。《泉州府志》曾详述其事：

> 元末兵乱，回寇据郡城（指泉州），邑人（指惠安县）陈同与其姊夫柳伯顺聚众保乡里，及陈友定帅闽，同等受友定约束，破寇复城。友定授同行省右丞守漳州，授伯顺兴化路同知。友定败，伯顺已先死，同亦解甲归。顾有司颇以新制绳之，同不能堪，复劫乡人谋起兵。已至（陈）友礼家，有礼责之曰：“今为洪武三年，天下已定，君尚谋起兵，非叛也耶？”同怒杀之，携其首去……是年诛同。[④]

陈同原系惠安县“义师”，原在元末时聚众保乡里，后来为陈友定部下。因不满明朝法制对他们的束缚，乃重而反叛。陈友定在福建影响颇大，及至明末崇祯年间，农民起义军陈剪二聚众数百，尚“僭称陈元帅，假至正元年号”，据老虎耳山反抗明朝统治者。

至于明朝初年福建沿海地区的农民起义，更是此起彼伏，一直坚持不断。据《明太祖实录》之不完全统计，计有：

> 洪武五年十一月壬申：同安盗吴毛狄聚众劫掠，据县治。泉

① 《明太祖实录》卷三二，洪武元年六月戊辰，第570页。

② 《明太祖实录》卷四七，洪武二年十二月己丑，第939页。

③ 《明太祖实录》卷五三，洪武三年六月乙酉，第1056页。

④ 乾隆《泉州府志》卷五七《明忠义二・陈有礼传》，第60页。

州卫指挥周渊等率兵击破之,毛狄伏诛。[①]

洪武六年正月甲辰:福州府山民聚众作乱,据白塔岭。指挥耿良率兵讨平之。[②]

洪武六年正月庚午:罗源县山贼作乱。福州卫兵讨平之,百户王铭战死。[③]

洪武十年四月乙亥:是月泉州民任钧显等作乱,寇安溪县,夺县印而去。泉州卫追击斩之,获其党三百余人。[④]

洪武十二年九月戊午:漳州府龙岩县民江志贤作乱,聚众数千人,据雷公、狮子、天柱等寨。福建都指挥使司发兵讨之,斩获几三千人,余党遁入海。[⑤]

洪武十四年十月丙辰:漳州府南靖县民为乱,南雄侯赵庸遣兵讨平之。[⑥]

洪武十四年十一月庚戌:福安县民作乱,福州中卫指挥佥事李惠等率兵讨之。贼聚众八千余人拒敌。时福州右卫指挥张春以兵来会,贼惧,遁入山谷。适延安侯唐胜宗总兵征处州、平阳等处,闻贼遁,乃分遣将士追捕,获贼众二千五百余人,余党分散潜匿,惠等寻讨平之。[⑦]

洪武十四年十二月乙卯:漳州府龙岩县民作乱,自立官属,侵掠龙溪县,命建宁左卫指挥佥事孙皓、泉州卫指挥佥事朱贞、漳州卫指挥佥事谢荣率兵讨平之。[⑧]

明初福建沿海农民军的规模巨大,有的逾千,甚至达到八千人。他们"自立官属",明朝统治者不得不派高级军官前往镇压。尤其是龙岩县的江志贤,其"余党遁入海",更给明朝统治阶级以极大的威

---

① 《明太祖实录》卷七六,洪武五年十一月壬申,第1407页。
② 《明太祖实录》卷七八,洪武六年正月甲辰,第1421页。
③ 《明太祖实录》卷七八,洪武六年正月庚午,第1433页。
④ 《明太祖实录》卷一一一,洪武十年四月乙亥,第1852页。
⑤ 《明太祖实录》卷一二六,洪武十二年九月戊午,第2016页。
⑥ 《明太祖实录》卷一三九,洪武十四年十月丙辰,第2194页。
⑦ 《明太祖实录》卷一四〇,洪武十四年十一月庚戌,第2206页。
⑧ 《明太祖实录》卷一四〇,洪武十四年十二月乙卯,第2209页。

胁，于是不得不采取海禁及迁民等更为严厉的措施应对。①

三 海禁与迁民

洪武初年，朱元璋即严格执行海禁政策，“片板不许下海”。洪武四年又颁布命令，禁民不许私出海，而且说明理由：“联以海道可通外邦，故尝禁其往来。”②可见朱元璋严行海禁，是为了杜绝内地及沿海地区与海外的联系，深恐威胁到它的政权之巩固。

朱元璋制定海禁政策，系出于四方面之因素：

(1)明初已有“倭患”，骚扰沿海省份，特别怕这些人与沿海“莠民”相互勾结，里应外合。

(2)陈友定、张士诚、方国珍的余党在海外还有一定势力，朱元璋怕他们与东南沿海地区的地主有联系，卷土重来。③

(3)洪武十三年胡惟庸案发生后，明政府更怕“通倭”者日益增多，造成外邦“叛离”明朝。

(4)与朱元璋出身于淮西农民有关。由于他的政权与东南沿海从事海外贸易之地主集团一向作对，重农轻商思想浓厚，怕发展海上贸易引起“海疆不靖”。

正因如此，朱元璋不仅为防倭而禁海，甚至连民间用番香、番货，也在禁止之列。洪武二十七年正月，朱元璋命令：

> 禁民间用番香、番货。先是，上以海外诸夷多诈，绝其往来，惟琉球、真腊、暹罗许入贡。而缘海之人往往私下诸番贸易香货，因诱蛮夷为盗。命礼部严禁绝之，敢有私下诸番互市者，必置之重法。凡番香、番货皆不许贩鬻；其有见者，限以三月销尽。④

洪武三十年四月，又“申禁人民无得擅出海与外国互市”。⑤

这种海禁政策，对福建沿海地区人民的生活影响极大，其苦难甚

---

① 《天下郡国利病书》，第2992—2996页。

② 《明太祖实录》卷七〇，洪武四年十二月乙未，第1307页。

③ （明）张瀚：《松窗梦语》卷三《东倭纪》（北京：中华书局，1985年版，第58页）明确指明：“张、方既灭，诸贼强豪者悉航海，纠岛倭入寇。”

④ 《明太祖实录》卷二三一，洪武二十七年正月甲寅，第3373—3374页。

⑤ 《明太祖实录》卷二五二，洪武三十年四月乙酉，第3640页。

而超过直、浙沿海。据何乔远《闽书》载都司戴翀霄所议：

> 盖寸板不许下海之禁，若行于浙、直（指南直隶），则海滨之民有鱼盐之利可以聊生，而海洋即为之肃清。若福建漳、泉等处多山少田，平日仰给全赖广、潮之米，海禁严急，惠、潮商舶不通，米价即贵矣，民何以存活乎？

又说：

> 愚闻漳、泉人运货至省城，海行者每百斤脚价银不过三分，陆行者价增二十倍，觅利甚难。其地所产鱼盐比浙又贱，盖肩挑度岭，无从发实故也。[①]

除了海禁政策外，朱元璋还在福建沿海等地推行了“迁界”的措施。即将沿海附近岛屿的人民迁至大陆，以杜绝这些人民与海外特别是倭寇的联系。这种移民迁界的行为，不仅福建，即浙江、澎湖以及其他沿海地区都时有发生。

《广志绎》卷四谓：

> 宁、台、温滨海皆有大岛，其中都鄙或与城市半，或十之三，咸大姓聚居，国初汤信国（和）奉敕行海，惧引倭，徙其民市居之，约午前迁者为民，午后迁者为军。至今石栏础、碓磨犹存，野鸡、野犬自飞走者，咸当时家禽所遗种也，是谓禁田。[②]

福建沿海的情况，当然更不例外。据《明太祖实录》卷一八二所载：

> 洪武二十年六月甲辰：徙福建海洋孤山断屿之民，居沿海新城，官给田耕种，从左参议王锐请也。[③]

事实上，福建沿海岛屿内迁之人民非常之多。仅以福州府为例：

> 连江县：南北竿塘，县东北大海中，距八十余里，冲要海汛。南竿塘属闽县，北竿塘属连江……明初徙其民于内地。后弛禁，

---

① 乾隆《泉州府志》卷二五《海防》，《中国地方志集成·福建府县志辑》第22册，第592页。

② 《广志绎》卷四《江南诸省》，第73页。

③ 《明太祖实录》卷一八二，洪武二十年六月甲辰，第2748页。

耕渔稠密。①

福清县：小练山，在县东海中，旁有大练、小练二门。五代以后，居民环集，商贾辐至，号“小扬州”。洪武二十年，与海坛同徙。②

福清县：海坛山盘踞耸峙，迥出海上，故元时民户尝满四万，多以鱼为业……明初遣江夏侯视海防倭，寻以卫弁李彝欺妄，诏虚其地。③

这里说的李彝欺妄的事实，经过是这样：

明洪武中，遣江夏侯周德兴视海防倭。侯转委福建右卫指挥李彝。彝索贿无厌，民怨之。福清林扬者，素任侠尚气节，乃率里人逐彝。彝怒，遂画图以奏，且言：“海坛山本一孤屿，外通琉球一昼夜，内接镇东城三昼夜。”……太祖览图，下旨曰：“各省孤屿，人民既不得他用，又被他作歹，可尽行调过连山附城居住，给官田与耕，宅舍与居。”于是福建、广东暨澎湖三十六屿尽行调过，以三日为期，限民徙内，后者死。民间仓卒不得舟，皆编门户、床箦为筏，覆溺无算。时海坛已墟，而田税五千余石，钱三十余万，及杂徭皆如故，鞭笞囚系者无虚日，民多鬻子孙，至有雉经者。④

于是林扬乃上疏朱元璋，要求对李彝的这种暴行实行惩罚。林扬的祖上林如大，曾在宋朝任官，晚年隐居于海岛，遂世代“生于荒山，长于草莱”。及至李彝执行迁界措施，限海岛人民三日迁出，使岛民“舟楫难完，遗其器物，撇其畜养，粮食不能尽随，资财多致失落……死亡过半”，“虽有官田，无力得耕；虽有官屋，无力得修……不惟今日有死亡之虑，抑且子孙有永累之苦”。林扬还介绍了福清县海坛山的情况：“周围八百余里，田地七百八十四顷，粮米五千余石，盐额正耗五千余斤，夏税秋租为钱三十余万文，鱼课二千余担。”这样庞大

① 乾隆《福州府志》卷一三《海防》，台北：成文出版社有限公司，1967 年版，第 318 页。

② （清）顾祖禹：《读史方舆纪要》卷九六《福建二》，贺次君、施和金点校，北京：中华书局，2005 年版，第 4398 页。

③ 《读史方舆纪要》卷九六《福建二》，第 4398 页。

④ 《福建通志》卷六六《杂记》，第 359 页。

的课税负担，“民户虽迁，额数犹存，追征期至，有司按籍科派，皂胥凭文追取……遂使播弃遗黎，十死而无一生，十亡而无一存……臣等(林自谓)之苦，至此极矣。[①] 林扬即属于沿海岛屿的大姓的代言人，他对明朝的迁界政策是极为不满的。林扬后被明官吏逮捕，直至宣德初始被释放。这时皇帝才下诏令，凡孤屿调移之民户，“其产业税银及杂役俱免一半”。[②] 福建沿海岛屿内迁民人之苦难，于兹可见。难怪嘉靖《惠安县志》指出，由于元末明初的各种原因，该地区之“户口消耗，至我朝正统间犹未完复，都图名数虽仍其旧，亦不能无合析变更矣”。[③] 其中徙民亦是户口消耗的一个重要原因。

泉州府则可以同安县浯州屿(即今金门)及惠安县獭窟山为例：

> 大登屿在县东南海中，又南有小登屿，皆广六七里。其西有浪鼓屿及夹屿，旧皆有民居。洪武二十年悉迁入内地，成化以后渐复旧土。
>
> 惠安县獭窟山……又东北海中有乐屿，旧有民居，明初徙于内地。[④]

朱元璋迁界的措施，由于动机是多方面的，因此效果不尽相同，内徙澎湖一地之居民，即为一明证。

据《天下郡国利病书》所言：

> 澎湖一岛在漳、泉远洋之外，邻界东番，顺风乘潮自科罗开舡，二昼夜始至。山形平衍，东南约十五里，南北约二十里，周围小屿颇多。先年原有民居，隶以六巡司。明朝徙其民而虚其地，自是尝为盗贼假息渊薮，倭奴往来停泊取水必经之要害。[⑤]

《读史方舆纪要》卷九九《泉州府·彭湖屿》：

> 《元志》云：……居人煮海为盐，酿秫为酒，采鱼虾、螺、蛤以佐食。土商兴贩，以广其利，贸易至者常数十艘，为泉外府。至

① 《福建通志》卷六九《艺文二·明林扬奏蠲虚税疏》，第458页。

② (明)何乔远编：《闽书》卷六《方域志》，福州：福建人民出版社，1994年版，第143页。

③ 嘉靖《惠安县志》卷一《图里》，上海：上海古籍书店，1963年版，第4页。

④ 《读史方舆纪要》卷九九《福建五》，第4527、4530页。

⑤ 《天下郡国利病书》卷九三《澎湖游兵》，第3110页。

> 元末,置巡司于此。明初洪武五年,汤信国(和)经略海上,以岛民叛服难信,议徙之于近郭。二十年,尽徙屿民,废巡司而墟其地,继而不逞者潜聚其中,倭奴往来停泊取水,亦必经此。①

四 明初福建海防与崇武

崇武位于福建惠安县东南,地势险要,海湾曲折,向为军事要地。顾炎武说:

> 泉郡滨海绵亘三百里,与外岛为邻。其最险要宜防之地有三:一曰崇武,在惠安之东北,接湄州,与兴化连界,西通泉州大港,东接海洋,南与祥芝对峙。正当泉之上游,海寇入犯,首当其冲……国初(指明初)设寨于此,最为远虑。②

一方面道出了崇武在福建地理位置的重要性,另一方面也表明朱元璋对于此地之重视。

元朝末年,惠安"邑民为陈友定所残暴",并不安宁。洪武元年,宋敏中任惠安知县,"抚字得宜,民以宁靖",遂使惠安得以恢复。后来鄞县人陈葵又被朱元璋任命为惠安知县,以"能绩著声"闻。③ 但倭寇自明初即在福建沿海进行骚扰,惠安县之崇武每多首当其冲,于是朱元璋乃在沿海区域设立卫所,抵御屡患。明曹学佺《海防志》谓:

> 闽有海防以御倭也。国初设卫所,沿海地方自福宁至清漳南北浙、粤之界,为卫凡五,为所凡十有四。仍于要害之处立墩台斥堠,守以军余,督以弁职,传报警息,凡以防倭于陆。④

列于福建沿海的五卫指挥使司,"曰福宁、镇东、平海、永宁、镇海";所属千户所十二,"曰大金、定海、梅花、万安、莆禧、崇武、福全、金门、高浦、六鳌、铜山、玄钟",其目的均为防止倭寇。⑤

---

① 《读史方舆纪要》卷九九,第4517页。

② 《天下郡国利病书》,第3064、3065页。

③ 乾隆《泉州府志》卷三一《名宦三》,《中国地方志集成·福建府县志辑》第23册,第74页。

④ 乾隆《泉州府志》卷二五《海防·附载》,《中国地方志集成·福建府县志辑》第22册,第591页。

⑤ 《明太祖实录》卷一八八,洪武二十一年二月己酉,第2818页。

汤和等将领自洪武十七年即一直巡视浙江及福建沿海诸城池，为了防倭，甚而“禁民入海捕鱼”，[①]后来令江夏侯周德兴专门防御福建海面，游弋于沿海诸岛屿间。《泉州府志》卷二五《海防》：

> 高皇帝既定天下，独以东南海警为忧，命汤信公行登、莱、浙、直，周江夏侯行闽，视要害地筑城，置卫所巡司，按籍抽丁戍之。陆复置水寨，选军教习战船防之。[②]

嘉靖《惠安县志》卷七：

> 崇武千户所官兵即宋小兜巡寨之地，洪武初倭寇登岸，令民三丁抽一以防倭。及二十年，遣江夏侯周德兴建立沿海城池以防倭，夫编入户籍，遂为定制。继有言军士恋土，不便防守，乃令各卫所对移，而崇武移之玄钟。旧制：十人一队，队有小旗一人，五队则有总旗一人；十队为百户所，有百户一人；十百户为千户所，则有正、副千户统之，凡为军一千。近逃绝无补者多，见管旗军七百七十二名。[③]

驻扎福建及崇武的明军主要来自三个方面，一是当地的部队，即士兵；另一部分是原元朝的蒙古部队南调者；第三部分则是原随从朱元璋起义的嫡系部队。洪武二十一年，朱元璋命“兵部遣人护送指挥失剌把都儿等一十三人并妻子往福建安置，仍给以指挥之禄，令有司各与第宅及乳牛以养之”，[④]即属于南调之蒙古军队。崇武千户钱忠则属于第三种情况。他的父亲钱宝，“世为庐江人。国初从军有战功，授凤翔卫百户，阵亡”。到了洪武初年，朱元璋“追论宝功……忠后以父荫升崇武千户所正千户”。[⑤]

崇武千户所涌现了不少可歌可泣的抗倭英雄。据《泉州府志》卷三一《名宦三》所载：

---

① 《明太祖实录》卷一五九，洪武十七年正月壬戌，第2460页。

② （明）蒋德璟：《策海上》，载（清）胡之鋘修，周学会等纂：道光《晋江县志》卷五《海防志》，泉州市鲤城区地方志编纂委员会、福建省博物馆编刊，1987年，第11页。

③ 嘉靖《惠安县志》卷七，第18页。

④ 《明太祖实录》卷一九三，洪武二十一年八月丙辰，第2896页。

⑤ 嘉靖《惠安县志》卷一三《人物·节妇》，第174页。

> 张荣，惠安崇武所百户，生而骁勇，忠义自许……调崇武署本千户所事。时倭船舣大岞登岸，人情汹汹，咸以斗城孤绝，惟坚壁自守可冀苟全，荣奋然曰："国家建卫所官军，正为土地人民计，奈何任倭蹂躏，不为驱除?"遂指戈跃马迎敌，力战死焉，贼亦登舟遁去，崇城安堵无犯，沿海居民实受其庇云。①

像张荣这样的武将，显然不在少数。崇武人在明初特别是在嘉靖三十五年及三十九年的抗倭战斗中，其英勇事迹是数不胜数的。

（原载《史学月刊》1991 年第 1 期）

---

① 乾隆《泉州府志》卷三一《名宦三》，《中国地方志集成·福建府县志辑》第 23 册，第 27 页。

从郑和下西洋看明初海外贸易政策的转变

郑和自永乐三年(1405)至宣德八年(1433),前后二十八年间七次率领庞大舰队下西洋,访问亚、非三十余个国家,这不仅是中国史上,也是世界史上极其重要的航海探索。对于郑和的研究,自 20 世纪初以来,海内外已经掀起了几次高潮,出版了许多论著,且出现了人文科学与自然科学相结合的趋势。在郑和下西洋 600 周年即将到来之际,郑和研究再次引起学林关注。在当今全球化的观照下,郑和下西洋不仅对于地理大发现,而且对于世界的一体化皆有着一定的意义。对郑和下西洋的研究不断深化,对其意义的探索也不断深入,确是学术界的喜事。但历史的求真,使得我们不得不看重其真相。本文将选取明代海外贸易政策这个侧面,将郑和下西洋置于明朝的历史大背景之下,来检视其原初的意义。

一　郑和下西洋有多方面的原因

明代立国,洪武、永乐时期最为关键。明太祖创业垂统,明成祖借"靖难之役",夺建文之位而有之。成祖的登基,不仅颠覆了建文的皇位,而且将建文以来倚重江南地主的政策来了个大逆转,继续实行洪武以来打击江南地主的政策。① 而这一政策的实施,不但影响了

① 参见拙著《明代政争探源》第一编《明太祖、明成祖对江南地主之严酷打击》,第5—104 页。

朝中的政治，而且是郑和下西洋最初的背后动因之一。

郑和下西洋的原因应该是多方面的，而且七次下西洋，在二十八年的岁月中，这些原因有一变动的过程。在具体讨论其原因时，应该看到这个演变过程。例如，在永乐最初派郑和出使时，有关“踪迹建文”的说法，虽无多少根据，但亦绝非永乐皇帝神经过敏。元末以来东南沿海地主的存在及部分流亡海外这一客观事实，使得他不惜付出巨大的代价。如永乐初年郑和胁迫陈祖义、梁道明等人归国，即是佐证。

马欢《瀛涯胜览》载：“昔洪武年间（一作洪武二年），广东人陈祖义等全家逃于此处（旧港），充为头目，甚是豪横。凡有经过客人船只，辄便劫掠财物。至永乐五年（1407），朝廷差太监郑和等统领西洋大䑸宝船到此处……被太监生擒，陈祖义回朝伏诛。”又据《东西洋考》卷三所载：“永乐初年，三佛齐竟为爪哇所破，废为旧港。是时南海豪民梁道明窜泊兹土，众推为酋，闽广流移从者数千人。”永乐帝先派指挥孙铉往其地，“遇其子及二奴，挟与俱来”。后来又派海上行人谭胜受，“令偕其二奴赍敕往招道明，遂从入朝”。陈、梁等人，都是明初逃亡海外的沿海豪强地主。而朱棣“靖难”成功之际，建文帝不知所踪。设若建文果真出亡，与海外势力联合一起，自然会对永乐政权构成极大的威胁，所以明朝史家不少人把郑和下西洋和寻找建文下落联系起来，如郑晓《今言》、陈建《皇明通纪》、沈德符《万历野获编》皆持此说。《万历野获编》言：“少帝自地道出也，踪迹甚秘。以故文皇帝遣胡濙托访张三丰为名，实疑其匿他方起事，至遣太监郑和浮海，遍历诸国，而终不得影响。”①因此尽管建文出亡与否始终是个疑案，但明成祖朱棣是宁信其有的。所以所谓“踪迹建文”在最初郑和出使之际，应该是动因之一。而后面几次下西洋的原因应该有所变化，政治因素逐渐变淡，而经济与外交因素增强。所以郑和下西洋有多重原因，单一原因说总显得牵强。不过，在这多重原因中，明初借打击江南地主而调整海外贸易政策，则是其中相当重要的一点。

---

① 《万历野获编》，第 10 页。

二　明初海外贸易政策的转变

朱棣生长于北方，他的军事实力亦来自北方，在四年的“靖难”战争中，又多依靠北方地主的支持。因此他的政权必然对支持建文帝的江南地主持打击的态度。朱棣的一切“遵祖制”，实际上是因为洪武所采取的打击江南地主的政策有利于他政权的稳定。这与建文帝倚重江南地主的做法是不同的。《明太宗实录》中，在永乐初年，有很多史料提及成祖罢废建文制度，恢复洪武旧制。其背后的用意是朱棣借“复祖制”之名，打击建文倚重的江南地主而扶持他所倚重的北方地主，这是贯串成祖一系列政策措施的主线。明初的海外贸易政策有一个转变过程，即由洪武时期的海禁，到建文时期的松动，又到永乐时期的再次海禁。这一政策的转变与当时的政治社会环境是密不可分的，与朝廷是否倚重江南地主亦密切相关。

洪武时期的政策与元末是相关的。元末私人海上贸易发达，江南大姓多参与其事。江南大姓即江南地主，是江南地区存在近千年，即孙、吴以后，或宋、元以来的土著地主。当然也包括从事海上贸易的富户，如蒲寿根、朱清、张瑄等人，他们这些大姓自称江南豪杰，与元政府的关系相当融洽。元朝轻刑薄赋，“恩及富室”，因而明初许多士绅文人怀念元朝的情感，屡见诸诗文歌赋之中。元末，江南为张士诚控制，他依靠江南士人，大肆从事海外贸易，使江南地主经济得到进一步发展。故朱元璋统一江南后，认为元朝原来对江南大姓太宽，治理江南非猛不可，因而打击江南士人，杀了很多人。还制定了江南重赋，苏松人不得官户部等一系列措施。片板不许出海的海禁政策，也是打击江南地主的措施之一。

洪武时期，在打击江南地主的同时，对于沿海百姓与从事海外贸易的人，采取严厉的海禁政策，江南、福建、浙江一带尤严，而这一带原本是朱元璋敌对势力的势力范围。占据吴地之张士诚，“沃衍千里，物力殷繁，羹鱼饭稻，曳缟履綦，户卓郑而家王谢，用吴以霸”。[①]张士诚据有江南时，很得人心。吴宽以为：“张氏据吴建国，偃然自王，其势若甚易者何哉？盖当四方扰攘，民心皇皇，无所依归，有能保

---

① 《国榷》卷二，元顺帝至正二十七年，第341页。

障之者，亦可以苟安也。”[①]吴宽为当时江南士大夫的代表人物，他以为张士诚得人心的原因，是他能保障江南世族的利益，因而也受到了江南地主的支持。1358 年，汤和率部与张士诚战，张士诚败，汤和“俘甲士千余，舟数千艘”。[②] 由此可见，当时张士诚海上势力之大。张士诚战败，使得江南地主失去依靠，而洪武政权并不庇护他们，反而采取强硬措施加以控制和打击，这样势必引起江南士人的反感和不满。

而福建、浙江海滨各地与江南一样，多以海为生，“长乐滨海有鱼盐之利……福清背山面海多湿卤，有船舶之利。其人刚劲尚气，多行商于四方，以其财饶他邑”。[③] 靠山吃山，靠海吃海。所以当地百姓只能从事海外贸易，以维持生计。所以元末这里兴起的反元事例，多系从事海外贸易者，如方国珍就是典型。“方氏，越大姓也，在元季时有捍海功，优以名爵，一门全紫”。[④] 他世代从事海外贸易，在元末势力相当大，不过，对于朱元璋之势力，他也无法抵御。方国珍知悉张士诚被平定以后，“乘大舶逊匿海岛中，王（汤和）遣人持书喻以国家威德，国珍即率昆弟子侄待罪军门，得兵械舟楫以万计，所至不扰”。[⑤] 至正二十七年（1367）十二月，汤和收编其部时，方国珍步卒为九千二百人，舟师达一万四千三百人，海舟四百八十二艘。[⑥] 洪武四年（1371），太祖“命左相靖海侯吴祯籍温、台、庆元方氏遗兵及兰秀山流民，凡十一万一千七百五十人，分戍各卫，仍禁濒海民不得私出海”。[⑦]

可是，尽管收编了张士诚、方国珍的部卒，但是他们大多数仍然居住在江南一带，只是不准从事海外贸易了。洪武时海禁实际上断绝了福建、浙江沿海居民的生路，也迫使他们改变自宋、元以来所形成的职业习惯，因而受到了他们强烈抵抗，但在明初政权的严厉法令

① 《国榷》卷二，元顺帝至正二十七年，第 339 页。

② 《逊志斋集》卷二二《信国公神道碑铭》，第 655 页。

③ 《福建通志》卷九《风俗》，收入《四库全书》第 527 册《史部 285 地理类》，第 438 页。

④ 《清江贝先生文集》卷二四《东轩记》，第 1b—2a 面。

⑤ 《逊志斋集》卷二二《信国公神道碑铭》，第 655—656 页。

⑥ 《国榷》卷二，元顺帝至正二十七年，第 349 页。

⑦ 《国榷》卷四，太祖洪武四年，第 457 页。

下，他们也只能听从命运的安排。同时，亦有部分势力逃往海上，傅维麟《明书》称："方、张既降灭，诸贼强豪者悉航海，纠岛倭入寇，以故洪武中，倭数略海上……洪武末，海中方、张诸逋贼，壮者老，老者死，以故旁海郡县得休息。"[①]可见，洪武实行海禁，是有针对性的。例如洪武四年八月，高州府海寇作乱，通判王名善死之。"初，海寇何均善聚众数百人，尝为濒海诸州患，官军已捕戮之，其余党罗子仁等遁去。至是，子仁等复劫夺府印，逼名善从己，名善不屈，执至霞洞新营，遂遇害"。[②] 正因当时沿海反对明朝的势力还很猖獗，故而明初采取严厉的海禁政策。洪武十七年，朱元璋任命汤和巡视浙江、福建沿海，"禁民入海捕鱼，以防倭故也"。[③] 防倭只是其一，防江南大姓通海，亦系实情。

因此，"国初太祖严通番，禁寸板不许下海。江夏侯（周德兴）经略海上，城寨方新，士伍骁健，又孰有寇"。[④] 洪武派汤和经略沿海，实施严厉的海禁政策。不但不许百姓下海，而且居住在沿边海岛的居民都得迁回内地居住。《读史方舆纪要》："大登屿在县东南海中，又南有小登屿，皆广六七里……旧皆有民居。洪武二十年，悉迁入内地，成化以后，渐复旧土。"[⑤]"又东北海中有乐屿，旧有民居，明初徙于内地。"[⑥]"小练山，在县东海中，旁有大练、小练二门。五代以后，居民环集，商贾辐至，号"小扬州"。洪武二十年，与海坛山同徙。"[⑦]而澎湖列岛，"山形平衍，东南约十五里，南北约二十里，周围小屿颇多。先年原有民居，隶以六巡司。明朝徙其民而虚其地，自是尝为导盗贼假息渊薮，倭奴往来停泊取水必经之要害"。[⑧]《读史方舆纪要》亦有类似记载："明初洪武五年，汤信国经略海上，以岛民叛服难信，议徙之于近郭。二十年，尽徙屿民，废巡

---

① （清）傅维麟纂：《明书》卷一六六《日本》，上海：商务印书馆，1937 年版，第 3273 页。

② 《明太祖实录》卷六七，洪武四年八月，第 1268—1269 页。

③ 《明太祖实录》卷一五九，洪武十七年正月壬戌，第 2460 页。

④ 乾隆《泉州府志》卷二五《海防》附载《闽书》，《中国地方志集成·福建府县志辑》第 22 册，第 591 页。

⑤ 《读史方舆纪要》卷九九《福建五》，第 4527 页。

⑥ 《读史方舆纪要》卷九九《福建五》，第 4530 页。

⑦ 《读史方舆纪要》卷九六《福建二·福州府·福清县》，第 4398 页。

⑧ 《天下郡国利病书》，第 3110 页。

司而墟其地，继而不逞者潜聚其中，倭奴往来停泊取水，亦必经此。”[①]尽管沿海居民纷纷被迁回内地，但事实上也产生了不利因素，那些荒岛反而成了盗贼的中转站了。像澎湖列岛这样大的岛屿都放弃了，实属不智之举，也反映出当时迁海规模之大与牵扯之广。

因为严禁海外贸易，洪武时期竟然有人诬告出海贸易，以求抵罪。洪武二十二年，绍兴府余姚县民“妄诉其族长私下海商贩，当抵罪”，洪武帝识破其诡计，终绳之以法。[②] 洪武二十七年，明政府进而颁布民间禁用“番香番货”的条文。据《明太祖实录》记载：“先是，上以海外诸夷多诈，绝其往来，唯琉球、真腊、暹罗许入贡。而缘海之人往往私下诸番贸易香货，因诱蛮夷为盗。”[③]所以规定民间不许用番香，若有违反者，置之重法。洪武三十年，再次“申禁人民无得擅出海与外国互市”。[④] 可见，直至洪武末年，沿海之民私下与外国互市者所在仍有，是极难禁绝的。

在严海禁的同时，徙江南富民以实濠州、中原各地，也是对江南地主的一种致命的打击。不仅断其生路，而且徙其地域，使他们脱离故土，远离原来的社会环境，这样做尽管当时可以有效地控制江南沿海，但引起的反弹与抵抗也是难以估量的。所以，明初统治者对于江南总是高度警惕，并屡兴大狱，尽可能地压制江南地主，以确保对于他们的控制。

在建文统治期间，海外贸易政策较洪武期间有所松动，江南地主有一定的活动空间，元末以来的海外贸易得到恢复。元朝海外贸易本已发达，江南士人多得其利，有人就是靠海外贸易发家的。如杭州张存，至元十三年(1276)后，“流寓泉州，起家贩舶”。[⑤] 嘉定州大场富户沈氏，也“因下番买卖致巨富”。[⑥] 元代“松江大姓，有岁漕米万

---

① 《读史方舆纪要》卷九九《泉州府·澎湖屿》，第 4517 页。

② 《明太祖实录》卷一九八，洪武二十二年十一月己巳，第 2968 页。

③ 《明太祖实录》卷二三一，洪武二十七年正月甲寅，第 3374 页。

④ 《明太祖实录》卷二五二，洪武三十年四月乙酉，第 3638 页。

⑤ 《南村辍耕录》卷二三《圣铁》，第 286 页。

⑥ 《南村辍耕录》卷二七《金甲》，第 342 页。

石献京师者”。[①] 洪武初年则施行海禁政策。到了建文年间，因他所倚重的是江南地主，海外贸易对江南地主是有益的，故而在海外贸易政策上较洪武年间有所改变。据载：“时惠帝方与方孝儒辈讲求古治经济之事，多变太祖旧向，章奏日下吏部，祖密言于（尚书张）紞曰：‘高皇帝起布衣有天下，立法创制，规模远矣，为治当责实效。今法制已定，日有变更，未必胜于旧，徒使异议者以为口实，盍先其急者？’紞深然之。”[②]建文时期，政策大变，符合江南地主的利益，主要缘于三点：一是重用年轻的文官，他们大多出生于江南；二是均江浙重赋，苏松人仍得官户部；三是海外贸易又有所恢复。这样倚重江南地主，因而建文政权得到江南地主的支持。后来建文帝危亡之际，他的亲信黄子澄要到海上求援，[③]自然也和当时的形势有关，而并非一句空话。

朱棣以“靖难”名义，摧毁了建文政权，即位后，以遵祖制为名，一反建文帝时期的政策，除对江南地主大肆镇压，继续推行重赋政策、迁富户外，亦沿袭朱元璋“片板不许下海”的政策，对于江南地主从事海外贸易活动严加禁止。他在即位诏书中谈道：“沿海军民人等，近年以来，往往私自下番，交通外国。今后不许，所司一遵洪武事例禁治。”[④]这里所说的“近年以来”，很明显是指建文时期。这也从反面证明建文时的海外贸易是较之洪武时期发达的。永乐二年(1404)正月，朱棣继续颁布“禁民下海”的命令。当时福建濒海居民，经常“私载海船，交通外国，因而为寇郡县”。明政府“遂下令禁民间海船”私自活动。并规定“原有海船者悉改以平头船”，俾“所在有司，防其出入”。[⑤] 下令禁造海船，又以海船改平头船，本身就是一种阻碍海外贸易正常发展的粗暴措施，是闭关自守的具体体现。朱棣“一遵洪武

---

① 《元史》卷一八四《王克敬传》，第4234页。又如元世祖时之朱清、张瑄更是以海运起家，“田园宅馆遍天下，库藏仓庋相望，巨艘大舶交番夷中”。(《南村辍耕录》卷五《朱张》，第64页)

② 乾隆《泉州府志》卷五二《明仕绩一·张祖传》，《中国地方志集成·福建府县志辑》第23册，第7页。

③ 《明史》卷一四一《黄子澄传》：“帝(建文帝)复召子澄，未至而京城陷。欲与善航海乞兵。”(第4016页)

④ 《明朝小史》卷四，《玄览堂丛书初辑》第19册，第188页。

⑤ 《明太宗实录》卷二七，永乐二年正月辛酉，第498页。

事例”的做法，系出于政治原因，而这一年，正是郑和下西洋的前一年。这种海外贸易政策的转变，正折射出郑和下西洋的原初的动机，即以国家海上贸易取代私人海上贸易。

三 郑和下西洋是明代以国家海上贸易取代私人贸易的表现与结果

永乐即位以后，采取海禁，那么应当如何看待郑和下西洋的问题呢？首先，永乐帝是以庞大的国家海上贸易舰队来代替元末东南沿海从事私人海上贸易的地主。这些地主历来即是朱明政权的反对派。因此下西洋本身，正是朱棣打击东南沿海地主从事海外贸易政策的体现。

其次，永乐帝想借机派人至海外诸国，铲除因国内政治斗争而流窜到海外的地主豪强的残余力量。即位之初，朱棣深感海外势力之威胁。当时甚至有些人勾结倭寇与海盗，“同为劫掠”。而从南洋归国的明朝使臣亦有报告：“使臣有还自东南夷者言，诸番夷多遁居海岛，中国军民无赖者潜与相结为寇。”[①]而洪武末年以来，“商旅阻遏，诸国之意不通”，致使“诸番久缺贡”，而朱棣有雄才大略，“锐意通四夷”，内外因素的结合，使得朱棣派郑和率领庞大舰队出海，从而促成了七下西洋的创举。

总之，郑和下西洋应该是多方面原因促成的，且有一个变化的过程。而朝中政治力量的消长，影响着明初海外贸易政策的颁布和实施，也对朱棣派遣郑和下西洋的决策有推动作用。因此，郑和下西洋本身折射出永乐初年海外贸易政策的变化，即由国家垄断的海外贸易取代建文年间有所恢复的私人海外贸易。

（原载《郑和远航与世界文明：纪念郑和下西洋六百周年论文集》，北京大学出版社，2005 年版）

① 《明太宗实录》卷一二上，洪武三十五年（建文四年）九月，第 209 页。

郑成功海上贸易及其内部组织之特点

一 明中叶东南沿海的海上贸易

明代沿海地区私人海上贸易向来极为发展，其成分亦比较复杂，有大商人，有闽浙大姓（即豪门地主），也有大批丧失土地的流亡者。他们冒着生命危险，一直与海外商人从事贸易活动，甚至不惜栖身海外诸国，诞衍子孙。下面依据《明史·外国传》所载中国沿海人民商贩其地的情况，摘要列表如下，以见一斑：

《吕宋传》	“吕宋居南海中，去漳州甚近……先是，闽人以其地近且饶富，商贩者至数万人，往往久居不返，至长子孙。”
《合猫里传》	“合猫里，海中小国也……其国又名猫里务……华人入其国，不敢欺陵，市法最平，故华人为之语曰：‘若要富，须往猫里务’。”
《美洛居传》	“俗讹为米六合，居东海中，颇称饶富……故华人多市易。”
《沙瑶传》	“皆与吕宋近……物产甚薄，华人商其地，所携仅磁器、锅釜之类，重者至布而止。”
《婆罗传》	“又名文莱……万历时，为王者闽人也。或言郑和使婆罗，有闽人从之，因留居其地，其后人竟据其国而王之。邸旁有中国碑。”

（续表）

《麻叶瓮传》	"在西南海中……其地多华人。"
《文郎马神传》	"初用蕉叶为食器，后与华人市，渐用磁器。"
《暹罗传》	"（永乐）二年（1404）有番船飘至福建海岸，诘之，乃暹罗与琉球通好者。" "（成化十七年，1481）先是，汀州人谢文彬，以贩盐下海，飘入其国，仕至坤岳，犹天朝学士也。"
《爪哇传》	"洪武二年（1369），太祖遣使以即位诏谕其国。其使臣先奉贡于元，还至福建而元亡，因入居京师……人有三种，华人流寓者，服食鲜华……中国商旅亦往来不绝。其国有新村，最号饶富。中华及诸番商舶，辐辏其地，宝货填溢。其村主即广东人。"
《三佛齐传》	"（洪武三十年，1397）华人流寓者往往起而据之。有梁道明者，广州南海县人，久居其国。闽、粤军民泛海从之者数千家，推道明为首，雄视一方……嘉靖末，广东大盗张琏作乱，官军已报克获。万历五年（1577），商人诣旧港者，见琏列肆为蕃舶长，漳、泉人多附之，犹中国市舶官云。"
《渤泥传》	"漳州人张姓者，初为其国那督，华言尊官也，因乱出奔……嘉靖末，闽、粤海寇遗孽逋逃至此，积二千余人。" "（万历末）后虽不复朝贡，而商人往来不绝。"
《满剌加传》	"民皆……身体黝黑，间有白者，唐人种也……其自贩于中国者，则直达广东香山澳，接迹不绝云。"

明中叶以后，江南地区商品经济的发展，也为东南沿海的私人海上贸易提供了物质条件。以福建为例，万历二十一年（1593）福建巡按陈子贞谓：

> 闽省土窄人稠，五谷稀少，故边海之民皆以船为家，以海为田，以贩番为命。向年未通番而地方多事，迩来既通番而内外乂安，明效彰彰耳目……是其利不独在民，而且在官也。①

乾隆《泉州府志·风俗》也称：

① 《明神宗实录》卷二六二，万历二十一年七月乙亥，第4864—4865页。

泉地隘而硗瘠，濒海之邑，耕四而渔六，山县田于亩者十三，田于山者十七，岁谷少而人浮于食。饔飧所资，上则浙吴，下则粤之潮、高。如数月海船不至，则待哺矣。①

嘉靖时的漳州月港，其私人通番者更是不计其数，几乎家家都可造“过洋大船”，“往来暹罗、佛狼机诸国，通易货物”，因而“海盗不靖”。后来“倭患”问题有所缓解，“漳、泉寻复通倭，倭亦以巨航至”。② 至于福州长乐县，“近海之民”亦多“走海如鹜”。③ 这一地区正是随着郑和下西洋“每次海行必泊长乐”④后，经济才繁荣起来。清人王胜时在《漫游纪略》中谈到明代福建私人海舶的发展状况：

闻往时闽中巨室，皆擅海舶之利。西至欧罗巴，东至日本之吕宋、长岐，每一舶至，钱货充牣。先朝禁通日本，然东之利倍蓰于西，海舶出海时先向西洋行，行既远，乃复折而入东洋。嗜利走死，习以为常，以是富甲天下。自海禁严而闽穷矣。⑤

明末福建长乐著名学者谢肇淛也曾对当时这一现象有过评论：

海上操舟者，初不过取捷径来贸易耳。久之渐习，遂之外国朝鲜、琉球、吕宋、安南、占城、满剌加、暹罗，彼此互市，若比邻然。又久之，遂至日本矣。夏去秋来，率以为常，所得不资，十九起家。于是射利愚民，辐辏竞趋，以为奇货。⑥

天启时，由于荷兰对台湾的侵扰，造成福建沿海地区海禁日趋严重，私人海上贸易受到影响。于是福建官员沈铁向当时的巡抚南居益建议在澎湖“置将屯兵，永为重镇”，借以达到“通商便民”的目的，其中道：

夫澎湖大湾（按：即台湾）上下，官兵舡只把港，则番舡不许

① 乾隆《泉州府志》卷二〇《风俗》引《温陵旧事》，《中国地方志集成·福建府县志辑》第 22 册，第 487 页。

② 《天下郡国利病书》，第 2968 页。

③ （清）徐景熹修，鲁曾煜、施廷枢等纂：乾隆《福州府志》卷二四《风俗》引《长乐志》，《中国地方志集成·福建府县志辑》第 1 册，第 509 页。

④ 冯承钧撰：《星槎胜览校注》前集《占城国》，上海：商务印书馆，1938 年版，第 1 页。

⑤ （清）王胜时：《漫游纪略》卷一《闽游》，上海：进步书局，民国时期石印本，第 5a 面。

⑥ 《国榷》卷八一，万历四十年十月戊辰，第 5052 页。

> 出入，红夷不许互市，无待言者。然泉、漳二郡商民，贩东西两洋，代农贾之利，比比然也。自红夷肆掠，洋舡不通，海禁日严，民生憔悴。一伙豪右奸民，倚藉势宦，结纳游总官兵，或假给东粤高州、闽省福州及苏杭买货文引，载货物出外海，径往交趾、日本、吕宋等夷，买卖觅利，中以硝磺器械，违禁接济更多，不但米粮饮食也。禁愈急而豪右出没愈神……不如俟澎湖岛设兵镇后，红夷息肩，暂复旧例，听洋商明给文引，往贩东、西二洋……庶可生意饱商民之腹，亦可以夷货增中国之利。[①]

然而，事实上沈的建议并未能实行，因为当时的东南沿海并不安宁。这样，一些私人海上贸易集团就必须具备强大的武装，以防不虞。而郑芝龙（？—1661）、郑成功（1624—1662）父子，正是明末这种私人海上贸易集团的代表人物。他们经济实力之雄厚，贸易活动之广泛，是中国历史上罕见的。

二　郑成功海上贸易的规模

关于郑成功海上贸易的规模，我们可以从郑氏贸易的范围、船只数目、财产数字以及所拥有之土地等方面，得到一个大致轮廓。

首先，郑氏父子贸易活动的范围相当广泛，包括日本、荷兰、英国以及东南亚的吕宋、暹罗、交趾一带。有关这方面的研究成果甚多，不赘。[②]

其次是郑氏的贸易船只数目。关于这方面的史籍记载，虽不尽相同，但大多接近。

《伪郑逸事》称郑部之舰船“以数千计”，又说：

> （郑成功）造战舰三千余艘，顺治十三年（1656）将大发兵窥江南，过浙之东瓯，泊舟三日，连樯八十里，见者增栗。[③]

---

① 《天下郡国利病书》，第2995页。

② 参阅韩振华：《一六五一——一六六二郑成功时代的海外贸易和海外贸易商人性质》，载厦门大学历史系编：《郑成功研究论文选》，福州：福建人民出版社，1982年版，第136—187页。

③ （清）郁永河：《伪郑逸事》，《申报馆丛书》本，清光绪四年（1878）申报馆排印本，第2a、2b面。

早在1646年，郑成功的部下杨廷世、刘九皋到广西去见永历帝。永历帝问郑的兵船钱粮数目，二人对以“舳舻千艘”。[①] 这时郑的兵力尚嫌薄弱。后来郑成功的水师数目时有变化，但相差不远。康熙元年(1662)三月，郑成功已收复台湾，清朝江南江西总督郎廷佐向清廷报告：

> 本月初陆日，探至桐山界上，有贼船千余只已抵沙埕，未审向往等情。
>
> 本月拾捌日，据发防温岭详候把总赵强报称：本日瞭见外洋有贼船肆伍百之数，自南往北行使，又有贼船壹百只余，停泊苔山等情。[②]

桐山及沙埕均在闽北，不是郑成功的根据地，而竟有船千余只，正好证明这时郑成功的舰队数目，当不少于数千只。

郑氏父子的家私数目亦颇惊人。《南明野史》记载，郑芝龙曾对隆武帝朱聿键表示，“倾家相助可四百万”。[③] 后来到了郑成功、郑经(1643—1681)时期，海外贸易日益扩大，因之所积财富更多。郑经在台湾时，他的部下户官郑泰据守金门，“善理财，积资百余万”。郑泰是个有心计的人，他“别以四十万寄日本国，以备不虞”。1663年他被郑经杀死后，郑经一直欲将这笔钱取出而未果。直到1675年，郑经再派人去取，仅将郑泰所寄日本之四十五万两银取回二十六万归来。以此一例，即可见郑氏财富之多。[④]

郑氏拥有的军队也不少。据《李朝实录》记载，1647年，郑芝龙手下贸易船只漂泊朝鲜，其中舡主徐胜系福建晋江人。据徐称，郑芝

---

① (清)江日昇：《台湾外记》卷一〇《成功败绩于江南，甘煇死节在崇明》，上海：《申报馆》仿聚珍版光绪四年(1878)刊本，第3b面。

② 康熙元年四月二十日《江南江西总督郎廷佐奏本》，《明清史料》丁编第3本，第260a面。

③ (清)南沙三余氏：《南明野史》卷中《绍宗皇帝纪》，上海：商务印书馆，1933年版，第66b面。

④ (清)夏琳：《闽海纪要》卷下，《四库毁禁书丛刊·史部》第35册，北京：北京出版社，2000年版，第29页；(清)阮旻锡：《海上见闻录定本》卷二，福州：福建人民出版社，1982年版，第61页。当时郑氏贸易船只如每船估计数万两(一般在8万—10万两)，则其财富也异常惊人。

龙当时已“统兵四十万”。[①] 1652 年，郑成功与清军作战，围困漳州凡八月有余，当时郑军仅在此一地即“聚集贰拾柒万”人。后来虽有所减少，但至 1657 年时尚有“雄兵二十余万”。[②]

不仅如此，郑氏父子本身还拥有众多土地。顺治十三年九月，清朝户部尚书车克奏称：

> 叛贼郑成功父子田产在海上者，田有数万顷，价值数拾万金，每岁田租不资。以之抵充正赋，则足以苏八闽之困；以之接济兵饷，则足以省挽输之劳……而其平日所抢霸小民之田产，独得安然无恙，真神人共愤，国法难容者也。[③]

这个记载即使有所夸大，当亦相差不远。因为早在明末，郑芝龙即以闽地大旱为由，将福建沿海流民“载往台湾，令垦辟荒土而收其赋”，并“以此富强”。[④] 黄宗羲《行朝录》亦指出，这些人“以衣食之余，纳租郑氏”。[⑤] 台湾如此，福建也不例外。郑芝龙对田地之有兴趣，还表现在他利用隆武帝在位的一年时间，依靠权势，“增置庄仓五百余所”。他还利用这一机会企图以清理福建寺田为名，“纳赎可得八十万”，终因隆武帝未同意而作罢。就这样，郑芝龙也已是“田园遍闽广”了。[⑥] 他的过早降清，不能说与此没有关系。

三 郑氏之“通洋之利”及其内部组织的特点

关于郑成功的海上贸易，简单谈下面三点。

---

① 《朝鲜仁祖实录》卷四八，顺治四年七月丁巳，《朝鲜王朝实录》第 35 册，第 306 页。

② 《查明漳州解围功次残件》，《明清史料》丁编第 1 本，第 75a 面；另见《台湾外记》卷一〇。

③ 顺治十三年九月十三日《管户部尚书事车克等题本》，《明清史料》丁编第 2 本，第 164a 面。

④ （清）娄东梅村野史：《鹿樵纪闻》卷中《郑成功之乱》，上海：商务印书馆，1911 年版，第 6a 面。

⑤ （清）黄宗羲：《行朝录》卷一一《赐姓始末》，《绍兴先正遗书》本，绍兴：徐氏铸学斋光绪十九年（1893）刊，第 6a 面。

⑥ 《明季南略》卷八《郑芝龙降清》，第 330 页；《南明野史》卷中《绍宗皇帝纪》，第 16a 面；《行朝录》卷一《隆武纪年》，第 3b 面。

(一)郑成功的"通洋之利"

清初郁永河《伪郑逸事》曾指出:

> 成功以海外弹丸地,养兵十余万,甲胄戈矢,罔不坚利,战舰以数千计,又交通内地,遍买人心,而财用不匮者,以有通洋之利也。①

这正说明郑氏父子维持了隆武帝政权所需的一切开支,自然也包括庞大的军费。而这些费用实际上均来自"通洋之利"。1647年七月,有福建商贾徐胜等五十一人,因商船中炮漂流至朝鲜,他们即系郑氏贸易集团之船只,由于郑芝龙以隆武政权"经用不足,请于皇帝",乃令徐胜等"领官银贸贩,以助军饷",他们"于今年五月驾船于柬浦察向日本",从事海上贸易;另有林东荣等人同徐胜一样,"亦以商贩自福京(指福州)向日本,遇飓风,船覆"而飘至朝鲜。②

当隆武帝在位时,郑成功因见其父对抗清斗争持观望态度,曾劝隆武帝"通洋裕国",又在劝阻其父郑芝龙降清时建议,一方面"收拾人心,以固其本",一方面应"大开海道,兴贩各港,以足其饷",这样"选将练兵,号召天下,进取不难矣"。③

郑成功通过三种方式从海外贸易中取得军费:一是在福建沿海对外国贸易船只征收之进口税。即福建沿海船舶"不得郑氏令旗,不能往来,每舶例入将三千金,岁入千万计",④以"吕宋、日本、暹罗、咬[口留]巴、东京、交趾等国洋船"充继粮饷。⑤ 这种进口税是以厦门为中心进行征收的。后来清朝利用郑芝龙劝降郑成功时,还将此贸易征税权明确让予郑成功,以为诱饵。据《明清史料》丁编记载,有人建议:如郑成功降清,"仍令管理一应洋船,输纳税银","盖伊父子向擅此利","不若明收其税耳"。⑥ 顺治九年十月初九日顺治帝在给浙

---

① 《伪郑逸事》,第2a面。

② 《朝鲜仁祖实录》卷四八,顺治四年七月丁巳,《朝鲜王朝实录》第35册,第306页。

③ 《台湾外记》卷五《唐监国福州假号,黄道周南京尽节》,第10b、15b面。

④ (清)邹漪辑:《明季遗闻》,第35b面,载《明季稗史续编》,上海:商务印书馆民国年间铅印本;又见《南明野史》卷中《绍宗皇帝纪》,第15a面。

⑤ 《台湾外记》卷一〇《成功败绩于江南,甘煇死节在崇明》。

⑥ 失名:《密奏区处海寇稿》(时间缺),《明清史料》丁编第1本,第1a—6b面。

江福建总督刘清泰的密谕中也说，郑成功如降清，“即可用之海上，何必赴京？……其往来洋船，俱着管理，稽查奸宄，输纳税课”。[①]

顺治十年五月初十日清政府给郑成功之《拟海澄公敕稿》中称：

> 兹封尔为海澄公，赐之敕印，镇守泉州等处地方，禄俸如例……海洋船只俱令管理稽察，收纳税课，所部官员照旧统辖，以俟叙录。[②]

二是郑氏在台湾对外国贸易船只所收之进口税。郑氏父子一向在台湾经营海上贸易，并拥有相当之势力。据荷人 C. E. S.《被忽视的福摩萨》一书所载，当时户官郑泰曾向郑成功献策，如果“从福摩萨运往国姓爷辖地的货物，在装货地抽税，比在到达地的厦门抽税有利得多”。[③] 于是郑成功在与荷兰的贸易中，均改在台湾抽税。

三是郑氏自行经营的海外贸易。自郑芝龙开始，郑氏集团一直派海船往返于日本及南洋诸国。《伪郑逸事》谈道：

> 海外诸国惟日本最富强，而需中国百货尤多。[④]

1651 年，郑成功部下冯澄世亦认为：

> 方今粮饷充足，铅铜广多，莫如日本……且借彼地彼粮，以济吾用，然后下贩吕宋、暹罗、交趾等国，源源不绝，则粮饷足，而进取易矣。[⑤]

也说明郑成功海上贸易获利甚夥。1653 年八月，郑成功拒绝其父郑芝龙的劝降时，颇为自信地说：

> 夫沿海地方，我所固有者也；东西洋饷，我所自生自殖者也；进战退守，绰绰余裕。[⑥]

---

① 《敕谕浙江福建总督刘清泰密稿》，《明清史料》丁编第 1 本，第 67a 面。

② 《明清史料》丁编第 1 本，第 87a 面。

③ 引自厦门大学郑成功历史调查组编：《郑成功收复台湾史料选编》（增订本），福州：福建人民出版社，1982 年版，第 126 页。

④ 《伪郑逸事》，第 2a 面。

⑤ 《台湾外记》卷六《肇庆府桂王僭位，曾厝安施郎逃生》，第 20 面。

⑥ （清）杨英撰：《先王实录校注》，陈碧笙校注，福州：福建人民出版社，1981 年版，第 63 页。

这一点，连清朝人也不得不承认：

> 我朝严禁通洋，片板不得入海，而商贾垄断，厚赂守口官兵，潜通郑氏以达厦门，然后通贩各国。凡中国各货，海外人皆仰资郑氏，于是通洋之利，唯郑氏独操之，财用益饶。[①]

因此，郑氏及其家族单靠从事贸易获利所得，即可以几十万乃至百万计。前谈户官郑泰是其中之佼佼者，其他人之财产，亦可类推。

（二）郑氏海上贸易集团内部组织之特点

郑氏贸易集团由于兴起之后即与封建政权紧密结合，故其内部组织亦自有其特点：

（1）成分复杂，一身而数任。郑芝龙出身海盗，其成员来自三教九流，无所不包；他们本身亦拥有武装，并不足怪。由于郑氏父子活跃于明末清初战争频仍之际，又建立了政权，因此他们的组织成员，既是贸易伙伴，又是他们的部下官兵，具有两重性。据《明清史料》丁编所载，当时有个叫陈龙的，福州福清人，永历二年（1648）时本为商人，至永历九年，“到海口镇港里被阮全镇拿下海去”，先是做郑部亲军林奇的旗鼓，后来在攻打广东时成了水师船的左冲锋官，因为打仗有功，升为郑部的协将总兵。[②] 此外，郑成功的大将尚有系优旦出身者。《广阳杂记》卷二载：

> 洪复，泉州同安人，初为优旦，赐姓拔以为将。丰姿娇艳如妇人，而勇冠三军，射能百步穿杨。赐姓尝曰：观汝才略，可为大将，惜汝之性情气质柔媚耳……赐姓尝攻漳州营，为敌所劫，披靡而走。思文（按：指隆武帝）所赐七印，一囊贮之，遗失于营中。复独骑随敌后入营中，挟囊而走。敌始觉，追之。复发三矢，连毙三人，敌不敢追，遂以印反命。后果死江南之难。[③]

尤其值得提出的是，郑成功的部下有世为奴仆的人当成了头目。

---

① 《伪郑逸事》，第 2a 面。

② 顺治十六年正月初六日到《浙江总督赵国祚残揭帖》，《明清史料》丁编第 3 本，第 219a 面。

③ 《广阳杂记》卷二，第 104—105 页。

据《泉州府志》卷三二：

> 晋江四十七都黄姓系宦后故家，其同乡谢姓世为婢仆。有谢拔因弟谢世为海上伪目，迫胁黄愿将六岁幼女爱娘许配其子谢储，欲借以洗主仆之羞。①

正由于郑的部下成员无所不包，因而他收复台湾后，在大陆仍然耳目甚多，彼此始终保持着贸易乃至军事方面的联系。

不仅内部成员的身份如此，即贸易船只的情况亦相同。郑氏集团的战船同时又是贸易商船，两者难以区分。1646 年，《粤行纪事》的作者瞿昌文到了福建，"见巨舰以千计，水师居半，俱郑芝龙叔鸿逵、弟芝豹辈部领通商者也"。② 一旦有军事需要，即可临时征调贸易船只，随时集结应用。1661 年，郑成功为收复台湾，除在厦门征集二百艘以上的战船外，同时命令位于日本、交趾、柬埔寨、暹罗等处的商船，一律回归待命。③ 1679 年，清兵攻厦门时，郑经也曾调拨他的各路商船北上，用于战事。

(2)郑氏集团内部重要成员都具有相对独立性。郑氏集团的骨干多系海盗出身，其内部组织体现了哥们入伙的特点。郑氏的主要将领，多拥有各自商船，自有武器，互不统属。1651 年，当郑成功开始聚集兵力与清军作战时，兵力财源均嫌不足。于是他的叔父郑鸿逵乃将自己的船只，全部交给郑成功掌握，自己却"蓺植花木"，"笙歌自娱"。④ 这正是郑氏集团的特点。1656 年，郑成功在揭阳一战失利，郑的部将黄梧被罚"铠甲五百领"。由于黄梧在这次战斗中本身已损失甚大，"亡其铁甲兵二百余名，窘于赔补"，因而立即投降清朝。清则封黄为海澄公，以示拉拢。⑤

---

① 乾隆《泉州府志》卷三二《名宦四・常光裕传》，《中国地方志集成・福建府县志辑》第 23 册，第 102 页。

② (清)瞿昌文：《粤行纪事》卷一，《丛书集成初编》本，上海：商务印书馆，1959 年版，第 4—5 页。

③ 荷兰东印度公司：《巴达维亚城日志》，转引自《郑成功收复台湾史料选编》(增订本)，第 241 页。

④ 《台湾外记》卷六《肇庆府桂王僭位，曾厝安施郎逃生》，第 17b 面。

⑤ 《台湾外记》卷九《献海澄黄梧归诚，护国岭格商被斩》，第 2b 面；《海上见闻录定本》卷一，第 27 页。

类似的情况还很多。1679年，郑经部将刘国轩，因见郑氏政权内部财政困难，乃“请停文武俸，自出粮饷兵三月”，并得到郑经的同意。《台湾外记》详述其事曰：

国轩见军糈不足，又屡屡加征百姓，随自辞俸食，并请捐资养辖兵，启曰：“……请辞月俸，愿竭微资，自给辖兵三月，稍宽百姓万一。”经允从之。[①]

后来他下面的其他将领如吴淑、何祐、江胜、林升等，俱循刘国轩例，或捐银助饷，或自行解决所部兵粮。前镇大将施明良亦随之捐银一千两，以助兵饷。[②] 1683年(康熙二十二年)，郑氏集团吏官洪磊尚派其部下黄成，于是年闰六月，将自己的“兴贩之船”，自台湾发往日本、暹罗从事贸易；刘国轩也于是月派部下蓝泽将其贸易货船开往日本、暹罗。这些船都是属于他们各自的“生理之船”，也具有相对之独立性，各有自己之属下人经营，别人亦不干预。[③] 但作为郑氏集团的领袖人物如郑成功等人，是以“舶主”之地位，成为大家公举的首领，因而对其部下自能驾驭。

(三)郑氏集团内部之弱点

郑氏集团是依靠宗族及乡亲关系来保持其“舶主”地位的，尽管其内部有些新的因素，但总的来看，仍未摆脱中国固有的封建依附性(即与封建政权相结合)，也不可能再前进一步，扩大商业资本，出现具有资本主义性质的商业经营。郑芝龙作为海上贸易集团的领袖，如果不是依恃明朝任用他为福建的军事长官，他的贸易资本不会这样多，权势也不会这样大，他的海上劲敌也不会一个个被消灭；如果他不大力扶植隆武帝政权，也不会利用这一机会，一下扩充“庄仓五百余所”，把资金转移到土地上，这正是郑氏集团从事海上贸易的弱点，也是时代的局限性。从这一角度看，明末的郑芝龙颇似宋末的蒲寿庚。蒲寿庚在宋末是资力雄厚的大海商，由于南宋让他总管海上贸易，从而主宰“蕃舶”利者三十年。

---

① 《台湾外记》卷二三《盛天府克臧监国，坂尾寨吴淑丧身》，第1b—2a面；又见《海上见闻录定本》卷二，第70页。

② 《台湾外记》卷二三《盛天府克臧监国，坂尾寨吴淑丧身》，第2a面。

③ 《部题福督王国安疏残本》，《明清史料》丁编第3本，第298a面。

其次，郑氏集团内部的乡族关系、同伙关系，也注定了他们之间的合作是很难牢固持久的。尤其他们缺乏一种共同的信念和目标，一旦经济利益发生矛盾，在政治上就会有某些动摇，难以长期团结一致。郑氏集团经营海上贸易几十年，而终归失败，其悲剧正在这里。

傅衣凌教授曾经指出：

> 郑芝龙降明投清，表现出反复无常的态度，这正是中国海商集团的脆弱性的表现，就是说，中国的商人资本始终没有脱离土地权力的羁绊。郑芝龙本人就是如此，他的田园遍闽广，成为地主、官僚。他们在海上贸易的活动，也还没有完全脱离海盗的行径，使其商业活动内含着某些弱点。其次，则是他们的商业组合都以乡族关系为中心……这个亲属关系限制了中国海商走向股份公司，以扩大资本。郑芝龙的投清，即是陷于这一个历史的悲剧。①

傅先生的这一重要论断，无疑对明代及郑成功海上贸易问题的研究，具有极大的启发性和指导意义。

（原载《中国社会经济史研究》1991 年第 1 期）

---

① 傅衣凌：《关于郑成功研究的若干问题》，见郑成功研究学术讨论会学术组编：《郑成功研究论文选续集》，福州：福建人民出版社，1984 年版，第 15 页。

第六章　多尔衮与清初政治

试论清初统一中国过程中的多尔衮

在清初的历史上，摄政王多尔衮(1612—1650)是一个重要的人物。他是清朝入关后的实际创业者和统一中国的奠基人。但是，由于他镇压过明末农民军，又执行过某些民族压迫的政策，因此人们很少对他做过中肯的评介。本文试就多尔衮一生政治活动中的几个片段，说明他在清朝历史上有过贡献，是一个应当予以肯定的人物。

一

多尔衮为清太祖努尔哈赤第十四子，1612年生。其母为大妃纳喇氏，有机谋，深受努尔哈赤宠爱，努尔哈赤死后，为有权势的贝勒所忌，逼令自杀身殉。随后，努尔哈赤第八子皇太极即位，即清太宗。当时多尔衮年仅15岁，被封为贝勒，因按年齿序列第九，故称九贝勒或九王。天聪二年(1628)，多尔衮随同皇太极进军蒙古察哈尔多罗特部，因作战英勇，深得皇太极赏识，被赐以美号为墨尔根戴青，意即聪明王。天聪五年，多尔衮同明将祖大寿战于大凌河，亲自冲锋陷阵，“明兵坠壕者百余”。[①] 事后，皇太极怒责他的部下说：“朕弟墨尔根戴青亦冲锋而入，倘有疏虞，必将尔等加以严刑，断不宽宥。”[②]崇

---

① 《清史稿》卷二一八《多尔衮传》，第9022页。

② 《清太宗实录》卷九，天聪五年八月癸丑，第129页。

德元年(1636),多尔衮被封为睿亲王。他在松山、锦州战役中俘获明朝统帅洪承畴,迫使大将祖大寿投降,威信大著。这时皇太极已抱病在身,军国大事经常委托亲王济尔哈朗及多尔衮共同处理。

崇德八年八月,皇太极死,6 岁的第九子福临即位,由多尔衮及济尔哈朗共同辅政。顺治元年(1644)四月,多尔衮为奉命大将军,率师伐明。明将吴三桂在山海关乞降,并与多尔衮合兵,与李自成为首的农民军展开决战。五月初,多尔衮带军进北京,同年九月,清世祖由盛京迁都北京,封多尔衮为叔父摄政王。顺治五年十一月,多尔衮称皇父摄政王。顺治七年十二月,多尔衮病逝于喀喇城,仅 39 岁。清世祖下诏追尊为成宗义皇帝,次年二月又下诏削爵。

由上看来,在短暂的一生中,多尔衮的政治活动大致分为两个阶段:在清军入关前,他追随皇太极转战南北,为清朝统一东北及蒙古各部作出了成绩;在入关后,他作为清朝的实际统治者,摄政七年,为清朝统一全中国奠定了基础。

当清朝入关前,以皇太极为首的满洲统治者,尽管统一了东北及蒙古大部,但还缺乏统一全中国的勇气和信心。当时满洲贵族对明朝不断进行骚扰,多次破关而入,大肆屠杀劫夺,满载东归。这里,我们可以崇德七年十月到次年六月,由阿巴泰带兵自墙子岭入关,败明兵于蓟州后又掠山东的那一次战役为例。崇德八年六月,皇太极以征明克捷,谕诸王、贝勒、贝子、公等:"此番出征,各旗王、贝勒、贝子、公等家人,获财物甚多",七月又敕谕朝鲜国王李倧:"朕命多罗饶余贝勒阿巴泰为奉命大将军……往征明国,毁边入关,所向无敌。师过燕京,连败明各路兵三十九次,生擒白姓、汪姓、张姓、王姓、刘姓总兵五员,兵道五员,郎中一员,科臣一员,副将五员,参将八员,游击四员,皆诛之","生擒兖州府鲁王朱衣佩……等六王及管理府事宗室等约千人,皆诛之。共俘人畜九十二万三百"。[①] 不难看出,皇太极时期执行的这种骚扰政策,加深了国内的民族矛盾,是有消极因素的,对于清朝统一中国是不利的。

① 《清太宗实录》卷六五,崇德八年六月己卯、七月丁巳,第 893、902—903 页。

二

多尔衮入关后的统一大业，是与范文程的大力襄助分不开的。

范文程祖籍沈阳，汉人。曾祖范鏓为明正德间进士，官至兵部尚书。他与其兄文寀原为沈阳生员。天命三年(1618)，努尔哈赤攻下抚顺，范氏兄弟往见，“太祖伟文程，与语，器之”。太宗初，任命范文程为内秘书院大学士，进世职二等甲喇章京，参与机密。范文程属于清朝元老，他头脑清楚，有大略，曾为清朝统一全国做过贡献。

顺治元年，多尔衮率师伐明，范文程首先向他上书，建议几点：

(1)要有统一全国的大志。范文程建议多尔衮要改变过去“惟金帛子女是图”，“胸无大志”的状况。他说，过去“弃遵化，屠永平，两次深入而复返”的骚扰方针必须改变。那种粗暴做法，“彼必以我为无大志，惟金帛子女是图，因怀疑贰”。因此，这次进军明朝，一定要“申严纪律，秋毫勿犯”，有统一中国的信心，“宣谕进取中原”。

(2)要妥善地安抚老百姓，“古未有嗜杀而得天下者”。清朝如果“止欲帝关东则已”，“若将统一区夏”，则“非乂安百姓不可”。

(3)要团结明朝宗室、官吏及士人，打出为明朝“复君父仇”的口号，“恤其士夫，拯其黎庶”。①

多尔衮对他的意见很赞同，在清军进关的路上，以大学士范文程的名义发布命令。范文程的建议，对多尔衮入关后的策略有很大的影响。

首先，多尔衮在政治上采取了笼络明朝士人的措施，如：

(1)为崇祯帝、后发丧。多尔衮入京伊始，就“为明壮烈愍皇帝发丧”，同时，将周后、袁贵妃、熹宗张后、神宗刘贵妃等，丧葬“如制”。②

(2)改变对明朝王室的态度。顺治元年五月规定：“朱姓各王归顺者，亦不夺其王爵，仍加恩养”。③ 是年六月，“故明宗室朱帅欽具启投诚，摄政睿亲王嘉其知命来归”，④后来还让他作保定知府。这与以前对明宗室采取的屠杀政策也有很大不同。

---

① 《清史稿》卷二三二《范文程传》，第9352页。

② 《清史稿》卷四《世祖本纪一》，第86页；卷二三二《范文程传》，第9352页；《清世祖实录》卷五，顺治元年五月己酉，第59页。

③ 《东华录·顺治二》，顺治元年五月庚寅，第206页。

④ 《东华录·顺治二》，顺治元年六月甲子，第208页。

(3)优待和重用明朝降官。顺治二年,多尔衮有一次对洪承畴说:"凡我心爱之人,虽万金不惜。"因此像冯铨、陈名夏等明降官,都被任命为大学士或尚书,加以重用。他当时也知道这些人以及各省推荐的官吏未必都好,故而采取"矮子里选将军"的办法,其目的也是在于笼络明朝士人。清军下江南后,多尔衮曾问:"江南有甚好人物?"大学士等对:"地方广大,定有贤才。"多尔衮说:"不是泛论地方贤才,只是先生们胸中有知道的否?"大学士等对:"钱谦益是江南人望。"[①]

(4)对明陵采取保护政策。由于多尔衮汉化程度较深,加之他对朱元璋非常崇拜,因此他在顺治元年六月,派大学士冯铨"祭故明太祖及诸帝"。同时,又"以故明太祖牌入历代帝王庙",[②]设长陵以下官吏。同年十月并规定:"明国诸陵,春秋致祭,仍用守陵员户。"[③]

所有这些,说明多尔衮完全采纳了范文程的建议,即"治天下在得民心。士为秀民,士心得,则民心得矣"。[④] 事实证明,这些办法确实起到了笼络明朝士人的作用,对于清朝统一全国有着很大的影响。

(5)对官吏服明朝衣冠也暂不加限制。多尔衮思想较为开通,顺治元年七月,山东巡抚朱朗鑅向他请示,新补官吏能不能仍以纱帽圆领的明朝官服"临民莅事",多尔衮说,目前"军事方殷,衣冠礼乐未遑制定,近简各官,姑依明式"。[⑤]

其次,多尔衮在经济措施上,也采取了"休养生息"的政策:

(1)取消加派。明末"三饷"(辽饷、剿饷、练饷)的数目之多,已为明朝政府正赋的数倍。这种无休止的加派,使得明末人民处于贫困交迫之中,人民对加派恨之入骨。清军入北京后,明末加派册籍均毁于火,"惟万历时故籍存"。当时有人建议,清朝也应按明末加派册籍征收赋税。范文程则表示反对,他认为:"即此(万历册籍)为额,犹虑病民,其可更求乎?"[⑥]多尔衮同意范文程的意见,乃以万历册籍作为

---

① 《多尔衮摄政日记》,六月初三日,第 10 页。

② 《清世祖实录》卷五,顺治元年六月癸未、甲申,第 65 页。

③ 《清史稿》卷四《世祖本纪一》,第 90 页。

④ 《清史稿》卷二三二《范文程传》,第 9353 页。

⑤ 《清史稿》卷四《世祖本纪一》,第 89 页。

⑥ 《清史稿》卷二三二《范文程传》,第 9352 页。

依据征收。天津总督骆养性要求在征收赋税时增征“火耗”。多尔衮认为：“所启钱粮征纳，每两火耗三分，正是贪婪积弊，何云旧例？况正赋尚宜酌蠲，额外岂容多取，着严行禁革。如违禁加耗，即以犯赃论。”①他在顺治元年十月，颁诏天下：“地亩牵连，悉照前明会计录，自顺治元年五月朔起，如额征解。凡有加派辽饷、新饷、练饷、召买等项，俱行蠲免。”②于是，赋税“岁减数百万两，民赖以苏”。③

多尔衮在减轻加派的同时，对于平日侵渔人民的势家豪族，也相应予以打击。他说：“势家土豪，重利放债，致民倾家荡产，深可痛恨”，下令：这种重利放债“今后有司勿许追比”。④ 同时，他还要求改变“明季税法太烦，细小物件亦有税课”的状况，把这种“贪官奸吏设法侵欺，朝廷亦未必受其利”，看作是明代“弊政之最大者”。⑤

(2)打击太监势力。明末太监势力极为猖獗，除操纵朝政外，对一般百姓迫害亦甚。当时宫廷中，宫女多达九千人，“内监至十万人”，每年费用，仅脂粉银一项，就多达四十万两。⑥ 1644年，朝鲜王世子随员向其国王的报告中也说，当时明宫内太监“在阙内者万余人，分掌职事者八千人，而其在于街巷之间出入阙内者，不知其几万人云”。⑦

多尔衮入关后，太监的势力仍然非常嚣张。举例来说，当年七月，“御用监太监吴添寿等请照旧例，遣内员征收涿州、宝坻县皇庄钱粮”。多尔衮认为这样“差官必致扰民”，没有同意这样做，“着归并有司，另项起解”。到了八月，又下令：“允户部议，内官监属各厂地亩租

---

① 《清世祖实录》卷六，顺治元年七月甲午，第67页。

② 《清史稿》卷四《世祖本纪一》，第89页。

③ (清)昭梿：《啸亭杂录》卷二《范文肃公厚德》，北京：中华书局，1980年版，第46页。据清初档案反映，顺治期间全国一些省份仍有加派，直至顺治末年尚未取消。

④ 《清史稿》卷四《世祖本纪一》，第91页。

⑤ 《多尔衮摄政日记》，闰六月十四日，第61页。

⑥ (清)吴振棫：《养吉斋丛录·余录》卷二，杭州：浙江古籍出版社，1985年版，第304页。

⑦ 《朝鲜仁祖实录》卷四五，崇祯十七年八月戊寅，《朝鲜王朝实录》第35册，第191页。

银，照御用监近例，归并有司征收，另项起解，以清冒破骚扰等弊。”[1]这是对明末太监势力的第一次打击。

另外是禁止太监朝参。明熹宗以后，每值上朝，太监也要着朝服参加。清朝政府迁京后，这种制度并无改变。顺治二年十二月，礼部奏：“内监仍故明旧例，每遇朝参，行礼在文武诸臣之前，于体未合。嗣后内监人员概不许与朝参，亦不必排班伺候。”从之。[2]

清政府对太监的两次打击，使明末太监在宫廷政治和经济上的势力得以收敛。

(3)反对贿赂。多尔衮对明末广行贿赂的恶劣作风也严加斥责。顺治元年六月，他谕众官民等曰：“明国之所以倾覆者，皆由内外部院官吏贿赂公行，功过不明，是非不辨。凡用官员，有财之人虽不肖亦得进，无财之人虽贤亦不得见用”，“乱政坏国，皆始于此，罪亦莫大于此”。因此，他责令：“今内外官吏，如尽洗从前贪婪肺肠，殚忠效力，则俸禄充给，永享富贵；如或仍前不悛，行贿营私，国法俱在，必不轻处，定行枭示。”[3]因此，当时的一些汉官都认为，“王上新政比明季多善，如蠲免钱粮、严禁贿赂，皆是服人心处”。[4] 说得虽不免夸张，但也反映事实。

可以认为，多尔衮在政治、经济方面所采取的一系列措施，对于清朝的统一中国，是起到一定的作用的。

清军入关后，对于清朝应否建都北京，要不要统一中国等问题，在统治集团内部有着激烈的争论。当时多尔衮的同母兄八王阿济格反对迁都北京，他抱怨清军“初得辽东”时，“不行杀戮”，因此“清人多为辽民所杀”，现在所以占据北京，“宜乘此兵威，大肆屠戮，留置诸王以镇燕都；而大兵则或还守沈阳，或退保海山，可无后患”。多尔衮不同意这种胸无大志、专事屠戮的狭隘的民族压迫政策，他认为“若得北京，当即徙都，以图进取”中原，统一中国。而在目前，“人心未定，

---

① 《清世祖实录》卷六，顺治元年七月癸卯，第69页；卷七，顺治元年八月庚申，第75页。

② 《东华录·顺治五》，顺治二年十二月丙午，第250页。

③ 《东华录·顺治二》，顺治元年六月丙子，第209页。

④ 《多尔衮摄政日记》，六月二十九日，第18页。

不可弃而东还”。因此“两王论议不合，因有嫌隙云”。[①]

同时，由于清军入关速度较快，从盛京到北京路上，因“新经兵火，四野赤地，漕运不通”，“而公私储积，荡然无余，刍粮俱乏，人马饥馁”。当此“迁徙之际，上下之所仰赖者只是老米”，[②]这些“皆积年陈腐之米而已”，相反，这时关外“沈中禾稼颇登”，而东北八旗官兵“人皆安土重迁”，对于立即迁往北京，“多有怨苦者”。[③] 在这内外交困的同时，“京师民讹传秋七八月将东迁”，“将纵东兵肆掠，尽杀老壮，止存孩赤”。[④] 多尔衮面对京城内外的这些谣传，坚定表示：“燕京乃定鼎之地，何故不建都于此而又欲东移？”[⑤]又说：

> 尔曹试思，今上携将士家属不下亿万，与之俱来者何故？为安燕京军民也。昨将东来各官内，命十余员为督、抚、司、道等官者何故？为统一天下也。已将盛京帑银取至百余万，后又转运不绝者何故？为供尔京城内外兵民之用也。[⑥]

这里，多尔衮表示不惜排除一切困难迁都北京，并不仅是对京师人民而发，同时也是针对清朝八旗内部的军民而发，他确有破釜沉舟、统一中国的决心。

多尔衮对经营东北非常关注，迁都后亦然。

早在入关之前，他对东北的经营就不遗余力。崇德三年，他负责“修治盛京至辽河大路”。[⑦] 崇德五年，他又和肃亲王豪格等人，“率其属下将士之半”，于义州“筑城屯田”。[⑧] 当他摄政后，仍然关心黑龙江流域诸部落人民。崇德八年十月，黑龙江以北的库尔喀部，派

---

① 《朝鲜仁祖实录》卷四五，崇祯十七年八月戊寅，《朝鲜王朝实录》第 35 册，第 191 页。

② 《朝鲜仁祖实录》卷四五，崇祯十七年七月辛丑，《朝鲜王朝实录》第 35 册，第 189 页。

③ 《朝鲜仁祖实录》卷四五，崇祯十七年八月戊寅，《朝鲜王朝实录》第 35 册，第 191 页。

④ 《清史稿》卷二一八《多尔衮传》，第 9028 页。

⑤ 《清世祖实录》卷五，顺治元年六月甲戌，第 62 页。

⑥ 《清史稿》卷二一八《多尔衮传》，第 9028 页。

⑦ 《清太宗实录》卷四一，崇德三年五月癸酉，第 547 页。

⑧ 《清太宗实录》卷五二，崇德五年六月乙丑，第 689 页。

“赖达库等及炎楮库牙喇氏二十六户，索伦部章京崇内等来贡”，说明这些民族与清朝关系密切。十二月，多尔衮命梅勒章京俄罗塞臣、参政巴都理率师征黑龙江。顺治元年正月，他又命甲喇章京沙尔虎达率兵征库尔喀。直到是年五月，俄罗塞臣、巴都理和沙尔虎达等人才凯旋。①

顺治元年迁都北京后，清政府以盛京为留都，以明大业所自起，凡兴京、东京之名，皆仍其旧，而统于盛京，属之京畿。这不仅只是为了尊祖敬宗之制，亦是多尔衮对东北地区的特殊关照。迁都前，他派亲信“正黄旗内大臣何洛会为盛京总管”，主持一切；而以“镶黄旗梅勒章京阿哈尼堪统左翼，正红旗梅勒章京硕詹统右翼，镇守盛京”，并在雄耀、锦州、宁远、凤凰城、兴京、义州、新城、牛庄、岫岩等城驻兵镇守，加强统治。② 清军南下后，还不断移民到东北，继续进行耕垦。③

多尔衮在统一中国的过程中，为了缓和满汉间的民族矛盾，曾经主张满汉人民通婚。顺治五年，他以顺治帝名义谕礼部：“方今天下一家，满汉官民皆朕臣子，欲其各相亲睦，莫若使之缔结婚姻。自后满汉官民有欲联姻好者，听之。”过了几天，他又谕户部：“嗣后凡满洲官员之女，欲与汉人为婚者，先须呈明尔部。查其应具奏者，即与具奏；应自理者，即行自理。其无职人等之女，部册有名者，令各牛录章京报部方嫁；无名者，听各牛录章京自行遣嫁。至汉官之女，欲与满洲为婚者，亦行报部；无职者，听其自便，不必报部；其满洲官民娶汉人之女实系为妻者，方准其娶。”④这些措施，对于当时汉民尚怀敌意的满族统治者来说，是难能可贵的。它与皇太极时所持“本国衣冠言语不可轻变”的保守政策相比，确实大大地迈出了一步。虽然整个清

---

① 《东华录·顺治一》，崇德八年十月戊子、十一月乙亥，第 199 页；《东华录·顺治二》，顺治元年正月甲午，第 200 页；五月壬辰，第 206 页。据《清史稿》卷五七《地理志四》载：“自额苏里河口溯江而西，至额尔格河口，为库尔喀部，其城屯有曰铎辰城、阿萨津城、多金城……并在江北岸、东岸”。（第 1965 页）

② 《清世祖实录》卷七，顺治元年八月丁巳，第 75 页；《东华录·顺治三》，顺治元年八月丁巳，第 217 页。

③ （清）赵曦明《江上孤忠录》记载，清军攻下江阴后，尚携带不少人去外省，其中去辽东者亦多。（《江上孤忠录》，上海：商务印书馆，1911 年版，第 11b 面）

④ 《清世祖实录》卷四〇，顺治五年八月壬子、庚申，第 320、321 页；《东华录·顺治十一》，顺治五年八月壬子、庚申，第 283 页。

代,对于满汉臣民一向例不通婚,并"著为禁令",至光绪二十七年(1901)始"开除此禁"。[①] 但是,多尔衮的这种统一中国,"满汉一家"的思想,较之清朝其他统治者确实高出一筹。

在对待西方科学的问题上,多尔衮所持的态度也是比较开明的。

多尔衮对明末清初耶稣会传教士带来的西方科学技术,并非采取盲目排斥的态度,而是采取了利用和欢迎的态度。明朝后期以来,西方国家的耶稣会传教士到中国来的很多。耶稣会就其组织而言,虽带有某种反动性,但传教士也有把西方先进科学带至中国者,其中著名的有明末的利玛窦和后继的汤若望等人。

多尔衮到北京时,利玛窦早已去世,只有汤若望留守在教堂。汤若望,德国人,为耶稣会士。1622 年来中国,不久即长期住在北京。顺治元年六月十五日,即多尔衮刚到北京八天,汤若望即向多尔衮报告教堂的情况。他说:"约近三千卷的欧洲书籍,以及为印刷中国书籍所用之刻板,一律得以救出,而未受有丝毫损伤。"[②]随后,汤若望又向多尔衮上奏:"臣于明崇祯二年(1629)来京,曾用西洋新法厘正旧历,制有测量日月星晷、定时考验诸器,尽进内廷用以推测,屡屡密合……今先将本年八月初一日日食,照西洋新法,推步京师所见日食限分秒,并起复方位图象与各省所见日食多寡先后不同诸数,开列呈览,乞敕该部届期公同测验",多尔衮看到这个奏折非常高兴,当即指出:"旧历岁久差讹,西洋新法屡屡密合……具见推算详审。"[③]他决定使用新历法,并定名"时宪历","自明岁顺治二年为始,即用新历颁行天下"。[④] 八月初一日,多尔衮命大学士冯铨与汤若望赴观象台测验,结果"惟新法吻合",而"大统、回回二法时刻俱不协"。[⑤] 魏特《汤若望传》也记载其事说:"1645 年,即顺治二年之历书终归汤若望制作,并且于付印之前呈政府加以鉴定。汤若望于八月十日向政府送

① (清)刘锦藻:《清朝续文献通考》卷二六《户口二》,杭州:浙江古籍出版社,1988 年版,第 7776 页。

② [德]魏特:《汤若望传》,杨丙辰译,上海:商务印书馆,1949 年版,第 223 页。

③ 《清世祖实录》卷五,顺治元年六月壬午,第 64 页;《东华录·顺治二》,顺治元年六月壬午,第 210 页。

④ 《东华录·顺治三》,顺治元年七月丁亥,第 211 页。

⑤ 《清史稿》卷二七二《汤若望传》,第 10020 页。

呈六张地图和三件仪器……八月二十三日皇帝(按:实为多尔衮)降谕旨,赞扬汤若望为全国各大城市所作天算之神奇的准确,但是亦曾指摘缺点数条,因为沈阳应称盛京,并且还指摘字行过于窄密,其字体过小。”是年底,汤若望被任命为钦天监正。在任命过程中,礼部官经办拖延,被多尔衮申斥。[①]

多尔衮对汤若望的工作极为信任和支持。他允许汤若望作为清朝官吏可以不必早朝,“每日由宫中为汤若望备食二次,完全以上宾之礼待遇他”,对他的“天算科学怀有极崇高之敬意”。[②] 而汤若望也对清朝交给他的工作及政府的法禁遵奉施行。有这样两件事:顺治二年,多尔衮让汤若望负责清理正阳门至大清门之间集市贸易。他经过调查后,认为该处摊贩林立,“敝塞窄狭,甚非所宜”。[③] 顺治六年,因为“外省教友徐徐来京,欲与望同居。望不知其缘来,又不能阻彼”,因而“伏乞皇父摄政王敕下礼部”决定。[④]

不难看出,多尔衮对耶稣会士的政策是开明的,对他们带进的科学技术是赞赏的,而对朝廷规定的传教士的法禁,执行也是严格的。

三

多尔衮作为一个统治者,为了维护满汉地主政权的特殊利益,必然也执行过一些民族压迫的政策。这些政策加剧了民族矛盾和阶级矛盾,使广大人民痛苦不堪。其中包括圈田、投充及剃发。对于这些问题,我们应当用历史的眼光看待它。

圈地问题是入关后的一个大问题。清朝入关不久,于顺治元年十二月,正式颁布圈地令。其中说:“我朝建都燕京,期于久远。凡近京各州县民人无主荒田,及明国皇亲、驸马、公、侯、伯、太监等死于寇乱无主田地甚多。尔部可概行清查,若本主尚存,或本主已死而子弟存者,量口给与;其余田地,尽行分给东来诸王、勋臣、兵丁人等。此

---

① 《汤若望传》,第235—236页。

② 《汤若望传》,第240、243页。

③ 顺治二年五月十二日《钦天监汤若望揭帖》,《明清史料》甲编第2本,第108a面。

④ 顺治六年十月二十九日《钦天监正汤若望揭帖》,《明清史料》甲编第3本,第256a面。

非利其地土，良以东来诸王、勋臣、兵丁无处安置，故不得不如此区画。”[①]可见：(1)一开始圈田时，仅限于畿辅一带的官田，即明代的皇庄及勋戚等各类庄田。(2)开始圈地的目的主要是安插进关的八旗官兵及其家属。但是，在实际执行过程中，由于满洲贵族坚持“务使满汉界限分明”，满汉土地要“互相兑换”的“圈地”政策，致使许多汉人的土地和房屋被大量圈占，成为无家可归的流民。尽管多尔衮在顺治四年(1647)三月曾诏户部，表示“数年以来，圈拨田屋，实出于万不得已，非以扰累吾民也”，“被圈之民，流离失所……深可怜悯”，下令“自今以后，民间田屋不得复行圈拨，着永行禁止”。[②] 顺治八年又谕户部，“将前圈出土地尽数退还，令乘时耕种”。[③] 但是收效不大。实际上，清朝统治者的圈占土地，直到康熙八年(1669)才被迫停止。

随着大规模的圈田，使得丧失土地的大批汉族农民被迫依附满族统治者，投旗为奴。于是，关内的投充问题也更加突出了。开始时，投充仅限于贫穷小民，后来也有带地投充的，最后发展到“奸蠹无赖，或恐圈地而以地投；或本无地，而暗以他人之地投；恃强霸占，弊端百出；借旗为恶，横行害人”，[④]于是投充问题成为清初统治者最感棘手的社会问题。多尔衮虽一再下谕禁止，但在实际执行中，也未收到效果。

剃发问题也是清朝统治者执行民族压迫的政策之一。早在努尔哈赤时，汉族及其他各族凡是投降满洲的，都要以剃发作为标志。多尔衮入关后，吴三桂率部投降，也以剃发作为归顺的表示。清兵入京后，多尔衮仍以剃发与否，“以别顺逆”。[⑤] 不过，由于在执行中遭到人民反抗，所以执行得并不严格。据当时在中国的朝鲜人反映，多尔

① 《清世祖实录》卷一二，顺治元年十二月丁丑，第 117 页。

② 《清世祖实录》卷三一，顺治四年三月庚午，第 257 页；《东华录 · 顺治八》，顺治四年三月庚午，第 265 页。

③ (清)蒋良骐：《东华录》卷六，顺治八年二月丙午，北京：中华书局，1980 年版，第 103 页。

④ 《养吉斋丛录 · 余录》卷一，第 298 页。

⑤ 《东华录 · 顺治二》，顺治元年五月辛亥，第 207 页；《东华录 · 顺治四》，二年六月丙寅，第 240 页。

衮"入关之初，严禁杀掠，故中原人士无不悦服，及有剃头之举，民皆愤怒"。[①] 因此，多尔衮曾在顺治元年五月下令："自兹以后，天下臣民照旧束发，悉从其便。"及至顺治二年六月，豫王多铎带兵南下后，乃下令剃发，明确规定：京城内外及各省地方，自部文到日，限十天"尽令剃发，遵依者为我国之民，迟疑者同逆命之寇，必置重罪"。[②]于是，江南人民掀起了反剃发的英勇斗争，北方人民亦纷纷起义，加剧了清朝入关后的民族矛盾。在这个问题上，多尔衮当然难辞其咎。

尽管如此，多尔衮仍不失为一个值得肯定的人物。尤其是在清朝统一中国的问题上，他有着卓越的见识和胆量，是别人所不及的。

（原载《历史教学》1980 年第 6 期）

---

① 《朝鲜仁祖实录》卷四五，崇祯十七年八月戊寅，《朝鲜王朝实录》第 35 册，第 191 页。

② 《东华录·顺治二》，顺治元年五月辛亥，第 207 页；《东华录·顺治二》，顺治二年六月丙寅，第 240 页。

试论多尔衮对明皇室态度之演变

多尔衮(1612—1650)是清初一位颇有远见的政治家。他对明朝的制度极力推崇,全面仿行,汉化的倾向很深。[①] 在清兵入关前后,他以摄政王身份,对明朝宗室一向采取笼络政策,以期为促成清朝早日统一起到作用。这种政策,收效不小。但事隔不久,这种笼络明朝宗室的政策却为打击与镇压所替代。这不是多尔衮个人的过失,而是当时国内形势发生了一种明显的变化所造成的结果。

一

早在入关之前,多尔衮即与其他满洲诸王在作风上大不相同。在出兵作战过程中,多尔衮非常注意军纪,尽量少杀戮。在对待明朝宗室的态度尤其如此。据张怡《谀闻续笔》中记载,多尔衮在顺治元年(1644)五月进北京后,与"德、晋二王左右并坐"。[②] 此德王即指朱由枢,系"崇德四年(1639)多尔衮攻济南时所执者"。又据王先谦《东华录》所载,多尔衮及贝勒杜度这次分左右两翼率兵入关,右翼"从北京西至山西界,南至山东济南府……生擒一亲王、一郡王、一

---

① 参见本书《试论多尔衮对满族汉化的推动》一文。

② 《谀闻续笔》卷一,载《笔记小说大观》第30册,第255页。

奉国将军”。[①] 此外,《明史》卷二四,崇祯十二年正月庚申:

> 大清兵入济南,德王由枢被执。[②]

可见,多尔衮对被俘虏的明皇室人员是异常优待的。

而崇德七年冬至崇德八年夏清军入关的那次骚扰(史称“壬午之役”)[③]则完全不同。据这次率师的清军统帅多罗饶余贝勒阿巴泰等奏报:

> 臣等……率大军直抵明境至兖州府,莫能拒守;将明国鲁王(按:即朱衣沛)及乐陵(按:即朱弘植)、阳信、东原(按:即朱衣源)、安邱、滋阳诸王,及管理府事宗室等官数千人,尽皆诛戮。[④]

事隔数年,两位清军统帅对明宗室的态度竟然如此相悖,除了客观原因的变化外,多尔衮对明皇室的策略自较其他诸王高出一筹。

皇太极时期,其属下八旗诸王互不统属,各自为政的情况还很严重,这是清朝本身的社会发展状况及八旗制度所造成的。崇德三年八月,朝鲜官员朴簪将还赴沈阳,朝鲜国王问到清朝内部之状况。朴簪说:

> 彼诸王辈皆分党,多有乖争之事,汗死则国必乱矣……他日必有争立之举。[⑤]

这多由于八旗分主,又各有兵权,互不相下。多尔衮与阿巴泰虽为兄弟,但互不统属,因此对明宗室及俘虏之态度各异,这在当时是不足为怪的。

多尔衮于顺治元年五月攻克北京后,除了在政治上采取了笼络明朝官吏及士人的一系列措施(如为崇祯帝、后发丧,优待和重用明朝降官,对明陵采取保护政策,对明朝衣冠暂不加限制等)外,还对明

---

① 《东华录·崇德四》,崇德四年三月丙寅条,第 156 页。又据《清太宗实录》卷四六,崇德四年五月己巳,皇太极颁给朝鲜国王李倧敕谕载:“生擒德王朱由枢,郡王朱慈熲,奉国将军朱慈黄。”(见《清实录》,第 613 页)

② 《明史》卷二四《壮烈帝二》,第 326 页。

③ 参见本书《试论“壬午之役”与袁时中》一文。

④ 《清太宗实录》卷六四,崇德八年五月癸卯,第 889 页。

⑤ 《朝鲜仁祖实录》卷三七,崇祯十一年八月甲午,《朝鲜王朝实录》第 35 册,第 31 页。

朝皇室采取了一系列的优待、团结的政策。

同年五月初三日，即多尔衮进京之次日，即谕兵部曰：

至朱姓各王归顺者，亦不夺其王爵，仍加恩养。

过了一些天，他又谕兵部：

其朱氏诸王又来归者，亦当照旧恩养，不加改削。[①]

多尔衮的这两道命令，果然奏效。是年六月二十四日，大同总兵姜瓖上条陈六款，其中在“安宗室以示优恤”中谈道：

察云城宗室自逆闯肆虐，各王府及有宗禄者，搜括无余，诛锄殆尽。迄今所遗者，惟穷宗数百余人耳。幸大清国念及遗裔，许复原职。本职仰推德意，责令长史司察明，每人量给粮米，以资糊口；有妻子见存者亦照数给粮，令其骨肉团聚；仍分发各村落躬勤耕种，自食其力，庶上无宗禄之费，而彼亦有室家之安矣。[②]

姜的这番话，实际也是就多尔衮的对皇室“不加改削”“照旧恩养”的话引申出来的。

同月，明庆藩宗室朱帅欽于德州首先向多尔衮投诚。朱原为明香河知县。李自成部将郭陞等人占领山东后，德州一部分原明朝官吏卢世漼、赵继鼎等人发动叛乱，将李自成政权所派州牧吴征文、防御使阎杰等人杀死，推出在德州被囚的朱帅欽为济王以为号召。及至清军南下德州，朱等乃降。[③] 多尔衮遂命朱帅欽为保定知府，以示优宠。随后，于是年八月，赏故明周后父嘉定侯周奎缎百匹，银百两；晋王朱审烜及妃嫔范氏等银两。[④] 九月，又赐给崇德四年被俘的明宗亲朱慈頫以“住所、食用”，表明对原明朝皇室之“皇恩浩荡”。[⑤] 顺治二年六月，多尔衮令人对明代王遗族予以养赡，大学士冯铨叩头谢恩。多尔衮并未生气，只是说：“你们到底是念你旧主。”冯铨等对：“王尚且

① 《东华录·顺治二》，顺治元年五月庚寅、辛亥，第206、208页。

② 顺治元年六月二十四日《大同总兵姜瓖条陈》，《明清史料》丙编第5本，第402a面。

③ 参见本书《“甲申之变”前后之山东与德州事件》一文。

④ 《清世宗实录》卷七，顺治元年八月壬戌，第76页。

⑤ 顺治元年九月二十八日《明宗亲朱慈頫揭帖》，《明清史料》甲编第1本，第84a面。

笃念，何况臣等。”[①]此外，对明宗室的其他各种赏赐尚多，不赘。

在对待明皇室的庄田问题上，多尔衮同样采取优待政策。

明代皇室勋戚原在京师附近占据庄田很多。顺治元年七月初九日，原明锦衣卫指挥同知李国贤子李谏善进自置庄田。奏文谓：

> 窃照明朝典制，亲臣皆邀宠锡。臣曾祖姑李氏诞育神宗，臣父乃武清侯李诚铭次男，得授指挥同知。除钦赐赡田已经爵门开报外，所有三里河庄地八顷有奇，原系臣家自置，庄田内葬臣祖父魏氏。向因襄助城工无银，以此地抵价恭进。荷蒙崇祯恩给一半，自征糊口。又有臣父自置漷县郭村地二十四顷有奇，黄场铺地八顷有奇，租佃有年。臣父国贤不辰，祸遭流寇（按：指明末农民军）破城，惨死非命。臣……愿将三里河庄地四顷有奇按数交还，不敢隐匿。

多尔衮乃下令：

> 勋戚赡田已业，俱准照旧，乃朝廷特恩，不许官胥侵渔，土豪占种，各勋卫官舍亦须加意仰体，毋得生事扰民。户部知道。[②]

这一规定使原明朝诸臣“实出望外”，得到他们的拥护。原锦衣卫指挥陈大猷见此谕旨后，于是年八月初二日立即表示，他在保定府安肃县有地一百三十五顷七十五亩，在顺天府丰润县有地九十七顷五十八亩，在大兴县大黄庄有地八十五亩，在石婆婆营有地五十亩，在永定门外柘榴庄有地十五亩，“共五项地未启恭进，何敢承业？”又唯恐家族中其他人“强来霸认”，又恐原“佃户貌顽不遵，反受侠辱”，因此他上书摄政王，希望能“敕下该部，俾臣得以耕种”。[③]

明末皇室的土地，经过明末农民军的大扫荡之后，实际已分散在一些农民手中，原土地占有者早已荡然无存。因此陈大猷所顾虑的“佃户貌顽不遵，反受侠辱”，是当时的实际情况。顺治元年七月十三

---

① 《多尔衮摄政日记》，六月初三日，第10页。

② 《顺治启本》，顺治元年七月初九日，中国第一历史档案馆藏；《清世祖实录》卷六，顺治元年七月乙未，第67页。

③ 顺治元年八月初二日《锦衣卫陈大猷启本》，《明清史料》甲编第1本，第75a面。

日,荣昌大长公主曾上书多尔衮,要求征收该年之赡银,并得摄政王批准。但当公主差家人刘良训前往武清县催收此赡银时,却遭武清县"刁民"侯应举"悖旨貌法,将元年分恩赐赡银,恃强不与,一反讼于户部,一讼于道臣"。[①] 这种情况,在当时极为普遍。

明末皇室的剥削本极为严重,除了著名的福王、潞王姑且不论外,即一般宗室每年挥霍亦甚惊人。这里仅以山东青州府之衡王为例:

> 青州府系前朝宗室衡王所封地面,每岁额派禄米、盐银壹万陆千伍百壹拾肆两叁钱叁分壹厘;额定文武官叁拾壹员,岁派俸钞、柴薪、雇役银壹千伍百伍拾壹两陆钱柒分,斋郎银贰百两,药材银肆拾伍两,窗纸银壹拾柒两肆钱肆分;军校壹千陆百玖拾玖名,岁食粮钞银伍千伍百伍拾叁两叁钱叁分;民厨拾名,岁食银叁拾贰两柒钱;乐工贰拾柒户,岁食银捌拾捌两贰钱玖分;斗级拾贰名,岁食银壹百肆拾肆两;长史司门皂肆名,岁食银贰拾两肆钱;郡王民校、民厨壹百伍拾陆名,岁食银壹千捌百肆拾捌两。以上共银贰万陆千壹拾伍两壹钱陆分壹厘,此皆派征民粮供亿,而市廛、庄田、果园、煤井所收花利不与焉。

衡王为宪宗第七子朱祐楎之后代,弘治十二年之藩青州,直至明末。像这样一个一般王府之剥削都如此惊人,难怪顺治元年四月李自成农民军进入京师转入山东后,衡王朱由棷"欲行南遁",而青州"阖城士民,恐其窜也,无以应闯贼之求,故遮留不放"了。[②]

多尔衮对明皇室的庄田当然是有一定限制的,所以仅言"勋戚赡田己业,俱准照旧"。所谓"己业",是指除皇帝赐给皇室勋戚之庄田而外所自置之土地。至于这些人原受封之产业,则处理办法不全相同,一般保留十分之二。这是顺治二年时多尔衮对山东诸藩所规定的,各地藩王亦多效尤。据是年十一月,陕甘巡按魏琯所述:

> 该职看得皇上笃念旧藩,恩恤赡养,旷代仅见。山东诸藩奉

---

① 顺治二年十二月《荣昌大长公主揭帖》,《明清史料》丙编第 3 本,第 278a 面。

② 《登莱巡抚陈锦残题本》,《明清史料》丙编第 5 本,第 496a 面。

有十分留二之旨;宣大藩臣复准督臣李鉴之请,亲王岁禄五百两,二字王四百两,镇、辅、奉国将军以次有差,中尉及有无名封,皆得与地。二日,陕西秦世子又蒙与地之鸿恩矣。①

这已经充分表明,多尔衮对明皇室的政策是相当优厚的。

《多尔衮摄政日记》顺治二年闰六月初七日,有这样一段记载:

王上(指多尔衮)又谕大学士等曰:"本朝恩礼前朝诸王,衣服、饮食,时加赏赉,公主与诸王一体,礼宜优恤。予因政事未暇,尚属阙典,今欲加赏前朝公主衣服、饮食,未知与例合否?"大学士等对曰:"钦赐出自圣恩,无不可者。"②

可见,多尔衮对明公主亦与诸王一般优待。

二

多尔衮的笼络明朝宗室的政策,到了顺治三年之后有了明显的变化,而且对明宗室的措施日益严厉,有增无已。

顺治三年二月,负责招抚江西的明降官、兵部尚书孙之獬上奏言:

江西故明宗室数千人,聚居省城,不无可虞。请将守分者散居本省郡邑,好事者散处江北诸省,其不轨之徒,见投营伍者,并敕镇将驱治之。③

多尔衮见此奏疏后,开始尚有些犹豫,未立即同意。到了四月,户部乃议复孙的疏言称:

故明宗室团聚江西省城近数千人,欲恩全之。应令散居各省,宗禄照故明初征额数解部。其加派庶禄,概行蠲免,应如所请。得旨:"各省前朝宗室禄田、钱粮,与民田一体起科,造册报

---

① 顺治二年十一月《陕甘巡按魏琯揭帖》,《明清史料》丙编第3本,第277a面。按:王先谦《东华录·顺治五》,顺治二年七月壬申条载:"定岁给故明宗室养赡银两地亩,亲王银五百两,郡王银四百两,镇国将军三百两,辅国将军二百两,奉国将军一百两,中尉以下无论有无名封及各王家下人等,各给地三十亩。"(第245页)

② 《多尔衮摄政日记》,顺治二年闰六月初七日,第41页。

③ 《清世祖实录》卷二四,顺治三年二月丙申,第208页。

> 部，其宗室名色概行革除。犯法者与小民一体治罪。仍令各安故土，不必散处。”①

这项令旨，虽然将上节所述之优待条款，取消了很多，但未对明朝宗室采取更严厉的措施。

到了五月，京师纷纷传出“故明诸王私匿印信，谋为不轨”之事。后来一经调查，“果获鲁王、荆王、衡王世子金玉银印”，于是“鲁王等十一人伏诛”。多尔衮乃集九卿、科道大小官传谕道：

> 本朝……礼葬崇祯，追加谥号，其阵获诸王，尽加收养。乃不知感恩图报，反妄有推立鲁王等私匿印信，将谋不轨，朕不得已付之于法。其未与谋者，仍与恩养。

最后又说：

> 朕每谕抚恤残疆，拯救孑遗，励精图治。似此讹言不息，实烦朕意耳。②

同时，潞王朱常淓原在顺治二年六月于杭州降清，九月被送往北京，亦于此时被杀。他大约也因“欲立鲁王”而受株连。他在河南卫辉规模庞大的王府，亦被全部拆毁。③

六月，多尔衮又谕兵部，其语调较前更为严重，要求各省官员查明明宗室情况，并委派官兵将他们护送来京。其谕旨曰：

> 闻青州、大同尚有故明亲王、郡王在彼寄居，恐被流言诬害，致取罪戾。尔部可令各该督抚即为查明，并其眷属，委拨官兵，护送来京。勿致途次疏虞，违者重治。他省地方如有废藩寄居者，俱令查明奏闻。④

事实上，当时青州衡王朱由棷已经降清，该地区并无亲王，但其余二字王甚多。多尔衮所以重视这一地区，是因为“青州地面西山一

---

① 《清世祖实录》卷二五，顺治三年四月乙酉，第215页。

② 《清世祖实录》卷二六，顺治三年五月壬戌，第220—221页。

③ 车克：《题清查河南明藩房产情形本》（顺治十三年九月十二日），《清代档案史料丛编》第4辑，北京：中华书局，1979年版，第184页。

④ 《清世祖实录》卷二六，顺治三年六月丁亥，第223页。

带夥贼结聚，有劫夺郡王之语。虽将首逆朱由棒拿获，但其党羽尚多，奸宄叵测”。经过青州府官员对这一地区明宗室之认真清查后，登莱巡抚杨声远于七月十九日向清政府作一汇报：

> 彼时玉田、平度各王，久居村庄。本道即同知府张大任委曲延请，已于二十四日进城。内宁阳王……至今并无消息，妻张氏见在，已经累行躧缉。其各郡王，虽职与张知府婉言温语，再四抚慰，而疑心颇甚，惶惧殊深。玉田（王）破碗刎颈，齐东（王）数日不食……而玉田、齐东两妃相继自缢。

至于其他诸王，报告谓：

> 宁阳王朱翊鏉业已潜逃……册内有高唐王弟朱常溓于顺治三年三月十二日远逃。玉田王弟朱常渜于二年五月内出城，叔伯二弟朱常洎、朱常澥，俱于三年五月内逃去。①

多尔衮闻知青州各王逃窜，即于是年八月将青州道副使韩昭宣革职逮问，“以其纵脱故明宁阳王朱翊鏉等故”。②

在河南，河南巡抚吴景道经过对明宗室三个月的详查后，于是年九月十六日上书多尔衮，将河南八府一州（除归德并汝州原无王府）的明朝宗室作一详尽报告。内中叙述各府王室，不是“言语欠真，动履失趾，似有癫狂之状”，即是年老“卧床不起”，或是“俱逃湖广，不知下落”，“患病症，调治不痊”。因而他要求多尔衮对河南“见在各王作何起送，王长各宗作何安置”，③应作一具体安排。

在山西，当地官员对明宗室之镇压亦甚严酷。据巡按山西御史刘漪报告，该地官兵于顺治三年十月初二日将安定王子孙眷属人等及家私，一并“护送解京”。安定王第四子之幼儿大壮儿，年方三岁，在忻州嘉禾村奶母赵氏家乳哺，幸免于难。后来安定王亲属本州生员王师帝与另一亲属原明官吏乔象净商议，将大壮儿及奶母隐藏在一史姓家中。结果为清官府得知，立即将王师帝及乔象净处以绞刑。

---

① 顺治三年七月十九日《登莱巡抚杨声远启本》，《明清史料》丙编第3本，第282面。

② 《清世祖实录》卷二七，顺治三年八月丙戌，第232页。

③ 顺治三年九月十六日《河南巡抚吴景道揭帖》，《明清史料》丙编第3本，第284—285a面。

其中道：

> 看得拿解安定王之子孙，乃系遵奉圣旨，何等森严！王师帝、乔象净敢以亲隐匿，不行举首，听贰朱氏之言，将大壮儿并奶母赵氏搬送于史铎之家，送者藏者均难逭知情之罪……王师帝、乔象净各依律拟绞，庶蔽厥辜。[①]

顺治三年以后，是多尔衮对明宗室态度由笼络转变为严酷迫害的关键时刻。外地明朝诸王室纷纷被迫自尽或逃亡，很少躲过这次灾难。而清朝各地方官兵镇压之严酷，甚至连三岁幼儿亦不放过。且诸省官员之执行不力者，被免官或受株连入狱者亦不乏其人。三年十二月，山西按察使娄惺伯，即以“纵放故明宗姓”罪，“下抚按鞫问”。[②]

三

造成多尔衮对明皇室政策演变之原因，可以从下面几个方面来探讨。

(一)从以明皇室名义的抗清斗争来看

清军入关不久，北方诸省一部分人民，仍怀恋明皇室，希望以他们为号召，坚持复明运动。

顺治元年五月，山东青州“满城内外百姓，蒙衡王(朱由棷)爷鼓舞重赏，内外军民等忿勇，将闯贼发来伪官贼兵尽数杀死，幸得太平”。[③] 随着清兵南下山东，招抚农民军余部，原李自成农民军旗鼓赵应元等人乃于是年九月廿九日占据邹平县，坚持抗清。“赵旗鼓声言：‘我也不愿作皇帝，只是扶立明朝一人’”，[④]明确表示联明抗清的方针。到了十月初五日，“青州四门大开，任民出入”，分兵四路，“俱打黄旗”，“马兵虽有千余，精于弓马者不足伍陆百人，初捌日要立衡王登基”。[⑤] 这件事引起山东巡抚方大猷的注意，他上报多尔衮，认

---

① 顺治三年《刘漪题审拟王师帝等隐匿明王子罪名本》，《清代档案史料丛编》第3辑，第91—94页。

② 《东华录·顺治七》，顺治三年十二月癸酉，第261页。

③ 《塘报》，载《甲申纪事·附录》(外三种)，第28页。

④ 《顺治朝·叛逆类》，山东巡抚方大猷奏本，中国第一历史档案馆藏。

⑤ 《山东巡抚方大猷题本》，《明清史料》丙编第5本，第453a面。

为“赵贼拥立衡藩为号召，计其谋最狡”。他希望清政府“立刻慨发真满洲官兵一万，星夜南驰”，“务期恢复此郡，早靖（青州）一带地方”。[①] 后来清朝派柯永盛率兵增援。赵应元在青州处死了前来山东负责招抚的明降官王鳌永，大长了抗清军民的士气。

在山西大同，总兵姜瓖虽早已降清，但在顺治元年六月，以“恐无主生乱”为由，上报多尔衮，要求立“臣境内枣强王朱鼎珊续先帝（指崇祯帝）之祀”。[②] 此事虽遭多尔衮切责，但因当时北方局面尚未稳定，多尔衮只好暂时容忍，未对姜瓖有何表示。当时朝鲜《李朝实录》曾记载清入关初期北方人民对清朝之态度。顺治元年八月戊寅，朝鲜国王问其臣下李棶曰：

> “中原之人以大明之亡为痛耶？”对曰：“永乐皇帝之后裔有世袭太原郡王者，被执入都，父老多有携持而涕泣者。”[③]

多尔衮对明皇室虚与委蛇，是当时形势决定的。一方面南明尚拥有南方半壁江山，另方面北方明诸皇室力量尚属薄弱。

顺治三年以后的情况则发生很大变化。南明福王等政权相继失败，农民军的力量大受挫折；各地农民军以明藩王为号召，继续抗清的局面大体形成，形势迫使多尔衮必须改变原先对明皇室的策略。

顺治三年六月戊寅，据朝鲜《李朝实录》记载：

> （朝官）李景奭等驰启曰：“臣等在北京得于传闻……明朝宗室唐王者即位于浙江，兵马最盛，与福建声势相倚，又与流贼相通。其所信任者，有明朝闻人王道直，以此人多属心云。又闻朱氏一人走入蒙古，谋为复仇之计，清人深以为忧云。”[④]

同年九月己酉，招抚江南之大学士洪承畴亦上奏称：

> 伪瑞昌王朱谊汸结连江宁、常、镇、平、广逆党，谋犯省城。[⑤]

---

① 《顺治朝·叛逆类》，山东巡抚方大猷奏本，中国第一历史档案馆藏。

② 《清世祖实录》卷五，顺治元年六月壬戌，第 61 页。

③ 《朝鲜仁祖实录》卷四五，崇祯十七年八月戊寅，《朝鲜王朝实录》第 35 册，第 191 页。

④ 《朝鲜仁祖实录》卷四七，顺治三年六月戊寅，《朝鲜王朝实录》第 35 册，第 278 页。

⑤ 《东华录·顺治七》，第 259—260 页。

此外，这一时期在鄱阳湖一带抗清的明宗室朱常淓，福建一带抗清的唐王朱聿钊、阳曲王朱盛渡、西河王朱盛洤、松滋王朱演汉、西域王朱通简等，安徽一带坚定抗清的高安王朱常淇等，势力相当壮大。其他地方以明宗室为号召的抗清势力，亦不胜枚举。

顺治四年，湘西辰州一带，"故明荣王朱学洪纠众称兵，要复常德"。[①] 至于江西，"原系藩封之地，宗室逃匿甚多。诸逆逞乱者，每挟之以号召，动称为朱千岁，此类不可尽述"。[②] 因此，顺治三年至七年间，清政权掀起一股对明宗室大肆屠戮的浪潮，连婴儿及已嫁之女亦无一幸免。据凌扬藻《蠡勺编·恩恤前明诸王》谓：

> 顺治三年，总督佟养甲、提督李成栋入广州，执绍武（按：即唐王朱聿𨮁），杀故明藩王十五人于东校场。惟滋阳、铜陵、兴化、永丰、信阳、永宁六王，避地惠州。七年，广州围急，有奉化伯黄应杰者，与副使李士琏诱执六王，以惠州先降，既而悉杀之。凡诸王子在襁褓，及宗室女已嫁者，尽杀焉。[③]

顺治八年正月清世祖亲政后，曾就清政府前一时期对明宗室的策略作过一番总结。他说：

> 朕闻前者青州府故明玉田王之子聚众祭旗，恣行不轨；又陕西叛将王元、马德戕杀抚臣，议扶庆王之孙，招摇惑众，因而故明各王等多被诛戮，朕甚悯焉。今朕亲理万幾，代天子民，务期四海万姓咸得其所，岂独故明子姓不在涵育之中。自今以后，凡各直省有故明亲王、郡王流落地方者，该督抚察其投诚实情，有无功次，并将伊家口起送来京，分别蓄养。其自镇国将军以下，不必起送，各照原籍编氓乐业，令其一体输税当差。[④]

顺治帝承认了农民军扶立明皇室抗清及清朝诛戮明宗室的事实，但他采取的措施，对当时抗清斗争的形势并无影响，各地以明宗室为号召

---

① 顺治四年十月《湖广总督罗秀锦揭帖》，《明清史料》丙编第 7 本，第 626a 面。

② 顺治四年八月初二《金声桓题本擒获明麟伯王兄弟妻女》，《清代档案史料丛编》第三辑，第 95 页。

③ （清）凌扬藻：《蠡勺编》卷一九，《丛书集成初编》本，上海：商务印书馆，1936 年版，第 307 页。

④ 顺治八年正月十三日《陕西总督孟乔芳揭帖》，《明清史料》丙编第 8 本，第 781a 面。

的起事仍然此起彼伏，连绵不断。顺治十二年发生这样一件事：河南开封府王子朱功铉在江西遇到一人叫任国玺。当任知道他是明宗室后，次日就来拜访朱功铉，“挑一担茶，其篓底下藏有许多札付”。任说：

> 我是秦、西两王委来江西按院，号召好汉。就说起中兴的事。如今有三股兵马：一股上陕西，一股下湖广，一股由江西到徽州往江宁。你既是宗室，可乘此机会共成大事。①

（二）与清初的大规模圈地有关

顺治元年十二月，清朝正式颁布圈地令，其中谈到将“近京各州县民人无主荒田及明国皇亲、驸马、公、侯、伯、太监等死于寇乱者无主田地”，“概行清查”，“尽行分给东来诸王、勋臣、兵丁人等”。② 次年正月，再次发布命令，要“凡圈丈地方，须令满汉分处”；至于“故明赏赉勋戚庄地及民间无主荒田，悉令输官，酌行派拨”。③ 事实上，清朝圈地界限并不分明，这不仅使北方许多汉人的田屋被大量圈占，人民无家可归，实际上原明朝皇室勋贵等庄田，亦在必圈之列，因而必然引起满洲新贵族及旧明皇室之间的矛盾。果然，在顺治二年九月，清政府两次谕户部、兵部，强调圈给八旗兵土地，谕令曰：

> 其故明公、侯、伯、驸马、皇亲、太监地，酌照家口给发外，余给八旗。
>
> 其故明公、侯、伯、驸马、皇亲、太监地，察明量给原主外，余给满洲兵丁。④

既然是把明皇室所占土地作为圈地的主要对象，而又说要把这些皇室庄田“酌照家口给发”，或“察明量给原主”，则在实际上简直不可能了。这里，可以以荣昌大长公主（明神宗之女）的庄田为例：荣昌公主之赐田及自置田，位于顺天、保定、河间三府所属州县，共地三千七百余顷，其中“有丈给官兵者，有补给民间者”。因此，顺治二年二月，她要求清政府按例拨地给她，或“酌赐全分之半，或赐三分之一，

---

① 《废宗朱功铉号召江西好汉案残件》，《明清史料》丙编第10本，第935面。

② 《东华录·顺治三》，顺治元年十二月丁丑，第229页。

③ 《清世祖实录》卷一三，顺治二年正月辛卯，第120页。

④ 《清世祖实录》卷二〇，顺治二年九月甲子、己巳，第181页。

或赐圈外之地，免□民间，非臣敢必也”，说明她的庄田早已“丈给（八旗）官兵”。[①] 乾隆《宝坻县志》亦指出：

> 宝坻之田赋，其诸下中三错乎！所以然者何？明时王子、驸马、彻侯，多食采其中，入本朝而圈给旗人者又过半矣。

又曰：

> 言民者别于官也。有明之王庄，本朝之旗圈，皆官有矣。王庄撤而旗圈兴，民所存者，圈之余耳。[②]

亦表明明宗室之各类庄田，均被八旗兵丁圈占。

多尔衮由于受汉化影响较深，对于中国历代帝王所倡导的列土分封极为欣赏。他不仅为拉拢吴三桂而封其为平西王，还给予吴山海关外的一半土地。[③] 入关后，由于一些汉官的影响，多尔衮对明朝诸王之设置，尤为赞同。《多尔衮摄政日记》顺治二年闰六月初四日有一段细致的描述：

> 臣（按：指汉官大学士）等意谓，诸王应给禄米，赐赡田，自然足用。明朝每年钱粮，半是朝廷与王府供用，我朝诸王劳苦功高，尤厚禄。王曰：“即如明朝宫女数千，王府亦多宫女，此时也照此行之可乎？”遂问宫女选于何处。大学士等奏曰：“朝廷传旨令礼部选，王府请圣旨选于其国。”王笑而问曰：“目前就行此事何如？”大学士等奏曰：“此时天下初定，民心惊恐，此事必不可行。”……王又曰：“明时百姓家有蓄积数十万金者。此时诸王府未有二三万金之藏，非经营生利，不足用度。”[④]

正因如此，多尔衮在顺治初年曾召集诸大臣，“议分封诸王”之事，结果遭到索尼等满洲贵族的坚决反对，没有行通。[⑤] 但是，清初

---

① 顺治二年三月《荣昌大长公主揭帖》，《明清史料》丙编第3本，第264a面。

② （清）洪肇楙修，蔡寅斗纂：乾隆《宝坻县志》卷五《赋役·田壤》，《中国地方志集成·天津府县志辑》第4册，第311页。

③ 《东华录·顺治八》，顺治四年十月庚子，第266页；《清史稿》卷二一八《多尔衮传》载，多尔衮在西拉塔拉答吴三桂书曰：“伯若率众来归，必封以故土，晋为藩王。”（第9024页）

④ 《多尔衮摄政日记》，第25页。

⑤ 《清史稿》卷二四九，《索尼传》，第32册，第9073页。

诸王确实拥有一些土地，而且大多来自圈占。

据顺治二年十一月，巡按顺天御史傅景星揭帖谓：

> 突闻各王府分认山场，则居民不敢正视矣。惊惶无措，是以合词叩恳……照旧听民樵采。

又曰：

> 且自变迁以来，奉旨圈丈地土，穷民颠沛流离，往往无可告者。夫国以民为本，民以食为天。昌平之民，惟借山林樵采，易米资生……顷闻各王分山，势必禁其樵采。今且见满洲人，看见入山伐木挑柴者，夺斧鞭笞，樵夫抱头弃窜，又断一条生路。心汹汹，贫富惊惶。①

又据吏科都给事中向玉轩揭露：

> 今诸大人之地，广连阡陌，多至抛荒，则亦委于无用已，独不可稍行限田之制乎？诸王校尉则有地，各色匠役则有地，市民投入则有地，甚至阉宦刑余则有地，以此辈从来不知稼穑，授之土田如抟画饼，独不可复工食，而禁投充乎？②

因此，多尔衮由欣赏明之列土分封到认识明宗室庄田之种种弊端而抛弃之，是有一段认识过程的。而另一方面，清初八旗诸王开始圈占土地，到必然与明宗室产生矛盾，也需要一段过程。这正是摄政王多尔衮由笼络到反对及迫害明宗室的演变过程。争夺土地是引起统治阶级内部矛盾的必然结果。

(三)与明降官之挑唆有关

多尔衮对明降官的建议每多采纳，这在清初统一中国过程中，确实起到一定作用。但明官结党由来已久，而一些谀谄献媚之徒，平时则专以无中生有、拨弄是非为能事，以图得到清朝统治者之青睐，扶摇直上。固然统治者制定政策，有其内外各方面之因素，但清初一些

---

① 顺治二年十一月三十日傅景星《为各王府免分昌平山场以利民樵采事揭帖》，《清代档案史料丛编》第4辑，第50—51页。

② 顺治三年二月二十二日《向玉轩题畿辅地圈拨将近民众失业苦不忍言事本》，《清代档案史料丛编》第4辑，第53页。

措施之施行，也不是与这些汉官没有关系。如柳寅东关于圈地的五点建议、土国宝之疏请加派、陈名夏之劝说多尔衮“正大位”等，这些倡议，虽然多尔衮并未完全采纳，但也不是没有产生影响。多尔衮对明皇室政策之演变，除了上述两原因外，也在一定程度上与孙之獬于顺治三年二月之奏议有关。

孙之獬，山东淄川人，天启二年(1622)进士。他原为阉党，崇祯时被劾削籍回家。顺治元年五月，孙在山东率先降清，“阴为计，首剃发迎降，以冀独得欢心”。当时清朝的官员分为满、汉两班排列，孙之汉人满服，两班均不见容，备受揶揄。他于是羞愤上疏，提倡剃发。大略谓：

> 陛下平定中国，万事鼎新，而衣冠束发之制，独存汉旧，此乃陛下从中国，非中国从陛下也。①

于是削发令下。早在多尔衮入京时，清朝确实一度以削发与否“别顺逆”，但由于“民皆愤怒”，多尔衮已在顺治元年五月下令：“自兹以后，天下臣民照旧束发，悉从其便。”②孙之獬在清兵下江南后，又乘机倡言剃发，于是“中原之民无不人人思挺螳臂拒龟斗，处处蜂起，江南百万生灵，尽膏野草，皆之獬一言激之也”。其实，孙之本意，“止起于贪慕富贵，一念无耻，遂酿荼毒无穷之祸”。③《研堂见闻杂记》的作者在书中的叙述，虽过于夸张，但孙之獬之流对当时之影响，亦当引起重视。

前面谈到，孙之獬在顺治三年二月上奏多尔衮，说江西故明宗室数千人聚居省城，“不无可虞”的奏文，亦不无夸张。孙主张将这些人分别对待，一部分散居于本省；将好事者散处江北诸省；而其“不轨之徒”则严惩不贷，“并敕镇将驱治之”。④ 此建议果然为多尔衮所赞赏。多尔衮是这样听的，后来也这样做了。

（原载《社会科学战线》1991 年第 2 期）

---

① 《研堂见闻杂记》，第 16b 面。

② 《东华录·顺治二》，顺治元年五月辛亥，第 207 页；《朝鲜仁祖实录》卷四五，崇祯十七年八月戊寅，《朝鲜王朝实录》第 35 册，第 191 页。

③ 《研堂见闻杂记》，第 16b 面。

④ 《清世祖实录》卷二四，顺治三年二月丙申，第 208 页。

试论多尔衮对满族汉化的推动

在皇太极时期(1626—1643 年在位),由于满族内部生产力的发展及辽东地区人民反抗落后的剥削和奴役制度的斗争,使得满洲统治集团内部也有所分化。其中一部分较有远见的统治者,为了加强他们的统治地位,扩大其政权的社会基础,实行了一系列促进汉化的政策。多尔衮(1612—1650)正是这样一个有卓越才能、主张革新、在汉化过程中表现异常突出的有作为的政治家。

一

当清太宗时,满洲社会内部正处于新旧矛盾进一步激化的过程中。因此,我们对多尔衮的一些言行,必须放在这种新旧矛盾的交替中,以及与此相关的明满关系中去考察。当时,皇太极本人虽然较为开明,为清朝统一东北及蒙古各部做出了不小的贡献,但他在辽沈地区仍然坚持"本国衣冠言语不可轻变"的方针,[①]唯恐日后子孙忘旧制,废骑射,以效汉俗。这样,尽管多尔衮得到皇太极的信任,被委以重任,但有时也会遭到皇太极及其他皇室成员的嫉恨。在这种新旧矛盾斗争中,多尔衮为了顾全大局,有时则不得不忍辱负重,委曲求全。这种作风是其他贵族所不及的。崇德五年(1640)冬,他率清军

① 《清太宗实录》卷三四,崇德二年四月丁酉,第 446 页。

围锦州，旷日持久，粮草极端缺乏。当时明朝守将祖大寿抵抗得很顽强。多尔衮感到局面严重，决定让八旗兵每牛录甲兵三人或五人还家，“修治盔甲、器械，牧养马匹”，进行休整，以便一旦明兵来犯，清军仍可“更番抵御”。当时锦州城外“刍牧全无，已成赤地”，他又命令部队撤至离锦州三十里处，以“远移就草”。这些临时措施，本无可厚非，但皇太极对此极为愤怒，责令追查原倡议者，要从重处分。多尔衮有口难辩，主动承担全部责任，说：“是倡议者臣也，遣兵归者亦臣也”，自请死罪。多尔衮由亲王被降为郡王，罚银一万两，并夺两牛录户口。及至多尔衮回盛京至议政署时，皇太极还给他难堪，“命逐出之”。①

多尔衮与清初诸王在作风上还有很多不同，这可以从清兵在进军朝鲜、蒙古及皇位继承、统一中国等问题上得到证明。崇德二年，多尔衮随同皇太极进军朝鲜，攻取江华岛。他所率领的军队纪律较严，“一无所扰”，“戢其军兵，无得杀戮”，允许“还被掳士女”，②“使朝鲜国王二子及阁臣侍郎，善护王妃，并保聚其群臣眷属”。③ 后来他又携同朝鲜世子归盛京，在举止上极为礼貌。《李朝实录》仁祖十五年(1637)二月曾记一事可证：“戊寅，九王(多尔衮)撤兵还……上(指朝鲜仁祖)幸昌陵西以送之，驻马于路旁与九王相揖。九王曰：‘远来相送，实切感谢。’上曰：‘不教之儿，今将随往，愿大王指教之。’九王曰：‘世子年岁既加于俺，而观其处事，实非俺之所敢指教。’……‘万里之别，必费心虑，深恐国王之致伤也。世子虽往，亦必不久还来，幸勿过虑。师行甚忙，请辞焉。’”④相反，其他的八旗兵则纪律较差。据《沈馆录》记载，当多尔衮撤军回盛京后，在朝清军仍“遍满道内，抢掠之患，逾往逾甚”，甚至后来在盛京城外还将俘虏公开买卖，“呼哭盈路”，“惨不忍见”。虽然朝鲜官吏“力言于九王，使之禁断”，但由于八旗内部各自为政的现象严重，“远处军兵，令有所不行”。⑤ 至于蒙

① 《清太宗实录》卷五五，崇德六年三月丁酉、戊戌，第733—737页；《东华录·崇德六》，崇德六年三月丁酉、戊戌，第170—172页。

② 《朝鲜仁祖实录》卷三四，崇祯十年正月壬戌，《朝鲜王朝实录》第34册，第668页。

③ 清高宗敕撰：《皇清开国方略》卷二三，乾隆五十一年(1786)刊本，第18a面。

④ 《朝鲜仁祖实录》卷三四，崇祯十年二月戊寅，《朝鲜王朝实录》第34册，第674页。

⑤ 《沈馆录》卷一，第2764、2765页。

古八旗兵，在朝鲜的纪律更差，“焚掘杀掠，殆尽无遗”。[①] 正因为多尔衮在朝鲜比较注意军纪，名声尚好，因此朝鲜国王在这之后，每年都向多尔衮赠送礼物。顺治元年(1644)正月，多尔衮曾谓：“朝鲜国王因予取江华岛时全其妻子，不忍负恩，故常以礼物来馈，较诸王独厚……今我等辅理国事(按：多尔衮时已任摄政王)，谊无私交……此等馈赠永行禁止……著为令。”他还“致书朝鲜国王，晓以不受之故”。[②] 后来在顺治七年，多尔衮也说，“我亦有私恩于国王”，[③]亦指此事。

多尔衮率师进军蒙古，同样表现出他的才能。

天聪九年(1635)二月，皇太极派多尔衮等人为元帅，往攻察哈尔部林丹汗子额尔克孔果尔额哲。四月二十八日，清军迅即抵达额哲所驻之托里图地方。时当天雾昏黑，额哲所部毫无戒备。多尔衮恐其惊动，勒兵不动。事先，多尔衮已知额哲母亲苏泰太后系叶赫贝勒金台什子台吉德勒格尔之女，于是特遣叶赫贝勒金台什之孙南褚及其家族人，会见其姊苏泰太后及额哲本人，作安抚工作，告以多尔衮等贝勒统大兵“来招尔等，秋毫不犯。南褚等急驰至苏泰太后营，呼人出语之曰：‘尔福金苏泰太后亲弟南褚至矣！’可进语福金。苏泰太后闻之大惊，遂令其从者旧叶赫人觇之。还报，苏泰太后恸哭而出，与其弟抱见，遂令其子额哲率众寨桑出迎”。“多尔衮等列旗纛鸣画角以进，率额哲拜天毕，与额哲母子相见。多尔衮等议，恐额哲及其群臣生疑，乃与誓告天地。次日额哲设宴相待，多尔衮等人亦设宴答之，各赠雕鞍、裘马等物。于是额哲部下群臣额齐格顾实等率其部民一千户归降”。[④] 在这次进军中，多尔衮利用族亲的关系，不费一兵一卒，即圆满地解决了察哈尔部的归服问题，随后其他蒙古各部皆降于清，于是“四十万部落，尽摄于东人矣”。[⑤] 后来清朝又与察哈尔部攀亲，大贝勒代善娶察哈尔汗女弟泰松公主，皇太极长子、贝勒豪格

---

① 《朝鲜仁祖实录》卷三四，崇祯十年正月壬戌，《朝鲜王朝实录》第34册，第668页。

② 《清世祖实录》卷三，顺治元年正月庚寅，第41—42页。

③ 《朝鲜孝宗实录》卷五，顺治七年八月戊申，《朝鲜王朝实录》第35册，第449页。

④ 《清太宗实录》卷二三，天聪五年五月丙子，第304—305页；《东华录·天聪十》，天聪五年五月丙子，第108页。

⑤ 《山中闻见录》卷八《西人志》，收入《先清史料四集》，第111页。

娶察哈尔汗伯奇福金，皇太极弟阿巴泰娶察哈尔汗俄尔哲图福金，皇太极又将其第二女马喀塔格格下嫁给额哲（即黄鹅儿），利用联姻和分封的方式，加以笼络，使日后满洲与蒙古的关系更形亲密。

在皇太极死后，多尔衮顾全大局，圆满地解决了满洲贵族中的重重矛盾，确立了福临的皇位，团结一致，为大军南下及统一中国奠定了基础。

崇德八年八月皇太极死，皇位继承出现了问题。当时八王阿济格（多尔衮同母兄）、十王多铎（多尔衮同母弟）及皇太极长子肃王豪格等人，都有争立之心，各不相让。多尔衮由于在皇室中的固有地位，握有相当实力，也得到一部分贵族的拥护。但两黄旗（即皇太极直辖的旗）部下亲信索尼、图赖等人，坚持册立皇太极子即位。[①]《清史稿》卷二四九，《索尼传》记其事极详，今录于下：

> 太宗崩后五日，睿亲王多尔衮诣三官庙，召索尼议册立。索尼曰："先帝有皇子在，必立其一。他非所知也。"是夕，巴牙喇纛章京图赖诣索尼，告以定立皇子。黎明，两黄旗大臣盟于大清门，令两旗巴牙喇兵张弓挟矢，环立宫殿，率以诣崇政殿。诸王大臣列坐东西庑，索尼及巴图鲁鄂拜首言立皇子，睿亲王令暂退。英亲王阿济格、豫亲王多铎劝睿亲王即帝位，睿亲王犹豫未允，豫亲王曰："若不允，当立我。我名在太祖遗诏。"睿亲王曰："肃亲王亦有名，不独王也。"豫亲王又曰："不立我，论长当立礼亲王（按：即代善）。"礼亲王曰："睿亲王若允，我国之福。否则当立皇子。我老矣，能胜此耶？"乃定议奉世祖即位。索尼与谭泰、图赖、巩阿岱、锡翰、鄂拜盟于三官庙，誓辅幼主，六人如一体。[②]

可见，册立幼子福临即位，是在以豪格为一方，多尔衮为另一方，两派争执激烈的情况下之折中方案。多尔衮为了顾全大局，"性成仁让，坚□大宝"，[③]还将拥护他即位的代善子孙阿达礼及硕托杀掉，使

① 《清史稿》卷二三五《图赖传》："尝谋立肃亲王豪格，及上（顺治）即位，复附和郑亲王。"（第 9435 页）

② 《清史稿》卷二四九《索尼传》，第 9672—9673 页。

③ 《皇父摄政王香册》，转引自李光涛：《多尔衮拥立幼帝始末》，载氏著《明清史论集》，第 180 页。

满洲贵族内部的矛盾得到一定的解决。这是多尔衮为使满洲贵族内部达到一定团结所采取的果断措施。他在清朝统治者中间的威信所以日益提高,是和他在处理统治集团内部新旧矛盾中表现出的个人品德分不开的。

在尽快使清朝统一中国的问题上,多尔衮也较之其他诸王具有远见。天聪七年六月,皇太极曾询问诸贝勒:"征明及朝鲜、察哈尔,三者何先? 多尔衮言:'宜整兵马,乘谷熟时,入边围燕京,截其援兵,毁其屯堡,为久驻计,可坐待其敝。'"[①]后来副将祖可法也向皇太极建议:"远者北京,乃是天下之首,得了此地,谁敢不服?"[②]但皇太极总感力量不够,一味强调与明朝议和。在他在位期间,虽然也多次带兵破关而入,但大多从事骚扰劫掠,满足于饱掠而归,既缺乏远略,又不得人心。直到皇太极临终前,祖可法等人仍主张"讲和之策,利于彼而不利于我",应以直攻北京,采取"断喉刺心,则其人立毙"的策略,"直取燕京"。而皇太极仍坚持"取燕京如伐大树,须先从两旁斫削,则大树自仆"的方针,强调"我先克关外四城,再克山海,则北京可得,今未也"。[③] 崇德八年三月,他虽知"明有必亡之兆",[④]但当时已重病在身,力不从心了。

至于满洲其他诸王,亦同样缺乏夺取北京、统一中国的胆识。

崇德八年四月,明朝政权尽管已处于崩溃垂危时期,豫王多铎却认为,当时清朝不应"恃强取胜,非义妄动",而应"暂停师旅","总以农务为急","凡有应行之事,以俟再举,固未晚也"。[⑤]

济尔哈朗和阿济格亦是如此。当顺治即位后,济尔哈朗与多尔衮共同摄政,济尔哈朗名次且在多尔衮前。崇德八年九月,济尔哈朗及阿济格率马步兵"六万有余,拥载大炮",向山海关外中后所、前屯卫、中前所等明军守地"排山倒海而来,势甚狠恶"。虽连续攻克了上述三城,但也遭到明军火炮的抵抗,"纷纷落马,不可计数",随即"踉

---

① 《清史稿》卷二一八《多尔衮传》,第 9022 页。

② 天聪九年二月十五日《副将祖可法奏本》,《明清史料》甲编第 1 本,第 54a 面。

③ 《清史列传》卷七八《祖可法传》,第 6437 页;《清太宗实录》卷六二,崇德七年九月壬申,第 853 页;《东华录・崇德七》,崇德七年九月壬申,第 183 页。

④ 《清太宗实录》卷六四,崇德八年三月丙申,第 885 页。

⑤ 《清太宗实录》卷六四,崇德八年四月甲戌,第 886 页。

跄北遁”。[1] 这次用兵如此仓皇，究竟出于何种动机，尚不甚清楚。据当时明朝山海关总兵吴三桂奏报称：“奴骑喙遁，一时讹传谓有穴中自斗之衅，然亦出自风闻。惟自宁挫遁，其去颇速，情有可疑。”[2] 他们两人这次出兵，仅以战事小挫即匆忙退兵，说明不仅出兵目的有问题，而且更缺乏勇气。正因为济尔哈朗得不到满洲贵族的拥戴，所以他回盛京不久，就谕令“部院各官，凡白事先启睿亲王，而自居其次”。[3] 后来阿济格在多尔衮攻占北京后，还主张清兵退守沈阳或退保海山，因而与多尔衮发生矛盾。这同样表明阿济格胸无大志、专肆杀掠的鲁莽作风。

以上情况表明，多尔衮在一些重大问题上，较之其他满洲贵族所持的态度比较开明，因而赢得了这些贵族的拥护，在领导阶层中居于领先的地位；同时，也由于他在协助皇太极推行满洲汉化过程中态度明朗，因而在一定程度上，使满洲的社会经济得到进一步的发展。

二

清兵入关之前，多尔衮面临着严峻的考验。当时国内几种政治力量交织在一起，矛盾相当复杂，作为决策人，一切都需要认真对待和抉择。这时，尽管清朝已基本统一了蒙古各部（除喀尔喀部一半外，都已降清）及整个东北地区，并与东邻朝鲜和睦相处，但对关内的明王朝及李自成为首的农民政权这两股力量应如何对待？应如何不失时机地向关内进军，缓和民族矛盾，以更快地统一中国？这些问题都摆在了多尔衮的面前，大有错一步即功亏一篑的危险。

在皇太极时期，清军早已采取了不断入关骚扰，伺机围困北京，尽力消灭明军主力的策略，而对于李自成农民军则表示拉拢。天聪

---

① 《清史稿》卷二一五《济尔哈朗传》，第 8948 页；卷二一七，《阿济格传》，第 9017 页；崇祯十六年四月二十三日《兵部题行“辽东巡抚黎玉田火牌”稿》，《明清史料》乙编第 6 本，第 570a 面。

② 崇祯十六年十一月十二日《兵部题行“御前发下辽东团练总兵官吴三桂密奏”稿》，《明清史料》乙编第 6 本，第 573a 面。

③ 《清史稿》卷四《世祖本纪一》，第 84—85 页。

九年二月三日，儒学生员沈佩端在《屯田造船奏》中谈道：我军“攻克山海，一路到京，犁庭扫穴，有何难哉！况西边常有流贼作乱，更加我兵骚扰关东，顾此失彼，进退两难。即欲与彼议和好亦易为者，岂不一举两得乎”。[①] 这实际上已道出清朝对农民军所采取的策略。崇德七年十月，皇太极派阿巴泰率兵进关骚扰。临行前，皇太极又向阿巴泰交待对明朝及农民军的不同策略：“若明国差人来讲和，尔等可答之云：‘我皇上命我率兵征讨，敢不奉命行事。尔国果欲讲和，可与我皇上请命，上若命我回兵，我怎不回？’”“若遇流贼兵，亦对他说：‘尔等见明无道逆行，故兴师征讨。我国与尔同意，其举事一是一般。’以善言谕之。倘误杀他一二人，即明对他说，‘出于无心误杀’，不可与他相左……致与交恶。”“流贼若差人来，就带他的人来，若有书来，就云：‘你的话，我必奏上’，将他的书带来。”[②]

顺治元年，当清兵入关前，多尔衮对明王朝及农民军的策略未作改变，这从是年正月二十七日清朝皇帝《致西据明地诸帅书稿》中可得到反映。信中说：“朕与公等山河远隔，但闻战胜攻取之名，不能悉知称号，故书中不及，幸毋以此而介意也。兹者致书，欲与诸公协谋同力，并取中原；倘混一区宇，富贵共之矣，不知尊意何如耳？惟速驰书使，倾怀以告，是诚至愿也。”[③]这里说的“协谋同力”，意思是很清楚的，实际上还是以明朝为主要敌人，一旦“并取中原”，“混一区宇”之后，再“富贵共之”。

当顺治元年四月初四日，范文程向多尔衮上书时，多尔衮尚不知李自成已攻破北京，崇祯自缢。因此认为清军入关，“此行或直趋燕京，或相机攻取，要当于入边之后，山海、长城以西择一坚城，顿兵而守，以为门户，我师往来，斯为甚便”。与前稍不同者，即范文程这时已知农民军的声势已相当壮大，因此才谈道：“我国虽与明争天下，实与流寇角也。”[④]多尔衮全面分析了当时国内三种势力的迅速

① 《天聪朝臣工奏议》卷上，收入《史料丛刊初编》，第17a面。

② 《清太宗实录稿本》卷三八，崇德七年十月初六，辽宁大学历史系1978年铅印本，第68页；《清太宗实录》卷六三，崇德七年十月壬子，第865页；《东华录·崇德七》，崇德七年十月壬子，第186页。

③ 顺治元年《致西据明地诸帅书稿》，《明清史料》丙编第1本，第89a面。

④ 《清世宗实录》卷四，顺治元年四月辛酉，第51页。

变化，感到明朝政权已濒于瓦解，李自成农民军虽声势浩大，但政权并不巩固，于是抓住这一有利时机，迅速集结全部兵力，向关内进军。

多尔衮以大将军名义带领大军，于顺治元年四月初九日由沈阳出发，十一日卯时到辽河。十四日行次间，尚约定次日“欲与(朝鲜世子)行猎”。但当十五日卯时，清军行军五里许时，吴三桂忽派代表前来议降，同时把农民军攻占北京及崇祯身死的事，一一报告。于是“九王驻兵不进”，并立即召开军事会议，决定迅速行进，“自明日当为倍程”。①

在这次军事会议上，洪承畴起了重要的作用。洪承畴本明军统帅，老谋深算，参与镇压农民军有年，经验极为丰富，对农民军的情况也一清二楚。他自崇德七年降清后，隶属汉军镶黄旗。虽“太宗遇之厚，然终太宗世，未尝命以官”，②这次随多尔衮入关，知李自成军已攻占北京，因陈进兵之策。他建议：“宜先布号令，示此行特扫除乱逆，不屠人民，不焚庐舍，不掠财物。其开门归降及为内应立大功者，破格封赏。法立令行，此要务也。”又说：“向见流贼，遇弱则攻，遇强则走。今闻我军至，必遁而西。宜从蓟州、密云疾行而前。贼若走，则以精骑追之。若仍据京城以拒我，则破之更易……抵京之日，连营城外，可断西路诸援兵，则贼可一战而歼矣”。同时他还建议，为了防止埋伏，应以步兵先行。③ 洪承畴的这一番话表明，由于农民军占领北京及吴三桂降清，已使多尔衮等人感到，他们的主要敌人是农民军而不是明政权了。正是因为当时国内三种政治力量的迅速变化，使得清朝统治者在策略上有了这种转变。洪承畴以后日益得到多尔衮的信任和重用，和他在这次关键时刻的出谋划策有关。

多尔衮自吴三桂洽降后，进军神速。同时他在给吴三桂复信中，也谈到“底定中原，与民休息”的话，因此统一中国的思想，在当时已经相当明确。据随军的朝鲜官员报告：“九王闻中国本坐空虚，数日

① 《沈馆录》卷七，第2839—2840页。

② 《清史稿》卷二三七《洪承畴传》，第9498页。

③ 《清史列传》卷七八《洪承畴传》，第6446页；《清世宗实录》卷四，顺治元年四月庚午，第53页。

之内，急聚兵马而行。男丁七十以下，十岁以上，无不从军，成败之判，在此一举。”[①]四月二十日，吴三桂又派人报告：“贼兵已迫，朝夕且急，愿如约，促兵以救。”多尔衮“即发驰行，促令世子只率轻骑以随……至宁远城下，夜已三更矣”。二十二日，“清兵进迫（山海）关门五里许……吴三桂率诸将十数员、甲数百骑出城迎降……关门竖白旗于城上（按：多尔衮辖正白旗）”。[②] 随即与农民军接战，李自成军败退西奔，清兵随后紧追，“已得破竹之势”。二十五日，清军行至抚宁，二十六日至昌黎，二十七日已至滦州以南路宿，二十八日到开平卫城西十里，二十九日到玉田县，三十日至蓟州之南，五月初一日已至通州西二十里止宿，五月初二日即达北京，“每日之行，殆一百二三十里”。[③]

多尔衮进军势如破竹，速度如此之快，与他整饬军纪有密切关系。四月二十三日，他谕令官兵：“当定国安民，以希大业。入边之日，凡有归顺城池，不许杀害，除剃头而外，秋毫毋犯，其乡屯散居人民，亦不许妄加杀害；不许擅掠为奴；不许跣剥衣服，不许拆毁房舍，不许妄取民间器用……其中一应财货，总收公用；其城屯不论攻取、投顺，房舍俱不许焚烧。犯此令者，杀以儆众……如有犯令，因便妄取民间一物者，其领去之大人及甲喇章京、牛录章京、拨什库等一体问罪。”因此，尽管清军一路上食品短缺，“人马饥馁”，但当二十六日到达昌黎时，该县知县徐姓前来“持犒馈之物，出降军前”，多尔衮却“不受所献”。清军到京后，“凡军兵出入城门者，有九王标旗，然后方得出入……员役之在城外者，不得任意入城，刍粮罄竭，而闾家出入之禁极严，故有些少余资者，亦不得留换于民间”。因此，《沈馆录》在谈到多尔衮到达北京时，“都民处处屯聚，以迎军兵。或持名帖来呈者有之，或门外瓶花焚香以迎者亦有之矣……入城之日，都人见之，或有扣马而流涕者”，[④]并不是没有原因的。

---

① 《朝鲜仁祖实录》卷四五，崇祯十七年四月庚辰，《朝鲜王朝实录》第 35 册，第 180 页。

② 《沈馆录》卷七，第 2840—2841 页。

③ 《朝鲜仁祖实录》卷四五，崇祯十七年五月庚戌，《朝鲜王朝实录》第 35 册，第 185 页；《沈馆录》卷七，第 2840—2842 页。

④ 《沈馆录》卷七，第 2842 页。

三

满族是祖国大家庭中的少数民族。清兵入关时,满洲的社会发展还比较落后。但一个少数民族入主中原后,如何对广大的汉族及其他民族进行统治,是多尔衮当时所面对的一个重大考验。

多尔衮到北京后,一反过去八旗兵入关骚扰的劫掠政策,纪律严明。同时对汉族文化也仰慕尊崇,表示要主动学习。《谀闻续笔》卷一谓:时宫殿"惟武英独存,清人来居其中。见我人甚有礼,曰:'中华,佛国也,我辈来作践佛地,罪过! 罪过!'"范文程也"颇爱百姓",尝曰:"我大明骨,大清肉耳。"因此,清兵入京不久后,"复召西达(按:蒙古八旗)三千来助城守,皆弢弓束矢,负而上城,曰:'恐惊百姓也。'"《谀闻续笔》的作者张怡,本为明朝官吏,多尔衮进京时正在北京。他对清朝并无好感,而能对多尔衮及范文程如此评论,说明他的话是有根据的。

多尔衮入关后,对明朝的制度极力推崇,全面仿行,这表现在他推行的汉化政策上。

一、优待明朝宗室。多尔衮达到北京不久,明降将恭顺侯吴惟华以首迎功,上朝时列为武将班首。一次,多尔衮说"从未见中国勋爵服制","令服以见",于是在五月二十五日设朝,吴惟华身着"笼帽貂裘,充班首",诸汉臣"衣冠如故。是日九王居中,德、晋二藩尚左右并坐而受朝"。① 又一次,多尔衮令人对明代王遗族予以养赡,大学士冯铨叩头谢。多尔衮说:"你们到底是念你旧主。"冯铨等对:"王尚且笃念,何况臣等。"②又一次,吴惟华扬言要抚养贫困的明勋旧家子女,随后选出"女子之有色者,得二十人以献九王……王愀然曰:'不可,明之勋胄,犹我与若今日也,以我与若之子女,供他人婢妾之役,可乎!'悉遣出,令择良家子嫁之"。③ 另外,明代勋戚原在京师附近占有庄田甚多。一次,原锦衣卫指挥同知李国贤子李谏善进自置庄田。奏文说:"除钦赐赡田已经爵门开报外",愿将"自置大兴县三里

---

① 《谀闻续笔》卷一,载《笔记小说大观》第 30 册,第 255 页。

② 《多尔衮摄政日记》,第 10 页。

③ 《谀闻续笔》卷一,载《笔记小说大观》第 30 册,第 255 页。

河庄地……四顷有奇”,“自置滹县郭村地二十四顷有奇”,“自置滹县黄场铺地八顷有奇”,“按数交还,不敢隐匿”。多尔衮遂下令:“勋戚赡田已业,俱准照旧,乃朝廷特恩,不许官胥侵渔,土豪占种,各勋卫官舍亦须加意仰体,毋得生事扰民。户部知道。”①这一规定,使明朝“诸臣,实出望外”,得到他们的拥护。原锦衣卫指挥使陈大猷见此谕旨后,立即表示他在“保定府安肃县有地一百三十五顷七十五亩,在顺天府丰润县地九十七顷五十八亩三分三厘,在大兴县大黄庄地八十五亩,在石婆婆营地五十亩,在永安门柘榴庄地十五亩,共五项地未启恭进,何敢承业”,唯恐家族中其他人“强来霸认”,又怕原“佃户貌顽不遵,反受侠辱”,因此上书摄政王,希望能“敕下该部,俾臣得以耕种”。②

从以上几例多尔衮优待明宗室的政策中,亦可看出他崇尚汉化的程度了。

二、重用汉官。多尔衮入关后更加重用洪承畴,任命洪为大学士。洪承畴曾与冯铨一起,要求恢复明初的内阁票拟旧例,多尔衮欣然照办。当时清朝诸王也认为洪承畴有能力,“是至清的好官”,③所以在顺治二年令他南下,对南明的抗清力量进行安抚。洪承畴在襄助多尔衮统一全国方面做了不少事。

陈名夏原为明朝给事中,李自成攻下北京时,他躲入天主教堂,④后来投降李自成,顺治二年降清,多尔衮以原官委用。他劝多尔衮“正大位”,多尔衮不同意,说:“本朝自有家法,非尔所知也。”⑤后亦提拔他为吏部尚书。

原明朝顺天巡抚宋权,就任仅三天,北京即被农民军占据。他降清后即向多尔衮建议,议定崇祯庙号,“则天下咸颂大圣人之仁至义尽,四海可传檄而定”。他还主张“尽裁加派弊政”,认为明代“明征之外有暗征,公派之外有私派,民困已极”,“应悉予蠲免”。他的建议奏

---

① 《顺治题本》,顺治元年七月初九日,中国第一历史档案馆藏。

② 顺治元年八月初二日《锦衣卫陈大猷启本》,《明清史料》甲编第1本,第75a面。

③ 《多尔衮摄政日记》,第47页。

④ 《北游录·纪闻上·汤若望》,第278页。

⑤ 《清史稿》卷二四五《陈名夏传》,第9634页。

上后，奉旨："崇祯庙号、蠲免赋税，俱已有旨；加征弊政速宜停止。"[①]顺治五年，江宁巡抚土国宝，以苏、松、常三府白粮改官运后，"经费不敷"，"请计亩均派运费"，这实即一项加派，被多尔衮拒绝。第二年，土国宝仍疏请"加派民赋，佐军需"，多尔衮"复黜国宝奏不行"。[②] 此外，宋权还主张"蠲租三年，与民休息"，"农事既兴，屯政宜讲"，[③]敦促多尔衮注意开垦荒地。据零散档案所记，宣、大地区，顺治七、八、九年(包括多尔衮摄政时期)共开垦荒地四千五百余顷；[④]庆都县顺治五年一年，"该县招人开垦过六十二顷五分"；[⑤]直隶真定、广平、顺德等府，尽管"正额之地，尚苦无人承种，有何力量以耕种硗薄之荒地"，但"自顺治元年以至四年间"，开垦者仍占"十分之一二"。[⑥]

多尔衮还任用原明朝户部郎中王宏祚以"筹画军饷"，因他"谙习掌故"，还让他编定《赋役全书》。[⑦] 又如原明朝辽东将领祝世昌，早在努尔哈赤时即已归附清朝。崇德三年因反对清兵将俘虏明朝妇女"籍入乐籍"，被皇太极以"心护敌人，与奸细无异"的罪名，流徙西北边境。到多尔衮时期，又被任用为山西巡抚。[⑧] 祝世昌后来在顺治五年十二月后平定大同总兵姜瓖叛乱中，起了不小的作用。此外，如汉官孙承泽，反对郊天用满洲礼，认为将来"四方平定，即满洲文武各官，宜一遵汉制"，多尔衮对此并无反感，仍旧对他加以委用。[⑨] 因此，《谀闻续笔》说"九王性宽大"，[⑩]并非虚语。这正说明多尔衮拉拢汉族上层人物，重用汉官及采用汉法，是和多尔衮主动地学习中原地区的先进文化以使满汉文化互相交流，有密切关系的。当然，这时在统治集团中占主导地位的还是满洲贵族，汉官及汉族士大夫仍处于从属的地位。

---

① 《清史列传》卷七八《宋权传》，第 6484 页。

② 《清史列传》卷七九《土国宝传》，第 6568 页。

③ 《清史列传》卷七八《宋权传》，第 6485 页。

④ 《顺治题本》，顺治十年九月二十六日，户部尚书车克奏，中国第一历史档案馆藏。

⑤ 《顺治题本》，顺治八年三月初九日，户部尚书巴哈纳奏，中国第一历史档案馆藏。

⑥ 《户部・屯垦》，顺治八年八月十四日，户部尚书巴哈纳奏，中国第一历史档案馆藏。

⑦ 《清史列传》卷七八《王宏祚传》，第 6486 页。

⑧ 《清史列传》卷七八《祝世昌传》，第 6464 页。

⑨ 顺治元年十月初八日《孙承泽等六科公本揭帖》，《明清史料》甲编第 1 本，第 88a 面。

⑩ 《谀闻续笔》卷一，载《笔记小说大观》第 30 册，第 255 页。

三、开科取士。顺治元年七月，根据顺天督学御史曹溶所奏，顺天府已照例考拔贡生，得到了多尔衮的赞许。[①] 又据《李朝实录》记载："去秋（指顺治元年），清人设科于皇城，赐第百余人，远近赴举者甚多云。"[②]说明当时多尔衮对士人的政策，已取得一些效果。后来因剃发问题不得人心，"民皆愤怒"。[③] 尤其在南方，江南人民反剃发的斗争异常激烈。顺治二年七月，浙江总督张存仁（原为祖大寿副将）上书多尔衮："近有因剃发思反顺为逆者，若俟形迹显著，必劳大兵剿捕。"因此他主张立即开科取士，"则读书者可希仕进而逆志自消"，多尔衮认为这种办法"诚安民急务"，要各省"一体遵行"。[④] 事实上，在这年夏天，顺天即已举行乡试，进场的秀才有三千人，多尔衮很高兴。

四、列土分封。多尔衮在《致西据明地诸帅书稿》中谈到了与农民军"并取中原"，"混一区宇"后，"富贵共之"。这是打算将明朝的土地与农民军平分。后来他在给吴三桂的复信中，又谈到对吴要"封以故土，晋为藩王"。[⑤] 这种列土分封的思想，当然是汉人的思想，在当时的满洲贵族中尚不多见。当皇太极称帝后，在盛京附近曾设有王庄。据朝鲜人所记，他们一路"所经之处，人居绝稀，间有诸王设庄，相距或十里，或二十里。庄有大小，大不过数十家，小不满八九家，而多是汉人及吾东被掳者也"。[⑥] 入关后，一些汉官因见满洲"诸王供事不给，一切养兵赏赉甚费"，因而主张"诸王应给禄米，赐赡田"，并以"明朝每年钱粮半是朝廷与王府供用"，[⑦]作为根据。多尔衮在当时曾召集诸大臣，"议分封诸王"，遭到索尼等满洲贵族的坚决反对，没有行通。[⑧] 列土分封是中国列代帝王经常采用的统治方法，明朝

---

① 《清世祖实录》卷六，顺治元年七月己丑，第 66 页。

② 《朝鲜仁祖实录》卷四六，顺治二年十二月辛丑，《朝鲜王朝实录》第 35 册，第 254 页。

③ 《朝鲜仁祖实录》卷四五，崇祯十七年八月戊寅，《朝鲜王朝实录》第 35 册，第 191 页。

④ 《清史列传》卷七八《张存仁传》，第 6433 页。

⑤ 《清史稿》卷二一八《多尔衮传》，第 9024 页。

⑥ 《沈馆录》卷三，第 2798 页。

⑦ 《多尔衮摄政日记》，闰六月初四日，第 24 页。

⑧ 《清史稿》卷二四九《索尼传》，第 9673 页。

也实行过分封制度。但在当时来说，分封已成为一种阻碍社会发展的政治措置。多尔衮崇拜明太祖，又尊重汉化政策，因此也要试行。后来多尔衮深知明代王庄及勋戚庄田弊病极大，因而对此议也未坚持执行。顺治七年曾规定给公主等各级贵族园田："给公主园地各三百六十亩，郡主园地各百八十亩，县主、郡君、县君园地各百五十亩。又拨给亲王园八所，郡王园五所，贝勒园四所，贝子园三所，公园二所，每所地百八十亩。"并规定："嗣后凡初封王、贝勒、贝子、公等，俱照此例拨给。"[①]当然，当时一些亲王等人也还拥有一些土地，但这些土地数字(包括上述园田)，与明朝相比，实在差得太多了。有清一代，不允许皇室贵戚拥有土地过多，并一直执行得很严格。这是清代比起明朝进步的地方，而发其端者，实为摄政王多尔衮。

五、建都北京。为了摆脱满洲贵族守旧势力的束缚，多尔衮一进北京，即已多次表示要建都于此，当时满洲一些贵族表示反对。顺治元年六月，多尔衮与诸王、贝勒等议定，应建都北京，并派人去沈阳迎接顺治帝。他上书给顺治帝："燕京势踞形胜，乃自古兴王之地，有明建都之所。今既蒙天畀皇上，迁都于此，以定天下，则宅中图治，宇内朝宗，无不通达，可以慰天下仰望之心，可以锡四方和恒之福。"当时北京城传出清兵"七八月间东迁者"，这实际是守旧势力的呼声，多尔衮又加以驳斥。[②] 又据《李朝实录》所载，当时"沈阳农民，皆令移居北京，自关内至广宁十余日程，男女扶携，车毂相击云"。[③] 顺治初年，"沈中禾稼颇登"，[④]而当时北京因战争频繁，粮食相当紧张。就是在这种困难条件下，多尔衮还毅然迁都，不仅说明他办事果断，同时也说明他很有政治眼光，着眼于全局。他知道只有迁都，才能更好地推行汉化政策，使满汉地主阶级进一步联合起来，以统一全中国。

但是多尔衮在一些问题上，也并不是全部仿明。清兵下江南后，

---

① 《清朝文献通考》卷五《田赋五·八旗田制》，上海：商务印书馆，1936 年版，第 4897 页。

② 《清世宗实录》卷五，顺治元年六月丁卯、甲戌，第 61—62 页；《东华录·顺治一》，顺治元年六月丁卯、甲戌，第 208—209 页。

③ 《朝鲜仁祖实录》卷四七，顺治三年二月壬辰，《朝鲜王朝实录》第 35 册，第 262 页。

④ 《朝鲜仁祖实录》卷四七，崇祯十七年八月戊寅，《朝鲜王朝实录》第 35 册，第 191 页。

九卿科道官建议在南京仍旧设官，一如明制，当时争论不休。后来陈名夏以为，既已定都北京，“居北制南，不当如前朝称都会，宜去京之名，存设官之实”，多尔衮非常同意。明末著名太监曹化淳曾多次上书多尔衮，意在献媚取悦，继续供职，多尔衮则未加采纳。后来曹又上书，说他“积劳成疾”，“材属真庸，身兼真病，目昏耳重，步履艰难”，“固宜遴用年富力强之官”，多尔衮马上“准免办事，以原衔朔望随朝”。[①] 多尔衮对明朝太监滥政是颇有警惕的，因而不予重用。

从以上我们列举的一些事实可以看出，多尔衮入关后确实大力推行汉化政策，即全面仿效明朝的制度。多尔衮虽出身于满洲贵族，久在疆埸，习惯于戎马生活，但因他汉化较深，又愿意比较全面地采用明朝制度，在推行一系列政策时，也注意吸收明朝统治的经验，因而使清朝的统治秩序得以尽快地获得稳定，同时也使得满汉民族之间的文化得到互相沟通，彼此调融，这正是多尔衮在清初执政过程中所起到的历史作用。

（原载《明清史国际学术讨论会论文集》，天津人民出版社，1982年版）

---

① 《顺治启本》，顺治元年七月十二日，中国第一历史档案馆藏。

清初八旗独立自主与多尔衮的悲剧

清初历史许多问题皆与八旗制度有关。若要透视清初政治史之奥秘，需考察八旗制度的影响。八旗制度既是清朝立国的根本，同时也是解开清初政治史的钥匙，故而探讨清朝八旗制度建立、发展及其对清朝封建专制集权的影响过程，并联系这一时期所发生的各种政治事件，将制度的考察与历史事件联系起来，是透视清初历史的关键，也是解开多尔衮身后悲剧的关键。

一　八旗制度的建立与其独立自主之渊源和表现

八旗制度并非满族固有的，乃是努尔哈赤起兵时，联合满洲其他部族的一种办法。努尔哈赤以十三副盔甲起兵，势单力薄，故须联合他族。而当时正是部落联盟时期，于是采取满族打猎的办法，各族皆来，联合打围，指挥者即厄真(额真)，乃头人，拿大箭，参加者拿的箭即牛录，每三百人为一牛录，五牛录为一甲喇，五甲喇为一固山，固山即旗，每旗七千五百人。

牛录首领称牛录额真，乃为主，即主奴的主，就是头儿。扎拦额真、固山额真都是主，固山额真是八旗之主。1601 年，由一牛录发展到四固山；1615 年后金立国前，已由四固山变成八固山，八旗制度得以建立。太宗时，又有蒙古八旗、汉军八旗，组织日益扩大，终成为清朝立国的政治、军事基础。从八旗的形成过程中，可以看出八旗制度是个临时性而逐步发展起来的组织，是一个盟主下几个氏族部落的联盟，也就是孟森《八旗制度考实》[①]中说的联邦制——联旗制。同时，八旗制度既是军事制度，又是户籍制度，也是政治制度，乃三位一体的。最初八旗旗主权力甚大，许多事情可自行处理，如每旗人口登记、土地财产、徭役、兵役等事项皆由其处理。由此，奠定了其独立自主的特性。

八旗不仅有独立自主的权力，而且可以操纵皇帝的选择与废立事务。努尔哈赤曾说：

> 继我而为君者，毋令强势之人为之，此等人一为国君，恐倚强恃势，获罪于天地。且一人之识见，能及众人之智虑耶？尔八人可为八固山之王，如是同心干国，可无失矣。八固山王，尔等中有才德能受谏者，可继我之位；若不纳谏，不遵道，又更择有德者立之。倘易位之时，如不心悦诚服而有难色者，似此不善之人，难任彼意也。至于八王理国政时，或一王有得于心，所言有益于国家者，七王当会其意而发明之。如己无能，又不能赞他人之能，但默默无言，当选子弟中贤者易之。[②]

尽管清初并没有发生过由八旗旗主废立皇帝的事情，但是从最开始，努尔哈赤就赋予了他们这种权力，也是从最初就奠定了八旗独立自主的权力。努尔哈赤死后遗训："预定八家，但得一物，八家均分公用，毋得分外私取。"[③]以后，则逐渐对这种平分财物的做法有所监管，太宗时规定："所得之物，不拘好歹，不似往年，各抢各得，尽行入官平分。"[④]尽管中央监管平分之权，但还是以服务于八旗为主，财物上的均分制度，体现了他们相对独立的传统。而且，八旗旗主还私自与朝鲜贸易，朝鲜仁祖十七年(1639)，阿济格密送朝鲜五百两银子，

---

① 参见孟森：《明清史论著集刊正续编》，石家庄：河北教育出版社，2000 年版，第 120—217 页。

② 《满洲实录》卷七，天命七年三月初三日，北京：中华书局，1986 年版，第 349—350 页。

③ 《满洲实录》卷八，天命十年六月二十四日，第 411 页。

④ 《敕谕诸将领稿》(天聪元年七月二十七日)，载《明清史料》丙编第 1 本，第 47 页。

求棉布、豹皮、水獭皮等物。[①] 这类与朝鲜进行私下贸易的事例，《李朝实录》中相当多。在多尔衮为摄政王朝间，诸王包括多尔衮在内都与朝鲜有私人贸易，以谋求其所缺乏的物资。他们撇开中央政权，私自与藩国进行贸易，本身就是一种独立的表现。

对于国政，八旗旗主有共议之权。清太祖时期有四大贝勒，是代善、阿敏、莽古尔泰与皇太极。而皇太极登基为帝，凡朝会行礼，代善、阿敏、莽古尔泰与皇太极一并南面而坐，受诸贝勒朝见。这是贝勒大王与皇帝分庭抗礼的表现，也是八旗独立自主传统的体现。这种并坐传统，以后逐渐消失，但是还有遗留。多尔衮为摄政王时，饶余郡王阿巴泰曾越次与睿亲王多尔衮并坐，受到弹劾议处，后从宽免罪。[②]

入关前，八旗具有相当的独立性。行军作战，各旗皆率本部军马协同作战，但是有时诸部竟然不听号令，擅自行动。如皇太极崇德七年（1642）时，有次皇太极亲自领兵与正白旗共同围猎，有鹿从正白旗所在区域逃出，正白旗人对皇太极之命令，竟然不予理睬。史料曰：

> （崇德七年十一月丁亥）上猎于吴牙汉地方，见有带伤之鹿，从正白旗领地奔出，传令射之，正白旗人俱不射，鹿遂逃去。上怒，集从猎众官诲曰："夫疲马力以行猎者，原欲共同合力射兽耳，在事之人，不分彼此，过兽而当射杀，不射不杀，何能有获。朕亲令正白旗人追射带伤之鹿，竟观望不射，听其逸出，不可不加惩治。"于是，执甲喇章京等官，更番鞭责。[③]

打猎都不听皇太极命令，引得皇太极十分恼怒，只得惩处官员，以约束之。对于皇帝的命令竟熟视无睹，不予理睬，充分显示正白旗人的自主性。甚至出兵之际，亦有不听号令者。崇德八年六月，都察院参政多尔济达尔汉等参奏：

> 两翼班师之际，右翼固山额真等因欲移营，曾遣人往多罗饶余贝勒阿巴泰及内臣图尔格处，约分领地。阿巴泰、图尔格云："两白旗及正黄旗往略未还，岂可不待彼而行？尔等暂移营近我，

---

① 《朝鲜仁祖实录》卷三九，崇祯十二年九月丙寅，《朝鲜王朝实录》第 35 册，第 71 页。

② 《东华录·顺治二》，顺治元年五月丁未，第 207 页。

③ 《清太宗实录》卷六三，崇德七年十一月丁亥，第 872 页。

> 俟至明青州府,会众定约。”不意右翼竟先期而行,直至出边方合,幸赖皇上威福,敌人惊怖,我军所向,彼莫能支,纵横冲突,如入无人之境,故虽前往不齐,尚得万全而回,万一有失,悔之何及![1]

行军作战之际,竟然自作主张,不听指挥,随意行动,正是八旗独立自主的表现。在战争中皆可不听指挥,若听任发展,岂不坏事!

而部属只能跟随旗主行动,不得擅自行动,否则会受到惩处。祁充格属于多铎的镶白旗,崇德三年,睿亲王多尔衮伐明,祁充格未告知多铎,随皇太极“出送”,“又于是日私往屯庄”,竟然坐死。虽然得以宽赎,还是被处以“夺官,贯耳鞭责”。[2] 这看似是一件不值一提的小事,对当事者竟然引发如此严重的后果。

八旗各拥重兵,皆有实力,在努尔哈赤起兵初期,可以调动各旗的主动性与积极性,但是,当要建立一个以皇帝为中心的中央集权政体时,八旗的独立自主权力则成为一种障碍。因为它与封建专制主义的中央集权显然是对立的,如果不进行改造,对清朝政权只会起瓦解破坏的作用。因为八旗的独立自主,不独削弱中央集权,而且在实际的战争中,都有可能因为各行其是,不听指挥而坏了大事。故而为加强中央集权,实施皇帝独裁,就要逐步削弱氏族制即部落联盟的成分,让他们的自主权日益减少,直至皇帝能驾驭一切。此问题在皇太极时期就已引起注意,而在多尔衮摄政时期则是削弱八旗的独立自主权限、建立中央集权的关键时期,故尤值得关注。

二　从几次事件看八旗独立自主与中央集权的矛盾

清初政治与八旗制度的影响密不可分,通过对下面几件重大历史事件的具体考察,我们能更清楚地了解八旗独立自主的特性与中央集权的矛盾。

(一)皇太极之继位

天命十一年(1626)八月,努尔哈赤死,究竟由谁来继承王位是个

---

① 《清太宗实录》卷六五,崇德八年六月丙子,第 892 页。

② 《清史稿》卷二四五《刚林附祁充格传》,第 9630 页。

问题。当时明朝人袁崇焕报告:“奴酋哈赤死于沈阳,四子与长子争继未定。”[①]那么,究竟努尔哈赤生前对此意见如何?《太祖武皇帝实录》天命七年三月初三日条载:

> 八固山等问曰:“上天所予之规模,何以底定?所赐之福祉,何以永承?”帝曰:“继我而为君者,毋令强势之人为之,此等人一为国君,恐倚强恃势,获罪于天也。且一人之识见,能及众人之智虑耶?尔八人可为八固山之王,如是同心干国,可无失矣。八固山王,尔等中有才德能受谏者,可继我之位;若不纳谏,不遵道,可更择有德者立之。倘易位之时,如不心悦诚服而有难色者,似此不善之人,难任彼意也。至于八王理国政时,或一王有得于心,所言有益于国家者,七王当会其意而发明之。如己无能,又不能赞他人之能,但默默无言,当选子弟中贤者易之。更置时如有难色,亦不可任彼意也,八王或有故而他适,当告之于众,不可私往。若面君时,当聚众共议国政,商国事,举贤良,退谗佞,不可一二人至君前。”[②]

从上面这段史料可以看出努尔哈赤的意见有以下几点:第一,希望八固山即八旗“同心干国”,共同参与国政;第二,八固山中有才能又接受别人意见者可继其君位,其他七王当会其意而发明之,这暗示着他主张集体领导的意见;第三,八旗旗主无能,而又不能赞他人之能,当选子弟中贤者易之。这充分说明当时的女真部族尚无立太子之说,皇位传承取决于八旗贵族会议,或元老会议。努尔哈赤是肯定八旗的独立自主、共同参政的制度,而且认为皇帝可以从八王中推举出来,而并非一定是皇帝的亲生儿子,这样就肯定了八旗原本独立自主的特性。[③] 按照这样的说法,皇位继承人应该由元老会议推举出来。但皇太极是不是由元老会议推举的呢?

---

① 《明熹宗实录》卷七六,天启六年九月丁酉,第3689页。

② 《满洲实录》卷七,天命七年三月初三日,第349—350页。

③ 努尔哈赤生前曾立褚英、代善为太子,但又先后因故废之,故努尔哈赤晚年并未立嗣,乃定由八旗推举之策。参见杜家骥:《清皇族与国政关系研究》,台北:五南图书出版公司,1998年版,第125—131页。

对此问题，李光涛先生曾特加考订，作《清太宗夺位考》[①]，以为《太祖武皇帝实录》记载不符合实际，努尔哈赤以八旗元老会议推举皇帝之传统，皇太极并未遵循。文中引用了日人前岛文次《清初之继嗣问题》的说法，指出皇太极系夺位，并予赞同。因为前岛文次主要依据朝鲜史料，在李光涛看来，关于建州女真的记载，朝鲜人的记载较之明人更为真实，并认为《太祖武皇帝实录》文过饰非，不足为据。故而他认为皇太极系夺位而非受人推举。李先生的推论方法，当然有一定道理，然而朝鲜史料，尤其《朝鲜王朝实录》虽然记载了许多明清史籍中没有的史料，但道听途说之词亦非常之多。最为妥当的做法乃结合当时多方面史料，相互比证，再作结论，方为上策。

朝鲜史料中固然有皇太极夺位的记载，若如《燃藜室记述》中有言："丙寅五月，建州奴酋奴儿赤，疽发背死。临死命立世子贵荣介（一作永二王子），贵荣介让于弟弘他时（一作弘太始）曰：'汝智勇甚于我，汝须代立。'弘他时略不辞让而立；或曰奴儿哈赤临死，谓贵永介曰：'九王应立而年幼，汝可摄位，后传于九王。'贵永介以为嫌逼，遂立洪太氏云，僭号天总〔聪〕。"[②]朝鲜人李民寏《建州闻见录》对皇太极的继位有过记载："酋死之后，则贵盈哥（按：大贝勒代善）必代其父，胡中皆称其宽柔，能得众心云（凡得罪奴酋，临杀，贵盈哥多有救解云）。其威暴桀骜之势，必不及于奴酋矣。"可见，朝鲜史料认为继承帝位的应该是代善而不应该是皇太极，皇太极继位乃夺代善之位而自立。

其实，当时记载皇太极夺位的史料，不仅朝鲜有，清人亦有。即如追论多尔衮罪状时，就说多尔衮曾经说过皇太极系夺位。《明清史料》丙编顺治八年（1651）二月："又将皇上侍臣宜而登，陈泰一族及所属牛录人士，刚林一族，把尔达七一族尽收入自己旗下，又亲到皇宫院内，以为太宗文皇帝之位原系夺立。"[③]《清史列传》亦

---

① 李光涛：《明清史论集》，第 437—442 页。

② 摘自潘喆、孙方明、李鸿彬编：《清入关前史料选辑》，北京：中国人民大学出版社，1984—1989 年版，第 437 页。

③ 《兵部题行"兵科抄出本部题覆宣大总督张福臻奏"稿》（崇祯十四年五月初七），载《明清史料》丙编第 4 本，第 306 页。

称:“又擅自诳称太宗文皇帝之即位,原系夺立,以挟制中外。”[①]可见,这成为多尔衮的一条罪状。反观这条史料,在当时应确有皇太极系夺位之说。

虽有夺位之说,但夺谁之位?努尔哈赤生前,天命元年已有四大贝勒之号,即代善(太祖二子)、阿敏(舒尔哈齐第五子,济尔哈朗之兄)、莽古尔泰(太祖第五子)、皇太极(太祖第八子),他们四人最有实力,即四大王。其他诸王皆无法与他们抗衡,即如多尔衮仅 15 岁、多铎 13 岁,都很小。而四大贝勒中,阿敏是努尔哈赤侄儿,血缘上较疏。莽古尔泰比皇太极小,实力亦不如。唯代善与皇太极有可能承帝位,但代善性格“宽柔”,且努尔哈赤生前,因其与努尔哈赤大妃关系暧昧,虽曾一度被立为太子,但在天命五年被废,因而其声誉就极受影响,不太可能继承皇位。而皇太极势力大,且文武双全。代善被废之后,有次努尔哈赤问大臣谁可为继,有人说:“智勇俱全,人皆称道者可。”朝鲜人亦知此乃暗指皇太极。[②] 可见,皇太极继位,乃实力较量的结果,而非夺代善亦非夺多尔衮之位,因而夺位之说并不成立,皇太极继位乃实至名归的结果。

皇太极即位后,开始乃四大贝勒同时听政,但为了加强中央集权,皇太极逐步削弱八旗势力。首先从四大贝勒听政开始,天聪二年(1628)阿敏被革爵下狱,遂由三大贝勒听政,时称三尊佛。不久莽古尔泰为皇太极所忌,天聪五年大凌河战役,莽古尔泰向皇太极露刃,令皇太极十分不快。同年十二月一次朝会行礼,许多人反对莽古尔泰与皇上同坐,皇太极说:“过去同坐,今不与坐,恐他国闻之,不知彼过,反疑前后互异。”[③]莽古尔泰遂依然如故与皇上同坐听政,但皇太极语气之中已极显不满,与其同坐,乃显莽古尔泰之“过”。可见莽古尔泰极为皇太极所忌,天聪六年莽古尔泰无缘无故暴疾而终,死得不明不白。四大贝勒听政就此结束,从而消除了八旗之掣肘,加强皇权,皇太极得以独断专行。可见,皇太极一开始就凭实力夺得皇位,为了实现集权,一步步削弱八旗的自主权力。但是英明的皇太极也

① 《清史列传》卷二《多尔衮》,第 37 页。

② 《光海君日记》卷一六九,天启元年九月戊申,《朝鲜王朝实录》第 33 册,第 401 页。

③ 《东华录·天聪六》,天聪五年十二月丙申,第 91 页。

不得不顾忌八旗的利益，他只得逐渐地、一点点地削弱八旗的权力。

天聪六年，镶红旗一官吏胡贡明谈到当时皇太极在朝时，事多犹豫，有做一头丢一头、朝更夕改、有始无终之态。

> 有人必八家分养之，地土必八家分据之，即一人尺土，贝勒不容于皇上，皇上亦不容贝勒，事事掣肘，虽有一汗之虚名，实无异正黄旗一贝勒也。如此三分四陆，如此十羊九牧，总借此强兵进了山海，得了中原，臣谓不数年间，必将错乱不一，而不能料理也。①

也就是说，当时八旗各自为政，皇太极亦无可奈何，只好事事迁就，优柔寡断，“造成人心有鼎立之态”。②《朝鲜仁祖实录》亦有类似的记载。崇祯十一年（崇德三年，1638），仁祖召见将还沈阳世子馆的宾客朴篬：

> 问曰：“彼国情形可得闻乎?”篬曰：“……彼诸王辈皆分党，多有乖争之事，汗死则国必乱矣。虎口即汗之侧生子，不定名位。又有十四岁子，而以侧生，故不得为嗣，他日必有争立之举。”

之所以如此议论，原因乃在于八旗分立，各不相下。朴篬又言：

> 我使之入去，八高山轮回供馈，事必务胜，此亦猜疑之致也。龙骨大（按：即英俄尔岱），汗之最信爱，而见臣时必与八高山之人偕来，恐其见疑以告阴事也……一高山若差人于某处，则其余七高山亦各送一人以为证参之地。

又言：

> 且贵容介（按：即礼亲王代善）有子六人，皆有兵权，但八王互相猜疑，岂得久安乎？臣之妄见，必有相残之事矣。③

当然皇太极对八旗各自为政也欲进行改革，尽力把权力集中，阿敏、莽古尔泰之死，即是收拾权大之旗主，同时对其他旗主也要

---

① 《天聪朝臣工奏议·胡贡明五进狂瞽奏》，《史料丛刊初编》本，第166页。

② 《张文衡奏本》（天聪九年正月二十三日），载《明清史料》丙编第1本，第32a面。

③ 《朝鲜仁祖实录》卷二五，崇祯四年闰十一月壬戌，《朝鲜王朝实录》第34册，第460页。

尽量平衡。《明清史料》丙编载，天聪元年敕谕诸将："所得之物，不拘好歹，不似往年各抢各得，尽行入官平分。"[1]这话说明皇太极以前各八旗都是各抢各得，现在则加以限制，"尽行入官平分"，这也是皇太极打击势力大的八旗旗主而拉拢其他势力小的旗主的一例。对于财物如何平分，胡贡明陈言图报奏：于天聪六年正月二十九日，

> 我国地窄人稀，贡赋极少，全赖兵马出去抢些财物，若有得来，必同八家平分之；得些人来，必分八家平养之……假如下次兵马出去，若得银八万两，八家每分七千两，留三八二万四千两，收之官库；若得衣八千件，八家每分七百件，留三八二千四百件，收之官库。其八家应得的财物，即听各贝勒自己使用。[2]

《清太宗实录稿本》载：

> 崇德元年六月初六日敕谕：我国初不〔知规矩〕，无悉礼，或称呼、或书写，俱无上下贵贱之分，今阅古典，凡上下应答的言语，各有分别，着俱遵例行。[3]

可见皇太极一方面笼络八旗，强调八家均分，另外也改革，留下百分之三十于官库，并强调上下贵贱之分，目的也是要加强自己的权力。皇太极后期，八旗旗主大体如下：正黄、镶黄旗属于皇太极；正红旗属代善；两白旗属多尔衮、多铎；正蓝旗初属莽古尔泰，后为皇太极所并；镶蓝旗主原为阿敏，后为济尔哈朗；镶红旗主为阿济格。故而他们皆各拥重兵，在朝中互相争斗，背后却是八旗势力的较量。

（二）皇太极死后，诸王之矛盾

崇德八年八月，皇太极因脑溢血死，并无遗诏确立继承人，皇位继承人只得由议政王大臣会议解决。《清朝全史》载：

> 大王礼亲王发言曰："虎口（按：即肃亲王豪格）为帝长子，当

---

① 《敕谕诸将领稿》（天聪元年七月二十七日），载《明清史料》丙编第1本，第47a面。

② 《天聪朝臣工奏议・胡贡明陈言图报奏》，第117—118页。

③ 《清太宗实录稿本》，崇德元年六月初六日，第45页。

承大统。"虎口曰:"福少德薄,不堪承任。"固辞而退。帝之手下将辈,佩剑前曰:"吾等食于帝,衣于帝,养育之恩,同于天大,若不立帝之子,则宁从帝于地下。"大王曰:"吾虽为帝之兄,久不闻朝政,何可参入此议。"即起而去。八王(按:即英王阿济格)亦随去,十王豫多铎默无一言。九王应之曰:"汝等之言是也,虎口既退让,无继续之意,则当立帝之第三子。至谓年岁幼稚,吾与右宾王郑亲王分掌其半,可左右辅政,年长之后,再当归政。"由是誓天而散,第三子顺治帝,今六岁矣。①

可见,皇位继承人的确定是经过了一番势力的较量才定下来的。立顺治,是多方妥协的结果,这种妥协正是八旗独立自主势力平衡的表现。而这里提及的皇太极部下,即"食于帝,衣于帝"之人,其中就有索尼。《清史稿》卷二四九《索尼传》详记其事,从中可以看出其间斗争相当激烈,形同政变。

太宗崩后五日,睿亲王多尔衮诣三官庙,召索尼议册立。索尼曰:"先帝有皇子在,必立其一。他非所知也。"是夕,巴牙喇纛章京图赖诣索尼,告以定立皇子。黎明,两黄旗大臣盟于大清门,令两旗巴牙喇兵张弓挟矢,环立宫殿,率以诣崇政殿。诸王大臣列坐东西庑,索尼及巴图鲁鄂拜首言立皇子,睿亲王令暂退。英亲王阿济格、豫亲王多铎劝睿亲王即帝位,睿亲王犹豫未允,豫亲王曰:"若不允,当立我。我名在太祖遗诏。"睿亲王曰:"肃亲王亦有名,不独王也。"豫亲王又曰:"不立我,论长当立礼亲王。"礼亲王曰:"睿亲王若允,我国之福。否则当立皇子,我老矣,能胜此耶?"乃定议奉世祖即位。索尼与谭泰、图赖、巩阿岱、锡翰、鄂拜盟於三官庙,誓辅幼主,六人如一体。②

上面这段史料比《清朝全史》记载更为详尽,但观之亦赤裸裸,剑拔弩张之势溢于言表。迫于索尼等皇太极部将的压力,最终只得立皇太极幼子为帝,而皇太极诸弟若多尔衮就无法得帝位。后来多尔衮摄政时,索尼自然受到排挤。而多尔衮死后,索尼则受到顺治帝重

---

① [日]稻叶君山:《清朝全史》,但焘译,台北:台湾中华书局,1977年版,第105页。

② 《清史稿》卷二四九《索尼传》,第9672页。

用，并成为顾命大臣，执行顺治遗诏，辅佐幼主康熙帝，所有这些皆与索尼主张立皇太极子顺治为帝密切相关。

而皇太极临死前后，多尔衮势力甚大，他与多铎拥有两白旗，同时正蓝旗亦依附于他。皇太极病重之时，他即与济尔哈朗共同管理朝政，权力逐渐增大。对于帝位，豪格因多尔衮不予支持，而不能不固辞；代善也因多尔衮未表示赞成而不坚持，以致离去。八王阿济格也想争汗位，阿济格与多尔衮系同母兄弟，他应为多尔衮一边。但多尔衮摄政初期，他称病不出，多尔衮非让他出山，才出来。豫亲王多铎本劝多尔衮即位，但皇太极手下将领辈以为非立帝之子不可，结果，多尔衮只好折中，既不自立，也不立豪格，而立一个有名无实的六岁儿，自居摄政王，主管一切。济尔哈朗立豪格未成，多尔衮遂与济尔哈朗共同摄政，对他加以笼络，使之依附于己，同时消融敌对派势力，使其地位能得长期巩固。

总之，福临被立为皇帝，实际上是八旗各自为政、势均力敌的产物。当时八旗各不相让，相互抗衡，若处理不好，真有可能危及政权安全。所以，就连崇祯帝都知悉其矛盾，而指令辽东将领利用此机会，采反间之策，以达到削弱清人势力的目的。崇祯十六年十一月初二日，即谕兵部："逆奴已伏天诛，诸孽子争立相杀，明有内乱情形，乘机用间，正在此时。"①顺治元年四月，多尔衮即将入关之际，豪格仍不服气，还在闹事，肃亲王令从征，曾谓何洛会说，我未经出痘，此番出征，令我同往，岂非特欲致我于死乎。当时还有人欲拥豪格，图谋政变而被杀。多尔衮见此情况，急于进关，索性一致对外。迅速进关，避免八旗内部矛盾的爆发，是多尔衮主张入关的又一重要原因。这也是多尔衮为消融在皇太极死后立顺治、自居摄政王所带来的后果而采取的一种措施。

(三)多尔衮死后，确立上三旗以确保中央集权

多尔衮死后，顺治帝拥有两黄旗，又掌多尔衮、多铎两白旗，势力比较大了，遂对八旗加以改造，把八旗改为上三旗、下五旗。上三旗即两黄、正白，可以说是嫡系加上多尔衮一旗，由天子自将。上三旗

---

① 崇祯十六年十一月十一日《兵部行"兵科抄出四镇水师总兵黄蜚题"稿》，《明清史料》乙编第6本，第573a面。

地位高，下五旗地位低。上三旗及下五旗之分是顺治时期对八旗制度一个重大的改革。有了上、下，皇帝的地位就更高了，权力也更大了，中央集权就更得以发展。

（四）四辅政大臣时期与康熙亲政以后

顺治在位十八年后死，年幼的康熙即位，因皇帝小，即由四大辅臣鳌拜、遏必隆、索尼、苏克萨哈辅政。四人都出身上三旗，乃嫡系。而当时八旗的力量大，皇帝力量小。四位元老中起初以索尼为首，索尼死后，以鳌拜为首。不久鳌拜借机处死苏克萨哈，扩充自己的实力。四大辅臣相互之间意见不一，为圈地，为各自势力，争得厉害，而背后意图乃加强本旗的势力。八旗的明争暗斗，造成朝中政治动荡。可以说，元老政治时期就是八旗斗争时期。

康熙八年(1669)，康熙帝借机捉鳌拜，废辅政制度，开始亲政，从此结束清朝的元老政治。康熙主张汉化，逐步推行中央集权制度，议政王大臣会议形同虚设。又置南书房，南书房行走秉承皇帝意志，批答诏书，控制朝政，强化中央集权。但当时八旗遗留下的问题仍在，主要表现在康熙立太子及雍正夺嫡问题上。

清朝与元朝相似，原无立太子的传统。努尔哈赤曾立过太子，但以悲剧告终，乃因八旗旗主各自为政，故难立。康熙年间又开始立太子，同样以悲剧告终。太子立之而废，废后又立，诸王互相竞争，背后即隐含着八旗的明争暗斗。康熙晚年，进一步削弱八旗势力，规定外旗王公可至其他旗负责整顿。命皇七子胤祐、皇十子胤䄉、皇十二子胤祹分理正黄、正白、正蓝满、蒙、汉三旗事务，还命他的儿子出任王公，这无形中就削弱了各族各旗势力，加强了皇帝的权力。

但康熙对八旗的改造并未最后完成。事实上从立太子、废太子及雍正夺嫡中可以看出，各王皆有势力，因之最后改革是由雍正完成的。雍正对旗务改革相当彻底，表现在以下各方面：雍正元年(1723)六月，敕八旗人员可为本旗都统，都统即原来旗主，乃朝中普通官吏，可以随时任免。并规定，“本管王公刁难苛索者，许其控诉”。以前旗人去外地做官，必得旗主同意，此后则规定不许本旗旗主插手了。同时，还规定旗务由御史管理稽查，这也是中央管理旗务的表示。以前，旗主可在旗中随意挑选跟从，雍正禁止这种做法。且明令表示，旗下庶人不许对旧主效忠，而应对国家效忠。雍正元年这一系列改革对皇帝集权起了很大作用。雍正三年，又把八旗财权缩小。过去本旗房屋可自行管理，现在改为互相管理，八旗的房产权力亦被剥夺。最后，雍正四年，礼法上也改。过去旗主死，旗下官民穿孝，即成服。雍正废之，规定官民不能给旗主成服，若要成服，需皇帝批准。这样，就连礼节上的虚荣也没有了。雍正这些改革是与处置年羹尧、阿其那、塞思黑等一起并行的，意在削弱各旗力量，加强中央集权。最后在政治制度上，由南书房发展到军机处。雍正七年成立军机处，乃清代中央专制主义集权达到登峰造极的地步。此后，若明代后期的权相、宦官专权等现象都没有了。并设立以密诏传位的制度，不立太子，但能稳固地将帝位传给后代，继位问题亦相应地得到了解决。

由上可见，八旗制度的演变是逐步进行的，从它开始建立到不断发展，都是适应了统治者的需要。而这一过程中，又不断出现了与统治者矛盾的地方，因而酿成重大的政治事件。清朝统治者感到八旗制度与中央集权矛盾时，就会不断加以改造，八旗力量逐渐缩小，后来徒拥虚名，而中央集权得以建立。但八旗制度为什么徒拥虚名，只被利用改造而未根本废除呢？根源乃在于皇帝在确立自己至高无上、绝对专制中央集权的同时，又要保证满族的优越地位。为确保满族的优越地位，必须维持其原有的血缘纽带及地域纽带，以便于统治。而维持其原有的八旗制度，使固有制度得以保持而不被拆散，正是保证满族优越地位的良方。若八旗制度维持不了，满族的优越性就不能保证。其次，八旗制度不仅是氏族制度残余，也是奴隶制残存。主是旗主，奴是奴才。这种主奴关系，也被清朝统治者加以利用，以致全体臣民皆是皇帝奴才，对皇帝一人尽忠。可见，对于八旗独立自主的问题，自努尔哈赤时期酝酿出来，一直到雍正时期才得到较为妥善的处理，是把握清初历史的关键。透过这一视角，我们对于多尔衮的身后悲剧也就能有更深的认识。

三　八旗独立自主与多尔衮的悲剧

1643 年，皇太极死，多尔衮以摄政王的身份，行皇帝之大权，企图削弱八旗的自主权限。此举虽有进展，但其身故后，却在诸王的反攻倒算之中，成为清朝中央集权与八旗独立自主矛盾斗争的牺牲品。顺治七年十二月，多尔衮去逝，年仅三十九。谈迁《北游录·纪闻下》

“摄政王”条曰：

> (多尔衮)度不支，退召英王语后事，外莫得闻也。英王即遣三百骑驰入京。大学士刚令知其意，立策马行，日夜驰七百里，先入京，闭九门，遍告宗王固山等为备。俄三百骑至，皆裹甲，尽收诛之。英王未知也。寻至，被幽，辛卯十月四日死，八月十七日谭太死。[①]

可见，多尔衮死后，有过一次政变，即阿济格与多尔衮的亲信被诛。当时多尔衮还算得以善葬，但两个月后，顺治八年二月，苏克萨哈等告多尔衮“逆谋”，郑亲王济尔哈朗等人联名疏陈多尔衮“背誓肆行，妄自尊大”，“擅作威福”，“僭妄背理……竟以朝廷自居，显有悖逆之心”。于是追其罪，削籍，黜宗室籍，财产入官。[②] 多尔衮死后，尸骨未寒，即被清算，身败名裂。直到乾隆三十八年(1773)，乾隆帝才下诏恢复其名爵。多尔衮生前何等威风，死后却立即被清算，子孙数代皆受其牵连，真可谓一悲剧性人物。发生这种悲剧的根源，正是因为多尔衮生前为摄政王时所酿下的祸根。

多尔衮摄政初期，就着手处理八旗的自主其事。首先就是削弱受八旗控制的议政王大臣会议的权限。崇德八年八月，以郑亲王济尔哈朗、睿亲王多尔衮为辅国理政，誓告天地。多尔衮开始辅政。同年十二月，罢诸王贝勒等办理部、院事务，多尔衮谕曰：“前者众议公誓，凡国家大政，必众议佥同，然后结案，今思盈廷聚讼，纷纭不决，反误国家政务。”[③]于是，解除诸王、贝勒对部务的管理，将其交给尚书，从而加强中央集权。对于议政王大臣会议，顺治即位之初多尔衮掌政时，虽仍行之，但是他极不乐意。随后数年不举行议政王大臣会议，顺治五年五月一度恢复，六月又下令斥责，再次停止，意在解除八旗对其掣肘。虽然多尔衮不愿意召开议政王大臣会议，但是，他摄政时还是常受到八旗旗主和其他亲王的掣肘。即如汉官曾劝裂土封王，多尔衮觉得可行，但遭索尼反对而不果；[④]顺治元年八月，阿济格

---

① 《北游录·纪闻下·摄政王》，第 363—368 页。

② 《清史列传》卷二《多尔衮》，第 36—37 页。

③ 《东华录·顺治一》，崇德八年十二月乙亥，第 199 页。

④ 《清史稿》卷二四九《索尼传》，第 9673 页。

以为不当留守北京，曰："今宜乘此兵威，大肆屠戮，留置诸王，以镇燕都；而大兵则或还守沈阳，或退保海山，可无后患。"而多尔衮认为："先皇帝尝言，若得北京，当徙都，以图进取，现今人心未定，不可弃而东还。"[①]最终依从多尔衮的意见。同时，对于满汉通婚、剃发问题，多尔衮亦曾提过多次，但在这些大事上，多尔衮并不能为所欲为，往往受到其他旗旗主的掣肘。

同时，为了削弱敌对势力，多尔衮辅政之初，即进行过一次改旗事件。崇德八年，将自领的镶白旗改为正白旗，而将多铎的正白旗改为镶白旗，以提高其在八旗中的地位，使之成为皇帝旗分之下独掌一旗的正白旗主，[②]刻意加强其权势。当时，多尔衮为了控制中央政权，有意打击政敌，例如先后惩罚济尔哈朗、豪格这些为他视作敌对面的势力，同时倚重多铎，将济尔哈朗的辅政大臣位置让给多铎，从而实现其独掌大政的局面。[③] 多尔衮摄政时期的政治斗争，固然可以说是多尔衮和多铎掌管的两白旗势力与其他旗的斗争，但同时也是为了加强清初的中央集权。多尔衮摄政七年，当时皇帝年幼，未主政事。多尔衮权力一天天增大，地位一天天尊贵，其称谓亦一再变化，反映出其势力的变化。由摄政王而皇叔父而皇父，从其称谓上就可以看出其地位之日益尊贵，有直逼天子之势。而《皇父摄政王香册文》载，顺治帝被称为"孝侄皇帝"，而称颂多尔衮"天纵聪明，性成仁让，坚辞大宝"。由此可见，多尔衮虽然权势日益炙手可热，但对于皇帝宝座则始终保持距离。

清初政权的稳定与大臣地位的尊卑，是否控制八旗是关键。多尔衮在位时，掌管两白旗及正蓝旗，当时镶红旗阿济格也转向多尔衮，所以多尔衮的权力甚大。而顺治帝仅继承两黄旗，势力较弱。但多尔衮是主张发展中央集权的，而多铎甚至主张多尔衮继承皇位，但事实上行不通。因为各族都有自己的势力，连圈地都在按次序进行，在北京驻防也按八区分配，各有各的势力，互相制约，多尔衮难以从

---

① 《朝鲜仁祖实录》卷四五，崇祯十七年八月戊寅，《朝鲜王朝实录》第 35 册，第 191 页。

② 参见杜家骥：《清初两白旗主多尔衮与多铎换旗问题的考察》，《清史研究》1998 年第 3 期，第 1—11 页。

③ 对于具体的情况，可参见杜家骥：《清皇族与国政关系研究》，第 178—187 页。

其心愿。可见,多尔衮摄政时期,他是在加强中央集权与八旗顽强的抗拒中寻求一种平衡,求消除八旗独立自主的特权,以确立中央至高无上的权威,但是总在夹缝中求生存。他的改革终究未能成功,而死后八旗旗主的反攻倒算,终酿成他身后悲剧,以至于被抄家,名誉扫地。

总之,我们在上文中考察一系列政治事件的同时,紧紧抓住八旗制度与中央集权矛盾这一主线,从而将分裂的事件联系起来。传统上,或将其一笔抹杀,或闭口不谈,或一律斥之为内部矛盾,都是片面的。同时,对于制度的考察应该全面,不追根究底,不问其始末,皆是不行的。从清代皇帝的权力视之,不解决八旗自主问题,中央集权无法加强。多尔衮为摄政王时期,企图解决八旗独立自主与中央集权的矛盾,进展艰难,而八旗的反攻倒算,更酿成了其身后的悲剧。在多尔衮死后,顺治帝亲政,除加强元老会议、拥有两黄旗外,加上多尔衮、多铎的两白旗,势力大了,必须改变八旗体制,乃有上三旗、下五旗之分。顺治时八旗制度的改革,明显地提高了皇帝的地位,中央集权也得到了更进一步的提高。但康熙即位时,元老会议仍然势力很大,康熙捉鳌拜也是加强中央集权的必然措施,从此元老政治即八旗独立自主的境况一去不复返了,中央集权制度也就日益完善了。

(原载《明清史论丛:孙文良教授诞辰七十周年纪念文集》,辽宁大学出版社,2004 年版)

第七章　明清史家与史书

试论谈迁及其史学成就

我们平时研究和学习明朝历史，大多以《明实录》《明史》《明史纪事本末》《明通鉴》和《国榷》这五部书作为主要的参考书。其中《国榷》一书，因为过去一直没有印本，流传极少，所以很少有人知道。直至 1958 年才由古籍出版社分精装六册出版。

《国榷》是一部编年体的明史，按年、月、日记载明朝一代的重要史实，共一百零四卷，加上卷首四卷，共一百零八卷，凡四百多万字。《国榷》的作者是谈迁。

一　谈迁的生年考证

谈迁，原名以训，一字观若，明亡后改名迁，字孺木，为明末清初著名的历史学家。

谈迁是浙江海宁县枣林人。据《枣林杂俎》中说：

> 吾上世以宋靖康（1126—1127）之难，自汴徙于杭者四传。德祐（1275—1276）末，避兵徙盐官之枣林，今未四百祀，又并于德祐！吾旦暮之人也，安所避哉，求桃源而无从，庶以枣林老耳！书从地，不忘本也。[①]

---

① 见该书《题记》，上海：大达图书供应社，1935 年版；参见吴晗：《谈迁和〈国榷〉》，载《北游录・附录》，北京：中华书局，1960 年版。

关于谈迁的生年，张宗祥在中华书局整理本《国榷·题记》谓“谈迁生卒年月不可考”，其实不然。谈迁所著《北游录·纪文》中有他的《六十自寿序》，其中曰：“癸巳(1653)十月癸亥朔。癸酉抵长安(指北京)，明日为览揆之辰，周一甲子矣。”[①]这里谈迁既言周一甲子，又言六十自寿，则其生年应在1594年甲午，即明万历二十二年。《自寿序》中又说是年十月朔在癸亥，则癸酉为十一日，其明日则当指十二日。又据《北游录·纪邮上》云：“盖抵燕之明日，为览揆之辰”，[②]而他恰是1653年十月癸酉(十一日)到的北京。[③]《纪邮上》称甲午年(1654)十月为丁巳朔，是月戊辰(十二日)条曰：“是日，余揽揆之辰。”[④]该书《纪邮下》记乙未年(1655)十月为辛亥朔，又曰“壬戌(十二日)，为吾初度”，都说明谈迁的生辰是十月十二日。据此，可知谈迁系生于万历二十二年十月十二日，1653年(清顺治十年)正是他虚岁60岁。[⑤]

谈迁是个老秀才，一辈子未做官，家中也很穷困。《海宁县志·隐逸》言：“处士(指谈迁)操行廉，虽游大人先生之门，不妄取一介，至今家徒四壁立。”[⑥]他与同时代的著名史学家、《罪惟录》的作者查继佐同里。两人同是海宁人，年纪也差不多，著书年代及涉猎内容亦同；两人居处亦近，谈迁住县硖石紫薇山西南麓也是园，查住硖石沈山东麓万石窝。紫薇山即西山，沈山即东山，可谓近在毗邻。[⑦]但两人却不相识，当然更谈不上互相往来、共同讨论学问了。两人学识都很渊博，谈迁因为穷，经常到县里各处借书，查继佐当然也会知道去

① 《北游录》，第245页。

② 《北游录》，第45页。

③ 《北游录》，第44页。

④ 《北游录》，第83页。

⑤ 按：吴晗在《爱国的历史家谈迁》中说：“公元一六二一年，他二十九岁”，“一六四五年弘光被俘，这一年他已经五十三岁了”，一六五七年，“这年十月，他还没有到平阳，就病死在路上，年六十五岁”。见《北游录》第2、6页。吴晗把谈迁的年岁都多算了一年，这是因为他把1653年六十虚岁算作实岁了。《海宁县志·隐逸》说：“丁酉(1657)夏，以事至平阳，去平阳城数百里远，处士徒步往苦张冢宰(张慎言)之墓……卒年六十有四”(见《枣林杂俎》)，正与此合。

⑥ 转见谈迁：《枣林杂俎》，罗仲辉、胡明校点校，北京：中华书局，2006年版，第2页。

⑦ 《国榷·题记》。

县里看书。两人性格很不相同,“查豪放结客”,广于交游;“谈抱朴守约”,孤僻自傲。[①] 然而,两人所以互不来往,除了性格不同外,怕还有一些政治原因。当时正值清朝统一中国不久,文网已严,两人又都与明朝有着极深的感情,以明遗民自居。在这种政治形势下,也只好关起门来著书,以缅怀故国的历史了。

《海宁县志·隐逸》又说:

> 崇祯壬午(1642)间,受知阳城张公慎言、胶州高公弘图。二公者,天下之望,相与为布衣交。甲申(1644),高入相,张为冢宰。凡新政得失,皆就咨于处士(指谈迁),多所裨益。相国以处士谙掌故,荐入史馆。泣且辞曰:“迁老布衣耳,忍以国之不幸博一官!”高乃止。已,勋寺交煽,时事且日非,处士私语二公曰:“公等不去,将任误国之咎。”二公用其言,先后乞骸骨。[②]

从这一段话中可知,谈迁在崇祯末年做过高、张两人的幕友及书记一类的事,替他们舞弄文墨,很得他们的信任。谈迁在《六十自寿序》中谓:

> 甲申正月既望,御史大夫阳城张藐山(慎言)先生初度,遍集齐、梁、吴、晋之士,余首坐,剧饮。先生顾诸客曰:“冠进贤而来者,趾高气扬,仆视其中无所有也。虽一穷褐,胸中有书若干卷。”深相礼重。[③]

高弘图,字研文,胶州人,万历三十八年(1610)进士。崇祯初年,任过左副都御史及工部右侍郎等官。因为得罪户、工二部的太监,被崇祯免官,在家闲居十年。崇祯十六年(1643)被任命为南京兵部右侍郎及户部尚书。次年,福王立于南京,改任礼部尚书兼东阁大学士。在任期间,曾疏陈新政八事。因为与当权的马士英、阮大铖等意见不合,乃于是年十月辞职。福王政权覆灭后,流寓会稽等地,不食而死。《明史》卷二七四有传。

张慎言,字金铭,山西阳城人,与高弘图同年进士。崇祯末年任

---

① 《国榷·题记》。

② 转见《枣林杂俎》,第2页。

③ 《北游录·纪文》,第246页。

南京户部尚书及吏部尚书。福王时，仍任吏部尚书，曾上中兴十议。亦因与当权朝臣意见不合，与高弘图一起辞职。后流寓于芜湖、宣城间，忧郁而死。《明史》卷二七五有传。

高、张二人在福王政权时，均位居显赫，并对朝政有所革新。谈迁作为他们的幕友，看来是对新政有所倡议的。后来他不仅没有接受高、张的建议，参加南明政权的史馆工作，而且因见到福王的腐败，还劝两人急流勇退，以免“将任误国之咎”。

顺治十年，谈迁又受义乌朱之锡之聘做幕友。当时朱之锡任弘文院编修，聘他做书记，一起到北京。谈迁因为当时正在发愤编写他的《国榷》，也需要到北京收集更多的史料以为补充，于是就欣然同意了。这一年闰六月，坐船北上，沿着运河到了北京。顺治十三年二月，又坐船回到海宁，一共在北京住了两年半。

谈迁在北京时，不顾年迈及气候之不适应，一点也不敢松懈，除了帮助朱之锡处理一点文字的事情外，每天都在抓紧时间收集史料。他经常访问一些当事人，向他们请教问题，借阅图书。《北游录·纪闻》自序：

> 自北上，以褐贱，所闻寥寥也，而不敢自废，辄耳属一二。辇上贵人，其说翔藐尘壒之外，迂朽毋得望。至渊儒魁士，未始多值，间值之，而余颛蒙自怯，嗫嚅久之。冒昧就质，仅在跬倾，惧其厌苦，手别心怅。余则垣壁桯杌之是徇，余之愦愦，不其甚乎。然幸于燕而闻其略也，若锢我荒篱之下，禽籁虫吟，聊足入耳，能倾険糜之残沈乎哉！①

尽管他在北京收集史料不少，但也遇到不少困难，并不全顺心。加上风沙太大，也不适应，他真想回南方老家了。《北游录·纪文·寄李楚柔书》中道及这段情况：

> 口既拙讷，年又迟暮，都门游人如蚁。日伺贵人门，对其牛马走，屏气候命，辰趋午俟，旦启昏通，作极欲死，非拘人所堪，于是杜门永昼，而借人书重于卞氏璧，不复可得。主人邺架，颇同故纸，目翳不开，五步之外，飞埃袭人，时塞口鼻。惟报国寺双松

① 《北游录·纪闻上》，第 277 页。

近在二里，佝偻卷曲，逾旬辄坐其下，似吾尘中一密友也……更订史论，颇得张僧繇点睛法，密不示人；余诗若文，触感辄成，亦密不示人；其代斫者焚稿。嗟乎，仆文无可称……顷者益究先朝史，凡片言只行，犁然有当于心，录之无遗。拟南还后作记、传、表、志，三年为期，所不敢辄语人，私为足下道也。[①]

由于他修史的任务太大，年纪又大，许多事情都要回到南方再做。但他回到海宁不久，次年(1657)又应聘为幕友到了山西。他是多么想借这个机会去平阳拜谒一下老友张慎言的墓呀！可惜这年夏天，他还没有走到平阳，就病死在道途中，终年64岁。

二 《国榷》一书之特色

谈迁是个具有爱国情怀的史学家。鉴于明代历朝实录多有避讳失真之处，天启朝实录还有遗缺，而明亡后崇祯朝这十七年的实录一直无人撰写，作为一个明朝遗民，他希望通过修订实录，认真编撰一部像样的明朝通史。

早在天启元年(1621)，谈迁在家为母守丧，读到了陈建所著的《皇明通纪》。陈建是广东东莞人，嘉靖间举人，所著《通纪》凡二十七卷。[②] 谈迁看完这部书后，嫌这部书写得不好，认为陈建是个“陋儒”。所谓“陋”，就是知见不广，内容一般，且有错误。因此他决心着手收集资料，写成一部自认为满意的国史。于是，他“私自笔录”，一条条积累资料，“渐采渐广”，且六易其稿，[③]经过多年的刻苦撰述，终于写成了一部一百卷的国史，名曰《国榷》。不料到了顺治四年八月，这部巨著却被盗贼偷走了。黄宗羲《谈君墓表》云：

当是时，人士身经丧乱，多欲追叙缘因，以显来世，而见闻窄狭，无所凭借。闻君之有是书也，思欲窃之以为己有。君家徒四壁立，不见可欲者。夜有盗入其室，尽发藏稿以去。君喟然曰：“吾手尚在，宁遂已乎！”从嘉善钱相国借书，复成之。[④]

---

① 《北游录》，第275页。

② 《明史》卷九七《艺文二》，第2379页。

③ 《国榷·义例》。

④ 见《枣林杂俎》上册。

谈迁自己在《国榷·义例》中亦谈及此事。于是他发愤重新撰写《国榷》,继续积累资料。他平时看书极多,收集资料也快。高弘图《〈枣林杂俎〉序》曾记其事:

> 谈子孺木有书癖。其在记室,见载籍相饷,辄色然喜;或书至猥诞,亦过目始释,故多所采摭。时于坐聆涂听,稍可涉笔者,无一轻置也。铢而积,寸而累,故称杂焉。

于是谈迁经过四年的努力,终于第二次完成了《国榷》的初稿。但是谈迁对于这部初稿仍不很满意。因为有很多重要的史籍,在他的家乡是难以找到的,尤其是关于崇祯一朝的史事,因为没有实录,许多都得自传闻,极不可信。于是他把订正和补充材料的希望,全都寄托在北京了。

北京是明清两朝的政治中心和文化中心,也有不少的藏书家。其中一位叫曹溶(秋壑),浙江秀水人,崇祯时进士,明末清初时官任御史,是著名的藏书家。由于同乡的关系,曹溶答应把自己的书借给谈迁利用,同时还介绍了太仓吴伟业(骏公)和武功霍达(鲁斋)两人与谈迁见面。吴伟业和霍达也是崇祯时期进士,在清政府中任要职。尤其是吴伟业,对明末的掌故非常熟悉,也亲历了许多事变,视野极广,著述亦多,《绥寇纪略》即是其中之一。他们很快都成为谈迁的好友,把许多外间罕见的图书借给他看。谈迁也把《国榷》原稿给他们审阅,要求他们指出错误。尤其难得的是,谈迁在这里看到了《万历实录》和崇祯邸报,使他得以从容地修正《国榷》之不足。

本来历朝所修的实录是不准流传的,外界无从知道。《元史》卷一八一《虞集传》:

> 帝(元文宗)以尝命修辽、金、宋三史,未见成绩……既而以累朝故事有未备者,请以翰林国史院修祖宗实录时百司所具事迹参订。翰林院臣言于帝曰:"实录,法不得传于外,则事迹亦不当示人"。①

明高岱《〈鸿猷录〉自序》亦谓:"历代实录密不可见,惟是诸臣传

① 《元史》卷一八一《虞集传》,第4178页。

志书疏，参质考订，稍得要领。”但是，由于明朝万历中叶时，礼部尚书、东阁大学士陈于陛倡议撰修国史，得到皇帝的同意，因为要以历朝实录作为修史参考，《明实录》的各种传抄本遂得以流之外间。谈迁虽然在家乡也见到过一些辗转传抄的实录，但大多不完整，又缺乏校勘，错误不少。这次利用在北京的机会，无论从实录或图书资料方面，还是口头访问先朝诸遗事，都大大充实了《国榷》的内容。于是，一部以参考明朝实录及明末邸报为主，兼及明代各种史书一百余种，经过精心编辑而成的史书——《国榷》，终于修改完成了。

然而非常遗憾的是，谈迁的《国榷》虽然是一部编年体的史书，但他的最终目的，还在于撰修一部完整的明朝历史，以表达他对先朝的怀念。前引他在给李楚柔的信中明确写道:“拟南还作记、传、表、志，三年为期。”这是他的心里话，“不敢辄语人”。可见他的修史计划是一个包括纪、传、表、志的明史，而不仅是一部编年体的《国榷》而已，这是我们研究谈迁史学成就时不应忽略的问题。然而，由于他回南方后不过一年就猝然病逝，致使修史计划未能得以完成。目前印行的《国榷》，卷首之一至卷首之四列有十四目，包括大统、开圣、天俪、元潢、各藩(以上卷首之一)，舆属、勋封、恤爵、戚畹(以上卷首之二)，直阁、部院上(以上卷首之三)，部院下、甲科、朝贡(以上卷首之四)，实际就是谈迁撰修明史的纪、传、表、志的一部分，也是了解明代历史和掌故所应该知道的。

《国榷》这部书的特点很多，兹综述如下。

(一)敢于直书

谈迁在编撰《国榷》时，对过去实录中所避而不谈的一些重要史实，毫无避讳，敢于全盘托出，这是非常值得称道的。

例如，关于明太祖晚年杀功臣的事，实录中只说某年某月某人死，并不注明死因。《国榷》则不然，尽量把当时的真实情况反映出来。如洪武二十六年(1393)，朱元璋继洪武十三年胡惟庸案后又行蓝玉党案(史称“胡蓝之狱”)，被株连论死的凡三万人。谈迁在是年二月乙酉条评述此事时直书:“蓝凉公非反也……虽至愚不为也……噫！功臣菹醢，安得止大树之下；晚游赤松，庶几哉不殆不辱矣。”[①]

① 《国榷》卷一〇，第740页。

接着,在洪武二十六年三月庚申条又直截了当地写道:"会宁侯张温、都督萧用等以党诛。"这就指明了张温、萧用是因为蓝玉案件而被朱元璋杀害的。而在洪武二十七年十一月乙丑条,又记太子太师、颍国公傅友德自杀事,详细地叙述了事实的经过:"(傅)累立大功,以蓝玉诛,内惧,定远侯王弼谓上春秋高,行且夕尽我辈,宜自图","会冬宴……上责友德不敬,且曰:'召尔二子来。'友德出,卫士传语以首入。顷之,友德提二首至。上惊曰:'何忍也。'友德出匕首袖中曰:'不过欲吾父子头耳。'遂自刎。上怒,分徙其家属于辽东、云南。"①谈迁用简单的几句话,把朱元璋晚年猜忌功臣的性格,如实地反映出来。又如洪武二十八年二月丁卯条记:"太子太师宋国公冯胜自杀……胜饶智略,勇悍善战,累功封",随后又说:"上既春秋高,多所猜忌。"②他引述明末史家朱国桢的评论曰:

> 颍公有宋公之功而无其过,乃三数月中,相继暴卒,并停袭封。若曰高皇末年,疑忌杀戮,则防其身可耳,何以废其子?世闻奇伟人遭此气运,功成身死,或兵或缢,不妨明言,以著圣人之失。而寂然不著本末……则一代大功臣,生死之际,岂宜草草!此秉笔诸公不得辞其责,而尚论者动曰宽仁大度,曰爱惜功臣,此只可论本心,不可论作用。③

同时又在洪武三十年六月丁亥"驸马都尉欧阳伦死"条,批评朱元璋道:"帝晚益振厉,刑威黩矣。"④

其次,《明实录》中把建文朝一代史实尽力抹杀,把这四年事情移入洪武三十二年至三十五年实录中。《国榷》则还其本来面目,不仅直书建文元年(1399)至四年的有关事情,还把明成祖称为"燕庶人"。同时还将明成祖杀方孝孺的事,照直叙述。建文四年六月丁丑:

> 国亡,孝孺衰绖日夜哭。上(指成祖)数召之,不至。镇抚伍云絷之以入。上曰:"吾欲效周公辅成王何如?"对曰:"成王安在?"曰:"渠自焚死。"曰:"有成王之子在!"上少之。曰:"有成王

---

① 《国榷》卷一〇,第752页。
② 《国榷》卷一〇,第755页。
③ 《国榷》卷一〇,第753页。
④ 《国榷》卷一〇,第777页。

之弟在!"上语塞,曰:"先生休矣!"……上曰:"吾能赤人九族。"对曰:"即死安能加族我乎!行见后之叛俑今日也。"下狱,逮其宗戚相踵示之,哭骂如故。上怒,命抉其吻,剔其舌,孝孺犹噀血犯御座,磔之……戮宗戚八百七十三人,远戍不可胜计。[①]

在建文四年八月丙寅成祖"杀御史大夫真宁耿清"条下,谈迁还写道:"齐、黄、方、练之惨,千载下为之魂悸。"[②]这种直书明朝统治者不光彩的事实的胆识,是很难得可贵的。

再次,《国榷》与清朝人所修的《明史》也有所不同。《明史》中对满洲先世建州女真的情况全部避而不谈,讳莫如深。而《国榷》则对建州女真的事实毫无避讳,全部如实地加以叙述。如永乐元年(1403)十一月辛丑:"女直野人头目阿哈出等来朝。设建州卫军民指挥使司。"[③]永乐八年八月乙卯:"建州卫指挥使释家奴为都指挥佥事,赐姓名李显忠",下注:"释家奴,指挥阿哈出之子。"[④]永乐元年十二月辛巳:"置兀者卫",下注:"女直野人。"[⑤]永乐二年二月癸酉:"置奴儿干卫",下注:"女直野人。"[⑥]

最后,尽管谈迁最终完成《国榷》时明朝已亡,他作为明朝遗民对崇祯也无限怀念,口称"先帝"不已,但他对崇祯的缺点在书中并不隐瞒。如书中谈到崇祯之死,就指出:

先帝之患,在于好名而不根于实,名爱民而适痛之,名听言而适拒之,名亟才而适市之;聪于始,愎于终,视举朝无一人足任者,柄托奄尹,自贻伊戚,非淫虐,非昏懦,而卒与桀、纣、秦、隋、平、献、恭、昭并日而语也,可胜痛哉![⑦]

又如,述及明末首辅魏藻德被农民军在北京处决时,谈迁批评崇祯曰:

---

① 《国榷》卷一二,第855页。
② 《国榷》卷一二,第875页。
③ 《国榷》卷一三,第918页。
④ 《国榷》卷一五,第1050页。
⑤ 《国榷》卷一三,第921页。
⑥ 《国榷》卷一三,第924页。
⑦ 《国榷》卷一〇〇,第6058页。

> 先帝好器人于立谈之顷,谀词风涌,重瞳潜移,而尤于通州(指魏藻德)失之……无论偾事有伤先帝知人之明,即速祸于彼垂髫之辰,不自悔其躐进乎!①

(二)善于评论

《国榷》在体裁上的另一特点是经常引用诸家之说,对于一些历史事件加以评论。如关于建文帝之死因,历来史家有两种说法,即"焚死"说及"出亡"说。谈迁是主张"出亡"说的,而对建文帝被烧死的说法持否定态度。他在《国榷》中这样叙述:建文四年六月乙丑,"上急时欲自杀。翰林编修朝邑程济曰:'臣逆知有今日也,为今计,莫若出亡。'""是以知建文实不没也。"②其后又引王世贞(主"出亡"说)、冯时可(主"焚死"说)、何乔远(主"焚死"说)连同自己共十六人的议论并列于后。这中间史家的议论不尽相同,但这种编排可以使读者参阅各种评论,从而得出比较正确的结论。

在这些评论中,有时是谈迁借别人的议论表达自己的态度,有时也抒发自己的意见。如洪武二十六年八月甲戌条,谈到"赦胡、蓝余党",谈迁借朱国桢之议论曰:"功臣自杞公(原注:陈德)外,多坐胡、蓝二党,或即死,或已死得免,然犹有戮其家、夺其袭封者。"又说:"(太祖)熟窥情状,先事诛夷,宁过无不及,前后坐者至三万余人。当时已难分别,何况二百年后,得以意悬断乎?"③这反映出谈迁继承了历代史家的直笔求真精神,既不妄加推测,不乱写也不多写的史家传统。④ 又如在永乐七年十二月丙寅,"始立东厂刺事,内官主之"条之后,谈迁评论得很尖锐:

> 自逊国萍梗,流闻无据,上之积疑,益不可解。于是命胡给事濙访张玄,郑太监和下西洋。旁皇却顾,犹未慊于心;珰校刺事,布弥天之网,牢笼一世。孰知其流弊极于后裔,如(王)振,如(汪)直,如(刘)瑾,如(魏)忠贤,深械丛阱,胥天下而祸之也。嗟

---

① 《国榷》卷一〇一,第6068页。

② 《国榷》卷一二,第836—837、838页。

③ 《国榷》卷一〇,第744—745页。

④ 参见郑天挺:《中国的传记文》,载《探微集》(修订本),北京:中华书局,2009年版,第335—345页。

乎！靖难时狗儿诸阉习马上之业，故寄腹于左貂，专使分阃诏狱，相籍不已。末势沦胥，与汉唐同辙，追其所自，文皇帝之于履霜疏焉矣。[①]

又如，谈迁对成祖营建北京耗费不资，也有批评。永乐十九年四月庚子，北京一些新宫殿初建即遭火灾，当时翰林侍读李时勉等人认为此工程"工巨费大，调度广，克派繁"，"征需无艺，掊克蚕食，竭髓犹不足供"。[②] 谈迁借此议论曰：

辛丑言事诸臣多矣，未有如李忠文（李时勉）之剀切者也。营造北京，殚军民之力万万计。彼元之旧都，靡丽已极，高皇帝封燕时，谓不烦一役，仅易其瓦。靖难以后，势虽拱辰，何遽狭小而改图之也……当其缔，费十有三年，涂膏衅血，竭髓焚脂。成祖号英察，而官吏科犹如此，日后亡论已。[③]

天顺元年（1457）正月丁亥，英宗复位后，于谦被杀。谈迁评论道："于少保最留心兵事，爪牙四布，若夺门之谋，懵然不少闻，何贵本兵哉！或闻之仓卒，不及发耳！"[④]颇有批评于谦之意。谈迁还在另一处批评于谦，他说：

景帝专任司马（指于谦），言无不从，诚鱼水之契。而内臣镇守监军，犹未能革也。假司马倡言，阁议台章群起而和之，则天听必回；而陈循辈类依违其间，酿祸永永，惜哉！[⑤]

又如正德十六年（1521）三月丙寅，武宗病死，谈迁评论曰："武宗少即警敏，好佚乐……而武宗又不罪一谏臣，元相呵护，群吏奉法……夜半出片纸缚瑾，钱宁俯首受罪。"[⑥]又列举张邦奇、郑晓、雷礼、陈于陛、李维桢、何乔远等人对武宗的评论，并列于后，以供参考。这些人议论很不一致，有批评武宗的，有歌颂武宗的。其中何乔远说：

---

① 《国榷》卷一四，第 1033 页。
② 《国榷》卷一七，第 1179 页。
③ 《国榷》卷一七，第 1181 页。
④ 《国榷》卷三二，第 2026 页。
⑤ 《国榷》卷二九，第 1848 页。
⑥ 《国榷》卷五一，第 3215—3216 页。

帝在东宫，勤于学问，践祚之后，犹未尝辍。一时近幸，蛊上冲年，冀幸窃政。然觉败之后，即裁绳之，可谓天德之刚矣……帝留意戎事，慨然有肃清海宇鞭笞夷虏之志。[①]

谈迁对武宗的评语，虽然倾向何乔元，但未歌颂世宗，也未过多贬武宗。后来天启七年七月乙卯熹宗死时，谈迁又评论曰：

阉尹之祸，剧于熹庙，并边徼而二之。岌岌嶭嶭，国事大坏，弊极难持，自武宗而后所再见也……然武宗权或自出，刘瑾前磔，钱宁后囚，凡百诛赏，不尽指授。今熹庙终始于魏氏，五期之间，大肆威命……疵德多矣。[②]

明确指出天启时比武宗时政治还坏得多。

谈迁还在《国榷》中多次评论崇祯，指出他的过失。如崇祯十七年四月壬申李自成军“尽运金宝以入秦”条，借杨士聪之口曰：“呜呼！三千七百万，捐其奇零，即可代二年加派。乃今日考成，明日搜掠，使海内骚然而扃钥如故，策安在也？先帝（指崇祯）圣明，岂真见不及此。”[③]崇祯十七年十月己未“张缙彦奏在河北收义勇”条，谈迁曰：“先帝以貌取人，失不独缙彦，而误国之甚，为都人士切齿，莫缙彦若矣！”[④]崇祯九年四月癸巳“廷试岁贡生”条，谈迁曰：“先帝非愎谏之主也，圣明英露，喜迎恶咈。”[⑤]崇祯十三年三月戊子“诏撤各镇内臣”条，谈迁曰：“先帝最严察，（中官）再遣再撤……其信外臣不如信内臣也……终为内臣所用矣。”[⑥]

《国榷》中评论其他人物亦多，仅举数例。万历十一年二月戊子“戚继光移镇广东”条，谈迁曰：“江陵（指张居正）能尽人之才……非戚将军附江陵也，江陵自重将军耳。”[⑦]万历二十二年三月己卯条下，又曰：“国家全盛之力，先江陵时，帑庾足支十年”，[⑧]对张居正是充分

---

① 《国榷》卷五一，第3215页。
② 《国榷》卷八八，第5385页。
③ 《国榷》卷一〇一，第6074页。
④ 《国榷》卷一〇三，第6154页。
⑤ 《国榷》卷九五，第5740页。
⑥ 《国榷》卷九七，第5859页。
⑦ 《国榷》卷七二，第4433页。
⑧ 《国榷》卷七六，第4723页。

肯定的。万历十一年四月戊午条下，又言："蒲州（指张四维）之进由江陵。及代柄，务倾江陵以自见，尽反其所为，所裁冗官秕政，一切复之……彼蒲州者，诚江陵之罪人也。"[①]在谈到万历中叶京东地区开垦水田时，谈迁曰："余读《潞水客谈》，详哉其言之也。假在江陵时，且即用而需其成矣。"[②]

谈迁对李成梁也有评论。崇祯十年四月丙寅"许宁远伯李成梁后世袭"条，谈迁充分肯定了李成梁在辽东的守边功勋：

> 李成梁起家塞下，历效行间，四十余年，积级逾万，实东陲之干城也。朝贵一二少年，不习掌故，闻其富溢，辄事吹索，不曰跋扈，则曰冒滥。[③]

此外，谈迁还对祖大寿有过某些肯定，认为他在辽东与清兵作战中有功劳。崇祯三年五月乙酉"祖大寿来开平"条，谈迁曰："庚午（即崇祯三年）岁，建虏求款屡矣……高阳（孙承宗）布置进止，动中窍会，故能恢复滦、永，不致为唐之安西、北庭，宋之灵夏，则祖大寿辈功不可没也。"[④]他批评袁崇焕"杀岛帅（毛文龙）适所以自杀也"，但也认为袁"召敌协款"，与清勾结，"此无心胸者为之，崇焕当不其然"。[⑤]

（三）详于考订

《国榷》的另一特点是详于考订，即不盲目轻信一些史料。如果史料有失实处，书中均予以指明。例如《国榷》关于崇祯十五年十一月丁丑清兵入关的记载。书中说："时报建虏六万攻宁远，进界岭口；六万攻山海关，进青山口；又五万进蓟州。"而谈迁经过核实，认为上述记载人数"皆虚报也，实二万骑入墙子岭"。[⑥] 又如崇祯十七年三月乙卯，襄城伯李国桢被农民军在北京拷掠致死。谈迁对此事曾加考订，他说："国变时，留都（南京）坊刻数种，有言襄城伯李国桢见贼，愿触死于阶前，争三大事：葬先帝，护山陵，全太子、定、永二王。李自

① 《国榷》卷七二，第4441—4442页。

② 《国榷》卷七三，第4530页。

③ 《国榷》卷九六，第5782页。

④ 《国榷》卷九一，第5531—5532页。

⑤ 《国榷》卷九〇，崇祯二年六月戊午，同年十二月辛亥，第5488、5506页。

⑥ 《国榷》卷九八，第5948页。

成一一从之。"但谈迁"后以问北来诸人,绝无闻也。予游燕,直其门客,有言襄城事甚详者。又其舅金华某氏,尝叹其不能死国,彼犹觊归命之赏,甘心事仇"。他经过一番仔细考订,认为"南人不察其实,为流闻所误",[①]事实上,李国桢是个软骨头。谈迁为了考订此事,是下了一番功夫的。《北游录·纪邮上》甲午年(1654)十一月庚戌曾记载:

> 客严氏故游诸彻侯,云襄城伯李国桢任京营,甲申三月,都城陷,贼刘友□之曰:"君侯散重兵以归,此元功也,行冠诸臣之右矣。"因留其营,尝同食寝。一日纵归,令检橐,因尽录其家。国桢败时,跨马面如死灰,其舅金华潘某退曰:"吾甥事至此,不即死,尚何待乎!"此严氏目睹者。今刻本称国桢求葬先帝,刘诚意孔昭上章以明之,其说不知何所始也。[②]

谈迁还为崇祯十七年九月庚戌的崇祯太子真伪事,加以考订。他说:

> 孰是孰非,愈增疑案。予亲闻内臣苏某谓王之明(按:当时太子自称之名字)盖真太子也。及入燕,值山阳咸生从左懋第使燕者。左闻太子事,日使人侦之,颇以为真。而予谒思陵,内臣许某云,非真太子也。真太子目眦甚薄,危胸,下齿半焦。今河目巨鼻,其赝明矣。

又说:"夏允彝《偶存录》云:'二王至陕中尚无恙,吾乡人有亲见之者。'呜呼……今伪太子不一,史臣执笔,其何所适从在。"[③]他经过多方考订,对于当时轰动一时的"太子案",认为只能存疑。谈迁在编写《国榷》过程中,对材料来源的引用总是这样精审,尽量达到精益求精。

(四)重视明末史实

《国榷》非常注意万历以后七十多年的历史,所占篇幅也多,在全书六厚册中,万历以后的历史占了两册,而天启、崇祯二十多年的历

---

① 《国榷》卷一〇〇,第6063页。

② 《北游录》,第85页。

③ 《国榷》卷一〇三,第6151页。

史占了一册。究其原因，无非这样两个：

一是“辽事”坏在万历朝，所以书中溯本求源，对建州史料非常注意，细心搜求，冀以取得深刻的历史教训。万历四十八年七月丙申神宗死后，谈迁曾批评他不注意“辽事”，弄得国家很糟糕。[①]

二是崇祯朝没有实录，因此谈迁尽力根据邸报、方志及其他史家著述，以及一些官吏、遗民的口述等，补编这十七年的历史，使有明一代的历史更加完整，并进一步充实、订正，以留存于后世。吴晗同志说得好：《国榷》由于当时并未刊行，“因之也没有经过四库馆臣的胡乱删改……对于研究建州和明朝后期历史是有积极贡献的”。[②]

事实的确如此。《国榷》中不仅关于建州的记载较多，而且关于农民军在北京的史实的叙述也不少，其中大多也是符合事实的。如甲申年(1644)四月戊午朔，述农民军“尽驱内官出城，毋再入。凡数百人，各大棍逐之。初，城守时，内官坐城上，士卒作白杨木棍，涂以朱，至是即以驱阉人，都人称快”。说明李自成这一政策在京师很得民心。但至是月丙寅(初九)，李自成军“议东援，颇惧”，李乃“赏各将百金，各兵十金。吏卒大失望，更赏卒白布四丈，青布八丈，皆市廛夺取之。时都人大失望，牛金星、顾君恩以告。刘宗敏曰：‘今但畏军变，不畏民变，我所恃以攻取者军耳，少失意则不为我用；若民则易制，稍有动摇，闭户分剿，不烦金鼓，一时可尽。且军兵日费万尽，若不强取，从何而给’。”[③]说明农民军政策由受人民拥护走向了它的反面。这也近乎事实。另外谈到当时北京城内农民军拷掠明官的情况，《国榷》中也刻画了农民军中不同人物的不同性格。如甲申年四月甲子，“李自成过刘宗敏所，见掠治三百余人，惨甚。令酌放之。而前所毙者可千余人。宗敏进饷金千万，都督李岩、李牟、李友征不及其半，派部曲人各二百金，足其额”。[④] 话虽不多，但对农民军内部谁热衷拷饷，谁反对，都能简单表达出来。

《国榷》除去上述许多特色之外，也存在一些缺点。比如书中叙事过于简单，文字过于晦涩，等等。本来中国历代史家为了叙述求

---

① 《国榷》卷八三，第 5155 页。

② 见《谈迁和〈国榷〉》，载《北游录·附录》，第 423 页。

③ 《国榷》卷一〇一，第 6067、6071 页。

④ 《国榷》卷一〇一，第 6070 页。

真,写书从来主张尚简,更不罗列事实,以免虚费文字。但文字过于简单,对于后人研究历史,则带来极大不便。又如,书中许多地方站在统治阶级立场,与农民军处于对立地位。崇祯七年七月辛卯述及车箱峡战役时,谈迁曰:“南山车箱峡之役,困于积潦,天假其会,得有此日。倘悬险邀击,数万之寇,一鼓可歼。而陈总督为其所愚,得以反噬。”[①]再如,同一事件先后说法不一致。[②] 这里可以永乐时设置东厂事为例。书中永乐七年十二月丙寅记有:“始立东厂刺事,内官主之。”[③]而永乐十八年十二月癸亥又言:“始立东厂,专内臣刺事。”[④]实际应是后者正确。

尽管这样,《国榷》仍不失为我们今天学习明朝历史的一部史料价值较高的参考书。尤其是在《明实录》印本不多、难于借阅的情况下,参考此书学习明史,更是不可缺少的了。

三 谈迁对明人修史之评论

明代的史学虽不如宋代史学之盛,创新之多,但著名的史学家和史籍还并不少。

明朝初年的史学和史学家的成果,完全继承了元代史学传统。《明史·文苑传》曰:“明初,文学之士承元季虞、柳、黄、吴之后,师友讲贯,学有本原。”[⑤]像建国初期纂修《元史》时,参加这项工作的都是一些元末的学者,如宋濂、王袆等人。另外,元末著名的史家危素,是明初大家公认的元史权威,尽管他并未参加修史的工作,但他的影响是很大的。

元代的修史风气,已经侧重于档案文献的利用,而修史时则尽量“直录吏牍”,同时对修史人的要求也非常严格。《元史·揭傒斯传》:

---

① 《国榷》卷九三,第 5647 页。

② 陈寅恪:《柳如是别传》第四章引《国榷》卷九五,崇祯十四年十月癸卯朔,丙午日食,与归庄手写诗稿辛巳稿《感事寄二受翁》(指张采字受先,钱谦益字受之)眉批作癸卯朔日食不合。论曰:“所可怪者,孺木(谈迁)与玄恭(归庄)同为崇祯时人,独于崇祯十四年十月癸卯朔之日食,书作丙午,竟相差三日之久,殊不合理。故谈氏之书,虽称详确,然读者亦不可不慎也。”(见《柳如是别传》,上海:上海古籍出版社,1980 年版,中册,第 741 页)

③ 《国榷》卷一四,第 1033 页。

④ 《国榷》卷一七,第 1176 页。

⑤ 《明史》卷二八五《文苑传一》,第 7307 页。

诏修辽、金、宋三史，为总裁官，丞相问："修史以何为本?"曰："用人为本，有学问文章而不知史事者，不可与；有学问文章知史事而心术不正者，不可与。用人之道，又当以心术为本也。"且与僚属言："欲求作史之法，须求作史之意。古人作史，虽小善必录，小恶必记。不然，何以示惩劝!"由是毅然以笔削自任，凡政事得失，人才贤否，一律以是非之公；至于物论之不齐，必反复辩论，以求归于至当而后止。①

明初的史家正是继承这种传统，"以求归于至当"。由于选人慎重，修史时又大量抄录公牍档案，因此撰修《元史》的进程极快，不到一年就完成了。《元史·目录后记》述其事：

洪武元年秋八月，上既平定朔方，九州攸同，而金匮之书，悉入于秘府。冬十有二月，乃诏儒臣，发其所藏，纂修《元史》，以成一代之典，而臣濂、臣祎实为之总裁。明年春二月丙寅开局，至秋八月癸酉书成，纪凡三十有七卷，志五十有三卷，表六卷，传六十有三卷……至若顺帝之时，史官职废，皆无实录可征，因未得为完书。

但由于元顺帝时根本未修实录，故修《元史》亦无所征引，于是又在洪武三年春二月开始补修，至七月完成。通计全书"以卷计者，纪十，志五，表二，传三十又六。凡前书有所未备，颇补完之"。②

明代的史家如谈迁等人，也继承了元末史家揭傒斯、危素的修史传统，"直录吏牍"，修史时大量应用实录及地方上各种档案材料，并使内容尽量做到"文辞勿致于艰深，事迹务令于明白"。③

但是，明代史学自"永(乐)、宣(德)以还，作者递兴，皆冲融演迤，不事钩棘，而气体渐弱"，达不到宋、元史家的要求。④ 正如谈迁在《国榷·义例》中所说：

国初沿宋、元之习，文多弱蔓；弘、正间渐尚气格，而叙事之

---

① 《元史》卷一八一《揭傒斯传》，第4186页。

② 《元史·宋濂目录后记》，第4677页。

③ 《元史·进元史表》，(明)李善长撰，第4674页。

④ 《明史》卷二八五《文苑传一》，第7307页。

文犹故也;章奏最繁最芜,乍读辄不易竟,故十汰其九,炼年锻月,薄有去留。[①]

他对于明中叶以后的明人修史是不很满意的,认为缺少“三长”。什么是“三长”?黄宗羲《谈君墓表》提到:

余观当世,不论何人,皆好言作史,岂真有三长,足掩前哲?亦不过此因彼袭,攘袂公行……以余所见,近日之为□□者,其人皆无与乎文章之事,而公然长篇累牍,行世藏家,辄欲与五经方驾,三志竞爽,岂以后世都可欺乎!

这里黄宗羲所指“三长”,是依据刘知幾的史学观点引申而来的,也是谈、黄等人修史所遵行和提倡的史才、史学、史识。

所谓史才,就是我们今天所说的文字功夫及表达能力;而史学,即相当于今天的文献资料及时代背景;史识则指指导思想和选择去取。谈迁认为,一个史学家是要具备“三长”的,三者缺一都不能成为卓越的史家。他对于明末撰写国史的诸家颇有批评,以为这些人与修史所需具有的“三长”距离太远。我们可以将谈迁在《〈国榷〉序》中所作的评论,看作是他对明代后期一些史学成就所作的概括总结。序作于天启六年(1626)三月。其中曰:

亦史氏曰:明兴垂三百载,治骎骎日以盛,而史事则学士家犹逊言之。木天金匮之藏,每乘舆代兴,则词臣云集而从事。既奏竣,扃之秘阁,即缙绅先生不得一目剽。明之史臣夥矣……且明初史馆,布衣亦尚与坛坫之末,其后非公车不敢望,又其后馆阁有专属,即公车之隽,或才如班、范,未始以概进也。神宗时,陈文宪(陈于陛)锐意于史,而史竟乌有。虽文宪不克襄事,脱幸而史,恐不堪为唐、宋、六朝役,何论雁行也。计其时,琅琊(王世贞)、新都(杨慎)、云杜(高岱)二三君子,足任鞭弭,而曾不一收溲勃之用,又曷足为史哉!故史至明,遂以秘而酿隘。泌阳(指正德时焦芳,曾续修《孝宗实录》)之憸险也而史;江陵(指张居正,曾续修《世宗实录》及《穆宗实录》)之严刻也而史;杨文贞(指杨士奇,修《太宗实录》)、董文简(即董玘,修《武宗实录》)之褊忮

① 《国榷》,第7页。

也而史；史之权不有所敧，则有所避。定（万历）、庆（泰昌）实录告成，俄而在事诸臣半削籍，甚则投缳谢世，以国家忠厚鸿庞，昌言无忌讳，而千载上腐刑余波，尚能及人，史不亦可畏哉！

接着，他批评了明末的著名史家：

明作者非一人，繁简予夺之间，得失相半。郑端简[①]号为博雅，有其学矣，惜非其才；北地[②]才而不史；琅琊[③]欲史而隐忍以没。又其初皆不践承明之庐；云杜[④]寄径非久，遂老簿书钱谷间。

这里，谈迁对当时有名的史家及他们所撰的明朝史籍，几乎都有所批评，他认为"史才难得……虽能史者，有摧谢规避，畴以身为射的哉"。于是他自己发奋要发挥刘知幾所说的"三长"精神，订正实录，撰修一部令人满意的国史。

《自序》又说："故予窃感明史而痛之……间窥诸家编年，于讹陋肤冗者，妄有所损益，阅数岁，裒然成帙……谅哉！"尽管谈迁批评了诸家，但仍然参考了"诸家编年"，吸取了前人的成果，并在"有所损益"的情况下，完成了《国榷》这部巨著。应当说，谈迁不愧是黄宗羲所称的"真有三长，足掩前哲"的明末史学家。他的《国榷》，也如黄宗羲《谈君墓表》所述："按实编年，不衒文彩，未尝以作者自居，异日有正明世之事者，知在此而不在彼也。"其对谈迁的评介，可谓公允。[⑤]

四　谈迁之《北游录》及《枣林杂俎》

作为一位明朝遗民，谈迁所表现出来的强烈的爱国思想，也集中反映在他的另一著作——《北游录》中。

《北游录》是记述他 1653 年到 1656 年中，随同朱之锡到北京期

---

① 郑晓，字窒甫，海盐人，嘉靖间进士，著有《九边图志》（代金献民作）、《吾学编》六十九卷、《今言》四卷、《征吾录》二卷。

② 李梦阳，字献吉，庆阳人。自号空同子，无史学著作。

③ 王世贞，字元美，太仓人。号凤洲，又号弇州山人，万历时著名史家。著有《国朝纪要》十卷、《天言汇录》十卷、《弇山堂别集》一百卷。

④ 高岱，字伯宗，京山人。为郑晓之友，著有《鸿猷录》，亦为当时著名史家。

⑤ 本段曾参考郑天挺先生 1981 年春讲课笔记。

间的经历和见闻，以及他所写的一些诗文。全书共计九卷，内中《纪程》《纪邮》《纪咏》《纪文》各二卷，《纪文》一卷。该书原无刻本，1960年始由中华书局根据邓之诚先生抄本标点出版。[①]

从《北游录》的内容可以看到，谈迁在北京两年半的时间内，为了写作《国榷》这一著作，在收集史料、考订史实过程中是怎样不避艰苦、辛勤劳动的。在《纪邮》中，他几乎每隔几天都有与吴伟业、曹溶、霍达等人彼此往来、讨论史事的记载。[②] 如：

> 甲午(1654)正月甲申：访吴太史……以《国榷》近本纠正，多所裁订。
>
> 三月辛丑：吴太史示《流寇辑略》。
>
> 四月戊寅：展抄邸报，棼如乱丝，略次第之。
>
> 四月乙酉：过吴骏公太史，极论旧事。
>
> 九月乙巳：闻霍大理见枉，遂先之。语李自成陷西安事甚悉，别有纪。
>
> 九月丙午：霍大理征余近录，手致之。又语遗事一二则。
>
> 十一月庚戌：前借霍大理《闽书》阅讫(小注：晋江何乔远著)。
>
> 乙未(1655)二月癸亥：过霍大理，借《康对山先生集》。
>
> 三月乙未：过霍大理，问先朝实录，未至也。
>
> 八月戊午：过霍彦华，值咸宁王文宣(小注：弘庆)，俱目击李自成僭位事。
>
> 十一月癸卯：先是，霍鲁斋购我《明实录》而阙熹庙，以问余，所录尚未全，无以应也。
>
> 十二月癸酉：答朱生生(按：朱国寿)，留饮……生生语明季事颇悉。[③]

谈迁的爱国思想还表现在他北游过程中所记的《纪程》《纪邮》中。清兵入关后对中原地区的骚扰，给大江南北人民带来了极大的

---

① 书中尚刊有吴晗所作《爱国的历史学家谈迁》及《谈迁和〈国榷〉》两文，对谈迁的一生及其学术成就，有较深入的解读。

② 参阅《谈迁和〈国榷〉》。

③ 《北游录》，第54、57、60、60、81、81、85、94、97、114、124、127页。

痛苦，民生凋敝，谈迁耳闻目睹，面对这些令人凄凉的景象，是不满的。《纪程》、《纪邮》中这些记载，屡见不鲜。如：

癸巳（1653）八月戊辰：十里泊黄家嘴，淮北萧条，滨河为甚。

九月乙未：（梁家闸、土桥闸）并清平县……上即清扬驿，民居千家，今减过半。

九月丁酉：移泊户部钞关前……偶入三官神庙，庙祝曹某，父故明经，遭乱家破。听其言，惨甚。

甲午（1654）正月癸丑：入天宁寺。故奄赵连城……语旧事一二，不忍述。

七月己酉：徐中山下燕，封府库图籍。甲申之变，李贼遁，都人清宫。同年孙北海身入大内，见封识犹中山时也。今散佚无一存。

丙申（1656）二月丙辰：十五里张家湾……张家湾城外，民居半毁。

五月戊戌：发十二里尹山桥。旧居人数十家，今废。[①]

他在《北游录·纪咏》中，尚有《董逃行》诗一首，寓意深刻，表达了他对清朝的不满，其中写道：

羌胡杂种揉东都，驱掠官家翻地轴。
东都宫阙入云霄，一时瓦砾风萧萧。
母哭女，妻哭夫，富不保，贫不扶。
人生不如城上乌，董侯郿坞今在无？[②]

“人生不如城上乌”，这不正是谈迁自己晚年的真实写照吗？

《北游录·纪文》中《上吴骏公太史书》，也是研究谈迁史学思想的重要资料，这两封信反映了谈迁对前人修史的继承和他所付出的辛勤劳动。其中说：

迁自恨绳枢翁牖，志浮于量，肠肥脑满，妄博流览，尤于本朝，欲海盐、丰城、武进之后，尝鼎血指。而家本儋石，饥梨渴枣，

---

① 《北游录》，第22、36、37、48、66—67、134、149页。

② 《北游录》，第171—172页。

遂市阅户录，尝重趼百里之外，苦不堪述。条积匦藏，稍次年月，矻矻成编。

又说：

当代文囿，实藉琅琊，虽前有北地，并有历下、新都，而门风孤峻，承流颇少……因念近来英流，不幸衰季……文残献缺，饮恨泉壤。祈门下握掾，据所见闻，缀缉另帙。①

谈迁的另一部著作是《枣林杂俎》。该书刻本多，卷册亦不全同，是明末一部有影响的笔记小说。据谢国桢《增订晚明史籍考》云：

是书分始集（小注：刻本作智集）、义集、圣集、中集、仁集、和集，又分逸典科牍、先正流闻、艺篑彤管、技余土司、空玄炯鉴、纬候名胜、营建器用、荣植赜勋、幽冥妖异、丛赘等目；书中列目间有出入。是书杂记有明一代典制掌故，下及小说遗闻，足补史事之缺。如《逸典》中之记分党、魏忠贤幼年事及《金陵对泣录》诸条，皆于史事有关。惟记南都事，对于弘光颇多微词，纣之不仁，或不至是；然在覆巢之中，犹不能自振，失去民心恢复期待之殷，是以众恶皆归也……前有崇祯甲申高弘图序、本传、自序、题辞。孺木尚著有《枣林全集》六巨册，稿本旧藏于平湖金氏，存明代史料颇多，今不知流落何所矣。至其所著《枣林外索》，经由钞本流传。②

谢老书中所述之《金陵对泣录》，对 1644 年三月李自成农民军攻占北京的前前后后，叙述极详，可供参考。另外《逸典》中所述《群忠备遗》条所录甲申事变中“绅民殉难”名单，排列异常详尽，查阅很方便。③《名胜・温泉》条所述全国各地温泉名称，也为我们了解当时的温泉情况，提供了很多方便。《荣植・古木》条，曾对当时全国主要地区的古树有过粗略的统计，今天仍有参考价值。此外，《丛赘・禁杀牛》条，记载了万历初年京城巡城御史杨四知禁杀牛事，并出榜于宣武门外，结果引起了居住在这里多年的回民“万家鼓噪”，最后迫使

① 《北游录》，第 270—271 页。

② 《增订晚明史籍考》，第 940 页。

③ 《枣林杂俎》卷上，第 53—57、84—94 页。

统治者"亟令收榜乃定"。[1] 这也为我们了解当时的回民反抗,提供了重要的线索。

谈迁的其他著作,尚有《枣林集》《西游录》《枣林外索》及《海昌外志》等书,均无刻本。《枣林全集》六册,谢书已有介绍。其他诸书,据《国榷·题记》云:"《枣林外索》《海昌外志》仅见传钞本。《外索》一书未分卷,前有清顺治甲午(1654)自叙,似未为定稿。他书均未见……《西游录》当为入晋时所作。"

我们在总结谈迁的史学成就时,是应当结合上述著作予以综合研究的。

(原载《中国史学家评传》,中州古籍出版社,1985 年版)

① 《枣林杂俎》卷下,第 60—69、89—109、172—173 页。

论屈大均《广东新语》之史料价值

一　屈大均的生平

屈大均(1630—1696),初名邵龙,又名邵隆,字翁山,又字介子,广东番禺人。他的家在番禺郊西十里,地名西场。在《广东新语》(以下简称《新语》)卷二《西场》条他自己说:“予之生实在其地。”[①]屈大均的家庭并不富裕,但也算不上贫困,在《新语》卷一七《三闾大夫祠》条中曾写道:

> 予之乡名曰沙亭,有烟管冈焉。其高大甲于茭塘诸峰,势于华山狮岭东趋海门,盖番禺之一镇也……吾之乡其前有潮溪数曲,今亦名曰屈沱。有田数百亩,高者两三熟,低者一收,以供粢盛,今亦名曰屈田。[②]

当时广州附近诸大县的富户,“多筑高楼以居”,这对屈大均的家来说,是不可想象的。但他家中仍有草堂及园子,《新语》卷一七《合道山房》条谓:“吾乡有烟管山……复崛起为一大山……形如船覆,因名之曰覆船……予草堂在二山间,背覆船而右烟管……于是

① (清)屈大均:《广东新语》卷二,北京:中华书局,1985年版,第43页。

② 《广东新语》卷一七,第462—463页。

题其堂曰合道。”他在同卷《祖香园》条中，提到在沙亭乡中有自己的园子，“园之中有骚圣堂”，还要在园中别建三间大夫祠。同卷《三楼》条谈到广州城西越华楼并陆贾时，曾说：“予尝欲重建此楼以祀之。”①

1645年（清顺治二年）屈大均16岁时，为邑诸生。1646年清兵陷广州。次年，他的业师陈邦彦（顺德人）联络明大学士陈子庄（南海人）及都御史张家玉（东莞人）等人起兵抗清，一时声势甚为壮大。陈邦彦以舟师取顺德，陈子庄率九江村蜑户兵数万，英勇善战，并与陈合谋攻广州；张家玉联络举人韩如璜（东莞人），收复了东莞。但终因寡不敌众，坚持不久即相继失败。陈邦彦肩中三刀，拒绝投降，被清兵处死，陈子庄、张家玉亦壮烈而殁。邦彦牺牲后，年仅18岁的屈大均即冒险收殓老师的遗体，立志继承老师之遗志，对清廷誓不屈服。1648年八月，降将李成栋反正，永历帝朱由榔返肇庆。屈大均遂于次年面见朱由榔，上《中兴六大典书》，把恢复明朝疆土的希望寄托在永历帝身上。1650年春，清兵再次围攻广州，屈大均感到复明事业屡受挫折，异常悲观，乃遁入空门，削发为僧。1656年，屈大均又弃禅归儒，逾岭北游，决心行游南北，交接遗民，继续抗清事业。他去浙江会稽，读书于祁氏寓山园，不下楼者凡五阅月。② 又至南京谒孝陵。1658年，北上至京师，谒崇祯帝自缢处，拜哭失声。随后又东出榆关，周览辽东西形胜。1660年，复至会稽。1665年（康熙四年）以后，他由南京至陕西，结交了顾炎武、李因笃等人。通过这段读书及行游的经历，他认识到自己遁入空门的做法是非常错误的。他在《翁山文外》卷五《归儒说》中写道：

> 予二十有二而学禅，既又学玄，年三十而始知其非，乃尽弃之，复从事于吾儒。③

---

① 《广东新语》卷一七，第469、467、472、467页。

② （清）屈大均：《翁山诗外》卷二有《赠山阴祁七》《寓山园吊祁忠敏公（彪佳）》，卷三有《题山阴祁五祁六藏书楼》等诗，载《屈大均全集》第1册，北京：人民文学出版社，1996年版，第63、64、140页。

③ 《翁山文外》卷五《归儒说》，载《屈大均全集》第3册，第123页。

1661年他娶妻王氏后，随即易僧服，蓄发髻。1668年，携妻出雁门关，历大同、宣化，复游京师，谒十三陵。[①] 明年，再至南京，复趋吴越，与故友稍事逗留后，于八月返回故里。1662年，李定国死，屈大均在《题李献武王祠》中写出了"从来赐姓者，只有晋王贤"的诗句，[②]以表达对这位抗清民族英雄的崇敬。1673年，吴三桂反清，改国号为周，率兵至湖广。屈大均闻讯后，毅然从军，上书言兵事，并在孙延龄部任按察司副使，随军驻桂林。后见吴三桂虽名为反清，实则颇具个人野心，不足成大事，乃以政见不合谢归。不久，吴军失败，屈大均举家避居南京，又辗转至江西，最后于1681年返回番禺。他的晚年，除从事著述，写下不少可歌可泣的诗文外，还与当时一些具有强烈抗清意识的著名学者如顾炎武、朱彝尊、潘耒等人经常往还，抒发彼此间之悲愤情怀。明代的江南士人，自成一体系，自视颇高。但朱彝尊一次至广州后，与屈大均相见甚欢，对屈的诗文大加赞扬，临走时尚携走屈诗不少，遍传吴下，屈之声名遂大噪。汪士慎也对屈的诗文极为推崇，并引为知音。

1696年，屈大均病死。他的著作有《翁山诗外》《翁山文外》《翁山易外》《广东新语》《皇明四朝成仁录》，自称为《屈沱五书》。屈本人最重视《成仁录》，尝比之于《史记》，可惜竟未能完稿，这是他深感痛惜的。他在死前曾作有《自作衣冠冢志铭》一文，最能表达晚年的心境。其中道：

> 予于南京城南雨花台之北，木末亭之南，作一冢，以藏衣冠。自书曰："南海屈大均衣冠之冢。"不曰处士，不曰遗民，盖欲俟时而出，以行先圣人之道，不欲终其身于草野，为天下之所不幸也。铭之曰：噫嘻！我有衣冠，而我藏之，藏之于生，良为可悲。无发何冠？无肤何衣？衣乎！冠乎！乃藏于斯。噫嘻！衣冠之身，与天地而成尘；衣冠之行，与日月而长新。登斯冢者，其尚知予之苦辛。[③]

在屈大均的一生中，尚有两点值得提出，从而可以看出他的强烈

① 《翁山诗外》卷七《经巩华城》，载《屈大均全集》第1册，第447页。

② 《小腆纪年附考》卷二〇，康熙元年(1662)六月条，第777页。

③ 《翁山文外》卷八，载《屈大均全集》第3册，第146页。

的民族意识和可贵的爱国主义精神。

第一是他与魏耕的关系。魏耕是浙江慈溪人，清初也住在会稽祁氏家中，与明末著名御史、坚持抗清以身殉国的祁彪佳之子祁理孙及祁班孙相友善。祁彪佳在世时对魏非常器重。祁家的澹生堂，藏书甚丰富，与范氏天一阁齐名。屈大均初到会稽祁家时，结识了魏耕，并成为莫逆之交。魏耕当时即热衷于联系义旅，密谋抗清活动。他曾派人以蜡丸裹书与海上郑成功联系，谓郑率军由海道乘南风，三日可直达京口。1659年，郑成功采纳了他的意见，破瓜州、镇江，包围南京。而魏耕亦随张煌言兵抵芜湖，下附近四府三州二十四县。后因郑成功骄兵，不幸失败。魏耕避至祁家，祁班孙拟募人保护他间道出海。结果事泄，魏耕被处死，班孙被流放至宁古塔。这个计划，据说屈大均也参与其间。因此，魏耕死后，屈大均对他异常怀念，曾写诗曰：

慈溪魏子是钟期，大雅遗音独尔知。
一自弹琴东市后，风流儒雅失吾师。①

魏耕一名雪窦山人，全祖望《鲒埼亭集》卷八有《雪窦山人坟版文》，对魏耕的一生有详细的叙述，其中说魏耕“所交皆当世贤豪义侠，志图大事”，“与于苕上起兵之役，时败亡命走江湖，妻子满狱弗恤也”，最后又说：

粤人□□□不可一世，独心折先生之诗。□□盖尝再从先生寓鄞，其风格颇相近云。②

全祖望文中所述之□□□即是指屈大均。③ 在他的眼里，屈大均是很高傲的，但屈对魏耕其人其文，却非常佩服。

第二是屈大均对袁崇焕的怀念。明朝末年，袁崇焕是一位抗清的杰出民族英雄，他的事业功勋，高风亮节，可歌可泣，极为感人。④但因明朝皇帝中了清朝的反间之计，致使他蒙受不白之冤，被磔而

① 《翁山诗外》卷一六《屡得友朋书札感赋》，载《屈大均全集》第2册，第1349页。

② 见《明清史料汇编》第5集第3册，第438页。

③ 参见朱希祖：《屈大均传》，载《中山大学文史学研究所月刊》，1933年第1卷第5期。

④ 参见本书《试论袁崇焕的几个问题——读〈明史·袁崇焕传〉札记》一文。

死。但这一冤案，在明末清初时并不为人们所理解，因此当时的许多著作在记载袁的事迹时，或则认为他罪有应得，难于平反；或者尽力避开，不便直书，甚至连他的生前事迹也不愿一提。与屈大均同时的著名学者谈迁是个具有爱国情怀的史学家，一向持论公允。在他的《国榷》中，虽然肯定了袁的抗清功勋，但对袁的冤案，仍不理解。他在评袁之死时，认为袁之失在"愎谏怯战，避难规利"，虽然对崇祯帝对袁"寸而磔之"表示了不同看法，责问"果法之平乎"，但还是主张对袁应"戍之辟之可也"。①

屈大均虽然在《广东新语》中极力避开论述袁崇焕的事实，但他对袁则是非常崇敬。《翁山诗外》卷七有屈大均1658年所写的《吊袁督师》诗一首，最能表达他对英雄的仰慕之情。诗曰：

> 袁公忠义在，堪比望诸君。
> 百战肌肤尽，三年训练勤。
> 凉州无大马，皮岛有骄兵。
> 一片愚臣恨，长悬紫塞云。②

二 《广东新语》中反映的明末广东社会经济情况

《广东新语》一书系屈大均的晚年著作，共二十八卷。由于旧刻本印数较少，1985年由中华书局出版新的断句本，由赵元方老先生校阅。该书实际是明末清初的广东通史，内容无所不包。正如书前潘耒所作序称：

> 粤东为天南奥区，人文自宋而开，至明乃大盛……翁山既已掇其精英，为《广东文选》矣。又以山川之秀丽，物产之瑰奇，风俗之推迁，气候之参错，与中州绝异，未至其地者不闻，至其地者不尽见，不可无书以叙述之。于是考方舆，披志乘，验之以身经，征之以目睹，久而成《新语》一书。

屈本人在《自序》中这样写道：

① 《国榷》卷九一，崇祯三年七月癸亥，第5544页。
② 《翁山诗外》卷七《吊袁督师》，载《屈大均全集》第1册，第449页。

> 吾于广东通志，略其旧而新是详，旧十三而新十七，故曰《新语》……是书则广东之外志也。不出乎广东之内，而有以见夫广东之外。虽广东之外志，而广大精微，可以范围天下而不过。

屈大均虽然自视甚高，但当我们较认真地读了《新语》之后，就会感到，他的话是符合事实的，该书的确体现了明末清初广东地区的特色。

明中叶以后，江南及闽广沿海地区的工商业得到了长足的发展，尤其是广东地区，更有着得天独厚的优势。一方面由于它地处华南，天高皇帝远，明政府在政治上对之难以实行有效控制；另一方面，明中叶东南沿海地方"倭患"严重，而广东所受骚扰相对则少，因而对外贸易日趋繁荣。凡此，都表明该时期的广州是不同寻常的。恰如《新语》卷九《贪吏》条所述：

> 吾粤金山珠海，天子南库。自汉、唐以来，无人而不艳之。计天下所有之食货，东粤几尽有之，东粤之所有食货，天下未必尽有之也。[①]

下面，就《新语》所述，分类如次：

（一）明末广东之矿业

《新语》卷一五《铁》条对明中叶以后广东的冶铁情况有详细的描述，指出"铁莫良于广铁"，"产铁之山，有林木方可开炉"，"深掘之至数十丈，莫不皆然"。[②] 同时还介绍了该地区冶铁之过程。在谈到铁场之规模时，作者写道：

> 凡一炉场，环而居者三百家，司炉者二百余人，掘铁矿者三百余，汲者、烧炭者二百有余。驮者牛二百头，载者舟五十艘。计一铁场之费，不止万金。日得铁二十余版则利赢，八九版则缩，是有命焉。然诸冶惟罗定大塘基炉铁最良，悉是锴铁。光润而柔，可拔之为线，铸镬亦坚好，价贵于诸炉一等。

当铁炼成后，则大多输至佛山鼓铸，"诸所铸器，率以佛山为良"。

---

① 《广东新语》卷九，第304页。

② 《广东新语》卷一五，第408页。

文中还介绍了炼铁、炼钢的事实：

其炒铁，则以生铁团之入炉，火烧透红，乃出而置砧上。一人钳之，二三人锤之，旁十余童子扇之。童子必唱歌不辍，然后可炼熟而为鏁也。计炒铁之肆有数十，人有数千，一肆数十砧，一砧有十余人，是为小炉。炉有大小，以铁有生有熟也。故夫冶生铁者，大炉之事也；冶熟铁者，小炉之事也。其钢之健贵乎淬，未淬则柔性犹存也，淬者，钢已炉锤，方出火即入乎水，大水以柔之，必清水以健之，乃成纯钢。①

同卷《金》条还谈到了当时广东的矿业利润：

大抵晋康以掘铁为生，开建、河源以淘金银为业，一铁炉可养千人，一金潭银濑可活数百室，皆天之所以惠贫民也。

同时指出，“若上官开采，则所得不足以尝所失。未有不因（官办）而生乱也”，“万历间，中使募民认税开采，寻以无利而寝”。② 同卷《银》条提到当时的开矿者，“利赢则商，缩则寇，终于不得其死”的事实，③表明这些采矿者是冒着极大风险的。在卷二《禁凿石砺》条，作者就说到广州东之石砺山，“比者奸徒盗石，群千数人于其中，日夜锤凿不息”。④ 卷五《端溪砚石》条介绍了这里石矿的开采，以及石工开采过程中的悲惨景象。⑤

上述事实，实际是指明朝的情况，到了清初，作者写道：

承平时，商贾所得银，皆以易货……今也开税繁多，诸货之至吴、楚、京都者，往往利微折资本。

又说：

用银始于闽粤，以其地坑冶多而海舶利耳，然今二者皆不如昔。⑥

---

① 《广东新语》卷一五，第409—410页。
② 《广东新语》卷一五，第403页。
③ 《广东新语》卷一五，第404页。
④ 《广东新语》卷二，第57页。
⑤ 《广东新语》卷五，第195—199页。
⑥ 《广东新语》卷一五，第406页。

(二)广东之农业

在《新语·食语》中,屈大均对广东农业介绍得极为详尽,认为“农者以拙业力苦利微”,因之“辄弃耒耜而从之”经商。这是概而言之,但并非所有地区均如此。如“下番禺诸乡,其俗微重朴勤,能尽地力,旱、禾田两获之”,“其平阜高冈,亦多有荻、蔗、吉贝、麻、豆、排草、零香、果蓏之植,民皆纤啬筋力,以本业为孳孳,亦可谓地无废壤”。又曰:

> 吾粤最重占米,万州岁凶,则以薯蓣、桄榔面、南椰粉、鸭脚、狗尾等粟充饥,耕者颇少。

书中另一处解释粘米说:“其种因闽人得于占城,故名占。”[①]

书中卷二七《薯》条还谈到了番薯的情况,说“番薯近自吕宋来,植最易”,“皆甜美可以饭客,称番饭”,于是当地人“由不食五谷而食甘薯”,“番薯味犹甘”。[②]

作者谈到海南岛的农业时,则谓:

> 然琼山人亦皆从事贸易,不甚力耕,禾虽三熟,而粳、稌往往不给,多取盈于果蓏。家有槟榔之园,椰子之林,斯则膏腴之产矣……子瞻云,海南以薯米为粮,几米之十六,是也。[③]

由于广东商品经济的发展及城市人口的增多,于是在农村中出现了品种专业化的经营。《新语》卷二《陈村》条介绍了顺德陈村农民经营龙眼的情况:

> 顺德有水乡陈村,周围四十余里……居人多以种龙眼为业,弥望无际,约有数十万株。荔支、柑、橙诸果,居其三四。比屋皆焙取荔支、龙眼为货,以致末富。又尝担负诸种花木分贩之,近者数十里,远者二三百里。他处欲种花木及荔支、龙眼、橄榄之属,率就陈村买秧。又必使其人手种搏接,其树乃生且茂,其法甚秘。故广州场师,以陈村人为最。[④]

---

① 《广东新语》卷一四《谷》,第372、375、374页。

② 《广东新语》卷二七,第711页。

③ 《广东新语》卷一四《谷》,第375页。

④ 《广东新语》卷二,第44页。

《新语》卷二七《莲菱》条亦谈到广州郊西周围二十余里，多是池塘，故其地曰半塘，"土甚肥腴多膏物，种莲者十家而九"。①

在卷一四《舟楫为食》条中，作者特别介绍了广东沿海的渔民生活：

> 广为水国，人多以舟楫为食……弱龄男女崽，身手便利……日给有余，不须衣食父母……人日计米一升，加以鱼、蚌、乌菱、蕉、橘、薯、芋，减炊米十可二三。如是则男有余粟。故古称饶富居甲焉。按吾广多杂食货，而水居尤易为生。②

但当作者描述清初广东的农民生活时，则不时流露出对统治者的不满。他在卷二七《素馨》条谈到广州五羊门南岸花渡口花贩的状况时，指出：

> 盛平时，花多而价贱，十钱可得素馨升许，家有十余口簪戴皆足。今也，人尽髡髢花无所着，亦渐以稀少矣。诸花户皆贫，芜其花田而弗种，即种亦不蕃滋，盖亦时为之也。③

(三)广东之商业

广州的商业异常发达，商品流通的范围甚广。《新语》卷一四《谷》条谓：

> 又广州望县，人多务贾与时逐，以香、糖、果、箱、铁器、藤、蜡、番椒、苏木、蒲葵诸货，北走豫章、吴、浙，西北走长沙、汉口，其黠者南走澳门。

又卷一五《葛布》条：

> 史称粤多果布之凑，然亦夏布若蕉葛苎麻之属耳，冬布多至自吴、楚，松江之梭布，咸宁之大布，估人络绎而来，与绵花皆为正货。粤地所种吉贝，不足以供十郡之用也，蕉布与黄麻布为岭外所重，常以冬布相易。

---

① 《广东新语》卷二七，第704页。
② 《广东新语》卷一四，第395页。
③ 《广东新语》卷二七，第696—697页。

同卷《纱缎》条：

广之线纱与牛郎绸、五丝、八丝、云缎，皆为岭外京华、东西二洋所贵。[①]

(四)明代广东沿海的特殊土地制度——沙田

《新语》卷二《沙田》条特别论述了广东沿海沙田的形成、经营，以及明末清初沙田的时代特点等问题。其中说："广州边海诸县，皆有沙田，顺德、新会、香山尤多。"沙田系指沿海濒江淤泥积成的田土，即"粤之田，其濒海者，或数年或数十年，辄有浮生"者。这些浮生的田土，向为当地势豪所觊觎，因而"影占他人已熟之田为己物者，往往而有，是谓占沙"，"秋稼将登，则统率打手，驾大船，列刃张旗以往，多所伤杀，是谓抢割"。至于沙田的经营，书中说：

农以二月下旬，偕出沙田上结墩，墩各有墙栅二重以为固。其田高者牛犁，低者以人秧莳，至五月而毕，名曰田了，始相率还家。其佣自二月至五月谓之一春，每一人一春，主者以谷偿其值。七八月时耕者复往沙田塞水，或塞箕箔，腊其鱼、虾、蟮、蛤、螺、蛏之属以归，盖有不可胜食者矣。

但是由于清初的迁海政策，致使"沙田半荒"，而佃人又"不肯为田主长耕，如数纳谷"，形成了"有沙田者之苦也"，造成"沙田既多荒弃，于是赔赕虚粮，为累未已"，田主乃"贱其值以与佃人"，或是"田主寄命于田客"。但田主本人往往并"不知其田之所在，惟田客是问，礼貌稍疏，其患有不可言者"。[②] 实际情况表明，这些沙田的田主是愿意以雇佣的方式经营的，这样，佃户对土地的依附关系，则相对地减轻了。这是广东沿海土地经营形式变化的一个侧面，值得重视。[③]

三 《新语》中所反映的清初广东迁界之惨状

1646年冬清军攻下广州后，仍引起广东义师的不断反抗，同时

---

① 《广东新语》卷一四，第371页；卷一五，第426、427页。

② 《广东新语》卷二，第51—54页。

③ 见傅同钦：《明清时期的广东沙田》，载广东历史学会编：《明清广东社会经济形态研究》，广州：广东人民出版社，1985年版，第65—74页。

全国的抗清力量及郑成功的海上势力仍甚强大,不时威胁着清政权。因此,清政府乃在全国沿海地区特别是东南及华南沿海,强制推行禁海政策,并在顺治末年又严厉执行了迁界的措施。

迁界,即是将沿海居民强制向内地迁徙,以断绝沿海居民与海上的联络。这种措施,早在明初时即已实行过。当时浙江沿海大岛,"咸大姓聚居",汤和"奉敕行海,惧引倭,徙其民市居之……是谓禁田",[①]在福建,连江县在明初亦"徙其民于内地",[②]与清初禁海及迁界的意思相同。不过就规模而言,明初仅是个别地区为之,对沿海居民波及尚小,而清初的迁界范围甚广,且并非只一次,给沿海居民造成的损失则甚为巨大。

东南沿海之迁界,实始于顺治八年(1651),当时清政府曾下令浙江"宁波、温州、台州三府沿海居民内徙,以绝海盗之踪"。[③] 顺治十三年六月十六日,清廷下"申严海禁谕":"皇帝敕谕浙江、福建、广东、江南、山东、天津各督抚镇,海逆郑成功等窜伏海隅,至今尚未剿灭,必有奸人暗通线索,贪图厚利,贸易往来,资以粮物。若不立法严禁,海氛何由廓清。自今以后,各该督抚镇着申饬沿海一带文武各官,严禁商民船只私自出海,有将一切粮食、货物等项与逆贼贸易者……俱行奏闻处斩,货物入官。"[④]郑成功大将黄梧降清后,于顺治十四年曾谈到郑氏在海上所需木植、丝绵、油麻、钉铁、柴米全靠内地人"阴为转输,赍粮养寇",因而建议清政府下令严禁,不久清廷又"命严海禁,绝接济"。[⑤] 但真正大规模地推行迁界,则在顺治十八年。

《新语》卷二《迁界》条对广东沿海迁界问题之揭露异常深刻,很有代表性。据其所述,广东之迁界始于 1653 年。卷二《沙田》条谓"自癸巳(1653)迁海以来"云云,这应是第一次。以后又连续有多次较大规模的迁界措施。《新语·迁海》条谓:

---

① 《广志绎》卷四《江南诸省》,第 73 页。

② 乾隆《福州府志》卷一三《海防》,第 315 页。

③ 《清史稿》卷一三八《兵志九·海防》,第 4109 页。

④ 《明清史料》丁编第 2 本,第 155a 面。

⑤ 《清史稿》卷二六一《黄梧传》,第 9879—9880 页;并参见马楚坚:《有关清初迁海的问题——以广东为例》,载《第二届国际明清史学术讨论会论文集》,天津:天津人民出版社,1993 年版,第 576—586 页。

> 粤东濒海，其民多居水乡，十里许辄有万家之村，千家之寨。自唐宋以来，田庐丘墓，子孙世守勿替，鱼盐蜃蛤之利，藉为生命。岁壬寅(1662)二月，忽有迁民之令……令滨海民悉徙内地五十里，以绝接台湾之患……明年癸卯，华大人来巡边界，再迁其民；其八月，伊、吕二大人复来巡界。明年甲辰三月，特大人又来巡界，遑遑然以海防为事，民未尽空为虑，皆以台湾未平故也。[①]

可见，《新语》中把广东迁界的原因及时间，说得较为明确。原因即为防止大陆与郑成功海上的联络，而时间则开始于 1653 年，于 1662 年、1663 年(两次)、1664 年三年中复迁四次，合计共五次之多。

至于当时沿海各省迁界的里数，诸书记载不一。《海上见闻录定本》卷一云是三十里，[②]《广阳杂记》卷三亦谓黄梧降清后上"平海五策"时，建议"迁徙沿海居民于内地，距海三十里，不令人居住"。[③] 但许旭《闽中纪略》则明确说福建一些地方，"凡沿海二三百里，弃为瓯脱"。[④] 根据《新语》所记，广东沿海居民内迁五十里，这是符合当时实际情况的。

清初的迁界措施，无疑对东南沿海及广东地区的人民造成极大的损失，"上自辽东，下至广东，皆迁徙，筑短墙，立界碑，发兵戍守，出界者死，百姓失业流离，死亡者以亿万计"，"村社田宅，悉皆焚弃"。[⑤]在江浙一带：

> 民一夕数惊，皆废耕种以待……号令一出，民立刻迁徙，室庐一炬，老少妻孥，狂呼奔走，浮海而死于乱离者，不可胜数。数百里之地，今皆荆棘参天，狐狸虎狼，窟宅其间，林木萧然，燕巢无主，可谓浩叹。[⑥]

---

① 《广东新语》卷二《沙田》，第 51 页；《迁海》，第 57 页。

② 《海上见闻录定本》卷一，第 46 页。

③ 《广阳杂记》卷三，第 159 页。

④ (清)许旭：《闽中纪略》，载魏源：《圣武记》卷二，北京：中华书局，1984 年版，第 83 页。

⑤ 《海上见闻录定本》卷一，第 47 页。

⑥ 《研堂见闻杂记》，第 38a 面。

当时清朝还规定，沿海凡“以海物鬻于市者，罪至死”。浙江明州有一尼姑至一士人家食饭，见“盘中有海苔菜，食之而裹其余”。次日，尼使人告此士人曰：“速与我二十金，不则以此出首。”士人不应，尼遂于郡守处首之。[①] 可见当时海禁之严酷。

在屈大均《新语》中，则把广东沿海居民之惨状揭露得更为具体：

> 于是麾兵折界，期三日尽夷其地，空其人民。弃资携累，仓皇奔逃，野处露栖，死亡载道者，以数十万计……人民被迁者……养生无计。于是父子夫妻相弃，痛苦分携，斗粟一儿，百钱一女。豪民大贾，致有不损锱铢，不烦粒米，而得人全室以归者……或合家饮毒，或尽帑投河，有司视如蝼蚁，无安插之恩……于是八郡之民，死者又以数十万计。

又谓：

> 民既尽迁，于是毁屋庐以作长城，掘坟茔而为深堑，五里一墩，十里一台，东起大虎门，西迄防城，地方三千余里，以为大界。民有阑出咫尺者，执而诛戮，而民之以误出墙外死者，又不知几何万矣。自有粤东以来，生灵之祸，莫惨于此。

尤其是广东沿海人民的“一迁再迁”，造成“流离数十万之民，岁弃三千余之赋”，“筑墩楼，树桩栅，岁必修葺，所费不赀”，而此“钱粮工力，悉出闾阎”，“其迁者已苦仳离，未迁者又愁科派，民之所存，尚能有十之三四乎”。[②] 作者力图揭露清朝暴政，反对民族压迫，摆脱人民疾苦的崇高思想，在这里又一次得到了体现。

尽管沿海居民因迁界而所受灾难如此之大，但统治者却得以依仗权势，逍遥法外，借机垄断着沿海贸易的全部利益。《新语》卷二《澳门》条揭露：

> 向者海禁甚严，人民不得通澳。而藩王左右阴与为市，利尽归之，小民无分毫滋润。[③]

---

① 《归庄集》卷一〇《杂著》，第519页。

② 《广东新语》卷二，第57—58页。

③ 《广东新语》卷二，第38页。

四 《新语》所反映的广东外贸之兴盛与凋敝

明末广东的对外贸易向极发达。据《新语》卷一四《谷》条所述，当时广州商人至“红毛、日本、琉球、暹罗斛、吕宋，帆踔二洋，倏忽数千万里，以中国珍丽之物相贸易，获大赢利”；在卷一五《诸番贡物》中，还对“诸番之直广东”而见诸《明会典》者，以及“不可考”之诸国并“诸番贡物”，均有详细记载。卷一六《刀》条特别提到“粤多番刀，有曰日本刀者”。同卷《鸟枪》条谈到“交(趾)枪”，“其曰爪哇铳者，形如强弩，以绳悬络肩上，遇敌万铳齐发，贯甲数重”。同卷《席》条谈到“粤之席以西洋茭文者为上，其草随舶而至，澳人得之亦能织，然皆复而不单，单者作细方胜斜纹，惟西洋国人能织”。卷一五《绵布》条说“东粤之绵布，良苦不一……故广东人殓死者以为面衣，是曰西洋布，以来自番舶者为真”。[①] 卷一八《洋舶》条对外国船有较多介绍。尤其是荷兰船，屈大均的友人在福建曾登船观之，“谓其舶崇如山岳，有楼橹百十重……内则含伏大佛朗机百位”。荷兰船至广州，屈本人亦登其船，并记述说：

> 舶腹凡数重，缒之而下，有甘水井、菜畦。水柜水垢浊，以沙矾滤之复清，悬釜而炊。[②]

《新语》卷一五《银》条谈到广东用银亦来自外洋：

> 闽粤银多从番舶而来，番有吕宋者，在闽海南，产银，其行银如中国行钱，西洋诸番，银多转输其中，一通商故。闽粤人多贾吕宋银至广州，揽头者就舶取之，分散于百工之肆。百工各为服食器物偿其值。

同卷《黩货》中，亦述及明末广州外贸之盛况：

> 东粤之货，其出于九郡者，曰广货；出于琼州者，曰琼货，亦曰十三行货；出于西南诸番者，曰洋货。在昔全盛时，番舶衔尾而至，其大笼江，望之如蜃楼屃赑，殊蛮穷岛之珍异，浪运风督，

---

① 《广东新语》卷一四，第 371—372 页；卷一五，第 428—429 页；卷一六，第 439、441、第 454 页；卷一五，第 421 页。

② 《广东新语》卷一八，第 481—482 页。

以凑郁江之步者，岁不下十余舶。豪商大贾，各以其土所宜，相贸得利不赀……贪者艳之。[①]

正由于明末外贸之发展，广州城呈现出一片歌舞升平的豪华景象。《新语》卷一七《濠畔朱楼》条谓：

广州濠水……朱楼画榭，连属不断，皆优伶小唱所居。女旦美者，鳞次而家，其地名西角楼。隔岸有百货之肆，五都之市，天下商贾聚焉。屋后多有飞桥跨水，可达曲中，宴客者皆以此地为奢丽地……是地名濠畔街，当盛平时，香珠犀象如山，花鸟如海，番夷辐辏，日费数千万金。饮食之盛，歌舞之多，过于秦淮数倍。

然作者最后则感叹地说："今皆不可问矣。"[②]

屈大均在充分肯定明末广州外贸兴盛的同时，也认识到清初外贸之大不如前，除了清廷大力推行禁海及迁界政策的原因外，也与西方一些国家对中国沿海的侵扰分不开。《新语》卷一六《大铳》条：

红毛夷擅此大器，载以巨舶，尝欲窥香山澳门，胁夺市利。澳夷乃仿为之，其制比红毛益精。[③]

卷一八《洋船》条：

所患者吾奸民为彼舌人通事……为之向导，诱之以妇女妖淫，告之以官司重轻，示之以地形虚实，为我腹心祸患。正德间，佛朗机绐称入贡，自西海突犯莞城，大肆杀掠，此其明徵矣。[④]

这都充分体现了屈大均的爱国主义精神。但他的思想并非顽固保守，亦不是一味盲目排外，而是主张互市互利，反对武力劫夺。在《新语》卷一五《诸番贡物》条中，他援引了嘉靖时礼部尚书霍韬的话谓：

东南番皆由广入贡，因而贸易，互为利市焉，中国不可拒之以自困。惟佛郎机则贼人之桀也，不可不拒。因拒佛郎机并拒

① 《广东新语》卷一五，第406、432页。

② 《广东新语》卷一七，第475页。

③ 《广东新语》卷一六，第442页。

④ 《广东新语》卷一八，第482页。

诸番，非策也。为今之计，在诸番之来则受之，在佛朗机则斥之，否则厉兵以防之，示之必诛。①

清代广州对外贸易不景气之另一原因，是官商所占的比例太大。《新语》卷九《贪吏》条云：

> 今之官于东粤者，无分大小，率务朘民以自封。既得重资，则使其亲串与民为市，而百十奸民从而羽翼之，为之龙断而罔利，于是民之贾十三，而官之贾十七。官之贾本多而废居易，以其奇策，绝流而渔，其利尝获数倍。民之贾虽极其勤苦，而不能与争，于是民之贾日穷，而官之贾日富。官之贾日富，而官之贾日多，遍于山海之间，或坐或行，近而广之十郡，远而东西二洋，无不有也……嗟夫，在昔国之富藏之于民，今也藏之于官，复藏之官而贾者，藏于贾而官者，民日穷而盗贼日炽，其祸不知所底。②

五 《新语》中的爱国主义思想

前面已经谈到，《新语》的内容无所不包。但是作为明朝遗民的屈大均，在书中反映最深刻的还是他的反清、抗清、誓不屈服的爱国主义思想。这些方面的中心内容，则大多反映在《新语》卷一二《诗语》中。如《黎美周诗》条，作者说黎抗清“困守虔州临危时，击剑扣弦，高吟绝命”，写出了“壮士血如漆，气热吞九边。大地吹黄沙，白骨为尘烟。鬼伯舐复厌，心苦肉不甜”的豪迈佳句，“一时将士闻之，皆为之袒裼争先，淋漓饮血，壮气腾涌，视死如归”。作者认为，只有这样的词句，才“不失英雄本色”。同卷《旷湛若诗》条，肯定了旷氏父子皆抗清烈士，而不仅仅是“风流旷达”的诗人。同卷《僧祖心诗》条认为韩祖心在 1645 年因“亲见诸士大夫死事状，纪为私史，城逻发焉，被拷治惨甚”，后来韩又“为诗数十百篇，命曰剩诗，其痛伤人伦之变，感慨家国之亡……读其诗而君父之爱，油然以生焉”。同卷《零丁山人诗》条亦述山人李正由于“丙午(1646)城破，其父及于难，山人乃髡

① 《广东新语》卷一五，第 431—432 页。

② 《广东新语》卷九，第 304—305 页。

首……遁居零丁之山，遇哀至放声曼歌，歌文文山正气之篇”。作者还在同卷《诗社》条这样总结道：

> 慨自申、酉变乱以来，士多哀怨，有郁难宣，既皆以蜚遁为怀，不复从事于举业，于是祖述风骚，流连八代，有所感触，一一见诸诗歌。故予尝与同里诸子为西园诗社，以追先达。[①]

作者是这样评述别人的诗的，诗人自己不也正是这样吗！

最后，再附带谈一点，即《新语》中反映的广东宗族制度。卷一七《祖祠》条中说：

> 岭南之著姓右族，于广州为盛，广之世，于乡为盛。其土沃而人繁，或一乡一姓，或一乡二三姓。自唐宋以来，蝉连而居，安其土，乐其谣俗，鲜有迁徙他邦者。其大小宗祖祢皆有祠，代为堂构，以壮丽相高。每千人之族，祠数十所；小姓单家，族人不满百者，亦有祠数所，其曰大宗祠者，始祖之庙也……吾粤其庶几近古者也。[②]

显然，若要研究社会史，研究宗族制度的主要内容如族长、祠堂、族田、族谱等，广东地区应引起足够的重视。屈大均在书中的简单概述，也许给了我们一个很好的提示。

（原载《明末清初华南地区历史人物功业研讨会论文集》，香港中文大学历史学系，1993年版）

① 《广东新语》卷一二，第349—352、357页。

② 《广东新语》卷一七，第464页。

《热河日记》反映之中国社会及其作者的思明情绪

一　朴趾源其人

朝鲜 18 世纪著名学者朴趾源（1737—1805）所著《热河日记》，亦名《燕行录》，[①]共二十六卷，系作者于乾隆四十五年（1780）随其从兄朴明源（正使）贺乾隆七十大寿，来华沿途所记之见闻录。他们此行遍游盛京（沈阳）、北京及热河等地，所述内容包括甚广，举凡历史、地理、风俗、人物乃至诗琴书画等，均有所论及。其中对热河之描写尤为翔实，为研究承德避暑山庄的一部重要文献。本书在韩国已是家喻户晓，版本甚多。原文为汉文版，亦早已译成韩文出版，成为韩国历史上的名著。但在中国，近年来才渐为人知。台湾“中央”图书馆原藏抄本，1956 年正式出版，系《中华丛书》一种，1982 年再版。近年来，大陆亦有出版。[②]

朴趾源，字仲美，一字美斋，号燕岩，系当时朝鲜北学派的大师。他博通经史，汉学根底甚深，尤擅长作汉诗，与他齐名的学者如李彦

---

① 朝鲜使节出使明朝为朝天，出使清朝为燕行。故其所著使行录相应称之为《朝天录》和《燕行录》。

② 北京图书馆出版社 1996 年据 1932 年大东印刷所铅印本《燕岩集》影印《热河日记》，上海书店出版社 1997 年出版了朱瑞平校点本。韩国民族文化推进会编刊《韩国文集丛刊》收入朴趾源《燕岩集》，于 2000 年影印标点出版。故本文所用版本以此为准。

真、李德懋、柳德恭、朴齐家、李书九等人,皆是他的诗友。他们把诗的主题由一般的风花雪月扩大到现实社会问题,影响很大。这里仅以朴趾源的《田家》诗为例:

翁老守雀坐南陂,粟拖狗尾黄雀垂。
长男中男皆出田,田家尽日昼掩扉。
鸢蹴鸡儿攫不得,群鸡乱啼匏花篱。
小妇戴棬疑渡溪,赤子黄犬相追随。[①]

朴趾源还是朝鲜当时卓越的实学家及著名的文学家。他通过自己掌握的丰富知识,对当时朝鲜的社会生活进行了深刻的观察,看到国家的衰弱及人民的痛苦的其根本原因,在于统治者之腐朽无能及对人民的残酷掠夺。因此主张进行社会经济的改革,研究并推广中国的先进科学。

他本人对天文、历史、地理、文学、音乐、金石、医药,几无一不通。如在《热河日记》卷一七《避暑录》中谈及江南文士时,指出"吴中自古浮诞轻诡,然率能工文章,善书画,类多名士,而中原人士皆恶之"。[②]又如《日记》卷一三《忘羊录》中,在与清朝汉官尹亨山、王鹄汀论及中国及朝鲜的乐器时,曾令清人折服,并感叹朝鲜之音乐,"真君子之国也"。[③]《日记》卷二《盛京伽兰记》及《粟斋笔谈》谈到了中国金石古董,表明作者对此方面知识非常丰富。在《日记》卷二二《金蓼小抄》中,朴趾源承认"吾东医方未博,药料不广,率皆资之中国",[④]但又说:"我东书籍之入梓中国者甚罕,独《东医宝鉴》二十卷盛行,板本精妙。"[⑤]因此,作者利用此次旅行,多方收集医方,特别注重荷兰之小儿诊治病方及西洋医学书籍等,对清朝笔记小说《香祖笔记》中之医药记述,亦多参考。

朴趾源不仅写出大量优秀的著作和诗文,同时他也是一位著名

① (朝鲜王朝)朴趾源:《燕岩集》卷一《映带亭杂咏》,收入韩国民族文化推进会编刊《韩国文集丛刊》第252册,2000年版,第89—90页。

② 《燕岩集》卷一四《热河日记·避暑录》,第285页。

③ 《燕岩集》卷一三《热河日记·忘羊录》,第248页。

④ 《燕岩集》卷一五《热河日记·金蓼小抄》,第335页。

⑤ 《燕岩集》卷一四《热河日记·口外异闻》,第295页。

的思想家，曾提出朴素的进化思想，在当时影响极大。

朝鲜于乾隆四十五年（正宗四年，1780）三月，任命朴明源为进贺谢恩正使，郑元始为副使，赵鼎镇为书状官。朴趾源即此代表团之随员，于是年六月二十四日离朝过鸭绿江。

早在当年四月，朝鲜即做好了行前准备工作。当时从北京回到汉城的黄仁点向国王报告了几点情况。一是澄清了乾隆有“禅位之举”的传闻。因为出使前闻知乾隆禅位，但至北京后，方知皇帝上谕已予澄清，并谓：“朕春秋已届七旬，虽自信精力如旧……若蒙上苍眷佑，得遂朕之初愿，至八十五岁归政……并通谕中外知之。”二是汇报了乾隆南巡时的一些故事。中国各处穷极华丽，元宵节前后三天，皇帝南巡所经州县“竞尚灯爆，进呈杂戏”，新城知县申允恭“别设十层鳌山爆灯整待”，结果自己“误触灯爆机括”，知县与掌灯者数十人同时被烧死。至于皇城及太液池等处，“寺院佛塔横亘连络，殆至眩目，而五龙亭后又营一大刹，工役之费不啻累百万”，皇帝巡幸的其他地方亦多“穷极眩采，横亘数十里”，极尽奢华之能事，“役民兴作如此，而以帑储厚给工费，故民不为怨云。”①

二　朝鲜使团沿途之见闻

早在出发前，朴明源一行即已得知清朝的关外情况：

> 自渡鸭江以后，至石门岭三百余里之间，土地膏腴，山川明丽，绝无边塞之气。叠巘峻岭，重重环抱。岭之西即辽阳也，山势渐平……自沈阳始有城郭……山海关之外，明朝筑州县卫所屯堡之城，革命之际，攻破崩毁，一无全处。自去年皇帝有诏，沿海及直路在前所有之城……举皆修筑……小城则二万银，大城倍之。自凤城至山海关外，民俗蠢强，专尚弓马。父母之丧，火葬者多，或暴骸原野，视若寻常，殊未可以理责之。关内则人物丰硕，稍有敦厖之风。然汉人皆苛刻，清人多纯朴，而婚丧之礼，不遵文公家礼，自王宫及庶人，悉用时制。盖最尊佛道，次敬关王。②

① 《朝鲜正祖实录》卷九，乾隆四十五年四月乙卯，《朝鲜王朝实录》第 45 册，第 161 页。

② 《朝鲜正祖实录》卷九，乾隆四十五年四月庚午，《朝鲜王朝实录》第 45 册，第 162 页。

《日记》中所记沿途状况，与前闻颇有相似之处。如是年六月廿七日初入中国境内，即“逢五六胡人，皆骑小驴，帽服褴褛，容貌疲残，皆凤城甲军，往戍爱剌河，而雇人倩往云”，作者并感叹称：“东方则诚无虑矣，然中国边备可谓疏矣。”[①]七月初八日到了辽阳，则又是一番新的景色：

> 入旧辽阳，其繁华富丽十倍凤城……出西门，见白塔，其制造工丽雄伟……辽阳城车马轰殷，聚观者到处成群；酒楼红栏，高临大道，扬出一面金字酒旗，书着“闻名应驻马，寻香且停车”，吾可以饮矣。[②]

在叙述辽东村舍与风俗时，这样写道：

> 自入辽东以来，村间不绝，路广数百步，沿路两傍皆种垂柳，闾阎栉比，处其对门中间，潦水不泄，往往自成大池。家养鹅鸭，百十浮泳。两边村舍尽成临水楼台，红栏翠槛，映带左右，渺然有江湖之想…… 每近村间…… 家家走出妇女，阗门观光，无老无少，装束皆同，妆花垂珰，略施朱粉，口皆含烟。手持靴底，所衲连针带线，骈肩簇立，指点娇笑。始见汉女，汉女皆缠足，着弓鞋，姿色不及满女。满女多花容月态。[③]

又谓：

> 自辽阳沿路植柳，万树阴阴，不知甚暑，或柳下水汇处，往往成坑……遥望柳阴下车马云屯，促鞭而行，下马小憩，客商数百人，卸担纳凉，或踞柳根脱衣摇扇，或啜茶饮酒，或沐发剃头，或骰牌，或猜拳…… 车三十余乘，皆满载石煤，卖酒、卖茶、卖饼果诸般饮食者，皆就柳阴下列椅而坐。余以六文沽杨梅茶半碗解渴……一辆太平车载二妇人，驾一驴而行，驴见水桶，引车就桶。妇人一老一少，褰帘纳凉，皆衣莺哥绿袄，赤黄色绔，以玉簪花、石竹、石榴花为头上繁饰，似是汉女。[④]

---

① 《燕岩集》卷一一《热河日记·渡江录》，第 149 页。
② 《燕岩集》卷一一《热河日记·渡江录》，第 160 页。
③ 《燕岩集》卷一一《热河日记·渡江录》，第 161 页。
④ 《燕岩集》卷一一《热河日记·盛京杂识》，第 163 页。

通过作者的这番描述，一幅18世纪辽东地方的美丽图画似正映在我们的面前，颇具时代气息。其述盛京、京师景象，亦多类似，不赘。

三 《日记》对热河之描述

据《李朝实录》载，乾隆四十五年(1780)十一月戊寅，朝鲜赴清使团书状官赵鼎镇曾向国王汇报热河的地理、风土人情以及避暑山庄内的君臣生活乃至朝贡场面等。[①]《热河日记》中所载之避暑山庄盛况，较之尤为细致入微。如该书卷五《漠北行程录》中叙述了热河沿革：

> 热河，皇帝行在所，雍正时置承德州，今乾隆升州为府，在皇城东北四百二十里，出长城二百余里。按《志》：汉时要阳、白檀二县属渔阳郡……皇明时为朵颜卫地，此其古今沿革也。今清一统，则始名热河，为长城外要害之地。自康熙皇帝时，常于夏月驻跸于此，为清暑之所，所居宫殿……谓之避暑山庄。[②]

在谈到避暑山庄时，作者写道：

> 既入热河，宫阙壮丽，左右市廛，连亘十里，塞北一大都会也。直西有捧捶山，一峰矗立，状如砧杵，高百余丈，直耸倚天，夕阳斜映，作烂金色，康熙帝改名磬捶山。热河城高三丈余，周三十里……有三十六景。[③]

在卷六《太学留馆录》中，作者对承德街肆却另有一番描述：

> (八月十一日)皇帝又赐御馔三器，如昨所赐。余出阙门外闲步观玩，视昨朝尤不胜纷踏，缁尘涨空。沿途茶房酒肆，车马闹热……入一果肆……买两梨而出，对楼酒旗飘扬槛前，银壶锡瓶舞蹲檐外，绿栏行空，金扁映日。左右青帘题"神仙留玉佩，公卿解金貂"。楼下车骑若干，而楼上人声如蜂闹蛟沸。余信步而

---

① 《朝鲜正祖实录》卷一〇，乾隆四十五年十一月戊寅，《朝鲜王朝实录》第45册，第193页。

② 《燕岩集》卷一二《热河日记・漠北行程录》，第252页。

③ 《燕岩集》卷一二《热河日记・漠北行程录》，第210页。

上，则胡梯十二级矣。[①]

有关山庄戏台及听戏情景，书状官曾向朝鲜国王报告：

> 热河戏台在行宫之内，层阁宏敞，左右木刻假山，高与阁齐，仙果珠树，剪采为之。戏本有五，一本共十六枝(折)，卯而始，未而罢，凡五日而止。大抵多祝寿之辞，而率皆杂乱。[②]

而《日记》卷六则说得更为具体：

> (八月十二日)使臣入班听戏……朝饭后，徐行入阙……不得入……循墙十余步，有一小角门，门扇一掩一开……只许门外张望……只从人项间空处隐隐见一座青山，翠松苍柏，转眄之顷，倏忽不见。又彩衫绣袍者，面傅朱粉，腰以上高出人顶，似乘轩也……呈戏之人，皆汉衣冠，四五百迭进迭退，齐唱乐歌……是日极热，环观如堵，其中多晶顶，未知何许官员也。[③]

是日为千秋节前一日，故乾隆帝赏赐在班茶馔三次，使臣亦在其内，计“饷饼一器，黄白二层，四面方正，色如黄蜡，坚密细腻，不入刀剉，上层尤温润如玉。饼上立一仙官，须眉生动，袍笏华鲜，左右又立仙童，雕刻奇巧，皆面和蔗造成”。[④]

《日记》在卷一五《山庄杂记 · 万国进贡记》中，曾对乾隆生日前沿途所见，有详细记载。现摘录如下：

> 秋八月十三日乃皇帝千秋节，特召我使首赴行在参庭驾……道见四方贡献车可万辆，又人担驼负轿驾而去，势如风雨，其扛而担者，物之尤精软云。每车……上插小黄旗，皆书进贡字。进贡物皆外裹猩猩毡、诸色氆录，竹簟藤器皆称玉器。一车道蹶，方改装。所裹藤席磨弊，稍露柜面。柜黄漆，可如一小亭……何物琉璃器大如许。视此可推诸车所载。日既黄昏，益见车乘争道催赶，篝灯相照，铃铎动地，鞭声震野；虎豹装槛柙者十

---

① 《燕岩集》卷一二《热河日记 · 太学留馆录》，第 215 页。

② 《朝鲜正祖实录》卷一〇，乾隆四十五年十一月戊寅，《朝鲜王朝实录》第 45 册，第 193 页。

③ 《燕岩集》卷一二《热河日记 · 太学留馆录》，第 217 页。

④ 《燕岩集》卷一二《热河日记 · 太学留馆录》，第 218 页。

余乘……始知日阅万车，不独玉器宝玩，亦多四海万国奇禽怪兽也。①

关于热河所养诸兽，《日记》卷二〇《口外异闻》中还有另一段描写：

余尝至万岁山，不见所畜诸兽，则皆置之西山及圆明诸苑。而热河所见奇禽兽不为不多，然率不识其名。日见驯熊豢虎，类皆帖耳阖眼，常作可怜之态。尤以未见狮子为可恨，然百年内亦无来献者云。②

《日记》卷一七《避暑录》中，对热河酒楼的高雅氛围亦有一段美好回忆：

热河酒楼，繁华不减皇京，壁上多名人书画。流霞亭题："功名富贵两亡羊，且尽生前酒一觞。多种好花三百本，短篱风雨四时香。"又饮翠裘楼，壁间所题墨痕犹湿，犹于敏中、阿克敦笔。问诸酒佣："知此书主名否?"对："俄有一客写揭才去，不知书者姓名。"其诗："致主初心陋汉唐，暮年身计落农桑。草烟牛迹西郊路，又卧旗亭送夕阳。"两诗不知何代谁作，而临风一咏，令人感慨。③

看来热河的酒楼尚有古代遗风，令人仰慕。

四 《日记》对乾隆及和珅之描述

朝鲜使团由是年八月初五日由北京出发，直赴热河。官员从人共计 74 人，马 55 匹。开始时，朴趾源对东赴热河，极为犹豫。正使对他说："汝万里赴燕为游览，今此热河，前辈之所未见，若东还之日，有闻热河者，何以对之？皇城人所共见，至于此行，千载一时，不可不往。"于是决定成行。自正使以下开名单送礼部并奏知皇帝。作者则未入单中，"虑其有别赏而嫌之也"。及至密云后，军机大臣福隆安来

---

① 《燕岩集》卷一四《热河日记 · 山庄杂记 · 万国进贡记》，第 274 页。

② 《燕岩集》卷一四《热河日记 · 口外异闻 · 狮子》，第 300 页。

③ 《燕岩集》卷一四《热河日记 · 避暑录》，第 281 页。

接,并谓皇帝原已命八月初九日朝前达热河,"再三嘱托"。[①]

八月十一日,乾隆皇帝召见朝鲜使团。军机大臣以皇旨问曰:"尔国有寺刹乎?又有关帝庙乎?""已而皇帝出自正门,而出坐门中砖上,不设椅榻,只设平床,铺黄褥。左右侍卫皆衣黄。佩剑者不过三四双,双伞分立者只二双,肃然无哗。"随后,皇帝问:"国王平安?"使臣谨对曰:"平安。"皇帝又问:"有能满洲话者乎?"上通事尹甲宗以满洲话对曰:"略解。"作者不厌其烦地描写乾隆皇帝召见的细节,乾隆皇帝亲切和蔼的形象跃然纸上。就在这种拉家常似的对白中,显示出乾隆皇帝对藩国朝鲜的皇恩浩荡。朴趾源对乾隆帝面目又进行了细致的描述。曰:

> 皇帝方面白皙而微带黄气,须髯半白,貌若六十岁,蔼然有春风和气。[②]

又形容乾隆皇帝性格时称:

> 皇帝春秋高,多躁怒。左右数被鞭挞,而最爱此女(按:指约婚于和珅幼子之女),故帝方盛怒时,宫人辄抱置幼女于帝前,帝为霁威怒云。[③]

至于皇帝宠臣和珅,《日记》亦有介绍:

> 晶顶者,乃户部尚书和珅也。眉目明秀,俊峭轻锐,而但少德器,年方三十一云。珅本起自銮仪司卫卒,性狡黠,善迎合。五六年间骤贵,统领九门提督,与兵部尚书福隆安常侍左右,贵振朝廷。发李侍尧,纳海明贿金,籍于敏中家,出阿桂视河,皆和珅有力焉。[④]

这与《朝鲜正祖实录》乾隆四十五年(1780)十一月书状官赵鼎镇向朝鲜国王汇报的情况大致相同。[⑤]

---

① 《燕岩集》卷一二《热河日记·漠北行程录》,第205页。

② 《燕岩集》卷一二《热河日记·太学留馆录》,第217页。

③ 《燕岩集》卷一二《热河日记·太学留馆录》,第218页。

④ 《燕岩集》卷一二《热河日记·太学留馆录》,第218页。

⑤ 《朝鲜正祖实录》卷一〇,乾隆四十五年十一月戊寅,《朝鲜王朝实录》第45册,第193页。

《朝鲜王朝实录》中乾隆五十五年三月，朝鲜使团副使赵宗铉对国王说，乾隆帝"无异少年，满面和气"。[①] 同年十月，朝臣黄仁说："(乾隆)容貌则稍衰，而尚如六十余岁人筋力，则耳目聪明，步履便捷矣。"[②]五十九年三月，朝臣郑东观则汇报称，乾隆"皇帝虽在耋龄，精力康旺"。但当述及当时中国社会时，则不无感叹。如乾隆五十七年三月，金履素自中国回，向朝鲜国王报告："皇帝若有咳唾之时，和珅以溺器进之，纪纲可知。皇帝穷奢极侈，故赋重役繁，生民困苦，不自聊活矣。"[③]乾隆五十九年黄仁点亦在述及和珅时谓：

> 阁老和珅用事将近二十年，威福由己，贪黩日甚。内而公卿，外而藩阃，皆出其门。纳贿谄附者多得清要，中立不倚者，如非抵罪，亦必潦倒。上自王公，下至舆台，莫不侧目唾骂。[④]

首译张濂则谓：

> 皇帝早膳已供，而不过霎时，又索早膳，宦侍不敢言已进，而皇帝亦不觉悟，其衰老健忘，推此可知。[⑤]

如果联系到前引《日记》对乾隆帝及和珅之所载，则朴趾源已开始意识到乾隆朝社会之弊端。及至乾隆晚年，则已一发不可收拾。

五 《日记》作者的思明情绪

明末以来，《朝鲜王朝实录》中反映的朝鲜君臣的思明情绪，几乎篇篇可见。但当清朝建立一百三十多年以后，作者所撰之《热河日记》亦复如此，却是难以想象的。这表明了清中叶一些江南士人的反清情绪，与朝鲜学者有着千丝万缕的联系，值得思考。

---

① 《朝鲜正祖实录》卷二九，乾隆五十五年三月丙午，《朝鲜王朝实录》第46册，第112页。

② 《朝鲜正祖实录》卷二九，乾隆五十五年三月丙午，《朝鲜王朝实录》第46册，第112页。

③ 《朝鲜正祖实录》卷三四，乾隆五十七年三月辛卯，《朝鲜王朝实录》第46册，第283页。

④ 《朝鲜正祖实录》卷三九，乾隆五十九年三月辛亥，《朝鲜王朝实录》第46册，第457页。

⑤ 《朝鲜正祖实录》卷三九，乾隆五十九年三月辛亥，《朝鲜王朝实录》第46册，第458页。

《日记》中凡提明朝时，必曰"皇明"，且空格。而称清朝时，只称清人，不抬头。

《日记》中最明显的思明情绪，反映在该书卷一《渡江录》序中。序中署"崇祯百五十六年(乾隆四十八年，1783)癸卯洌上外史题"。其中称：

> 曷称后？崇祯纪元后也。曷三庚子？崇祯纪元后三周庚子也。曷不称崇祯？将渡江，故讳之也。曷讳之？江以外清人也。天下皆奉清正朔，故不敢称崇祯也。曷私称崇祯？皇明中华也，吾初受命之上国也。崇祯十七年，毅宗列皇帝殉社稷，明室亡，于今百四十余年，曷至今称之？清人入主中国，而先王之制度变而为胡，环东土数千里划江而为国，独守先王之制度，是明室犹存于鸭水以东也。虽力不足以攘除戎狄，肃清中原，以光复先王之旧，然皆能尊崇祯以存中国也。①

该书卷一二《行在杂录》又称：

> 呜呼！皇明，吾上国也……何为上国，曰中华也。吾先王列朝之所受命也……属邦之妇人孺子语上国，莫不称天而尊之者，四百年犹一日，盖吾明室之恩不可忘也。昔倭奴覆我疆域，我神宗皇帝提天下之师东援之，竭帑银以供师旅，复我三都，还我八路，我祖宗无国而有国，我百姓得免雕题赤服之俗，恩在肌髓，万世永赖，皆吾上国之恩也。②

作者最后说：

> 清兴百四十余年，我东士大夫夷中国而耻之。虽黾勉奉使，而其文书之去来，事情之虚实，一切委之于译官。自渡江入燕京所经二千里之间……其索赂则我使甘受其操纵。译官遑遑然，承奉之不暇，常若有大机关之隐伏于其间者。此使臣妄尊自便之过也。使臣之于任译，太疑则非情，而过信亦不可。如有一朝之虞，则三使者其将默然相视，而徒仰任译之口而已哉。为使者

---

① 《燕岩集》卷一一《热河日记·渡江录》，第146页。

② 《燕岩集》卷一三《热河日记·行在杂录》，第242页。

不可以不讲。①

正因为作为朝鲜使团的随员有这种疑虑,因而朴趾源在与清朝官员谈话时也颇为谨慎。一次在热河与汉人王举人鹄汀谈及汉女缠足事,朴趾源认为缠足走起路来不雅,行路亦不方便,朝鲜女人并不缠足。王举人则曰:"本朝禁令至严,终禁他不得","盖男顺而女不顺也"。朴趾源只好说:"还不如鞑女远甚",②有意将话题避开。当时汉官与满官亦多有矛盾,互不服气。在热河时,尹亨山(汉官)与奇丽川(满官)同朴趾源住处均近,互有来往。奇丽川甚骄傲,有藐视尹之意,而尹"佯若不知",但背后则骂之为"鸠眼未化",于是朴趾源在《日记》中慨叹曰:"满汉仇疾类此。"③

本来,清朝是不允许朝鲜使臣与江南士人接触的。这次使团回朝后,朝鲜国王特别问及副使郑元始:"卿之今行,逢江南文士否?"郑回答:"近日皇帝禁不与外使相通,犯者论以死律。故留馆时,不见士子来访者矣。"但有一江南士人因"与一译相熟,颇聪明,解文字,盛称朝鲜文华之治。酒半,至于投兜循发泣下云"。于是郑元始得出结论曰:"以是观之,南方之俗,尚能思汉。"④在这一点上,朝鲜使臣是颇具同情心的。

又一次,朴趾源问及尹亨山,"当世诗人海内称首者"是谁,尹答曰:"敝老友袁太史枚,字子才。高蹈不羁之士也。不乐仕宦,放迹山水,最工怀古之作。"并咏其《博浪城》诗:"真人采药走蓬莱,博浪沙连望海台。九鼎尚沈三户起,六王才毕一椎来。虎龙有气黄金尽,三鬼无声白璧哀。大索十日还散手,如君终古尽奇才。"朴趾源并说:"观其诗,可占中原士大夫之心,而亨山之独咏此篇,其意尤著。然不讳于丽川何也?"⑤

此外,在《日记》卷一四《鹄汀笔谈》中,朴趾源因与王久而成友,遂与鹄汀上下古今作彻夜谈。两人谈地圆说,谈耶稣会士东来,谈佛

---

① 《燕岩集》卷一三《热河日记·行在杂录》,第245页。

② 《燕岩集》卷一二《热河日记·太学留馆录》,第214页。

③ 《燕岩集》卷一四《热河日记·避暑录》,第280页。

④ 《朝鲜正祖实录》卷一〇,乾隆四十五年十一月辛丑,《朝鲜王朝实录》第45册,第196页。

⑤ 《燕岩集》卷一四《热河日记·避暑录》,第284页。

道，谈程朱理学。作者问王鹄汀清朝的禁书为什么这么多？都有哪些禁书？王随即书写了顾炎武、毛西河、钱牧斋等集数十种，“随即裂之”。朴趾源乃问王：“永乐时搜访天下群书，为《永乐大全〔典〕》等书赚人白头，无暇闲笔。今《集成》等书并是此意否？”“鹄汀忙手涂抹曰：‘本朝右文，度越百王，不入《四库》，顾为无用’。”两人还对明末清初的历史有所回顾。当论及史可法复多尔衮书时，作者可一一背出，并谓“此书可与日月争光”。王听后感到大惊，以为“外国人何从读”。于是杜趾源问王“史公此书亦系禁书否”，鹄汀曰“不是禁书”。杜趾源又问：“这两书(按：指多尔衮致史可法书及史可法致多尔衮书)义理孰是”，王鹄汀微笑曰：“互引《春秋》而断烂已久，俱称天命而孰闻！”写后随即抹去。作者又问多尔衮为何被籍，王摇手曰：“多少说得长。”可见，此章中两人之笔谈，并非存在语言文字障碍，而是另有隐衷。两人对清朝之不满，跃然纸上。①

该书卷二一《玉匣夜话》中，还叙述了明遗民如何“远商江南，觇其虚实，结其豪杰”，以达到“天下可图，而国耻可雪”的目的，情绪颇为激昂。②

杜趾源的思明情绪，在谈及清帝诗文时亦有流露。卷一七《避暑录》中写道：

> 康熙山庄诗共三十六首，皆陋拙无致，盖多勉强咏哦，以示素抱。而群下必搜罗群书，以广笺注。如《烟波致爽》曰：“山庄频避暑，静默少喧哗。”此何足多费训释？③

他还对康熙时所刊《全唐诗》提出批评：

> 康熙所刊《全唐诗》共一百二十卷，宜无所遗，而唐玄宗《御制赐新罗景德王》五言十韵诗，不载集中……此诗既入中国，至经道君睿赏，而后世录唐诗者并未见收，始知前代坠文非耳目所可穷，而海内偏邦之士反或有阐幽之功，岂非吾辈之厚幸也欤！④

---

① 《燕岩集》卷一四《热河日记·鹄汀笔谈》，第259—263页。

② 《燕岩集》卷一四《热河日记·玉匣夜话》，第305页。

③ 《燕岩集》卷一四《热河日记·避暑录》，第284页。

④ 《燕岩集》卷一四《热河日记·避暑录》，第285页。

凡此，均可见朴趾源潜在的反清情绪及其汉学根底之深。

因此，可以说朴氏所撰《热河日记》，不仅介绍了乾隆盛世时之热河，同时也是评论 18 世纪清代社会及清朝诗文的一部不朽之作。

（原载《韩国学论文集》第六辑，新华出版社，1997 年版）

关于《台湾外记》的作者江日昇

在目前研究郑成功(1624—1662)问题的二百余种史籍中,学者们大多以杨英《从征实录》、夏琳《闽海纪要》、阮旻锡《海上见闻录》及江日昇《台湾外记》[①]四部为主要的史书。

《台湾外记》(以下简称《外记》)是郑成功部下江美鳌之子江日昇,根据其父亲的口述记录,以章回小说的体裁编写而成。是书记述郑芝龙事,起自天启元年(1621)入伙参加私人海上贸易,而终于康熙二十二年(1683)郑克塽降清为止,先后共计 63 年。书前有"陈祈永序"和郑芝龙以下"郑氏世次",凡郑芝龙、郑成功、郑经、郑克壂、郑克塽五条。由于作者著述该书系得自父亲的口传,并经过自己的多方采访,因之该书的史料价值很高,向为研究郑成功问题的学者所重视。

二十年前,谢国桢教授及庄为玑教授在他们的著作[②]中,均有很好的论述,笔者读后受到了很大的启发。

笔者最近重读《台湾外记》及有关福建方志,对于作者江日昇的生平及《外记》的著述年代,有一些新的体会,同时感到有些问题尚难

① 《台湾外记》或作《台湾外纪》,本文所据为光绪戊寅(四年,1878)申报馆仿聚珍版《台湾外记》三十卷本。

② 谢国桢:《有关郑成功史乘辑录》;庄为玑:《郑成功四种原始史料的比较研究》,二文均载于《厦门大学学报》1962 年第 1 期。

得到很好解决,因此提出来,供关心郑成功问题的史学工作者参考,并希望得到专家们的教正。

一 江日昇的生平

对于《外记》的作者江日昇的生平,过去研究郑成功的学者介绍得尚不多。我感到有三个问题值得注意,现叙述如下。

(一)江日昇的籍贯

《外记》每卷卷端均题"九闽珠浦东旭氏江日昇识"。

按:《外记》陈祈永所作序言曾说"是书以闽人说闽事",书前又"附土音字说"九条,作者又自署籍贯称珠浦,因此珠浦当是指福建某地。但究属何县何地呢?从《外记》中并不难找到答案。如书中卷一开头即谈道:"至同安地,设高浦所……谚云:白鹤山,珠屿案,谁人葬得著,天下管一半。"[①]则珠浦似乎即是同安县。

又据乾隆《同安县志》记载,福建同安县有高浦及宝珠屿。志云:

> 高浦城在安仁里,离县城六十里。
>
> 高浦在县西南,与海澄之排头门、新安相对。
>
> 明高浦所。正千户一员,副千户一员,百户一员,试百户一员,镇抚一员。
>
> 宝珠屿在高浦所前,海中沙屿也,状如珠。[②]

因此,珠浦应当就是珠屿及高浦的简称,实即指福建同安县。此外,还有一个证明。乾隆《福建通志》注明康熙五十二年乡试恩科榜时,曾列江日昇的籍贯为"泉州府同安县"。[③] 所以,江日昇籍贯属于同安,应当是没有问题的。

但其他史书的记载却又不然。嘉庆《惠安县志·选举·康熙举人》中谈道:"江日昇,字敬夫,前型人,同安籍。"乾隆《泉州府志》也

---

① 《台湾外记》卷一《江夏侯惊梦保山,颜思齐败谋日本》,第1b面。

② 参见(清)吴镛修,陶元藻纂:乾隆《同安县志》卷一、卷八、卷一六、卷二,乾隆三十二年(1767)刻本。

③ 乾隆《福建通志》卷四一《选举九》,第379页。

说,江日昇"字敬夫,惠安前型人"。①

前型属于福建省惠安县。根据嘉庆《惠安县志》和乾隆《泉州府志》的记载,江日昇原应是惠安人,只不过因为某种原因,改籍为同安而已。

(二)江日昇之父江美鳌

《外记》卷一在谈到郑芝龙时,书中按语谓:

> 余先君讳美鳌,生(与郑芝龙)同时,从永胜伯郑彩翊弘光督师江上,继而福州共事,署龙骧将军印。至丁巳(康熙十六年,1677)改职归诚,往粤东连平州。始末靡不周知,口传耳授,不敢一字影捏,故表而出之。②

这段记载表明江日昇之父江美鳌原系郑彩部下,后又归属郑成功,为郑氏多年部将之一。因所述事实可靠,常为史家引用。事实上,关于江美鳌的事迹,《外记》中屡有记载。如:

> 顺治二年乙酉(1645)夏,大清兵至杭州……而唐藩(按:即隆武帝)从河南逃难至。(郑鸿)逵、(郑)彩请见,语及国难,泣沾襟袂。二人奇之,令副将江美鳌、郑陞带兵卫之入关。③

其后,当隆武帝命郑鸿逵出师仙霞岭时,《外记》又曰:

> 郑彩为副元帅,率施天福、郑联、郑斌、张进、朱寿、刘全、江美鳌等领兵五万,以张家玉为监军道,出五福、杉关。④

正由于一些史家认为《外记》的史料价值较高,因此书中所述江美鳌的某些事实,遂为清末著名史家徐鼒所著的《小腆纪年附考》《小腆纪传》所采纳。《小腆纪年附考》顺治二年八月癸巳条曰:

> 明郑鸿逵引兵出浙东,郑彩引兵出江西,寻引还……以彩为副元帅,率施天福、郑联、郑斌、张进、朱寿、刘全、江美鳌等领兵,

---

① 乾隆《泉州府志》卷七六《补编·国朝向学》,《中国地方志集成·福建府县志辑》第23册,第700页。

② 《台湾外记》卷一《江夏侯惊梦保山,颜思齐败谋日本》,第10a面。

③ 《台湾外记》卷五《唐监国福州假号,黄道周南京尽节》,第1a面。

④ 《台湾外记》卷五《唐监国福州假号,黄道周南京尽节》,第4a面。

张家玉为监军道，出五福、杉关。[①]

从文字上看，《纪年》转引自《外记》。这无疑为《外记》的真实性，增添了光彩。这样，江日昇其父江美鳌的事实，似乎也应不成问题。

但是，二十年前，庄为玑教授在前面所提的论文中曾指出：

> 江日昇原系惠安县林姓的文人，大约因为科举的关系，在同安应试时改为江姓。他父亲林美鳌是郑成功的部下，自1647到1677（即永历元年到三十一年）前后达三十多年之久。

庄先生的论述颇具启发性，可惜未指出根据。最近读到乾隆《泉州府志》及乾隆《福建通志》，其间涉及江日昇的籍贯及其主要生平，兹列述如下。乾隆《泉州府志》谓：

> 康熙五十二年癸巳，万寿恩科解元江日昇……江日昇，本姓林，第一名。[②]

乾隆《福建通志》亦载：

> 康熙五十二年癸巳，万寿恩科江日昇榜：泉州府……同安县江日昇，第一名。[③]

这些记载，说明了庄先生的论断是有根据的。江日昇确实原来姓林，他的籍贯原是惠安，在同安应试时已改姓江。这种现象在当时科举考试中是常见的，方志中也屡有记载。上述事实还可说明，《外记》作者不是一般的读书人，而是康熙五十二年乡试第一名。不仅如此，这部《泉州府志》对他的生平还有一段详细的记载，对于我们了解江日昇及其著作的价值，很有帮助。《府志》云：

> 江日昇，原姓林，字敬夫，惠安前型人，康熙癸巳恩科解元。性孝友，有夙慧，甫若冠，学使汪公薇即取入同安庠。父兆麟送至郡，从游于陈之缇，学遂大进。癸巳场中，刻意为文，日过午首篇始就。房考未及识拔，而主司谢昆皋于落卷中搜得之，喜跃若狂，遂定第一。闱文既出，人争传诵。应春官，有欲预为地者，峻

---

① 《小腆纪年附考》卷一一，第419页。

② 乾隆《泉州府志》卷三七《选举五·国朝举人》，第230—231页。

③ 乾隆《福建通志》卷四一《选举九》，第378—379页。

辞却之。林洪烈主试楚闱,邀与俱往,所甄拔皆名士。未几归,卒于家。①

上述记载,使我们更加明确:江日昇是由于在同安进的县学,因而才入籍同安;他的父亲名林兆麟,美鳌大约是他的字或是假名。但兆麟所任何职,志中则未明言。也许因他与郑氏关系密切,或是有过《外记》中所述的行伍经历,因此《府志》有意回避未谈。不过林兆麟对儿子学业的进步,还是极其关心的。这大约也是希望他学问俱长,能把自己一生的从戎生活流传于世吧。

(三)江日昇的有关活动

上述《泉州府志》的记载,对于江日昇的年岁虽提供了一些线索,但仍未足说明问题。其实最初提到江日昇本人的活动从而据以判断其年龄的记述,还是《台湾外记》本身。现举几例,以为证明:

(1)《外记》卷五隆武帝命黄道周出师被执条,附记曰:"余戊午(康熙十七年,1678)岁会陈骏音于粤之韩江,年八十有奇也。"②

陈骏音为隆武时大学士黄道周之弟子,当时亦参加唐王朱聿键政权,从事抗清活动。民国《同安县志》记载说:"陈骏音,黄道周弟子,隆武时官中书舍人……后依郑氏于厦门,授吏官都事……(郑经部下)冯锡范诋为老悖,出为(章浦所之)铜山安抚司。郑氏族亡,骏音遁粤之韩江,年八十余卒。"③据此,我们可以明确两个问题:

第一,从《外记》内容知,陈骏音是因为在康熙十五年(1676)主张郑经与耿精忠联合反清,因此失郑经意而被出为铜山安抚使的。陈随后即"遁粤之韩江"。

第二,江日昇既在《外记》中言此时与陈骏音会见,并"问及石斋先生(黄道周)事",则表明江日昇此时(康熙十五年)已有相当年纪。这个记载,也与《外记》所述其父江美鳌康熙十六年"改职归诚,往粤东连平州"任职事相合。说明江日昇此时亦随其父在广东,因之才有康熙十七年会见陈骏音之举。

---

① 乾隆《泉州府志》卷七六《补编·国朝向学·江日昇传》,第700页。

② 《台湾外记》卷五《唐监国福州假号,黄道周南京尽节》,第8a面。

③ 民国《同安县志》卷二七《思明州开府人物类录》,《中国地方志集成·福建府县志辑》第4册,第217页。

(2)《外记》卷二八在谈到施琅攻克台湾，康熙封其为靖海将军后，又曰："余曾于甲子（康熙二十三年，1684）冬，欲观新辟之地，桴海过湾，舟次澎湖，登其地，偶成一律。"[①]则说明康熙二十三年，即清朝统一台湾的后一年，江日昇还乘舟前往台湾参观游览。如果当时不是和清军有着某些关系，他是不可能去成的。

(3)如前所述，《外记》前有"康熙甲申（四十三年，1704）冬岷源陈祈永"序，序称："余司铎南诏，于乙丑（康熙二十四年，1685）春获交珠浦江子东旭，盖循循然重厚博物君子也。嗣出其所辑《台湾外记》三十卷，属序于余……是书以闽人说闽事，详始末，广搜辑，迥异于稗官小说，信足备国史采择焉。"这同样说明江日昇在康熙二十三至二十四年仍在福建，且已是个学问渊博的读书人。

但这些却在事实上与前引《府志》中的小传有些矛盾。

《府志》谈到江"甫弱冠，学使汪公薇即取入同安庠"的情况。据乾隆《福建通志》所载，汪薇系"康熙乙丑（二十四年）进士，三十六年任福建督学道，以崇实学端士习为首务"。[②] 按照该文所载，则江日昇的年龄在康熙三十六年以后，即汪薇在福建督学时，只不过是个"甫弱冠"的童生。这与《台湾外记》所载康熙十七年于广东会陈骏音，康熙二十三年去台湾参观，二十四年结识陈祈永[③]在年龄上不合。假定康熙十七年江日昇会陈骏音为 17 岁，则江被汪薇取入同安县学的年纪亦当在 35 岁以上，这怎能说是"甫弱冠"呢？年纪实在过于大了。如果按照上述推算，则江日昇康熙五十二年中解元时亦应有 52 岁。由此看来，《外记》或《府志》必有一误。这样就引起了笔者对《外记》某些叙述的怀疑。

其次，再据《府志》所言，江日昇乡试夺魁后并未入仕，只是在"林洪烈主试楚闱时"，"邀与俱往"，"未几归，卒于家"。林洪烈系福建晋江人，为江之小同乡，康熙三十年进士，尝任鸿胪寺少卿及太常寺少卿等职，"旋典湖广试事，所取皆知名士。使还，卒于官"。[④] 他拉江

---

① 《台湾外记》卷二八《江胜邱辉双尽节，国轩良骥遁台湾》，第 5b 面。

② 乾隆《福建通志》卷二九《名宦》，第 469 页。嘉庆《大清一统志》卷四二四《福建统部·名宦》记载与此同，《四部丛刊续编》本，上海：商务印书馆，1934 年版，第 26b 面。

③ 《台湾外记·陈祈永序》。

④ 乾隆《泉州府志》卷五一《国朝循绩三·林洪烈传》，第 689 页。

助他去湖广主试，自然在康熙五十二年以后，惜《府志》记载甚略，未言具体时间。根据钱实甫《清代职官年表·乡试考官年表》所载，林洪烈主试楚闱应在康熙五十六年(1717)，[①]不久即离去。这与江的《小传》所言“未几归”正合，表明江在湖北时间亦短。至于何时“卒于家”，并未明确说。从叙述口气上看，似乎回家不久后即死。如果这种理解对的话，那么又与《外记》中所显示出的在康熙死后仍有修改痕迹的事实不合。

下面我们根据《台湾外记》及乾隆《泉州府志》的记载，把江日昇的大事年表初步排列如下(其中不无矛盾处，两书所载必有一误)：

康熙十六年，父归附清朝，在广东连平州任职，江日昇亦随同前往。

康熙十七年，会黄道周弟子陈骏音于广东韩江，“问及石斋先生事”。

康熙二十三年，清朝统一台湾后，江日昇至台湾“欲观新辟之地”，“舟次澎湖，登其地，偶成一律”。

康熙二十四年，在福建结识《台湾外记》序言作者诏安县训导陈祈永。

康熙三十六年以后，受福建督学道汪薇赏识，入同安县学。

康熙四十三年，陈祈永为《台湾外记》写序。时《外记》三十卷已全部完成，但仍在不断修改。

康熙五十二年，江日昇中举，乡试第一名，声名大噪，“文既出，人争传诵”。

康熙五十六年，随太常少卿、晋江人林洪烈赴湖北典试，“未几归”。

康熙末年雍正初，继续修改《外记》，后卒于家。

二 《台湾外记》的著述年代

《外记》作者署名“九闽”。按福建原有福州、兴化、泉州、漳州、延平、建宁、邵武、汀州等八府，故称“八闽”。康熙二十二年(1683)增设台湾府，故曰“九闽”。雍正十二年(1734)，复将福宁州升为府，又曰“十闽”。书中所言“九闽”者，正说明是书作于康熙二十二年至雍正

---

① 钱实甫编:《清代职官年表》第4册，北京:中华书局，1980年版，第2908页。

十二年间，这与书中序言作于康熙四十三年(1704)正合。因此《外记》作于此年之前，应无问题。

但从《外记》的内容来看，字里行间亦出现了不少矛盾，表明该书经过了不断地修改，并时有补充。举例如下：

(1)前面曾提到，该书卷五曾记："余戊午岁会陈骏音于粤之韩江，年八十有奇也。"而卷十九康熙十五年十月吏官都事陈骏音条之按语却说："按：骏音，隆武中书舍人，石斋先生之弟子，是年七十有四。"①相隔仅两年而年龄出入甚大，可见是经过修改的。

黄道周系福建漳浦人，天启二年(1622)进士，在明末学术界影响极大。1644 年王监国，被任为礼部尚书。后又与郑芝龙等武将拥唐王抗清。当时隆武政权因文武大臣不合，黄被迫自往江西募兵，以抗击清兵南下。后失败被俘，绝食十四日被杀。《外记》卷五对黄道周自福建出师江西途中抗清及被俘、洪承畴诱降的过程，都有详细的叙述。这是作者唯恐"先生一腔真血之不尽传也"。在作者看来，黄道周"举动光明，柏节松操，千万年后流芳青史者，舍先生其谁"，表达了江日昇坚持抗清、大义凛然的思想。但在这段按语中，忽又加入一段别人的话，指出黄道周的不足处。如："子独未闻魏征宁作良臣，莫作忠臣之语乎！"说道周"特博学鸿儒，继道统，寻乾坤死地，实读书之名，全生平之节而已"。② 这是作者不断增改过程中添入的，为的是借指出其不足，避免过分颂扬黄道周，以犯时忌。

(2)康熙四十三年陈祈永写序时，已见到全书三十卷，而《外记》却在此年之后又屡见修改痕迹。

如卷一〇顺治十六年(1659)六月罗明昇条按语："按：明昇山西人，丙戌岁(康熙四十五年)敕建祠于谈家洲，今上南幸，念其忠勇，御书'奋勇致身'四字，令有司春秋祭祀。"③这里所称"今上"，当然是指康熙。据《清史稿》卷七《圣祖本纪二》，康熙四十五年后所进行之南幸，只有康熙四十六年一次，亦即康熙的最后一次南幸。书中既明确指明此次南幸，则表明是书曾在康熙四十六年以后修改过。

---

① 《台湾外记》卷一九《平福省范公死节，战龙江许耀逃窜》，第 8a 面。

② 《台湾外记》卷五《唐监国福州假号，黄道周南京尽节》，第 8a、11a、12a 面。

③ 《台湾外记》卷一〇《成功败绩于江南，甘辉死节在崇明》，第 8 面。

罗明昇是顺治十六年郑成功出兵大举北进时，防守瓜洲镇的一名清军都司。他率兵五百扼守谈家洲，失败后被郑成功军队杀死。《外记》此段论述，亦是后来有意添入，以为清帝及罗本人颂德。实亦作者于当时文网严密下不得已而为之。

(3)卷二五陈昴协助施琅统一台湾条后的按语中说："按：昴字星华，平澎、台功，现任粤东碣石镇总兵。"[①]按：陈昴，《清史稿》及蒋良骐《东华录》等书均误作陈昂，系福建同安人，江日昇的老乡。陈"弱冠贾海上，熟识海岛港门，潮险易"，因而为姚启圣及施琅所赏识。后来因协助清朝收归台湾有功，逐步被提升为广东碣石镇总兵，又擢为广东副都统，是康熙末年广东的著名将领，颇有声名。陈死后，方苞曾为之撰写《广东副都统陈公墓志铭》，影响不小。[②] 他在碣石镇任总兵的时间是康熙五十四年至五十七年。[③]《清史稿》卷八《圣祖本纪三》康熙五十六年四月丙申条及五十七年二月丁未条，均有碣石镇总兵陈昂（实即陈昴）的有关记载，[④]也证明陈在这几年任职碣石。因此，《外记》中既云"现任"，则表明该段文字是在康熙五十四至五十七年时补入的。这一点正表明作者意在颂扬施琅、陈昴等人，以取信于某些当政者。

(4)书中不仅有"今上"之称，且有不少处称"圣祖"者。如：

卷一二，"圣祖仁皇帝康熙元年"；

卷一六，"至康熙四十二年，圣祖南巡"；

卷二五，"圣祖允之"；

卷二八，"圣祖大悦"。[⑤]

此外，卷三〇亦数见"圣祖"字样。这些都说明该书直至康熙帝死后仍在不断修改。但究竟是江氏自己修改，抑出自他人之手，则尚

---

① 《台湾外记》卷二五《锡范为婿弑克臧，启圣保题请施琅》，第 11a 面。

② 乾隆《同安县志》卷二一《武功》；(清)周凯：道光《厦门志》卷九《艺文》，载《台湾文献丛刊》第 3 册，台北：台湾银行经济研究室，1961 年版，第 337—338 页。该书陈昴亦误作陈昂。

③ 据(清)阮元修，陈昌齐等纂：道光《广东通志》卷五九《职官表五十》载，碣石镇总兵"陈昴，福建人，(康熙)五十四年任。潘承家，康熙五十七年任。"见同治三年(1864)重刊本，第 11b 面。

④ 《清史稿》卷八《圣祖本纪三》，第 291、294 页。

⑤ 《台湾外记》卷一二，第 1a 面；卷一六，第 5b 面；卷二五，第 6b 面；卷二八，第 5a 面。

难断定。事实上，有关郑氏称雄海上及清政府在东南沿海强行迁界的事实，许多史书大多掩其真相，讳莫如深；即使是官书，对海上诸事亦均有所回避，使人读之难窥全豹。这里可以福建《同安县志》乾隆三十二年(1767)泉州知府陈之铨的序文为证。陈序说："余尝披阅康熙癸巳(五十二年)朱令(按：指县令朱奇珍)之一编，门类未详而体例亦多不合。欲考证一端，几使人如入三里五里之雾而莫辨。夫同为海疆重地，金、厦门户，全省所关，而其登载水师仅寥寥三百字。郑成功父子初据金、厦，后遁台、澎，廑我朝南顾之忧者三十余载，一切进讨归诚，未能照其本末，则其它之脱略，更无足论矣。"

《外记》一书既以郑氏四代为主题，又著述于康熙末年文网较严之时，因此其文字之一斟再斟，一改再改，以致出现某些避讳，也是在所难免的。虽然书中并未出现"几使人入三里五里之雾而莫辨"的情况，但稍有"脱落"或偶"未能照其本末"而论史，则是非常可能的。这大概就是《外记》于康熙四十三年以前已完成而后又反复修改的原因。

(原载《郑成功研究论丛》，福建教育出版社，1984 年版)

读黄云眉先生《明史考证》

已故山东大学教授黄云眉所撰《明史考证》一书，自 1979 年由中华书局出版以来，历经七年，于 1986 年共八册全部出齐。这是一部研究《明史》的专著，向为治明史者所重视。正如该书《出版说明》所言："黄云眉同志参阅群书，对这部卷帙浩繁的史书逐卷进行比勘考证，付出了辛勤劳动，在订误、补缺和考异方面都作出了贡献。本书的出版，当能对明史研究有所裨益。"

对于这部近二百万字的资料搜集兼考证的巨作，我们觉得可归纳为以下几个特点：

(1)排比清晰。如述《恭闵帝纪》建文四年六月"宫中火起，帝不知所终"条，对建文帝之"逊国"说及"自焚"说均有较详细的考证，能给治明史的人以启示。[①] 又如《成祖纪·孝慈高皇后》条，对明成祖生母加以多方考证，认为明成祖生母为碽妃，而非马皇后。[②] 又如在《艺文志》考订文渊阁地点之异同时，凡引彭时《可斋笔记》等六书，排列详明。最后以清阮葵生《茶余客话》作为结论，认为陆深《玉堂漫笔》所记"已非文渊初制，然皆在紫禁城之东南角门外，与今之内阁大

---

① 黄云眉：《明史考证》，北京：中华书局，1979—1986 年版，第一册，第 57 页。

② 《明史考证》第一册，第 62 页。

库，皆相近也”。[①] 其后在谈到《艺文志》之文渊阁书目时，亦广征博引，在数据上给人以种种方便。[②] 这是很可贵的。书中在叙述万历时代矿监税使时，将《明史》各传有关资料全部罗列，最后得出结论：“合诸传及陈增、梁永两传观之，前人谓明之亡，兆于万历之矿税，信哉！”[③]又如在《王守仁传》“守仁弟子盈天下”条中，作者曾引毛奇龄《续补王文成传》，述王之弟子甚多，从而证明王之学说“对当时士大夫阶级之广泛影响”。[④] 又如在《杨巍传》中，叙述了内阁与六部的关系，并将明后期诸人传凡涉及内阁阁权的记载一一列出，以供读者参考。[⑤] 此外，该书还在《外国·意大里亚传》中叙述明末耶稣会士在中国传教的情况，下引沈德符《万历野获编》等五书，并附列明代西来教士名单，以为读者会考。[⑥]

(2)考证详明。作者治学是严谨的，且擅长考订，书中在这方面反映的最为突出。如《孝宗纪》弘治二年春正月丁卯，“收已故内臣赐田，给百姓”条，作者考之实录，证明“初无给百姓”之语。因而认为，此“不过以少数田量与管业人耕种，准民田例征粮耳。其多数仍收入为官田，安得如‘纪’云收已故内臣赐田给百姓哉”。[⑦] 其说甚是。在《食货志·鱼鳞册》条中，作者根据危素《余姚州核田记》所云至正二年浙东鱼鳞图册的情况，证明“鱼麟图之名，非洪武时创矣”。[⑧] 同时作者在叙述苏松重赋问题时，引用陆世仪《苏松浮粮考》一文，证明洪武时苏松赋重“每亩至五六斗者”或“至石以上”，后“建文即位，下诏均租，不得过一斗，永乐入，复革之，仍洪武之旧四世，而吴民大困”。从而证明建文新政确实予以江南地主优厚条件，而减赋为其中之一。[⑨] 作者精于考订还表现在《食货志·关税》条中。在该条之下除引证实录及文集资料外，并谓：“又按《会典》卷三十五载有景泰二年收税则例，为明代

---

① 《明史考证》第三册，第 900 页。

② 《明史考证》第三册，第 900 页。

③ 《明史考证》第三册，第 702 页。

④ 《明史考证》第五册，第 1579—1580 页。

⑤ 《明史考证》第六册，第 1806—1809 页。

⑥ 《明史考证》第八册，第 2584—2587 页。

⑦ 《明史考证》第一册，第 139 页。

⑧ 《明史考证》第二册，第 608 页。

⑨ 《明史考证》第二册，第 626、629 页。

经济史上一可贵之资料，亦以志所不及，录其原文于此”云云。最后指出：“然所列当时生产之品类，物价之比例，足供治经济史者之探讨。”[①]再如《孝穆纪太后传》，于成化十一年宪宗照镜叹曰“老将至而无子”事，作者据《双槐岁钞》及《治世余闻》诸书，证明“成化十一年召见（张敏）前，帝已知西宫有子”。[②]

（3）见解精辟。《明史考证》颇多精辟见解，能给治明史者以极大启发。如《张璁传》中，作者引用了《西园闻见录》卷二八《霍韬与吕柟书》。该文表明，霍认为张璁为人做事有“十善”，“无一念不忠朝廷，无一事不为国”。《考证》作者因而认为：“此书所言，除大礼一事，为当诉业外，当系实录，可与本传互证。”[③]在《朱国祚附朱国桢传》中，该书曾引《吴炎上钱谦益书》，对朱国祯的著作多所指摘。作者一方面承认所指“颇当”，但又特别指出：“然由今日言之，则芜杂之书，抉择无准，转可与其中多得今日所欲知之史料，顾用之何如耳。”[④]作者此论是颇有见地的。古人所谓“文愈约而事愈备”之文，对今天的史学工作者摘取史料实多不便，反不如“芜杂之书”更为有用。在《沈一贯传》对沈的评价中，作者引全祖望《沈文恭公画像记》云：“康熙己未（十八年）之开史局也，秉笔诸公，欲痛抑沈文恭公，以为亡国之祸，由于党部，党部之祸，始自文恭。”作者虽引全祖望之文，但不同意其说，认为“若溯其源，岂自文恭始乎”。[⑤] 再如《明史·袁崇焕传》中，曾述袁死后“天下冤之”。作者除引当时人之记载，证明“史称天下冤之，未为得实”外，又说：“盖易代而后，真相已白，乃可有此追书之语，非当时已共知其事而冤之也。”[⑥]这种理解，无疑是正确的。

（4）多闻存疑。云眉先生以古人“多闻阙疑”的虚心态度从事治史，因而遇到两书叙事发生歧异时，异说并存，而不遽下结论。如洪武二十四年三月丁酉“赐许观等进士及第、出身有差”条，作者引《双槐岁钞》卷二，证明该科状元为许观，而非《水东日记》所载之张显宗，

---

① 《明史考证》第三册，第716、719页。

② 《明史考证》第四册，第982—983页。

③ 《明史考证》第五册，第1581—1583页。

④ 《明史考证》第六册，第1908—1909页。

⑤ 《明史考证》第六册，第1758页。

⑥ 《明史考证》第七册，第2051—2052页。

因并存疑。[1] 又如《周忱传》先述周在江南整顿财赋之功绩，随后又引陆容之《菽园杂记》卷七，述周“丈量田地，委托非人”，两书对周的评价很不相同，“因录之以俟再考”。[2] 对《徐有贞传》中所述徐诬杀于谦事，作者则引《西园闻见录》卷二三，认为杀于谦事出于石亨，而非出于徐。最后并谓：“据此，则本传言有贞诬于、王杀之，于谦传言‘有贞进曰，不杀于谦，此举为无名’云云，并当在存疑之列。”[3]再如《王竑传》中，述景泰年间凤、淮、徐诸处大水，王出仓赈之，全活一百八十五万余人。作者则又据王之神道碑，认为碑文所载，为“全活男妇一百二十九万四千余人”，所载数字相差甚多，因亦存疑。[4] 该书类似事例尚多，不赘。

（5）大量引用《明实录》。《明史考证》大量引用了《明实录》以为依据，这在当时参考影印《明实录》还相当困难的条件下，对一般史学工作者来说，原是非常必要的。作者一方面援引实录以补《明史》之不足，如洪武元年二月“诏衣冠如唐制”条，据正统七年十一月实录，证明明初以来“七十余年之久，元代生活习俗犹有存者，史隐之不言耳”。[5] 同时还指出《实录》之不足，如《食货志》“徙应天十八府州富民实京师”条，引杨复吉《梦兰琐笔》述朱元璋对江南富户诛戮极惨，而《明实录》多“隐其猜忌残忍之迹不载”。[6]《明实录》系研究明史最重要的参考书，《明史考证》引用此书，是很自然的。

综上所述，作者历时数十载，而又经过认真推敲锤炼而成的《明史考证》一书之出版，对研究明史的人来说，无疑是重要的，称它是明史研究中的一部重要参考书，也是符合实际的。

一九九〇年九月三日雨中于南开大学东村

（原载《书品》1990 年第 4 期）

---

① 《明史考证》第一册，第 43 页。

② 《明史考证》第四册，第 1282—1287 页。

③ 《明史考证》第五册，第 1383 页。

④ 《明史考证》第五册，第 1421 页。

⑤ 《明史考证》第一册，第 16 页。

⑥ 《明史考证》第二册，第 603 页。

清史修撰体例之我见

要谈清史的体例与体裁问题，首先应该给所修清史定位。若我们是把这部清史作为连续二十四史以来的正史，那无疑我们应该毫无选择地采用纪传体，因为纪传体才是中国正史的传统；如果改用其他体裁，就无法列入所谓的正史之列。

时代的变迁与现代学术的发展，要求我们对传统的纪传体进行创新，对原来的体裁进行创造性的变动。传统的纪传体由纪、传、表、志组成，二十四史对这几种体裁有过程度不同的变动，我们既要沿袭这一传统，又要克服传统纪传体的缺陷。章学诚认为："纪传之书，类例易求而大势难贯。"我们可以对本纪进行改革，而且也必须改革，因为本纪原是记述一家一姓的帝王的历史，尽管清朝是爱新觉罗氏的天下，但我们今天却是人民的天下，不是一家一姓的王朝。所以将纪的部分改变，成为可以纵观大清王朝历史大势的部分。按照编年的方式，兼顾帝王的活动，将清代政治上的重大事件列出，使之能提纲挈领地总揽大清王朝的历史大势与发展规律，成为整部书的纲领。其他部分，亦应做出相应的变动。

其次是文体问题，包括语言、叙事与议论。既然是要接续二十四史，文体就不能采用大白话文，以简易文言文为佳。而叙事上亦得采用传统的方式，夹叙夹议的方式不行。传统讲求"寓议论于叙事之中"，不要随意褒贬，应该秉笔直书，不虚美、不隐恶，孔子的春秋笔法亦值得借鉴。不要发空洞的议论，可以像传统正史一样，在文尾给予论、赞，文章开头加序，行文时应该谨叙事，慎议论。

再次，不能以现代的学科分类限制清史的选材与体例。传统的中国学问用经、史、子、集全包括了，史学的范畴相当大，天文地理、山川河流、阴阳术数、人文社会、朝章典故、军事刑法等等全都包括。而现代随着学科分类越来越细，史学的范畴也越来越窄，如果我们仅以现在的眼光和理念去择取、分类，将一些我们历史学者现在不研究、不懂的东西都去掉，那就无法接续传统的二十四史，因为他们都是相当全面的，不仅包括人文社会，也包括宇宙自然。所以看似没用的天文志还是应当录入，我们一般的历史学者确实很少用天文志，但是并不表示天文志没用。李约瑟写《中国科技史》，若离开了天文志，就不可能完成这部巨著。而现在正是人类向宇宙探索的大好时机，给后人留下古代的天文资料，相当重要。所以天文志不仅要修，而且要修好。如果历史学界没有合适的人选，可以向天文学界，以至全国、全世界招聘能人，其他我们历史学界感觉难的课题，如河渠志、地理志都可以如此办理。因为这里特别要强调的是不要把修清史只看成是清史学界或者说是历史学界的一件事，而应该看成是中国学术界的一件大事，应该发动各个领域内的专才共同参与，方能最终做好。

最后，修清史应该继承传统，立足当代，放眼未来。继承传统是让它能够接续正史的传统，不致太过出格。立足当代是要考虑当今的学术发展的成就，但又要克服当今的不足。放眼未来，即应当把这部书作为能够真正让后人当作正史看重的书，能使之流传千古，而不是贻笑千古。所以在体例、体裁和质量上都应该慎之又慎，充分考虑，认真对待。

（《清史编纂体裁体例讨论集》，中国人民大学出版社，2004 年版）

附　录

治史五十年　弹指一挥间

——郑克晟教授学术自述

近日接校史办信函，邀请我写篇学术自述，为 85 周年校庆献礼。我原本成就不多，没有多少可写，但考虑到自己的学术生涯大部分是在南开度过的，从 1963 年初调入南开以来，就一直在南开园学习、工作、生活，迄今已是四十余年，南开的每一寸土地上几乎都有我的足迹，能为校庆做点事情，感到很高兴。于是就草拟了这篇自述，一则表达我对南开的多年情感，二则对自己五十余年来的学术生涯作个小结。

一　生平与学术经历

1931 年 9 月，我出生于北京，祖籍福建长乐。祖父郑叔忱为清末科举时代的士人，光绪十六年（1890）进士出身，任职于翰林院，后在京师大学堂（北京大学前身）做过短时间的教务提调（教务长），1905 年 42 岁时病逝。当时父亲郑天挺才 6 岁，次年祖母陆嘉坤又病逝，父亲遂成了孤儿，在亲戚的抚养下长大成人，由此父亲养成了一种勤奋好学、自强自立的精神。1920 年父亲毕业于北京大学，后又为北大研究所国学门研究生。父亲先后在厦门大学、北京大学、西南联大等校任教。我 5 岁时，母亲病逝，次年父亲独自去了南方。我也是由亲戚照看而长大成人，但父亲那种自强自立的精神对我影响很大。抗战期间，父亲在西南联大任教，我读小学，当时对国际形势就非常有兴趣。在北京四中读中学期间，十分爱好历史、地理。抗战胜利后，父亲回到北京，但他很开明，加上教学与行政事务非常忙，对我们几乎不管，随我们按照自己的兴趣发展。

1951 年我考入北京大学历史系，当时北大还在城里，自由民主的风气很浓厚，教师们都有自己的独立见解，由此使我认识到学术应该有个性、有独创的精神。1952 年院系调整后，尽管此后北大因为教师思想改造及教改全面学习苏联，教学质量受到一些影响，但由于老教师众多，他们诸多的知识及独到的见解，引发了我对中国古代史的兴趣。当时张政烺（苑峰，1912—2005）师教先秦史，余逊（让之）师教秦汉魏晋南北朝史，邓广铭（恭兰，1907—1998）师教隋唐五代宋辽金元史，邵循正（心恒，1909—1973）师教元明清史，向达（觉明，1900—1966）师教史料学等等，对我启发非常大。而向达师治学推崇的“人弃我取”的原则，当时就觉得是至理名言，由此就成为我一生治学的座右铭。在思想改造的同时，学校大力提倡学习马列主义，我尽管不太喜欢集体学马列的形式，还是认真读了些马克思、恩格斯的经典原著，对于我的理论思维很有帮助。

1955 年毕业以后，分配至中国科学院（现中国社会科学院）历史研究所工作。最开始时，跟随谭其骧先生研究隋唐历史地理，但半年后谭先生调往上海，我自动转到明清史组。当时组长是白寿彝先生，副组长是王毓铨先生。我与曹贵林、傅同钦、张兆麟在王毓铨先生指导下研究明代土地制度史。当时领导很开明，又见我们基础差，看书少，因之尽量让我们多读书。王先生 1936 年北大毕业，随后为南开大学经济研究所研究生，1938 年赴美国哥伦比亚大学读书，先后获历史学硕士、博士学位，1950 年回国。在王先生的指导下，我第一次通读五百册《明实录》（“梁本”），围绕着明代土地制度史的研究，广泛抄录这方面的资料卡片。从 1956 年到 1960 年前后用了四年半的时间，才将《明实录》读完，这样我才得以初涉史籍。尽管积累了不少卡片，对明代诸如庄田和庄田制度等相关的问题，有了一些认识，但写论文尚觉资料不足。领导也没有硬性规定我们每年必须发表多少篇论文，反而告诫我们不要轻易写文章，治学必须严谨扎实，文章必须有独立见解，不要人云亦云。而北大的风范原本就是厚积薄发，这样我就更加不敢随便写文章了。

20世纪60年代初，因为参加郭沫若《中国史稿》的编写，鉴于当时的任务安排，我写过明代对外关系和清代对外关系的部分。1961年5月，为了纪念郑成功收复台湾300周年，历史所领导推荐我给《大公报》写篇稿子，这样才写了篇《民族英雄郑成功——写在他收复台湾300周年》的小文章，刊在《大公报》上，算是我公开发表的第一篇文章。当年我30岁。因为这个契机，又陆续写了几篇关于郑成功的文章，比较重要的一篇是1963年6月在《光明日报》发表的《郑成功的海上贸易与军费来源》。至于其他问题的文章，还不敢写，总觉得不成熟，理论上也怕犯错误。

1963年初，为了照顾孤身的父亲，我和爱人傅同钦调来南开大学。父亲是1952年院系调整时，由北大秘书长、历史系主任的任上，调任南开大学历史系主任。我被安排在历史系明清史研究室，主要工作是校勘《明史》，包括本校与他校。南开明清史研究室早已答应承担《明史》的点校工作，其标点原由林树惠、朱鼎荣、傅贵九三位先生承担初点，再由父亲全面复核改正。后来我和汤纲、王鸿江同志也参加部分工作。但父亲由于事情太多，很难分神专心点校。其他各史的点校情况，并多类似。因此中华书局乃有将各地专家集中该局，全力以赴，争取尽快完成《二十四史》点校工作之想法。于是父亲乃于1963年9月底，居住在中华书局西北楼招待所，专心从事《明史》点校工作。

但当时以政治学习为主，业务研究为副，在这种形势下，我除参加《明史》点校工作外，什么也干不成了。"文革"开始后，1966年6月8日，父亲离开中华书局，奉命回校参加"文化大革命"。回校后他即被关进"牛棚"，失去自由，精神上备受折磨。我们全家也受牵连，我更无心学术研究了。1969年全家下放到天津西郊王稳庄公社插队落户，一晃就是四年，直到1973年8月初才又回到了南开历史系。随后又参加了《明史》点校后的三校审阅工作近半年。

"文革"结束后的70年代末，才重整旧业，开始系统地进行学术研究。1977年查看原先所做的卡片，看到"梁本"《明实录》有一条关于明代皇庄的材料，但不完整，随后在中国科学院图书馆看到台湾整理本《明实录》，对这条有关皇庄与勋贵庄田斗争的事实有完整的记载，于是激发起我研究明代皇庄的兴趣。我又系统地读了一遍《明实录》，补充了许多材料。然后就明代皇庄、太监庄田、勋贵庄田、公主庄田一系列问题进行了研究，进而触及皇店的问题。由庄田问题，我发现他们都是与皇室有关的一批政治势力，在政治、经济上有共同的利益和相似的立场，是明代北方地主的重要势力。

随后在先父郑天挺的启发下，我又注意到江南地主在政治上与明王朝的关系。他曾对我说，1938 年开始在西南联大历史系讲授明清史时，就曾注意到明初许多江南文人对元朝异常怀念，并列举宋濂等许多材料，提出他自己的一些看法。他的这番话引起我极大的兴趣，后来我读到钱穆先生《读明初开国诸臣诗文集》（见《新亚学报》六卷二期，1964 年）的文章，亦有类似的看法。我联想起陈寅恪先生在《唐代政治史述论稿》中所述北朝以来统治集团分为山东士族与关陇士族集团之区别，决心遵循他指引的门径进行初步钻研，开始探索明初江南士绅集团及北方地主集团兴衰的过程。随后在给南开大学、兰州大学历史系研究生的授课中，逐步完善我的观点，比较系统地加以发挥。

1985 年写成《明初江南地主的衰落与北方地主的兴起》一文，提交由香港大学主办的国际明清史研讨会，在会上颇获好评。后来根据这一线索，将明代的许多重要问题诸如明初江南士人对元朝的怀念、明代苏松重赋问题、建文政权与江南士人的关系、明成祖迁都北京、明中叶以后遏制庄田的问题、万历北方推广水稻的问题、对西来耶稣会士的态度、南明福王政权的短暂等等一系列问题，进行了论证和阐说，于 1988 年 12 月，由天津古籍出版社出版了《明代政争探源》一书。此书出版后，在国内外学术界反响强烈，《中国史研究》、《历史研究》、《史学集刊》、《中国社会经济史研究》、《广东社会科学》、《光明日报》（史学版）等国内史学刊物都发表书评，给予本书以相当高的评价。日本明清史研究资深教授山根幸夫先生特在《东洋学报》发表长篇书评，予以推介。咸认为这是一部将明代政治史与经济史结合起来进行研究的一种很好的尝试的著作，“它的问世，必将推动对明代南北经济差异、地主经济与地主集团关系的进一步探究，具有开拓之功”（杨国桢、陈支平《明清经济史与政治史渗透研究的新成果——评介〈明清史辨析〉〈明代政争探源〉》，《中国社会经济史研究》1990 年 3 期），是一部具有很高的理论深度和学术深度的著作。

此后，我继续沿着这样的学术路数，利用赴美国、荷兰、中国香港和台湾地区以及内地参加学术会议的机会，写出了一系列论文。2001 年 11 月，由中国社会科学出版社出版了论文集《明清史探实》，从已发表的八十余篇论文中，精选二十三篇，结集出版，在学术界亦产生了一定的影响。

此外，曾参与郑天挺先生主编的《明清史资料》(上、下，天津人民出版社，1980—1981 年版)、陈高华先生主编的《中国古代史史料学》(北京出版社，1983 年版)、郑天挺先生主编的《清史》(上册，天津人民出版社，1989 年版)等著作的编写。1989 年任南开大学古籍所所长，主持了有两千余万字的《清文海》的编纂与整理工作，皆产生了一定的影响。

二　学术思想与治学理路

我的专业是中国古代史，而研究方向是明清史。虽从事于断代史的研究，但我认为必须对中国古代史有通盘的了解，具备了宽厚的基础，才能深入了解明清史的问题。而历史研究离不开理论思维，理论并不只是空洞的方向指导，更重要的是提供给我们考虑问题的视角，提高我们分析问题与解决问题的能力。马克思历史唯物主义与辩证唯物主义强调经济基础决定上层建筑，我在《明代政争探源》一书中，把经济史与政治史结合起来研究，其实是受到了马克思主义这一原理的启发，并把这一原理在明史研究中予以具体运用。

明代政治斗争十分激烈，以往的史家多从政治制度的演变入手，而较少从经济因素上去寻求它们之间的联系。我觉得要真正深入了解明代政争的内在实质和明代政治史的特点，必须将经济与政治因素联系起来，把有明一代看作一个长时段，进行整体思考。《探源》先从明初江南士大夫对元、明两个王朝的不同态度入手，指出从明朝建国之初，朱明政权与江南地主集团之间就存在着深刻的矛盾。而矛盾的根源在于南北两个地主集团之间经济利益的冲突，在政治舞台上表现为尖锐的政见和权力之争。“把元明以来江南地主和北方地主的势力消长作为明代政治斗争的深层主线，从而把明代的政治斗争与经济利益有机地结合在一起，对明代政务作出了新的解释，理出了明代地主经济南北差异，影响南北地主集团政见的发展变化脉络”

(杨国桢、陈支平《明清经济史与政治史渗透研究的新成果——评介〈明清史辨析〉〈明代政争探源〉》)。而这种南北地主的利益之争，贯穿整个明代，在明代一些重要的政治事件中都有体现，进而梳理了明代一朝的政治与经济史。“这种从具体的历史事实出发，在社会经济条件和不同社会集团之间的物质利益冲突中，寻找政治斗争的根源，又通过经济因素与王朝从政策的互动关系，揭示政治斗争实质的研究方法，就是将历史唯物主义的基本原理，具体运用于传统中国社会历史研究的一种富于建设性的尝试”(刘志伟、陈春声《揭示传统中国政治斗争的经济和文化内涵——读〈明代政争探源〉》，《广东社会科学》1992 年第 2 期)。

《探源》将元末到清初这三百多年的历史作为一个时段进行整体考察，努力探求事件背后的根源与结构性的原因。书中揭示，南北地主的斗争总是左右着明代一朝的政治斗争，而之所以形成南北地主的斗争，与朱元璋的立国密切相关。江南地主在元朝享有宽松的环境，张士诚占据江南时期又颇受照顾，故而一开始就对与元朝和张士诚为敌的朱元璋采取冷漠的态度。明朝建立后，朱元璋以重赋从经济上压榨，以大狱从政治上迫害，江南地主倍受摧残，永乐帝迁都北京后，又极力培植以勋贵、宦官、皇室为中心的北方地主集团，以对抗、控制在文化上、经济上都有先天优势的江南地主集团，由此演绎着明代的政治斗争史。这一解释自成体系，眼光独到，论证深入，因而受到海内外学术界的广泛好评。

明代的南北地主集团，具体而言，北方地主集团，实即由朱明政权的皇室、勋戚、太监、官僚等人组成，这是永乐迁都北京以后逐步发展扩大后形成的。其经济利益直接依赖于身份和特权。其庄田的来源，基本上都是运用政治权力以超经济手段获得的。北方地主实际上是依托皇权而衍生出来的一个利益集团，维护北方地主的利益，正是维护皇权的威严。而江南地主集团，一部分是指苏州、松江、常州、杭州、嘉兴、湖州地区的地主及其所属的士人、官吏；另一部分则是指东南沿海地区(包括江、浙、闽、广)兼营私人海上贸易的地主。与北方地主相比，江南地主在政治上的代表人物，主要是通过科举的道路得以上升的，因而较多地认同于传统士大夫的政治理想和道德规范，整个集团的行为规范相对来说表现出较强的经济性和社会理性。江南士绅是江南地主的代言人，由于士绅集团也要寻求一定的生存发展空间，势必与皇权的严密控制发生冲突，这样就会引发各种政治事件和政治斗争。但划分江南地主与北方地主的标准，并非只出于地域的原因，政治与经济利益才是区分的根本，而且这种区分并非一成不变。随着利益的分配，集团内部也会出现分化。永乐以后，这种情况非常普遍，“一部分则参加明政权，并得到皇帝的宠幸，一部分江南士大夫，出于利益所在，隶属于江南地主集团，不时与代表北方地主利益的明朝统治者发生冲突”(《明清史探实》，第 102 页)。因而明代南北地主的斗争实际上是皇权与士绅权力的斗争。有了理论武器，才使我有了这样全局的眼光。

同时，历史研究必须具备扎实的功底，要全面掌握基本的史料。我在 30 岁以前，看书太少，一直未敢写文章，真正开始系统的学术研究时已年近 50 岁，这当然是时代造成的。接二连三的政治运动，耽误了不少大好光阴，但客观上也为我后来的研究打下了深厚的基础。我全面系统地读了两遍《明实录》，抄了数千张卡片，并广泛涉猎了明清相关史籍。而对于庄田一类问题的研究，我在 20 世纪 50 年代末就注意到了，直到 80 年代才写成文章。因之学术研究必须持之以恒，锲而不舍，必须具备相关广泛的知识，掌握相关的研究方法。

《明清史探实》收录论文凡 23 篇，分成四组。第一组收录 6 篇论文，时间跨度从元末明初到明末清初，主要探讨明代重赋与政治的关系、明初江南地主的衰落与北方地主的兴起，以及南北党争在明末清初的反映。第二组论文以人物和事件为中心，主要探讨嘉、万以后的人物与政治的关系，选取的都是一些关键但以往研究不多的人物，如明武宗、王田明、翁万达、袁时中、袁崇焕等等。第三组集中讨论郑成功和多尔衮。第四组则是与明清史学相关的论述，若谈迁的史学、屈大均的《广东新语》和朝鲜朴趾源的《热河日记》以及明人对明朝超越前代说的认识。这组看似史学史性质的论文，实际上是以明清人的观察，来研究当时的政治、历史，亦不失为一种研究视角。每个人都是时代的产物，以当时人的视角考察当时的历史，还历史以本来面目，也是政治史研究的一个重要层面。最后是一篇讨论郑成功海上扩张与清初海禁关系的英文论文。这几组论文看似没有多大关系，其实皆关涉明清政治史的诸多问题，与我多年的研究体系密切相关。

可以说第一组论文是《明代政争探源》的纲要和进一步的具体阐述，而其他几组论文则是从属于第一组的研究，是一些具体而微的探讨，也与我关注的问题密切相关。

第一组中有两篇论文是讨论重赋问题的，这实际上是在回答明代南北地主斗争的渊源问题。明代江南重赋是明史研究的一个重大而长期引人注意的问题，历来众说纷纭。我对明代重赋问题的研究则不限于江南一地。《明代重赋出于政治原因说》《明代赣西重赋与江西士大夫》两文，通盘考察了明初江南、赣西、宁州、怀庆府、湖广等地区的重赋情况，这些地区既有南方的，也有北方的；既有经济发达地区，也有经济相当落后甚至贫瘠的地区。因此我认为，仅从经济上来考察不足以说明重赋的根本原因，在我看来，所有的重赋地区都有一共性：这些地区都曾是朱元璋敌对势力的地区，江南是张士诚的占领区，赣西、湖广属于陈友谅，宁州属于李思齐，怀庆府则是元末扩廓铁木儿的占领区，皆是曾阻碍或与朱元璋争夺过天下的地区。朱元璋或许带着报复的心态，在立国后就以重赋惩处那些地区的士绅，由此酿成了贯穿整个明代的一项政策。而这种重赋政策正是明代皇帝打击江南地主的经济手段。我觉得在研究方法上，重赋问题的研究作了一个很好的示范：不仅在时间上要有长时段的观念，而在地理上也要有全方位的眼光，放眼全局，求同存异，最终抓住问题的根本。

我在学术研究中，并不满足于单个事件的简单性、描述性的研究，而是围绕着一个中心问题，进行多层面的多角度的深入研究。大的方面，正如前面论及的明清政治史体系的创立与研究，个案则如郑成功和多尔衮，是我长期以来一直研究的课题。关于郑成功的研究，我发表了论文 7 篇，而关于多尔衮的论文则有 5 篇，对明清之际的这两个重要历史人物作了多方面的探讨。

我觉得看史料不能满足于表层的意义，必须仔细认真，看到问题的实质。《探实》中收录《翁万达与王阳明》一文，可以说是我读书选题的一个典型个案。我根据《明史·翁万达传》中所载翁“好谈性命之学”，且与欧阳德、罗洪先等王阳明的弟子友善的史实，又在《国榷》发现田汝成引过一段翁万达的话：“新建之将薨也，予适侍侧，言田州事非我本心，后世谁谅我者。”（《国榷》卷五四）由此引起研究的兴趣，通过搜寻地方志以及翁万达同时代一些人的文集，推知翁万达竟是王阳明的弟子。这是任何人都未曾注意的问题，不仅对于研究翁万达的生平、思想相当重要，而且对于了解王阳明思想的传播和在当时的影响都很有意义。这样不仅对翁万达的研究，而且对明中叶政治、思想史的研究都是一种推进。

研究历史既要有理论思维，又要善于考证，因为考证是实证史学的基本方法，也是中国传统学问的根本。我常常采用考证方法，但这种考证并非为考证而考证，而是在考证基础之上，为说明更为重要的规律性的问题作基础，把考证与义理进行结合，才算得考证的精核。《翁万达与王阳明》一文就是通过考证翁万达为王阳明的弟子，来说明翁万达的思想渊源、王学的传播和影响，是考证与义理相结合的典范。《关于〈台湾外记〉的作者江日昇》一文，运用了内证、外证相互结合的办法，考证江日升的籍贯应为同安县，《台湾外记》成书于康熙二十二年至雍正十二年间，也是一次较成功的尝试。

总之，我认为历史学研究必须有理论修养，同时要有全局而系统的眼光；具备深厚的知识背景，掌握系统而全面的史料；掌握各种研究方法，尤其要娴熟历史考证法；读书要仔细，要透过史料的表层，看到历史的实质。同时要有联系的观点，以追求创新为目标，加上持之以恒的毅力，就一定能做出一番成就。

（原载《南开学人自述》第二卷，南开大学出版社，2004 年版）

明代政争探源——访郑克晟先生

问:郑先生,您好!受《中国史研究动态》委托,对您进行一次学术采访。您是明清史研究名家,在明清史领域卓有成就。您的著作《明代政争探源》《明清史探实》等都颇有影响,能否谈谈您的治学之道与学术思想?

答:说不上有多大成就。不过,跟你聊聊也好,希望对年轻的朋友们有点参考价值。

一 郑克晟先生成长过程与早年学术经历

问:郑先生出身书香门第,想必家世对您影响很大,家风对您的成长有过怎样的影响呢?

答:1931年9月,我在北京出生。祖父曾为清末士人,1890年进士出身,后任职于翰林院,也在京师大学堂(北京大学前身)做过一段时间的教务提调,但他去世得早,1905年就病逝了,时年42岁。当时父亲郑天挺才6岁。次年,祖母又病逝,父亲成了孤儿。父亲遂由亲戚抚养成人,很早就学会了独自生活,这样他也就养成一种独立自强的精神。如果说这是家风的话,那我还真受到他的影响。因为1937年母亲病逝的时候,我也才6岁。父亲不久就南下了,我们几兄妹相依为命,从小也就养成了一种不怕苦、不依靠别人、独立自主的精神。

问：令尊郑天挺先生是著名史学家，您学习历史是否受到过他的影响？

答：先父郑天挺先生自小就独立，1920 年毕业于北大国文系，后为北大研究所国学门研究生。先后在厦门大学、北京大学、西南联大任教。在我读书成长过程中，父亲很少跟我讲应该如何做，对我们也几乎不管，但他是身教重于言教。我读小学时，正是抗战时期，父亲在西南联大，当时我对国际形势就非常有兴趣。我小学五年级时，转学到西黄城根小学，当时读过一些书，我印象特别深的是有一套书，叫《故事一百种》，实际上远远超过一百种。我印象里有《枪挑小梁王》，讲岳飞的；还有《同室操戈》，讲杀刘瑾的。这套书是图画本，图文并茂。高中时期，仍然喜欢看历史、地理方面的书，这样也就慢慢培养了自己的兴趣。

1951 年 9 月，我考入北大历史系，完全是出于自己的兴趣。大一时候上中国史(一)，就是先秦史；还学俄文、史学文选、辩证唯物主义、历史唯物主义，都是有名的教授执教。当时北大学术氛围很浓，教师们都有独立个性、独到的见解，上课也很有吸引力，像张政烺、余逊、邓广铭、邵循正、向达等老师，都是这样的风格。在他们的课堂上，我学到了很多知识，同时也养成了独立思考的习惯。记忆犹新的是向达师提出，做学问应当采取“人弃我取”的原则，对我震动很大，成为我一生治学所奉行的原则。而当时加强马克思主义理论学习，也培养了我理论思维的思考方式。

问：您是怎么走向明清史研究之路的？一开始就对明清史感兴趣吗？

答：1955 年，我大学毕业，分配到中国科学院(今中国社会科学院)历史所工作。入所之初，被分到历史地理组，跟随谭其骧先生研究隋唐历史地理，半年以后，谭先生调往上海，我就转到了明清史组。组长是白寿彝先生，王毓铨先生是副组长。于是，我就由王毓铨先生指导。他特别让我关注明代土地制度史，指导我读书。先读《天下郡国利病书》，再读《明经世文编》，后来又读《明实录》。《明实录》，当时读的是五百册的“梁本”。对于明代土地制度，我特别注意到有关明代庄田这类问题，于是就开始收集这方面的资料。从 1956 年到

1960年，我先后花了四年时间，才将《明实录》读完，收集了很多明代土地制度史方面的资料，奠定了我以后研究明史的基础，成为我学术研究的一个重要阶段。当时老师们强调，我们年轻人不要轻易写文章，要注重功底，要打下扎实的基础，文章要有独立见解，不要人云亦云。而我在北大所受教育也强调厚积薄发，这样我对写文章就更加谨慎了，轻易不敢动笔。

问：您发表的第一篇文章是在什么时候？

答：20世纪60年代初，因为参加郭沫若先生主编《中国史稿》的编写，我负责编写过明清两代对外关系史部分。1961年5月，为了纪念郑成功收复台湾300周年，历史所领导希望我给《大公报》写篇文章。我写了题为《民族英雄郑成功——写在他收复台湾300周年》的小文章，刊在《大公报》上，这是我公开发表的第一篇文章。当年，我已经30岁了。于是，趁机又写了几篇有关郑成功的文章，比较重要的一篇是1963年6月发表在《光明日报》上的《郑成功的海上贸易与军费来源》。但是其他的问题，虽然也有兴趣，却不敢多写，怕犯错误。

问：您是何时调到南开大学来的？调来南开，是为了照顾郑老吗？最初的工作是如何安排的？

答：1952年，高校院系调整，父亲郑天挺教授由北大秘书长、历史系主任，调任南开大学历史系主任。长期以来，他一人独自生活，十分不便。1963年初，为了照顾父亲，我和爱人傅同钦一同调到南开大学历史系工作，我被安排在历史系明清史研究室，参与《明史》的校勘工作。南开大学明清史研究室成立于1956年，是当时教育部特别设立的一个研究室。《明史》标点校勘，是当时明清史研究室承担的一个重要项目，主要由林树惠、朱鼎荣、傅贵九三位先生承担初校，后来汤纲、王鸿江和我也参与进来，由郑天挺教授统筹总览。1963年9月底，父亲与其他《二十四史》点校负责同志们，一同住在中华书局西北楼招待所，专心从事《明史》点校工作。1966年6月“文革”开始以后，父亲被迫离开中华书局，奉命回校参加“文化大革命”。不久，就被关进“牛棚”，受尽折磨。我们全家也受到牵连，1969年全家下放天津西郊王稳庄公社插队，一直到1973年8月，我才回到南开历史系。随后又参加《明史》点校工作，为时大约半年。“文革”结束后，才重新开始学术研究。

二 南北地主集团的党争是解剖明代政治斗争根源的钥匙

问：您这一代被“文革”耽搁的时间太多，但后来学术成就却很大。您是如何关注到明代南北地主斗争的问题，进而写出《明代政争探源》这部名著的？

答：1977年我查看原先所抄的卡片，发现了一条抄自“梁本”《明实录》有关明代皇庄的资料，从而激发起我研究明代庄田的兴趣。因为在50年代末读《明实录》时，这方面的资料曾经集中收集过，但还不太完整。于是又在中国科学院图书馆看到台湾“中研院”史语所整理本《明实录》，又系统地读了一遍《明实录》。这次读，有的放矢，补充了很多资料，收获很大，使得明代庄田的资料十分系统。于是就由明代皇庄入手，对明代太监庄田、勋贵庄田、公主庄田、王府庄田等一系列问题，逐一展开研究；进而又涉及牧马草场、皇店、权贵私店的研究。在考察这一系列庄田与皇店问题之后，我发现这些庄田貌似是经济史问题，实则他们的政治地位以及相关的政治势力是决定明代各类庄田发展的关键要素。他们在政治、经济上，结成一个势力共同体，在他们身上，有着明代北方地主的特色。

后来，父亲郑天挺先生给我启发。他曾说，1938年他在西南联大历史系讲授明清史时，就注意到明初许多江南文人对元朝十分怀念，并举了宋濂、刘基等人的例子，提出他自己的看法。他的这番话引起我极大的兴趣，当时我又读到钱穆先生的论文《读明初开国诸臣诗文集》(《新亚学报》六卷二期，1964年)，也有类似的看法。因而联想到陈寅恪先生曾讲过，北朝以来，统治集团分为山东集团与关陇集团之区别，两个势力集团的斗争，成为解读魏晋南北朝以来政治史的一条重要思路。这些都启发我思考。我发现明代也存在着这样两个集团——北方地主集团与南方地主集团，正是这两个地主集团的斗争，影响着明代的政治生态，左右着朝野政治。于是深入下去考察，随后在给南开大学、兰州大学历史系研究生授课中，进一步完善相关的观点，进而贯穿到整个明朝，一直到清初，这样就奠定了这部书的基本框架。

1985年,参加香港大学主办的明清史国际学术研讨会,我提交了题为《明初江南地主的衰落与北方地主的兴起》的论文,这篇文章是我多年来深思熟虑写成的,在会上颇受好评。随后,我就以这篇文章为线索,来解剖整个明代政治史,诸如明初江南士人对元朝的怀念、明初苏松重赋问题、建文改革、靖难之役、明成祖迁都北京、明代各类庄田、大礼议、万历北方水田问题、耶稣会士来华问题、南明政权的党争等等问题,看似各不相干,实际上背后都受到南北地主政治集团斗争的影响。上面所举一系列争论,均由于南北地域不同,地主阶级内部利益各异,而明朝皇帝坚持扶持北方地主、打击江南地主所造成。这样就将整个明代政治生态予以剖析,进而对整个明朝政治史给予阐释,提出看法。

问:从去年出版的《郑天挺明史讲义》(中华书局,2017年11月出版)中看,郑天挺先生对于明初士人怀念元朝,有相当深入的思考。在今年出版的《郑天挺西南联大日记》(中华书局,2018年1月出版)中,也曾提到过这个问题。可见,郑天挺先生对这个问题相当关注。您受到启发,将郑老的观点进一步发展,由明初扩展到整个明朝,因而意义就更大了。

答:你说得对。郑天挺先生一直很重视教学,尤其是从1938年开始,讲授明清史,下了很大功夫,他对明史许多问题的见解,相当有见地,生前在明史方面并没有发表什么论文,见解都融于讲义之中了。对于明初江南士人怀念元朝的问题,在他的讲义中有很详细的讨论,先讨论“明人追念元代之原因”,然后从“元顺帝之遗惠”“元之取民甚宽”“明初文字之元末纪年”“明初人对元帝统及明得天下之观感”等方面,进行阐述,相当细致。他生前曾当面向我提过这个问题,在他的《明史讲义》出版之后,我才了解到他对这个问题有如此深入的考察。正是明初统治者制定了扶植北方地主集团、打击南方地主集团这样的政策,奠定了明代的政治生态及政治制度,才埋下了以后一系列政治斗争的根源,明初江南地主与北方地主的斗争贯穿了整个明代的政治生活。

问:明代南北地主集团的划分,是以什么标准?是按照地域来说，还是有其他方面的因素？

答：明代南北地主集团的形成与划分，虽与地域虽有关系，但并非绝对因素，政治与经济利益才是区分的根本因素。所谓北方地主集团，主要是以朱明政权的皇室、勋贵、官僚、太监为主要人员所组成的，实际上乃是永乐迁都北京以后，逐步扩大而形成的特权阶层，其经济利益直接依赖于其身份与特权。各类庄田主要是他们运用政治权力以超经济的手段获得的。北方地主集团，实际上是依托皇权衍生出来的一个利益集团，维护北方地主集团的利益，就是维护皇权的威严。

江南地主集团是承袭元朝的系统而来的，来源久远，聚族而居。我所指的江南地主，主要包括两部分：一部分是指苏州、松江、常州、杭州、嘉兴、湖州等地区及其所属士人与官吏；另一部分则是指东南沿海地区，例如江、浙、闽、广地区，兼营私人海上贸易的地主们。他们在元、明两代境遇不尽相同。元代政策宽松，他们的势力不断扩大；明代则不断受到迫害，遭受打击。在政治上的代表人物，主要是通过科举考试得以晋升的，大多有着传统士大夫的政治理想和道德规范。江南士绅是江南地主政治上的代表人物，要寻求一定的政治发展空间，势必与北方地主利益集团发生冲突，这样也就引发各种纠纷。随着利益的分配，南北地主集团内部也会出现分化，甚至转换身份，有的本出身于南方地主集团，因为某种契机，转换到北方地主集团之中，这样的事例也不少见。永乐以后，这种情况相当普遍。明朝士大夫，一部分参加明政权，并得到皇帝的宠幸。一部分江南士大夫，出于利益所在，隶属于江南地主集团，不时与代表北方地主利益的明朝统治者发生冲突。因而明代南北地主的斗争，归根结底就是皇权与士绅权力的斗争。

问：郑先生将明代政治斗争分为南北地主集团的斗争，这种论断非常有启发性，是否有可能分层级讨论？我最近在关注万历朝鲜之役的研究，在朝鲜战场上，南北兵的矛盾也很深，似乎也与明代南北地主集团的矛盾斗争有关系。

答：明代南北地主集团的斗争，可以分为几个层次来看：第一个层次，乃是地域的因素。中国地域广大，南北差异明显，南人与北人有很多生活习惯的差别。你提到的万历朝鲜之役中的南北兵，就有这样的差异。北兵以李如松所率领的辽兵、九边兵为主，以骑兵为主，用刀、剑、箭等冷兵器。南兵主要是浙兵，乃是经过戚继光训练的部队，以步兵为主，但擅长用火器，战斗力很强。他们本身特点不同，在战场上的作用也有差别，他们之间的矛盾，更多的是背后朝中南北党争的反映。第二个层次则是随着利益的转换，身份出现变异。朱元璋出身凤阳，应该属于南方，但是他当政后，对于南方士人采取了打击惩罚的办法，凡是原来属于张士诚、徐寿辉、陈友谅等统治过的地方，实施迁户、课重税等手段，予以打击，削弱江南士绅的力量，有意培植北方地主势力。建文帝即位后，江南士绅将希望寄托在建文帝身上，但最终被“靖难之役”推翻。朱棣即位后，继续实施惩治江南地主集团的办法。有些朝中大臣，例如严嵩，生于江西，科举出身，按说应该属于江南地主集团，但是当他身居高位、成为大学士后，就变成了北方地主集团中的一员，成为明代皇权的维护者，而非江南士绅的代理人。这是他们身份转换的结果。所以第三个层次，也就是最关键的层次，所谓南北地主集团的斗争，就是明皇权与士绅权力的斗争。

三　明代苏松重赋出于政治原因说

问：《明代政争探源》一书，涉及的问题很多，其中有一个特别的问题，就是苏松重赋问题。本书出版以后，您又围绕这个问题，发表过好几篇论文，您为什么对这个问题如此关注？

答：明代苏松重赋问题，并非新问题，而是自明清以来，大家关注得很多的一个问题，讨论虽多，却没有一个令人信服的结论。苏松地区，元末农民起义时，最初主要是由张士诚所控制的地区，又是最富饶的地区之一，张士诚对江南士人极尽拉拢，对他们采取“宽疏”政策，争取得到他们的支持。朱元璋最初对江南士人也采取拉拢争取的办法，但是江南士人多不配合，反应冷淡，激起朱元璋的反感。当明朝建立以后，江南士人又怀念元朝，朱元璋出身淮西游丐，一贯轻视江南地主，故对于他们打击不遗余力。明初江南士人可分为三种类型：参加过张吴政权的；未参加过张吴政权的；加入朱元璋政权，且建功勋的。朱元璋对这三类人在不同阶段，都采取惩罚的办法。对第一类，立国之初就严厉打击；对第二类则采取迁富户的措施，使其被迫离开江南；对第三类则在晚年发动一系列大案，予以清除。而且在江南重赋政策，几乎使之消灭殆尽。明初苏松重赋问题，实质上是朱元璋惩罚江南地主的一种手段，是结合政治手段而实施的经济措施，是对江南士人政治迫害的一种补充。所谓的经济问题，实际上是政治问题。

在打击江南地主的同时，他大肆实施分封制，将其皇子们派往全国各地，分藩立国，培植其以家族为基础的皇族势力，将其视作王朝立国的根本。这部分势力逐步发展，随着永乐迁都北京，以北方为中心，跟随朱棣南征北讨的武将，随侍左右的宦官，以及通过其他方式进入永乐王朝核心的勋贵们，构成了北方地主的核心势力，是永乐依靠的对象。永乐帝也继续实施打击江南地主的政策，依然坚持苏松重赋。可见，这是明朝长期坚持的一项政策，并非只在洪武年间实施。

而且，明代重赋不止出现于苏松地区，在江西、陕西等地区也实施重赋政策。这些地区从自然条件来说，各有不同，但有一个共性，就是都曾是朱元璋敌对势力之所在地。苏松地区属于张士诚，而江西地区大部分属于"陈友谅区"，两区都是朱元璋的敌对势力范围，尽管土地肥腴贫瘠不同，同样遭受到明朝统治者的"重赋"待遇。从明初到明末，江西一直实施重赋政策。陕西宁州地区，是西北最贫瘠的地区之一，也被课以重赋，因为这里曾是明初李思齐抗拒朱元璋的据地，"因明初李思齐拒命，故以重赋示罚"（康熙《宁州志·丁棅传》）。

可见，明初苏松重赋问题，并不是个案，我们也不应该只关注这一个问题，应该放眼全国，统筹考虑。无论是江西的重赋，还是陕西宁州的重赋，都并非因为是富裕之地方，而只是因为都曾是朱元璋敌对势力之所在，故而从明初开始，这些地区就被施以重赋，并且一直持续。所以重赋不是由于经济原因，而是政治报复。重赋问题，也有助于理解明代南北地主集团斗争的复杂性。

四　唯物史观指导与"人弃我取"的治史方法

问：表面上看，您的研究似乎只是一个个政治事件考释的集合，实际上仔细考虑，您有宏观的理论指导，就是将马克思主义唯物史观，很好地运用到您的研究之中了。您对整个明史创立了一套自己的解释体系，那么您是如何开展这样的研究路数的呢？

答：我们这一代，大学期间都非常注重马克思主义理论学习，多年学习马克思主义的历史唯物主义与辩证唯物主义。马克思主义强调经济基础决定上层建筑，我在《明代政争探源》一书中，就是以这个理论作指导，将明代经济史与政治史结合起来考察。

明代政治斗争非常复杂，也十分激烈。大多数史家多从政治制度史的演变入手，很少从经济因素去考察。我觉得要真正深入了解明代政争的内在原因，必须将经济因素与政治因素结合起来考察，把明代作为一个整体进行思考。《明代政争探源》一书中，以相当大的篇幅考察各种庄田，就是想探讨其经济基础。我之所以花这么大的功夫去考察庄田这个问题，有几个方面的因素：第一，庄田实际上就是北方地主的经济基础，皇庄、公主庄田、宦官庄田、勋贵庄田等等，无不如此，将明代庄田问题考察清楚了，也就了解了他们的经济实力。同时，也是解答明代土田数字变化的一个关键因素。第二，庄田是属于明代土地制度史的重要问题，恰好我以前阅读《明实录》时，下过扎实的功夫，有过系统的考虑。第三，当时学术界对这个问题关注不多，即便有人关注，也几乎没有人将其与明代政治斗争联系起来，而这个问题恰恰又是解开明代政治斗争的关键，所以我就下了很大功夫去研究，也为全书的立论打下了扎实的基础。明代许多政治斗争，最终都会或多或少影响北方地主集团庄田的消长。总体而言，因为从明初开始就建立起一套封建中央集权政体，自从丞相制度废除以后，皇权具有至高无上的权威，士绅权利日益受到打压，所以几乎在每一次政治斗争中，以维护封建皇权为宗旨的北方地主势力就得以扩充，各类地主庄田也就得以扩展。

这种将经济史与政治史结合起来的研究思路，受到当时很多学者的好评。拙著出版以后，杨国祯、陈支平两位先生在书评中指出："把元明以来江南地主和北方地主的势力消长作为明代政治斗争的深层主线，从而把明代的政治斗争与经济利益有机地结合在一起，对明代政务作出了新的解释，理出了明代地主经济南北差异，影响南北地主集团政见的发展变化脉络。"（杨国祯、陈支平《明清经济史与政治史渗透研究的新成果——评介〈明清史辨析〉〈明代政争探源〉》,《中国社会经济史研究》1990 年第 3 期)刘志伟与陈春声两位先生也说:"这种从具体的历史事实出发,在社会经济条件和不同社会集团之间的物质利益冲突中,寻找政治斗争的根源,又通过经济因素与王朝从政策的互动关系,揭示政治斗争实质的研究方法,就是将历史唯物主义的基本原理,具体运用于传统中国社会历史研究的一种富于建设性的尝试。"(刘志伟、陈春声《揭示传统中国政治斗争的经济和文化内涵——读〈明代政争探源〉》,《广东社会科学》1992 年第 2 期)可见,这样的研究思路,得到大家的肯定。

问:在以往用阶级分析方法讨论历史问题的时候,一般只是笼统地讨论地主阶级剥削如何如何。通过您的研究,清晰地说明,统治阶级与地主阶级内部并非铁板一块,而是有着很多利益纠纷和矛盾斗争的。

答:是啊,阶级分析方法曾经盛极一时,是大家研究历史的重要理论指导,但事实上,以前过于机械。因为统治阶层中,也有很多利益集团,正是这些利益集团的斗争左右着朝中政治。明代南北地主集团的划分,也是基于整体上的考虑,如果再进一步考虑,在其下面,还会发现更多的集团与党派斗争,天启年间的党争,就是明显的体现。

问:您从各类地主庄田入手,研究明代南北党争的根源,可谓独辟蹊径,令人耳目一新。大著《明代政争探源》初版于 1988 年,迄今已经三十年了,后来又再版过一次,但是对于明代庄田制度的研究,仍然无人能超越您的研究。您发表很多的论文,选题都不大,又是很少有人讨论过的论题,结论却都很令人信服。您在选题上,有何独特考虑吗?

答:历史研究,要大处着眼,小处着手,同时注重研究论题的连续性;也就是说眼界要宽,立足要稳,注意研究论题之间的关联,这样才能够写出系统而又有启发性的论著。前面提过向达先生治学提倡"人弃我取"的原则,也就是我选题的基本准则。凡是大家都了解的,一般都能想到的题目,我不愿意跟风,绝不会草草去写,因为重复别人的论题,甚至观点,没有意思,一定要研究别人很少关注,甚至没有研究的问题，选题要新。我对明代各类庄田的研究，逐类考察，使之形成系统，并将其与政治问题联系起来考察；其他如周经、袁黄、土国宝等人物与相关庄田、水田的关系问题，甚少有人关注，又是解开相关问题的关键，所以能够既有新意，又有一得之见。

问：谢谢郑先生系统的介绍。尽管对于您的治学风格与学术观点，我并不陌生，但是这次听您这么系统的讲述，我就更加清晰地了解了您的治学方法和学术思想，再次感谢您！

答：聊得很高兴，别客气！

（南开大学历史学院孙卫国采访整理）

（原载《中国史研究动态》2019 年第 1 期）

郑克晟论著目录

一　著作

(一)独著

《明代政争探源》,天津古籍出版社,1988年12月版;

《明代政争探源》(修订本),故宫出版社,2014年8月版,收入《明清史学术文库》;

《明清史探实》,中国社会科学出版社,2001年11月版。

(二)合编合著

《中国通史参考资料》古代部分第8册,中华书局,1966年1月版;

《明史》点校本,中华书局,1974年4月版;

《中国古代史》(上下),人民出版社,1979年7月、1979年9月版;

《明清史资料》(上下),天津人民出版社,1980年6月、1981年8月版;

《中国古代史史料学》,北京出版社,1983年1月版;天津古籍出版社,2006年9月版(修订本);中华书局,2016年11月第3版;

《清史》上编,副主编、撰稿人,天津人民出版社,1989年8月版;

2011年5月版；

《中国大百科全书·中国历史卷》，撰稿人，中国大百科全书出版社，1992年4月版；

《中国历史大辞典》（明史卷），编委、撰稿人，上海辞书出版社，1995年12月版；

《中国历史大辞典》，撰稿人，上海辞书出版社，2000年3月版；

《郑天挺先生一百一十周年诞辰纪念画册》，南开大学历史学院，2009年8月编印；

（三）编辑

《明清史国际学术讨论会论文集》（合编人之一），天津人民出版社，1982年7月版；

《郑天挺纪念论文集》（吴廷璆、陈生玺、冯尔康、郑克晟编），中华书局，1990年3月版；

《郑天挺学记》（冯尔康、郑克晟编），三联书店，1991年4月版；

《第二届明清史国际学术讨论会论文集》（合编人之一），天津人民出版社，1993年3月版。

二 论文

1.《试论〈新唐书·地理志〉的根据》，载《历史学习》第1期（中国科学院历史研究所内部油印刊物），1957年；

2.《试谈“销烟”与“烧烟”》，载《历史学习》第5期，1959年9月；

3.《民族英雄郑成功——写在他收复台湾三百周年》，载《大公报》1961年5月21日；

4.《郑和下西洋》，载《人民中国》1961年第8期；

5.《还我台湾——郑成功收复台湾三百周年纪念》，载《北京日报》1962年2月1日；

6.《纪念民族英雄郑成功收复台湾三百周年》，载《中国青年》1962年第3、4期合刊；

7.《郑成功收复台湾》，载中央人民广播电台文教科学编辑部编《历史故事》第一集，北京出版社1963年6月版；

8.《郑成功的海上贸易与军费来源》，载《光明日报》1963年6月5日；

9.《明代皇庄的设立与管理》，载《南开学报》（哲学社会科学版）1979 年第 2 期；

10.《关于明代天津的水田》，载《南开史学》1980 年第 1 期；

11.《明代大太监刘瑾》（与傅同钦合作），载《故宫博物院院刊》1980 年第 2 期；

12.《天津的海光寺与“蓝田”》（与傅同钦合作），载《天津师范学院学报》1980 年第 3 期；《复印报刊资料（经济史）》1980 年第 13 期转载；收入刘志强、张利民主编《天津史研究论文选辑》上编，天津古籍出版社，2009 年 9 月版；

13.《关于明代皇庄的几个问题》，载中华书局编辑部编《文史》第 10 辑，中华书局，1980 年 10 月版；

14.《试论多尔衮在清初统一中国过程中的历史作用》，载《历史教学》1980 年第 6 期；《复印报刊资料（中国古代史）》1980 年第 21 期转载；收入历史研究编辑部编《明清人物论集》下册，四川人民出版社，1983 年 8 月版；戴逸、罗明编《清代人物研究》，巴蜀书社，1992 年 9 月版；

15.《试论“壬午之役”与袁时中》，载《史学月刊》1981 年第 1 期；

16.《明武宗》，载《故宫博物院院刊》1981 年第 1 期；

17.《〈国榷〉的一些特色》，载《文史知识》1981 年第 1 期；

18.《关于明清之际耶稣会士来华的几个问题》，载《南开史学》1981 年第 2 期；

19.《明代中官及中官庄田》，载《社会科学战线》1981 年第 2 期；

20.《明代勋戚庄田的土地来源和经营情况》（与傅同钦合作），载《中国古代史论丛》1981 年第 2 辑，福建人民出版社，1981 年 9 月版；

21.《明代公主庄田》，载《史学集刊》1982 年第 2 期；

22.《明代的官店、权贵私店和皇店》，载中国社会科学院历史研究所明史研究室编《明史研究论丛》第一辑，江苏人民出版社，1982 年 4 月版；

23.《老骥伏枥，志在千里——忆父亲最后所关怀的几件事》，载《中国古代史论丛》1982 年第 2 辑（总第五辑），福建人民出版社，1982 年 12 月版；收入冯尔康、郑克晟编《郑天挺学记》，三联书店，1991 年 4 月版；

24.《忆郑老与明清档案的二三事》，载《档案工作》1982 年第 3 期；

25.《博览勤闻，多闻阙疑——学习父亲郑天挺先生的治学精神》，载《社会科学战线》1982 年第 3 期；收入郦正、邵汉明主编《为学与为道：中国学人的学术之路》，人民出版社，2006 年 8 月版；

26.《袁黄与明代的宝坻水田》，载《天津社会科学》1982 年第 5 期；收入刘志强、张利民主编《天津史研究论文选辑》上编，天津古籍出版社，2009 年 9 月版；

27.《关于〈台湾外记〉的作者江日昇》（与傅同钦合作），载《南开学报》（哲学社会科学版）1982 年第 5 期；收入福建省郑成功研究学术讨论会学术组编《郑成功研究论丛》，福建教育出版社，1984 年 7 月版；

28.《郑天挺》，载《中国史研究动态》1982 年第 6 期；

29.《多尔衮对满族封建化的贡献》，载《明清史国际学术讨论会论文集》，天津人民出版社，1982 年 7 月版；

30.《1981 年明史研究评价》，载中国史学会中国历史学年鉴编辑部编《中国历史学年鉴 1982 年》，人民出版社，1982 年 12 月版；

31.《明代的秦王及其王府庄田》（与傅同钦合作），载《南开史学》1983 年第 2 期；

32.《清初摄政王多尔衮》，载《文史知识》1983 年第 11 期；

33.《郑天挺先生事略》，载《天津文史资料选辑》第二十八辑，天津人民出版社，1984 年 7 月版；收入《天津政协》2017 年第 6、7 期；

34.《明初的江南地主与朱明政权》，载南开大学历史系中国古代史教研室编《中国古代地主阶级研究论集》，南开大学出版社，1984 年 9 月版；

35.《试谈袁崇焕的几个问题——读〈明史・袁崇焕传〉札记》，载桂苑书林丛书编委会编《袁崇焕研究论文集》，广西民族出版社，1984 年 10 月版；收入东莞市政协编《袁崇焕研究论文选集》，广东人民出版社，2005 年 11 月版；

36.《谈迁》，载陈清泉等编《中国史学家评传》，中州古籍出版社，1985 年 3 月版；以《明末著名史学家谈迁》为题，收入海宁市政协文史资料委员会编《海宁人物资料》第七辑《纪念谈迁诞辰四百周年文

集》,1995 年 3 月编印;

37.《明代的牧马草场》,载《中国古代史论丛》总第 9 辑,福建人民出版社,1985 年 4 月版;

38.《霍韬的政治主张和经济思想——读〈明史·霍韬传〉札记》,载广东历史学会编《明清广东社会经济形态研究》,广东人民出版社,1985 年 5 月版;

39.《明初江南地主的衰落与北方地主的兴起》,1985 年香港大学明清史研讨会论文;压缩版载《北京师范大学学报》(人文社会科学版)2001 年第 5 期;《明清史》(复印报刊资料)2002 年第 1 期转载;

40.《周经与明代庄田》,载《史学集刊》1986 年第 4 期;《复印报刊资料(经济史)》1986 年第 12 期转载;《报刊资料选汇(明清史)》1986 年第 12 期转载;

41.《郑天挺与中华书局》,载中华书局编辑部编《回忆中华书局》下册,中华书局,1987 年 2 月版;收入封越健、孙卫国编《郑天挺先生学行录》,中华书局,2009 年 7 月版;中华书局编辑部编《书香岁月——百年中华的书人书事》第二集,中华书局,2012 年 3 月版;

42.《郑天挺传略》,载晋阳学刊编辑部编《中国现代社会科学家传略》第 9 辑,山西人民出版社,1987 年 7 月版;

43.《试析明初土田数字增长之原因》,载《中国社会经济史研究》1988 年第 2 期;

44.《郑天挺传略》,载《文献》1989 年第 4 期;

45.《元末的江南士人与社会》,载《南开史学》1989 年第 1 期;收入《南京大学学报·社会史专辑》1989 年,《东南文化》1990 年第 4 期;《复印报刊资料(宋辽金元史)》1990 年第 5 期转载;

46.《甲申之变后的德州事件》,载王纲主编《张献忠与李自成——第二次全国明末农民战争史学术讨论会论文集》,四川人民出版社,1989 年 6 月版;

47.《关于明代回族史的几个问题》,载云南省少数民族古籍整理出版规划办公室编《回族史论集——第二次全国〈回族简史〉座谈会论文选编》,云南民族出版社,1989 年 10 月版;

48.《郑天挺》(署名念沈,与傅同钦合作),载中共福州市委宣传部、福州市社会科学所主编《福州历史人物》第二辑,1989 年;

49.《嘉靖初年统治阶级内部各派的更迭与斗争》，载江西省社会科学院历史研究所、江西省分宜县方志办编《严嵩与明代政治》，上海社会科学院出版社，1989 年 12 月版；吴廷璆等编《郑天挺纪念论文集》，中华书局，1990 年 3 月版；

50.《〈金瓶梅〉与〈红楼梦〉研究比证》（与冯尔康合作），载《史学集刊》1990 年第 3 期；收入叶显恩主编《清代区域社会经济研究》，中华书局，1992 年 8 月版；

51.《读黄云眉先生〈明史考证〉》，载《书品》1990 年第 4 期；

52.《李自成出兵山东及"德州事件"》，载明代史研究会、明代史论丛编集委员会编《山根幸夫教授退休纪念明代史论丛》，汲古书院，1990 年 3 月版；

53. "Cheng Ch'eng-kung's Maritime Expansion and Early Ch'ing Coastal Prohibition," *Development and Decline of Fukien Province in the 17th and 18th Centuries*, edited by E. B. Vermeer, Leiden: E. J. Brill Academic Pub., 1990, pp. 217-244.

54.《郑成功海上贸易及其内部组织之特点》，载《中国社会经济史研究》1991 年第 1 期；

55.《明朝初年的福建沿海及海防》，载《史学月刊》1991 年第 1 期；《复印报刊资料（明清史）》1991 年第 3 期转载；

56.《试论多尔衮对明皇室态度之演变》，载《社会科学战线》1991 年第 2 期；《复印报刊资料（明清史）》1991 年第 6 期转载；收入南开大学明清史研究室编《清王朝的建立、阶层及其他》，天津人民出版社，1994 年 4 月版；

57.《明代江西籍士人和官僚的政治表现》，载《南开学报》（哲学社会科学版）1991 年第 4 期；

58.《郑天挺先生对博物馆及档案事业的关怀》，载冯尔康、郑克晟编《郑天挺学记》，三联书店，1991 年 4 月版；

59.《明代陕西的牧马草场与杨一清督理马政》，载中国社会科学院历史研究所明史研究室编《明史研究论丛》第四辑，江苏人民出版社，1991 年 5 月版；

60.《"靖难之役"与燕王朱棣》，载南开大学历史研究所明清史研究室编《明清史论文集》第二辑，天津古籍出版社，1991 年 8 月版；

61.《我培养研究生的几点体会》，南开大学编《研究生培养经验谈》，南开大学出版社，1991 年版；

62.《近代天津一位女教育家陆嘉坤》，载《天津文史》1992 年第 2 期；收入南开大学历史系、北京大学历史系编《郑天挺先生百年诞辰纪念文集》，中华书局，2000 年 6 月版；

63.《论屈大均〈广东新语〉的史料价值》，载罗炳绵、刘健明主编《明末清初华南地区历史人物功业研讨会论文集》，香港中文大学历史学系，1993 年 3 月版；

64.《明代赣西重赋与江西士大夫》，载《第二届明清史国际学术讨论会论文集》，天津人民出版社，1993 年 3 月版；

65.《清初之苏松士绅与土国宝》，载《庆祝王钟翰先生八十寿辰学术论文集》，辽宁大学出版社，1993 年 6 月版；

66.《翁万达与王阳明》，载汕头市潮汕历史文化研究中心、汕头大学潮汕文化研究中心编《潮汕文化论丛》第二集，海天出版社，1993 年 10 月版；

67.《明代的江南士大夫与东林党人》，载《江南论坛》1994 年第 6 期；收入江苏省政协文史资料委员会等编《东林党学术研讨会薛福成学术研讨会论文资料集（江苏文史资料第 92 辑附录）》，江苏文史资料编辑部出版发行，1998 年 10 月版；

68.《明代的佛教与政治》，载《淡江史学》第 6 期，台湾淡江大学历史系，1994 年 6 月；

69.《读朴趾源〈热河日记〉》，载中国人民大学清史所、故宫博物院承德市人民政府编《山庄研究——纪念承德避暑山庄建置 290 周年论文集》，紫禁城出版社 1994 年 8 月版；收入北京大学韩国学研究中心编《韩国学论文集》第六辑，新华出版社，1997 年 9 月版；周金生、张爱萍主编《承德文史文库》卷四，中国文史出版社，1998 年 9 月版；

70.《利顺德在近代中国历史上的地位》，载田玉堂主编《利顺德文化论集》，天津人民出版社，1994 年 9 月版；

71.《王阳明与嘉靖朝政治》（与傅同钦合作），载台湾《明史研究专刊》第 11 辑，1994 年 12 月版；

72.《明代文官制度与明代党争》，载论文集编委会编《商鸿逵教授逝世十周年纪念文集》，北京大学出版社，1995 年 3 月版；

73.《北大复员时期的傅斯年》，载台湾《历史月刊》1996 年 3 月号；美国《世界日报》1996 年 5 月 7 日、5 月 8 日；

74.《〈满族崛起中的女性〉序》，载王冬芳《满族崛起中的女性》，辽宁民族出版社，1996 年 7 月版；

75.《论董谷、刘仕义之明朝“超越前代”说》，载南开大学《中国历史与史学》编辑组编《中国历史与史学——祝贺杨翼骧先生八十寿辰学术论文集》，北京图书馆出版社，1997 年 8 月版；

76.《丙辰京察与嘉靖后期党争》（与孙卫国合作），载王春瑜主编《明史论丛》，中国社会科学出版社，1997 年 10 月版；

77.《再论明武宗》，载南开大学历史系编《南开大学历史系建系七十五周年纪念文集》，南开大学出版社，1998 年 1 月版；

78.《郑天挺与北京大学》（署名郑嗣仁），载《北京大学学报》1998 年第 3 期；收入《北京大学校友通讯》总第 27 期，1999 年 10 月；南开大学历史系、北京大学历史系编《郑天挺先生百年诞辰纪念文集》，中华书局，2000 年 6 月版；

79.《郑天挺先生与史语所》，载杜正胜、王汎森主编《新学术之路——“中央研究院”历史语言研究所七十周年纪念文集》，台湾“中央研究院”历史语言研究所，1998 年 10 月版；收入南开大学历史系、北京大学历史系编《郑天挺先生百年诞辰纪念文集》，中华书局，2000 年 6 月版；增补本收入封越健、孙卫国编《郑天挺先生学行录》，中华书局，2009 年 7 月版；

80.《试论霍韬的几个问题》，载编委会编《庆祝杨向奎先生教研六十年论文集》，河北教育出版社，1998 年 12 月版；

81.《记 1961 年文科教材会议——兼忆翦老与郑老》（与傅同钦合作），载编委会编《翦伯赞纪念文集》，人民教育出版社，1998 年 3 月版；

82.《〈朝鲜实录〉中之明武宗》，载《东洋学研究》第四辑，韩国东洋学研究会，1998 年 6 月；收入赵毅、林凤萍主编《第七届明史国际学术讨论会论文集》，东北师范大学出版社，1999 年 7 月版；

83.《论戴良与丁鹤年——兼论元末明初江南士人之境遇》，载柏桦主编《庆祝王钟翰教授八十五暨韦庆远教授七十华诞学术论文合

集》,黄山书社,1999 年 6 月版;

84.《我追随郑先生研读点校本〈明史〉三校稿》,载《南开学报》(哲学社会科学版)1999 年第 4 期;收入封越健、孙卫国编《郑天挺先生学行录》,中华书局,2009 年 7 月版;

85.《“七七事变”时的北京大学——忆先父郑天挺先生》,载《传记文学》(台湾)第 74 卷第 6 期,1999 年 6 月号;

86.《郑天挺教授大事记》,载南开大学历史系、北京大学历史系编《郑天挺先生百年诞辰纪念文集》,中华书局,2000 年 6 月版;增补本收入封越健、孙卫国编《郑天挺先生学行录》,中华书局,2009 年 7 月版;

87.《梅贻琦与郑天挺的交往》(署名郑嗣仁),载《团结报》2000 年 11 月 25 日;

88.《陈寅恪与郑天挺》,载中山大学历史系编、胡守为主编《陈寅恪与二十世纪中国学术》,浙江人民出版社,2000 年 12 月版;收入《北京大学校友通讯》总第 31 期,2001 年 11 月;增补本收入封越健、孙卫国编《郑天挺先生学行录》,中华书局,2009 年 7 月版;

89.《梅贻琦与郑天挺》(署名郑嗣仁),载清华校友总会编《校友文稿资料选编》第 7 辑,清华大学出版社,2001 年 4 月版;收入封越健、孙卫国编《郑天挺先生学行录》,中华书局,2009 年 7 月版;

90.《梅贻琦与郑天挺的友谊》(署名郑嗣仁),载《西南联大北京校友会简讯》第 29 期,2001 年 4 月版;

91.《梅贻琦与郑天挺在昆明》(署名郑嗣仁),载《北京大学校友通讯》第 30 期,2001 年;

92.《明代重赋出于政治原因说》,载《南开学报》(哲学社会科学版)2001 年第 6 期;收入编委会编《揖芬集:张政烺先生九十华诞纪念文集》,社会科学文献出版社,2002 年 5 月版;

93.《从多尔衮的悲剧看清初八旗之独立自主》,载南开大学古籍与文化研究所编《文史论集》二集,天津社会科学院出版社,2001 年 9 月版;

94.《魏建功与郑天挺在北大时的友谊》,载《北京大学校友通讯》第 32 期,2002 年 6 月;收入封越健、孙卫国编《郑天挺先生学行录》,中华书局,2009 年 7 月版;

95.《刘半农与白涤洲之死》，载《北京大学校友通讯》第34期，2003年6月；收入张世林编《大师趣闻》，北京联合出版公司，2011年5月版；杜家贵主编《北大红楼：永远的丰碑（1898—1952）》，社会科学文献出版社，2012年9月版；

96.《罗庸与郑奠教授》，载《北京大学校友通讯》第35期，2003年12月；

97.《试论多尔衮与朝鲜的几个问题》（与孙卫国合作），载朱诚如主编《清史论集——庆贺王钟翰教授九十华诞》，紫禁城出版社，2003年8月版；

98.《清初八旗独立自主与多尔衮的悲剧》，辽宁大学历史文化学院编《明清史论丛：孙文良教授诞辰七十周年纪念文集》，辽宁大学出版社，2004年12月版；

99.《清史修撰体例之我见》，载国家清史编纂委员会体裁体例工作小组编《清史编纂体裁体例讨论集》，中国人民大学出版社，2004年4月版，被国家清史编纂工程刊物《史苑》第7期全文转载；

100.《明代的“家人”》（与傅同钦合作），载中国社会科学院历史研究所明史研究室《明史研究论丛》第六辑，黄山书社，2004年7月版；

101.《治史五十年，弹指一挥间》，载南开大学校史研究室《南开学人自述》编辑组编《南开学人自述》（第二卷），南开大学出版社，2004年12月版（百年南开暨南开大学建校八十五周年纪念丛书）；陈洪主编《南开学人自述》（第二卷），南开大学出版社，2016年11月版（南开故事丛书第二辑）。压缩版《治史五十年》，载《中华读书报》2016年8月10日；

102.《〈清史简述〉导言》（署名郑嗣仁），载郑天挺著《清史简述》，中华书局，2005年7月版；北京出版社，2015年8月版；

103.《从郑和下西洋看明初海外贸易政策的转变》，载王天有、徐凯、万明编《郑和远航与世界文明：纪念郑和下西洋六百周年论文集》，北京大学出版社，2005年7月版；

104.《中研院史语所与北大文科研究所——兼忆傅斯年、郑天挺先生》，载布占祥、马亮宽主编《傅斯年与中国文化》，天津古籍出版社，2006年3月版；

105.《〈王世贞史学研究〉序》，载孙卫国《王世贞史学研究》，人民文学出版社，2006 年 5 月版；

106.《三十年风风雨雨——郑天挺与北京大学》（署名郑晏、郑克昌、郑克晟、郑克扬），载钱理群、严瑞芳主编《我的父辈与北京大学》，北京大学出版社，2006 年 11 月版；增补本收入封越健、孙卫国编《郑天挺先生学行录》，中华书局，2009 年 7 月版；

107.《忆商鸿逵师与郑天挺先生的友谊》，载中国社会科学院历史研究所清史研究室编《清史论丛》2007 年号，中国广播电视出版社，2006 年 12 月版；收入封越健、孙卫国编《郑天挺先生学行录》，中华书局，2009 年 7 月版；

108.《忆冯承柏先生》，载《冯承柏教授纪念集》编委会编《春思秋怀忆故人——冯承柏教授纪念集》，南开大学出版社，2008 年 10 月版；

109.《论高启与魏观：再论元末明初江南士人之境遇》，载《南开学报》（哲学社会科学版）2009 年第 4 期；收入南开大学历史学院、北京大学历史系、中国社会科学院研究所编《中国古代社会高层论坛文集——纪念郑天挺先生诞辰一百一十周年》，中华书局，2011 年 8 月版；

110.《忆向达师与郑天挺先生》，载沙知编《向达学记：向觉明生平和学术》，读书・新知・生活三联书店，2010 年 6 月版；

111.《忆王老与郑老的交谊》（与郑克扬合作），载王永兴先生纪念文集编委会编《通向义宁之学：王永兴先生纪念文集》，中华书局，2010 年 6 月版；

112.《忆邵循正师与郑天挺先生》，载戴学稷、徐如编《邵循正先生百年诞辰纪念文集续编》，2010 年 11 月编印；

113.《怀念何炳棣先生与先父郑天挺先生》，载常建华主编《中国社会历史评论》第 14 卷，天津古籍出版社，2013 年 10 月版；

114.《郑天挺先生学术年表》，载郑天挺《清史探微》，商务印书馆，2014 年 8 月版；

115.《忆张苑峰师二三事》，载张世林主编《想念张政烺》，新世界出版社，2015 年 3 月版；

116.《难忘的 1945 年》，载《传记文学》（台湾）第 108 卷第 2 期，

2016 年 2 月;收入《民间影像》编《我的 1945:抗战胜利回忆录》,同济大学出版社,2017 年 8 月版;

117.《从一张照片所想到的》,载《北京大学校友通讯》总第 62 期,2017 年 1 月;

118.《〈郑天挺西南联大日记〉序》(署名郑嗣仁),载《郑天挺西南联大日记》,中华书局 2018 年 1 月版;又载《南开大学报》2018 年 4 月 1 日;

119.《郑天挺先生与 1952 年的北大史学系》,载《今晚报》2018 年 10 月 26 日;

120.《我在北大史学系经历的院系调整》,载民间影像编委会编《民间影像》第九辑,同济大学出版社,2019 年 1 月版。

后　记

本书系本人学术论文的选编，之所以取名为《明清政争与人物探实》，乃因本书所关涉的论题是以明清政治史和人物研究为主。

全书论文根据论题，大体上可分为七章：第一章《元明江南士人与明代重赋》，四篇论文，主要讨论明代重赋与江南士人的关系。第二章《明清南北地主与政争》，四篇论文，讨论明清政争的问题。1988年12月我在天津古籍出版社出版《明代政争探源》一书（2014年由故宫出版社出版修订版），此后我又发表一些论文继续探讨明清政争问题，这两章收入了这些论文，同时也收入了《明代政争探源》中第十七章《明末清初的江南地主与南北党争》，以求论题贯通。第三章《明代中期的人物与明代政治》和第四章《明末人物与事件》，一共十二篇论文，以明代政治人物为主要论题，透过人物的研究，考察明代一些重要的历史事件。第五章《明代海防与海外贸易》，三篇论文，关涉明代海防与海外贸易以及海外交流的问题。第六章《多尔衮与清初政治》，四篇论文，以多尔衮为中心，考察清初的一些重要历史问题。第七章《明清史家与史书》，以明清史家及其相关著作为研究对象，其中有一篇是我对新修《清史》的看法。最后三篇附录乃是有关本人治学体会及论著目录。

收入本书的论文中，《明代的"家人"》《王阳明与嘉靖朝政治》《天津的海光寺与"蓝田"》《关于〈台湾外记〉的作者江日昇》四文，系与傅同钦教授合作;《丙辰京察与嘉靖后期党争》,乃与孙卫国教授合作。谨向傅同钦教授、孙卫国教授致谢。

在本人六十余年的治学生涯中,治学之初,虽深受老一辈学人的熏陶,致力于多读书,打基础,但时局动荡,运动不断,不敢轻易发表论文。“文革”结束时,已年近五十,方能静下心来做研究,始重整旧业。

先父郑天挺(毅生,1899—1981)先生对我的指导是多方面的,言简意赅,只可惜我领会不深。我研究江南地主在政治上与明王朝的关系,即受他的启发和教导。他晚年时,向我提出明朝初年江南文人怀念元朝的奇异现象,我印象极深,也引起我的兴趣,决心遵循他指引的门径进行钻研,由此开始探索江南士绅集团与北方地主集团兴衰的过程,进而探索明代政争问题,撰成《明代政争探源》一书。研究中,我还得到王毓铨(1910—2002)、王钟翰(1913—2007)等老师的指导和鼓励;对冯尔康、曹贵林、何龄修、张磊、马寿千、魏千志、孟昭信、傅同钦诸教授的热心帮助,我内心亦非常感激。

本书主要由中国社会科学院经济研究所封越健研究员与南开大学历史学院孙卫国教授两人共同编成。最后《论著目录》由封越健研究员完成。南开大学历史学院博士生吴东铭和硕士生张璐瑶、雷雨晴等同学进行了文字输入、史料校对、完善注释等工作,孙卫国教授进行了审阅核查。原来发表的论文格式不一,注释也多不完整,本次重编,全部加上了出版信息及页码,不少著作采用了新的版本,他们付出了很多辛劳。特此一并谨表谢忱!

郑克晟　时年九旬

2020 年 6 月 22 日